华夏文字之父

傅幻石　杨兰　傅杨　编著

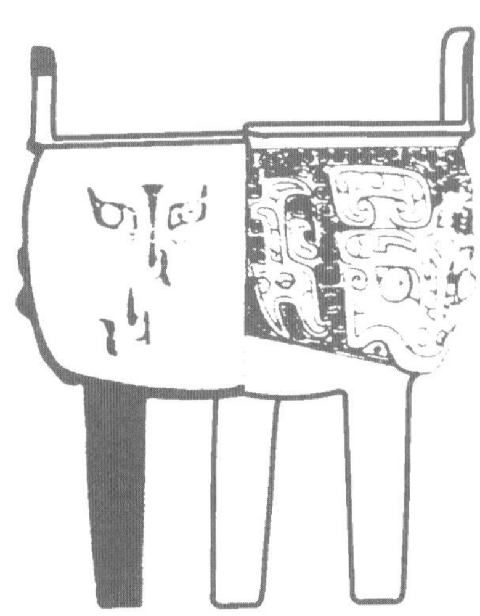

社会科学文献出版社
SOCIAL SCIENCES ACADEMIC PRESS (CHINA)

本书论证了殷商金文的天道文化信息比甲骨文更久远。作者从《殷周金文集成》与《甲骨文合集》的文化信息中细心研究比对得知，殷商金文与甲骨文的时代，历史背景相同，文化信息相互印证，这是我国目前出土的新物证，是它佐证了殷商武丁中兴时代是中国历史上最早用金文与甲骨文铸写华夏文明历史的时代，同时也证明了殷商金文与甲骨文是武丁中兴同一代的两种不同载体的文字信息。而傅說是铸写这一文明历史丰碑的奠基人，傅說更是殷商武丁王借梦求贤的宰辅之圣，首功重臣，天道自然科学的传承人。

本书讨论了《殷周金文集成》与《甲骨文合集》中已经有定论的殷商武丁时代的朝廷重臣傅說和武丁王及夫人妇好，本书认为当时有一个以傅說为核心的精英决策领导团队，他们各负职责，各尽其能，共同肩负起复兴殷商大业的历史使命，比如，用十天干以父为姓的;父甲、父乙、父丙、父丁、父戊、父己、父庚、父辛、父壬、父癸贞人团队。还有祖乙、祖丁、祖己等，找出了重点人物并做了精细的研究比较。

最后确定了殷商武丁中兴时代的政治人物的姓名、地位与分工，将这段不为后世所知的惊心动魄的辉煌历史生活画卷重新展现给国人，让后世子孙再次了解华夏远古先祖用勤劳智慧的双手铸写的那段“殷商青铜文化”信息，彰显华夏民族的文化定力与群体智慧的结晶，经久弥坚。

中国山西首届傅説文化高峰论坛

中国山西首届傅説文化高峰论坛在山西太原召开，中国社会科学院、中国先秦史学会、北京故宫博物院、清华大学等国内著名高等院校、科研院所近30位专家学者，围绕“中华第一廉臣·圣人傅説文化”这一主题进行探讨，取得了突破性成果。中国先秦史学会傅説文化研究基地、山西省社会科学院傅説文化研究中心，亦于2015年6月25日在山西太原正式挂牌

清华大学历史系教授李学勤先生（中），山西三晋国际饭店董事长宋新梅女士（左），中国先秦史学会傅説文化研究促进会常务理事傅幻石先生（右）

中国先秦史学会会长宋镇豪向三晋国际饭店董事长宋新梅及山西省社会科学院傅説文化研究中心副主任傅幻石授牌

中国先秦史学会会长宋镇豪为傅幻石先生题字甲骨文“書道墨林”

山西省社会科学院院长李中元向三晋国际饭店董事长宋新梅及山西省社会科学院傅説文化研究中心副主任傅幻石授牌

晋保平题

中国独有的文化自信

“天道”是中国文化的根基，更是华夏远古人类群体智慧的结晶。何为天道？简单说来，华夏远古人类先祖代代口耳相传的农耕历法即为“天道”的核心。

“天”是指宇宙太空与地球自然界的上空；“道”是指自然界中万事万物与天空相互间形成的有序法则与自然规律，称其“行道”或路径。“天道”是人类探秘地球上的风云雷电、冰霜雨雪，太空中的日、月、星辰活动轨迹时总结出的由宇宙中不可抗拒的隐形运动的巨大能量场所驱动的有规可循的自然规律。就如夏日太阳的强大能量，能使天气干燥，久旱无雨，水源枯竭，万物生命遭受危难；月球的“无形引力”能驱使江海潮起潮落，无人能阻挡；狂风暴雨，冰雹洪水导致人们流离失所，无处安身。从此人们敬畏天神，将天上的五星——金、木、水、火、土与人体的五脏——心、肝、脾、肺、肾对应起来，形成了道家经久不衰的五行学说，称太阳神、月亮菩萨、雷公火神等亦为“天道”。

华夏文明是世界人类史上唯一能把“天道”故事讲叙明白，并且将探究宇宙奥秘的信息用图画智慧文字铸刻在殷商武丁时期青铜器铭文中的文明，虽然历经千年苍桑岁月的磨难，但终究还是将这一宏伟的历史生活原貌与弥足珍贵的“天道”文化信息完整的永久保存了下来，这就有了足够的文字依据证明这段不为世人所知的“天道”信息真实可信而不是传说。

在世界人类文明历史上，我们有理由说只有中国人讲“天道”，讲“阴阳”，讲“五行五色”讲得很到位。早在三万余前的燧人氏首领与弇兹氏首领结合为婚姻联盟，始称燧人弇兹氏时代，是燧皇首先发现了用燧石击石取火，从此燧皇弇兹氏部落就结束了茹毛饮血的野性生活，又在昆仑之山，立槫木日晷，仰观天象，知日明月晦，日刚月柔，日为阳，月为阴，阳为父，阴为母，知天上星辰金木水火土与地球人类五行和谐互动，定东西南北中方位，四正八罡，人在其中。华夏人类先祖探秘天道，研究天道得知，天主宰宇宙万物生命的孕育，称天为乾，亦尊天为阳为父；了解到润育滋养万物生命的是大地，因大地上的江河湖海的水是地球万物生命之本，固称大地为坤，尊地为阴为母。知日月星辰与人生命之轮回，传九宫阴阳八卦“天道阴阳合和图”。知日出于东，落于西，夏至日长，冬至日短。知春分与秋分昼夜时间均衡，俯察大地，知冬去春来，自然万物面貌焕然一新。因此燧皇弇兹氏即为山川江河，自然百物命名，近取诸身，远取诸物，遂之又发现了用树皮搓绳织网捕鱼狩猎，单股的称玄，双股的称兹，三股的叫绳索。还发明了用结绳记事来提高和增强人的记忆思维能力，在此基础上将探究“天道”神秘的智慧信息用河图洛书九宫数理，口耳相传并传承至今。榑木日晷九宫八卦太极“天道”阴阳图，脉络清晰，传承有序，人与天道自然和谐共存。《甲骨文合集》图例编号 24440、37986、37988 等，这是世界人类历史上最早用十天干，分单数一、三、五、七、九为阳，双数二、四、六、八、十为阴，与十二地支即每天十二时辰相交合，十二时辰又与每个人的生肖天命紧紧的围系在一起，阴阳交合，亘古轮回。六十甲子时辰表，为五天六十时辰，亦称六十甲子一轮回，每五天为气温变化的一个小节气，每一年十二个月称七十二候。山西中条山脉之舜耕历山，七十二候地名仍广泛流传至今。华夏农耕文明历法（俗称阴历）延续至今，十五天为一个节气，月圆月缺各占一半，三十天为一个满月。观察得知一年有十二个满月，二十四节气冬去春来，亘古不变，简而言之，这就是千古之秘，十二地支的“天道”信息，农耕文明的万年历本真的源起。我们要把华夏人类三万余年在探秘“天道”文化信息实践积累下来的成功经验传播下去，把祖先群体智慧的结晶，研究的“天道”自然哲理的文脉信息再继续梳理并发扬光大，这需要坚守文化自信的根脉与文化定力的信心。

殷商金文是华夏人类文明历史上最古老的宫廷文字信息，其中的图画象形文字堪称世界人类文明的瑰宝。殷商金文在考古现见所认定的文字信息中很大一部分都源于图画象形文字，这在我国多年来出土的甲骨文中却没有发现，因为殷商金文属于铸写祭祀“天道”农耕，建造舟车，驯化犬马六畜动物等与王宫贵族生活密切相关的文化信息，以及与王宫贵族身份、地位相关的文化信息，这更显示出金文在殷商宫廷王权的文化信息的重要价值。所以说殷商金文是统治阶层传承文字信息的重要载体，笔者通过十多年来对殷商金文深入的探索研究，终于将冷落的殷商青铜器铭文信息从“冷宫”中重新挖掘出它本真的文化价值。从殷商图画象形文字中让我们了解到武丁中兴时代的朝廷重臣傅說（父兑）为华夏人类文明做出了贡献。傅說将华夏远古先祖的燧皇文化与人皇伏羲文化信息铸入在青铜器铭文中流传至今，让我们今天重新在这些埋藏在地下近三千年的古物件中找回我们正真的根文化信息与中国当代的文化自信。

艺术简历

傅幻石，1957年出生于陕西汉阴县，1987年加入中国共产党。1999年举家移居山东烟台经济开发区至今。号松翁，别署一贞山人。国画师从石鲁，书法受益于恩师刘晹光。为追求艺术之真谛，十余年登泰山三十多次，感悟大自然之灵气，师化自然，奋力开垦着属于自己的一方艺术净土，创作出了泰山《六朝龙松》系列书画作品。之后又将古松绘画笔法与儒、释、道精神融入书法之中，逐步形成了自己独特的艺术风格，其所创作的国画作品《六朝龙松》与金文书法作品被中南海收藏。近年来随着对殷墟图腾文化的深入研究，在学术上也取得了突破性的进展。

傅幻石艺术年表：

1980年	创作的国画作品《南山秋色》被载入汉阴县县志。
1987年	加入中国共产党。
1987年	于江苏无锡书法艺专函授三年，真、行、草、隶、篆五体皆工，犹对商周金文与甲骨文有潜心研究。
1992年	国画作品《秋深叶更红》参加了“国际中国画展暨大赛”，作品入选获奖并载入《二十世纪中华画苑大画册》。
1994年	在陕西安康市群艺馆举办首次个人书画作品展获得圆满成功。
1996年	国画作品《听泉图》、书画作品《行楷－蘭亭序》均被载入《安康书画精品集》。
1997年	自作楹联书法作品《隶书》参加全国书法大赛，作品获奖并载入《当代著名书画家自作诗联墨迹选》。

1999 年　创作的巨幅国画作品泰山《六朝龙松》、书法《大篆》作品均被中南海收藏，其作品被载入 1900~2000 百年《中国美术家选集》，自作的诗联书法作品也被载入百年《中国书法家选集》。

2001 年　国画作品《五岳独尊》参加全国“第一届爱我中华”国画、油画大奖赛，作品入选获奖，作品被台湾中华文化基金会收藏。

2001 年　10 月 1 日在山东济南“李苦禅纪念馆”隆重举办了个人书画作品展。

2001 年　10 月 16 日在泰安博物馆举办傅幻石泰山松国画艺术作品展。

2003 年　11 月应北京金骑士文化传播公司邀请，在青岛举办了当代绘画联展。

2003 年　应邀在烟台丁佛言纪念馆举办“丁佛言诞辰 125 周年”纪念活动个人书画作品展。

2003 年　应电子部邀请在北京首都成功举办了傅幻石以泰山松为主题的泰山文化艺术作品展。

2004 年　6 月由烟台市政协主办，在烟台隆重举办了傅幻石泰山文化个人艺术作品展。

2004 年　烟台电视台《文化艺术冲浪》栏目制作了傅幻石个人书画专题片报道。

2005 年　由中国传统文化出版社出版了傅幻石书画精品挂历。

2005 年　10 月 1 日应邀在陕西碑林博物馆举办象形文字及国画作品个人展。

2005 年　创作的书法作品象形文字《十二生肖》、国画《六朝龙松》申请国家专利。

2006 年　国家集邮总公司出版发行了傅幻石创意的象形文字《十二生肖》个性邮票一套。

2007 年　9 月在山西民俗博物馆隆重举办了纪念始祖傅說诞辰 3342 周年个人书画作品展。

2007 年　10 月 12 日应邀在山西彭真纪念馆举办了“纪念傅彭真诞辰 105 周年”专题书画作品个人展。

2008 年　7 月应邀在山西中华傅山园举办了“纪念傅山诞辰 400 周年”个人书画作品展。

2008 年　10 月应邀在福建泉州华侨博物馆举办了个人书画作品展。

2008 年　在浙江金华为中华红十字会捐赠个人精品书法作品三件。

2008 年　被评为第二届中国财富人物公益慈善个人奖。

2010 年　7 月在山西人民出版社出版《傅幻石金文书法大字典》。

2012 年　8 月在《中国改革报》文化创意专题专版发表了在殷商金文与甲骨文中的重大发现《华夏文字之父》绪论，“父乙就傅說”的重要文化信息。

2012 年　6 月被山西省三晋文化研究会特聘为第五届理事会顾问、三晋文化研究会书画院副院长。

2013 年　7 月《山西日报》刊登论文；殷商金文与甲骨文中的重大发现“父乙就是傅說”

2013 年　由山西文化促进会、山西省三晋文化研究会主办了“傅幻石探秘殷商图腾文化首次公开展”。

2013 年　8 月被山西省三晋文化研究会特聘为第六届理事会顾问、三晋文化研究会书画院副院长。

2014 年　被山西省社会科学院特聘为山西社科院傅說文化研究中心副主任。

2015 年　5 月被山西省收藏家协会特聘为山西省收藏家协会鉴定委员会委员。

2015 年　　6 月 25 日由中国先秦史学会授牌山西为中国先秦史学会傅說文化研究基地。山西省社会科学院挂牌成立山西省社科院傅說文化研究中心。同时，在山西举办了中国“首届傅說文化高峰论坛”暨探秘殷商青铜器铭文中的图画智慧文字，解密殷商武丁中兴与傅說密切相关的文化信息成果展。

注：殷商时期的象形文字“父”通斧、甫、尃、傅。“兑”通悦、敓、說。

傅說（父兑）像（公元前约 1335—前 1246 年）

关于创作傅說肖像的说明

傅說是中国上古文明时代卓越的政治家和思想家，辅佐商王武丁治国安邦，留下《說命》三篇宝典精华，对中华文明的传承和光大，都有着重要的历史和现实意义。

现根据殷虚考古发掘出土的玉石人像服饰和发饰，并结合明代弘治刊本《历代古人像赞》绘画，参考今人傅氏宗亲基本特征，正式为始祖傅說创作肖像。

此套傅說标准肖像创作，由财富人物国际传媒总裁傅大庆先生任创意总策划，在中国社会科学院历史研究所先秦史研究室主任、博士生导师宋镇豪研究员亲自悉心指导下，近百次修改才得以完成，可谓是经过反复论证、千锤百炼、精益求精。抱有对历史高度负责的态度，目的是为了纠正历史上留下来的种种缺失，以还原历史，给后人留下一个标准统一的画像，有利于对傅說文化的发扬广大，让傅說的伟大形象永远树立在人们心中。

中国先秦史学会秘书处

2010年3月9日

《兑命》经典名句：“高宗夢得兑（yuè 悦）使百式營求諸野，得諸傅岩……。命之曰：‘朝夕納誨，以輔臺（怡）德。’若金，用汝作礪；若濟巨川，用汝作舟楫；若上有歲大旱，用汝作霖雨。啟乃心，沃朕心。高宗以德治國，夢想成真。”

明王奉若天道
建邦設都終使
武丁中興
乙未羊年

“惟（兑命）總百官，乃進于王曰：‘嗚呼’！明王奉若天道，建邦設都，樹後王君公，承以大夫師長。不惟逸豫，惟以亂民。惟天聰明，惟聖時憲，惟臣欽若，惟民從義……旁招俊義，列於庶位，終使殷商復興。”

殷商高宗武丁王梦得良弼，其名为“兑”（yuè）。群臣之内既无其人，遂命百官以所梦兑的形象到野外四处寻找，终于在山西运城平陆的父岩找到了兑，于是委以朝廷重臣，并以父岩地名赐兑为父姓。史叙其事，作《兑命》三篇。先王驾崩，殷商武丁继位，守孝三年间不理朝政。守孝期满，武丁王依旧不论政事。于是群臣进言道：“大王知晓礼法可见是一位通达事理的明君，如此明事理实为天下人之楷模。作为统治天下的天子，百官效法大王的德行，大王的话就是命令，大王不下令，臣子们就不知道自己该做什么事了。”于是武丁王命人作书昭告群臣：“以朕为天下人之楷模，朕担心自己德行不够，也不能服众，因此才不发表政见，恭敬的独自思考治国之道。”

“朕的先王托梦说将赐予朕一位得力的贤良辅臣，让他来辅佐朕，代朕发表政见。”于是详细地描述了梦中兑的相貌，又命人按照描述的相貌画像，寻访天下。兑当时在运城平陆父岩这个地段修筑盐道，因为在殷商时期，山西运城的盐湖产销盐占当时全国的十分之九，所以，这条盐道是非常重要的交通运输道路，朝廷官吏发现兑的相貌与画像描述的相貌极为相似，遂将兑带回朝廷与武丁王相见，武丁与兑相见如故，坦露真言，称兑是圣人，立兑为朝廷重臣。武丁王告诉兑说：“朕将时刻接受教诲，来提高朕的德行。朕若是刀剑，您便是磨刀石；朕若要渡大川，您便是船桨；朕若逢大旱，您便是甘霖。开启您的智慧来浇灌朕的智慧。”

道德文化之根源於殷商武丁
中興其經典之名言以正四方
朝夕納誨以輔怡德
若金用汝作礪
若濟巨川
用汝作舟楫
若歲大旱
用汝作霖雨
若作酒醴
爾惟麴糵
若作和羹
爾惟鹽梅惟兑
命總百官
迺進於王曰
嗚呼
明王
奉若
天道建
邦設都
樹後王君公
承以大夫師長
旁招俊義列於庶位
不惟逸豫惟以亂民
三千三百余年前的君臣真言開啟了
華夏民族群體智慧之靈光一真

“良药苦口利于病，忠言逆耳利于行。希望您和您的同僚，无不同心同德辅佐于朕，使朕能够沿着先王开辟的正确道路前进，使百姓安居乐业。朕命您时刻教导朕，能够做到善始善终。”兑向武丁王回复：“木料沿着墨线裁切就会平直，君王听从劝谏就会圣明。如今大王自己心甘情愿做一位明君，自觉修正自己的品德，臣子们不等大王下命就会主动向大王进谏，谁敢不恭顺的执行大王的英明决策呢？”兑受命总领百官后，真诚的向大王进谏：“圣明的君王你要尊承顺应天道自然法则，建立友好邻邦，设立国都并树立起国王的尊威。整编正规队伍，封侯，任命大夫师长，不是叫他们贪图安逸享受，而是为了让他们更好的治理国家安抚百姓。”

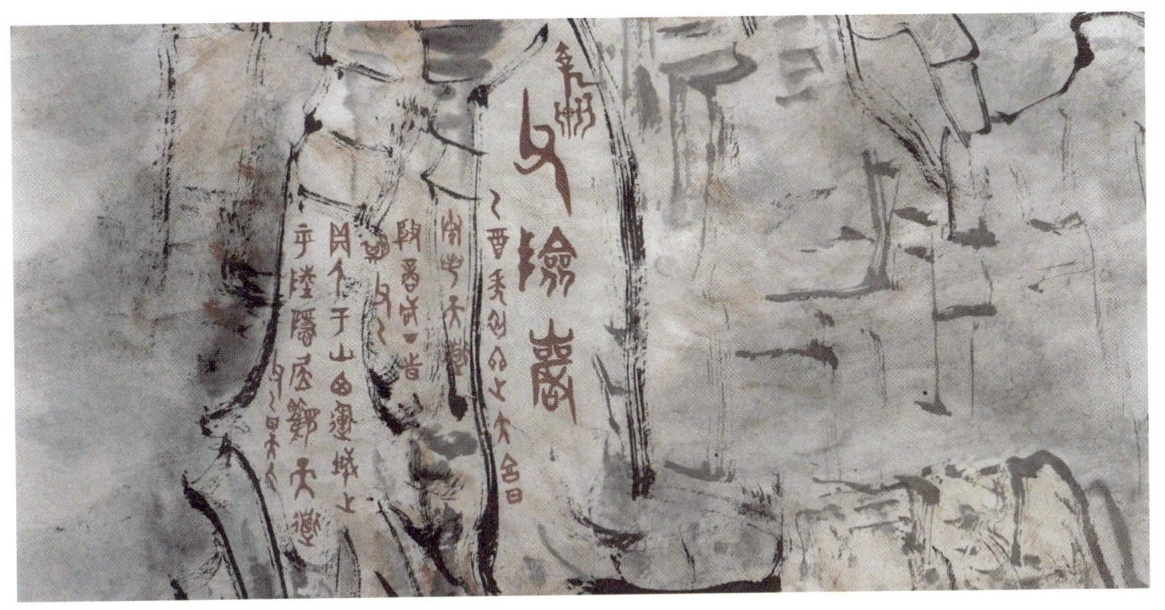

“天道蕴含智慧和公正，要治理好庶民百姓就要遵循天道，遵循天道法则，上可以表率群臣，那群臣自然就会奉公守法，下可以安辑百姓，那百姓自然安居乐业，服从治理。轻率地发号施令，可能反招羞辱；随意地动用军队，可能遭致战祸；官服放在竹箱里，不可轻易赏赐不称职的人；兵器存于府库中，不可随便授予不胜任的将帅。大王只要谨记这些，自然能够政治清明，没有什么不美好的了。国家的安定与否在于百官。授予官职不可以感情亲疏为标准，而要用能力来衡量；爵位不可赐予德行败坏者，而要赐给贤达之人。”

“做事要三思而后行，并且要选择良机。行善自夸者，若善行得不到别人认同，反而失去了自己的善意；居功自傲者，若功劳得不到他人认可，反而丧失了自己的功德。凡做事就要有章法、有准备，准备好了再做事，自然水到渠成而无后顾之忧。不可因宠幸小人而招致下臣的轻慢讥嘲，不要以承认过错为耻而文过饰非导致更大的错误。能够依循上面说的这些来治理国家，处理政事自然会井井有条。对神明先祖的祭祀礼仪如果不庄重那便是不敬，祭祀活动不能太频繁，礼仪也不能过于繁琐。过于繁琐就会紊乱，祭祀频繁与紊乱就失去了本真祭祀神灵的真性。因此，祭祀礼仪务求简朴而庄重。”

武丁王言道：“说得真好啊！兑。您的话让人信服。如果您说服不了朕，朕怎么会照着您的话做呢。”兑听到大王将按他所说的来施行，跪拜行礼后道：“知易行难，大王信服我的话不难，坚持执行才有困难。兑既然答应要辅佐大王沿袭先王的成功道路，兑如果不能尽真言，便有愧于明君。”武丁王高兴地说道：“啊！兑，朕年少时曾向隐士甘盘学习做人修身的方法，于是跑到荒野，居住在黄河边体察民情，最后又从黄河边回到都城，虽有所积累却始终苦于没有好的办法将心中抱负展露出来。您教导朕如何实现朕的抱负，就好比朕要酿酒，您便是酒曲；朕要做羹，您便是调料。您要对朕多方指正，不要离开朕，朕将会执行您的教导。”

兑道：“大王！人们寻求博学多闻就是为了成就功业。从先辈的经验教训中学习才会有大的收获，做事不遵从前人的教导，要想国家能长治久安，这样的道理我还从来没听说过。学习要抱着谦逊的态度，时刻用功努力，修为才能不断提高。心中常怀着求学的渴望，修为就会渐渐的积累。教给大王的知识只是学到了一半，观念的形成还要来源于自己的学习和领悟，知识只有经过自己揣摩德行修为才会在不知不觉中增长。借鉴先王成功的治国经验，就永远不会有过失。我能够奉行大王的命令，广招天下贤才，给他们量体裁衣安排称职的岗位。”武丁王听后感叹道：“啊！兑，到那时天下万民都敬仰朕的德行，这便是您教导有方。”

“人有手足，能够运动，才能称其为人；君有良臣，能够辅佐，才能称其为圣。前朝贤臣保衡辅佐先帝时曾说过‘我若不能辅佐君王像尧舜一样圣明，便心感惭愧羞耻，就像人被鞭挞在闹市街上’。普天之下若有一人不得安其所，‘这便是我的罪过’。伊尹（伊尹是成汤的国师）辅佐朕的烈祖成汤（商朝第一代君王），其功至于天。您要用心力辅佐我，不要让伊尹一个人在殷商独享美名，君王没有贤臣就不能治理好国家，而贤臣没有圣明的君王就得不到重用。您要辅佐朕沿着先王的足迹，使天下长治久安。”兑听后跪拜行礼后道：“敢与大王对话要感谢大王的英明决策，这也是我本该完成的使命。”

殷商武丁王时代的朝廷重臣傅說，为复兴殷商文化的发展，在山西中条山脉之历山，组建了一支专事探秘与研究天道自然规律的贞人团队，以父甲、父乙、父丙、父丁、父戊、父己、父庚、父辛、父壬、父癸十人为核心。他们长期栖息于中条山脉的历山，立榑木日晷，观测太阳与月亮每天昼夜运行的时辰变化规律，观测到日月星辰运行的相互关系并确定方位，东西南北中，金木水火土五行。他们日复一日，长年累月，终于掌握了一套弥足珍贵的榑木日晷纪历，十天干与十二地支相配合的时辰表。积累了大量的日晷数据，逐步形成了严密而精细的天道自然运行哲理并完整的铸、刻在青铜器与甲骨之上，承载了千万年以来，华夏人类通天彻地的文明智慧与震古烁今的文化张力。六十甲子时辰表，农耕文明的万年历传承至今，亘古不变。

有多件青铜重器铸有此类标志；彰显了奉若天道，农耕文明，承上启下，舜耕历山等重要文化信息，体现了华夏先祖群体智慧的灵光慧性，我们看到榑木顶端是以三角形的建筑力学为支点，相互支撑。中端有一面随风飘扬的旗幡，以测风向。榑木日晷纪历广泛推行于天下，为华夏民族的农业生产发展做出了巨大的不可磨灭的贡献，同时也为后世研究天文历法提供了非常重要的资料。难怪乎！老子参悟到天道自然哲理曰："人法地，地法天，天法道，道法自然。"又曰："道生一，一生二，二生三，三生万物。"因榑木纪历主要为农牧养殖业提供了二十四节气的天文信息，农耕文明由此勃兴。后世称作农历，也叫万年历，流传至今仍然实用不变。

傅說是殷商武丁王求梦得贤，封为朝廷重臣，代武丁王发号施令，总理朝廷百官，赐“父”为姓氏的宰辅之圣父兑（悦），后世文字演化为傅說。是父兑尊武丁王之命，广招天下贤才，将榑木日晷纪历广泛推行于天下。遂又把十天干、十二地支相配的每天昼夜定为十二个时辰，每五天为六十个时辰，即六十甲子一轮回。分别铸、刻在青铜器与甲骨文中，为华夏民族的农耕文明发展做出了巨大的不可磨灭的贡献，同时也为后世研究天文历法提供了非常重要的科学资料。遂又观测到天道亏盈，阴阳之气，互生互补。阴进则阳退，阴退则阳进。月亮亏盈十五天为一个节气的气温变化，三十天为一个满月的气温变化，月亮与太阳交替运转，周而复始。远古先祖用智慧撬开了天道法门。

山西独特的地理位置与环境，春夏秋冬四季分明，更奇妙的是先祖们通过立槫木得知，春分这一天昼夜均为六个时辰。而秋分这一天昼夜也正好是六个时辰。又得知，夏至这一天昼最长，夜最短；冬至这一天为昼最短而夜最长。先祖们为感恩天地赐与人类弥足珍贵的无形的精神财富与宝贵的物质财富，并定春分与秋分，夏至与冬至，冬末与春首相交的春节共五天，定为尊天拜地敬祖先之大祭日，先祖们又通过大祭日来微观的修正地球绕太阳公转年轮的时间差，使其 360 天为地球绕太阳一周 360 度的时间差修正为 365 天。傅說以德立命，以道修身，用毕生智慧才华成就了“武丁中兴”。傅說终身以廉洁自律，耄耋之年，功成退隐，为而不争，充分体现了道家思想的最高境界，难怪庄子把傅說比喻天上的箕尾星而光启后人。

目　录

前　言

《华夏文字之父》一书中的“父”并非指的是父亲或是父辈，而是与三千多年前殷商时期的一位重要人物“傅説”有关。傅説是殷商武丁时期被武丁王从民间启用并委以重任，对“武丁中兴”盛世做出过巨大贡献的重要历史人物，在世时便被武丁王尊为“圣人”，比孔圣还要早800余年。傅説的事迹在后世的诸多史书中均有记载，然而在傅説所处的武丁时期却并未发掘出相关的考古证据，这成为考古界的一个疑问，傅説真的存在过吗，如果傅説真实存在，那么与傅説有关的历史遗物又在何处呢？

带着这一疑问，本书作者对目前已经出土，并被国家整理编册的所有殷周时期的金文与甲骨文进行了整体的通读与研究，终于找到了这些历史资料间千丝万缕的联系，从一个“父”字入手，开启了殷商时期这段尚未被挖掘出的文化信息宝库。“父”在殷商时期究竟代表了什么含义呢？“斧”如果表示的是劳动工具的话，那么“父”应该就是使用劳动工具进行劳动的人。从史书记载我们知道傅説的姓氏是由武丁王所赐，那么“傅”和“父”之间是否有着某种联系呢？

沿着这一思路，作者对现在所有已出土的殷周金文和甲骨文进行了整理，再对整理出的资料进行分析得出了一个结论——金文甲骨文中所出现的“父乙”便是武丁时期的圣人“傅説”。

本书便是沿着“父”字的脉络，从一万多件带有铭文的殷周青铜器中筛选出与“父”氏有关的器物进行整理研究，从中整理出了包含父氏名款的二千六百余件器物。其中父甲五十余件、父乙六百二十余件、父丙四十余件、父丁五百一十余件、父戊一百三十余件、父己三百三十余件、父庚八十余件、父辛四百一十余件、父壬二十余件、父癸三百八十余件器物，本书精选出其中的部分拓片进行了展示。父氏团队以十天干作为官职并各有分工，在宋代出版的《宋宣和五年集博古图》中就有用十天干命名官职时以甲、丙、戊、庚、壬主外臣，乙、丁、己、辛、癸主内臣的说法，从数字的统计上来看父氏团队的器物数量也完美符合了这一规律，而内臣中器物数量最多的“父乙”中又出现了大量与“傅説”相关的信息，在本书中全部进行了展示与说明。希望这些内容能够起到抛砖引玉的作用，为殷商文化的发掘开启新的篇章。

序　一

2014年夏天，我应邀去山西太原参观了傅幻石先生的一个有关甲骨文、金文的学术成果展，从而有幸认识了傅幻石先生。参观期间，傅幻石先生饶有兴致地向我们介绍了他在研究甲骨文、金文书法艺术方面的心得，以及通过对古文字的探究对武丁中兴和傅說文化的研究体会。傅幻石先生还送给我一本集他本人数十年心血的专著《傅幻石金文书法大字典》。这部书法大字典足以证明傅幻石先生在金文书法方面的造诣。那年冬天，我又去太原参加“山西省社会科学院傅說文化研究中心”成立大会。由于傅幻石先生的学术贡献，他被聘为这个研究中心的副主任。在这以后，我与傅幻石先生有了更多交流，对傅先生的学术生涯也有了更深地了解。他对学术的执着探究，对生活的简单朴实，对朋友的直率真诚，对处世的木讷天真等态度，给我留下深刻的印象。

傅幻石先生原本是一位画家、书法家，在绘画、书法方面有比较深厚的造诣，他本人并没有深厚的历史学和考古学的专业背景，但他认为，书法绘画、古文字与历史这三者应该是相通的。他正是从对甲骨文、金文的研究过程中逐步感悟到蕴藏在古文字背后的一个人物、一段历史，一种文化。他是从为了深入钻研书法的这个视角关注小篆与大篆的衍化关系，进而关注甲骨文、青铜器铭文等相关古文字的；进而逐步对以甲骨文、金文为主要表现形式的古文字进行深入研究。随着他研究的不断深入，逐步由书法研究转入对傅說这个历史人物的研究，再进而通过对傅說的研究对殷商武丁中兴时代的历史产生了浓厚的学术兴趣，并在此基础上做了十几年如一日的潜心研究，对殷商金文与甲骨文、对傅說，以及对殷周两代的历史发展提出了自己的独到看法，这种数十年如一日“甘坐冷板凳”的学者风范确实值得我们尊敬。

在傅幻石先生的新作《华夏文字之父》出版之际，傅先生几次邀请我为此书写序，而且态度很坚决。我是推辞过再三的，原因很简单：我在甲骨文和中国殷商青铜器铭文历史研究方面的知识非常有限。但最终我还是答应了，原因同样很简单：是傅幻石先生的质朴与执着感动了我。

文字是华夏人类智慧文明的集中表现。中华五千年光辉灿烂的文明史都集中反映在中华汉字（象形文字）文化之中。郭沫若先生曾经说过一句话，“识字是一切探求之第一步”，可见这对于做学问的人来说真是经典的启示。中华古文字由来已久，至少可追溯到三万余年前的燧人弇兹氏发明的结绳记事，点线结合的结绳记事基因文字，象形图画文字，逐步发展成今天的中华汉字，绵延不断，脉络清晰，传承有序。虽然我们目前发现的古文字最早时代至今只有四千余年的历史，但是我国殷商武丁中兴时代的青铜器图文深蓄华夏人类智慧信息上溯三皇五帝，历经了漫长的三万余年时间，根在燧皇之传说。因为华夏人类最初进入文明时代的是人的记忆思维，而燧皇发现的石斧工具，燧石击石取火、狩猎，区分开了人与动物，这也大大提高了人在自然环境中的生存能力与摄取食物、用火熟食、改善生活的能力，久而久之，这种文化信息便口耳相传的被贮存在历史的典册记忆中。

中华象形文字是华夏人类先祖群体智慧的结晶，也是华夏人类最伟大的发明之一，文字是最可靠的文化信息证史，文字又是文明时代最为重要的时代标志。翻开傅幻石先生的新作《华夏文字之父》，从中可以看到我国不同时期出土的二千六百余件殷商青铜重器与甲骨文化信息，让读者领略到三千余年前的殷商武丁中兴时代的图画象形文字发展衍化的全过程，其文化内涵十分丰厚。真可谓上通天文，下至地理，经天纬地，图文并貌，图画象形文字传递了华夏远古先祖在洪荒时代，人与大自然在生存环境中遇到的生活困难，他们用群体力量战胜了艰难困苦的岁月。比如说怎样抗衡久旱无雨，雷电火灾，连雨洪涝，山洪暴发，瘟疫病害等大自然带给人类的各种灾难，并将人类如何抵御各种灾祸，顽强应对，努力团结，战胜一切困难的成功经验，升华为人类战胜困难的精神力量，祖辈们世代不懈的探究，将这段光辉历史永远铸写在了殷商武丁中兴的青铜文化辉煌时代，让后世子孙永远铭记住华夏人类群体的精神文明与智慧源泉。中国殷周青铜器铭文中所贮存的文化信息浩瀚博大，为研究殷商武丁中兴时代的历史文化提供了弥足珍贵的历史文化信息。同时也为当今研究夏商周探源工程的工作者提供了深层文化的重要历史参考资料。

傅幻石先生最重要的发现是，他敏悟了《甲骨文合集》与《殷周金文集成》中的“父乙”名款，通过细心比对，互相应证，并以获取的大量出土的殷商青铜器铭文信息为依据，以一个书画艺术家的独特眼光敏锐捕捉到了殷商青铜器铭文中的“天道”图画智慧文明信息，同时证明了殷商金文与甲骨文中的“父乙”就是殷商武丁王“求梦得贤”的良弼重臣傅說，还发现了殷商武丁中兴时代，有一个以傅說为首的用十天干命名的核心团队，他们各负职责，各尽其能，共同肩负起复兴殷商大业的历史使命。傅幻石先生在殷商金文信息中找出了重点，并做了精细的研究比较，最后确定了殷商武丁中兴时代最主要的政治人物姓名、地位与分工，将这段不为人知的惊心动魄的辉煌历史画卷重新展现给世人，让后世子孙再次了解了华夏远古先祖用勤劳智慧的双手铸写的那段“殷商青铜文化”文明信息。当然，傅先生的这一重大发现还需要历史文献、考古发现和学界的进一步印证和讨论。

傅先生在撰写《华夏文字之父》的过程中，曾经查阅了大量的我国各时期出土的青铜器的史料。比如宋代《考古图》、《宣和博古图》，元代《学古论》，明代《博古图》和现代《金文编》、

《殷周金文集成》等，对其中的青铜器文化信息进行了文字字形的细微比对和顺序排例，并从《殷周金文集成》中的一万余件青铜器铭文中发现了六百余件青铜器铭文铸有“父乙”的铭款。尤为重要的发现是，作者首先从《殷周金文集成》中发现了“父乙”就是辅佐殷商武丁王的重臣傅說；其次还发现了《殷周金文集成》中，出现的铭文识读与断代错位。我国出土的青铜器“殷周两代”断代混淆不清，从而导致了殷商武丁中兴这段辉煌的弥足珍贵的历史文化信息无从考证。

傅幻石先生的这一发现，在学界产生很大反响。山西省社会科学院的相关人员对这一断代学术论点做了调研，经与中国社会科学院学部委员、历史学部主任、考古研究所原所长刘庆柱先生，山西社科院傅說文化研究中心顾问、太原傅山学社社长，中共太原市委常委宣传部原部长范世康先生等座谈研讨，认为傅幻石先生多年来对傅說文化的探索具有积极的意义，取得的有关成果应给予重视。经山西省社科院党组研究决定，成立了山西省社科院傅說文化研究中心，并聘请傅幻石先生为山西省社科院傅說文化研究中心副主任。

山西是华夏远古人类生活的重要栖息地之一，也是殷商廉臣傅說曾经居住生活过的地方，这里东邻太行山，西傍吕梁山，还有一座更神秘、更具有文化底蕴的中条山脉——历山，这里曾经留下过黄帝的足迹，也有过尧、舜、禹的江山设计，舜耕历山体现了华夏农耕文明的群体智慧基因，时辰、节气、万年历皆因此地而闻名，它承载着华夏民族文明文化的丰功伟绩，光前裕后，追根溯源，循名责实，使命所然。

傅說文化是中华上古文明的杰出代表，是中华民族优秀传统文化的重要组成部分，在中华上古文明史中占有重要地位。殷商武丁中兴时代是华夏民族文化交流从闭塞走向开放的时代。作为殷商武丁中兴的核心人物，傅說对武丁中兴以及中华优秀传统文化的形成做出了巨大贡献。傅說用真善美的优良品德，修身立命，效法先祖，尊天敬地，智圆行方，德高道善，为而不争，本书将精彩夺目的历史画面一页一页展现给观者。

中国社会科学院学部委员、中国先秦史学会会长宋镇豪及有关领导得知这一信息，也非常关注和重视，多次到山西太原做深入调研，并于 2015 年 6 月 25 日正式授牌，在山西三晋国际饭店建立中国先秦史学会傅說文化研究基地。这对进一步开展傅說文化思想的研究无疑有着积极作用。

把书名定为《华夏文字之父》，以及书中提出的一些重要学术观点，还需要学界在更深刻更广泛考证的基础上形成共识。重要的是傅幻石先生的研究或许为我们开辟了一个新的视野，夯筑了一块新的基石。相信本书的出版，对深入发掘殷商武丁中兴的历史文化信息，探索傅說思想的文化内涵，有着积极的意义。

晋保平

2016 年中秋节于北京

序　二

傅幻石先生早年主要从事书画研究与创作，凭着其特有的刻苦精神和对天地人生的领悟不断有大作问世，受到业内人士的关注。

也许是受“道法自然”的支配，我与他于公元 2007 年纪念傅山先生诞辰 400 周年之际相识，更由于我们对傅山先贤有着共同的敬仰之情，得知他对傅氏宗亲的老祖傅說公更有不舍的血脉亲情，于是便在那年的大规模纪念活动之后，把傅幻石先生介绍到有作为的企业家宋新梅女士那里落脚，以便其扎根于傅說老祖所在的三晋大地展开研究，如从 2007 年算起至今已有近十个年头。这十年中傅幻石先生确实不负众望，除每年的农历四月初八和农历六月十九均要组织联络各省傅氏宗亲分别到傅氏祖地平陆及傅山故里太原西村参加纪念傅說和傅山先贤的相关活动之外，还把大量的时间和精力化费在对傅說文化乃至先秦史料的查询和钻研之中。功夫不负有心人，十年的寒窗苦，终于孕育出令人欣慰的朵朵腊梅，先是在山西人民出版社的支持下出版了他的专著《傅幻石金文书法大字典》，为中华民族正在兴起的“国学热”，提供了大型的工具书；紧接着又在中国先秦史学会有关专家学者的支持下苦心研读了各种版本的《說命三篇》，写下了自己的心得体会。在此基础上，还通过身为山西省政协委员的宋新梅女士撰写政协提案，得到省委、省政府有关部门的重视和支持，经山西省社科院党委会研究决定，专门成立了“傅說文化研究中心”，傅幻石先生也被聘为该研究中心的特聘副主任，从而使山西的傅說文化研究走上了“官民结合”的渠道，傅幻石先生也有了施展才华的更大平台。据此，中国社会科学院原副秘书长兼科研局局长晋保平，中国社科院学部委员、中国先秦史学会会长宋镇豪等有关领导和国内的部分专家学者不仅在 2015 年 6 月 25 日于山西太原举行了隆重的“中国先秦史学会傅說文化研究基地”挂牌仪式，还先后两次召开了高层次的学术研讨会。为此，山西卫视、太原电视台、《山西日报》、《三晋都市报》、黄河网、人民网、新华网、中华网等二十余家新闻媒体均做了新闻报道。在中国先秦史学会与出席中国山西首届傅說文化高峰论坛全体代表共同倡导下，郑重的向全国发出了“太原宣言”，极大地丰富和拓展了傅說文化的社会影响力。

秉持着巩固已知，探索未知的科学态度和为中华文明正本清源的坚定信念，傅幻石先生锲而不舍地昼夜苦战，从殷商武丁王“求梦得贤”以及傅說公辅佐武丁王创造了“武丁中兴”的诸多史料中，整理出了一部可供学界参考的“中华文字探究”一书，幻石先生把他研习的成果取名为《华夏文字之父》。这种说法虽然尚待学界做出更多的考证，但他这种对承载中华文明最重要的“语言文字”的认真钻研精神，是确实值得称道。

我作为太原傅山学社社长，也作为山西社科院傅說文化研究中心顾问之一，在与傅幻石先生相知相识相交的十余年中，从他身上学到了很多，更看到像他这样一批有志于传承中华优秀文化的新一代“士人阶层”也已在国家主席习近平同志的感召下率先树立起华夏儿女应有的“文化自信”。只要我们把这种“文化自信”契而不舍地转化为更加自觉的实践行动，中华民族伟大复兴的中国梦，终将不会为少数别有用心之人所说的“痴人说梦”，这也正是我愿为傅幻石先生新作面世所作引言的要旨所在。

范世康

草于2016年中秋之前

研究论文

殷商金文与甲骨文中的重大发现

——父乙即傅說之考证

傅幻石

为傅說正名，明正则言顺。傅說（yuè，悦），象形文字为（[illegible]），亦为“父兑”，约公元前1335—前1246年，山西省运城市平陆县人。殷商武丁王“借梦求贤”，尊兑（說）为圣人，赐兑为父（傅）姓，封傅說“[illegible]”为朝廷重臣，总理百官。父兑“[illegible]”是辅佐殷商武丁王的首功之臣，在他五十多年的辅佐之下，殷商王朝出现了盛世“武丁中兴”。父兑“[illegible]”比老子与孔子早七百多年的历史，是后世“子学”启蒙的老师，更是诸子百家眼中的圣人。

关于傅說的故事在后世的《尚书》《史记》《礼记》《吕氏春秋》《国语》《墨子》《孟子》《庄子》《荀子》《楚辞》等许多所谓地上（纸上）史料、传世典籍中均有记载。然而，从我国地下出土的殷商武丁时期的甲骨文、金文资料中却并未发现任何有关“傅說”的记载。所以说，关于傅說的出土信息至今在我国依然处于空白。

甲骨文是在1899年才被王懿荣发现并开始收集的，随后，刘鹗、孙怡让、罗振玉和王国维等在甲骨文研究方面取得突出成绩。但他们研究甲骨文的时间最长的不过十数载而已，再加上晚清时期，时局动荡，在时间和社会的双重压力下，这些研究成果难免会出现纰漏和错误。1928年殷墟遗址开始正式发掘，这期间出土的大量铸有金文的青铜器为同时期甲骨文的破译提供了充足的佐证，而此时殷墟文化研究的先驱大都已离世[1]，只剩下罗振玉有幸亲眼目睹了这一批珍贵的金文资料并在1937年出版了收录4835件青铜铭文的《三代吉金文存》，为当时蓬勃发展的金文研究做出了突出的贡献，但此时的罗振玉已年逾七旬，自知“炳烛余光”，来不及对自己毕生收集的大量材料进行全面的整理与考释，只是将拓本整理出书，三年后便在旅顺病故，因此并未将甲骨文与金文中的内容进行研究比对与相互印证。作为甲骨文研究的先驱者，他们的研究理论对后世产生着指引性的影响，有了这些先入为主的观念，难免会导致后来的学者走入误区。1976年河南安阳“妇好墓”出土了大量铸有铭文的青铜器，这为研究殷商甲骨文提供了新的佐证史料。早期出土的甲骨文中有很多刻有关于“妇好”的卜文，在当时还不清楚甲骨文中“妇好”所表达的是什么信息，是“地名”还是“人名”？正是1976年“妇好墓”的考古发掘，让我们得知了“妇好”不仅是人名，而且还是英勇善战的殷商武丁王的夫人，更令人惊

1 王懿荣1845—1900年、刘鹗1857—1909年、孙诒让1848—1908年、王国维1877—1927年、罗振玉1866—1940年。

喜的是出土的“妇好大方鼎”的铭文信息，将青铜器文字文化信息直接定格在殷商武丁王时代，由此证明了我国出土的殷商“金文”与“甲骨文”是同一时代的文字信息史料。但是，关于傅說文化的研究，殷商资料信息的佚失，文字演变的发展，文字信息错位的识读等原因，使得傅說的真实身份在我国已出土的殷商金文与甲骨文中得不到辨识和确认，过去的关键性错误认知得不到修正，造成了“公认事实”的偏见，无人再去推敲和进一步研究，因此，关于出土的傅說个人信息的发掘工作在近百年来没有取得学术界共识的突破性进展。

傅說是否确有其人？为何在后世典籍中都有记载的圣人在同时期的甲骨文、金文中会没有任何记载呢？带着这些疑问，笔者抛开前人先入为主的观念，直接由甲骨文、金文入手，从《甲骨文合集》中发现了近千件刻有父乙“”的字样甲骨残片，从《殷周金文集成》中也发现了六百多件铸有父乙“”字样的青铜器物，这引起了笔者的极大兴趣，在详细查阅了大量的史料后，终于有了巨大的收获，其结论就是甲骨文、金文中发现的父乙“”就是史学界近百年来遍寻不获的圣人“傅說”。

“傅”与“父”

《尚书·說命》中有言“高宗梦得說，使百工营求诸野，得诸傅岩，作《說命》三篇”，《史记·殷本纪》中也有记载“使百工营求之野，得說于傅险中……得而与之语，果圣人，举以为相，殷国大治，故遂以傅险姓之，号曰傅說”。这些说的是殷商武丁王梦中得贤，于是派人去外面寻找，最后在“傅岩”这个地方发现了正在筑路的“說”，之后对“說”委以重任并赐姓为“傅”的故事，由此可知傅說因地名“傅岩”而得姓，既然甲骨文、金文中没有“傅”这个字，那么表示劳动者的这个父（）字跟傅岩这个劳动者的聚集地之间会不会有什么关联呢？我们在此大胆的假设，现在所说的“傅岩”在甲骨文、金文中就是“父岩”，表示这个地方是工匠劳动的聚集地，父兑作为这些工匠的领袖和版筑技术的革新者，后来被武丁王发现，并将这个代表劳动者身份的父（）字赐给“兑”为姓，那么甲骨文、金文中傅說的写法就应该是“父兑”（）。这与丁山先生的论断：梦父（）即是“梦傅”，傅說即是“父說”的说法是完全一致的。

山西运城市的潞村，是我国历史上最早有文字记载的盐区，围绕此盐区形成了数条盐道，而傅岩就处于其中一条最重要而且最危险的盐道必经之路段上。由于道路险阻加上夏季雨水泥石流的冲刷，经常会破坏这条重要的盐路枢纽。因此这里常年聚集了大批工匠来维护道路的畅通，所以，傅岩这里就逐渐成为工匠保障道路畅通的聚集地。此地在殷商武丁王时，“傅岩”即为“父岩”，是为地名，武丁王因“父岩”这个地名赐兑为“父”姓，即为父兑。笔者给出了“父”在殷商时期就是指“会使用劳动工具进行劳动创造的人的统称”的结论，是没有受前人先入为主思想的束缚，直接从象形文字的字形上入手，简单直接的得到文字中所蕴含的真实含义，在象形文字中，“父”字表达的身份信息也完全符合父兑的身世。

在做出了现在使用的“傅”就是甲骨文、金文中的“父”这一假设之后，我们从这些百余年前发现的文字中，重新识读出了前所未有的内容，为殷商时期傅說文化的研究开辟了崭新的道路。

傅說辅佐殷商武丁王的时间长达五十六年之久，这么长的时间都没有任何文字记载，这显然不合逻辑，唯一合理的解释就是自傅說时期至这些史书撰写时期的千余年时间里，“傅”“說”二字的字形一定发生了很大的变化，我们不能再按照现在的写法“傅說”去按图索骥。

既然“傅”字在殷商时期的甲骨文、金文中难觅踪迹，那么研究方向自然就转向查找与“傅”字音、形、意接近，或者某个身份、地位与傅說相符合的人名。由此史学界产生了诸多推测，其中得到的说法是甲骨文卜辞中出现的“甫”（）就是傅說的“傅”，敓、鸢就是“說”。因为从字形上看“甫”字属于“傅”字的一部分，符合汉字衍化发展的规律。但从实际的研究结果来看，卜辞中出现“甫”字的次数凤毛麟角，而且就上下文语境推测，这些“甫”表示地名，并且“甫”字都是单独出现，没有任何与傅說的名“說”或与“說”字类似的文字的组合，因此无论从出现的数量、表示的内容和规格来看，“甫”字都很难代表傅說的显赫身份与重要地位，所以“甫”就是傅說的说法难以成立。

笔者在多次通读《甲骨文合集》和《殷周金文集成释文》之后，注意到了一个出现频率非常之高的“父”（）字，并且这个字不是单独出现，而是在后面都带有以“十天干”为名的名号，那么我们来看看这个时期频繁出现的以“父”为前缀[2]，以十天干为“名”的称谓中，这个“父”字究竟代表了什么含义，它与“傅”之间又有怎样的关联。

东汉时期许慎编著的《说文解字》中对“父”字的解释是“矩也，家长率教者。从又举杖。”说的是父即一家之长，是立规矩，带领、教育子女的人，字形为手中持杖“”。王国维在1925年《古史新证》中将甲骨文卜辞里出现的“父”字定义为“父者，父与诸父之通称”，并将以父为前缀的称谓（父甲、父乙等）定义为王对自己父亲的称呼。郭沫若在1931年出版的《甲骨文字研究》中对“父”的解释是“父乃斧之初字，石器时代，男子持石斧以事操作，故孳为父母之父。”由此可见，自汉朝以来大家就认为“父”字是表示父亲之意，并且，时至今日，顺理成章的认为三千余年前殷商时期甲骨文、金文中的“父”也是表示父亲的意思，那么事实果真如此吗？

“六书”是东汉时期许慎对汉字构造原理的归纳和总结，用“象形、指事、会意、形声、转注、假借”概括了汉字的六大造字原理。许慎并没有见过殷商金文与甲骨文，而一千多年前的殷商时期刚刚完成了以图表意到以字表意的过渡，甚至大量的殷商青铜器中依然使用图画结合文字的方式来进行表意，因此大部分的文字都是从图画简化、抽象、变形而来，当以“象形”

2（）：父甲、父乙、父丙、父丁、父戊、父己、父庚、父辛、父壬、父癸。

为主，所以我们应从象形字的眼光来重新审视一下甲骨文、金文中的“父”字的真实含义。

甲骨文是使用尖锐的工具将刻在甲骨之上，文字的笔画纤细，从图画变形而来的象形功能还得不到良好的体现，因此甲骨文的断字大多是从卜辞的上下文内容中进行比对和推理的。笔者从甲骨文中挑选出了部分比较典型的“父”字，如图 1 所示。

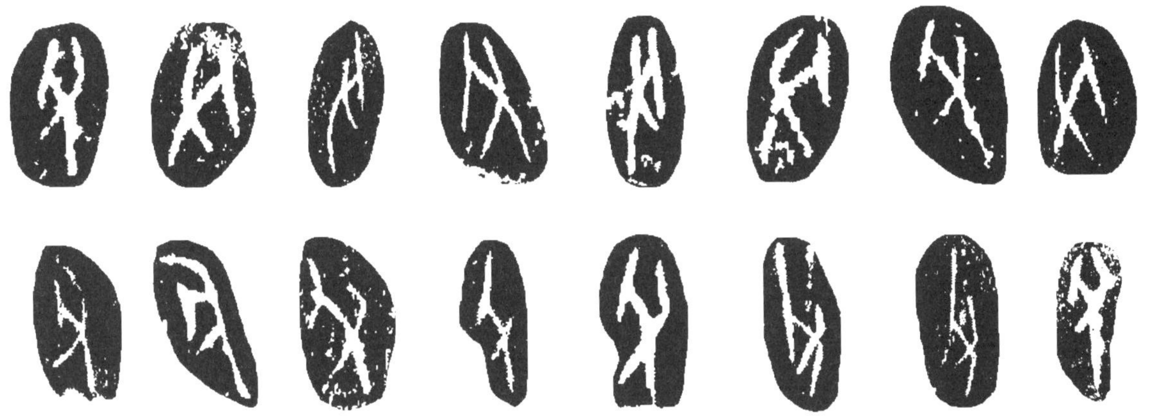

图 1

图片来源于《甲骨文合集》，编号依次为 2194、2199、2206、2255、2646、4840、10630、17376、19929、19945、22193、23183、26925、27361、28278、32675。

金文中的“父”字写法也是千变万化，我们同样挑出一些比较有代表性的进行对比观察。由于金文的笔画比较浑厚，蕴含了大量的图画象形信息，因此从金文中我们能更加容易的解读出象形文字所要表达的含义。从图 2 中我们不难发现，“父”字字形右下部分代表一只手，而左上部分笔画的粗细形状不同，除了表示类似锋利的石斧外，还有底部平整类似筑墙用的工具，这些都泛指各种劳动工具，两部分结合起来就代表能够使用劳动工具劳动的人。因此，从对文字的直接观察我们就可以推断出“父”字在殷商时期指的就是：会使用劳动工具进行劳动创造的人的统称。

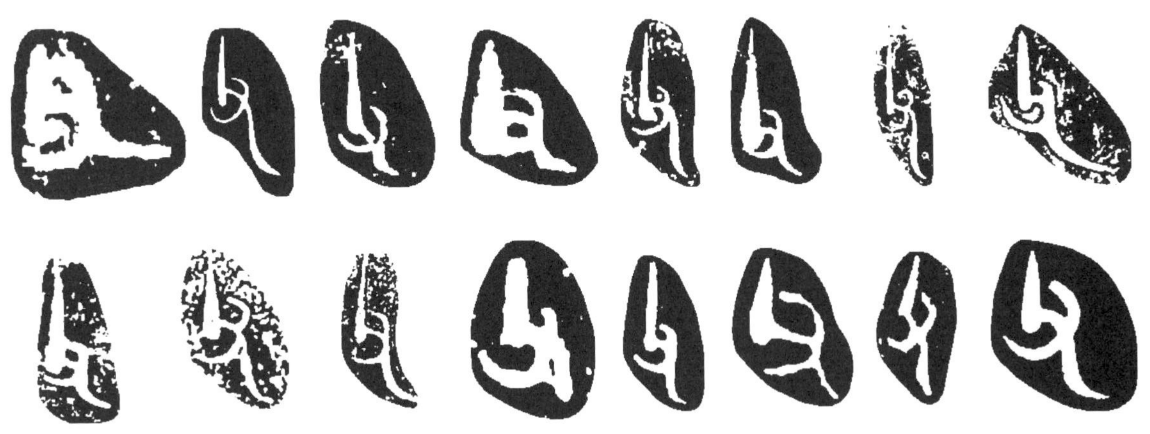

图 2

图片来源于《殷周金文集成释文》，编号依次为 815、1523、1540、1546、3155、3316、5150、5731、6233、6810、6811、7899、8430、8859、8877、9271。

前文说到傅說是因地名“傅岩”而被武丁王赐姓为“傅”，那么如果这个代表劳动者的“父”字和“傅岩”存在着某种关联的话，就可以进一步证明“父”与“傅”之间同样存在着非同一般的联系。

我们在此大胆的假设，“傅岩”就是因为当地泥石流带来的岩石和大批聚集的劳工而得名的话，傅岩在甲骨文、金文中就应该是“父岩”，殷商武丁王以梦求贤，派百官在四野寻找“兊”，最后在“父岩”发现了用版筑之法教工匠筑路的“說”，于是将地名为父岩的“父”字赐给了“說”作为姓氏，那么甲骨文、金文中的傅說就应该是“父說”，如果我们从甲骨文、殷商金文中找到了“父說”，就等于找到了“傅說”在殷商武丁中兴时期留下的文字证据。

“說”即“兊”

从甲骨文、金文中找到“父說”就能够证实前文提到的“父”即是“傅”的假设，更能够证实傅說不仅存在，而且真真切切的出现在殷商时期大量的甲骨文、金文中。带着这个目标，笔者又从前面查找到的所有与“父”字有关的资料中重新仔细搜索了一番，并没有找到“父說”二字，但却从与“父乙”有关的资料中找到了“父乙兊”和“父乙臣辰兊”，这个“兊”（ ），与傅說的“說”之间又存在着怎样的关联呢？

前文说到学术界至今都未从甲骨文、金文中发现傅說，最可能的原因就是历经了千年的汉字衍化，“傅”“說”二字的字形一定发生了很大的变化，我们现在所说的“說”是否就是甲骨文、殷周金文中的“兊”衍化而来呢？

象形文字是由图画简化抽象、变形而来，一幅图画可能包含了大量的文化信息，表达了很多的意思。随着文化的发展，用同一个象形字来表达多层的含义常常会引起各种歧义，为了避免产生歧义，后来给这个“象形字”旁边再添加另一个“部首信息”，两个结合在一起，组成了一个“合体字”，这个合体字则表达出了更加宽广和准确的文字文化信息，由此产生了越来越丰富的汉字，例如弗（佛、拂、沸），兊（說、悅、敚），兑（锐、税、说）[3]，台（怡、饴、贻），米（迷、粟、精），乙（亿、忆、屹）、尧（饶、绕、晓）等。因此我们进一步假设傅說的“說”字就是“兊”通过衍化发展而来。

同“父”字一样，笔者也分别从甲骨文、金文及竹简中找出了具有代表性的字形来做示例（如图 3、图 4、图 5、图 6 所示）。

西汉时期的戴圣《礼记・缁衣》中就曾引用过“兊命曰：‘惟口起羞，惟甲胄起兵，惟衣裳在笥，惟干戈省厥躬’。”他在引用《說命》时用的就是“兊”字，这一点非但没有引起学者们

3 兊（yuè）与兑（duì）是两个不同形意的字，在甲骨文、金文中并没有“兑”的字形，这是在汉代以后才出现的新字，如今已经被混淆为同一个字繁、简不同的写法

图 3

图片来源于《甲骨文合集》，编号依次为 5767、5810、7014、7020、23466、27903、27945、41516、41517。

图 4

图片来源于《殷周金文集成释文》，编号依次为 2006、2116、3167、3306、3422、5153、5795、8869、8995。

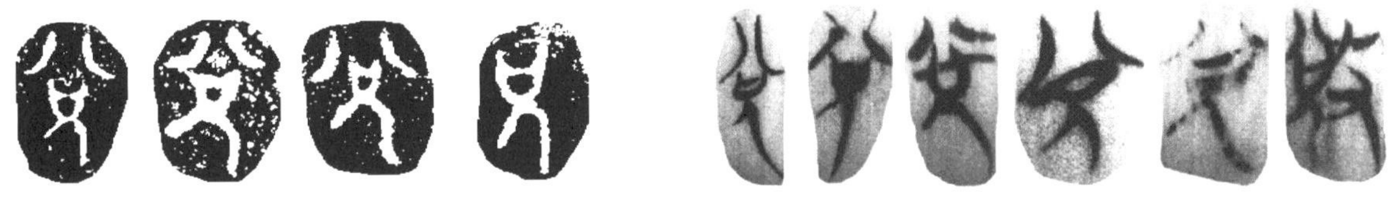

图 5

图片来源于《西周金文》。

图 6

图片来源于《郭店楚墓竹简》。

的重视，反而在后来东汉经学大师郑玄[4]注解戴圣的《礼记·缁衣》时，指出“兑当为說字之误也。”此后“兑”字的文化信息便被淹没在千年的历史长河中，至今无从寻找。

有了甲骨文、金文中的“父”和“兑”的字形之后，至此我们的完整假设就是：殷商时期的圣人“傅說”就是甲骨文、金文中出现的“父兑”（ ）。

“父兑”与“傅說”

“父兑”就是“傅說”这一假设能否成立，关键要看甲骨文、金文中的这个“父兑”是否与傅說在殷商武丁时期的身份和地位相符合。笔者在查找资料的时候从已出土并整理的《殷周金文集成》中，发现了与“父”有关的器物二千六百多件，其中父甲五十余件、父乙六百二十余件、父丙四十余件、父丁五百一十余件、父戊一百三十余件、父己三百三十余件、父庚八十余件、父辛四百一十余件、父壬二十余件、父癸三百八十余件（如图 7），在《甲骨文合集》中，同样找到了完整的以“父”为前缀，以“十天干”为名的称谓（如图 8）。

4　郑玄，127—200 年。

图 7

图片来源于《殷周金文集成释文》，编号依次为 3142、1560、1566、480、1601、6270、1624、5802、5664、1681。

图 8

图片来源于《甲骨文合集》，编号依次为 27361、2199、23297、32225、22074、27397、30303、9827、1823、19947。

从名称特点上来看，这是十位以“父”为前缀，以“十天干”为“名”的人物；从器物数量上来看，这些与“父”有关的器物占到了整个殷周青铜器物数量的近四分之一，其中以“甲、丙、戊、庚、壬”为名的要比以“乙、丁、己、辛、癸”为名的器物数量少，并且这其中又尤以“父乙”称谓的数量最多。

《宋宣和五年集博古图》中就有用十天干命名官职的记载，其中以甲、丙、戊、庚、壬主外臣，乙、丁、己、辛、癸主内臣。如果这种以十天干命名官职的方法是从殷商时期甚至在殷商之前就已经使用并流传下来的话，那么这就应该是十个以“父”为前缀，以“十天干”为官职的官员的名号，并且从数量分布上来看，这也符合了“甲、丙、戊、庚、壬主外臣，乙、丁、己、辛、癸主内臣”的说法，因为内臣处理的事物要远比外臣多，因此用来记载重大事件的青铜器物的数量自然也要多。

“甲、乙、丙、丁、戊、己、庚、辛、壬、癸”这十天干是在约一万两千年前由燧人氏创造的，并沿用到西周早期，如今除了用来纪历之外鲜有别的用途了，而在十天干发明之初他们却是有着实际意义的。例如“甲（十）”字最初表达的是种子生发时破土而出的样子，因此“甲”可能是掌管农业的官职，而“父甲”的青铜器铭文中恰好就有很多表现农耕器具与田地的图像（如图 9）。

“丁（●）”字象征的是人口，因此“丁”可能是掌管生育的官职，“父丁”的青铜器铭文中恰好有很多表现婴儿出生和人的图像（如图 10）。

“戊（戊）”字代表武器，可能是掌管军事的官职，而“父戊”的青铜器铭文中恰好有很多与武器和战争相关（如图 11）。

仔细研究下去就会发现这十个以天干命名的官职各司其职，而每一个职位主要负责的事务都与“十天干”所代表的真实含义相关。如此多的假设与事实的完美印证都表明了笔者当初假设的正确性，既“父甲、父乙、父丙、父丁、父戊、父己、父庚、父辛、父壬、父癸这十个称

图 9

图片来源于《殷周金文集成释文》，编号依次为 1519、1522、4903、6215。

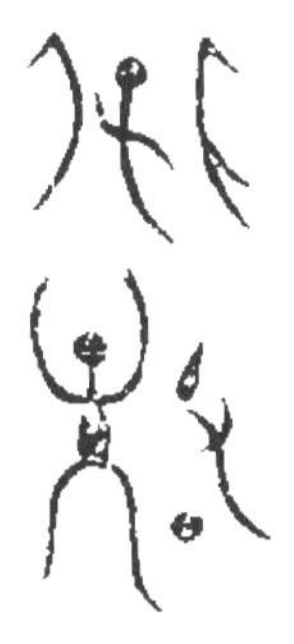
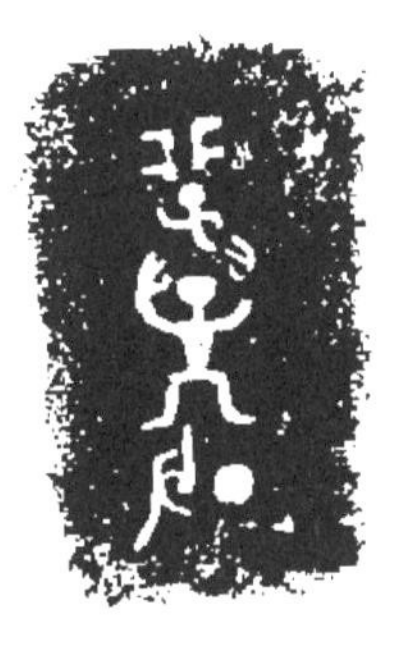

图 10

图片来源于《殷周金文集成释文》，编号依次为 1570、1572、1590、1592。

图 11

图片来源于《殷周金文集成释文》，编号依次为 1864、3185、3189、7123。

谓代表了殷商时期的十位朝廷重臣”。而这其中数量最多的“父乙”所包含的内容几乎囊括了另外九人所涉及的所有内容，因此父乙在这十人中必然有着非同一般的地位，“乙（乚）”字形似闪电，在殷商武丁中兴时代，“乚”享有至高独尊的特殊身份，“乚”表征神权，有通天达地之神力，象征着与天地之间有沟通能力的贞人身份，而父乙是总管宫廷内政、宗庙祭祀活动的主祭师。父乙在大型祭祀活动中担当着执行殷商武丁王的重要指令，代武丁王发号施令，将人权与神权之间的交流结合起来，占卜祭祀，乾坤阴阳。尊天敬地，祭祖传宗。奉若天道，以德兴邦。《尚书·說命》曰：“梦帝赉予良弼，其代予言。”这也真正体现了早在三千三百余年前神权维护着王权所产生的巨大影响力，从而使得华夏先民从巫史文化迅速发展为贞史文化的文明进步的历程，终使殷商复兴，国强民殷。我国出土的殷商金文与甲骨文新的物证信息，证实了殷商金文与甲骨文中的父乙（ ）就是傅說的历史真实可信。

那么傅說是否就是这十位朝廷重臣中的一位呢？以十天干为官职的称谓前冠以“父”字是何意义？这个“父”就是武丁王赐给“說”的姓氏“傅”字吗？前面我们提到了“父乙”的青铜器物中出现了“父乙兑”“兑父乙”“父乙臣辰兑”“臣辰兑册父乙”“臣辰兑”这些字样。其中有鼎八件、尊四件、爵十三件、簋七件、卣五件、盘一件、壶一件（图 12 从每个系列中选出若干示例），这几个字在七大系列高规格的青铜重器中反复出现足以体现其重要性。

图 12

图片来源于《殷周金文集成释文》，编号依次为 2000、3423、3506、5152、10053、2116、2006、9526。

通过分析我们知道了其中的“乙”字应该是表示官职，那么剩下的“父”“兑”“臣”“辰”又分别表示什么意思呢？前文我们推测出殷商时期的圣人“傅說”可能就是甲骨文、金文中出现的“父兑”（ ），从“兑”字衍化成“說”字比较好理解，因为“兑”本身就是“說”的一部分，符合汉字发展的规律，但是从“父”字到“傅”字之间发生的变化用这一规律就难以解释得通了，因此只要能够找到“父”字是如何衍变成“傅”字的，就能够证明“父兑”就是“傅說”。

笔者继续开始查找资料，终于发现了这其中的蛛丝马迹。图 13 是殷商时期的一件青铜器物，铭文中出现了“甫人父”的字样。前文提到学术界有个说法是甲骨文卜辞中的“甫”字就是傅說的“傅”，但是卜辞中的“甫”并不像一个姓氏，而是像一个地名，常有在“甫”地狩猎等内容，那么甫人父中的“甫”与“父”之间存在怎样的联系呢。在父乙的青铜器铭文里笔者找到了图14中的两件来做对比，前一件有一个“田”字，后一件有一个“甫（凷）”字，如果这两件青铜器是用来记录给父乙的封邑的话，“甫”是相较于“田”更加丰厚的赏赐，因为从“甫”字的象形意义上来看是比“田”更能让农作物茁壮成长的土地。这样，图13中的“甫人父”指的就应该是住在甫地的父氏的族人，从铭文的内容看，人数更是达到了“万人”之众。“凷”表示此地不仅可以用来耕种，而且土地肥沃，植被能够茁壮成长，农作物可以实现丰收，因此“甫”地如果作为封邑的话，定然是非同一般的赏赐，而接受赏赐的人的身份也定然是非同一般。将这样一块重要的封地赐给“父乙”，说明父乙无疑是殷商武丁中兴时期身份尊贵的重要人物。

图13

图片来源于《殷周金文集成释文》，编号为10206。

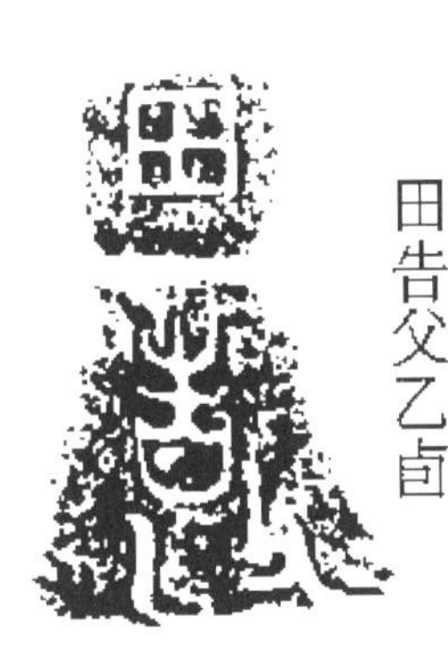

图14

图片来源于《殷周金文集成释文》，编号依次为5056、5619。

那么这个“甫”作为父乙封地的说法就得以成立。在论述“父乙”就是“傅說”时，笔者提到了汉字的衍化，殷商时期并无“傅”字，这个字是汉字衍化发展之后的产物，那么由“父”到“傅”的转变从现代汉字中是看不出有任何关联的，所以，要知道“傅”字衍化的真相就必须追溯到殷商时期。

随着文字的继续发展，图15中的殷商时期青铜器铭文上出现了一个有趣的“父”字，父丁的“父”字是上部“父”和下部“甫”这两个字的结合；图16为西周中期“恭王鼎”上的铭文，字形为上“甫”下“父”，其中“凷”与“攴”中间的笔画借笔共用；到了西周晚期的“克钟”（如图17）铭文上，共用的笔画已经不那么明显；而到了东周时期的専氏三孔布币（如图18）上的文字可以看出“父”与“甫”已经结合成了“尃”字。

《汉书·地理志》颍川郡有父城县，秦以前为楚城父邑。西晋杜预《春秋左氏传》指明汉魏父城县的前身为春秋楚城父邑。清代顾栋高《春秋左传大事表》中认为春秋时代有两个地名叫城父邑。一个是西北河南汝州，今称宝丰县。另一个是东南安徽，今称亳县。由此地名推论“城父邑”之“父”字，追根溯源，其象形文字应是“攴”的本源字。“城父邑”应为殷商武丁中兴时代的宰辅傅說（父兌）后裔的封赏邑地。

图 15
图片来源于《殷周金文集成释文》，编号为 9052。

图 16
图片来源于《殷周金文集成释文》，编号为 2830。

图 17
图片来源于《殷周金文集成释文》，编号为 205。

图 18

到了战国晚期的“中山王鼎”铭文中（如图 19），首次出现了与现在使用的“傅”字相同的字形。由此看出从“父”到“傅”的衍变中，从字形上来讲，经历了由“父”至“専”再至“傅”的过程；从含义上来讲，“父”最初表示的是劳动者，直到武丁王将其赐给傅說作为姓氏，再到后来将“甫”地赐给傅說作为封邑，其含义就成了居住在甫地的父氏后人，字形也成了“甫人父”结合而成的“傅”字（如图 20）。

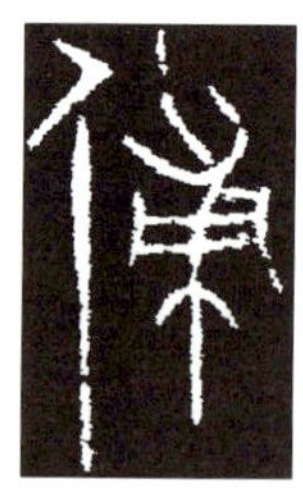

图 19
图片来源于《殷周金文集成释文》，编号为 2840。

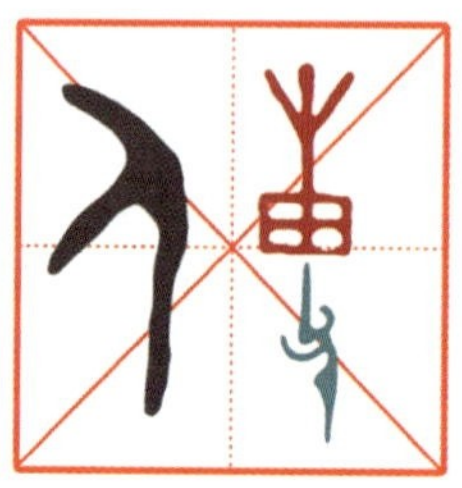

图 20

找到了“父”到“傅”衍变的相关证据之后，就基本可以断定殷商时期甲骨文、金文中的“父兌”就是我们现在所说的“傅說”。那么“臣”“辰”“兌”“册”“父”“乙”中的“臣”“辰”又分别代表什么呢？

金文中的“臣”（ ）也属于象形字，其形状是竖立起来的“目”（ ）字，就像一只高高在上的眼睛时刻观察、监视、监督和掌控下面发生的一切。《尚书·說命》中有言“命之曰：朝夕纳诲，以辅台（怡）德”，表示对上，殷商武丁王命傅說时刻监督和指导自己的言行，使自己德的修为达到完美；“惟說命总百官”，表示对下，命傅說总领百官，令他们各尽其责。因此“臣”代表的是一人之下，万人之上的崇高地位，是官位与身份的象征。这个代表至高身份的“臣”字出现在“父乙”的铭文中也表明了“父乙”在前文所说的十人团队中的统领地位。笔者对“臣辰兌册父乙”这几个字进行了深入细心的研究并逐字进行分析解读，“臣辰兌册父乙”：

①“臣”，首先肯定的指明了自己的官位是宫廷之臣。“臣”就像一只巨大的眼睛，有观察、监视、监督和掌控之意，表明了“父乙”在殷商武丁王朝中身份是“臣辰”，而下是王。

②“辰”，表明了“父兌”是研究天象，观测日、月、星、辰，传承天道之人；父兌是最早将华夏农耕文明的文化信息铸入青铜器中，并为此组建了一支专门研究天道和春夏秋冬四季节气变化的规律，并以十天干为核心的团队，甲、丙、戊、庚、壬五人掌管单日，即称阳日，亦为刚日，主宫廷以外的祭祀活动。乙、丁、己、辛、癸五人主管双日，即称阴日，亦为柔日，主宫廷以内祭祀活动。分工明确，有条不紊。

“辰”表示日月星辰，这与傅說传承天道的身份有着莫大的关系。燧人氏早在距今约四万年前就开始在合黎山脉（如今的昆仑山脉）立“榑木”纪历，燧人弇兹氏在距今约一万五千年前发明了“大山榑木太阳历”，使用“天齐”（如图 21），通过“天齐俞表”（如图 22）和“日轮”（图 23）来观测天象。

在父乙带领的父氏团队中我们同样发现了这样一组观测天道的铭文图画（如图 24），其中“父甲”“父丙”“父戊”“父庚”中的图画几乎与一万多年前燧人弇兹氏观测天象所使用的工具一模一样，但“甲”“父丙”“戊”“庚”“壬”作为外臣留下的器物数量本来就少，缺失的内容尚未出土或是尚未面世也未可知，笔者在此大胆推测父氏团队的十人中一定都有这幅与观测天道有关的图画。以父乙为核心的贞人集团，他们继承了先祖懿德在山西中条山脉之历山，立榑木日晷的做法，研究大自然的春、夏、秋、冬四季气温变化的规律，制定了每天十二个时辰，每十五天为一个节气的气温变化规律；每年有二十四个节气的气温变化规律，他们掌握了一套完整的天文信息资料，从此结束了游牧生活，开始了农耕种植生产与养殖业繁荣昌盛的文明时代。后世称之为“武丁中兴”。

观察图 24 中反复出现的这些图画可以发现，观测天道的方法到了殷商时期已经被傅說完整的传承并进行了发展。因此“臣辰兌册父乙”中的这个“辰”字就是对傅說“天道传承人”身份的记录，将其父兌的身份信息完整的铸在青铜器上，以被后人铭记。

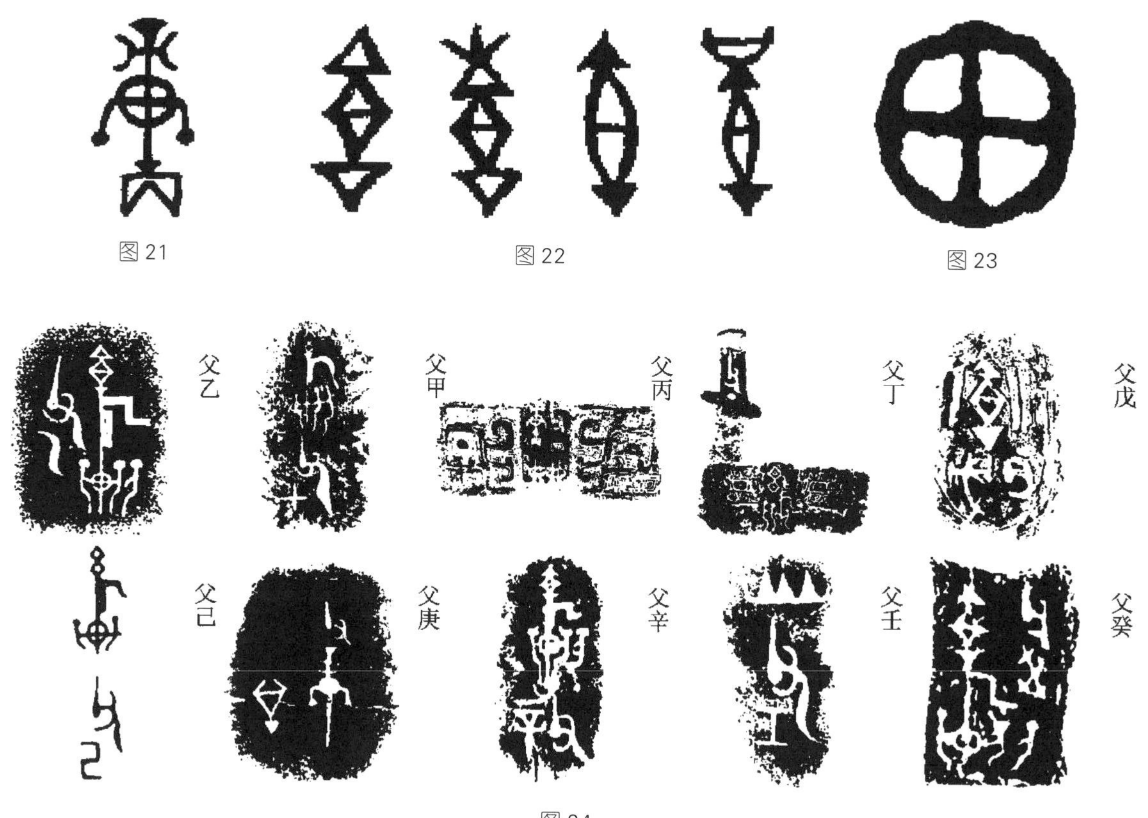

图21　图22　图23

图24

图片来源于《殷周金文集成释文》，编号依次为5061、7225、5720、8883、8897、7238、8932、1626、5090、8969。

③“兑”（ ），是指“父兑”本的人名字。“ ”在殷商金文中显赫的身份是朝廷祭祀天地及宗祖活动的重臣。“兑”除了表示父兑的名之外，更隐含了他的世袭血统玄机，三叉玉神面（如图26）即是父兑的脸谱，证明“兑”是传承天道文化信息的标志。

④“册”，是掌管宫廷典册的史官。我国出土的殷商金文与甲骨文之新物证，由此证明在殷商武丁中兴时代“父兑”用毕生的心血将自己所传承的文字文化信息永远铭记在甲骨与青铜器物中，给华夏人类文明史留下了弥足珍贵的智慧财富，也为华夏人类文明进步的发展历程奠定了坚实的文字基础，“父兑”在中国文字信息发展史上起了巨大的创新与推动作用，“父兑”以毕生精力与心血用“文字”铸写历史，传递文化信息，其功德无量，名垂史册。

⑤“父”，是殷商武丁王借梦用人，以地名“父岩”赐“兑”为“父”之父姓，亦是殷商武丁王拜的师父之“父”，并封“父兑”总理朝廷文武百官，始称“父兑”，今文之“傅說”。

⑥“乙”，殷商武丁时代的金文与甲骨文中，有“父乙”铭文与卜文多达千余件，由其是殷商金文中“父乙”的等级最高；“鼎、簋、尊、卣、盘、觥、觚、钺、盉、斝、爵等”近二十余类青铜器铸有“父乙”的铭文。《殷周金文集成》中有约七百件青铜器铸有“父乙”的铭文信息，“乙”享有至高的身份，是总理朝廷百官，代武丁王祭祀宗庙大规模活动的主祭师。“乙”是傅說的官职，作为官方的称呼，“父乙”出现在记录重大事件的青铜器铭文与甲骨文中，这与“父兑”被殷商武丁王慧眼识珠，尊“父兑”为圣人相符。

殷商青铜器文化信息的重要价值

殷商武丁中兴时代的青铜器铭文信息博厚深远。这一时期的青铜文化信息传承了华夏人类从蒙昧时代跨入文明时代的文字信息，并将商代以前的传说“三皇五帝”的文化信息铸入青铜器铭文中，用文字填补了华夏人类从三皇之首的燧皇弇兹氏的结绳记事到洛书九宫数理，再到伏羲先天八卦至舜耕历山的农耕文明的历史空白。更是殷商武丁中兴时代的青铜器文化信息，彰显了华夏民族文化积淀深厚的群体智慧的传承有序，足以引起共鸣！如父丁簋 3313、3314 所示。上面为羊头形图画，羊头下分别用简洁的三根线条刻写为“羊”字，这就是华夏人类智慧文字的基因衍化，形成了共识的金文与甲骨文的象形文字之源起。

殷商武丁时代的青铜器铭文信息传递了华夏先祖群体智慧文明的文字基因，看图讲故事，懂事理，明智慧，华夏人类智慧文明信息博厚无极（如组图 25 所示）。

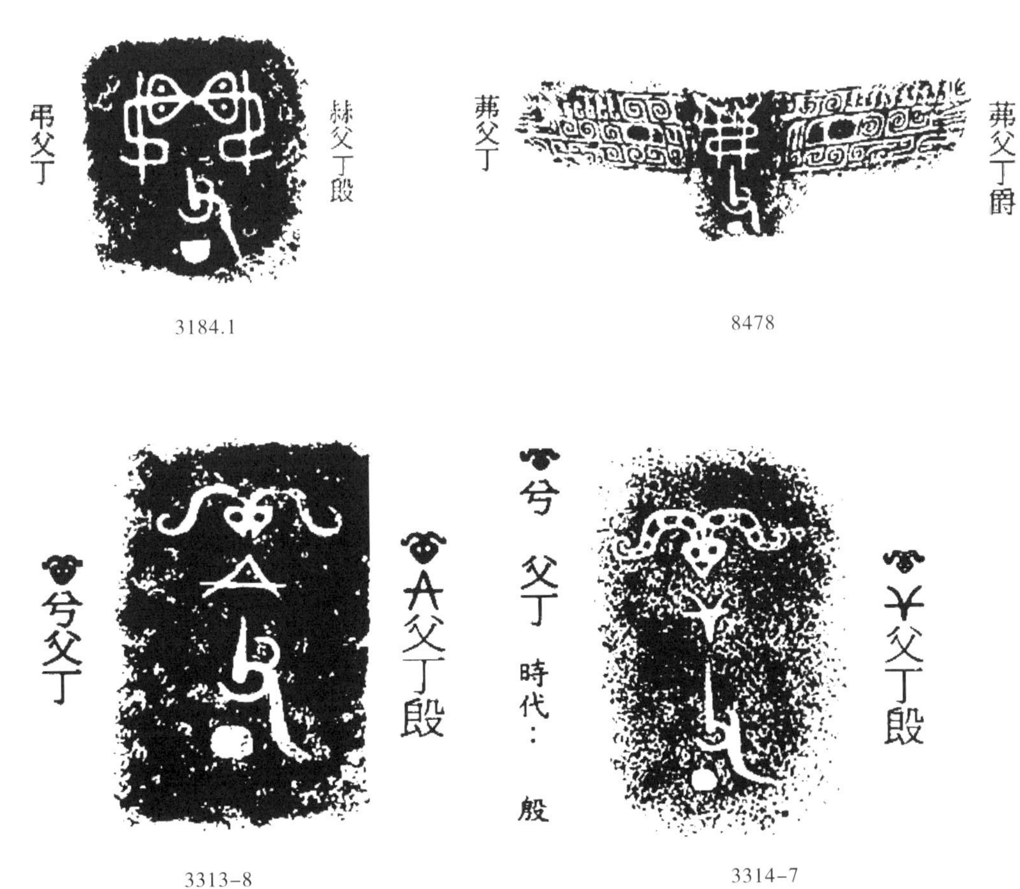

3184.1
8478
3313-8
3314-7

父丁

父丁方鼎

1593-7

父丁

父丁爵

8495-9

冉父乙

父乙鼎

1831-6

冉父丁

父丁殷

3315-6

猄犬魚父乙

犬犬魚父乙鼎

2117-8

田 父乙

父乙卣

5059.1-6

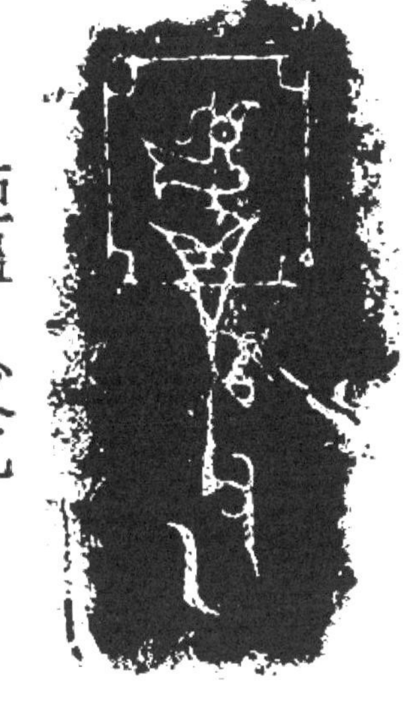

亞[illegible] 父乙

亞離父乙尊

5727-7

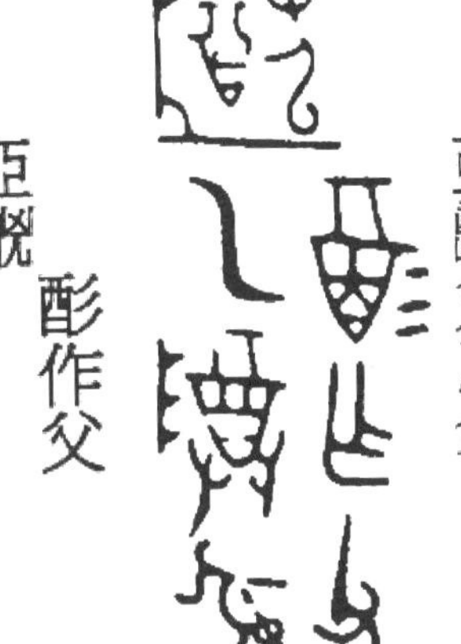

亞醜父乙尊

亞醜 彭作父 乙尊彝

5894.6-7

父乙

父乙[illegible]鼎

1547-8

亼父乙鼎

1548-7

魚 父乙

魚父乙鼎

1551-9

魚 父乙

魚父乙鼎

1553-6

[illegible]典斨盘
10046

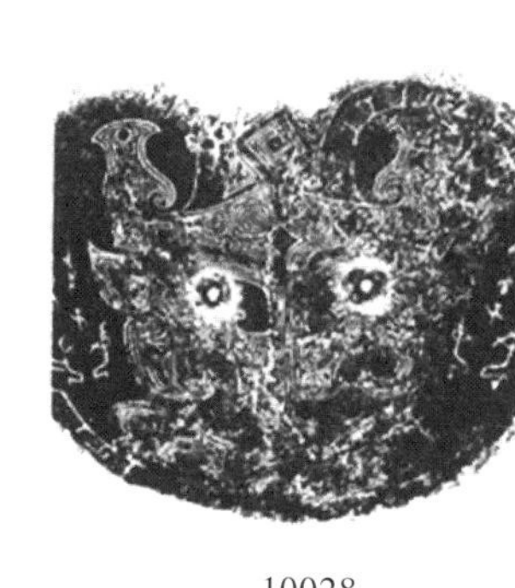
妇好盘
10028

舟盘
10017

祖乙戈

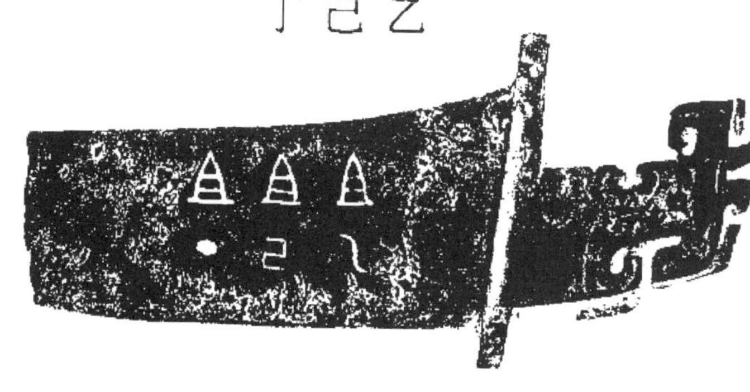

11115

大祖日己戈

11401

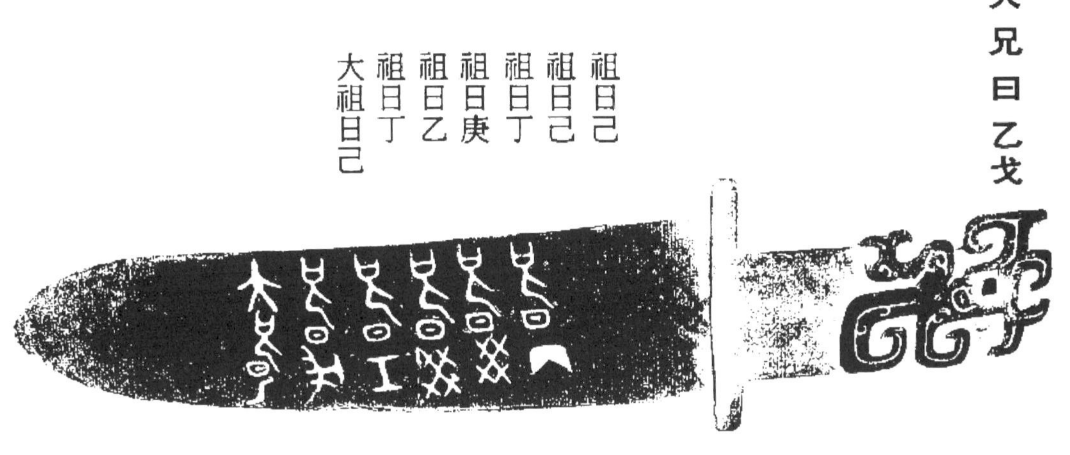

11392

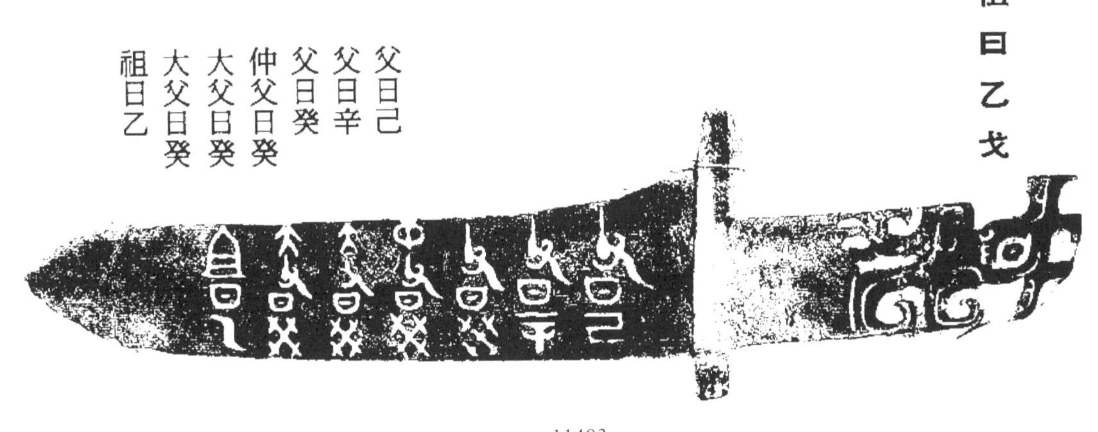

11403

组图 25

傅說与“有虞氏”

至此，笔者对傅說的出身产生了浓厚的兴趣，傅說究竟有着怎样的身世，让他能够掌握天道与治国之道？傅說在被武丁赐姓为“父”之前为何姓？尚无史可查，但其名为“兑”这一点是毋庸置疑的，因此笔者从“兑”字着手进行了更加深入的挖掘，发现了其中的蛛丝马迹。

观察图 26 可以发现傅說之名“兑”字的上半部分与良渚文化中最具代表性的的“三叉形玉冠”颇为类似，其下半部分是一个“人”字。但是良渚文化所围绕的太湖流域距离傅說的出生地运城有千里之遥，又如何能跟傅說的名字“兑”有关系呢？通过对良渚文化的进一步研究了解到“三叉形玉冠”所代表的是中国最初的皇冠的象征，其形与金文中的“皇（𤽆、𤽆）”字相符，而皇的本义为瑁“冕”，其形象就是上部为插嵌五彩羽毛的冠饰，下部为冠架，由于只有部

图 26

落的首领才可以佩戴瑁“皇”，久而久之“皇”便与至高无上的王权画上了等号，成为帝位的象征。那么这种插嵌五彩羽毛的冠饰“皇”最初又从是何而来呢？在良渚文化时代早先一点的时期，黄帝的曾孙“幕”，自幼喜欢歌唱，擅长制作乐器，常引百鸟和鸣，以此功德，黄帝封赏“虞”地作为“幕”的封邑，“幕”以封地为姓，号称“有虞氏”，“虞幕”作为“有虞氏”部落的首领，建都蒲阪（古蒲州——今山西省永济市），这与傅說所在的平陆相邻，因此傅說与“有虞氏”之间一定有着莫大的关系。古文献曾记载“虞幕”在举行隆重祭典的时候就是头戴彩羽的冠冕——“皇”，而傅說的名“兑”（𰀀）字中就蕴含了象征皇权的“皇”冠，其身份之显赫可想而知。也正是由于“兑”的显赫身份才使得他有资格成为天道的传承人，因为在远古时期，天道是神权的象征，掌握了天道就掌握了神权，而掌握了神权就等于掌握了祭祀、占卜等神事活动。傅說在甲骨文卜辞中有数十件与武丁王的夫人妇好一同占卜的内容（如图 27），足见其身份与地位非同一般。

在甲骨文、金文中笔者发现了一个关键问题就是“父乙的身份信息”与妇好是同一时代的人，在金文、甲骨文中笔者发现了有千余件刻铸有“父乙”名款的器物，将这些内容整理之后，又从中发现了数十件甲骨卜辞刻有“妇好”与“父乙”占卜祭祀活动的卜文。还有几件刻有“王梦父乙”的卜文。我国著名史学家丁山先生早就发见甲骨文卜辞中的“梦父”疑即傅說，后来史学家董作宾先生也认同“梦父”这一观点。那么后来考古发掘的甲骨文卜辞“王梦父乙”就更能证明丁山先生的论点是完全符合武丁时代背景的。由此证明“父乙”不是殷商武丁王的父亲“小乙”，更不是武丁王的父辈通称。

1976 年，中国河南安阳发掘“妇好墓”，出土的“妇好大方鼎”经国家考古专家研究论证，定为殷商武丁时代，“妇好”为殷商武丁王妃。这就揭开了我国研究甲骨文的专家学者心中数十年来的困惑。因为在此之前，刻有“妇好”的甲骨文卜辞有很多，但“妇好”是人名或是地名，

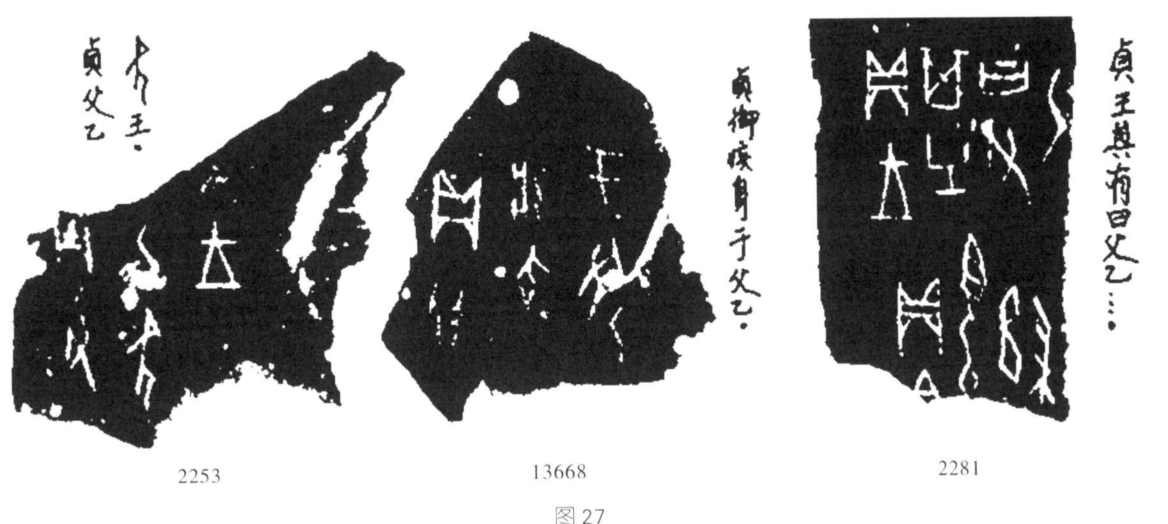

图 27

作何解释还不清楚。这包括刘鄂、孙诒让、王国维、董作宾、郭沫若等人。妇好墓的发掘，震惊全世界的考古学界。金文中的妇好与甲骨文中的妇好属于同一时代的同一个人。“武丁王妃”妇好的真实身份也再次展现了三千三百余年前，殷商青铜器“妇好”铭文与“第一期”甲骨文是同一时代的文字。

前文说过甲骨文主要是用来祭祀占卜之用，因此在卜辞中要展现的是父兑掌管祭祀的祭司身份，而“乙”字笔者曾经解释过，是象征沟通天地的神权，是父兑在祭祀中拥有沟通天地能力的象征，因此在甲骨卜辞中出现的大量“贞父乙”的内容（如图 27），正是父兑主持祭祀时至高无上身份的体现。

在研究了大量甲骨文资料之后，笔者发现了更具说服力的卜辞“王梦父乙”“梦父”“王梦父乙”，这些卜辞证明了武丁王继位三年后，“求梦得兑”复兴先王的霸业，梦想成真的历史真实可信。由此证明：殷商金文中的父乙身份是臣，而不是王。由甲骨文中推断父乙的身份证明也不是王，更没有任何迹象表明是武丁王的父亲小乙，更不是殷商武丁王父辈的通称（如图 28）。《甲骨文合集》5684：“梦父”，17375：“王梦父乙”，17376：“王亦梦父……于父乙”。综上所述，甲骨文、金文中的“父兑”就是傅說，“父乙”也是傅說另一种祭师身份的信息。

如图 29 所示，《甲骨文合集》卜辞：“己卯卜…贞御妇好于父乙…、贞木妇好于父乙…、己卯卜…父乙妇好生保…”。

是妇好证明了父乙就是父兑，才使我们认识到了殷商金文与甲骨文中的妇好是同一时代的文字，是“妇好大方鼎”的金文信史，佐证了甲骨文中“父乙”与妇好的重要文化信息，又是甲骨文中父乙与妇好的文化信息互证了殷商金文中父乙与妇好的重要地位。

结合金文与甲骨文中的“父乙”，证明了傅說就是金文中的“父乙兑”，因此父乙就是傅說，同时“乙”也是傅說在武丁时期祭司身份的象征，除了傅說的身份能够享有“乙”的神权外，别无他人可以替代。

5682

……王夢父乙。

17376

17375

(1)□□豈。辛亥王夢我大□……

(2)辛亥豈。壬子王亦夢尹，𠂤㞢〔若〕…

…于父乙示。余見𡆥在之。

图28

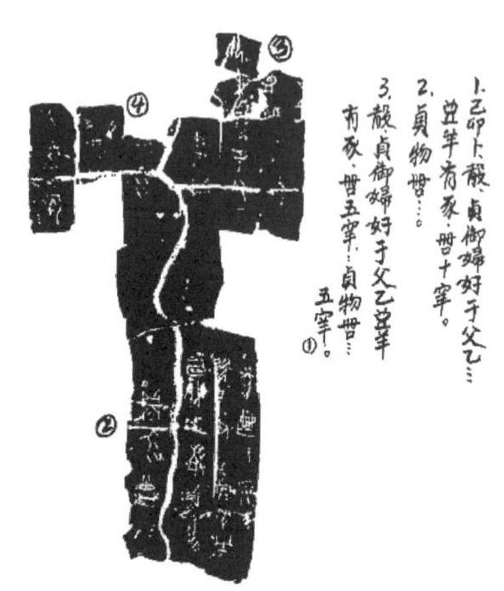

己卯卜殻貞以父乙婦好生保。

图29

图片来源于《甲骨文合集》，编号依次为271、2634、2646。

1. 甲子乙丑丙寅丁卯戊辰己巳庚午辛未壬申癸酉
2. 甲戌乙亥丙子丁丑戊寅己卯庚辰辛巳壬午癸未
3. 甲申乙酉丙戌丁亥戊子己丑庚寅辛卯壬辰癸巳
1. 甲子乙丑丙寅丁卯戊辰己巳庚午辛未壬申癸酉
2. 甲戌乙亥丙子丁丑戊寅己卯庚辰辛巳壬午癸未
3. 甲申乙酉丙戌丁亥戊子己丑庚寅辛卯壬辰癸巳

歲在庚辰濃冬之麗日一貞

38006

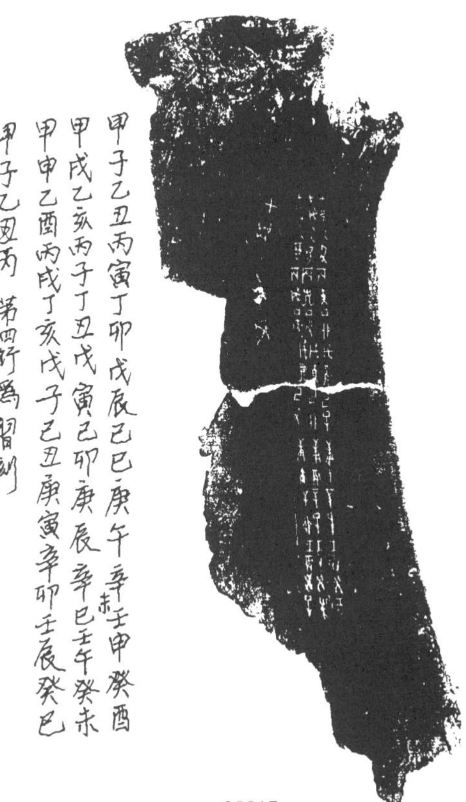

38017

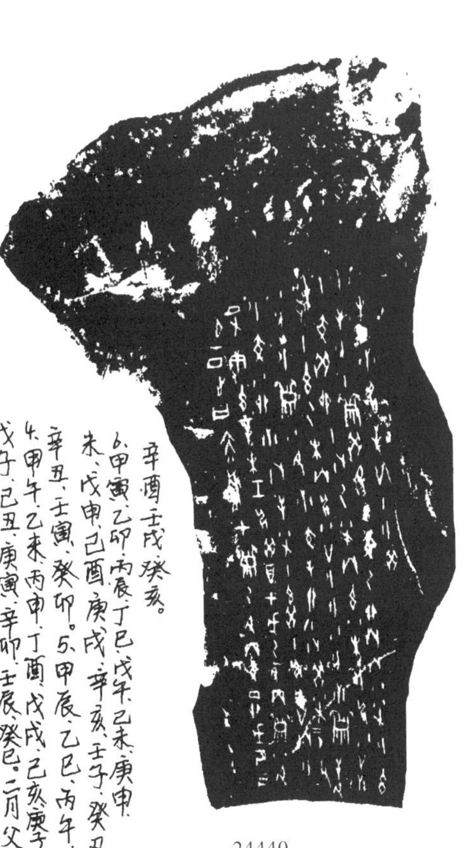

24440

甲子乙丑丙寅丁卯戊辰己巳庚午辛未壬申癸酉
甲戌乙亥丙子丁丑戊寅己卯庚辰辛巳壬午癸未
甲申乙酉丙戌丁亥戊子己丑庚寅辛卯壬辰癸巳
甲午乙未丙申丁酉戊戌己亥庚子辛丑壬寅癸卯
甲辰乙巳丙午丁未戊申己酉庚戌辛亥壬子癸丑
甲寅乙卯丙辰丁巳戊午己未庚申辛酉壬戌癸亥
六十甲子年輪回壬辰吉日

37986

图 30

《甲骨文合集》中有几十件卜辞刻有十天干与十二地支组合的纪历时辰，有三十年为一世的纪历：甲子至甲申的卜辞组合，也有六十年为一轮回甲子至甲寅纪历时辰的组合。《甲骨文合集》24440：在天干地支的纪历卜辞中有“父”的姓氏纪历为证（如图 30）。

结 语

谈到殷商武丁中兴这段文明史，大家的第一印象就是震惊全世界考古学界，1899 年被王懿荣先生发现的“龙骨文字”。1925 年，国学大师王国维先生在刘鄂先生 1903 年编著的《铁云藏龟》与孙诒让先生 1904 年编著的《契文举例》基础上，经过二十余年的研究挖掘整理，使我国考古学界达成共识，统称“龙骨文字”为“甲骨文”。殷墟甲骨文的出土引起了西方考古学界的高度关注，并掀开了西方人追捧东方华夏文明文化的热潮，由于这一时期我国正处在国力衰败期，文化也随之处在低迷期，这期间我国出土的殷周青铜重器大量流失国外。这一时期青铜重器文化信息的丢失，致使没能与此同一时期的甲骨文做相互印证，导致我国考古学界至今在中国文字发展史上仍普遍认为甲骨文是华夏民族最古老的文字，从而忽略了对我国出土的殷周青铜器文字信息的深入了解与探寻。

本文抛开了前人对我国出土的甲骨文与殷周金文历史断代的定论与对父“[illegible]”字的释义理解，大胆立论《殷周金文集成》中的父兑“[illegible]”既是我们今天汉字演化以后的“傅說”，并从《殷周金文集成》中找到了证据，又通过《甲骨文合集》取得了父乙“[illegible]”的身份信息，依据《甲骨文合集》中“[illegible]”的身份信息，进一步印证了《殷周金文集成》中的父乙“[illegible]”与“傅說”是殷商武丁中兴时代的同一个人。笔者的立论观点，突破了我国学术界在殷商青铜器文字信息的断代定论，笔者发现了在《殷周金文集成》中有很多神奇妙想的图画文字包含了华夏远古人类遗留的智慧基因信息，这远远超过了《甲骨文合集》中的史料信息。这无疑印证了《甲骨文合集》与“殷商金文”是同一时期的文字信息，只是两种不同的文字载体而已。

笔者给出了“父”字在殷商武丁时期就是指“会使用劳动工具进行劳动创造的人的统称”的结论，直接从《殷周金文集成》与《甲骨文合集》中的象形文字入手，简单直接的得到文字中所蕴含的真实含义，从而得出了殷商金文与甲骨文中的“父乙”就是当今文字“傅說”的结论[5]。

5 参考文献：《殷周金文集成释文》、《近出殷周金文集成录》、《甲骨文合集》、《甲骨文合集释文》、许慎《说文解字》、中国古代青铜器识鉴宋代宣和《博古图录》、王国维 1925 年古史新证《老清华讲义》、中国现代学术经典《董作宾卷》、《辞海》、《辞源》、《新华字典》等。

圣人傅說是中华第一廉臣

三晋都市报记者李尚鸿

“中国山西首届傅說文化高峰论坛”在山西太原召开，“中国先秦史学会傅說文化研究基地”“山西省社会科学院傅說文化研究中心”亦于太原揭牌，落户于三晋国际饭店三层。本次活动由中国先秦史学会、山西省社会科学院、民进山西省委、三晋文化研究会主办，山西省饭店业商会、三晋国际饭店承办。

著名历史学家、古文字学家、清华大学教授李学勤先生，中国社会科学院副秘书长、科研局原局长晋保平先生，中共山西省委原书记李立功先生，民进中央副主席卫小春先生等先后发来贺信、贺电。来自中国社会科学院、清华大学等国内著名高等院校、科研院所近 30 位专家学者，深入探讨傅說文化这一主题，取得了突破性成果，对傅說文化的研究和挖掘、对山西乃至国家都具有重要的现实意义。

一　第一廉臣，世人何以称颂

中国历史上最早被称为圣人的，不是孔夫子，更非关羽，而是傅說，按史料记载，他比老子和孔子要早于 700 多年，而得到圣人的称号，则是孔安国译注的《尚书・說命》与司马迁《史纪・殷本纪》中记载的殷商武丁王把說尊称为“圣人”“天神”“梦父”，并赐說为傅姓，封为朝廷重臣。他是我国最早见于有文字记载文献的“圣人”、廉臣，是品德最高尚、智慧最超群的宰辅之圣。

傅說（yuè，公元前约 1335—前 1246 年），我国殷商时期卓越的政治家、军事家、哲学家、思想家及建筑科学家。为中华傅氏家族的始祖。这里要强调，是许慎《说文解字》之错解，把說字与説（shuō 或 shuì）混为一谈，才丢失了傅說本真的文字信息，說字在演化流变后如：兑、敓、悦、說、閲是也。

也许很多人最早知道傅說，是源于孟子的一句话，即“傅說起于版筑之间。”真正使傅說名扬天下的，正是版筑。他所创造的“版筑”（俗称打土墙）造房技术，是我国建筑科学史上的巨大成就，更是华夏人类建筑史上的巨大进步。

作为 3300 余年前的一位圣人，他的根在山西运城平陆。在山西中条山脉的历山，傅說立榑木日晷纪历，定时、定人轮流值守，用十天干、十二地支作标记，深入研究春夏秋冬四季与一年二十四节气的变化规律，制定了六十甲子时辰表，延续至今的“万年历”即始于此。

二　他的治国方略，改变了商朝持久的没落

在他辅佐武丁之时，殷商时代的政治、军事、经济、哲学、天文、地理、文字创新、文化教育、医学、美学、数学、物理、化学、青铜、合金冶炼、建筑力学、科技、农耕种植、狩猎、驯养、养殖、手工业、交通、建造舟车、商品交易、货币流通以及道德规范等繁荣昌盛，实现了复兴殷商武丁王的强国梦想成真。

三　那么，在他的家乡，后人又是怎样纪念他的呢

在山西省运城市平陆县圣人涧镇圣人涧村之傅岩，在唐大历年间就已建有傅相祠（当地人俗称圣人庙），据清康照《平陆县志》记，祠内有主殿、配殿、碑台、戏楼、砖塔等建筑，亭台楼阁、斗拱飞檐、傅岩屏影、涧水环绕，平陆古八景之一的“傅岩霁雪”就在这里。

历史上，每年农历四月初八，即傅說诞辰日，地方上会举行隆重的官祭大典，民间举行十天庙会，香火不绝，商贾云集。惜历代战乱，这一集人文、自然景观于一体的古文化遗址，历经劫难，化为废墟。而傅相祠遗址旁，现存金代“傅岩”二字碑刻，明清时期的“傅說故里”“殷商中兴贤相傅公版筑处”等碑刻，版筑遗址物“圣人秸”，此外当地还有与傅說相关联的“大臣村”（现今的太臣村）“马趵泉”（即在傅說墓区下）虽经三千余年，泉水仍四季充盈，福泽后世，万民康宁。“部官村”“圣人涧村”“侯岳村”等村至今仍沿用此名。

相传，傅說自幼聪明，勤于苦学，非常关心天下大事。傅說辅佐武丁 56 年，成就了殷商武丁王“求梦得贤，殷商复兴的胸怀梦想”，傅說不为名利，功成隐退，这即是三千三百余年前的觉悟圣人，道家思想的最高境界，为而不争，自觉退隐还乡。耄耋之年返回故里，“享年八十有九”，死后葬在圣人涧源头马趵泉之上。像所有被后人景仰的英雄一样，在不少史料中，傅說死后也变成了神，化成了一颗星宿，叫箕尾星，亦称“傅說星”。《庄子・大宗师》曰：“夫道，有情有信，无为无形；…生天生地，自本自根…傅說得道以相武丁，奄有天下，乘东维，骑箕尾而比于列星”。庄子把傅說比喻是得道的仙人，羽化为天上的箕尾星，庄子一语，令人深思。

从 20 世纪 80 年代起，傅說故里（山西省平陆县）各界人士为弘扬民族文化，加强精神文明建设，满足海内外炎黄子孙，傅氏宗亲的殷切期望，在县委、政府的重视下，由圣人涧村居民委员会牵头，地方上各界人士慷慨解囊，担负起重建傅相祠重任，新祠建在傅岩岗上，凭岗运眺，崤山古道，黄河桥影，尽收眼底。

重建傅相祠第一期工程，从 1992 年起用三年时间建成大殿一座，占地面积 30 余亩。后来又

经过多次维修。2005年农历四月初八，在中国山西平陆隆举行了傅說诞辰3340周年祭拜大典，万人朝圣，寻根祭祖。这是山西本土原生态文化的真实历史画卷，不可再生的重要文化资源。

四 《說命》之中，迄今闪耀思想光辉

关于傅說的事迹，在《尚书·說命》中记载得最为详尽，因此要研究其人其事，必须先从我国最早的历史文献《尚书·說命》说起。

中国先秦史学会会长、中国社会科学院历史研究所研究员宋镇豪说，傅說其思想与理念对当今社会仍有很强的现实意义，“他主要在三个方面具有突出贡献，即对都城的系统建设，倡导纠正官场风气与惩治腐败，包括污风、淫风和乱风，并且持有一整套科学的经济管理方法”。

上海市社会科学院历史研究所杨善群认为,《尚书·說命》是真实、细致、生动、优美的传记作品，其珍贵的价值在古代历史上不可多得，首先它补充了许多其他古籍所没有的历史事实，如武丁未即位前的情况。

在《說命》下篇中有记载，商王小乙为了使自己的儿子武丁在即位前了解民情，得到锻炼，便让他到农村“荒野”中，住在“河”（黄河）边上磨练意志。而傅說当时即筑路于傅岩——今山西平陆县的黄河之滨，想必武丁在此之间，对傅說的版筑技能与渊博的智慧早已有所耳闻而心存敬佩。

根据这个事实，许多史家认为，武丁在即位前就熟识傅說并有过交流，了解其相貌和才能，故能托梦画像以求傅說。所谓梦见圣人，那只是武丁王借梦求贤的用人之道。由此也充分表现出殷商武丁王的睿智和对傅說的赏识。

杨善群说，从《說命》中可以清楚地看到，傅說拥有一套相当完整严密的治国思想，包括君王的从谏、学习、道德修养、主要任务，官吏要选贤任能，言语、决策、用兵、授命必须谨慎，军政大事每事都要有充分的准备，祭祀等礼仪活动应当简化、节制等。这些思想不仅在当时切合实际，对武丁时期商朝的复兴起着决定性的作用，而且在今天看来，仍有其明智合理的一面，对如何治理好国家有着积极的借鉴意义。

早“在西周、春秋、战国时期，傅說已被普遍称颂为圣人了，即傅圣。”故宫博物院研究员林小安说，殷商史研究进入了一个新时代，而在最近的殷商史研究中有一热门话题，即傅說的考证和指认，有专家指认武丁卜辞中的“甫”即史书中所说的傅說。但根据林小安的考察，发现有关“甫”的卜辞数量并不多，仅有50条，所行之事和其地位也很有限。可有关重臣“雀”的辞条竟有400余条。他认为，在武丁卜辞中“雀”可能就是傅說，而“雀”与“說”的古音也相近。但疑惑的是“雀”没有姓氏，这和武丁王赐說为“傅”姓相矛盾，而且在《殷周金文集成》中更没有相关铭文证明“雀”就是殷商武丁中兴时代的重臣傅說，所以“雀”是“說”

的说法也难以成立。

曲阜师范大学历史文化学院教授黄怀信说，研究傅說思想，确实不仅有其历史意义，更有其重要的现实意义。清华大学出土文献研究与保护中心副教授程薇说，北宋太宗赵匡义甚至认为《說命》三篇是《尚书》中有关治国安邦的最重要篇章，“此外其中还有许多涉及教育的内容，因而也一直受到教育史的学者们普遍重视”。

西北大学中国思想文化研究所教授刘宝才认为：“从中国思想史角度谈，傅說文化研究有着非常重要的历史价值，但目前仍未将其摆到应有的重要地位之上，所以我们需要拿出更多更丰富的学术研究成果，持续不断地去探索与发现。”

五　十年一剑，苦心孤诣寻“傅說”

在三晋国际饭店三层大厅，记者看到了傅說的生动画像以及“傅幻石探秘殷商图腾文字公开展”。傅幻石在解秘三千三百余年前的殷商金文时有独到的见解，他经过十余年细心探索研究，从《殷周金文集成》中发现有600多件青铜重器铸有父乙的名款，其中有父乙最为重要的身份信息，父乙是重臣，是传承天道的大臣，也是掌管朝廷重要典册的大臣。又从一万多件《殷周金文集成》中，发现有2600多件青铜器铭文与父乙的核心集团有密切关联。还从《甲骨文合集》的四万多件卜辞中发现了近千件甲骨卜辞刻有父乙的卜文，其中“梦父”与“王梦父乙”即指傅說无疑。所以，傅幻石先生认为，《殷周金文集成》与《甲骨文合集》中的父乙就是当今所要寻找的武丁时代的重臣傅說。

宋镇豪说，傅幻石坚持十年去研究傅說实属不易，三晋国际饭店董事长宋新梅近些年始终无偿支持其研究工作，同样令人佩服不已，“对于这样有追求的人士应给予鼓励，使其道路走得越来越坚实而平坦”。

“由于傅說思想的精深、道德的崇高以及他对殷商王朝治理的卓越贡献，很早以来，傅說就被尊为圣人，他也是孔子心目中的圣人！”傅幻石介绍说，“2007年，应邀参加傅山先贤诞辰400年纪念活动，遂与太原福地结缘，并与时任太原市委常委宣传部部长的范世康先生相识。而在这之前，我已经了解到傅說即傅氏宗亲的祖先，并且对山西这片神奇的土地向往已久。我从2005年开始研究傅說，至今已整整十年。从文字着手开始了对殷商时期这一断档文化的研究。”傅幻石后来选择留在太原，致力于扎根山西，寻找、挖掘“根祖文化”，研究傅說文化思想。

文字作为文化的主要载体隐含了大量的文化信息，可以说读懂了文字就读懂了历史，而文字在演化与发展的过程中被记载下来离不开书法这种艺术形式。

作为书画家的傅幻石先生，在文字的研究上有着得天独厚的优势，在对文字字形和字义的推敲上有更深刻地理解和独到地认识。在研究了大量出土的甲骨文和青铜铭文资料后，他通过将文字还原为字根，再将字根重新组合成文字这种过程，成功再现了殷商时期的青铜铭文，并将《六朝龙松》绘画中的笔意与线条糅合到青铜器铭文的书写中，出版了自己追根溯源，继承创新的7300个象形文字，既有文学价值又有艺术价值的《傅幻石金文书法大字典》。并被评为2010年山西人民出版社出版的优秀工具书。有了这本工具书为铺垫，傅幻石先生对这一时期的文化研究更加如鱼得水，成功地把三千余年前殷商武丁时代的青铜器铭文中千丝万缕的关系和脉络联系起来，取得了一定的成果，傅幻石称这种铭文为华夏人类先祖群体智慧的基因信息库“图画智慧文字”。

三晋国际饭店董事长宋新梅说，她是在太原市市委常委宣传部部长范世康的提议下，开始接触傅幻石以及傅說其人的，并逐渐对这项研究工作有了兴趣，“傅幻石一家人全身心地投入研究，那种无怨无悔的工作状态确实可敬可佩。如今，我最大的心愿就是看到傅說的治国方略古为今用，尤其是傅說的重要文化信息和傅說的伟大思想值得我们借鉴。并为后续的文化发展提供支持，过去是热爱，现在已变成一份责任。希望傅說文化研究开出绚丽的花朵，结出壮硕的果实。”

山西省社会科学院院长李中元说，宋新梅作为山西优秀女企业家、省政协委员，在山西“两会”期间提交了一份提案，遂引起山西社会科学院的高度重视，决定批准成立傅說文化研究中心，并正式挂牌，这开启了傅說研究的学术之路，

六　太原宣言，推动学术界高度重视

“傅說文化作为中华民族优秀传统文化的一个组成部分，在中国古代文明研究中占有极其重要的地位，深入开展傅說文化研究，不断地探索傅說文化的内涵及其精神实质，不仅有着重要的历史意义，更有着积极的现实意义。”著名历史学家、清华大学教授李学勤先生在贺信中称，通过这次中国山西首届傅說文化高峰论坛，必将推动傅說文化研究的深入开展，带动地方经济和文化事业迈向一个新的台阶，为伟大的中华民族复兴、为实现我们的中国梦再做贡献。

在论坛闭幕式上，中国先秦史学会副会长兼秘书长宫长为代表全体与会者宣读了“太原宣言”：

“以中国先秦史学会傅說文化研究基地、山西省社会科学院傅說文化研究中心成立为契机，加强队伍与组织建设，整合高等院校、科研院所各方面研究力量，从而为深化傅說文化研究打下坚实基础；统筹规划、科学设计，加大扶持力度，调动各方面积极性，通过多方合作，不断推动傅說文化研究的繁荣与创新。这次论坛增强了山西人的文化自信与文化担当。”最后，三晋文化研究会副会长范世康说：“对于我们的祖先，不仅要敬仰，还要心存敬畏，去除浮躁心态，作为后继者理应好好发扬光大先贤所留下的科学态度及方法。中华民族的伟大复兴取决于文化复兴，我们必须扎根泥土，回归本体，正本清源。”

兑命三篇

（上篇）高宗梦得兑，使百工营求诸野，得诸父岩，作《兑命》三篇。王宅尤，亮阴三祀。既免丧，其惟弗言。群臣谏于王曰："呜呼！知之曰明哲，明哲实作则。天子惟君万邦，百官承式。王言惟作命，不言，臣下罔攸禀令。"王庸作书以诰曰："以台正于四方，台恐德弗类，兹故弗言。恭默思道，梦帝赉予良弼，其代予言。"乃审厥象，俾以形旁求于天下。兑筑父岩之野，惟肖，爰立作相，王置诸其左右。命之曰："朝夕纳诲，以辅台德。若金，用汝作砺；若济巨川，用汝作舟楫；若岁大旱，用汝作霖雨。启乃心，沃朕心。若药弗瞑眩，厥疾弗瘳；若跣弗视地，厥足用伤。惟暨乃僚，罔不同心以匡乃辟，俾率先王，迪我高后，以康兆民。呜呼！钦予时命，其惟有终！"兑复于王曰："惟木从绳则正，后从谏则圣。后克圣，臣不命其承，畴敢不祗若王之休命？"

（中篇）惟兑命总百官，乃进于王曰："呜呼！明王奉若天道，建邦设都，树后王君公，承以大夫师长。不惟逸豫，惟以乱民。惟天聪明，惟圣时宪，惟臣钦若，惟民从乂。惟口起羞，惟甲胄起戎，惟衣裳在笥，惟干戈省厥躬。王惟戒兹！允兹克明，乃罔不休。惟治乱在庶官。官不及私昵，惟其能；爵罔及恶德，惟其贤。虑善以动，动惟厥时。有其善，丧厥善；矜其能，丧厥功。惟事事，乃有其备，有备无患。无启宠纳侮，无耻过作非。惟厥攸居，政事惟醇。黩于祭祀，时惟弗钦。礼烦则乱，事神则难。"王曰："旨哉！兑。乃言惟服。乃不良于言，予罔闻于行。"兑拜稽首，曰："非知之艰，行之惟艰，王忱不艰。允协于先王成德，惟兑不言，有厥咎。"

（下篇）王曰："来！汝兑，台小子旧学于甘盘，既乃遁于荒野，入宅于河，自河徂亳，暨厥终罔显。尔惟训于朕志，若作酒醴，尔惟麴糵；若作和羹，尔惟盐梅。尔交修予，罔予弃，予惟克迈乃训。兑曰："王！人求多闻，时惟建事。学于古训乃有获；事不师古，以克永世，匪兑攸闻。惟学逊志，务时敏，厥修乃来。允怀于兹，道积于厥躬。惟敩学半，念终始典于学，厥德修罔觉。监于先王成宪，其永无愆。惟兑式克钦承，旁招俊乂，列于庶位。"王曰："呜呼！兑，四海之内咸仰朕德，时乃风。股肱惟人，良臣惟圣。昔先正保衡作我先王，乃曰'予弗克俾厥后惟尧舜，其心愧耻，若挞于市。'一夫不获，则曰'时予之辜。'佑我烈祖，格于皇天。尔尚明保予，罔俾阿衡专美有商。惟后非贤不乂，惟贤非后不食。其尔克绍乃辟于先王，永绥民。"兑拜稽首，曰："敢对扬天子之休命。"

兑命三篇书法

高宗梦得兑，使百工营求诸野，得诸父岩，作《兑命》三篇。王宅尤，亮阴三祀。既免丧，其惟弗言。群臣谏于王曰：“呜呼！知之曰明哲，明哲实作则。天子惟君万邦，百官承式。王言惟作命，不言，臣下罔攸禀令。”王庸作书以诰曰：“以台（怡）正于四方，台恐德弗类，兹故弗言。恭默思道，梦帝赉予良弼，其代予言。”乃审厥象，俾以形旁求于天下。兑筑父岩之野，惟肖，爰立作相，王置诸其左右。命之曰：“朝夕纳诲，以辅台德。若金，用汝作砺；若济巨川，用汝作舟楫；若岁大旱，用汝作霖雨。启乃心，沃朕心。若药弗瞑眩，厥疾弗瘳；若跣弗视地，厥足用伤。惟暨乃僚，罔不同心以匡乃辟，俾率先王，迪我高后，以康兆民。呜呼！钦予时命，其惟有终！”兑复于王曰：“惟木从绳则正，后从谏则圣。后克圣，臣不命其承，畴敢不祗若王之休命？”惟兑命总百官，乃进于王曰："呜呼，明王奉若天道，建邦设都，树后王君公，承以大夫师长。不惟逸豫，惟以乱民。惟天聪明，惟圣时宪，惟臣钦若，惟民从乂。惟口起羞，惟甲胄起戎，惟衣裳在笥，惟干戈省厥躬。王惟戒兹！允兹克明，乃罔不休。惟治乱在庶官。官不及私昵，惟其能；爵罔及恶德，惟其贤。虑善以动，动惟厥时。有其善，丧厥善；矜其能，丧厥功。惟事事，乃有其备，有备无患。无启宠纳侮，无耻过作非。惟厥攸居，政事惟醇。黩于祭祀，时惟弗钦。礼烦则乱，事神则难。”王曰：“旨哉！兑。乃言惟服。乃不良于言，予罔闻于行。”兑拜稽首，曰：“非知之艰，行之惟艰，王忱不艰。允协于先王成德，惟兑不言，有厥咎。”王曰：“来！汝兑，台小子旧学于甘盘，既乃遁于荒野，入宅于河，自河徂亳，暨厥终罔显。尔惟训于朕志，若作酒醴，尔惟麴糵；若作和羹，尔惟盐梅。尔交修予，罔予弃，予惟克迈乃训。兑曰："王！人求多闻，时惟建事。学于古训乃有获；事不师古，以克永世，匪兑攸闻。惟学逊志，务时敏，厥修乃来。允怀于兹，道积于厥躬。惟教学半，念终始典于学，厥德修罔觉。监于先王成宪，其永无愆。惟兑式克钦承，旁招俊乂，列于庶位。"王曰："呜呼！兑，四海之内咸仰朕德，时乃风。股肱惟人，良臣惟圣。昔先正保衡作我先王，乃曰'予弗克俾厥后惟尧舜，其心愧耻，若挞于市。'一夫不获，则曰'时予之辜。'佑我烈祖，格于皇天。尔尚明保予，罔俾阿衡专美有商。惟后非贤不乂，惟贤非后不食。其尔克绍乃辟于先王，永绥民。"兑拜稽首，曰："敢对扬天子之休命。"

解悟人类文明密码

① 解悟華夏遠古人類文明信息密碼

一、圖畫象形文字是遠古先祖對大自然的認知輪感悟、是華夏遠古先祖群體智慧的縮影、她承載着遠古時代華夏人類對大自然神奇造化的敬畏與探尋、創造与求眞。圖畫文字是遠古先祖從蒙昧逐步走向人類信息開明的時代、她更象征着先祖們在辛勤勞動中所獲取的精神文明財富和心靈的啟迪。先祖們爲了福佑子孫後代、他們

一點一滴的積累，給後世子孫留下了非常豐厚而又彌足珍貴的精神財富，流傳至今，仍然啟迪着一輩輩中國人的心靈。雖然我們今天還讀不懂其中真正的文化信息，我們憑借自己認真努力去研究學習參悟、去推論、去聯想，我稱這種文字叫「圖畫象形文字」也可稱為「三維圖畫智慧文字」，因為這些圖畫文字中所傳遞的文化信息太豐富了。例如，圖①：此圖看似簡單，實際上蘊藏了很多遠古先祖的靈氣与智慧在這里面，比如說：[illegible]此圖右邊是一幅三人組合參加一項盛典集會或是一次更為隆重的祭祀天地、神靈、祖先等活動，而昇風幡則是一項必不可少的儀式內容，在今天看來這項儀規仍然不可缺少，為什么：比如說：當今道場做「水陸灋會」道教與佛教的法會儀規都大同小異。①灑淨。②發符懸旛等等。①灑淨就是對祭祀壇臺內外由祭師灑淨以後，恭請諸神佛、諸佛、諸菩薩光臨壇場。②、發符懸旛，就是在風旛上寫着昭請衆聖神靈。十方灋界四聖六凡水陸普度大齋勝會。再比如說，新中國成立以後，開國大典的第一項首要任務就是昇國旗儀式。這種昇旗儀規至今延用而且隨國力的越來越强盛，昇旗儀式也更為受到國家高層領導的重視，昇旗手也由最初的三人逐步增加為十二人至三十六人、足見昇旗的意義重大。國旗是國家的文明標志、更是國家與民族團結力量的精神支柱。旗幟是凝聚一切力量之靈魂、招之即來、來之能戰、戰無不勝。以上這些比如主要是想證明早在三千三百餘年前殷商武丁中興時代聖人傅說就是用旗幟的凝聚力和感染力、成功的完成了輔佐武丁王復興大業的光輝使命。[illegible]由此圖我們很清楚的看見風幡下面有人在一起相互配合協同完成一項重要的祭祀饗會，這種活動規模毫不亞於當今的昇國旗的儀式和做水陸饗會。而且這項活動每次都有一名主祭師親自挂帥主持祭祀活動的順利，有條不紊有始有終。比如說：我國出土的「殷周金文集成」中就有多件以十天干鑄名的青銅重器。例如：編號

5720 父甲尊

5061 父乙卣

7225 父乙觚

10343

8883 父丙爵

3175 父丁簋

8450

8891

6397 父戊觶

7238 父戊觚

8526 父戊爵

3611 父己簋

8931 父己爵

8932 父己爵

1626 父庚鼎

9549 父庚壺

5090 父辛卣

7245 父辛觚

5662 父壬尊

8969 父癸爵

以上舉例證明每逢大事必有隆重的昇旛儀式。我們在看旗旛下面有三個人。左邊一人，右邊兩人或左邊兩人右邊一人。旗旛飄向的一方底下的陰影為兩人另一方則是一人。一數為陽數，二數為陰數。一和二相加即是道家所言陰陽相合為三。道家亦稱三陽開泰，三生萬物。三是一個生發之數，三人為衆，衆即是一個協作團隊。這支團隊就是殷商武丁中興時代的賢臣俊義：女甲女乙女丙女丁女戊女己女庚女辛女壬女癸這支團隊為殷商農耕文化的再發展做出了巨大的奉獻「集成」中有兩千多件青銅器都鑄入了他們的智慧與心血、生命与靈魂。這十人天干組合，他們有點象新中國成立以後的十大元帥，他們各負其責各盡其能。這支團隊，他們長期棲息於山西中條山脉之曆山，立槫木日晷，觀測太陽與月亮每天晝夜運行的時辰變化規律，他們一復一日，長年累月終於掌握了一套彌足珍貴的日晷紀曆年月表，十天干与十二地支相配合的六十甲子時辰表。「甲骨文合集」例證編號24440 37986 37988等他們積累了大量的日晷數據，逐步形成了嚴密而精細的天道自然運行規律與自然哲理并完整的鑄刻在青銅器与甲骨之中，承載了千萬年以來華夏人類通天徹地的文明智慧與震古爍今的文化定力。搏木日晷紀曆在殷商王武丁中興時代被廣泛推行於天下并應用於農時耕種養殖等生產發展。為我國早期農牧業經濟發展打下堅實的基礎。殷商武丁中興時代有一位關鍵人物起了決定作用這個人就是史學界多年來遍尋不獲的聖人傅說即父兌。

傳說二字在殷商金文與甲骨文中的象形文字就是「[illegible][illegible]」。由[illegible]字逐步演化為「[illegible]」「[illegible]」至小篆「[illegible]」隸、楷為傳字使用至今。[illegible]「悅」字也是[illegible]、[illegible]、[illegible]、[illegible]、[illegible]、「[illegible]」演化為說字的。「[illegible]」文字之初源於地名，今為山西平陸境內。「尚書．說命」三篇記載，當時[illegible]「悅」在「[illegible]」「[illegible]」即父巖險要路段脩築鹽道，此「段險要」又經常被洪水沖毀。所以，[illegible]用版築技藝替工匠們完成了此路段的艱險任務。殷商武丁王

「借夢求賢」的用人之道即源於此地父嚴的影响力。殷商武丁中興時代，是華夏文明歷史的新起點，一切文化信息即從圖畫文字記載華夏人類生産生活開始。比如說：[illegible]②父乙鼎銘文示意，有地標建築的房舍，顯明了此建築是大木結構，其次有訓化之後的狼犬，還有豐碩肥美的養殖魚、業，這一切都与父乙緊密相關，這也驗證了父兌給武丁王諫言，《尚書·兌命》曰：「惟木從繩則正」之哲理的深刻含義。看似是父乙在青銅鼎上創作記載了一幅小品生活畫面，但這很精美，讓人百看不厭，回味無窮。這簡直就是一幅美不勝收的大寫意簡筆風景畫，令人神思不已，這竟然出自我國三千三百餘筆前的一位賢臣國師之親筆不凡之手。這僅是九牛一毛，還有幾百幅類似銘等着我們去細心揣測領悟，要想知道殷商武丁中興的真實歷史就必須把父乙這個核心人物的事實弄明白。

金文书法

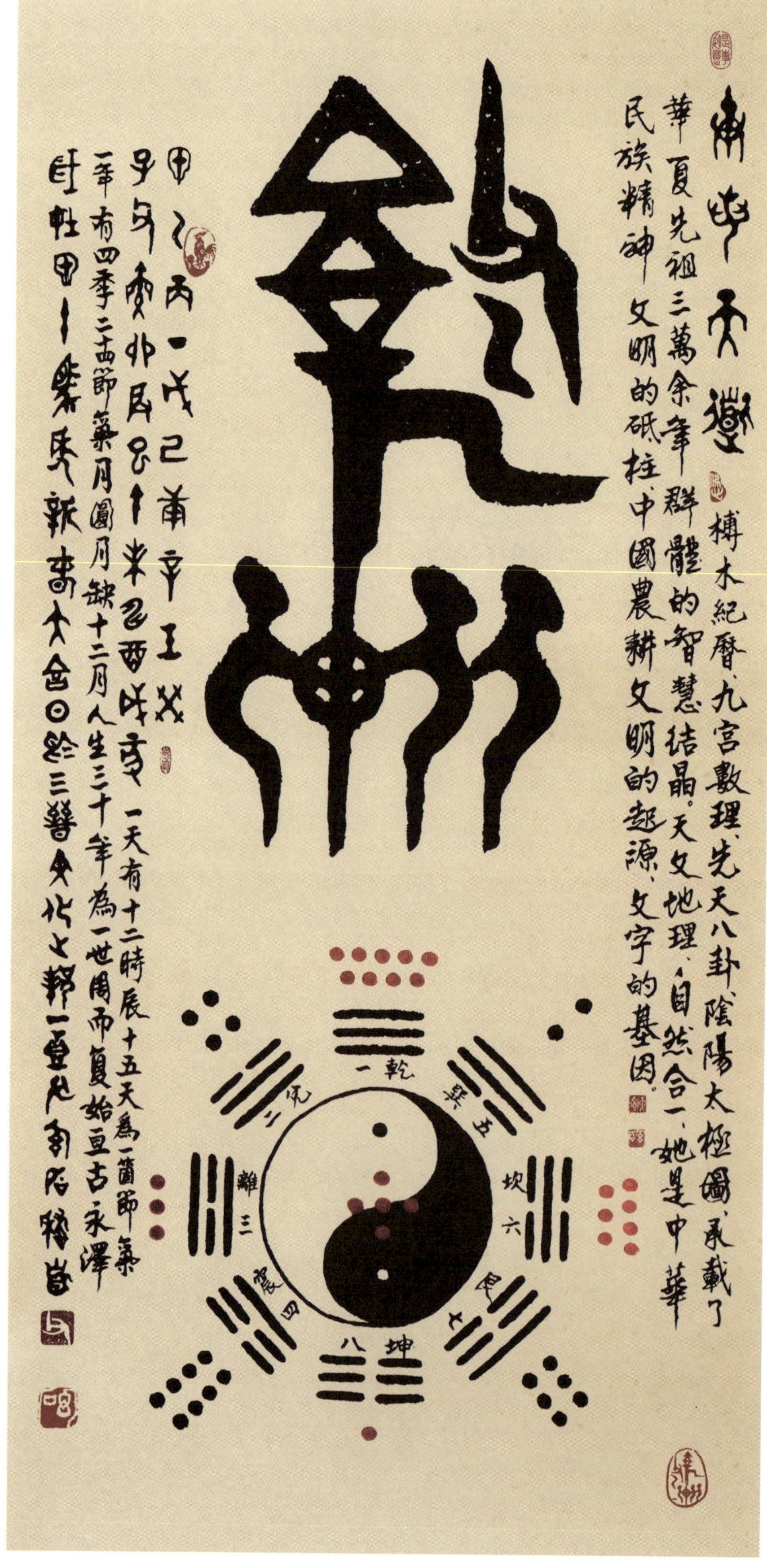

榑木日晷九宫八卦太极图　乾坤之气　博厚无极　奉若天道　农耕文明

父乙青铜盘铭文编号一〇〇三三　此盘铭文示意：早在三千三百多年前，华夏民族就用智慧观测日月星辰之天文，知其日明月晦，明晦交养，昼夜乃成。父乙榑木日晷图腾文字是华夏远古人类文明智慧的结晶，其提升了人类生存的价值观与精神力量。

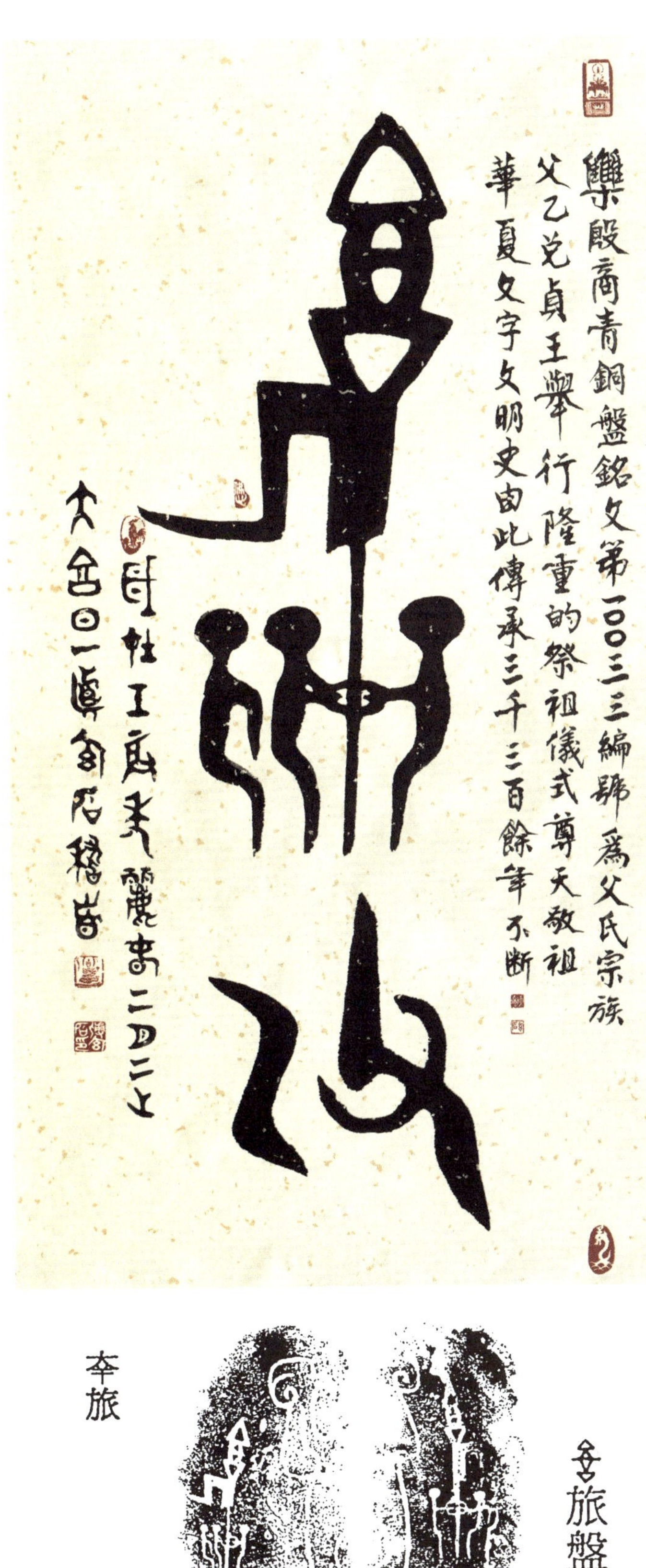

殷商青銅盤銘文第一〇〇三三編歸爲父氏宗族
父乙兑貞王舉行隆重的祭祖儀式尊天敬祖
華夏文字文明史由此傳承三千三百餘年不斷

㚔旅

㚔旅盘

10033-9

父乙青铜卣铭文编号五〇六一　此卣铭文示意：中华殷商时代，有一支传承远古图腾文字的燧人弇兹氏族。其中以父乙为首的十天干贞人团队，他们长期居于山西中条山脉的历山，立榑木日晷纪历，观察天道自然规律，测风向，规画四时五行之天象，沟通天地信息，掌握了春夏秋冬四季风雨变化的自然规律。父乙铭记了远古先祖华胥氏观天象，立竿见影，有影即成像，捕捉影像规律，即知天道自然法则。扩国佑民，造福百姓。

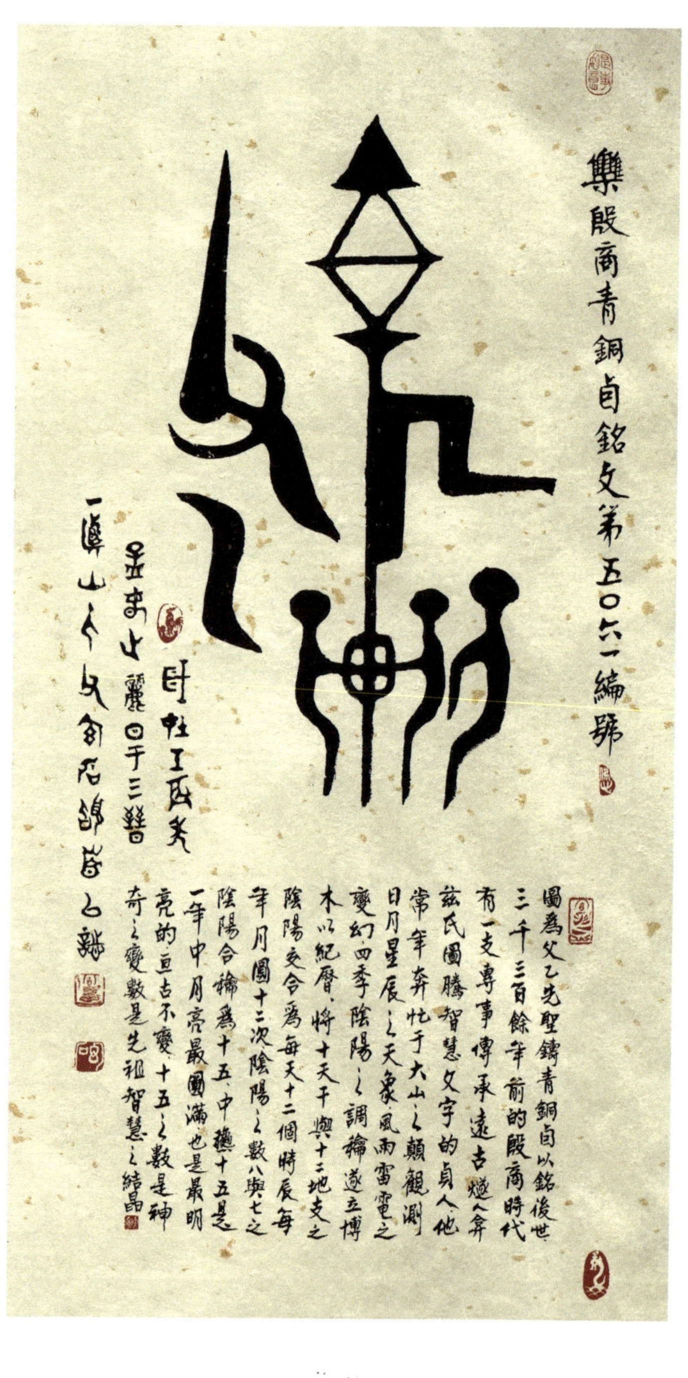

夲旅父乙

5061.1

夲旅父乙卣

父乙臣辰卣

父乙臣辰

5153-6

乐殷商青铜卣铭文第五一五三编号 父乙臣辰兑卣
此卣铭文清楚的将父乙身份铭告後世子孙父乙爲王者師
以傳遠古觀天象學爲己任修身立命奉若天道

父乙青铜卣铭文编号五一五三 此卣铭文示意：父乙尊奉大道，辅佐商王武丁，治国安邦，天命所使。父乙也不负使命，将华夏民族最宝贵的图腾智慧文字完整无缺的铸人青铜器铭文中，创造全世界人类最早用青铜器铸造文字的弥足珍贵的精神文明财富。父乙臣辰兑、臣辰兑父乙，山泽通贞气，乙字化太极。

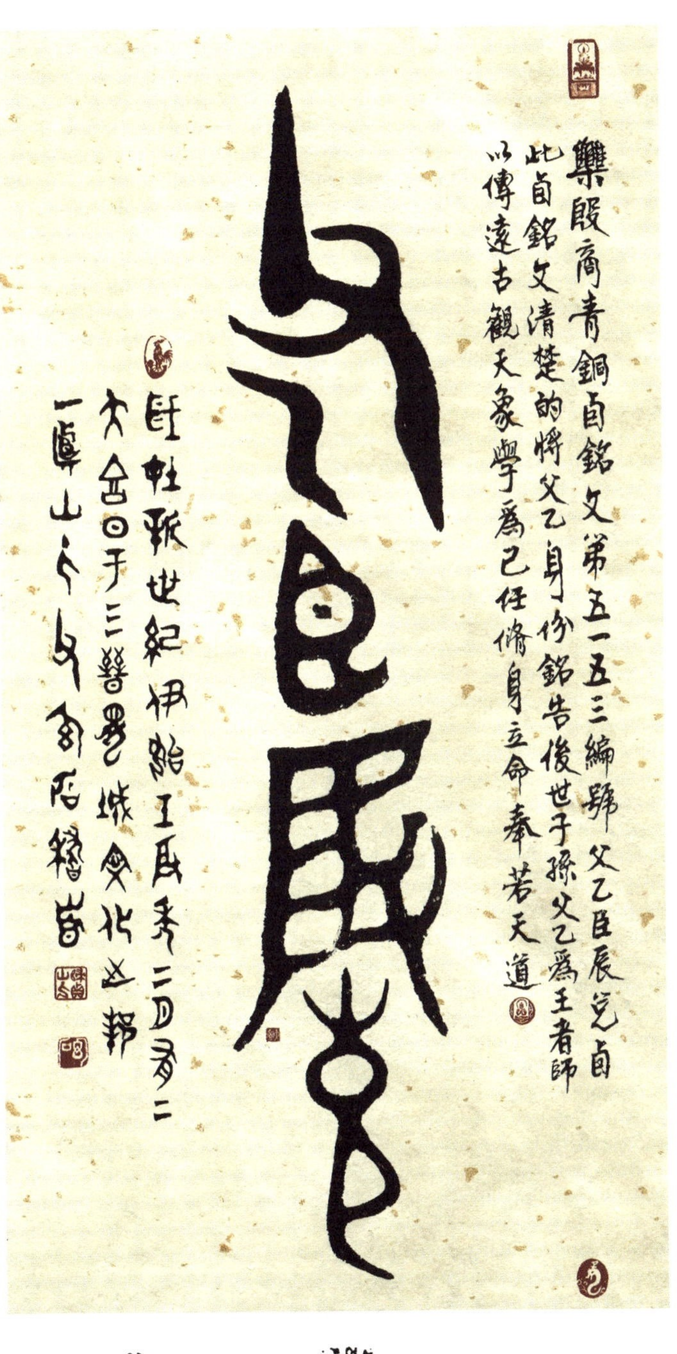

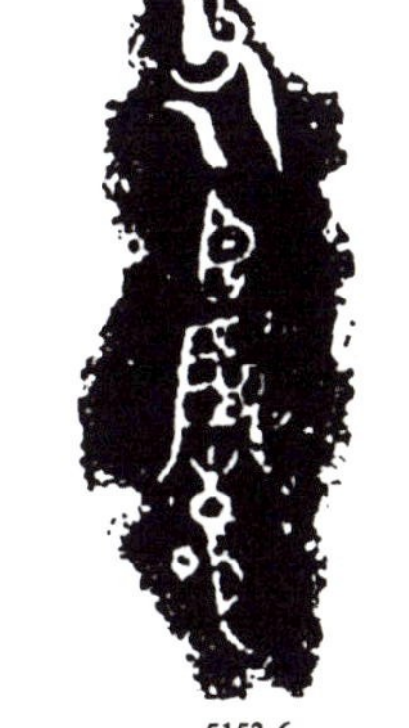

父乙臣辰青铜鼎铭文编号二〇〇六　此鼎铭文揭示了父兑的真实身份是修真性，悟天道，观天象的贞王。商王武丁尊兑为圣人，赐姓为父，并封为朝廷大臣。足可见，父兑是殷商武丁中兴时期无可替代的明哲圣人。他上通天文，下知地理，研习天道法则，传承远古华胥氏樸木纪历文明史，并超越自我，在山西中条山脉的历山再观天象。千古岁月，鼎铭作证。

樂殷商青銅鼎銘文第二〇〇六編號 父乙臣辰佚鼎
此鼎鑄銘文以祀父乙爲殷商文化有功之大臣
銘告後世子孫華夏文化博大精深千古永存

余窝屋三譽文化之精神靈氣
平中民上豐華麗雨吉日
一匮山古傳句石鼓

臣辰ㇾ父乙

父乙臣辰鼎

2006-7

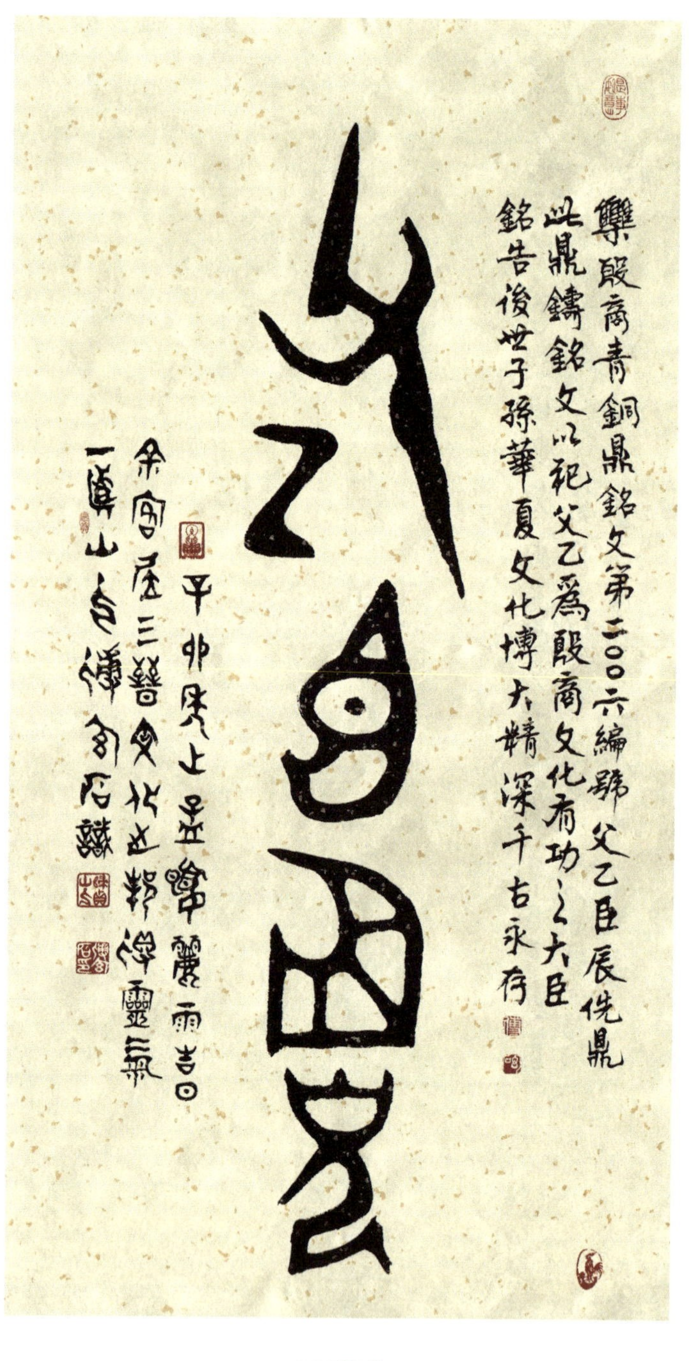

父乙青铜㲃铭文编号三四二二　此㲃铭文示意：殷商武丁时期大臣父兑的姓氏、名号与观日月星辰之天象的特殊身份。父字是传承燧人弇兹氏手持石斧工具创造劳动价值的劳动者。乙是上通天文、下知地理的贞人。臣字就象一只明亮巨大的眼睛，有观察监视监督和掌控之意。辰字代表日月星空之天象。兑即为傅說之名。

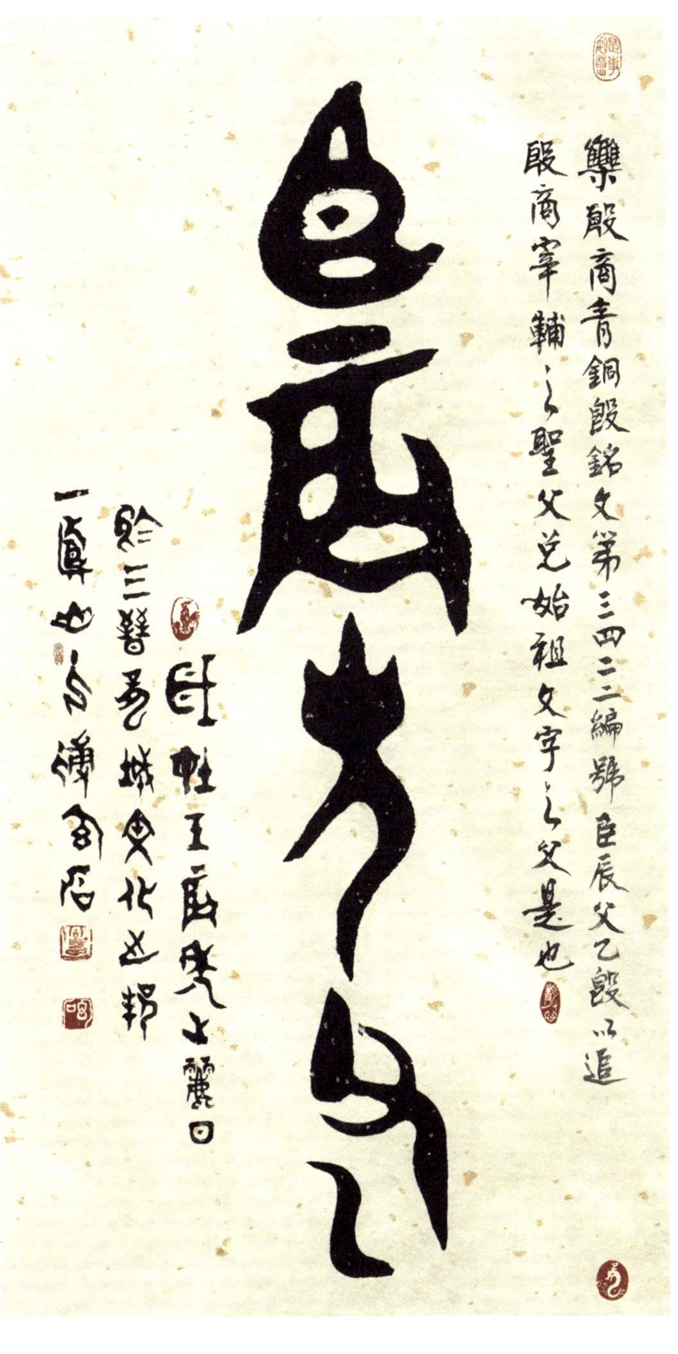

臣辰父乙㲃

3422-7

臣辰□父乙

父乙青铜鼎铭文编号二一一六　此鼎铭文示意：臣辰兑册父乙是殷商武丁中兴时代的大臣，是观日月星辰天象之大臣，父兑用智慧与勤劳的双手完成了人类历史上最伟大的文字工程（甲骨文、青铜器图腾智慧文字），并将此文字完整地保存了下来。此图足以证明臣辰兑册父乙在那个洪荒时代不懈的努力实践、真实的记载三千多年前华夏民族用勤劳的双手改变了人的生存环境，升华了华夏人类精神文明的辉煌历史。

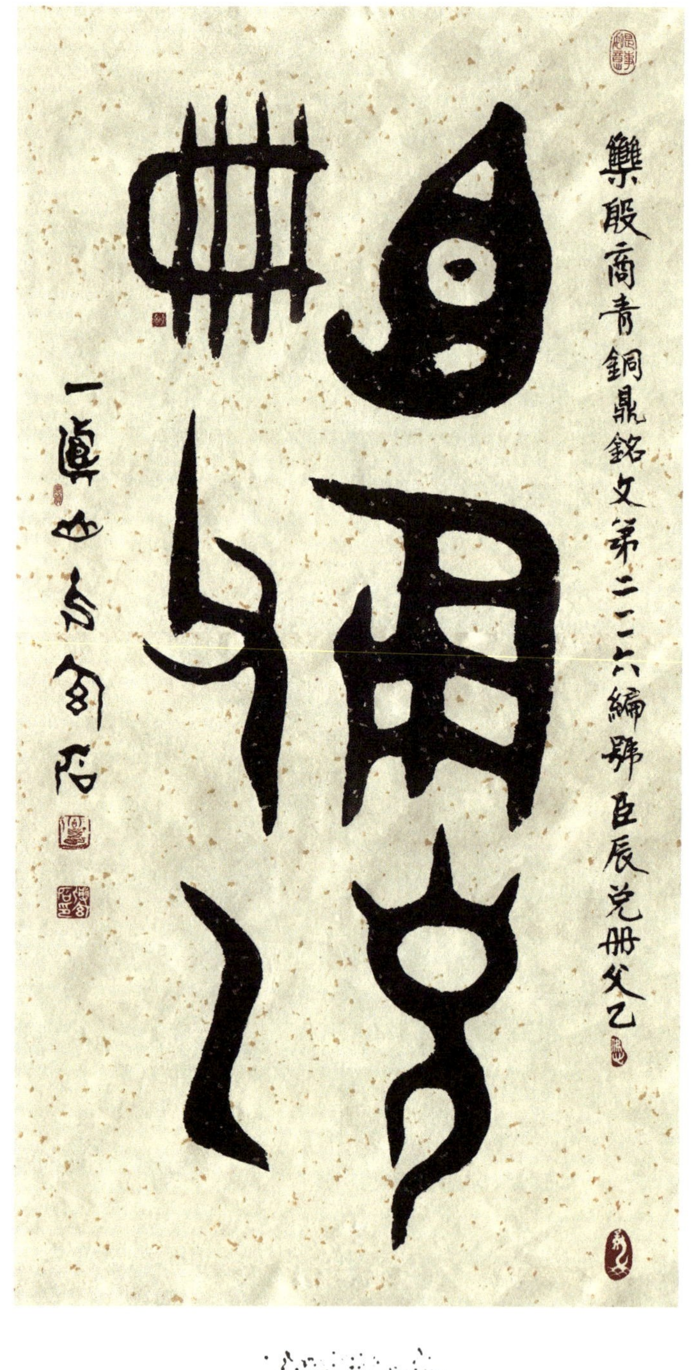

2116-7

臣辰册父乙鼎

臣辰兑
册父乙

父乙青铜卣铭文编号五一五一 立榑木纪历，知春夏秋冬四时季节变化之分明，中华五岳三山之苍穹，文化之深邃，知识之渊博。父兑为中华人类文明文化的传承做出了巨大的贡献。溯源求本，道法自然。人与自然万物相容互敬，取舍有偿。子午定乾坤，阴阳隔分明，风水化一气，道法自生成。

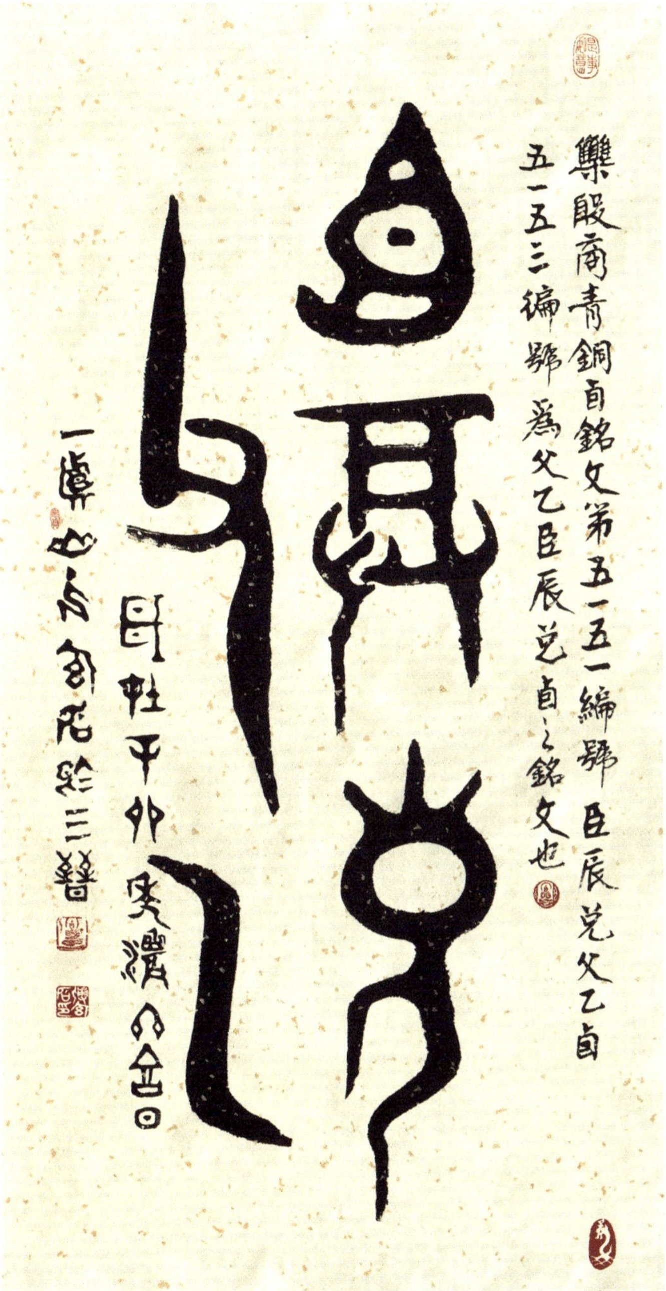

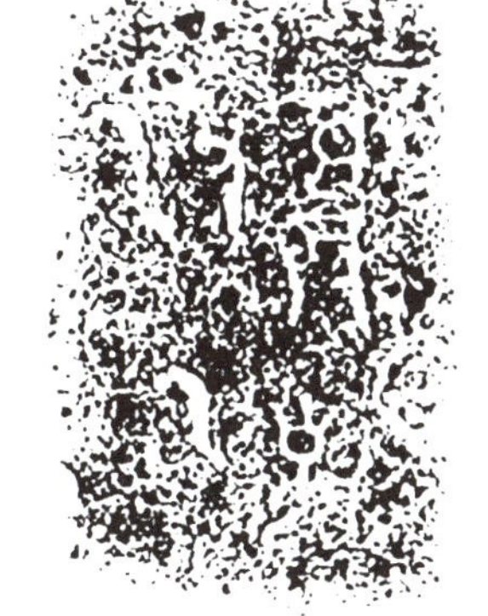
5151.2-6

臣辰父乙卣

臣辰兑父乙

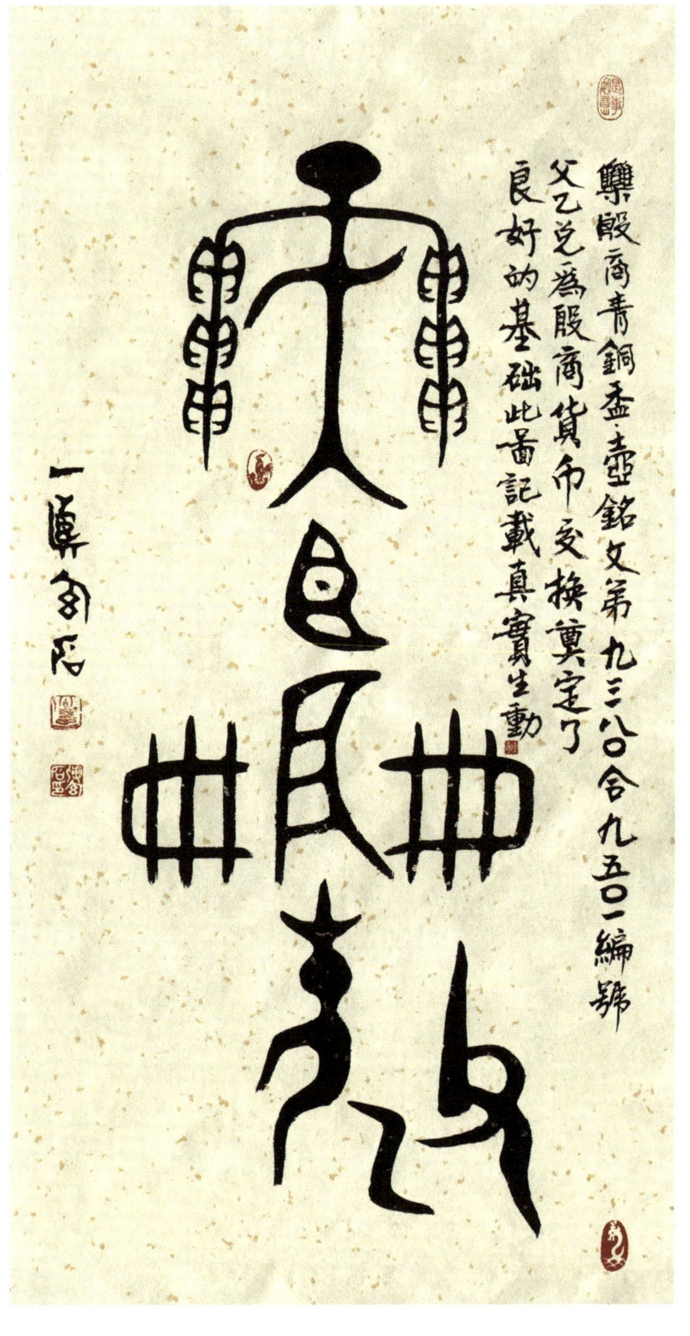

父乙青铜壶盉铭文编号九三八〇合九五〇一　此盉铭文示意：父乙时期出现了以贝壳作为一般等价物来交换物资的方式，加快了经济的发展，使得殷商复兴，国富民强。此铭文即是三千三百多年前殷商货贝流通的历史物证。

佣父乙

父乙壶

9501-8

臣辰兊冊盉

臣辰兊冊盉

9380

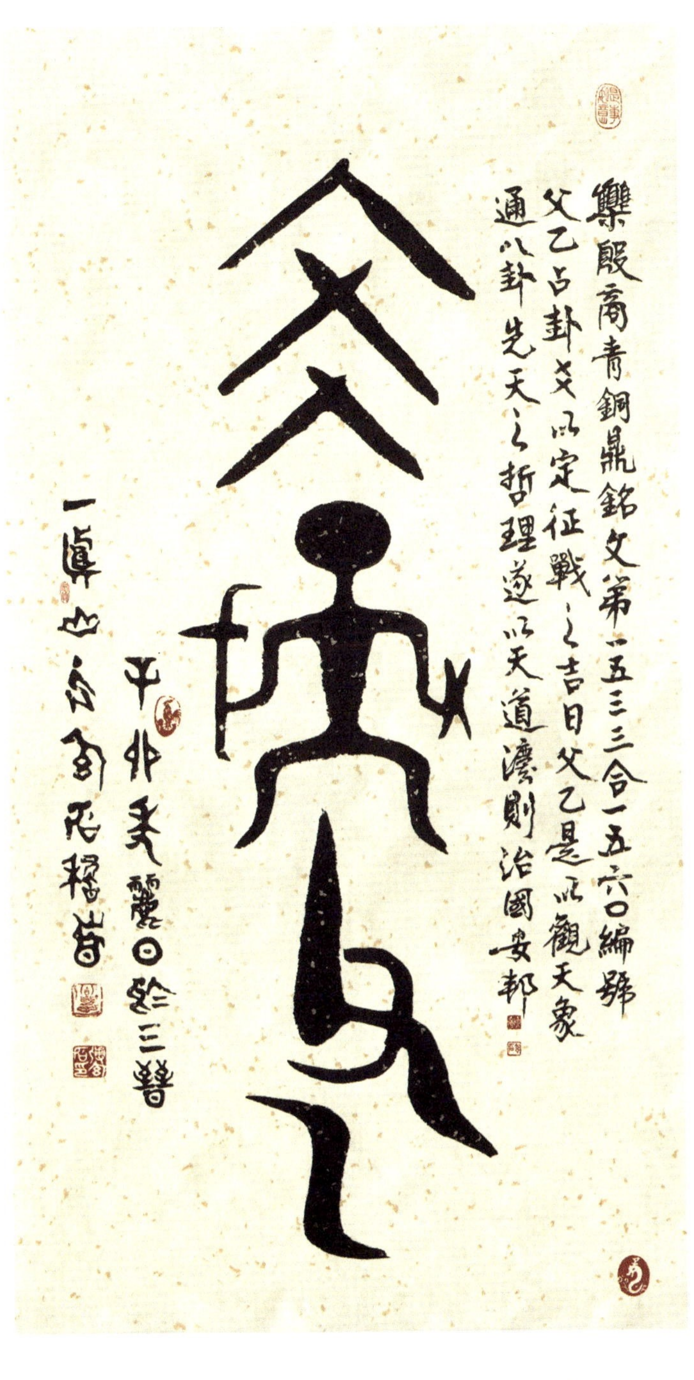

父乙青铜鼎铭文编号一五六〇合一五三三　此鼎铭文示意：父乙是一位观天象研究天道自然法则的贞人，此图铭文以贞王手持法器镇定自如，爻卦定凶吉，道法木真如。父乙深知伏羲先天八卦图与自然周天数理的奥妙天道，悟得天机，成就商王武丁复兴大业。中华文字文明由此传播，甲骨、青铜器文字便是见证父乙为中华文明留下的有力证据。

1560-7

爻父乙方鼎

爻父乙

1533-9

埶父乙鼎

妕父乙

父乙青铜卣铭文编号五〇五六　此卣铭文示意：圣木曰影，印于天地之中的坛台上，长年记录日晷阴影周天数理，农耕时代由此开始，文字文明也因此而开明。特铸青铜器铭文以祈祷先祖福佑子孙，感恩先祖在天之灵。

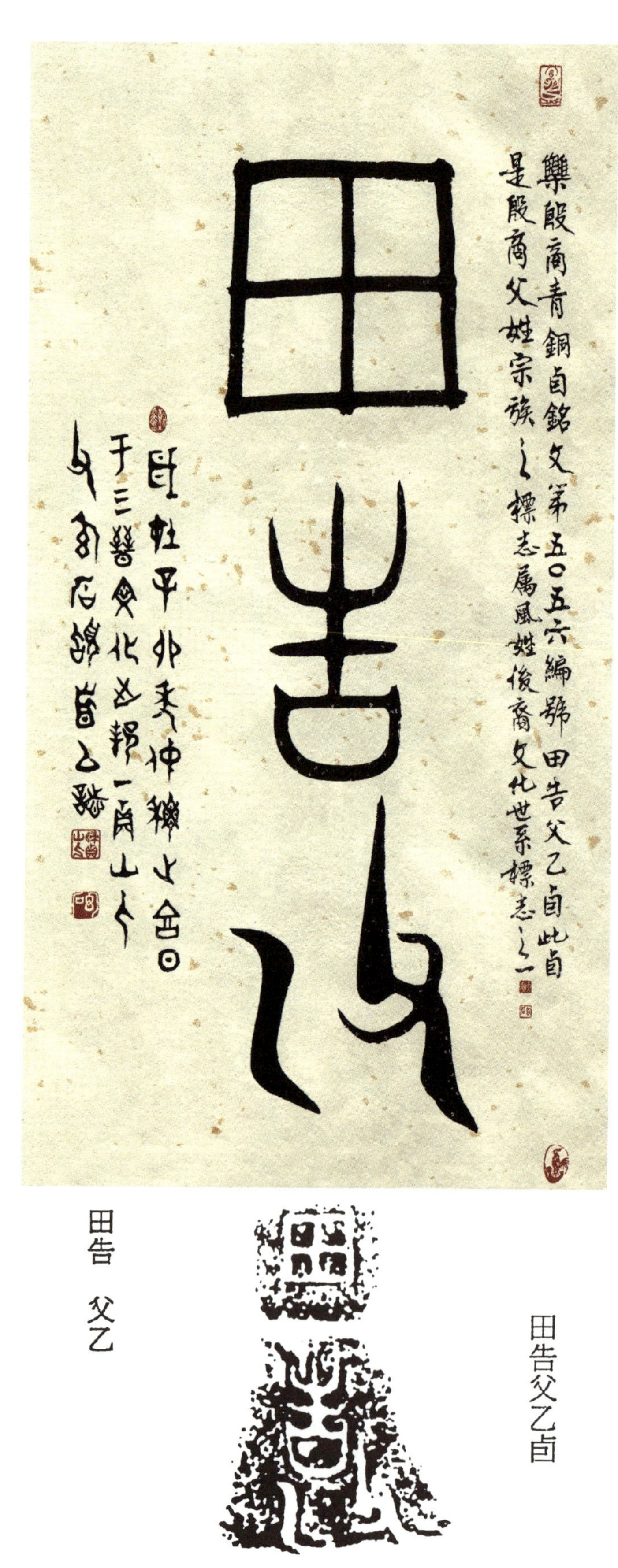

田告　父乙

田告父乙卣

5056

父乙青铜尊铭文编号五六一四合五六一五　此尊铭文示意：父乙长期隐居于大山之颠观天象，修道于山西终条山脉历山观测天象，始作榑木纪历，得周天历度年表，用三叉若木日晷日轨定天地四时，掌握春夏秋冬四季变化之物理，提前预测恶劣的天气变化，发明了观测天气变化的仪器，风帆，风轮、子午定位仪，榑木测影仪。父乙最早用甲骨文刻契了六十甲子纪历。

山父乙尊*

山父乙

5614-5

東父乙尊

東父乙

5615-7

父乙青铜尊铭文编号五六一九　此尊铭文示意：父乙观测天地交午的周天运行日历度之数理，圣木显现日光背影在坛台的四面八方移动，父乙测日投影于坛台上，以确定天道法则之自然规律。一天为十二时辰，十五天为二下气，周而复始，亘古不变。米、番、为四正四隅，阴阳交养，弥盛弥昌。

甫 父乙

5619-5

甫父乙尊

樂殷商青銅卣銘文第五〇五一編稀
父乙作國冊寶典并鑄青銅卣以福佑
文字文化萬年永寶

旹壯新世紀伊能平邦秀亼
灜氿麗雲宫盧三譽号城傳福壽
一莗世台字厇鄉紹能且文化

此青銅卣銘文
為殷商武丁王
拜兕為師賜
姓為父封為朝
廷重臣的佐証
君明臣聖殷商
復興父乙用智
慧成就了武丁王
興國大業用畢
生的精力將文字
文化傾心共青銅
器的澆濤并賦
予以生命靈魂
一頁初石

父乙青铜卣铭文编号五〇五一 此卣铭文示意：父乙掌管朝廷内外重大铸史典册的材料均来自疆域四面八方的信息。遂将此图腾智慧文字

文化之信息铸以青铜器铭告子孙后代，扩国佑民，国泰民安。

父乙衛典

5051-5

父乙 此此 殷卣

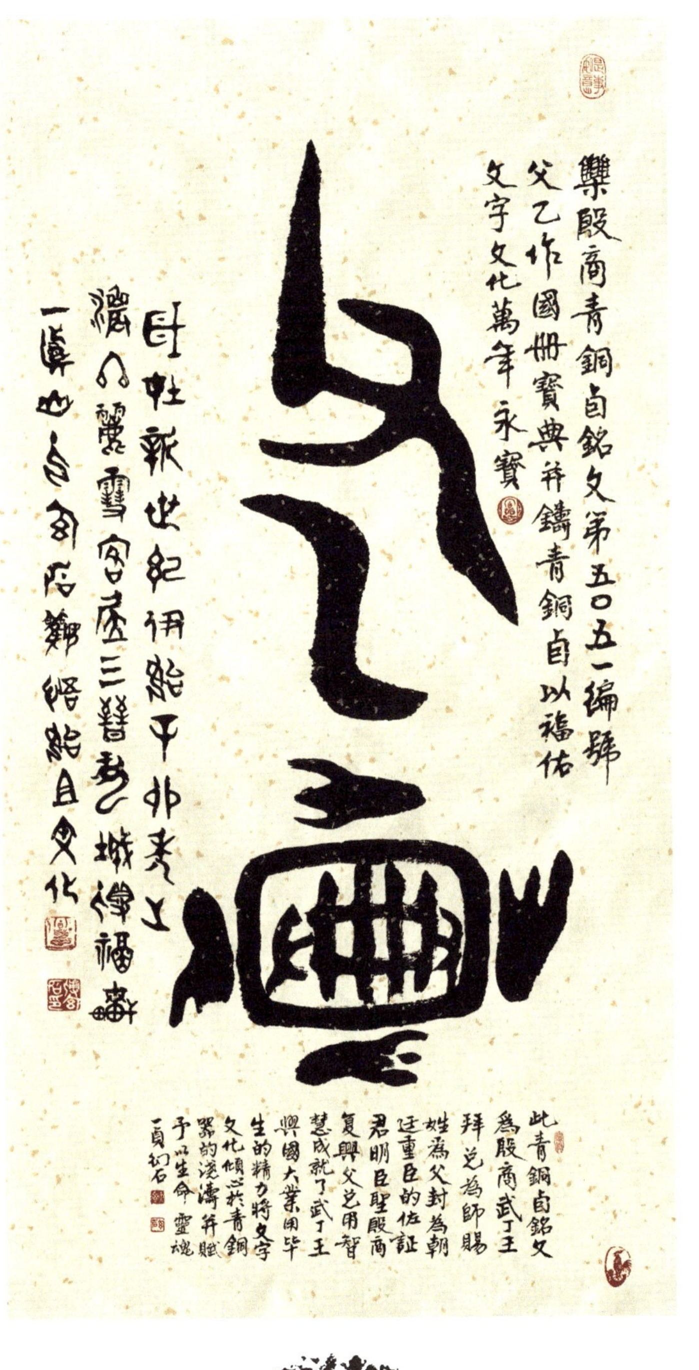

父乙青铜卣铭文编号五〇五九　此卣铭文示意：父乙观天象，悟得天道自然法则，日月星辰周期之律规，定子午八卦之方位，始有东西南北四正四隅之八方。此图也堪称世界人类史册上最早用于测定日轨定子午南北方位的指南针示意图。

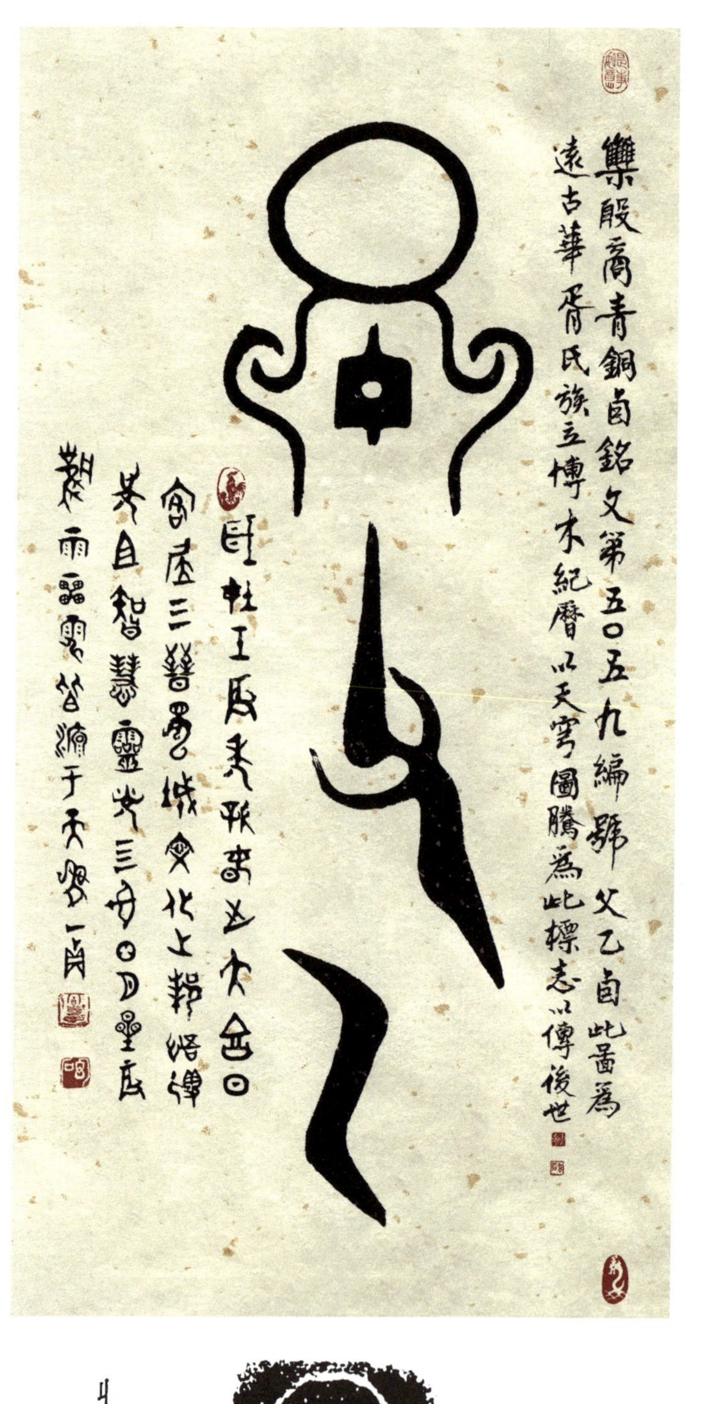

父乙

父乙卣

5059.1-6

父乙青铜鼎铭文编号一五三六　此鼎铭文示意三千多年前中华民族的锻造技术就已达到了很高的水平，精细的锻造加工技术，精美的纹饰，流畅简洁的线条，铸造了上古人类智慧的奇迹。

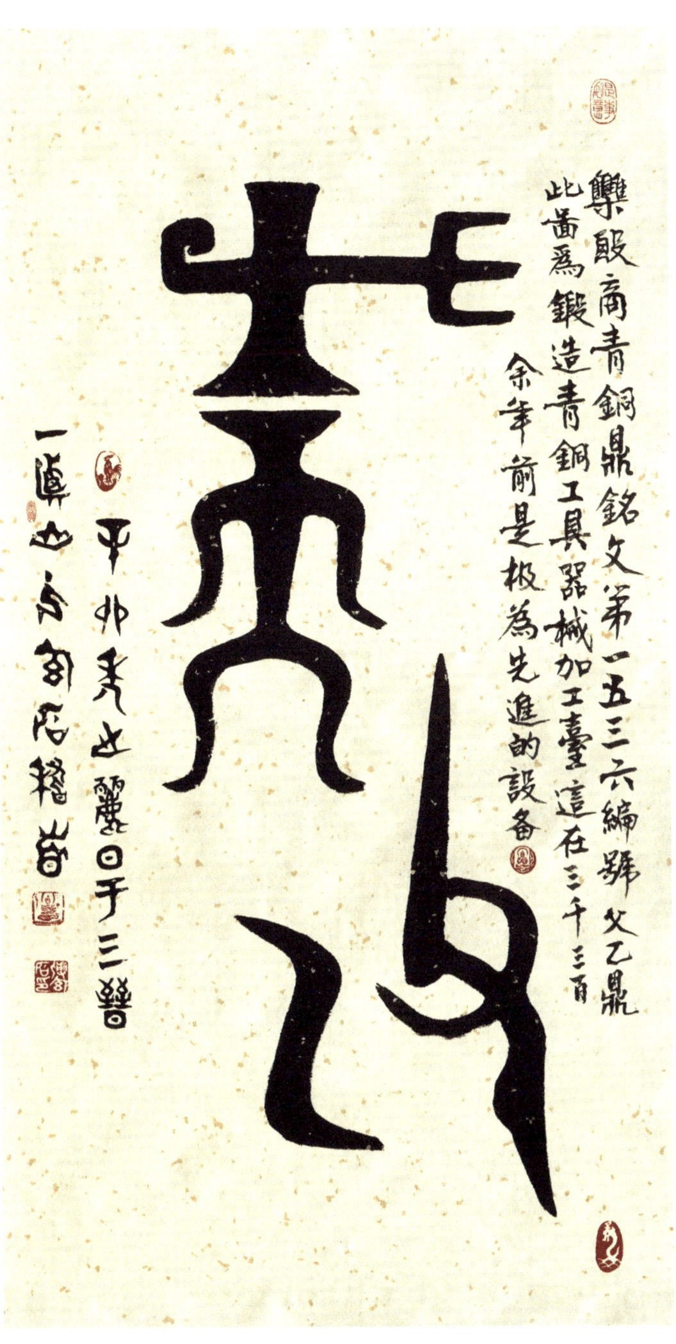

兕　父乙

1536-8

㚔父乙鼎

父乙青铜方鼎铭文编号一五四三 此鼎铭文示意：丙字表示天穹。象征赤火阳光普照万物之意。阴阳互敬、互爱、互补。河图洛书，九宫、数理、八卦、四象、五行、二十四节气、十天干、十二地支、子午流注，天气、人气、地气、山脉、风水、龙脉、天、地、人和谐生化，阴阳交养平衡互动相依共存。

乐殷商青铜鼎铭文第一五四三编号 天穹父乙方鼎

此当为远古华胥氏天穹标志之一父乙乃是传人

父乙

父乙方鼎

1543

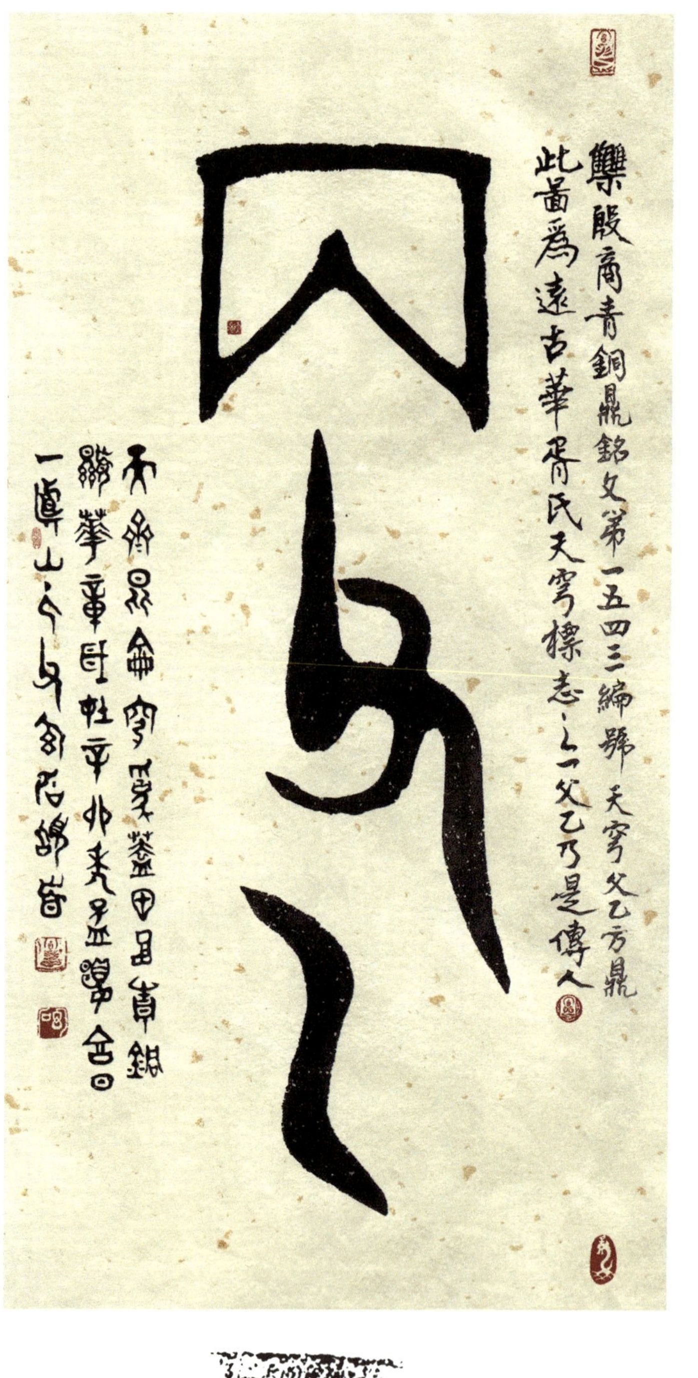

父乙青铜鼎铭文编号一五四五　此鼎铭文示意：父乙铸以华夏天穹图腾，铭以传承贞史文化。举国之财力，众之群力，铸鼎铭文以诰子孙。文字文化，以史为鉴，传之有道，承之有序。

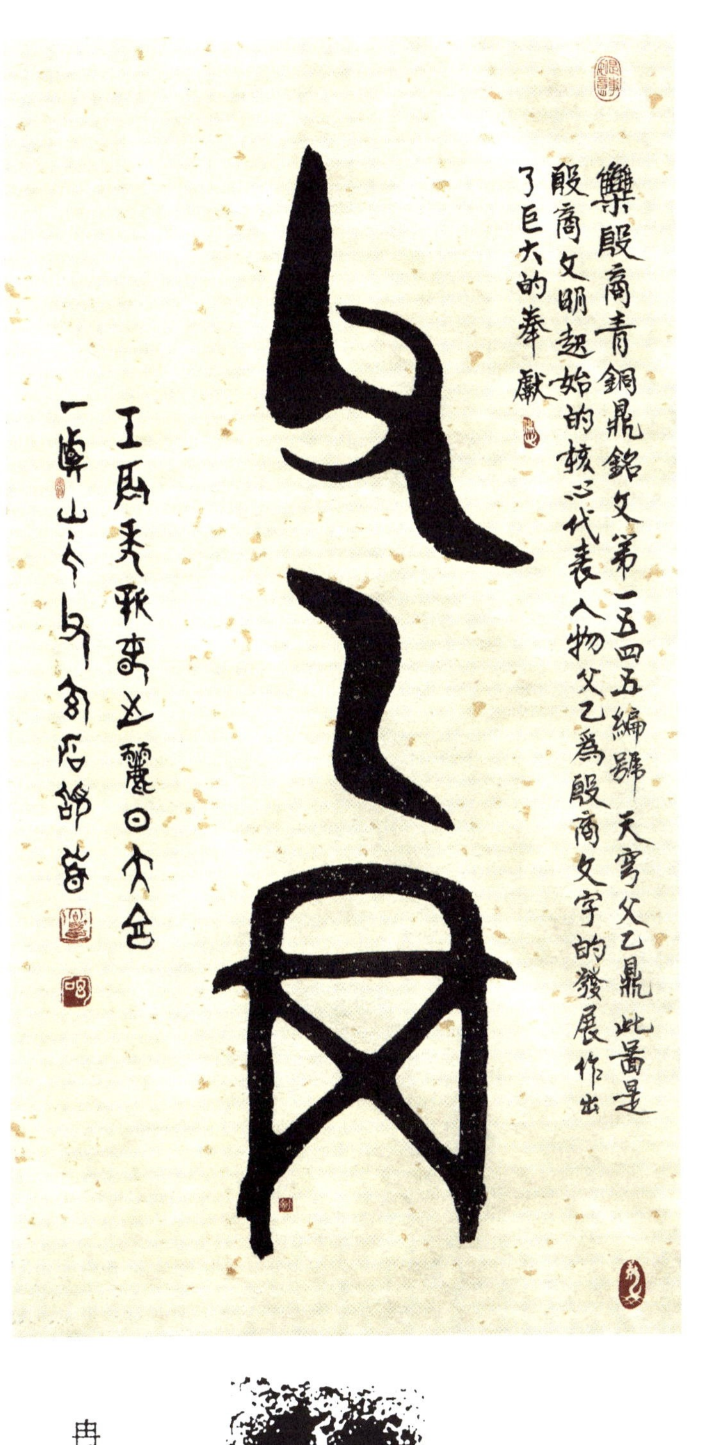

殷商青銅鼎銘文第一五四五編號　天穹父乙鼎　此器是殷商文明起始的核心代表人物父乙為殷商文字的發展作出了巨大的奉獻

冉　父乙

1545-8

父乙冉鼎

父乙青铜方鼎铭文编号一五四六　此鼎铭文示意：父乙于三千三百年前发明了铅、铜、锡三金合一的冶炼技术，铸造出一系列具有抗氧化能力的青铜器，埋藏于地下经三千余年而不被腐蚀，使冶炼术达到了新的高度。这也为后世出土的殷商青铜器铭文研究和考古探秘提供了弥足珍贵的文字文化依据。青铜器铭文完整的保留了历史的真貌痕迹，为华夏文字文化的流传起到了重要作用。

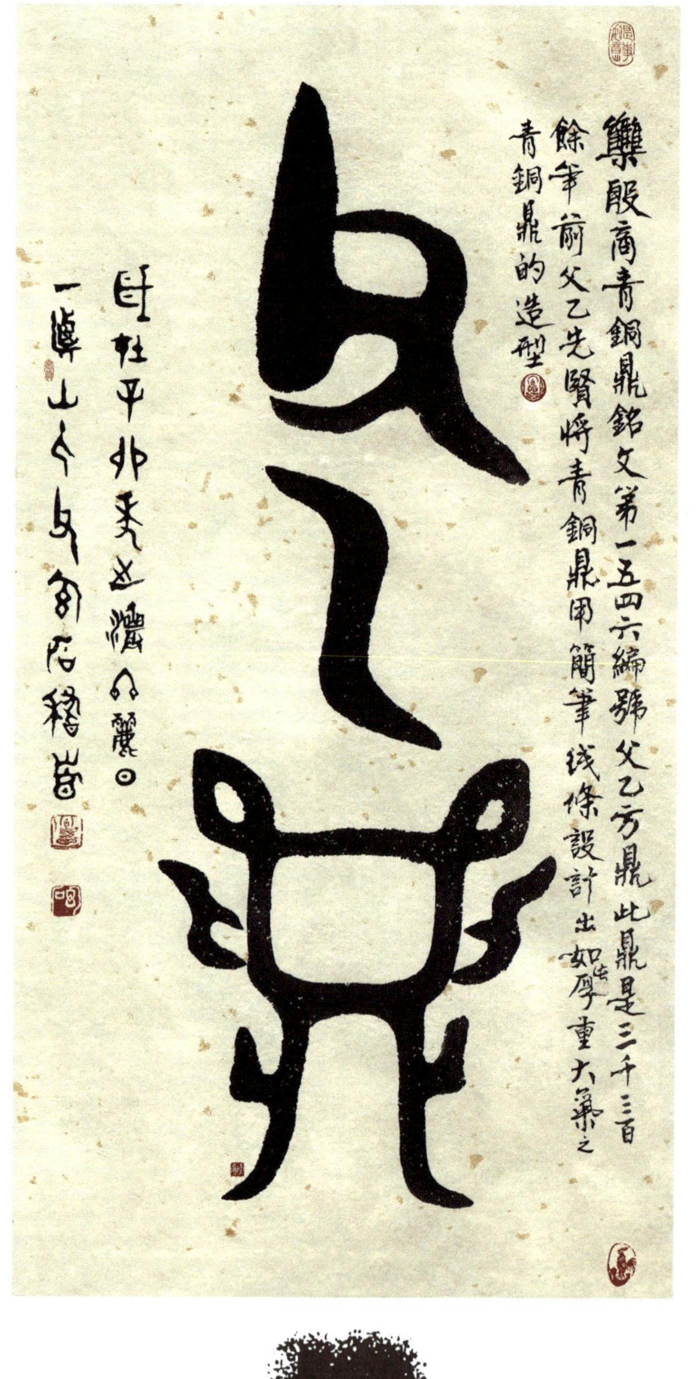

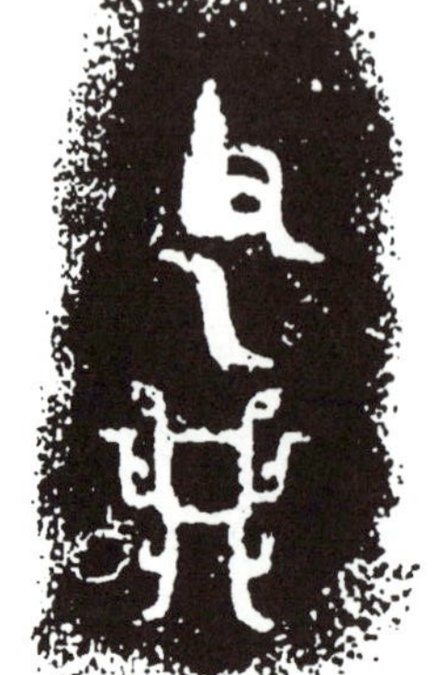

1546-8

父乙鼎方鼎

鼎　父乙

父乙青铜鼎铭文编号一五四八合一五五〇　此鼎铭文综合示意了父乙尽职尽心辅佐殷商武丁王。父乙用勤奋拼搏的双手使武丁王时代由没落走向繁荣。用智慧浇铸了先祖的文化信息、精神与能量，为造福子孙万代留下了宝贵的文字财富。

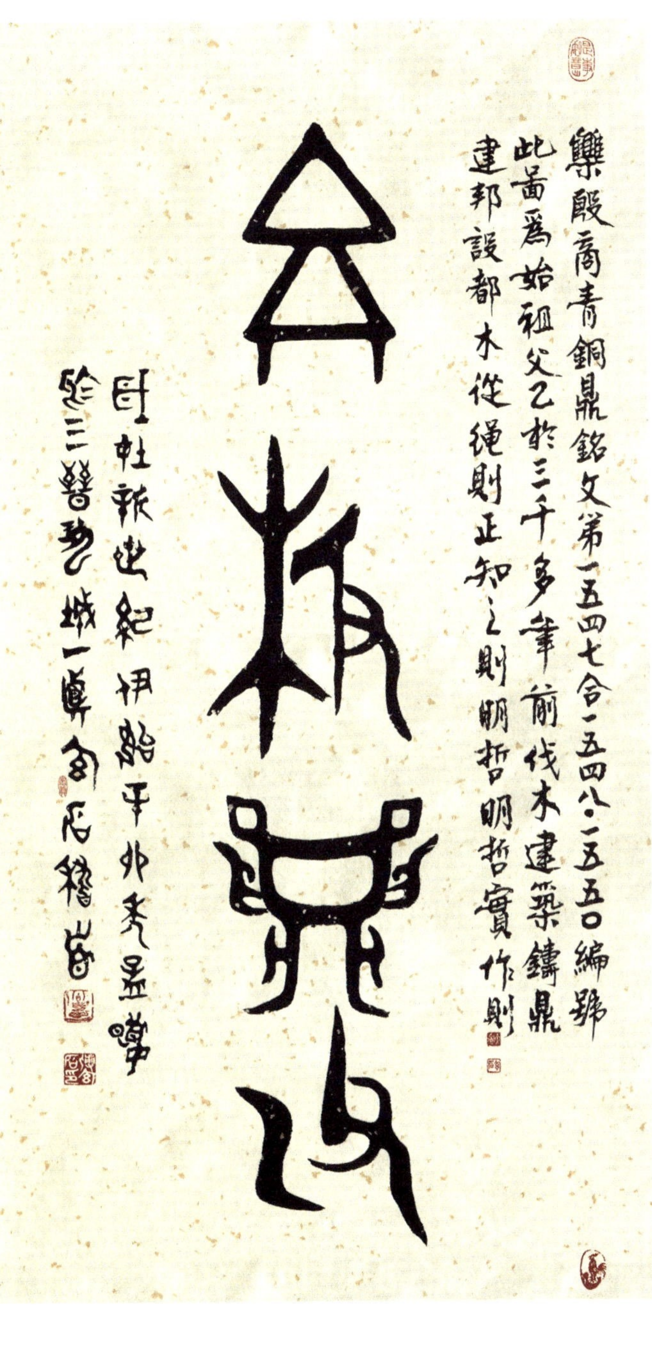

亼父乙

亼父乙鼎

1548-7

枚父乙

析父乙鼎

1550-9

父乙青铜鼎铭文编号一五五四　此鼎铭文示意：取神龟万年之寿之意，将文字文化寄情于龟甲牛骨之中与天地永存。遂刻契文于龟甲之上，时隔三千多年的今天，我们见证了这段文字文化历史的奇迹，这是中华文字的基石，更是先祖们群体智慧的结晶。

釋殷商青銅鼎銘文第一五五四編釋天龜父乙鼎
此鼎畫文所示天子之命象神龜一樣長壽永年

金㫄七蘆日絡得光塱鐱曻銘㝵
一龀方傳句㠯糟岧
旹牲辛㫍㝵

1554-7

奄父乙

奄父乙鼎

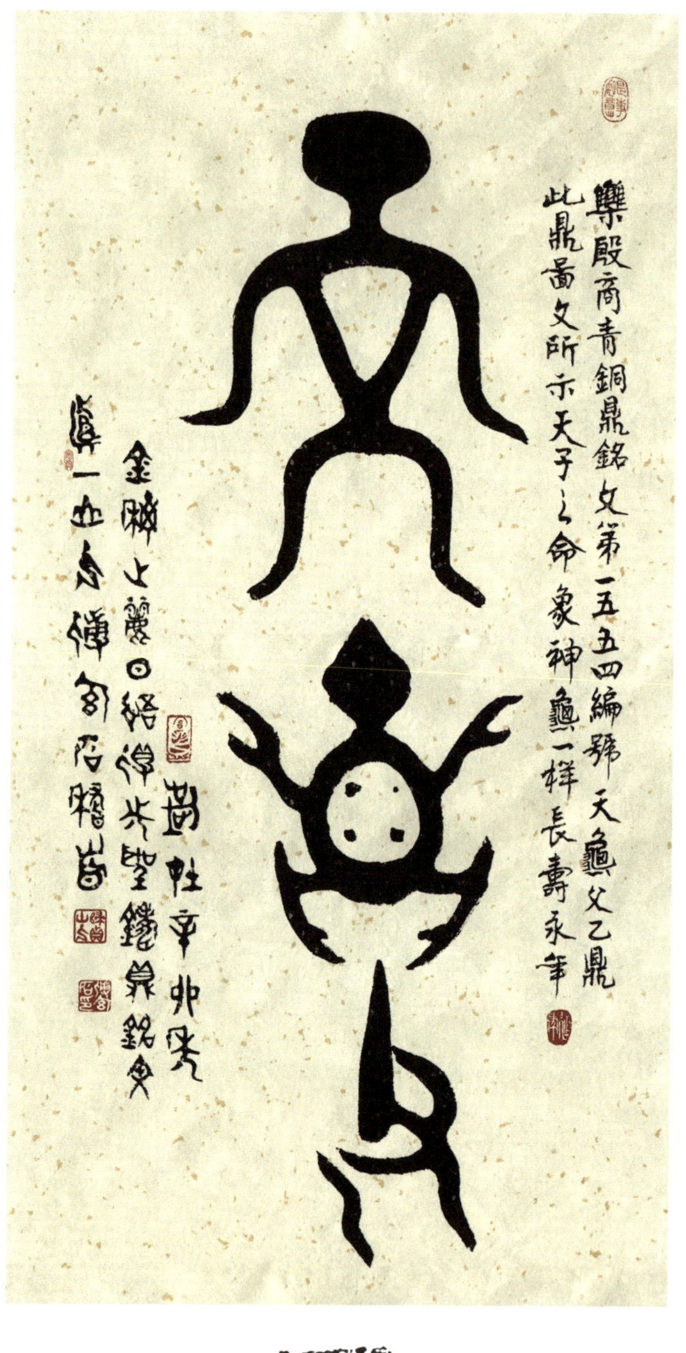

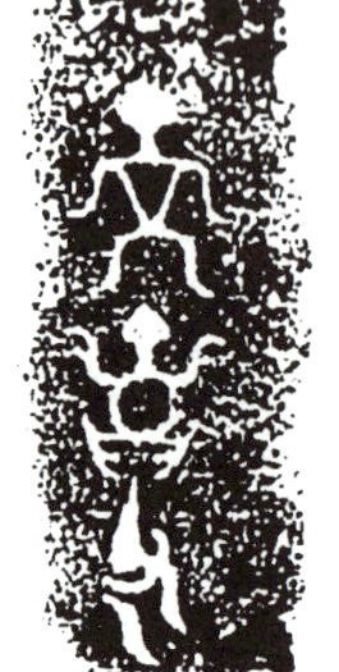

父乙青铜鼎铭文编号一五五六　此鼎铭文示意：天龟父乙鼎铭文给子孙万代留下了宝贵精神财富，同时也铸入了先祖们创造图腾智慧文字的灵光。这些文字默默地照亮了中华儿女的辛路历程，光芒四射，永泽后世。

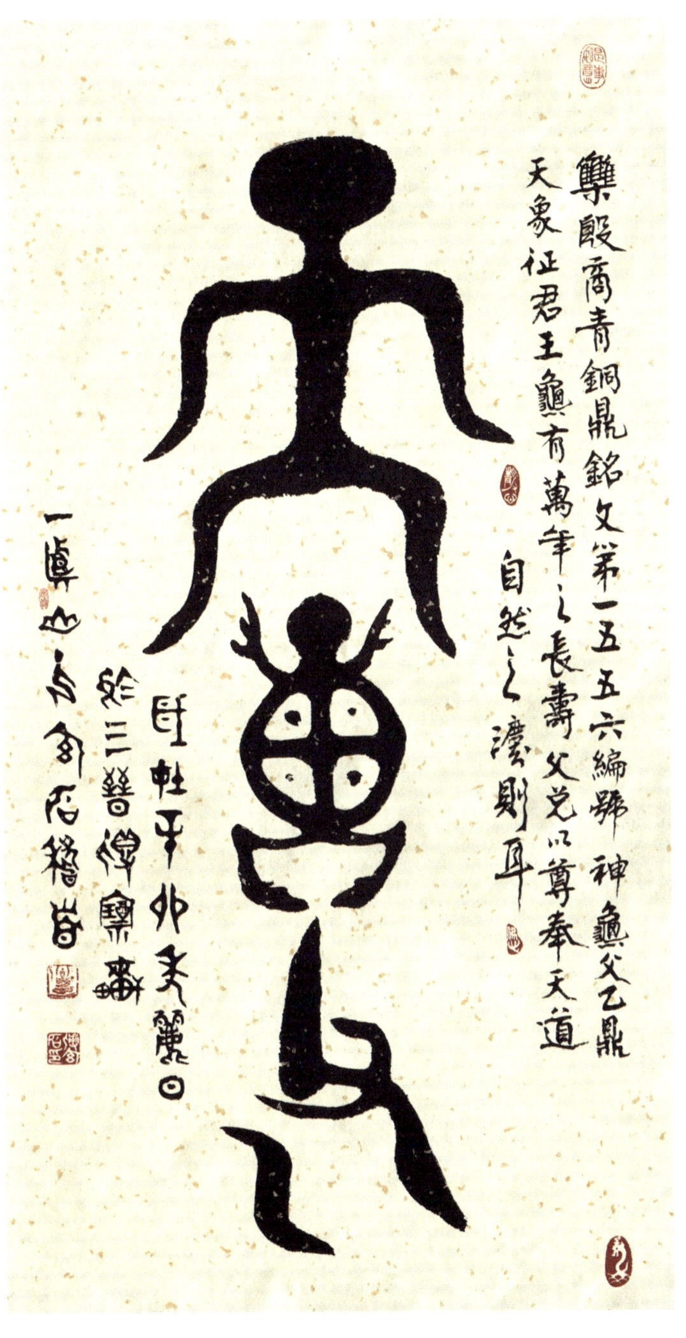

奄　父乙

1556-6

奄父乙鼎

父乙青铜鼎铭文编号一八二二合一八二四　此鼎铭文示意：父乙作册记载，天地人和谐生存与大自然美好的生活环境，人们热爱生活，享受生活的安逸时光。遂铸青铜器铭文以寄情怀。

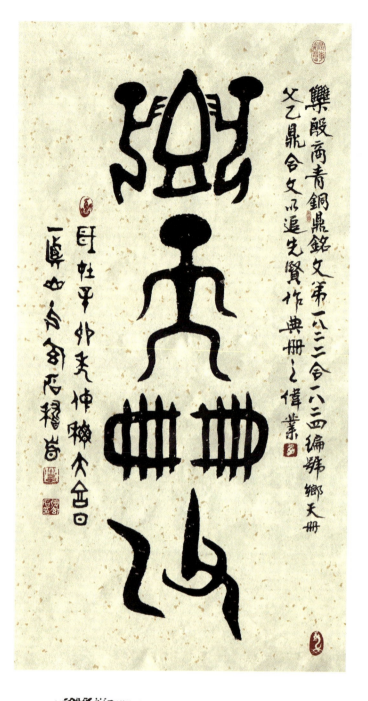

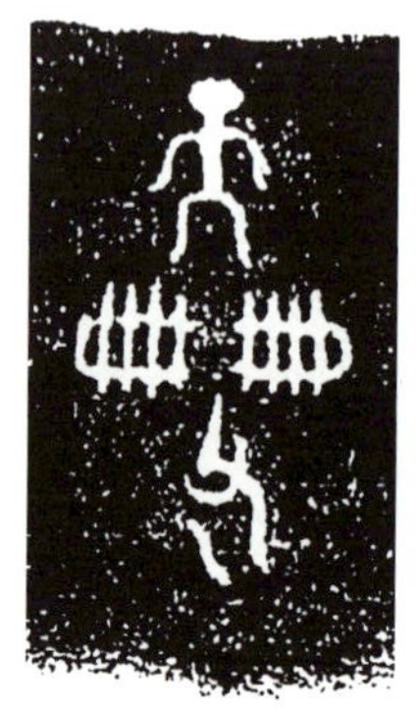

鄉寧父乙鼎

鄉寧父乙

1824

天冊父乙鼎

天冊父乙

1822-9

父乙青铜鼎铭文编号一八三一　此鼎铭文示意：以天穹高举之意将图腾智慧文字的玄鸟头，神龟身，鲤鱼尾，合为一体。祭祀感恩上天神灵扩佑赐给人们食物，同时祈求宽恕人类捕食生灵之罪过，告诫后代善待生灵，遂以鼠牛虎兔龙蛇马羊猴鸡狗猪十二生肖与人出生属相天命紧密相连。人们开始了驯化、养殖家畜，人与万物和谐依存。

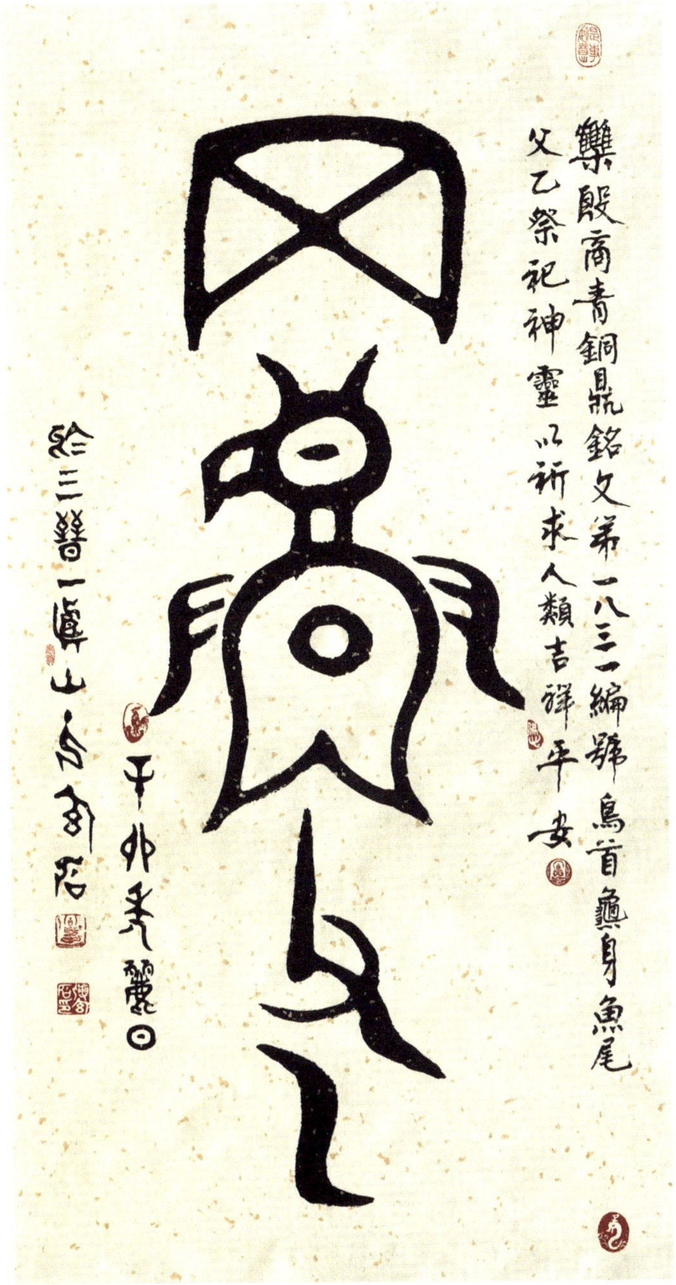

冉𪚥父乙鼎

1831-6

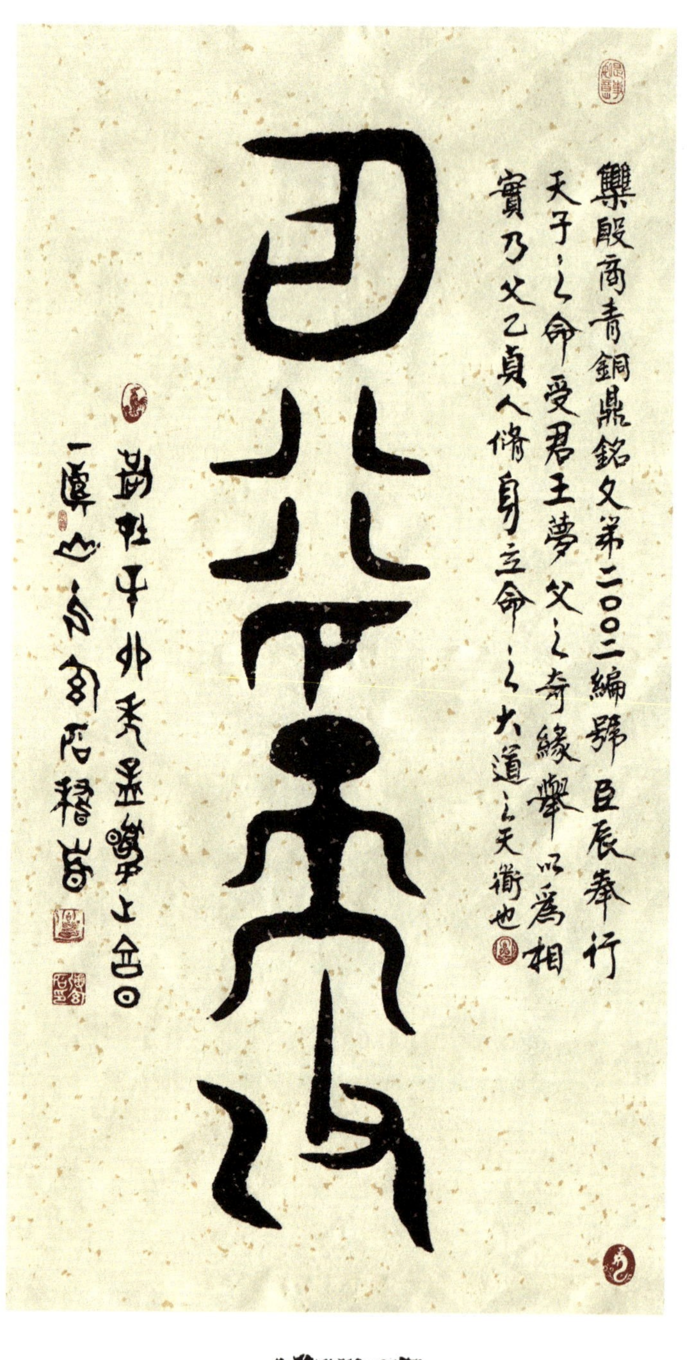

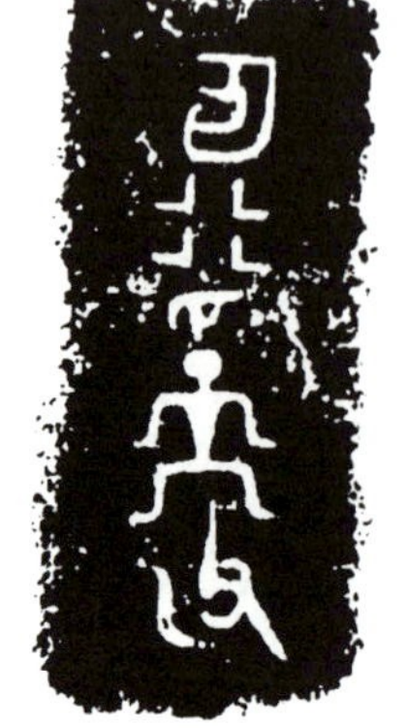

2002-7

耳衡　父乙

辰行吴父乙鼎

父乙青铜鼎铭文编号二〇〇二　此鼎铭文示意：父乙的职责是观日月星辰之天象，奉行天道自然法则，辅佐商王武丁治国安邦长达五十六年，终于完成了自己的历史使命。

父乙青铜鼎铭文编号二一一七　此鼎铭文示意：早在三千三百余年前华夏民族的生活质量就很高，农牧鱼养殖业粗具规模。人工训养动物与养殖鱼业的繁荣，大大提高了人们的生活质量，父乙用自己创新的版筑技术建筑屋舍，同时也推动了建筑技术水平的不断发展。人们由半巢穴的居住环境，逐步移居于地上的房舍建筑。

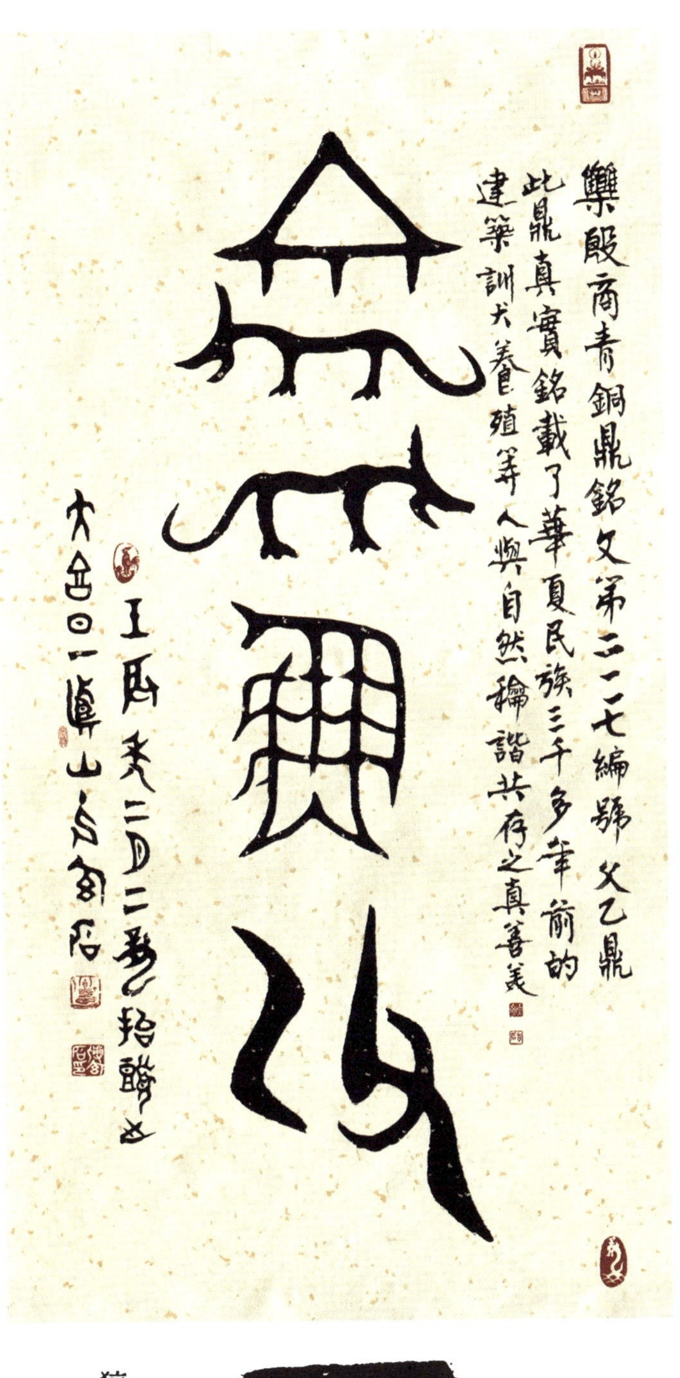

殷商青銅鼎銘文第二一一七編號　父乙鼎
此鼎真實銘載了華夏民族三千多年前的
建築訓犬養殖等人與自然和諧共存之真善美

2117-8

猄犬魚父乙

亼犬犬魚父乙鼎

父己青铜鼎铭文编号一五五一合一五五三　此鼎铭文示意：父乙铸鱼为图腾，以感恩大自然一切生物为人类食物之需，付出了自己的宝贵生命，因此，父乙也用自己勤劳的双手与聪明才智，为养殖业的繁荣作出了巨大的贡献，特铸此鱼鼎以祀敬畏。

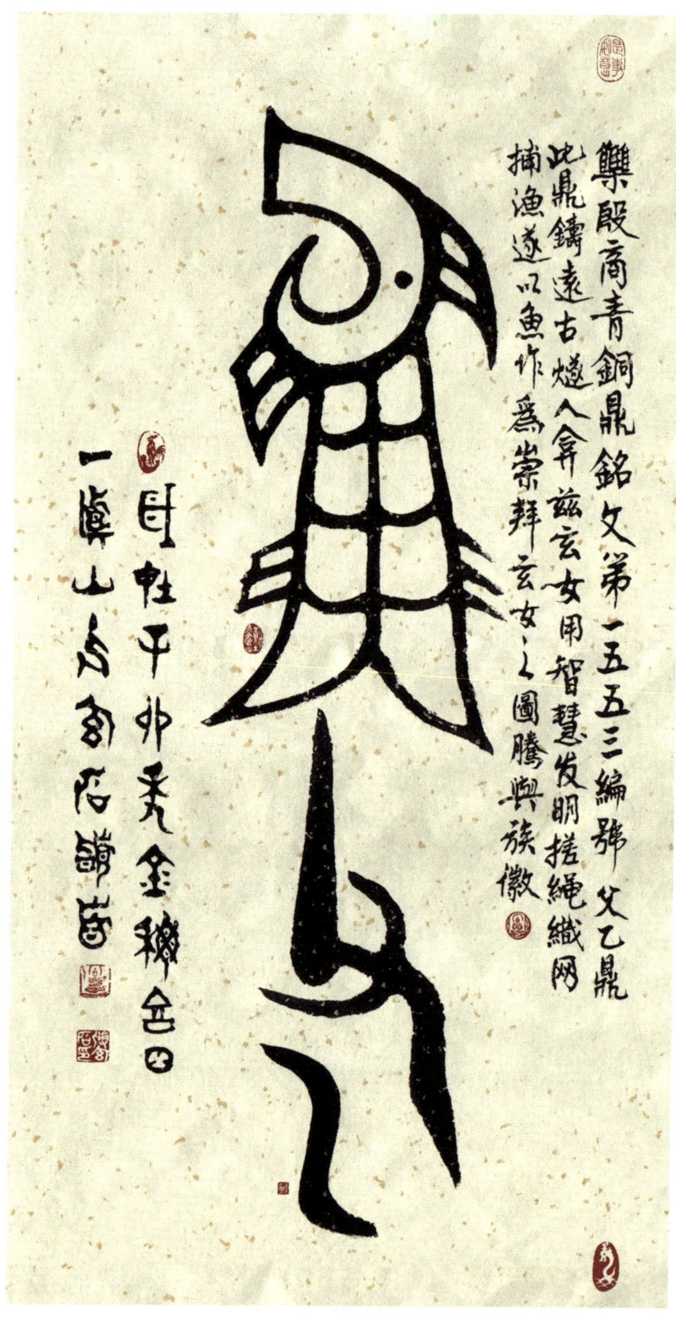

魚父己鼎

魚父己

1553-6

魚父己鼎

魚父己

1551-9

父乙青铜殷铭文编号三一四五　此殷铭文示意：这是中国历史上最早用图文记载婴儿降生出世的物证，婴儿顺利降生，特铸青铜器铭文以祈福母子平安，传宗接代，后继有人。

3145-5

𡨦父乙殷

𡨦父乙

父乙青铜毁铭文编号三一四九合三一五〇　此毁铭文示意：为父乙贞王代武丁发号施令尊天祭祖举行隆重的共祭活动，并铸青铜器铭文以祈福国强民安。

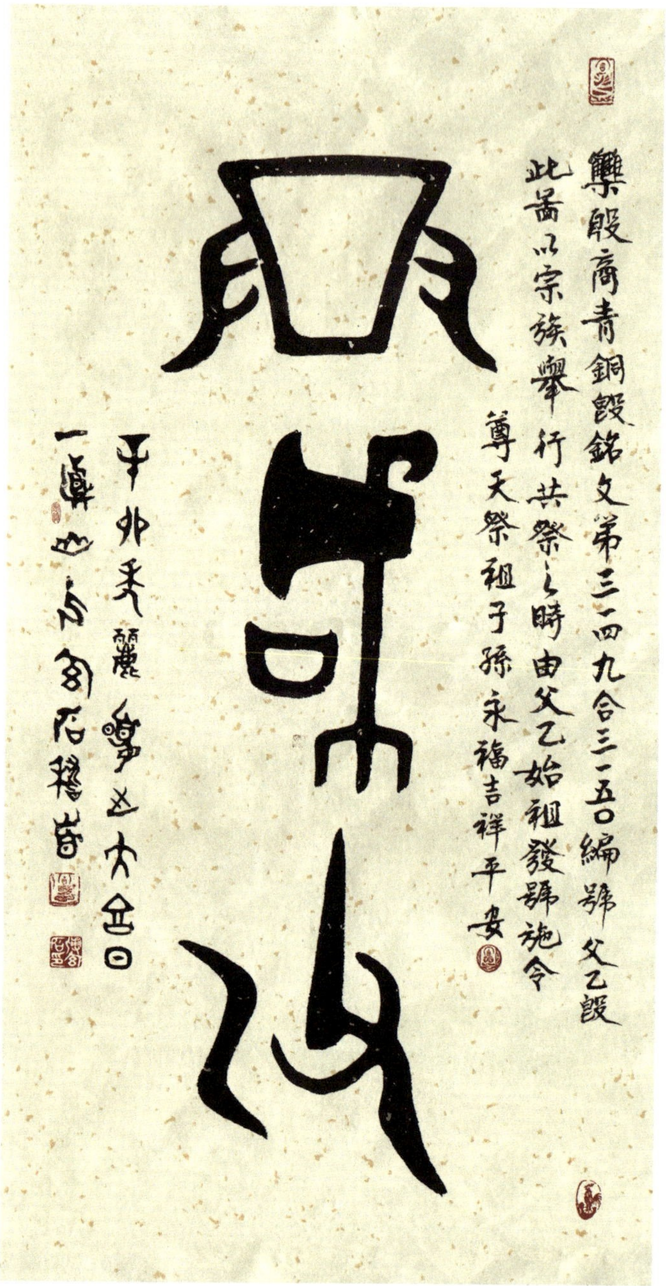

共父乙

共父乙毁

3149-7

共父乙毁

咸父乙

3150-7

父乙青铜毁铭文编号三一五六合三一五七　此毁铭文示意：《說命三篇》经典名言「惟干戈省厥躬，惟事事乃有其备，有备无患。」准备兵戈刀箭是为了防患未然，而不是发动战事，保卫疆土是为了国泰民安。

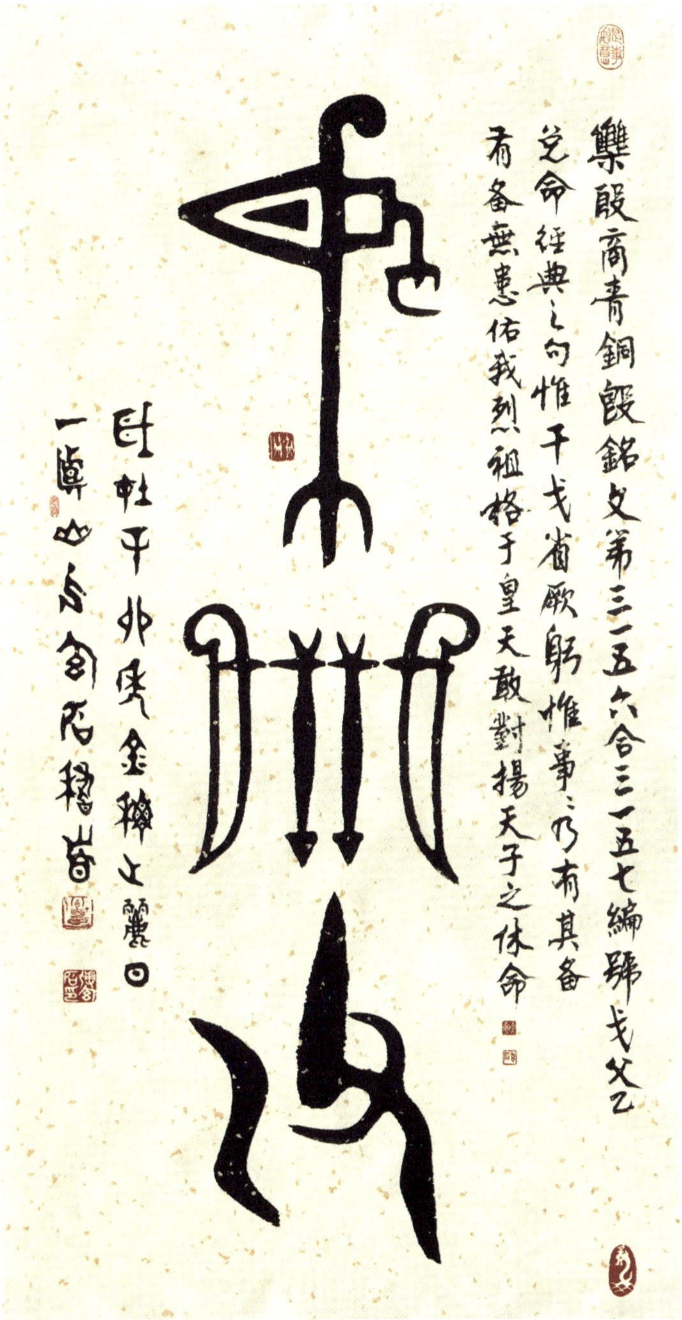

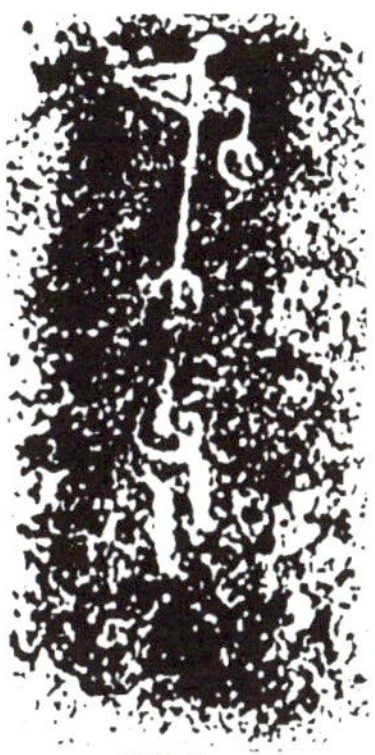
3156-6

戈父乙毁

戈父乙

3157-7

葡父乙毁

葡父乙

父乙青铜毁铭文编号三四一八　此毁铭文示意：中华民族在三千三百余年前，捕获的野生动物通过人工驯化，去其野性，使之能为人类所用，相互依存，和谐共处。

庚豕馬父乙

庚豕馬父乙毁

3418-9

父乙青铜殷铭文编号三四二〇合三四二一　此殷铭文示意：三千三百余年前先祖们用勤劳的双手和智慧创造了发展农耕种植并有规范的田间科学管理技术。农耕生产一度繁荣，国富民殷，人兴业旺，殷商复兴，史册永载。

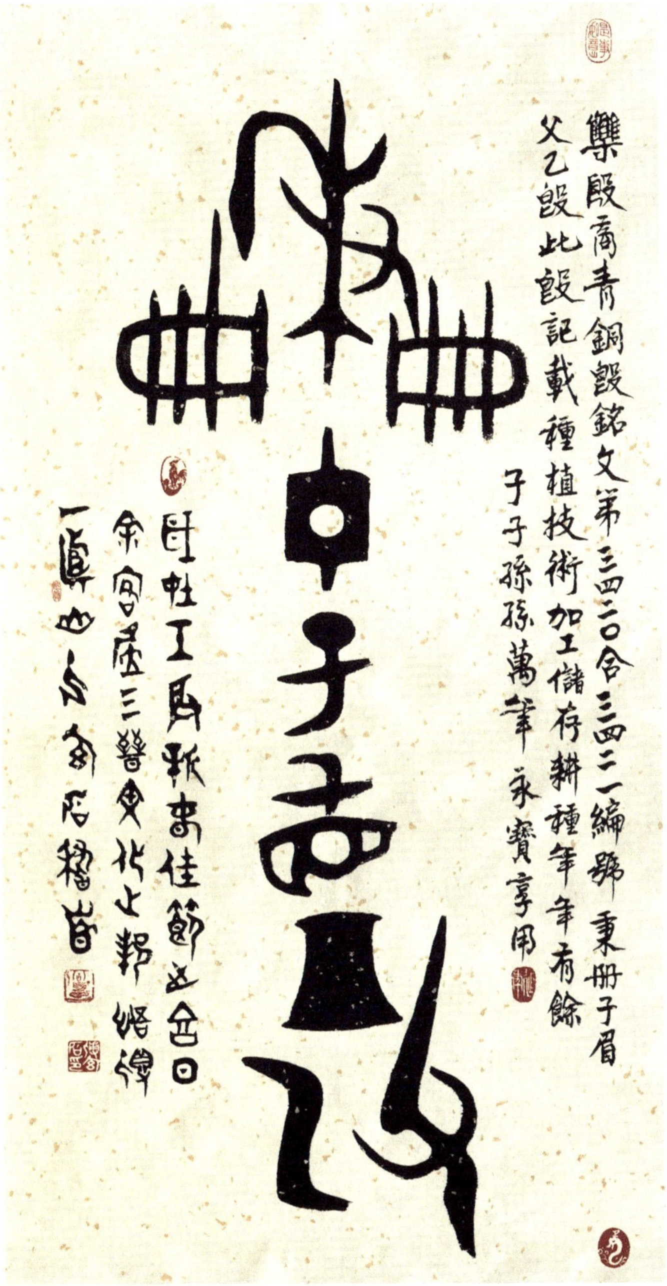

子眉▮父乙殷

3420-8

子眉工父乙

秉冊▮父乙殷

3421

秉毌冊父乙

父乙青铜尊铭文编号五七二七　此尊铭文示意：此尊铸铭燧人弇兹氏玄鸟图腾，其玄鸟为遂人弇兹氏后裔的崇拜图腾，玄鸟是玄女的化身，她为华夏民族文字文明史奠定了文化基础。

亞離父乙尊

亞𨾴　父乙

5727-7

父乙青铜殷铭文编号三一五三　此殷铭文示意：父乙铸铭自己有传承天道的使命，是继承了燧人弇兹氏玄鸟（三青鸟）之遗风，遂铸神鸟一对，代表雌雄比翼双飞，互敬互爱，示意人与自然万物和谐共存，敬畏自然万物对人类的舍己奉献。

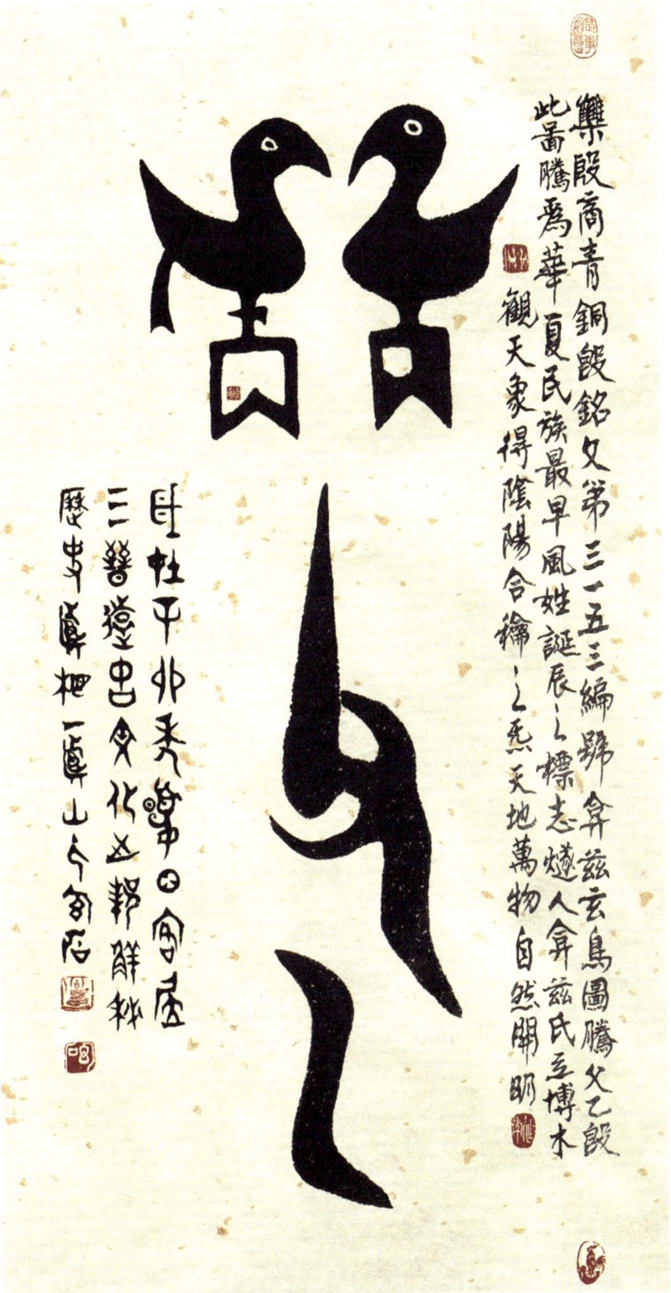

□父乙

3153-7

□父乙殷

父乙青铜卣铭文编号四九三五

此卣铭文示意：父乙通过天齐俞表研究天道法则，观测天象，日月星辰，春夏秋冬。知四时季节变化而应万变，耕种养殖，防护有序。

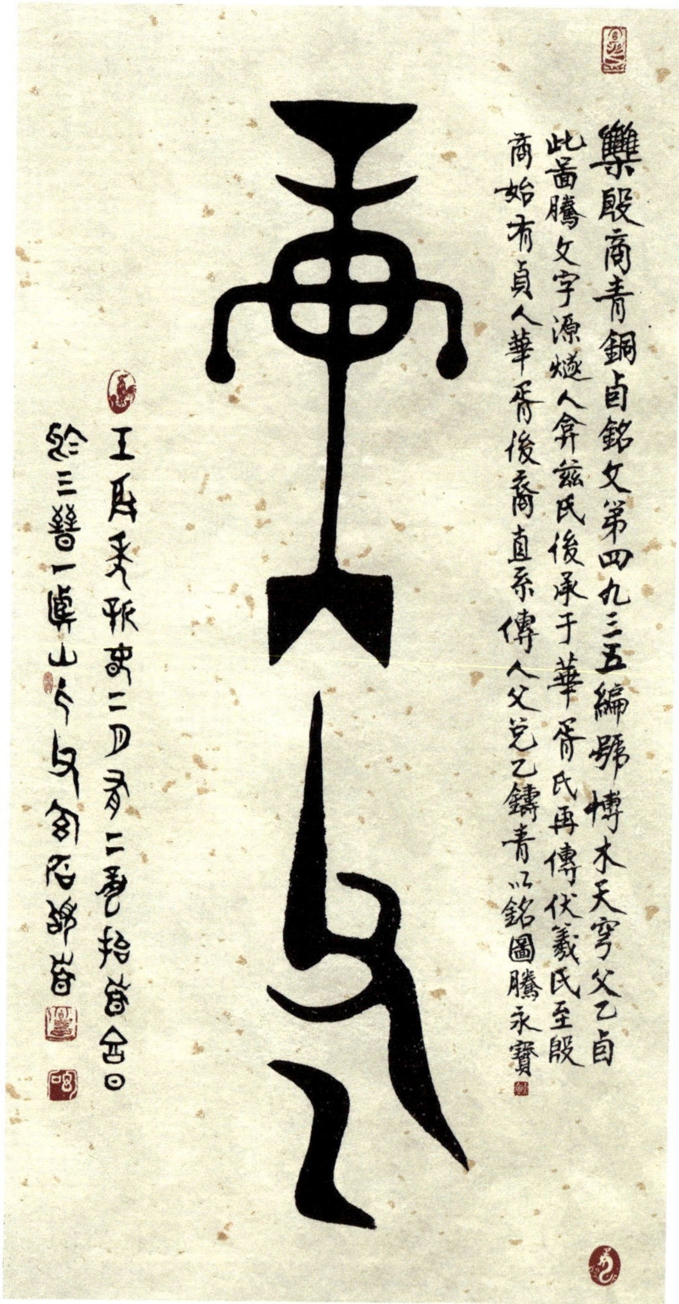

鬲 父乙

4935-6

鬲父乙卣

父乙青铜盉铭文编号九三七〇　此盉铭文示意：圣人效法天道，尊奉天道自然法则，父乙修持德行，感化恶邪，戒备防患，国富民殷。

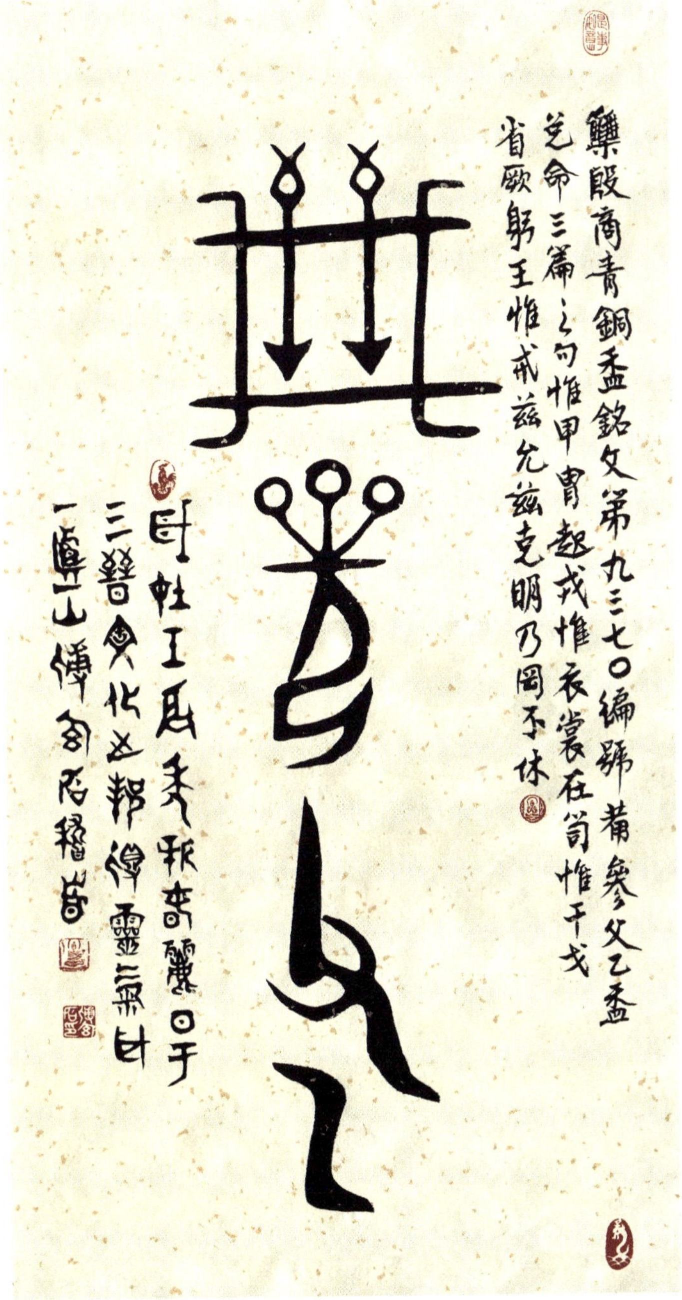

葡𠭯父乙

葡𠭯父乙盉

9370.1-7

乐殷商青铜盉铭文第九三七二编骈父乙盉此盉为中国贞史文化传承入父乙兑的时代烙印具有华夏历史上不可替代的重要作用兴地位

父乙青铜盉铭文编号九三七二　此盉铭文示意：贞王祭祀活动的真实写照，贞王头戴天穹冕冠、手持法器显示出雄健的气魄和神威，从而彰显了华夏民族的勤劳勇敢与智慧。

遮显将此来的羲翻德显傷出来的遝劲是中国文化一庫山今与旬石楮皆

父乙

9372.2-9

父乙盉

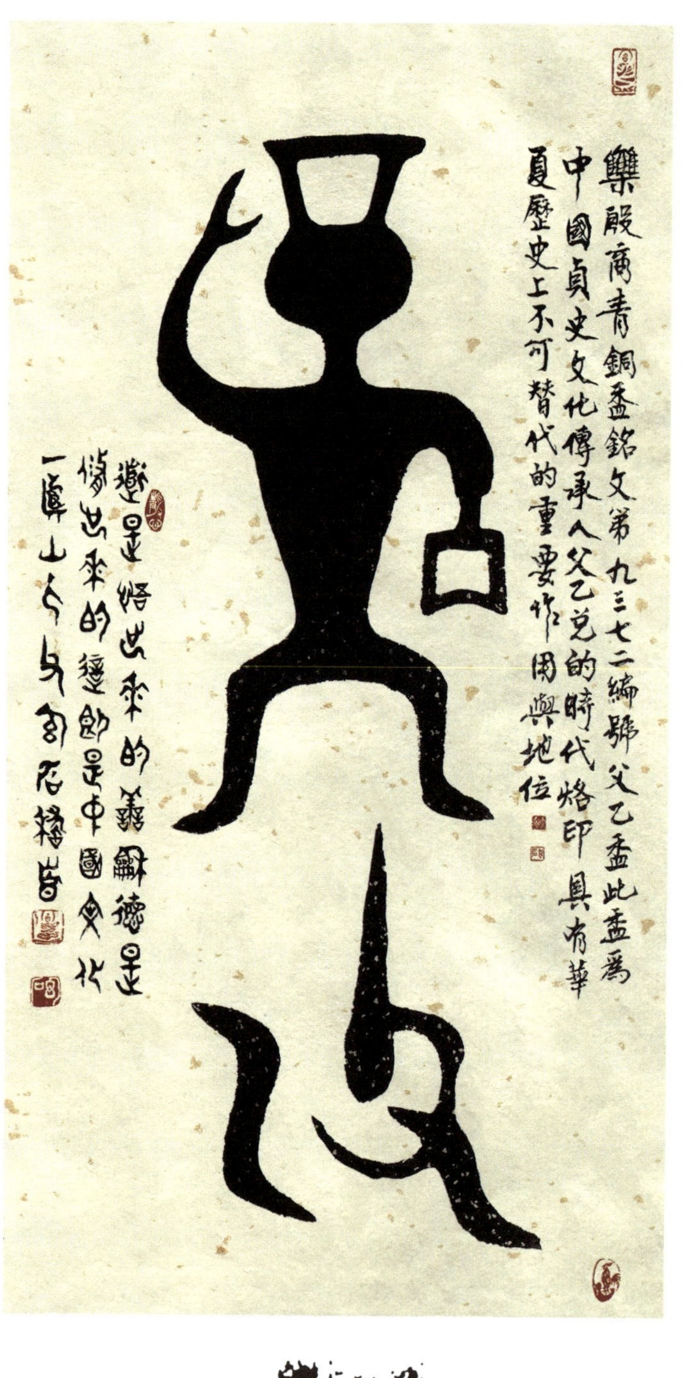

父乙青铜罍铭文编号九七九六　此罍铭文示意：父乙时代已经出现人类驯养马匹与野猪，此件青铜器图腾文字清晰的记载了当时的驯养场景，这一珍贵史料显示了人类与动物和谐互融的共存关系，更显示了华夏人类的智慧。

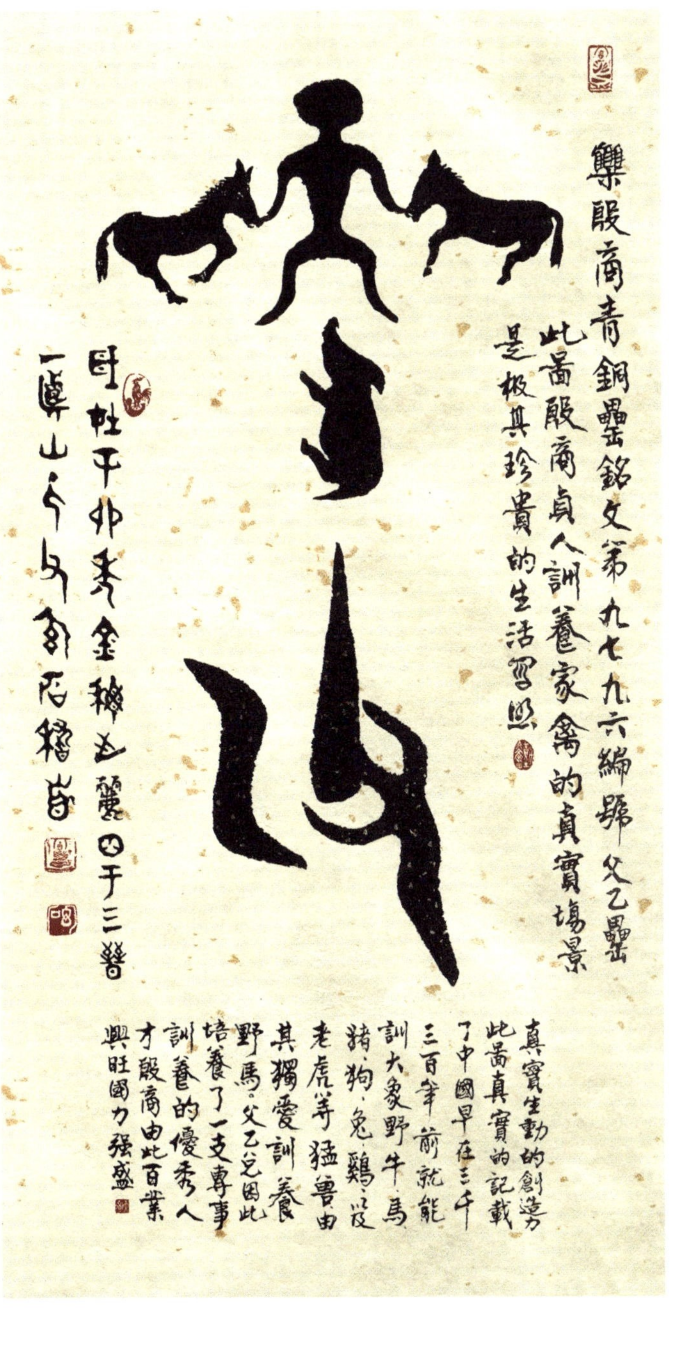

馬豕　父乙

9796

豕馬父乙罍

父乙青铜觯铭文编号六二二一合六二二九 此觯铭文示意：父乙时代出现了用舟作交通工具的最早图文记载史料。《兑命三篇》有此言，武丁曰：若济巨川，用汝作舟楫。此图的时代烙印是真实可信的。这为后世子孙留下了无可替代的殷商时代的物证。

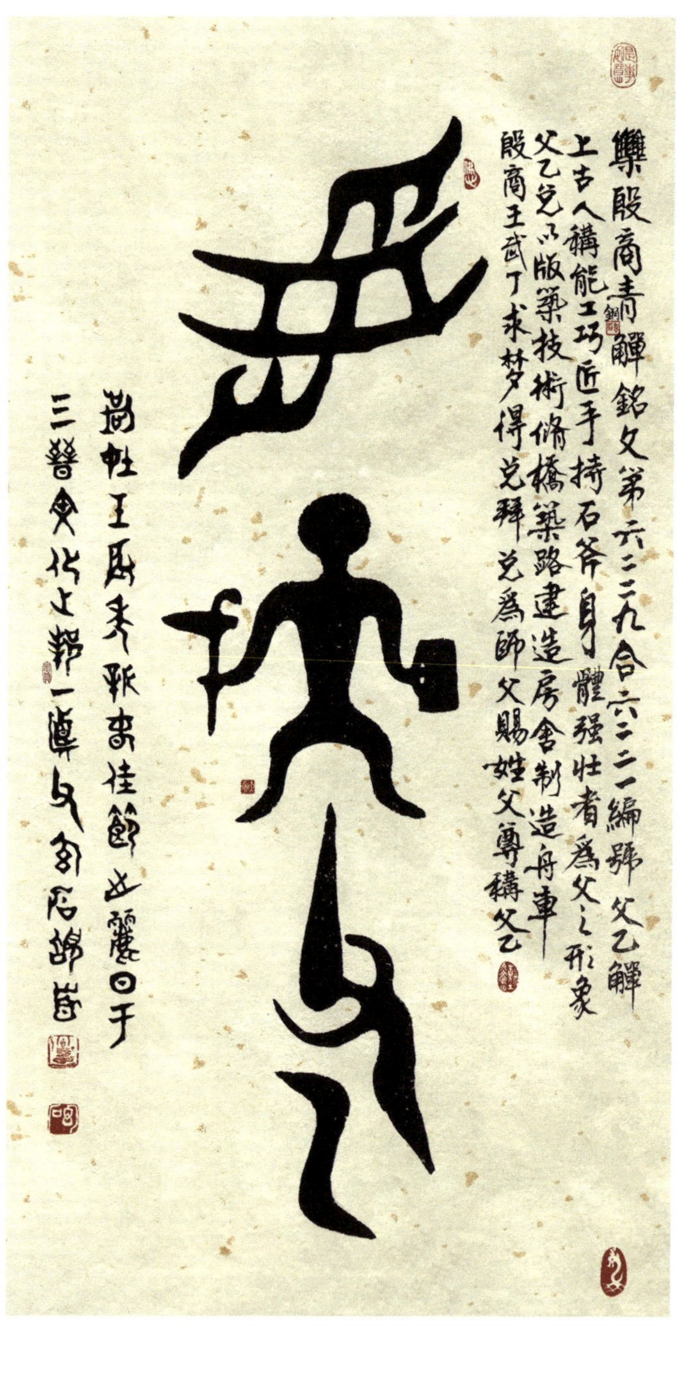

殷商青銅觶銘文第六二二九合六二二一編號 父乙觶
上古人類能工巧匠手持石斧身體强壯者為父之形象
父乙兑以版築技術修橋築路建造房舍制造舟車
殷商王武丁求梦得兑釋兑為師父賜姓父尊稱父乙

受父乙觶

受父乙

6229.2-8

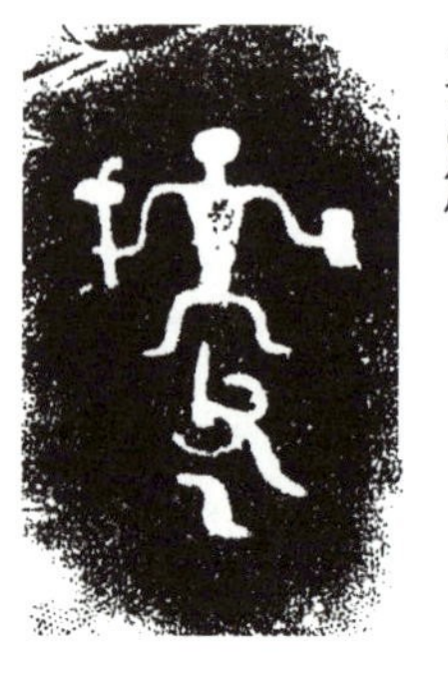

父乙觶

父乙觶

6221

小臣作父乙尊

小臣作父
乙寶彝

5870

小臣作父乙宝彝青铜尊铭文编号五八七〇　此尊铭文示意：小臣作父乙宝彝以铭志先辈为殷商民族文明文化创造了诸多宝贵的物质财富，特铸宝尊以此感召后世子孙。

樂殷周青銅尊銘文第五六七〇編號小臣作父乙寶彝

以銘示後人父乙先賢用文字傳承華夏文明史

金文书法

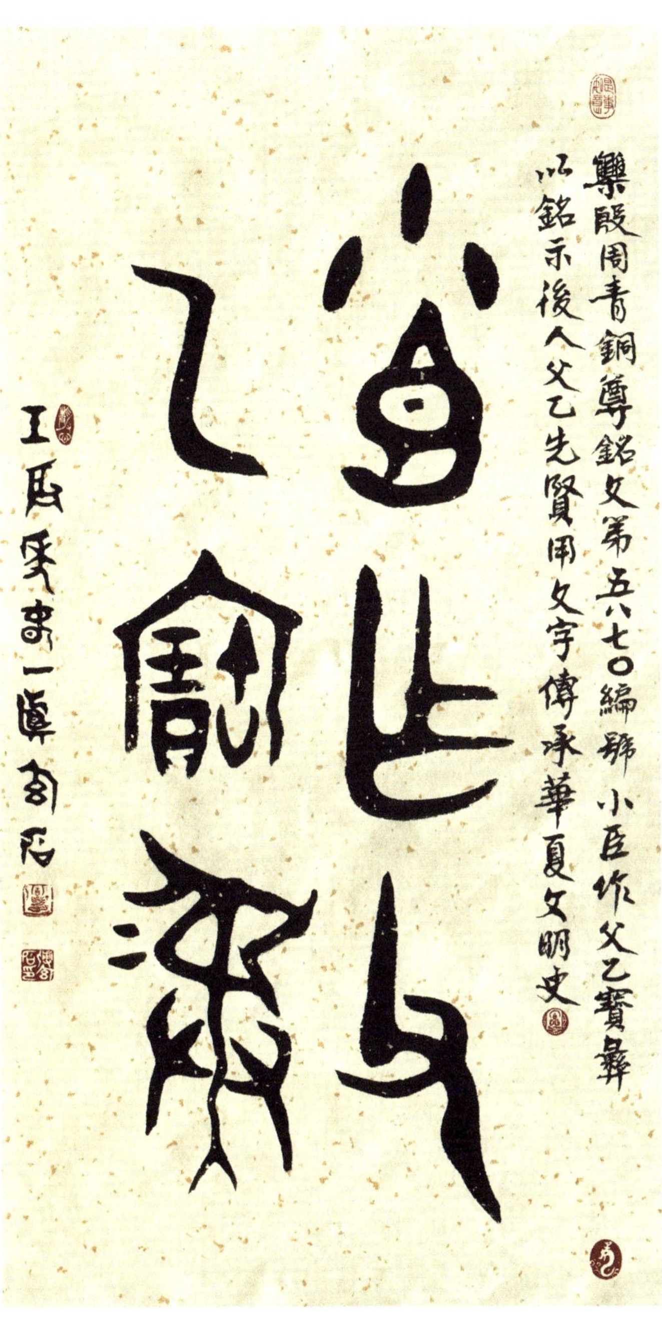

父乙青铜卣铭文编号五二〇五　此卣铭文示意：商王武丁求梦得贤，封父乙兑为大臣。《説命三篇》武丁王曰：若济巨川，用汝作舟楫。武丁王将父乙兑比作渡巨川江河的舟和桨，武丁时刻牢记父乙对自己的训谏。殷商复兴，此卣便是有力的物证。

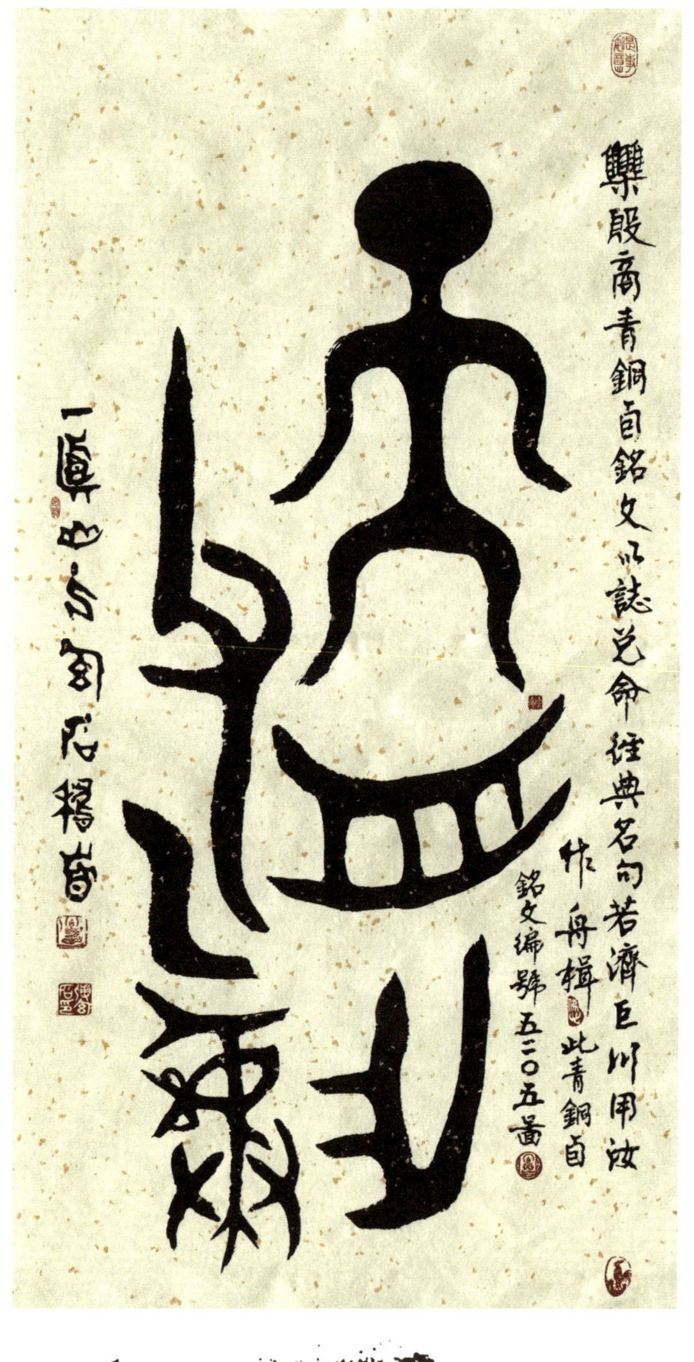

米作父乙天舟彝

盉作父乙卣

5205.1-6

父乙青铜鼎铭文编号二二四七

此鼎铭文示意：华夏先祖们最早在劳作时，遭受了毒虫巨大的毒害，身体受到严重伤害。遂铸图腾铭文告诫后世，以防备再次受到类似的伤害。

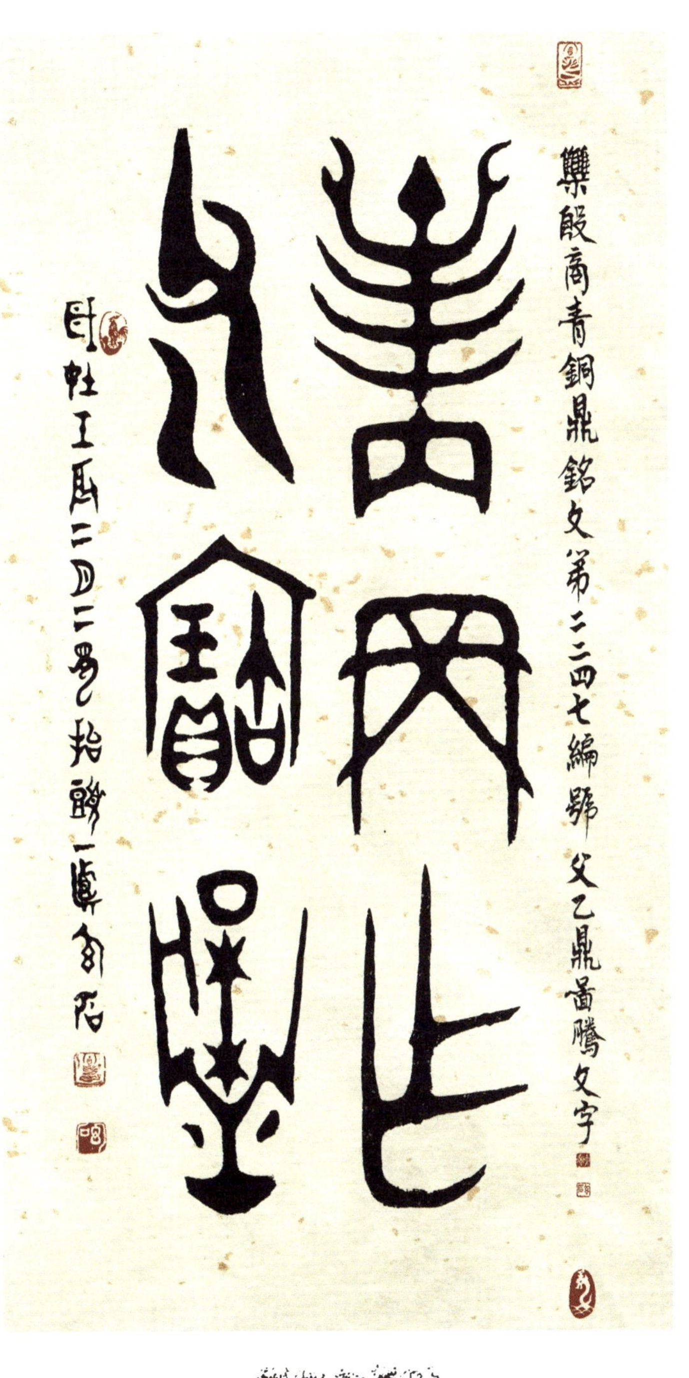

2247-5

冉作父乙鼎

冉作
父乙寶□

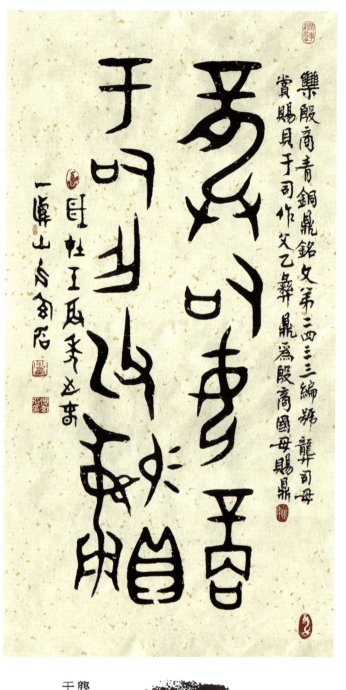

父乙青铜鼎铭文编号二四三三 此鼎铭文示意：为了彰显父乙在殷商武丁中兴时代所付出的巨大贡献，启迪后世不忘前贤美德，感召天下有能之士，特赐赏贝铸青铜鼎以纪念传颂。

賞賜貝于司作父乙彝鼎為殷商國母賜鼎

樂殷商青銅鼎銘文第三四三三編號，龍舁司母

龑妠方鼎

龑妠賞錫貝
于司作父乙彝

2433

金文书法

96

父乙青铜毁铭文编号三五〇二　此毁铭文示意：父乙是传承文字文化的圣贤，有一位贤惠能干的夫人名曰妇娸，她操持家业，勤劳务实，是父乙欣慰的贤内助，特铸青铜器铭文以告后世子孙。

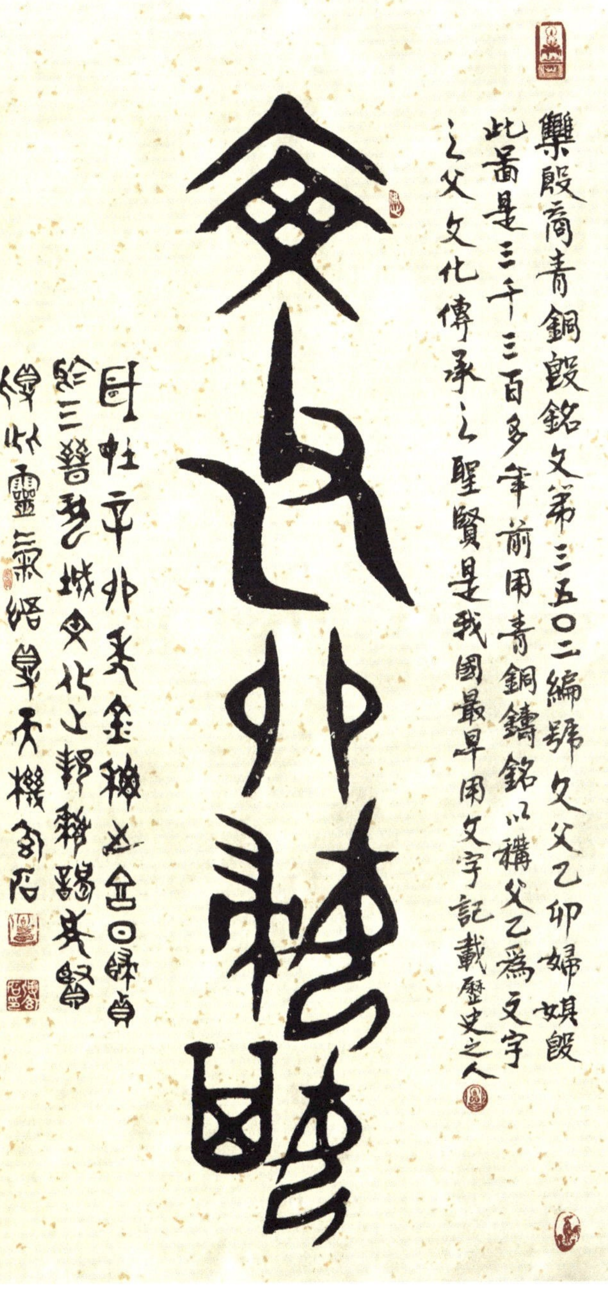

3502-7

文父乙毁

文父乙卯妇娸

父乙青铜毁铭文编号三五〇四　此毁铭文示意：己任其侯，祭告列祖在天之灵。父乙为了不负商王武丁给予自己的历史使命，广招天下贤才，严以律己，修德行正，终使殷商国民生活康宁。

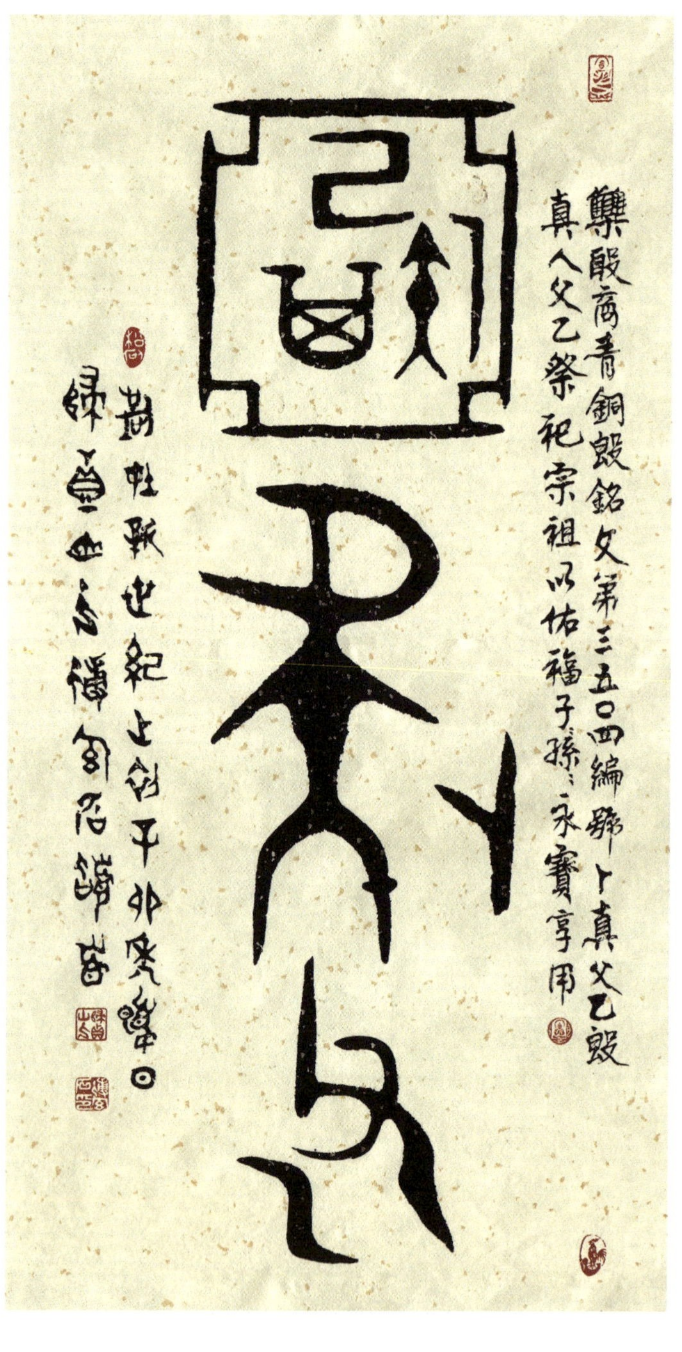

亞㠱侯矣父乙

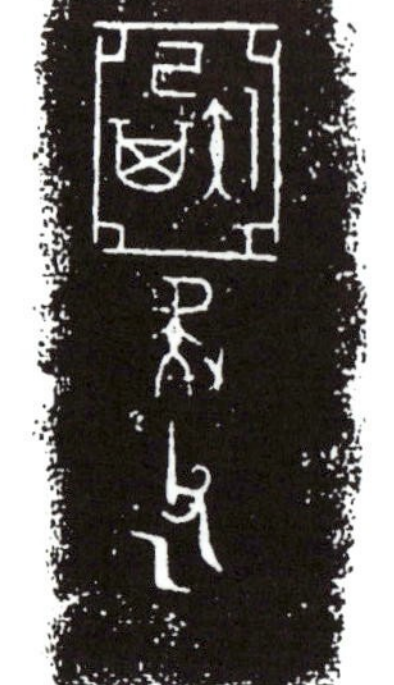

3504-6

亞㠱侯矣父乙毁

竞作父乙族青铜卣铭文编号五一五四　此卣铭文示意：父乙先贤在殷商时期对中华民族的文字文化文明史做出的巨大贡献，后世不忘，遂铸青铜器铭文永载史册。

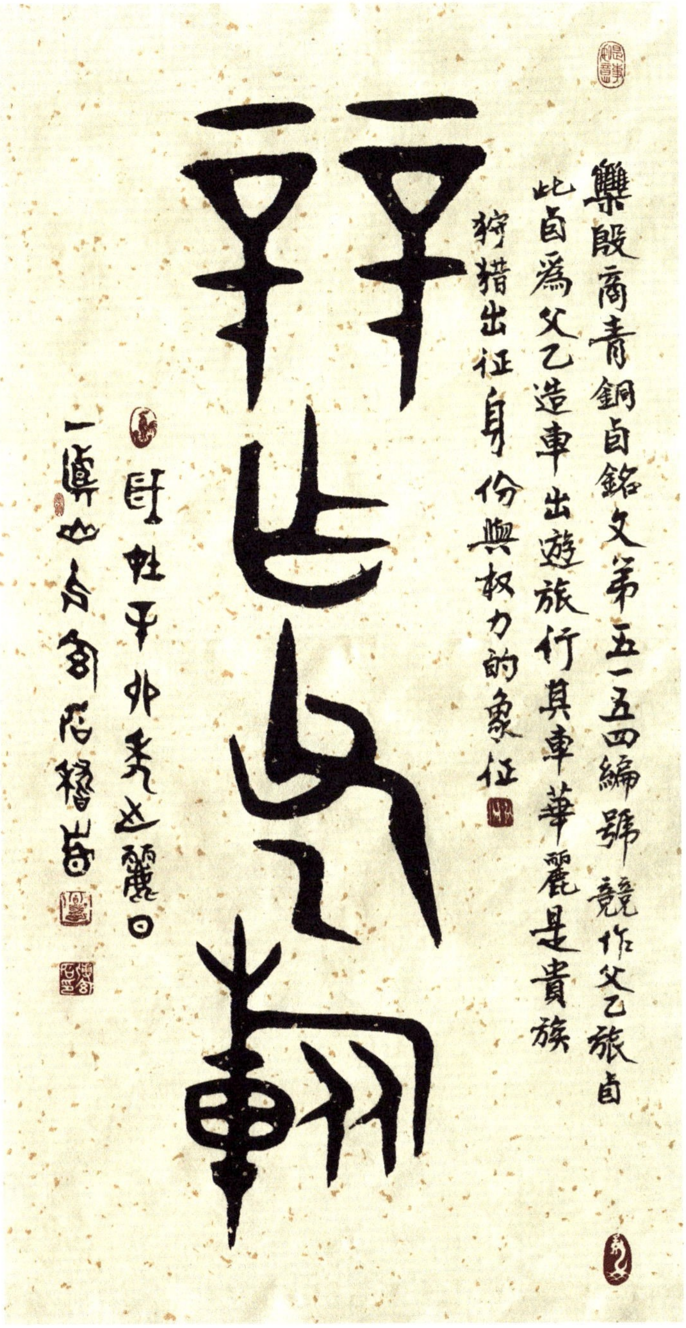

競作父乙旅

5154.1-6

竞作父乙卣

父乙青铜尊铭文编号五九六四　此尊铭文示意：父乙是最早用铅、铜、锡三金合一冶炼青铜，并将智慧文字与图腾铸入青铜器中，为中华民族留下了宝贵的精神财富的始祖。

釋殷商青铜尊铭文第五九六四編號　父乙方尊

此尊追摹先賢文聖父乙宗族作此以告子孫永寶

毃作
父乙
宗寶
尊彝
子子
孫孫
其永
寶

歲在
壬辰
夏素
節　貞

毃作父乙方尊

5964-9

毃作父乙宗
寶尊彝子子
孫孫其永寶

父乙青铜盉铭文编号九三八八　此盉铭文示意：父乙贞人长年观察日轨作册记载，以告子孙，华夏文明史册由此图文传承有续发展，圣木交午，以定永年。

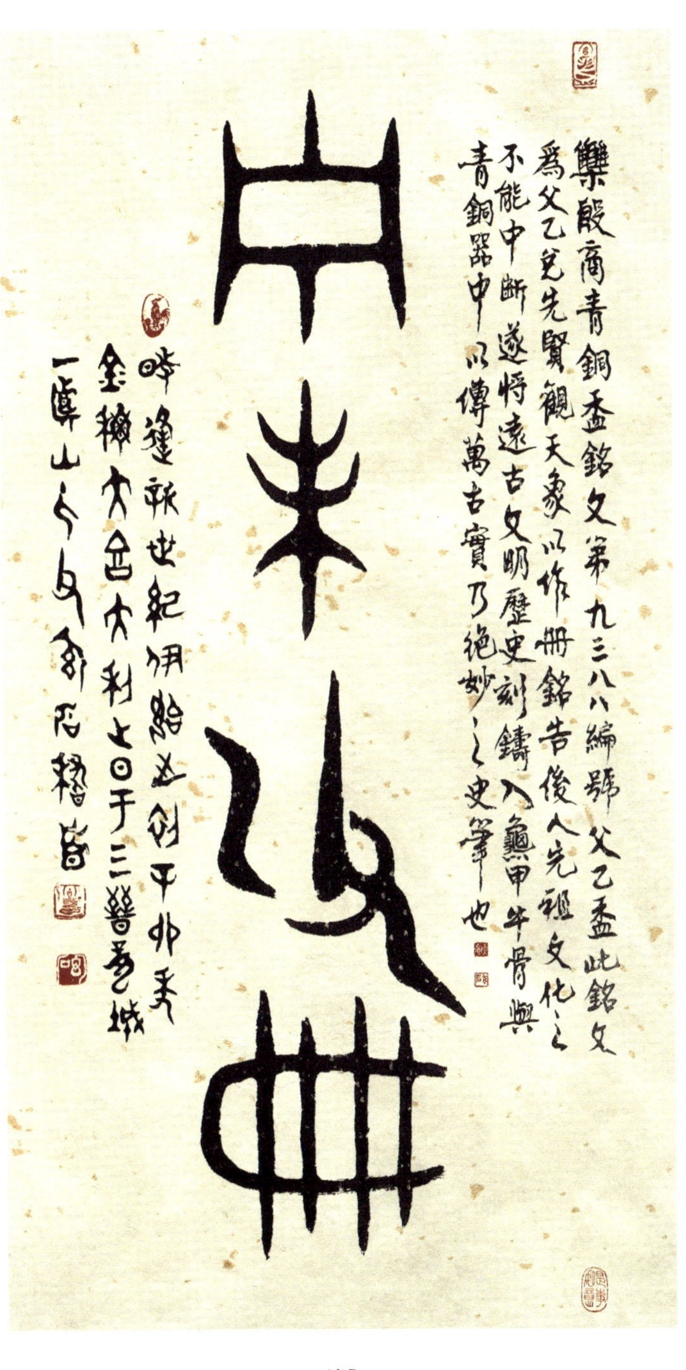

欒殷商青銅盉銘文第九三八八編號父乙盉此銘文
爲父乙覺先賢觀天象以作冊銘告後人先祖文化之
不能中斷遂將遠古文明歷史刻鑄入龜甲牛骨與
青銅器中以傳萬古實乃絕妙之史筆也

宁未父乙册

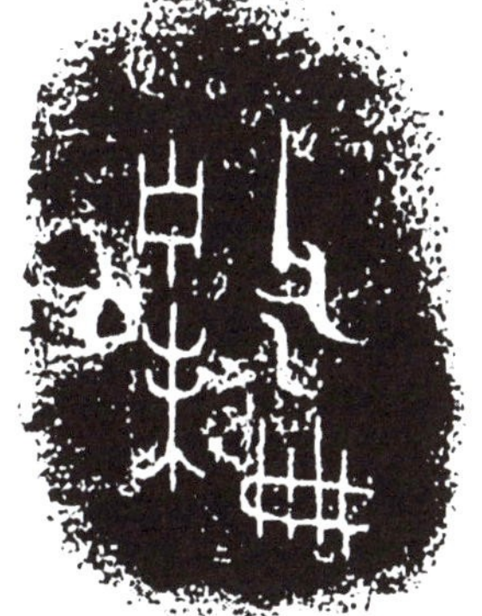

9388.1-9

宁未父乙盉

父乙青铜毁铭文编号四二〇五 此毁铭文示意：父乙用智慧建立了中华民族用文字记载历史的丰碑，为后世文化的发展起到了快速推动的巨大作用，被后人争相传颂与敬仰，殷实富庶，国强民安，子孙福德，十世不忘。遂铸史青铜流芳千古。

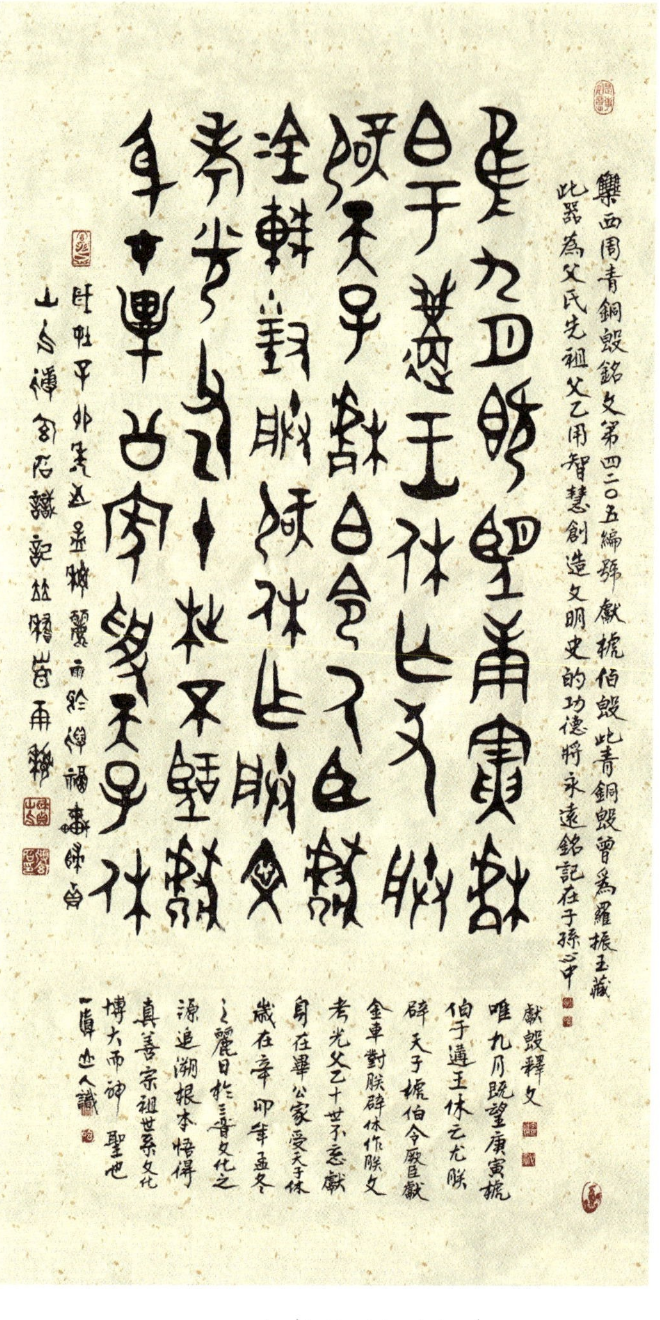

唯九月既望庚寅楷伯于遘王休亡尤朕辟天子楷伯令厥臣獻金車對朕辟休作朕皇考光父乙十世不忘獻身在畢公家受天子休

4205-8

獻毀

父乙青铜尊铭文编号六〇〇二 此尊铭文示意：父乙先圣为殷商文明文化的创新与发展起到了巨大的推动作用，并为后世树立了楷模。他用毕生的精力辅佐商王武丁治国安邦，留下了道德典范法则《兑命》三篇，成为历朝历代帝王必修的治国方略宝典。后世历代帝王也都以父乙治国为鉴，铸史以训自律，自勉。

作冊折尊

6002-9

隹五月王在庰戊子令作冊折貺聖土于相侯賜金賜臣揚王休隹王十又九祀用作父乙尊其永寶木羊冊

父甲青铜殷铭文编号三一四二　此殷铭文示意：父甲是规画日晷，观天象的贞人。春分与秋分，夏至与冬至的日影象形。凵为山凹地谷，一为上天。十为四时正方位，合文为田，为春夏秋冬，四季。父甲以观日影画日规，掌握日影规律，年复一年，终而复始，造福百姓。后以此图表耕种田地，民以食为天，造福子孙。

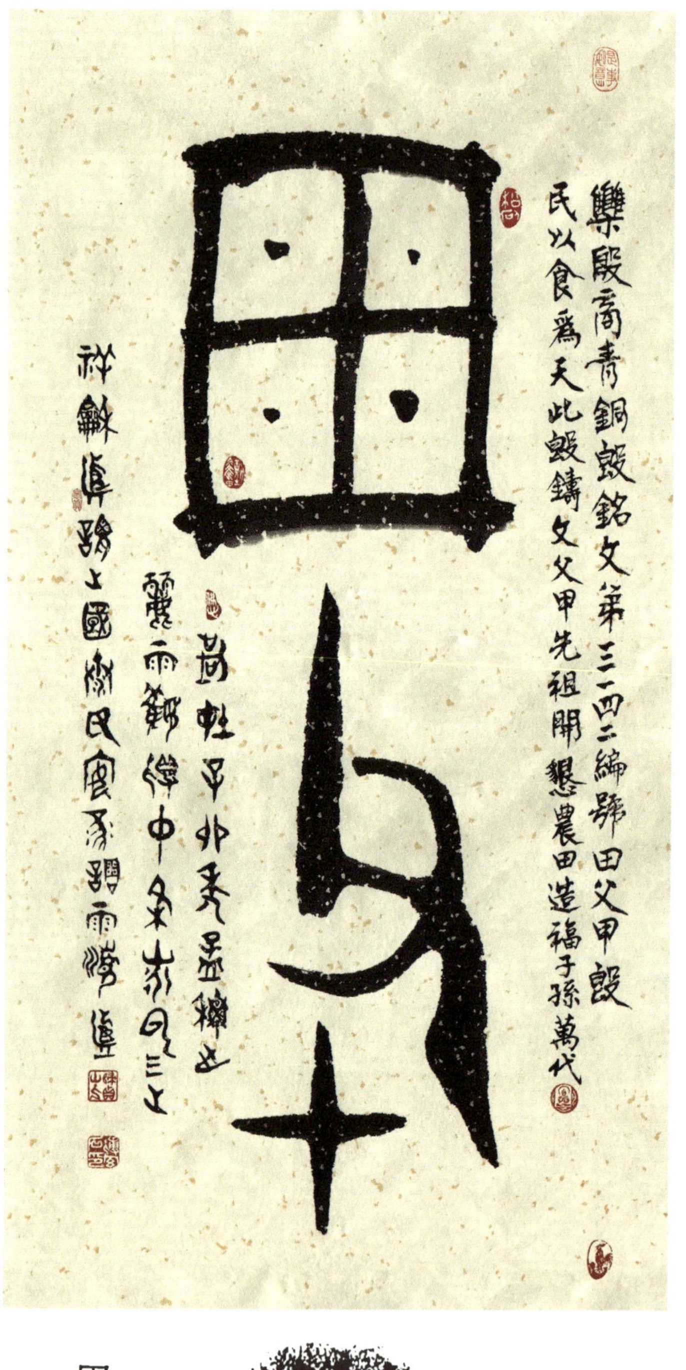

欒殷商青銅殷銘文第三一四二編號田父甲殷
民以食爲天此殷鑄文父甲先祖開墾農田造福子孫萬代

田父甲

3142-6

田父甲殷

□ 父甲

1521-8

□父甲鼎

父甲青铜鼎铭文编号一五二一

此鼎铭文示意：上古之时，父甲贞人用青铜器铸以铭文，将新生命的诞生，铸鼎祝福，生命接力，后继有人。以祈福上天扩佑，母子平安。

戈父甲方鼎

1519-7

戈　父甲

族徽标志，护国佑民，永泽华夏子孙。

父甲青铜方鼎铭文编号一五一九　此鼎铭文示意：父甲是传承远古燧人弇兹华胥氏后裔，是研究天道自然科学的传承人，遂铸青铜鼎铭

粵殷商青铜戈铭文第一五一九编戈父甲方鼎
此設計精羨爲防御疆域趸到了一定安全守衛作用
此铭也爲燧人弇兹氏族徽

甫更矣上麗日于三譬
文北辶邦籬晶畫夓宇慶紹
彪召睬堂辿尒彈勹尼

父甲青铜尊铭文编号五七二〇 此尊铭文示意：殷商大臣父乙兑创建了一支以十天干为名的核心团队，专事研究观察天道十二时辰对应十天干值日记录顺序的贞史文化团队，常年坚持观测日、月、星轨运行规律，完整的制定了第一手天道法则，及日月星辰与大自然的二十四节气的变化规律。春夏秋冬，寒来暑往。农耕养殖，井然有序。

樂殷商青銅尊銘文第五七二〇編號 此尊為殷商天齊
華晉氏宗族世系圖騰族徽標志 此為華夏民族文明文化的旗幟
是群體智慧的結晶 父甲乞乙父丙父丁父戊父己父庚父辛父壬父癸均為
華夏文字傳承
作出過巨大貢獻

卒旅父甲

5720-7

卒旅父甲尊

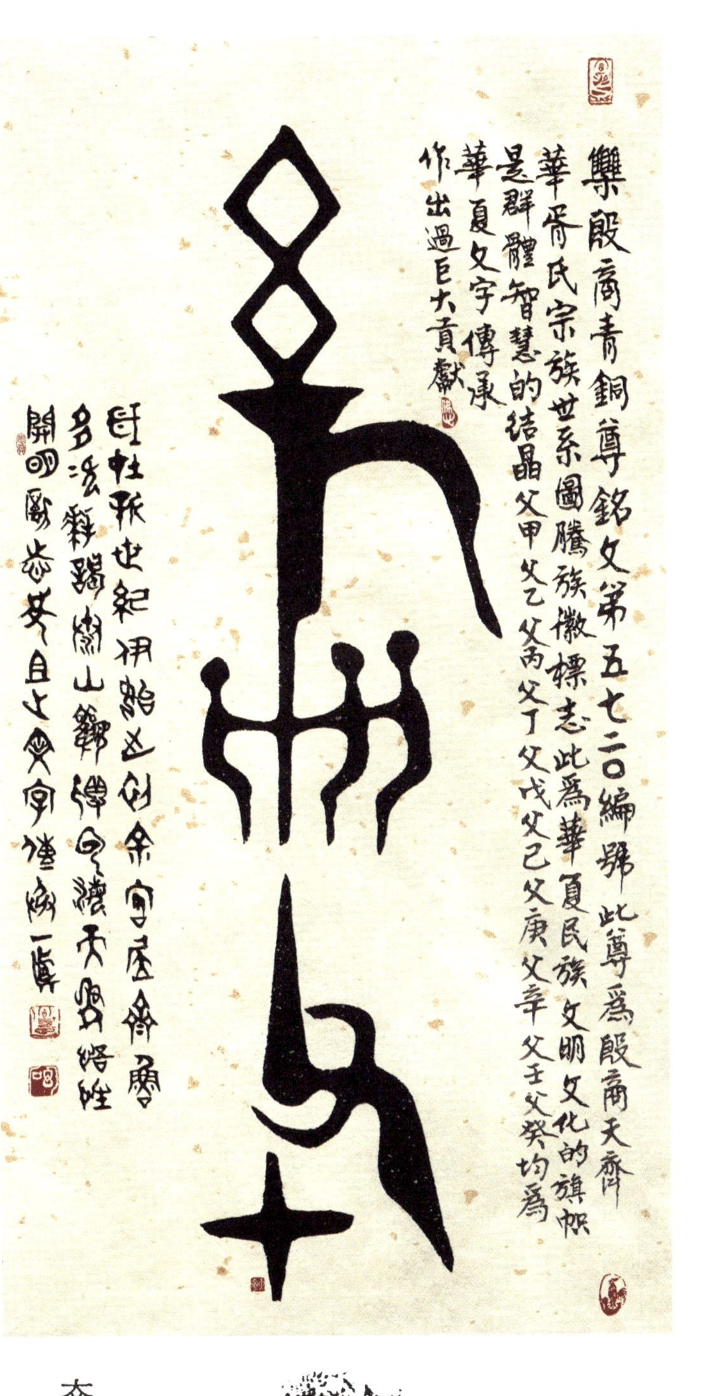

父丙青铜𣪘铭文编号三四二七　此𣪘铭文示意：龟蛇为灵物，是长寿的标志。父丙为殷商武丁时代的贞人核心成员之一。他传承了远古人类文明的智慧。龟蛇属玄武之水，与丙火对应，定为乾坤，亘古不变。遂铸青铜器铭文以志。

弔龜父丙

3427-7

弔龜父丙𣪘

父丙青铜鼎铭文编号一五六六

此鼎铭文示意：父丙是传承远古先祖观天道，燧人弇兹氏后裔，遂将祭祀天地的族氏标志铸鼎以铭后世不忘。

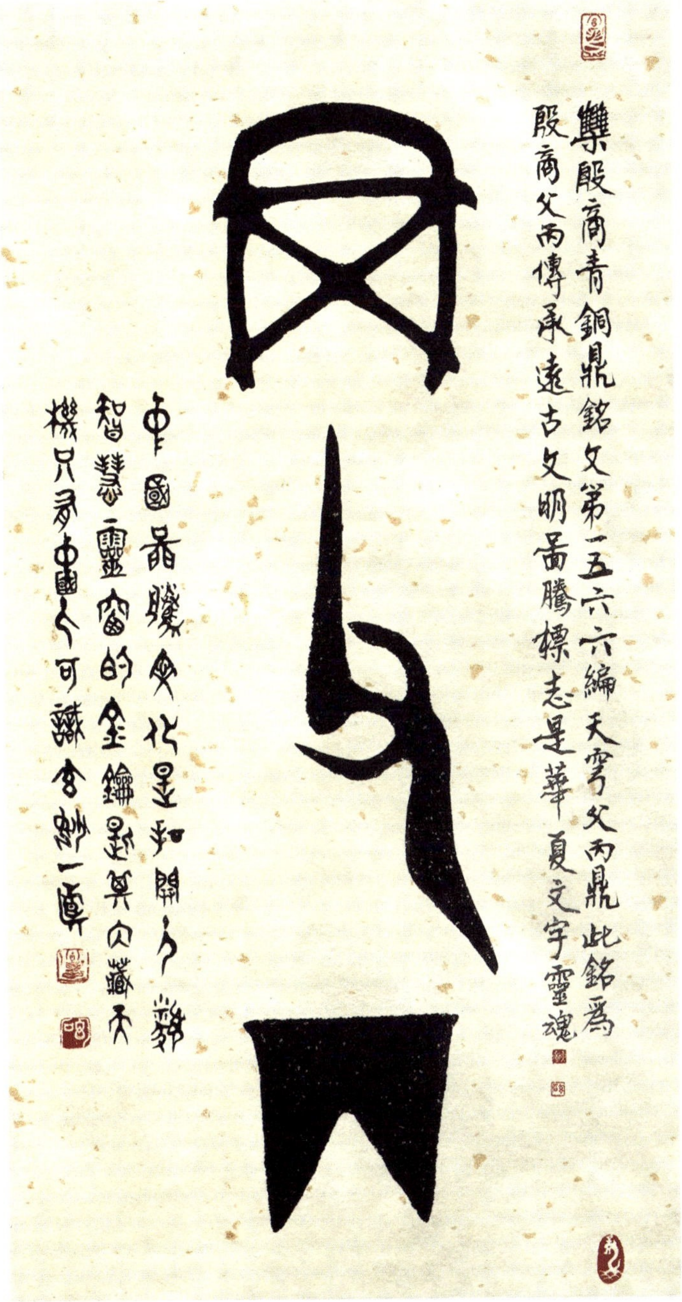

冉父丙鼎

1566-9

冉 父丙

父丁青铜方鼎铭文编号一五七三　此鼎铭文示意：父丁为殷商武丁时代的贞人核心成员之一。在三千三百年余前婴儿降生，是一件很大的喜事，遂铸鼎以祝贺世族，添人增福，后继有人。血亲宗族，祭祀祈祷，氏族兴旺，吉祥平安。

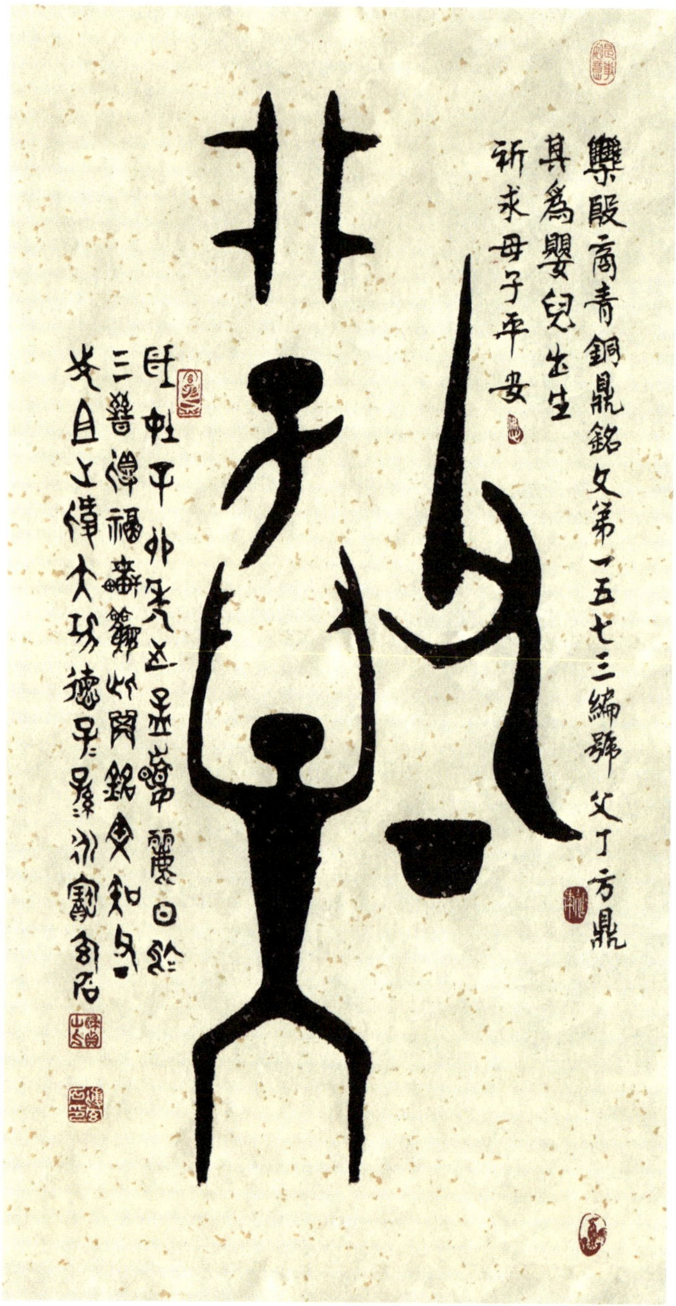

㠱　父丁

1573.b

㠱父丁方鼎

父丁青铜鼎铭文编号一五七六　此鼎铭文示意：父丁是传承远古华胥始祖之后裔，遂将炎帝火神图腾族徽标志铸入青铜器以昭示后世子孙不忘。丙为火神炎帝创造的族徽标志。父丁为殷商文明发展史做出了巨大的贡献。

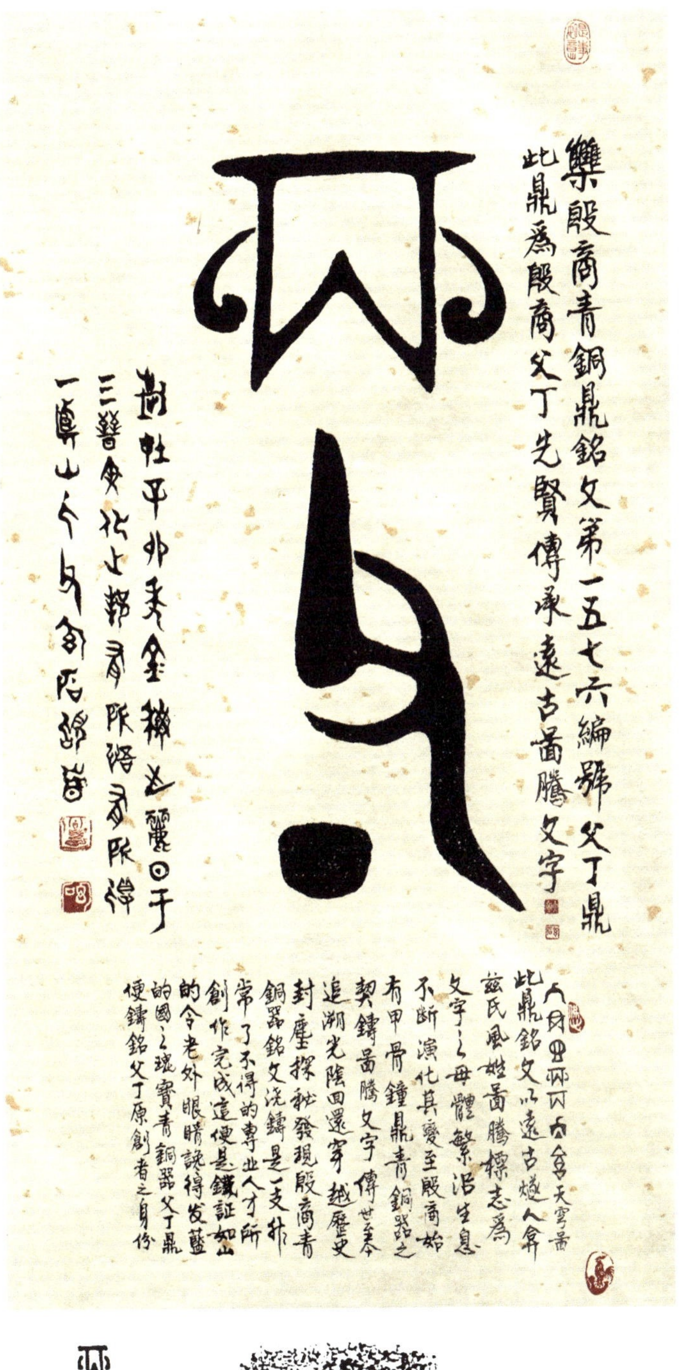

1576

丙　父丁

父丁丙鼎

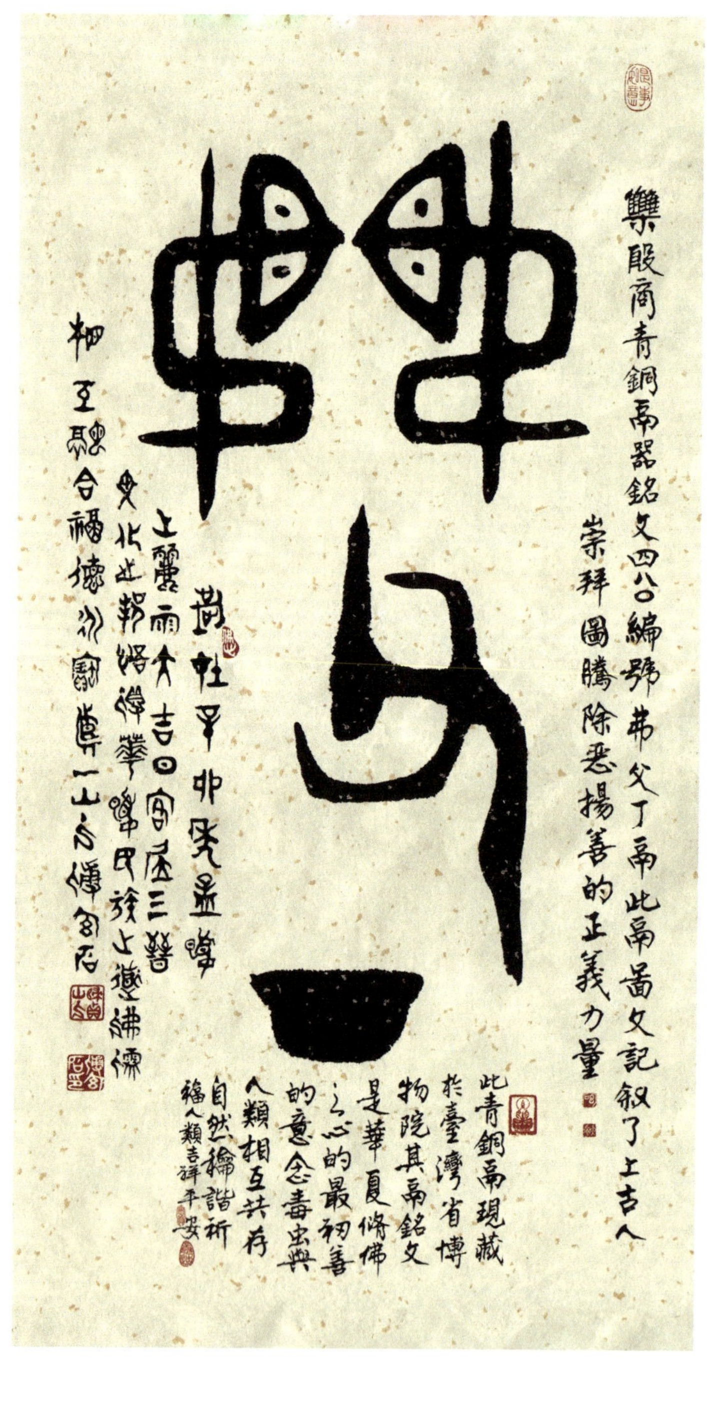

父丁青铜鬲铭文编号一五八八合三一八四　此鬲铭文示意：上古先民在自然生活之中发现了剧毒的蛇，它危及人的生命，但它不会无故伤害人类，蛇是长寿的象征。它护佑人类平安幸福，健康长寿。它是人类的守护神。阴阳平衡的佛心图标。象征善良与慧性之开明。

䎝父丁鼎

弔父丁

1588-6

𣏟父丁毁

弔父丁

3184.1

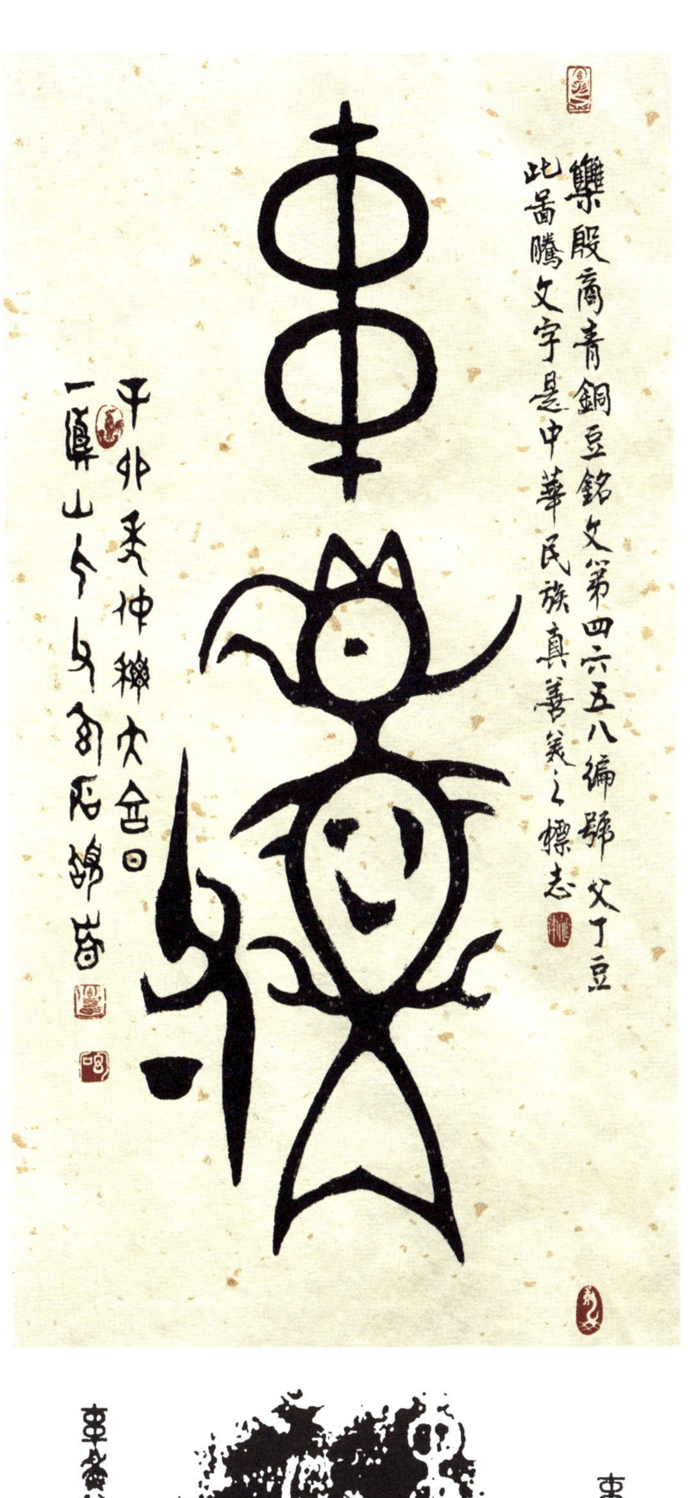

4658

父丁青铜豆铭文编号四六五八　此豆铭文示意：父丁铸三青鸟图腾传承燧人弇兹氏文明文化。人与生物和谐共处于大自然环境中，用真、善、美，感恩大自然对人类的赏赐。此图腾，只可意会其中深藏的智慧奥妙，很难用几个文字解读其文化内涵。父丁先贤用其简明的点与线，将华夏人类智慧文明史铸入青铜器以铭告后世。

父丁青铜鼎铭文编号二〇一〇 此鼎铭文示意：父丁为殷商武丁时期的贞人核心成员，同时也得到了武丁王的赏识，赐予了父丁在宫廷很高的权力与地位，父丁也为殷商崛起尽职尽责。父丁、父己与父乙是商王武丁时期的最佳搭当，对传承远古华夏民族图腾智慧文字文化做出了极其重要的贡献。

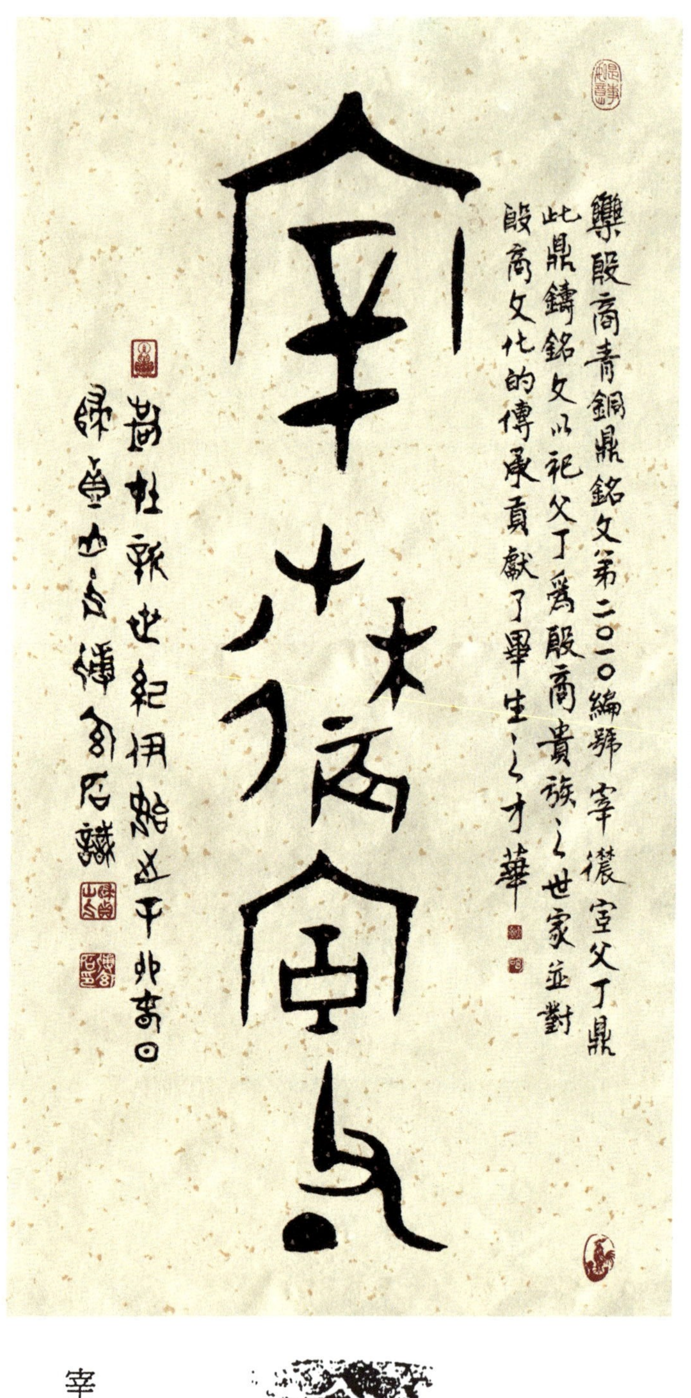

殷商青銅鼎銘文第二〇一〇編號宰儂宔父丁鼎
此鼎鑄銘文以祀父丁為殷商貴族之世家並對
殷商文化的傳承貢獻了畢生之才華

宰儂宔父丁

宰儂宔父丁鼎

父丁青铜毁铭文编号三三一五　此毁铭文示意：感恩大自然一切为人类做出牺牲奉献的生灵。父丁铸铭以玄鸟之首，神龟之身，鲤鱼之尾，海陆空之吉祥神物，铸史以昭不后世子孙善待生灵，互尊互敬，子孙万福。

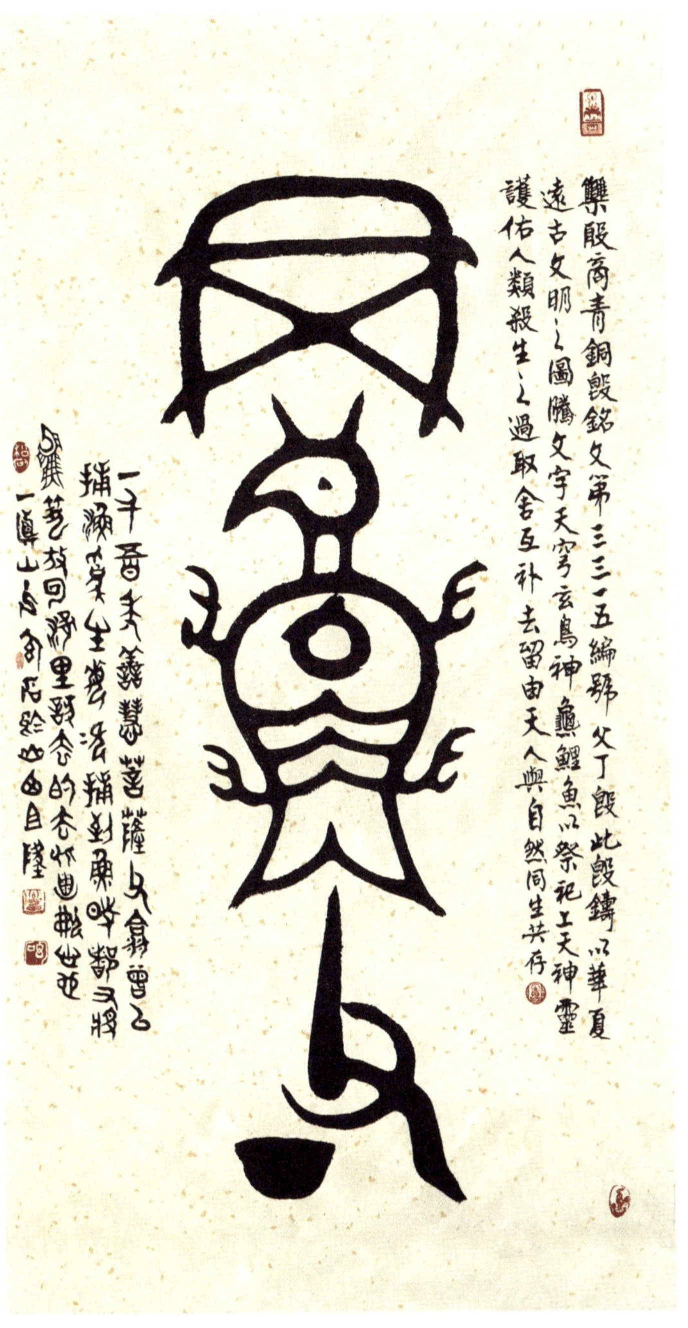

冉[illegible]父丁

3315-6

[illegible]父丁毁

父丁青铜𣪕铭文编号三九〇四　此𣪕铭文示意：父丁是殷商武丁时代传承文字文化的核心团队成员，是技能最为全面的宫廷高官，在出土的殷墟甲骨文与殷商青铜器铭文中有很多父丁的文字记载。立榑木、观天象、定历法，四季分明，农耕有序，世代传颂，造福子孙。

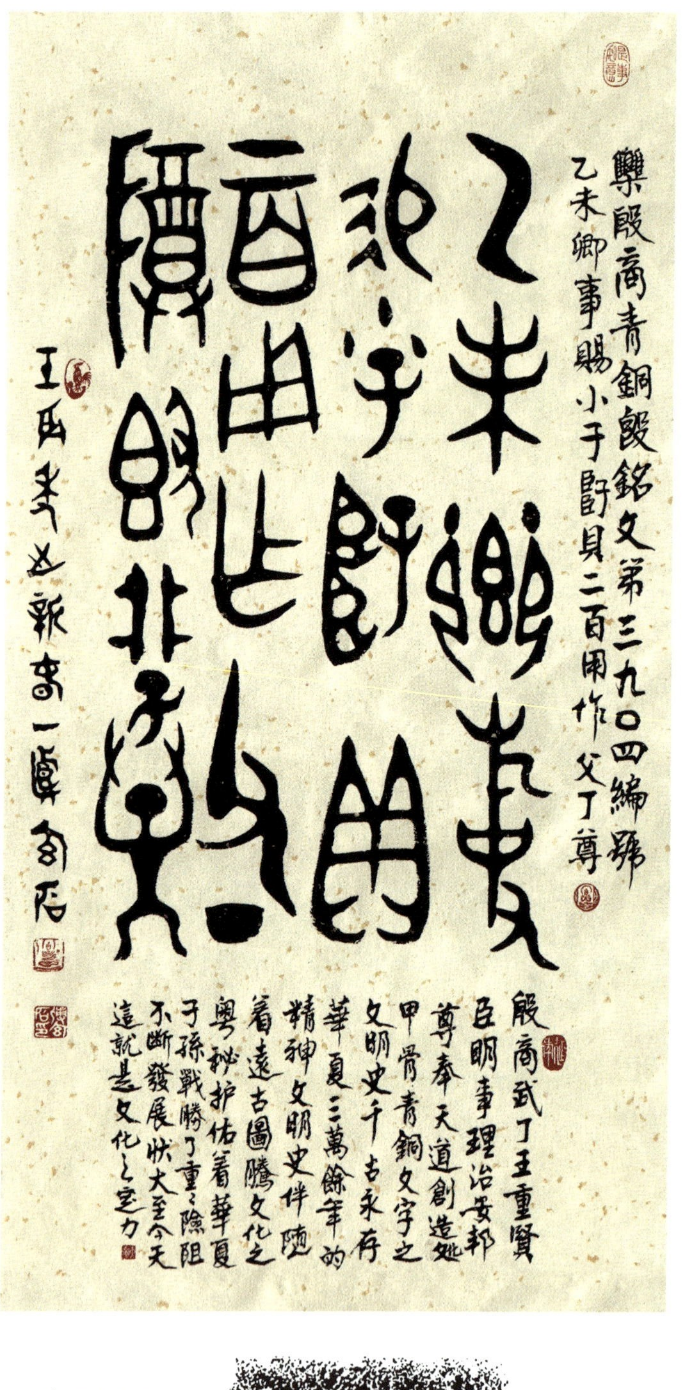

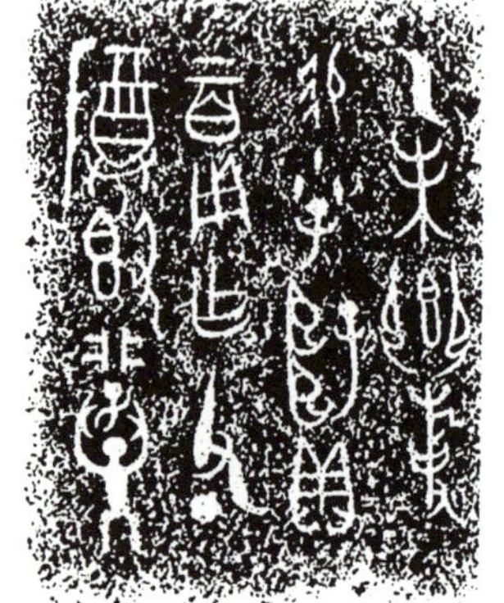

3904-7

小子䵼𣪕

乙未卿事
賜小子䵼貝
二百用作父丁
𢍜𣪕　𡕞

父丁青铜卣铭文编号五二七二　此卣铭文示意：父丁为殷商时代的天文科技与文化的发展做出了巨大的奉献，并用青铜器铸铭图腾文字以载史册，传以后世，功德无量。

戟作父丁卣

戟作父丁寶尊彝

5272.2-5

父丁青铜卣铭文编号五三二〇　此卣铭文示意：父丁后人名叫小夫，为思念前辈父丁为宗族世系谱牒文化留下的宝贵财富，遂铸铭以告后世，文化传承，后继有人。

小夫卣

5320.2-9

小夫作父丁宗尊彝

父丁青铜尊铭文编号五六三二合五六三五　此尊铭文示意：上古华夏民族用智慧与勤劳的双手推动了人类渔业、牧业的发展，丰富了人类的物质生活。和谐的真性善心给后人以无限空间的遐想。

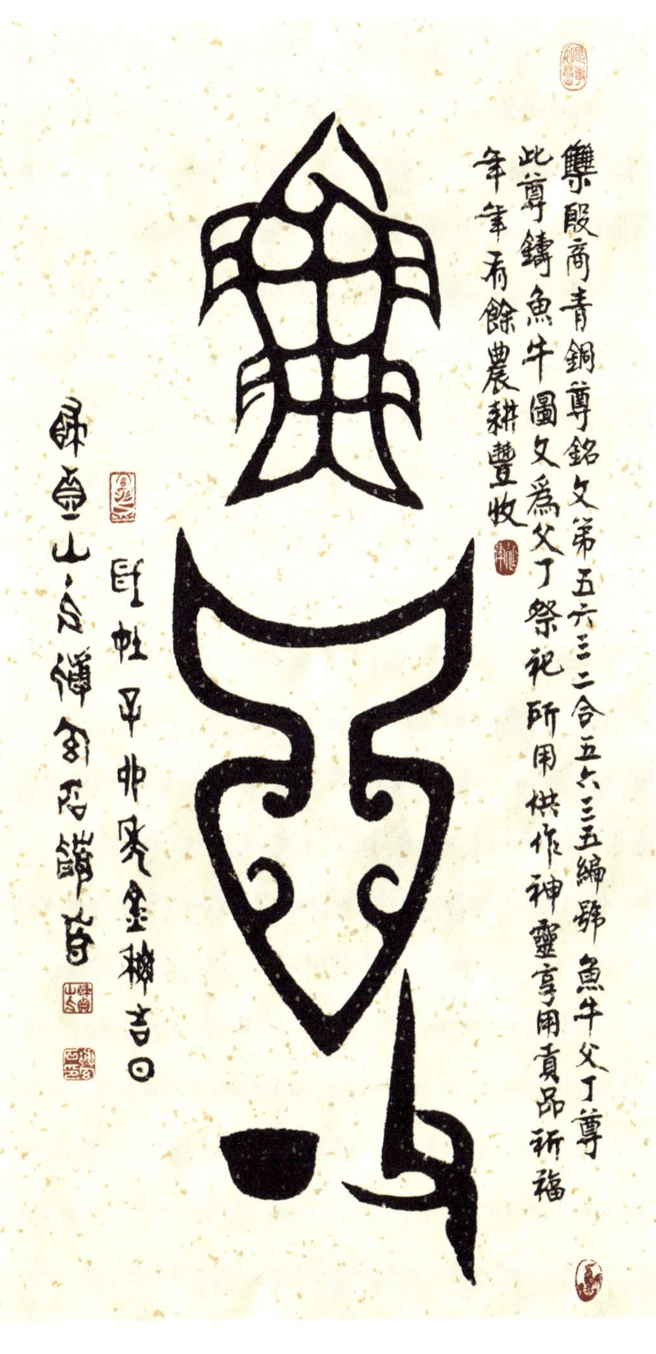

殷商青銅尊銘文第五六三二合五六三五編號魚牛父丁尊
此尊鑄魚牛圖文爲父丁祭祀所用供作神靈享用貢品祈福
年年有餘農耕豐收

父丁魚尊

魚父丁

5635-8

父丁尊

父丁

5632-7

父丁青铜尊铭文编号五八七六　此尊铭文示意：婴儿降生，是一件大的喜事，遂铸青铜器铭文以庆贺父丁后继有人。在这难忘的喜庆日子里，祈求上天赐福，吉祥平安。此尊彝铭文再现了三千三百余年前的真实生活。

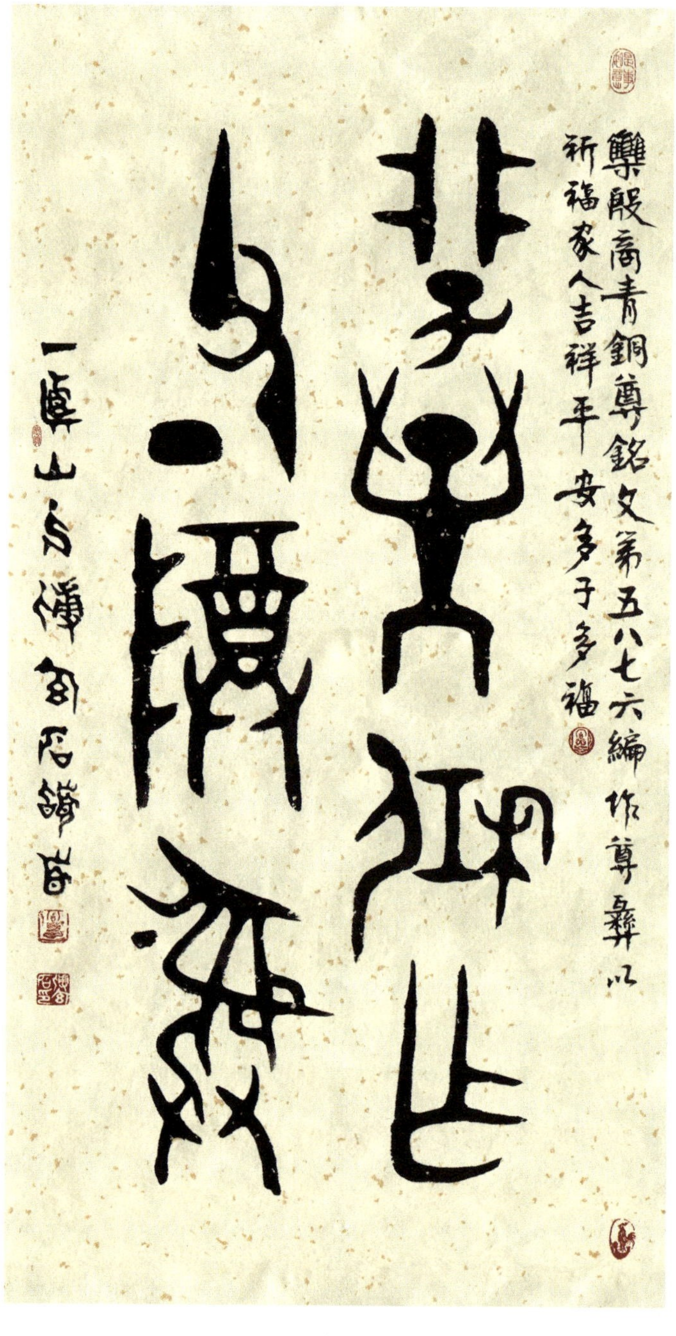

5876-8

倸作父丁尊

嬰毓作
父丁尊彝

父丁青铜毁铭文编号四〇四三　此毁铭文示意：为彰显父丁先贤为殷商文明文化所做的不朽功绩，后世不忘前贤懿德，遂铸史尊彝，树父丁为人之楷模，千古传颂美名长存。

欒西周青銅毀銘文第四〇四三編號　易天曰毀以誌

易天曰趞叔休于小臣貝三朋臣三家對厥休用作父丁尊彝

昜天殷

4043-8

昜旁曰趞叔休于
小臣貝三朋臣三家對厥
休用作父丁尊彝

樂敝商青銅卣銘文第五一六一編歸父戊卣此卣是遠古風姓圖騰之標志是天齊博木族徽而演化

父戊卣

⼅田六六六父戊

5161.1-9

父戊青铜卣铭文编号五一六一　此卣铭文示意：此为上古图腾智慧铭文。父戊将日曷八卦图腾文明史用简洁的图画展示了人与天地之间的依存互补亲密关系。天地之气，阴阳相合。互敬互爱，动静交养。人类文明，亘古永恒。

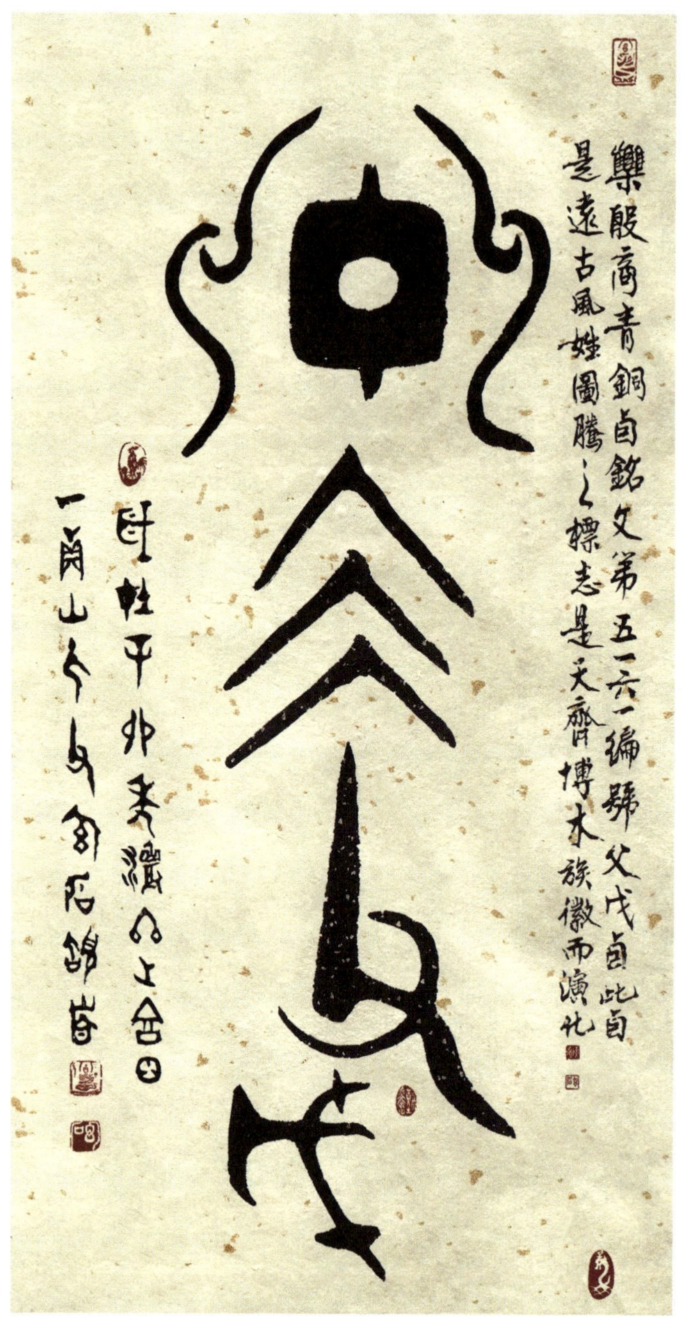

父戊青铜鼎铭文编号一六〇一　此鼎铭文示意：父戊铸天穹图腾以传天道。天地人，宇宙万物皆因人类文明而和谐共存。

父丁

父戊鼎

1601

父戊青铜彝铭文编号九八七八　此彝铭文示意：父戊是殷商宫廷贵族，是远古人类文字文化的传承人。将远古燧人弇兹氏天穹盖图腾族徽标志铸铭以告后世不忘先祖智慧文明之光。

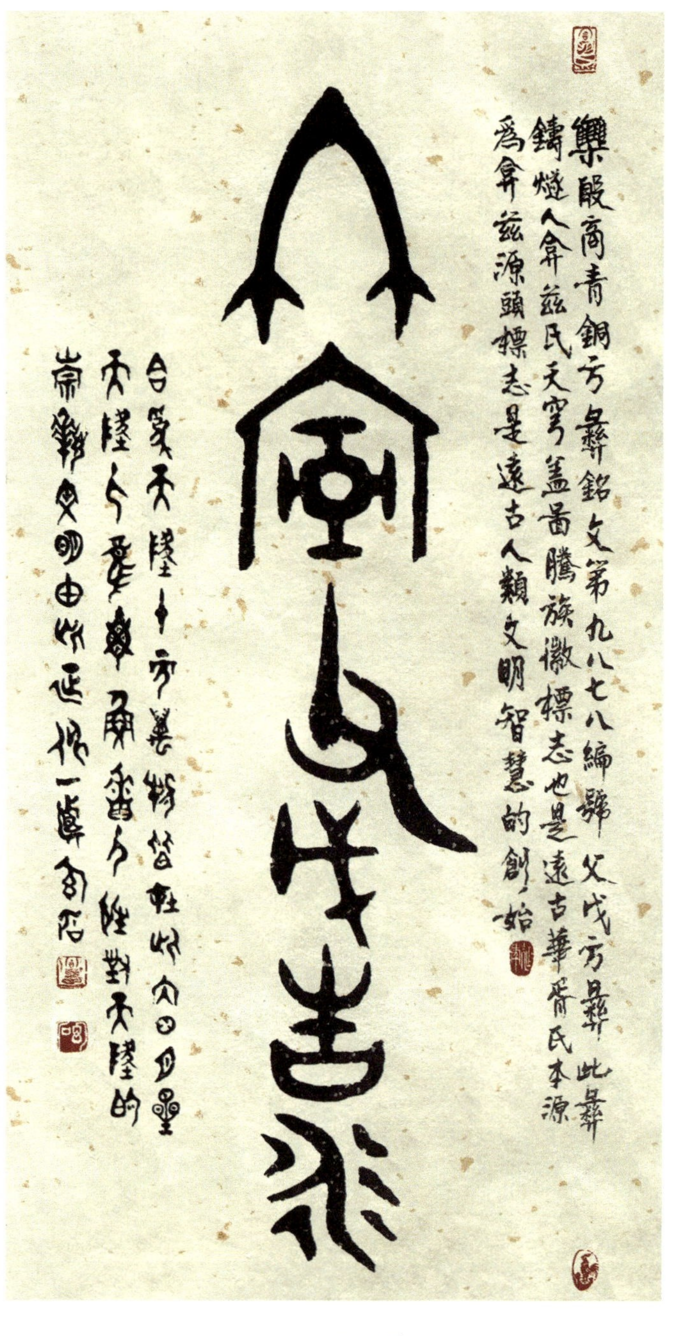

竹宝告永父戊

9878-9

宝父戊方彝

父己青铜甗铭文编号八一五　此甗铭文示意：父己以传承天道为己任，特铸天地人合而为一的阴阳合和图腾。取意为夫妻互敬，阴阳互生。万物同理，共存于大自然怀抱之中，生生不息，代代繁衍。

父己

父己甗

815-8

父己青铜鼎铭文编号一六〇六　此鼎铭文示意：父己是远古风姓华胥氏后裔，是传承天道自然科学的贞人，将世系宗祖风姓图腾智慧标志

铸以青铜鼎铭告后世。衣钵有始，传承有道。

爨殷商青铜鼎铭文第一六〇六编爨　戈父己鼎此鼎记载了

三千多年前我们的先祖就用灵巧的双手

铸造出了如此精美的防卫兵戈

并用汉字文化赋予了青铜鼎以

鲜活的灵魂

三千多年岁久民宗且用智慧禅凌了

爨于爨入额文化众咸用甲凸鑄阁

父宫鑄刻了三爨餘殷爨爨民禳爨爨上

爨富尔爨後世尹釋福德一渾匌忘

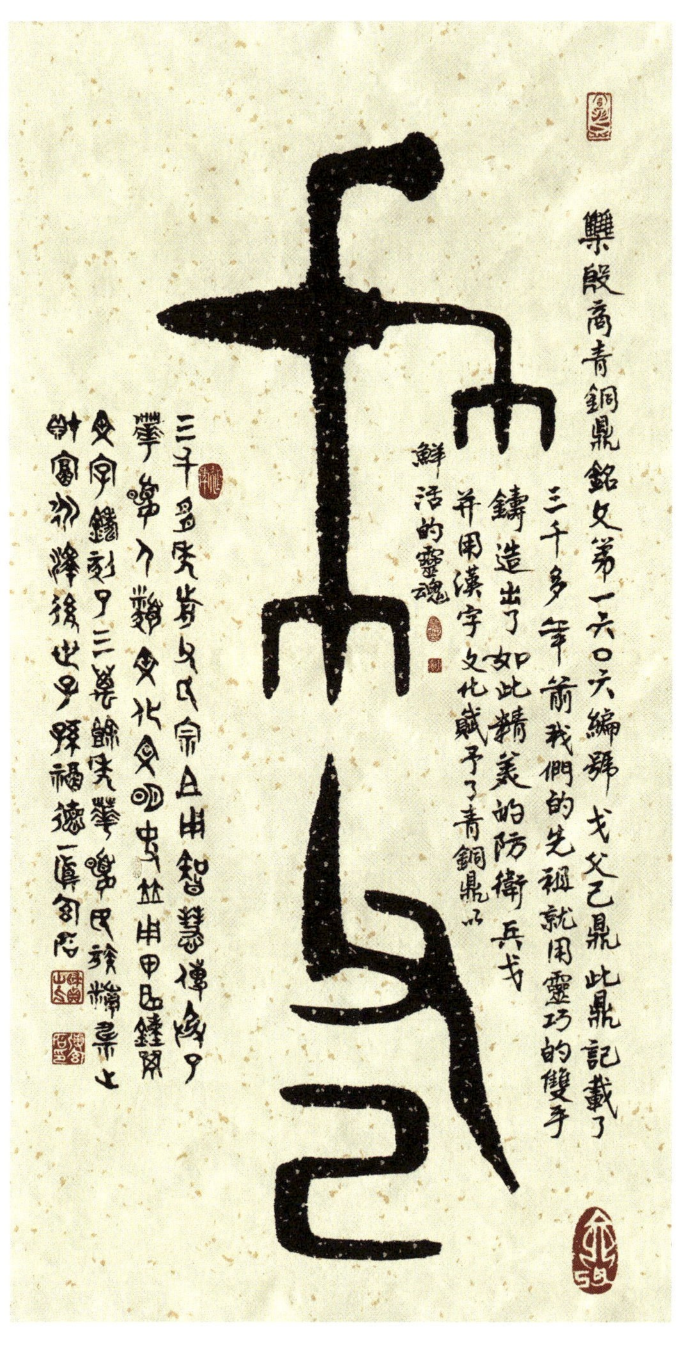

戈　父己

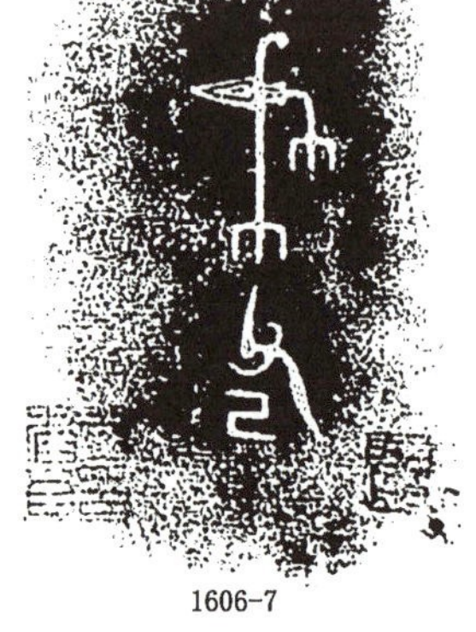

1606-7

戈父己鼎

父己青铜鼎铭文编号一六〇九　此鼎铭文示意：丙为炎帝火神图腾族徽标志。父己是传承远古天道文化的继承人之一，父己遂铸天穹图腾以传天道。

觯殷商青铜鼎铭文第一六〇九编號　天穹父己鼎　此天穹图腾之
标志是远古人观日月星辰纪历的天穹标志之一是群体智慧结晶
她标志着华文明历史发展的全过程独此中国之魂
中华民族自创的机巧即是
燃之魁智慧与穹韬宇
宥夕宇宙且立墅因世作相继一宣

丙父己鼎

丙父己

1609-9

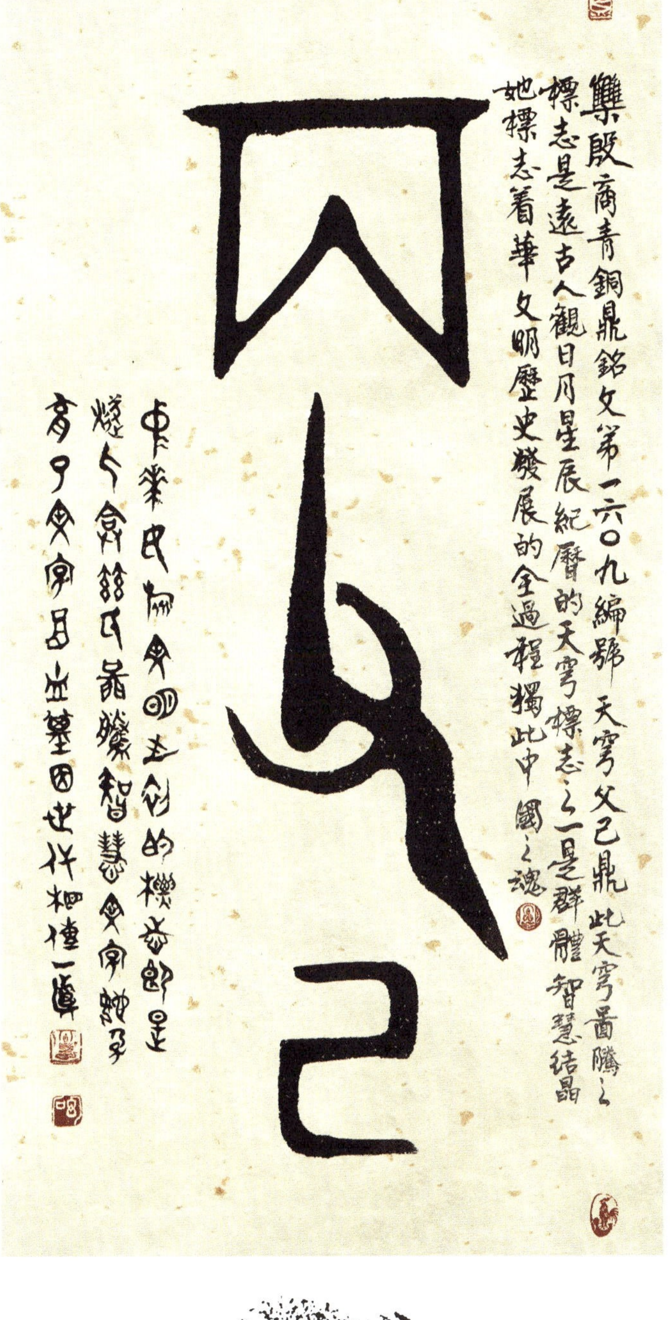

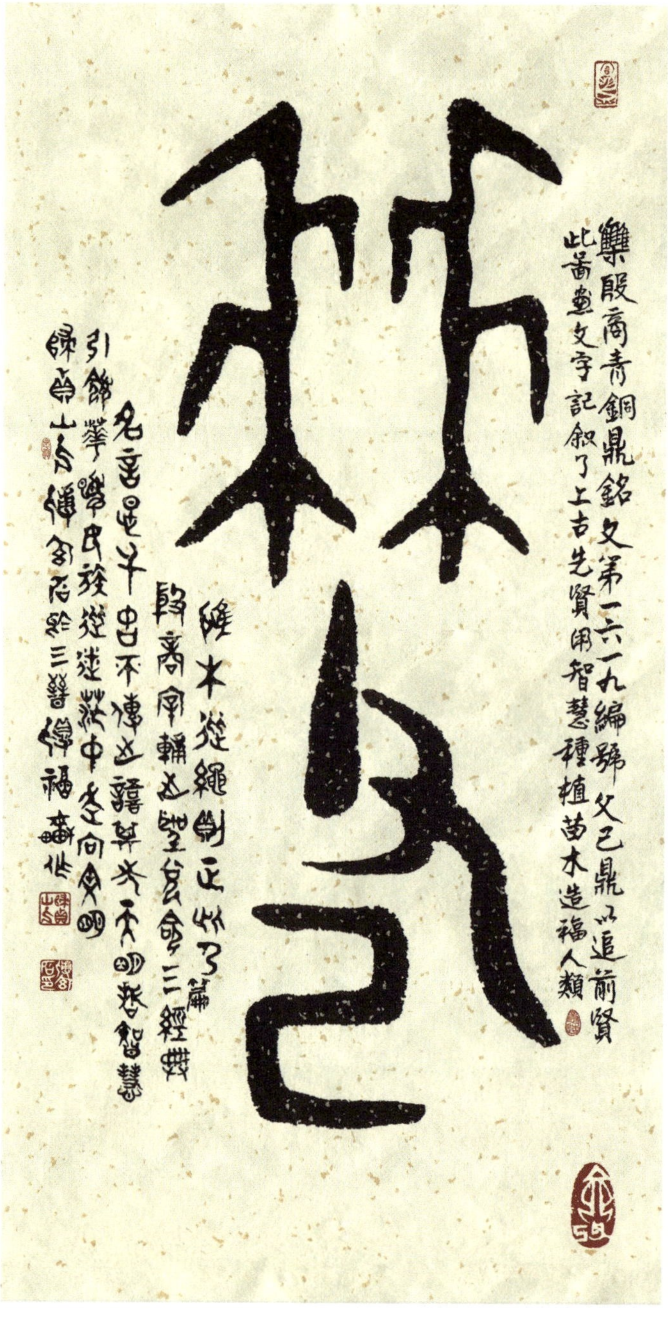

來　父己

1619.b

棘父己鼎

父己青铜鼎铭文编号一六一九　此鼎铭文示意：农耕种植改善了人类的生活质量，增强了人与人之间的亲密协作的信任关系。人类用勤劳的双手改变了生存的环境。春耕秋实，硕果丰盛。安居乐业，国强民殷。

父己青铜鼎铭文编号一八六五

此鼎铭文示意：父己以观天象为己任，长期生活在中条山脉之历山，出入于野兽丛林之间，感悟大自然对人的恩惠，道生万物，物养之于道。天地人与自然万物互养互补，互尊互敬。遂铸青铜鼎以福佑子孙，富贵吉祥，健康平安！

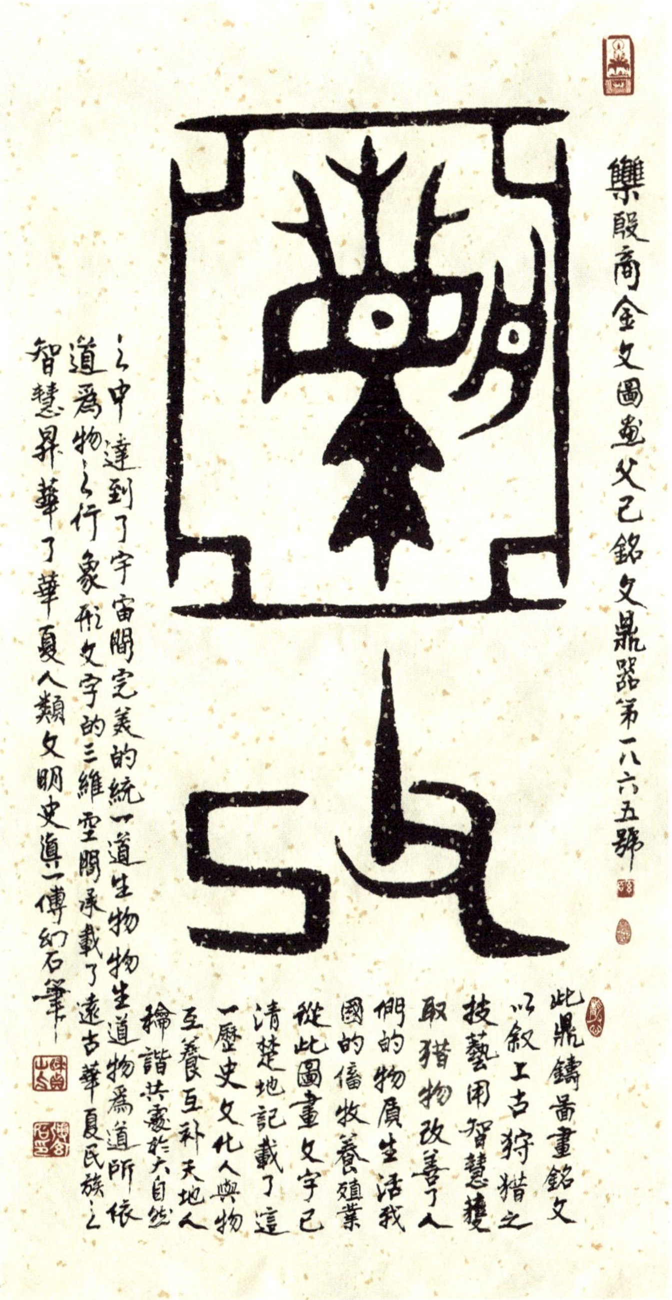

亞督父己

亞□父己鼎

1865

父己青铜鼎铭文编号一八六七　此鼎铭文示意：三千三百余年前，父己仅用简的线条造型，就把酿制调味品发酵的醯过滤过程表现得淋漓尽致。

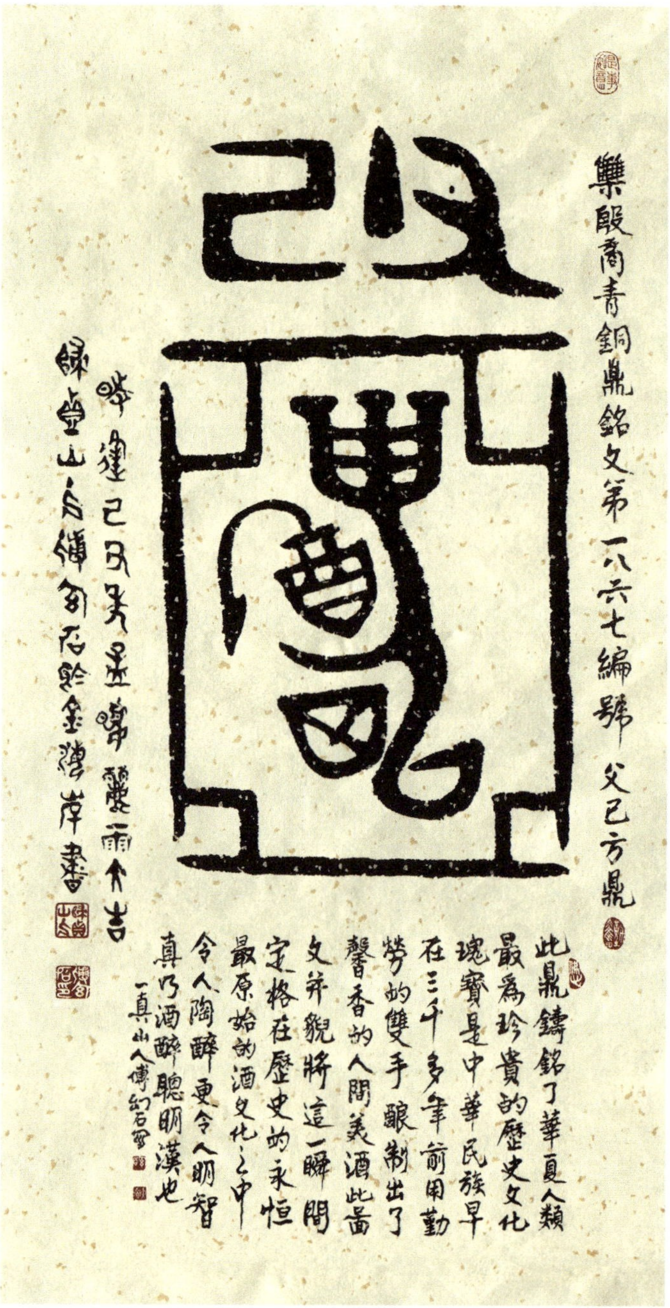

父己亞醜方鼎

1867-7

亞醜父己

父己青铜鼎铭文编号一八七〇　此鼎铭文示意：父己将这一温顺美丽可爱的小梅花鹿铸以青铜鼎，以此彰显华夏人类文明历史传承的真善美德。远古华夏民族就有人工驯养动物的技能，这也是中国人善良的本性所然。

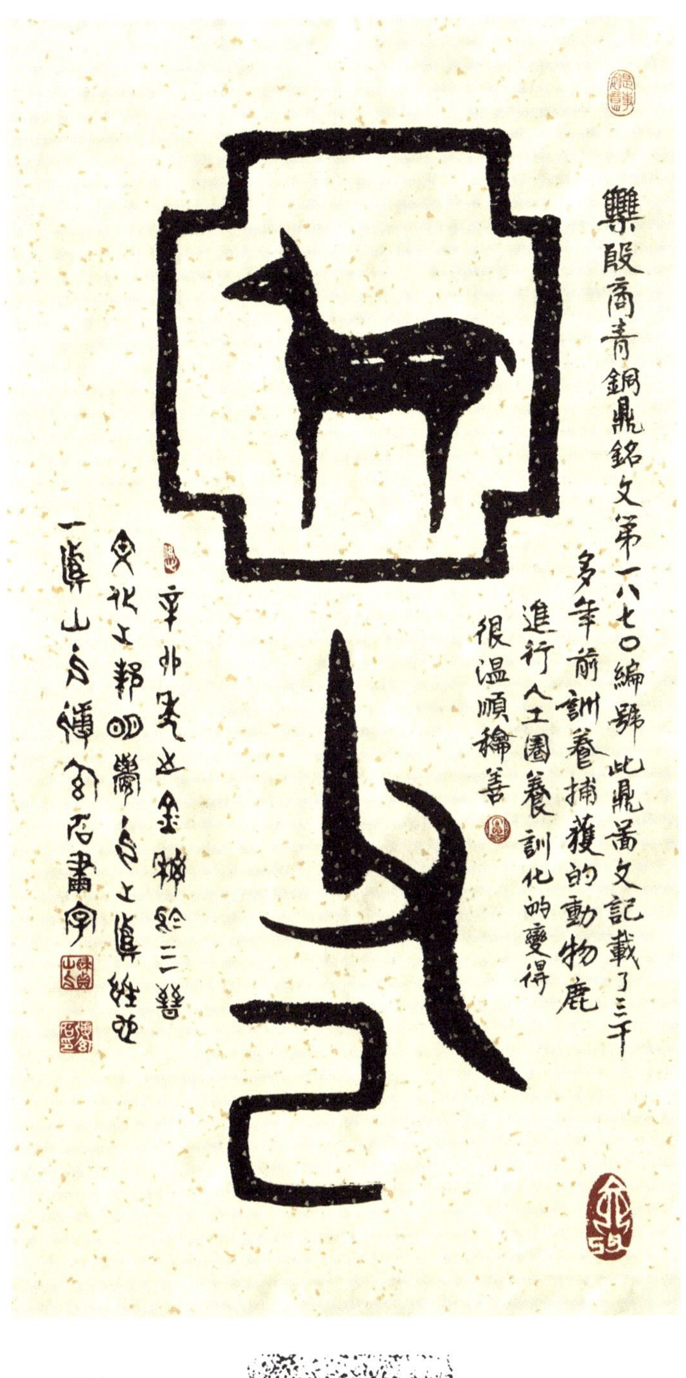

亞麑父己

1870-7

亞獸父己鼎

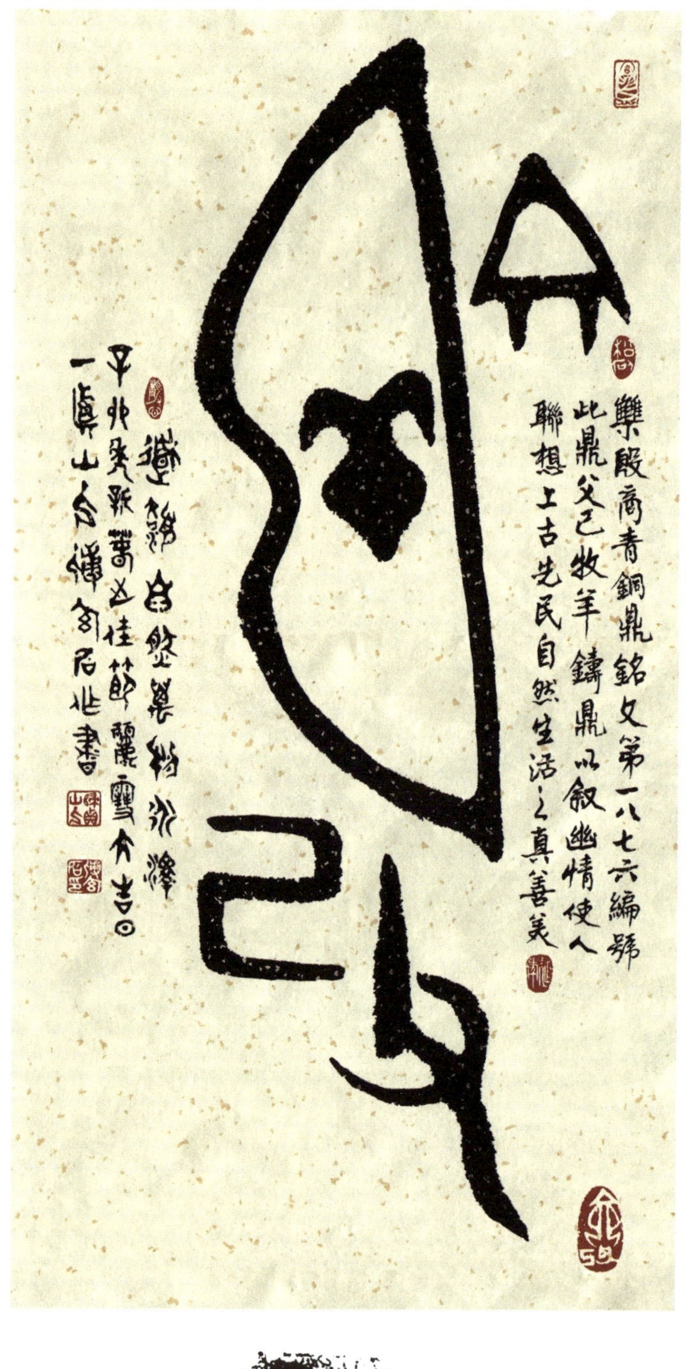

父己青铜鼎铭文编号一八七六　此鼎铭文示意：父己记载了华夏先祖从游牧生活发展为耕种养殖安祥的定居生活，圈养的羊与建筑房屋构成了一幅幽静清和的美妙图画。人与自然万物和谐相守，互依共存。这就是中华民族文明历史进步的标志。

1876-8

弓𦎫父己鼎

弓𦎫父己

父己青铜鼎铭文编号二〇一六　此鼎铭文示意：父己在殷商时代为华夏人类文明史所创造的物质与精神财富，无可估量。小子特作父己鼎以祀先贤功名永传后世，流芳千古。

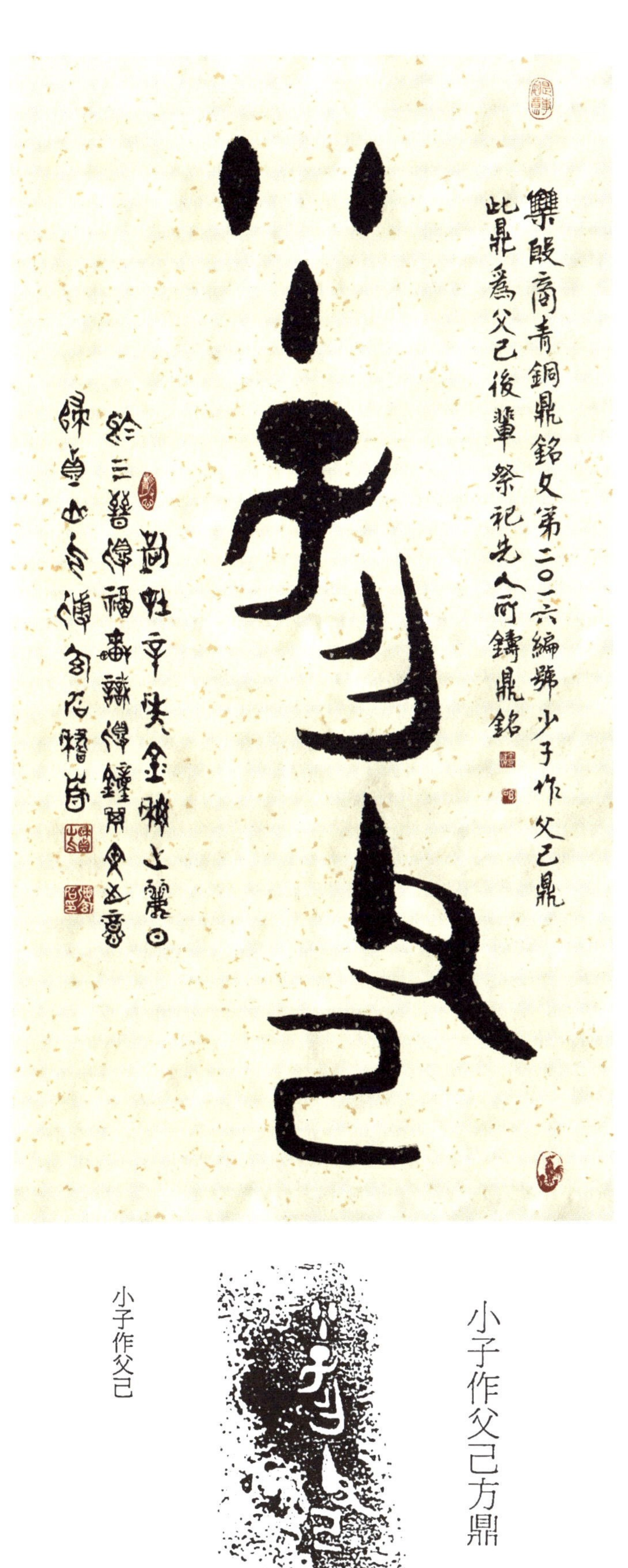

小子作父己方鼎

小子作父己

2016-7

父己青铜鼎铭文编号二一二六　此鼎铭文示意：父己先贤为殷商武丁复兴大业做出了很大的奉献，为彰显其丰功伟绩，特赏赐奉命作父己宝鼎以泽后世子孙福德永年享用。

作父己鼎

2126-7

奉作父己寶鼎

父己青铜鼎铭文编号二二五二　此鼎铭文示意：青铜宝鼎是殷商武丁中兴时代的王权象征。也是殷商贵族身份的实用青铜重器。父己用毕生的辛勤劳动，换取了那个时代的最高奖赏，特铸父己姓名以青铜鼎，昭示后世不忘前贤功绩。足可见父己其人，功德无量。

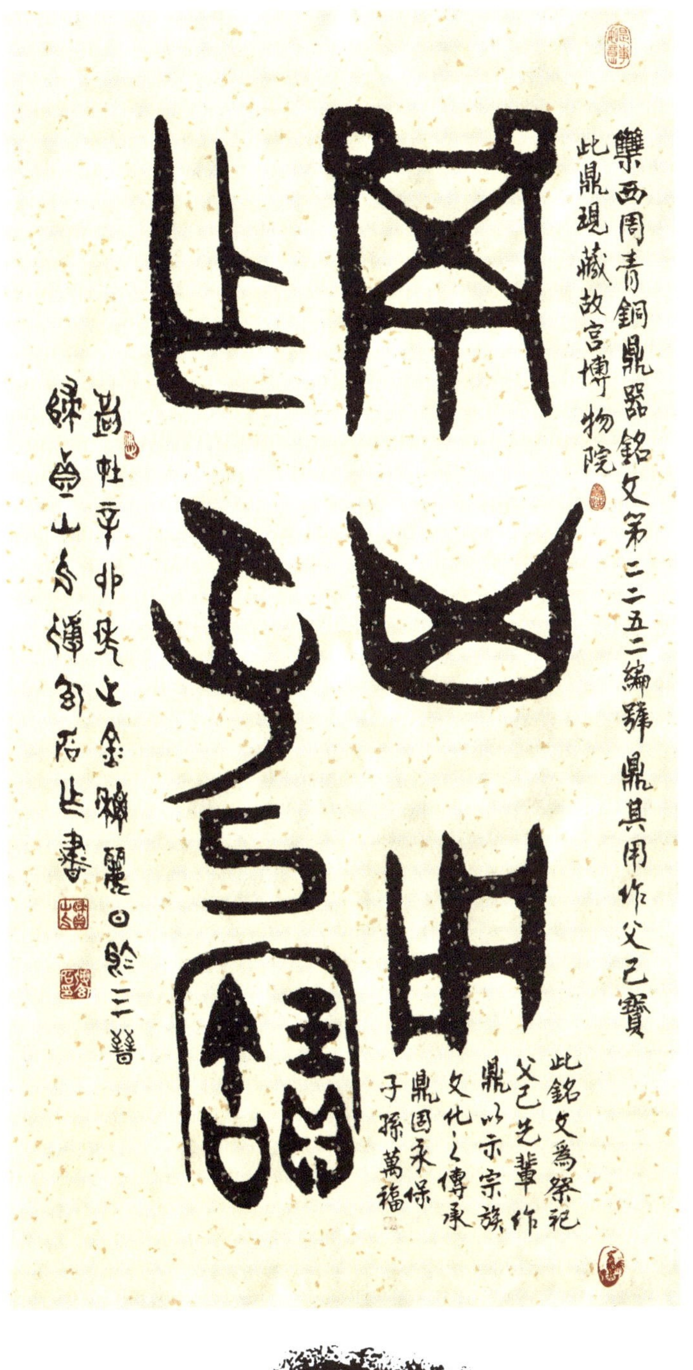

鼎其用作父己寶

作父己鼎

2252-7

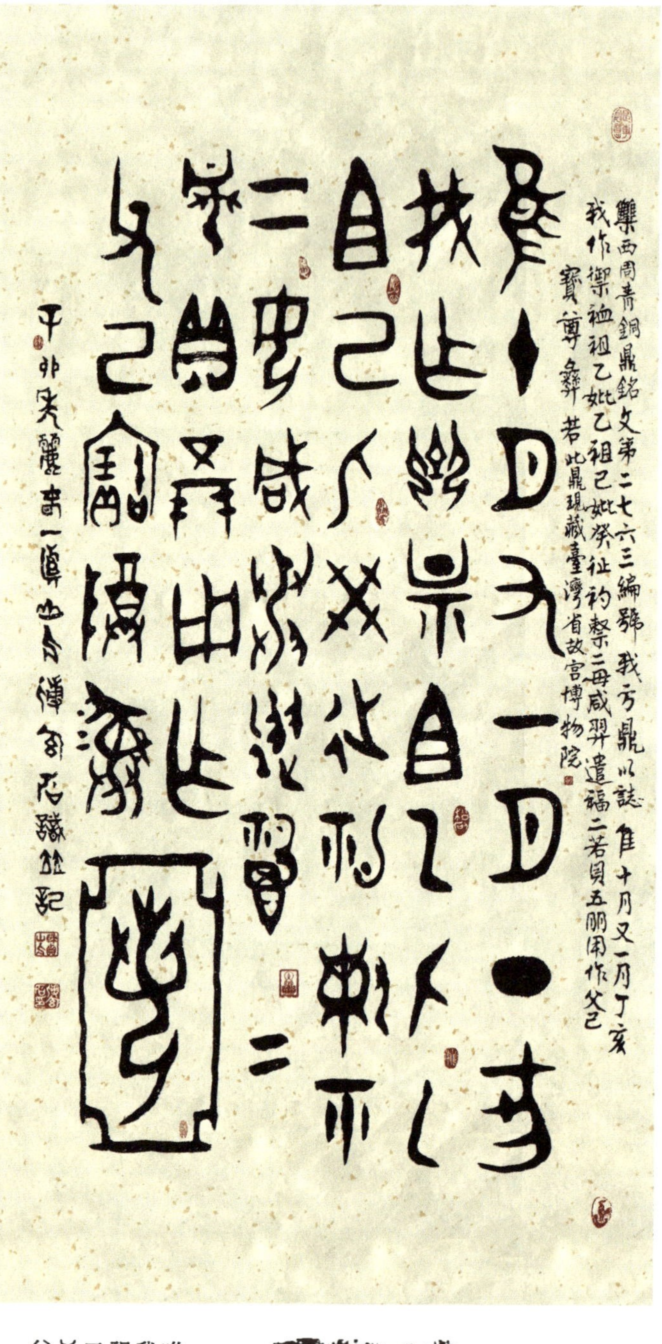

父己青铜鼎铭文编号二七六三　此鼎铭文示意：父己世系宗族不忘传承先祖文字文化之功德，一辈辈肩负着传承文化的责任与使命。中华民族博大精深的文明史，正是因为有这样的子民奉若天道，才造就了一批又一批传承人不断推陈出新，创造未来。

我方鼎

2763.2-4

唯十月又一月丁亥
我作禦祉祖乙妣乙
祖己妣癸延礿絜
二母咸與遣祼二
朿貝五朋用作
父己寶尊彝　亞若

父己青铜毁铭文编号三一九四 此毁铭文示意：父己设计制造出了殷商时期最为宏伟大气的大王车，彰显出王权的尊贵。将大王车的设计造型铸刻在青铜器上以纪念这一创举。

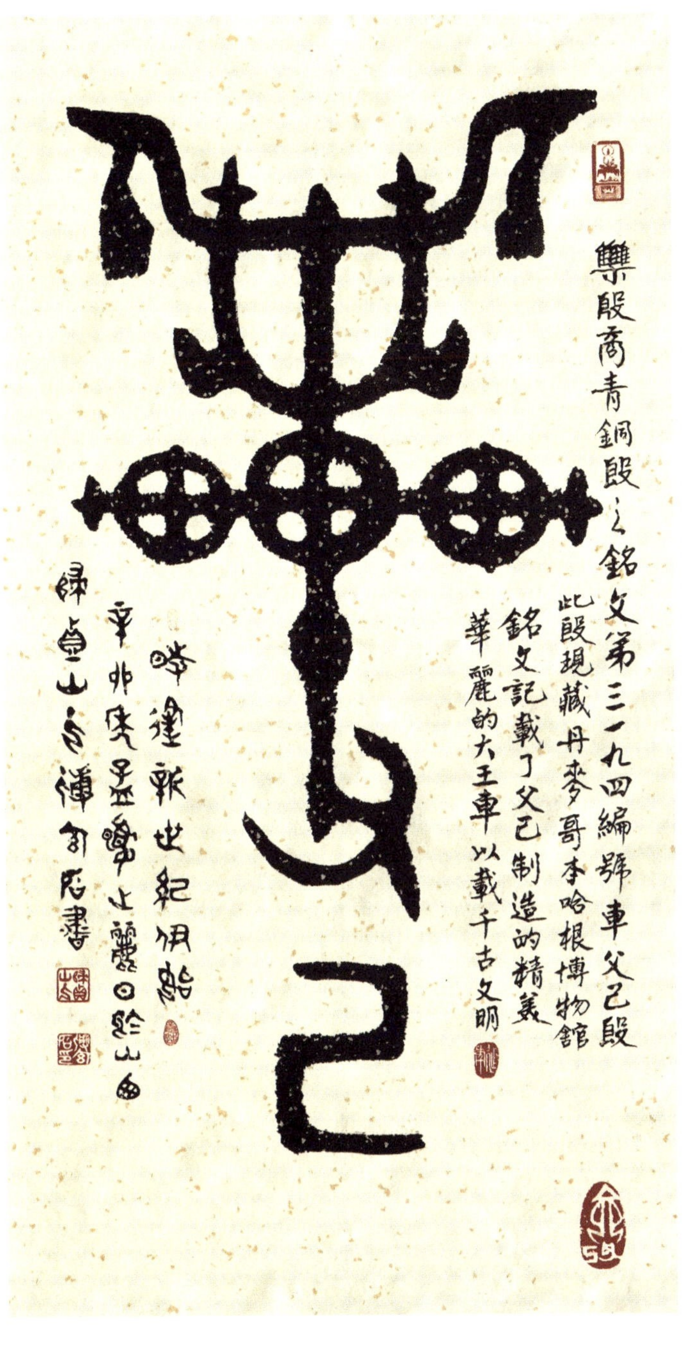

殷商青銅殷之銘文第三一九四編號車父己殷
此殷現藏丹麥哥本哈根博物館
銘文記載了父己制造的精美
華麗的大王車以載千古文明

車父己

車父己殷

3194-7

欒殷商青铜毁铭文编号三四三三

天工册父己毁

遂作此器以叙情怀也辟

傅幻石稽首释笔

殷商青铜毁铭文编号三四三三器文

此器铭文以誌父己作

天地之尊咸得天地之

通天达地奉若

天道耳

国册以祀

之灵光

岁车辛卯年之麗春

于三晋文化之郭悟得

图画文字玄机之妙理

贞山人沐之

父己青铜毁铭文编号三四三三 此毁铭文示意，父己在三千三百年余前，为殷商王朝的文明史，留下了很多精细的记载史料。这其中包括宫廷重要的尊天祭祖活动，著写典册，传承华夏人类文明。

3433-8

天工册父己

天工册父己毁

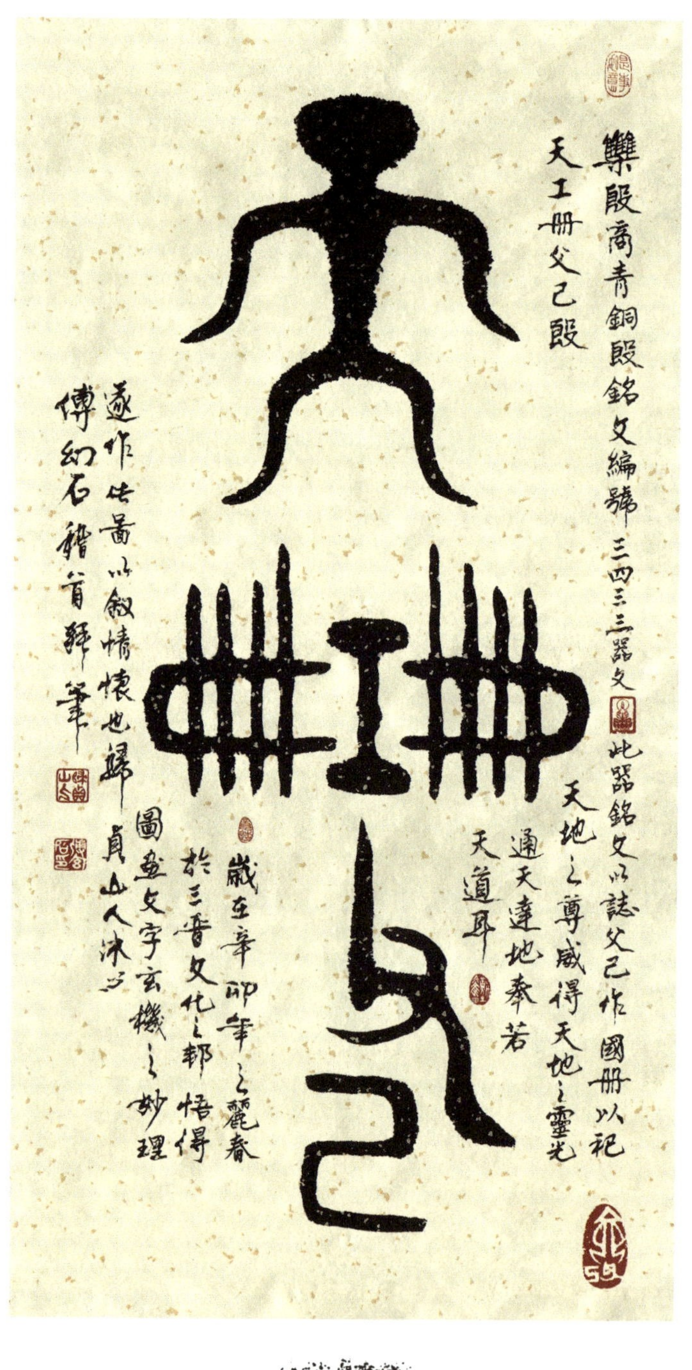

廣作父己𣪘

父己青铜𣪘铭文编号三六一一　此𣪘铭文示意：父己为了殷商的文明文化的传播做出了杰出的贡献，为了推广父己对文化发展所创造的不朽功绩，遂作父己宝尊以推广其伟大的创造精神。由此，父己的姓名与父氏宗族世系图腾族徽标志永垂青史，启迪后世，万古流芳。

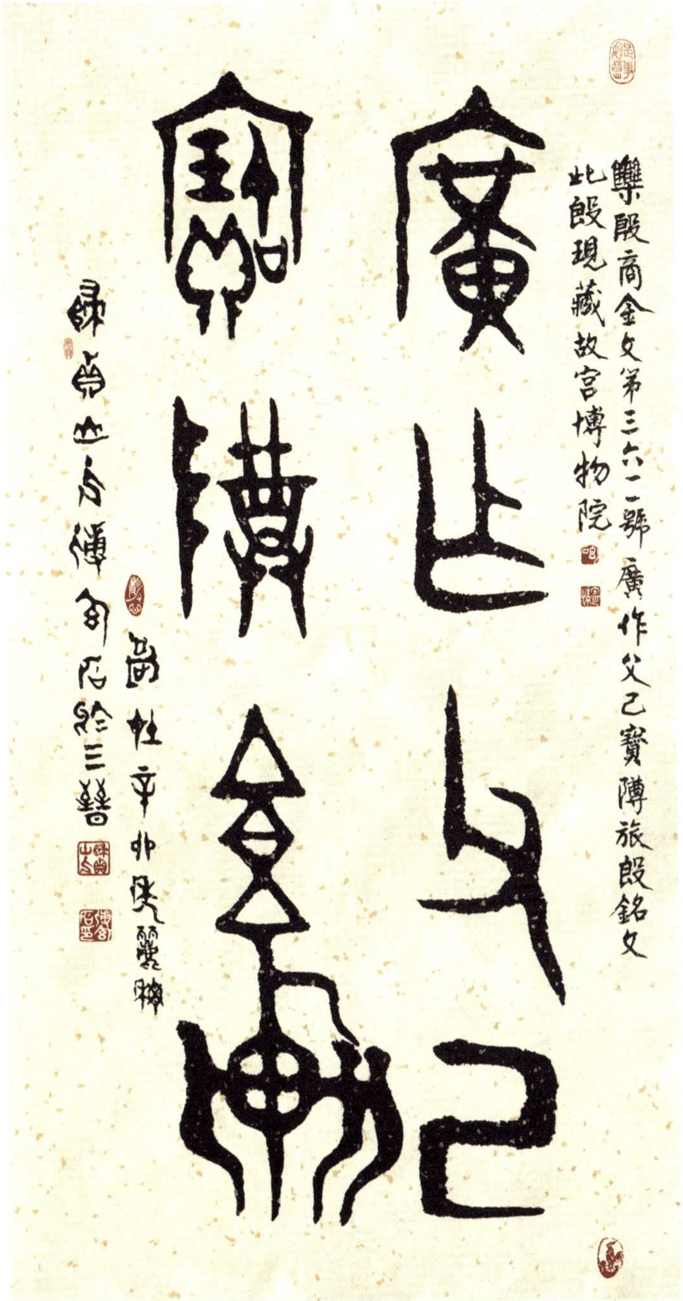

3611-8

廣作父己
寶尊　夲旅

父己青铜卣铭文编号四九五二　此卣铭文示意：早在远古之时，华夏民族就有陶具酉器制作的生活用具，父己将制作陶器酉技术创新为青铜酉器，并铸青铜器铭告后世子孙，造福于万代

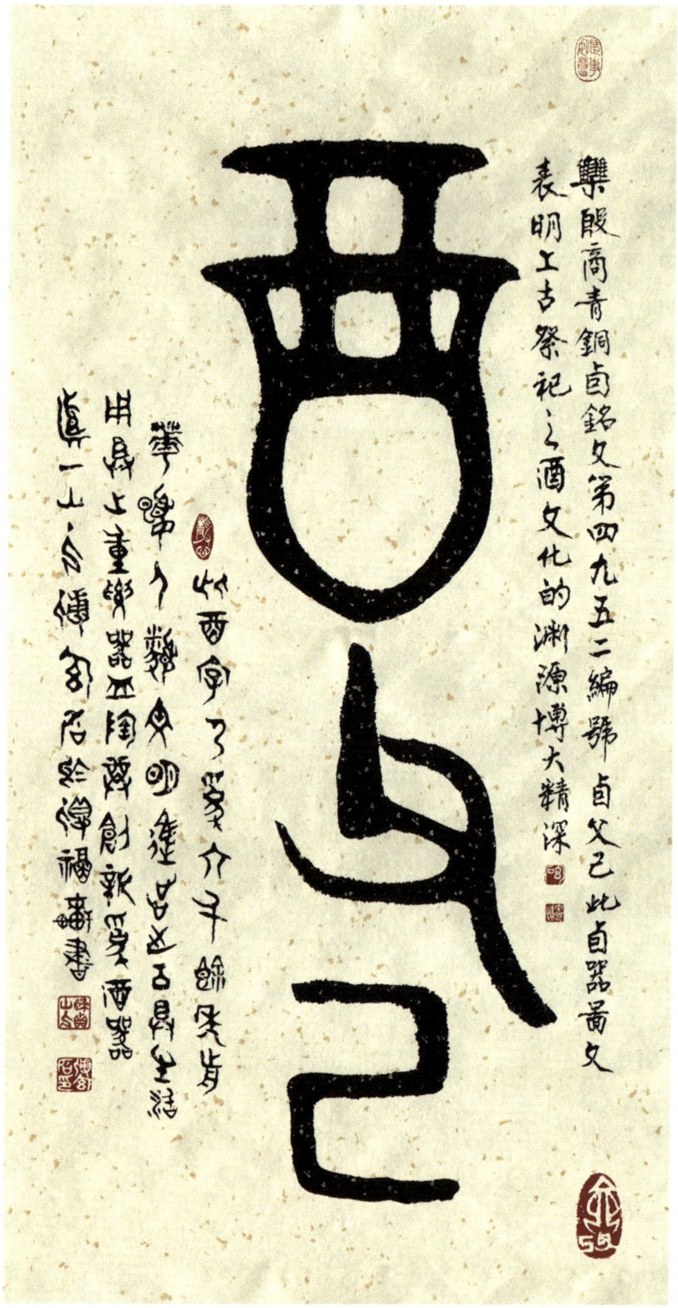

酉父己卣

4952.1-9

酉　父己

父己青铜卣铭文编号四九五八 此卣铭文示意：父己是殷商的宫廷贵族，他可为华夏文明传道授业，亲授造舟的技艺，并将此技铸青铜器铭文，以传后世。

樂殷商青銅卣銘文第四九五八編號 受己之父己卣實爲
上古先祖用勤勞的雙手製做舟楫
之命三帚之可若濟巨川
用汝作舟楫

受父己卣

受父己

4958.1-8

父己青铜卣铭文编号四九六二合四九六三　此卣铭文示意：父己传承远古先祖图腾文化，铸天穹盖天图标志以传天道。敬天法祖，文明永存。

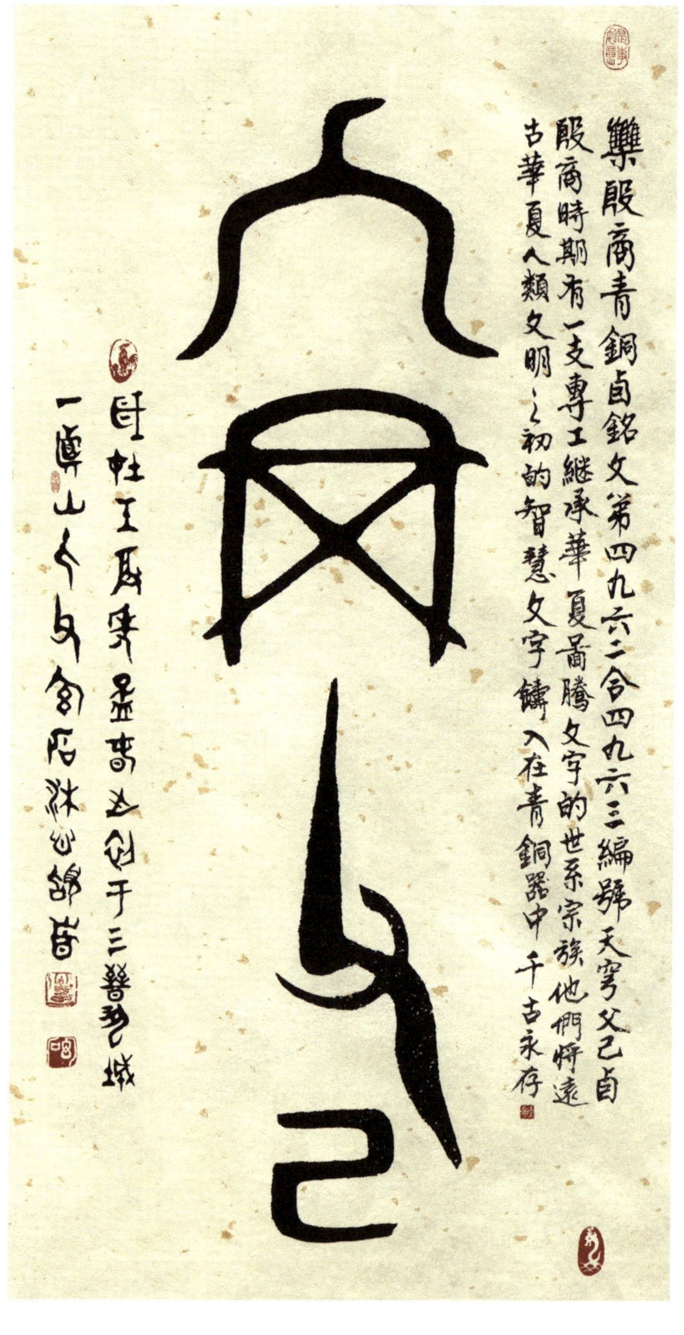

欒殷商青銅卣銘文第四九六二合四九六三編號天穹父己卣
殷商時期有一支專工繼承華夏圖騰文字的世系宗族他們將遠
古華夏人類文明之初的智慧文字鑄入在青銅器中千古永存

父己

父己卣

4962.1

冉父己

父己卣

4963.1-8

祖丁父己青铜卣铭文编号五〇四四　此卣铭文示意：在殷商甲骨与青铜器铭文中，用十天干命名，以观天象，传天道，用文字记载远古华夏人类历史文明进步的文字传播方队。父甲、父乙、父丙、父丁、父戊、父己、父庚、父辛、父壬、父癸。他们是一个世系宗族传承宫廷文字发展与创新集团，建立了以父乙为首，以父丁、父己为核心的文字创作中心机构。

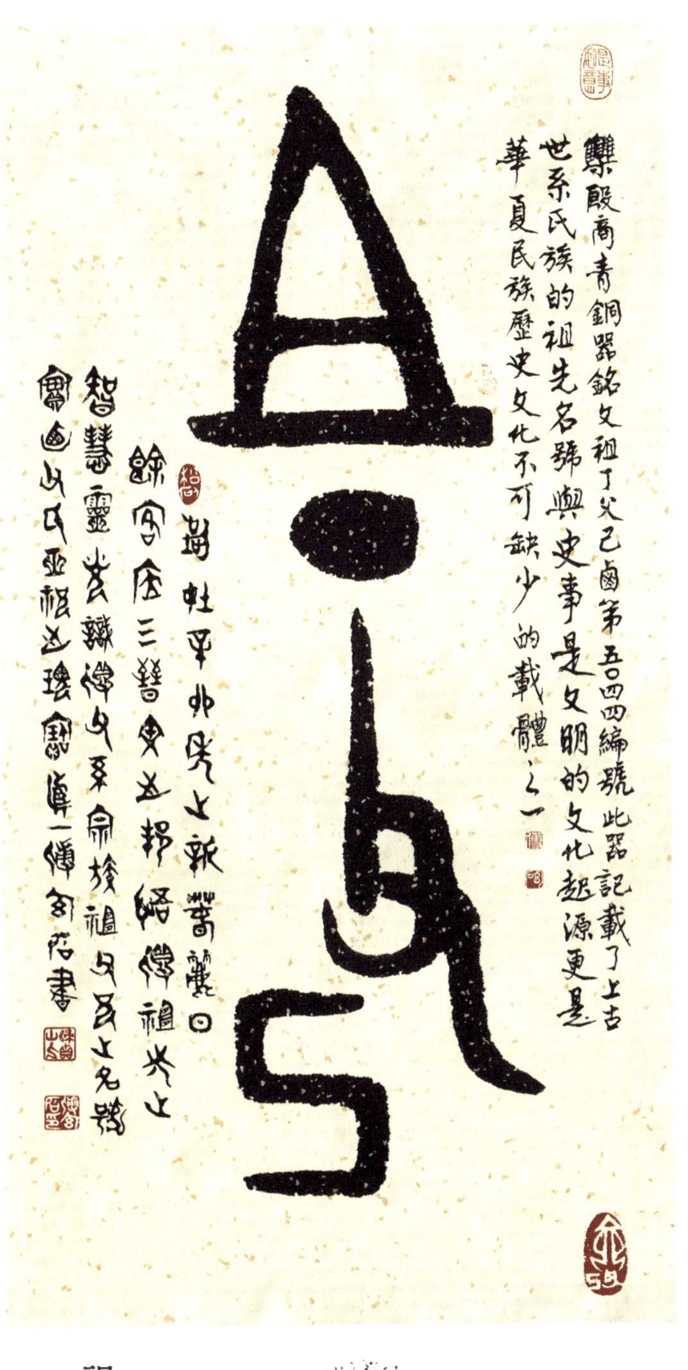

祖丁父己

5044-8

且丁父己卣

父己青铜卣铭文编号五一六三　此卣铭文示意：由智人猿到原始人类，华夏远古人类经历了一个慢长的发展史。尤其是原始人类的生息繁衍，婴儿出生以后，皮肤细嫩，在恶劣的自然环境下，成活率极低，为此贵族宗祠在婴儿出生以后，必请贞人亲临祈祷祝福妥善调养，以保母子平安，宗族兴旺。遂以图腾标志，启迪后世，永泽史册。

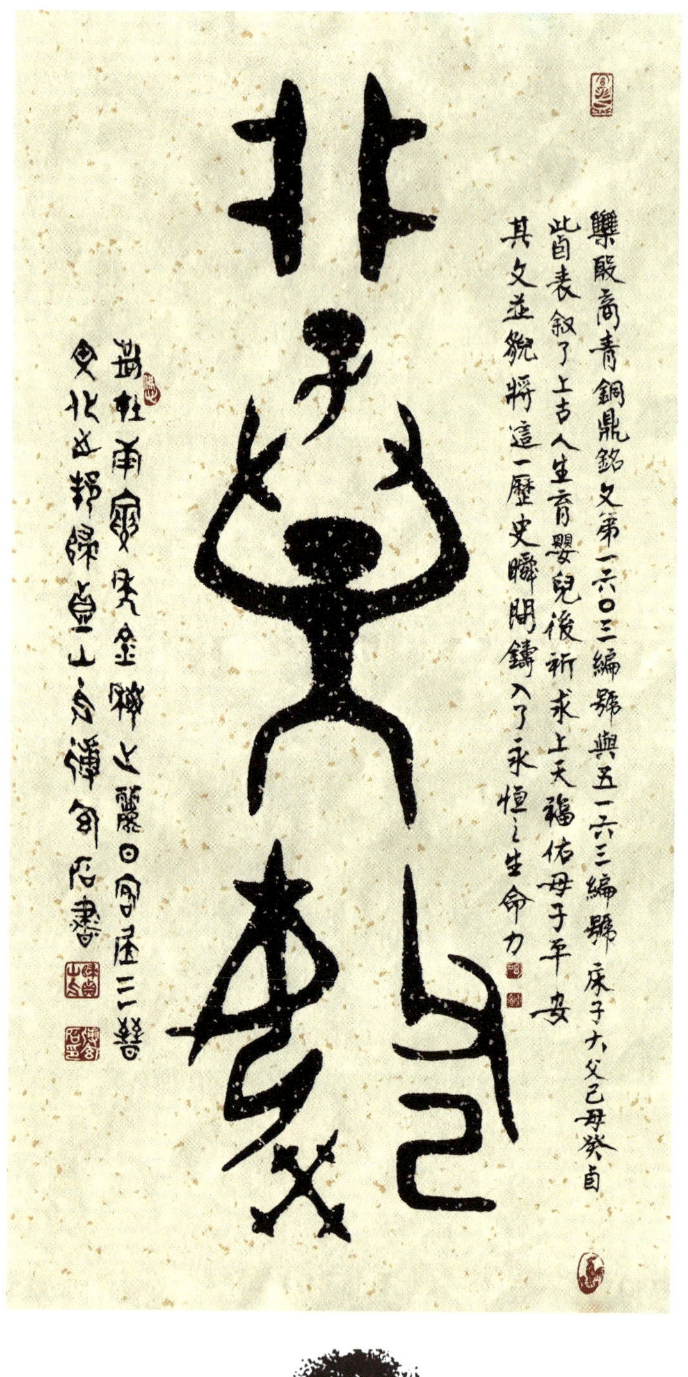

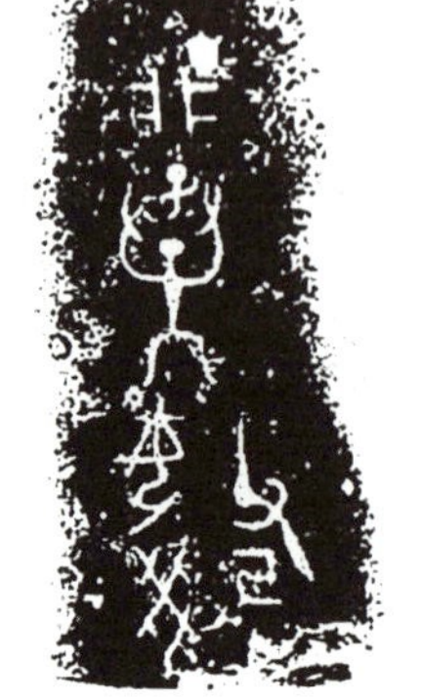

5163-7

婴父己母癸卣盖

婴 父己
母癸

父己青铜尊青铜铭文编号五六四七合五六四八　此尊铭文示意：上古文明的农耕时代已经有了轻巧的农用家具。生活用品也很丰富，烹饪、烧煮，酿造、建筑，用智慧创造了那个年代的美好生活并记载下来。

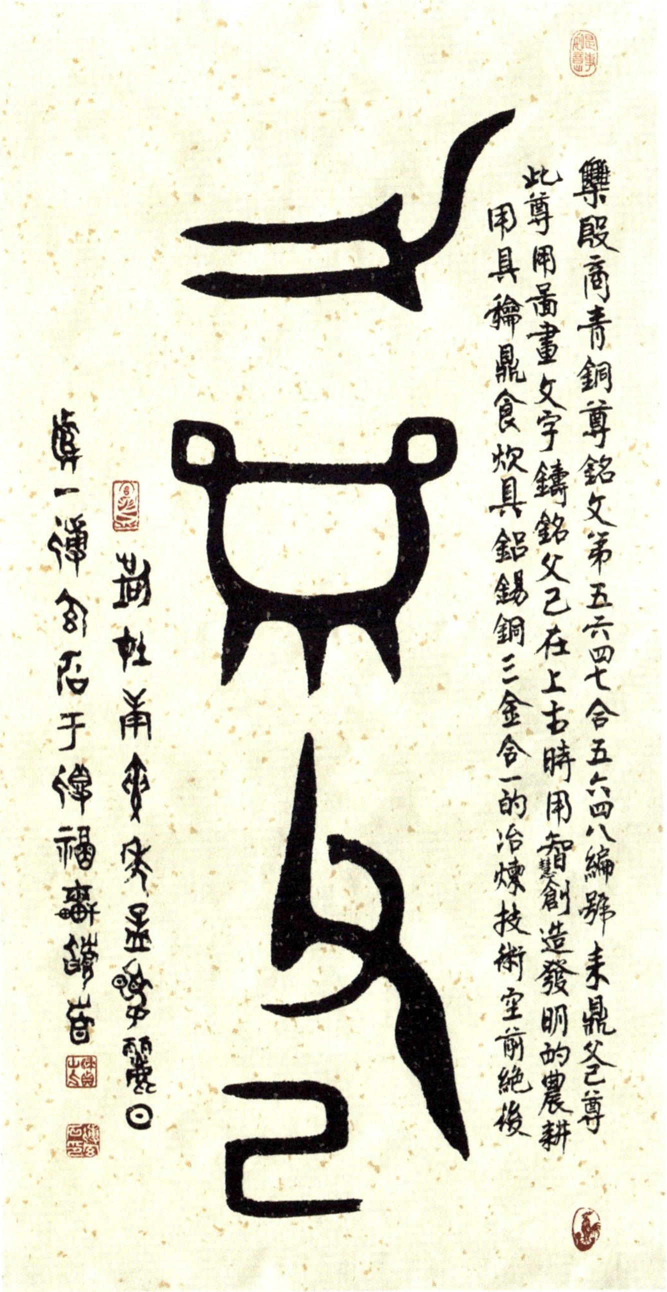

耒父己尊

耒父己

5647-7

鼎父己尊

鼎父己

5648-9

父己青铜尊铭文编号一〇五五九　此尊铭文示意：父己用勤劳的双手展现了众多的智慧与才华，有几百件出土的含父己铭文的殷周青铜器为证。父己的功绩也获得了商王武丁的封侯赏赐。

粹殷商青铜器铭文第二〇五五九编号　其侯真卜父己　此器铸文为父己真人祭祀祈福永泽华夏　文明文化荫及子二孙二万年享用不尽

甘肃联世纪上伊能益笑吉日
绿章址方潭印店籍岩

其侯亞戈父己器

其侯亞戈父己

10559

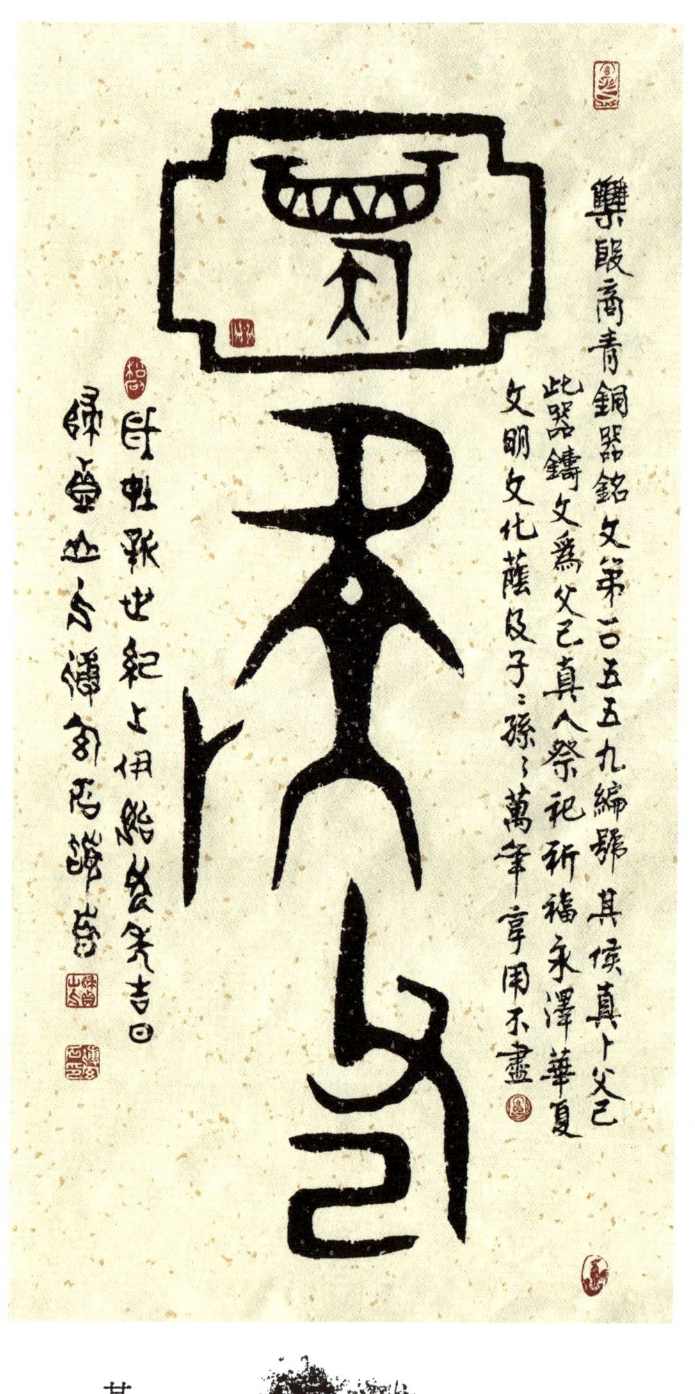

父己青铜尊铭文编号一〇五七三　此尊铭文示意：父己以传承中华民族文明文化为己任，对中华文明历史的进步起到了积极的推动作用。父己对大自然的有独到的感悟，并将其流传后世，青铜器铭文与甲骨文可以为证。

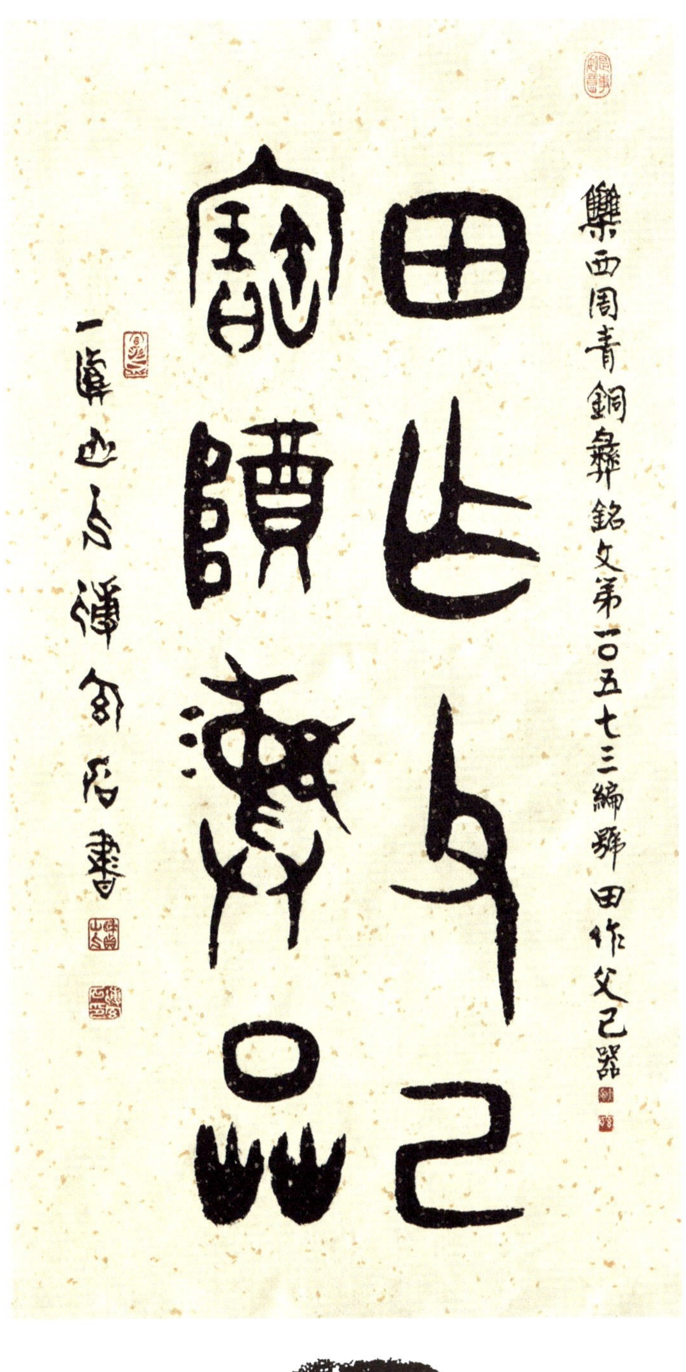

田作父己器

10573-8

田作父己
寶尊彝　正

父己青铜觚铭文编号七一三三　此觚铭文示意：巨大的眼睛，有一种强大的正义穿透力，远古华夏民族世代相互传颂，神面巨眼，它能驱恶扬善，祈福平安。

嬰　父己

7133-8

嬰父己觚

父己觯青铜铭文编号六二七三　此觯铭文示意：兄字是殷商时代父己最早铸入青铜器铭文中的文字。其是人类成长历程从幼儿到成人的身份标志，上古人称长兄为父，其证明男儿已长大成熟，可以成家立业，操持家业，传宗接代。兄即是一个家庭的主要成员之一。

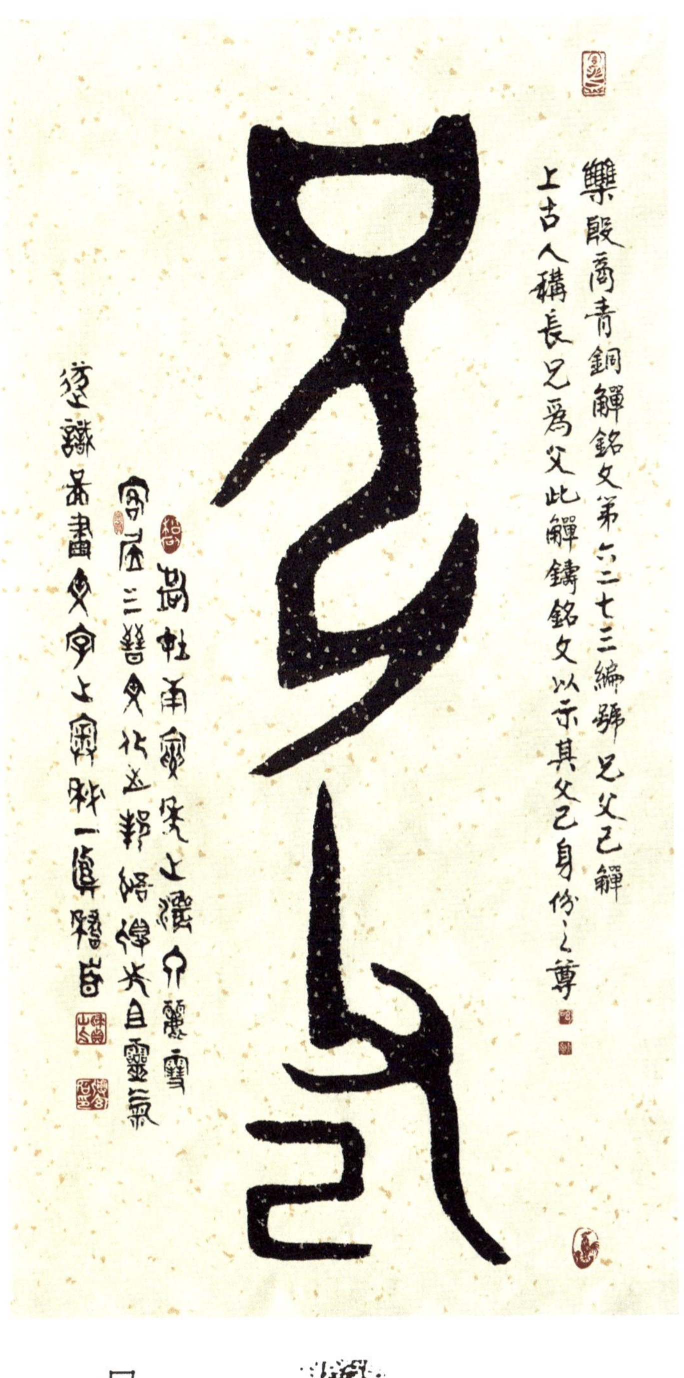

兄　父己

6273-9

兄父己觯

父己觯青铜铭文编号六二七〇　此觯铭文示意：文字开启了华夏民族子孙后代的智慧灵窗。中华文明史也从宫廷文字记载历史开始，延伸并发展至今。是文字的创造发明，升华了中华民族的遗传基因，更是文字记载了三万余年远古先祖的传承给华夏人类的智慧文明。

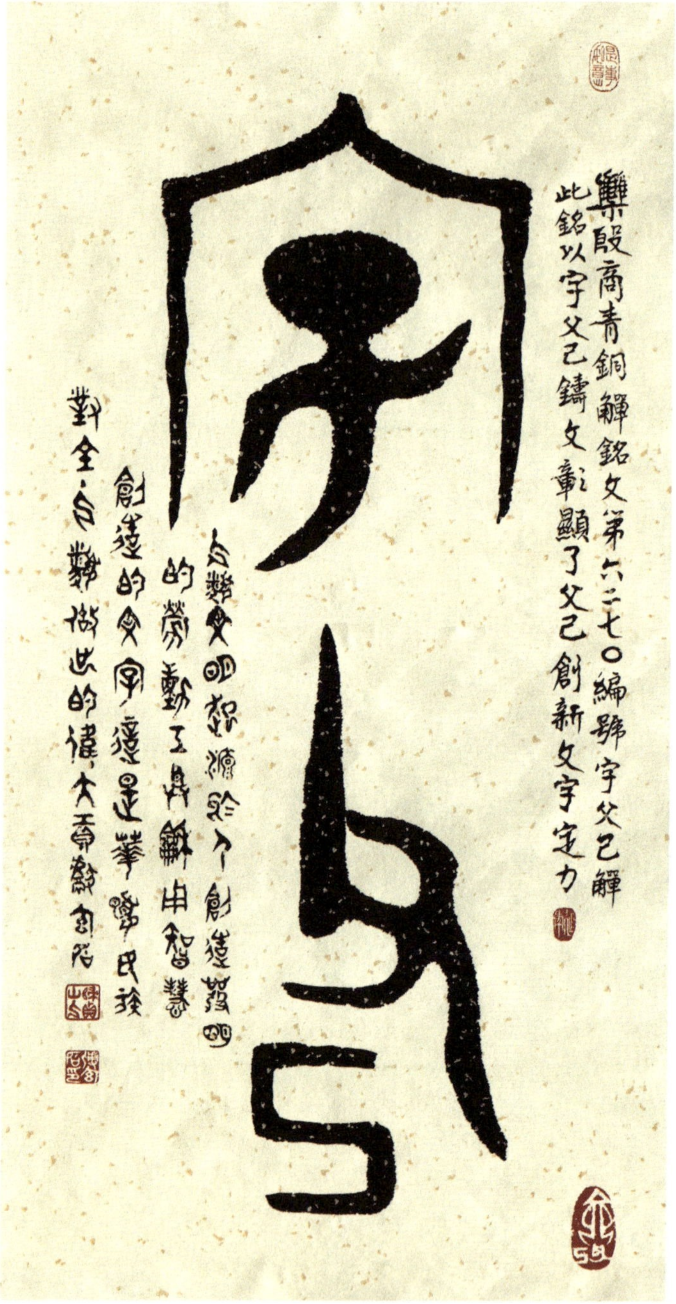

字父己觯

字　父己

6270

父已青铜尊铭文编号五九七〇　此尊铭文示意：父己是殷商武丁中兴时期研究历法的核心成员之一，他们为辅佐商王武丁做到武丁中兴贡献出自己的智慧，数千件珍贵的出土青铜宝尊铸诉着他们超凡的智慧与勤劳不怠的创造力。

5970-7

黄子魯天尊

黄子魯天作
父己寶宗彝
孫子永寶

父己青铜卣铭文编号五一六二　此卣铭文示意：远古华夏人类先祖从三万余年发明了用树皮搓绳和结绳记事开始，就有了用绳织网捕渔、狩猎，因此父己先贤于三千多年前，将捕捉到的黄河大鲤鱼与美丽漂亮的朱雀形象，以精美典雅的造型赋予了鱼、雀鲜活的生命力，其思义深远，令人遐想，表现了远古先祖对大自然生物的爱恋与感恩。

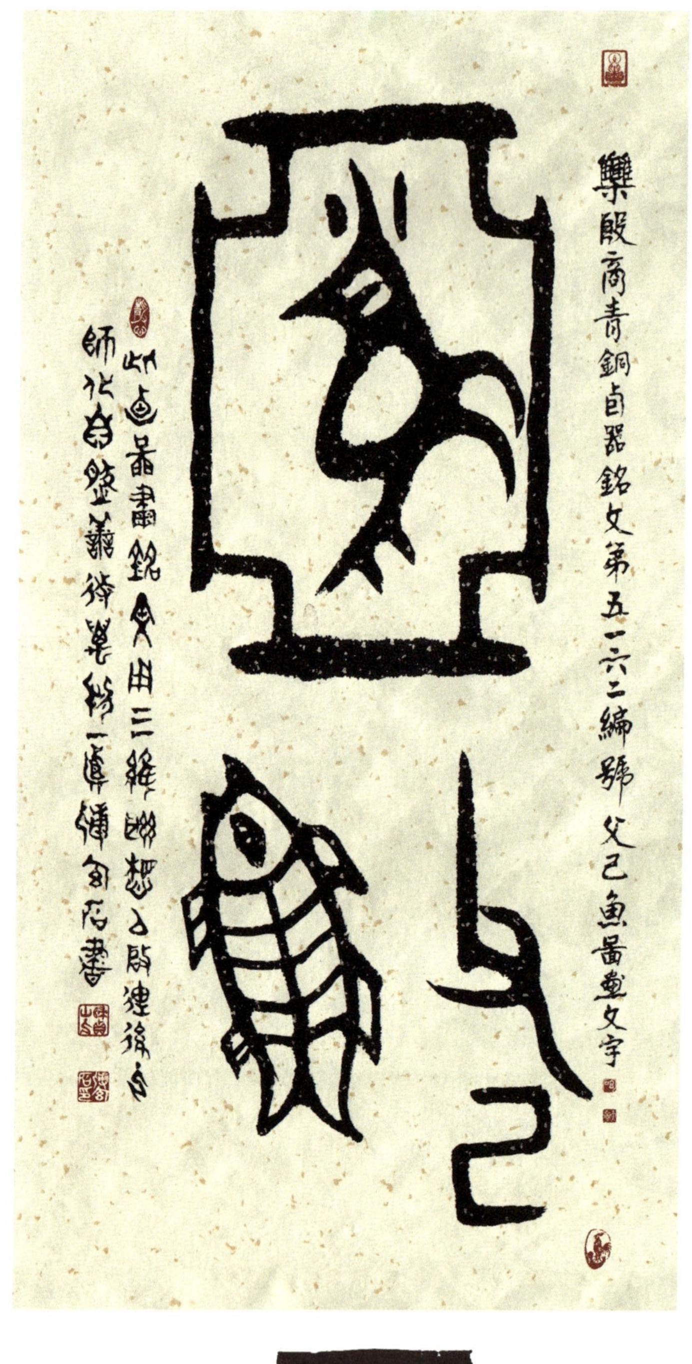

亞雀

魚　父己

5162.2-7

亞雀父己卣

史父庚鼎

1624-7

史 父庚

铸铭远古华胄风姓氏族标志父庚先贤其文承志

樽殷商青铜鼎铭文第一六二四编联 昊穹父庚鼎此鼎以

即是证明父庚特殊身份的重要物证之一。上古文史，有册有典。殷商青铜器图腾智慧文字的传承、创新、发展，升华了中华民族的精神文明。

父庚青铜鼎铭文编号一六二四 此鼎铭文示意：武丁中兴时期，广招贤士，重用人才。父庚即是殷商时代记载史册的宫廷史官。此鼎铭文

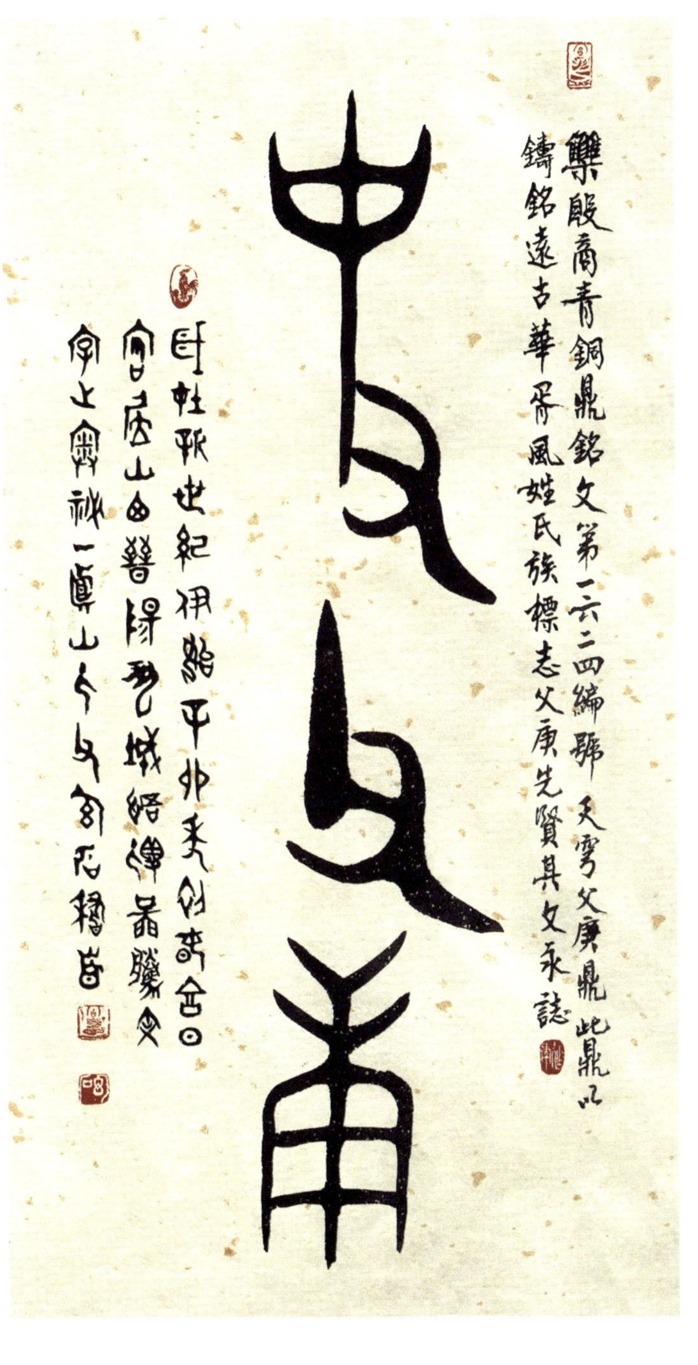

父庚青铜壶铭文编号九五四九　此壶铭文示意：父庚身为殷商宫廷史官，掌管传承远古先祖智慧的信息，对天道自然法则感悟至深。遂将天穹日晷标志铸史青铜器铭告华夏子孙，中华文字文化内涵丰富，神圣而博大，厚重而精深，源远而流长。

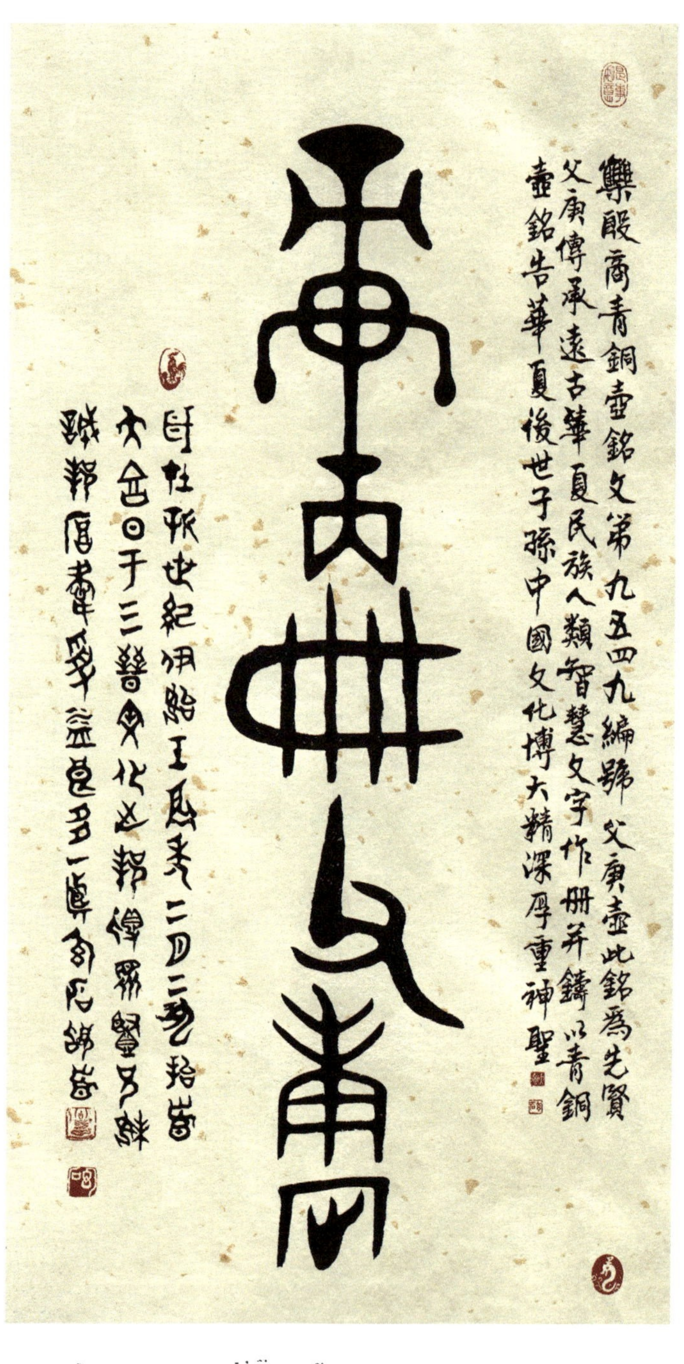

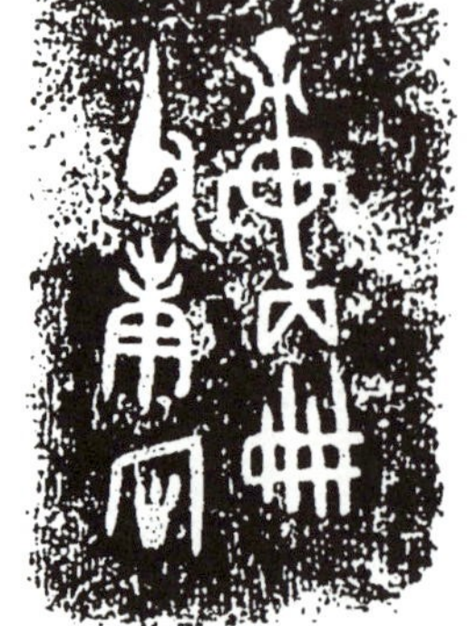

9549-7

𢊁冊父庚壶

𢊁冊 父庚𠀀

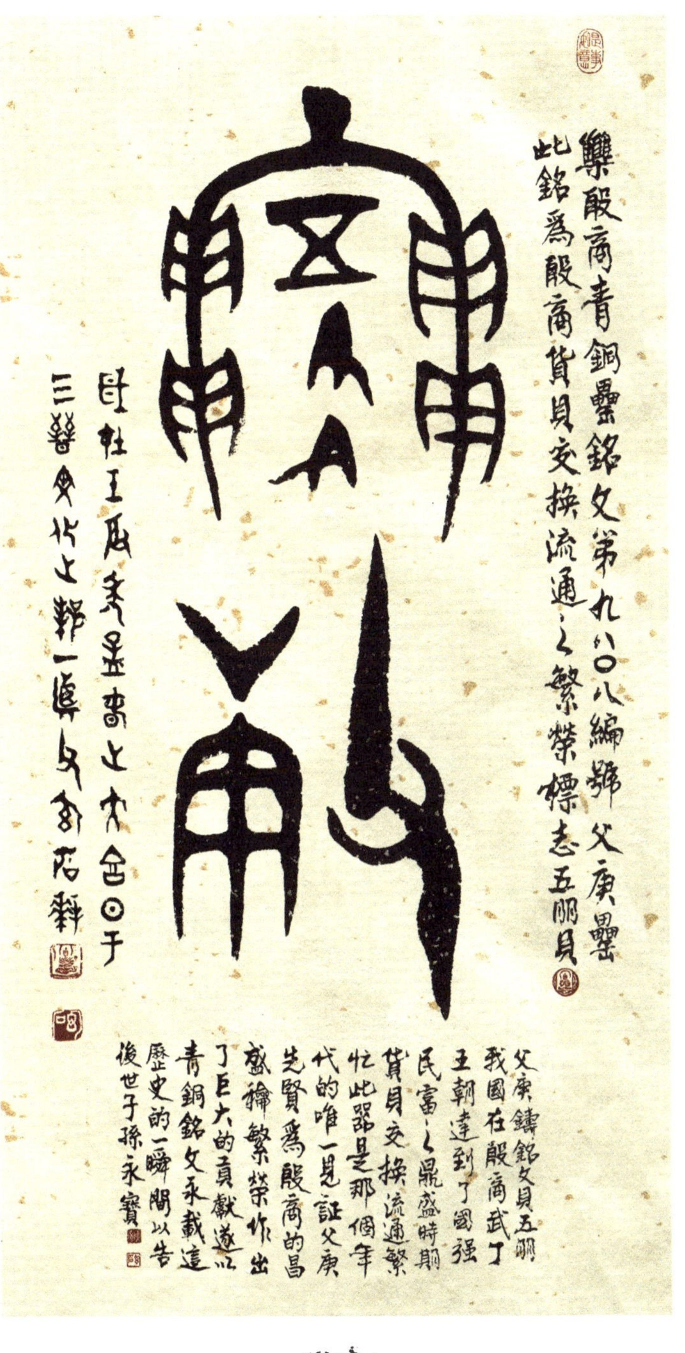

朋五步父庚

9808-9

朋父庚罍

父庚青铜罍铭文编号九八〇八　此罍铭文示意：殷商时期便出现了以货币为一般等价物交换物资的繁荣兴盛时代。父庚将这一历史的瞬间铸入青铜器铭文中，永泽后世，富国福民。

父辛青铜鼎铭文编号一八八七合文一八八九　此鼎铭文示意：父辛为殷商武丁中兴时代的农牧牲畜驯化，驯养繁殖做出了巨大的贡献。此鼎铸以栩栩生动的野马和野猪被强悍壮士所驯服的图像，从而彰显了华夏人类的智慧的高超与伟大。

□父辛鼎

豕馬父辛

1889-6

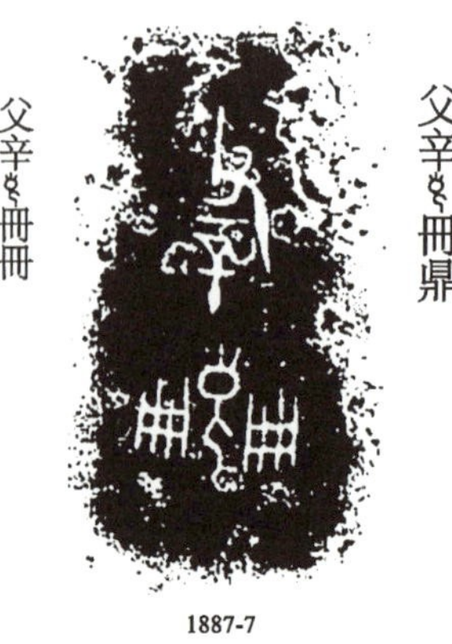

父辛□冊鼎

父辛□冊冊

1887-7

父辛青铜鼎铭文编号一九九六　此鼎铭文示意：殷商武丁中兴的文明辉煌历史是中华民族群体团队创造的文明史，是光前裕后的的典范，更是中华民族崛起的崭新时代。甲骨文字、青铜器图腾智慧文字共同展现了历史。此鼎铭文永远承载着他们创造文字文明史的光辉业绩。

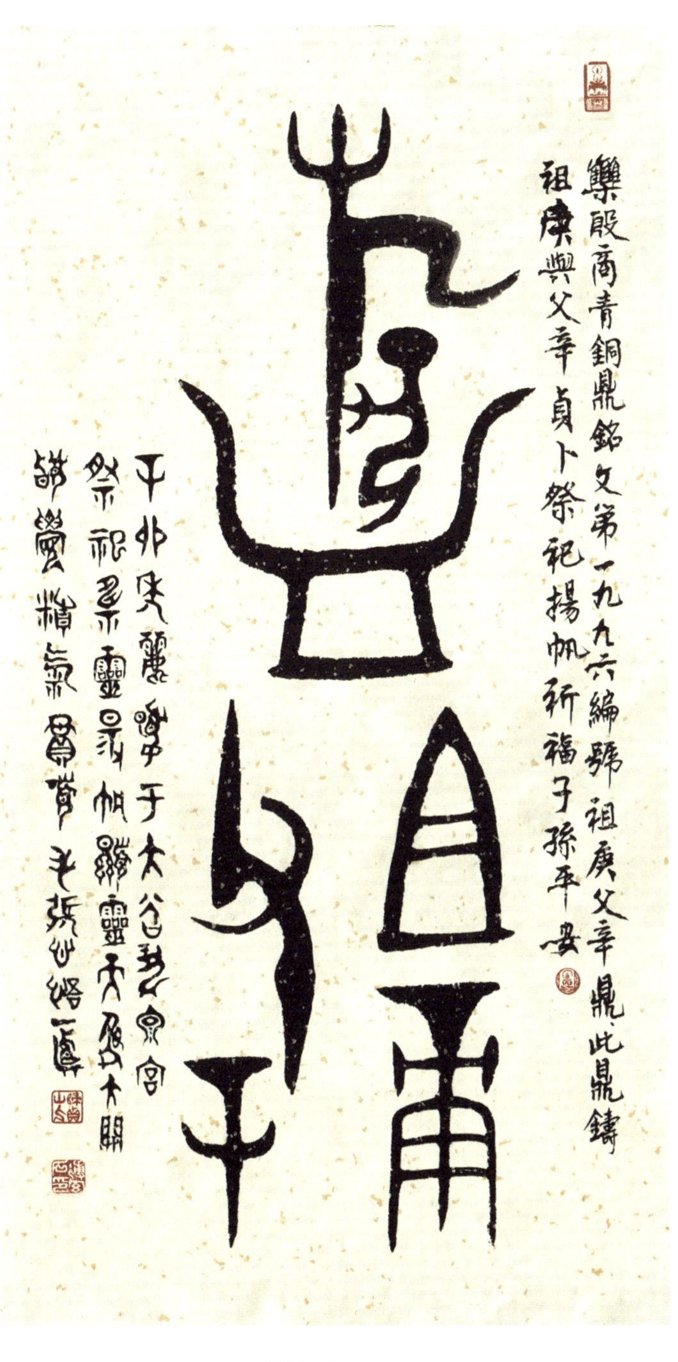

盘且庚父辛鼎

1996-6

盘祖庚父辛

父辛青铜卣铭文编号五〇九〇　此卣铭文示意：三万余年的华夏文明史由此樽木传承，这是华夏民族探寻天道的媒介，是远古文明的开端。

华夏先祖们用慧性灵心借此打开了人与宇宙关系的奥秘之门。

殷商青铜卣第五〇九〇铭文编号　族徽标志父辛卣

此卣蕾腾文字为父辛先贤传承人类知识与智慧的标志

奉旅父辛卣

奉旅父辛

5090.2-8

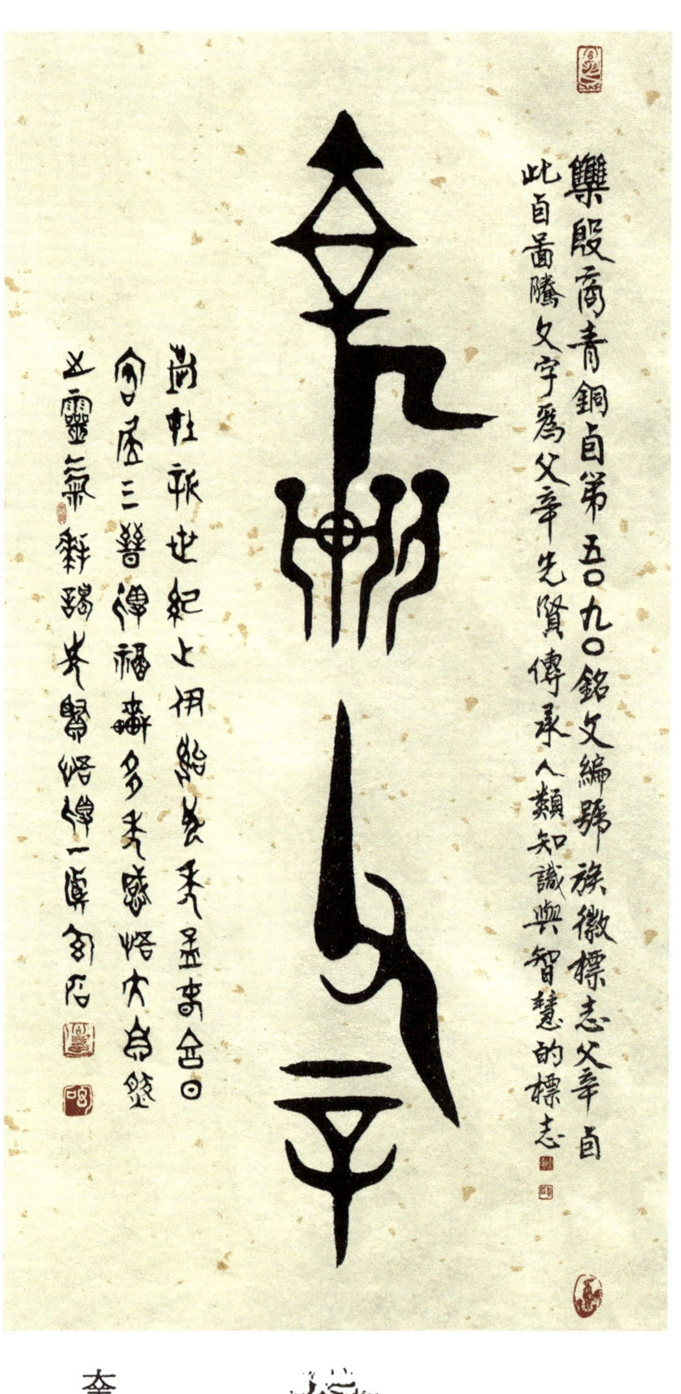

父辛青铜尊铭文编号五八〇二　此尊铭文示意：殷商武丁中兴时代，父辛也是一位传承天道自然法则的贞人史官，是燧人弇兹氏风姓传人之一，此尊铸图腾风姓标志与太阳神以祀祭拜，天地人和谐共存于大自然怀抱之中，感悟到天地之间对人的无比厚爱，给予人一种鼓舞和无形的精神力量。

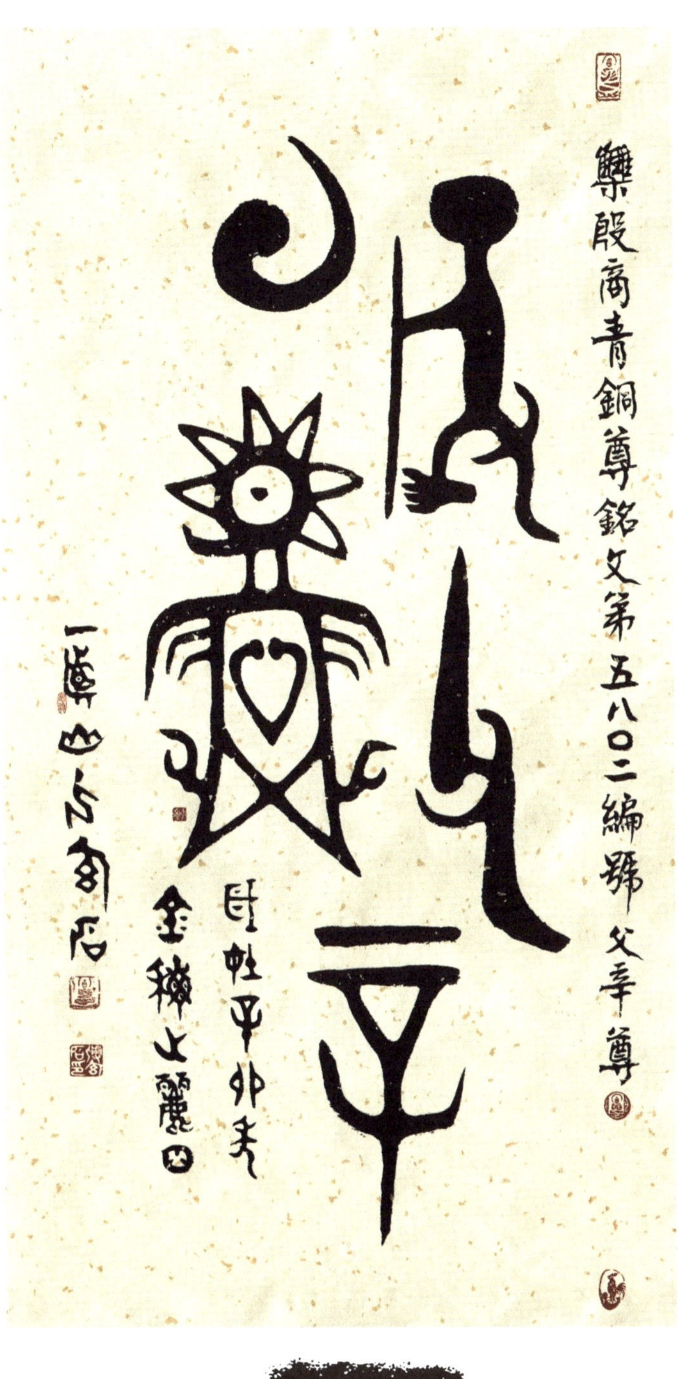

5802-9

及父辛

父辛尊

父辛青铜觯铭文编号六四六三　此觯铭文示意：父辛为殷商复兴文代的发展起到了非常重要的作用，甲骨文与青铜器铭文中就有大量的文字信息记载着父辛的姓名与不朽的文字杰作。

樂殷商青铜觯铭文第六四六三编辉　邑祖辛父辛觯

此觯铸文以铭父辛之宗祖是邑地之真人先祖也

由此证明父民宗祖世系谱谍傅承是中华文明史的象征

邑且辛父辛觯

邑祖辛父辛　云

6463

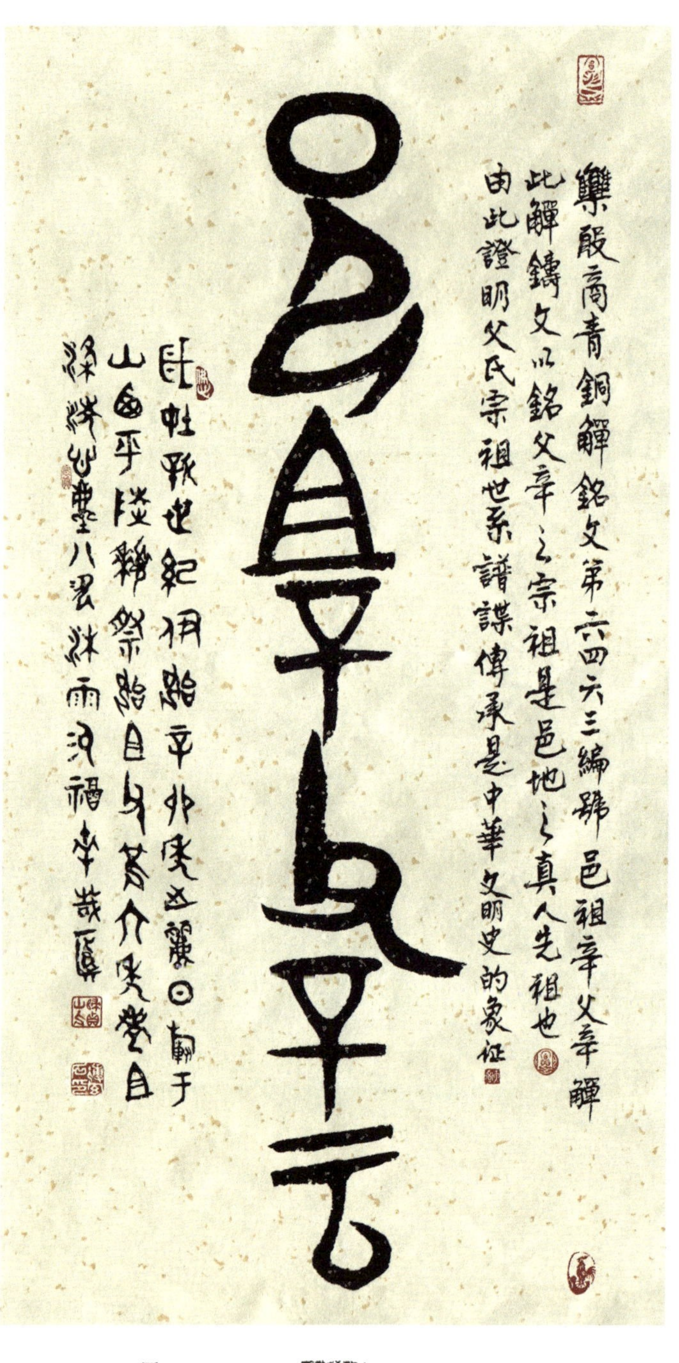

父壬青铜鼎铭文编号一六六六五　此鼎铭文示意：殷商武丁时期，父壬是掌握特殊技能的优秀人才，上通天文，下知地理，为殷商文明文化奉献了自己美好的青春年华。

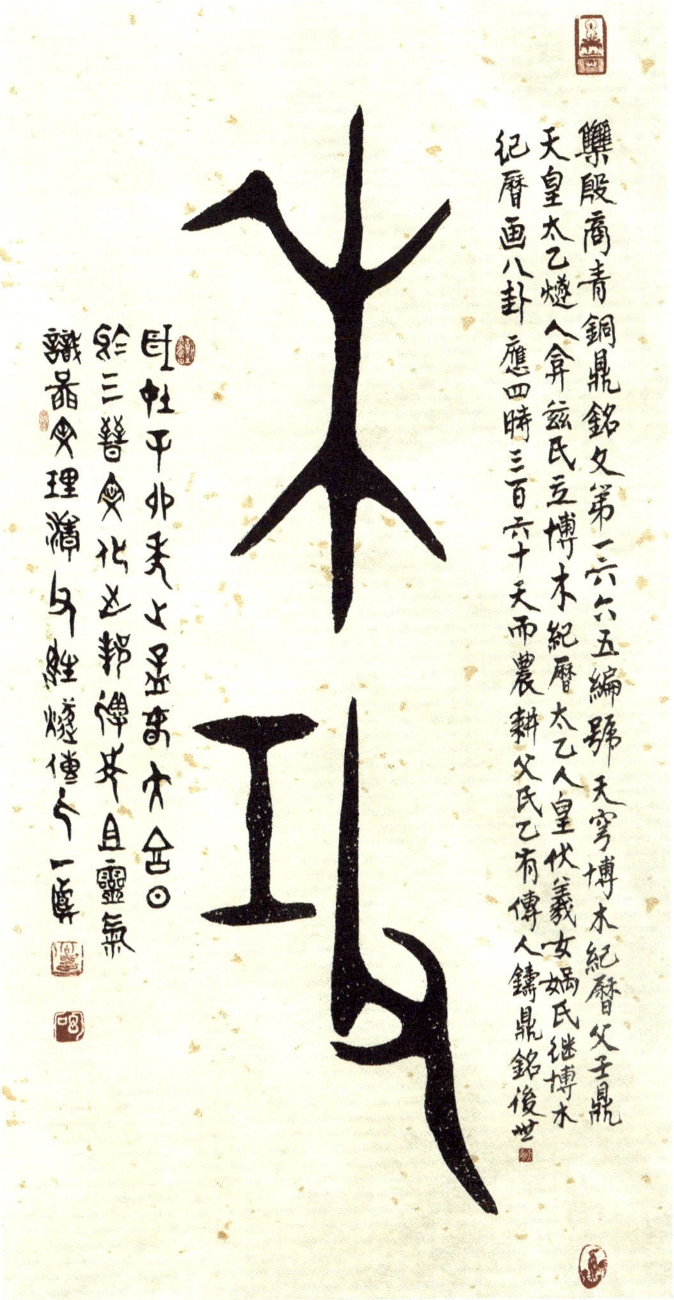

木父壬鼎

1665-6

木　父壬

父壬青铜尊铭文编号五六六三合文五六六四　此尊铭文示意：父壬为殷商武丁时代的水路交通事业做出了巨大的贡献，他用灵巧的双手将大木做成轻舟以渡江河，这也为殷商渡黄河迁都提供了交通工具。

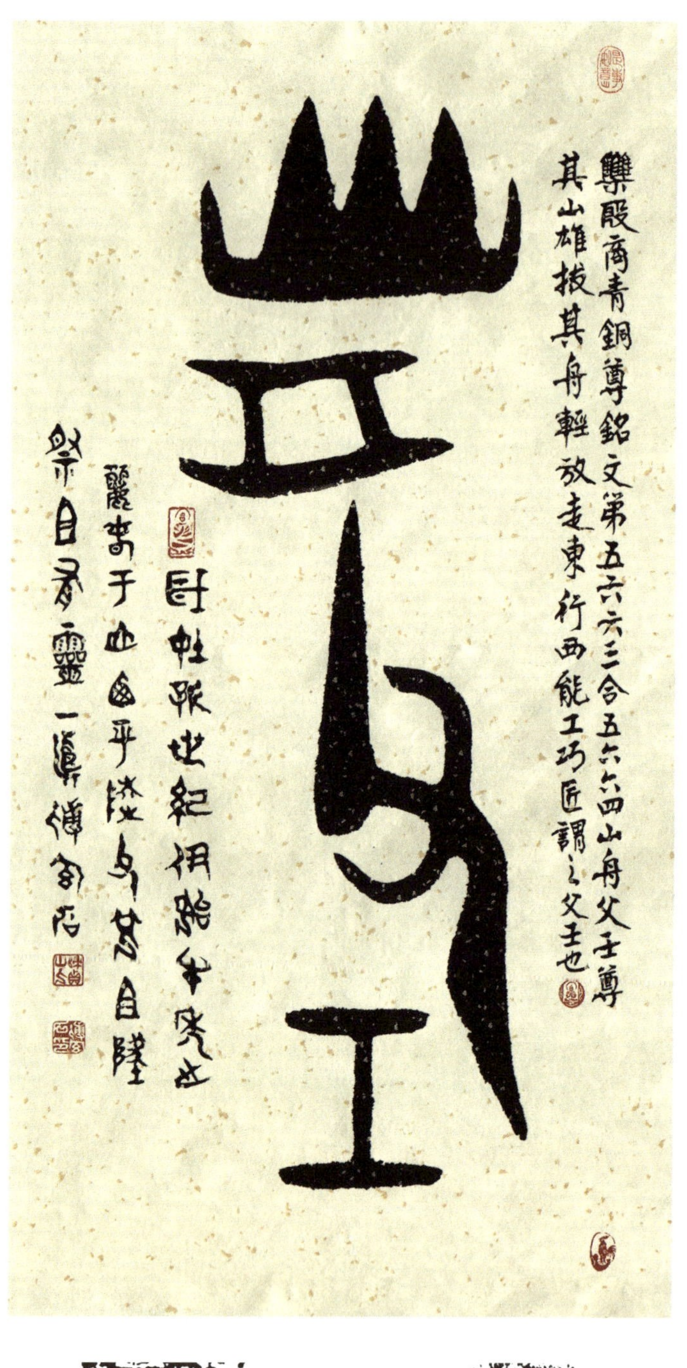

集殷商青銅尊銘文第五六六三合五六六四山舟父壬尊
其山雄拔其舟輕放走東行西能工巧匠謂之父壬也

山父壬尊

山父壬

5664-7

舟父壬尊

舟父壬

5663-9

父癸青铜鼎铭文编号一六七九合文一六八一 此鼎铭文示意：父癸传承了华夏民族远古天穹图腾标志，彰显了中华民族群体智慧。特将远古燧人弇兹氏天穹图腾铸入青铜鼎铭文以承前启后，传承文明。

樂殷商青銅鼎銘文第二六七九合二六八一編驎 天穹父癸鼎

此銘爲上古先賢父癸鑄 天穹番騰標志以傳遠古文化

卅父癸
父癸鼎
1681-9

酋父癸
⌒酉父癸鼎
1679-7

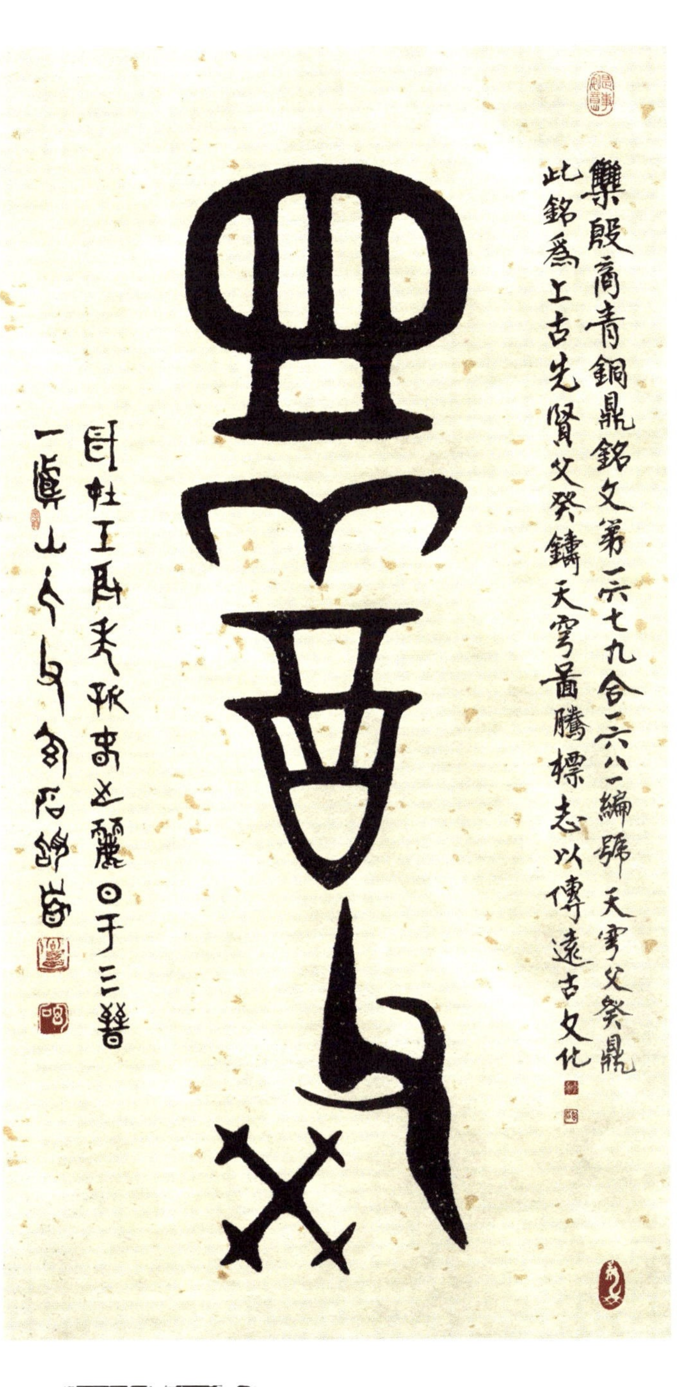

父癸青铜鼎铭文编号二〇二〇　此鼎铭文示意：父癸最早用象形会意，图文并貌记载了婴儿出生，可喜可庆的生动场面，真实可信，见证了三千多年前一个小生命降生人世后，给这个家庭带来无比的欢喜与幸福的希望。遂铸图腾文字以祈福家庭和美幸福，母子吉祥平安。

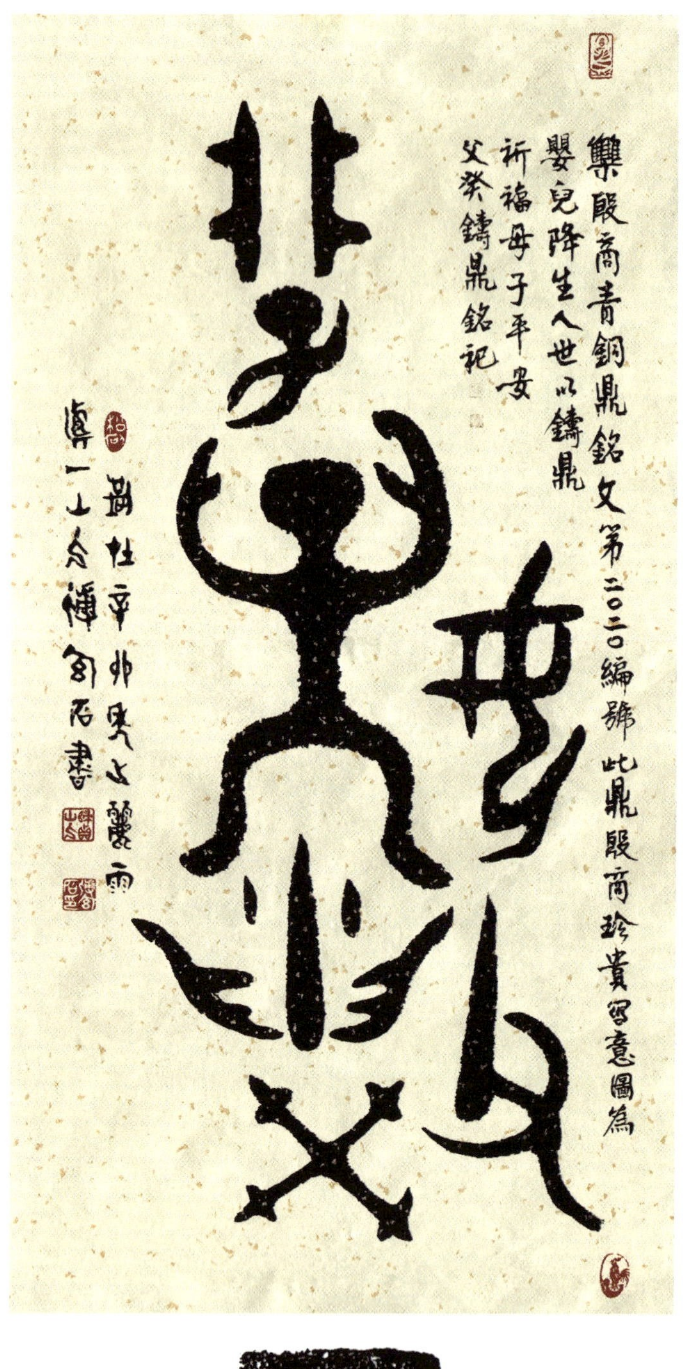

奥殷商青铜鼎铭文第二〇二〇编骓　此鼎殷商珍贵寓意图篇

婴儿降生人世以铸鼎

祈福母子平安

父癸铸鼎铭祀

2020-6

裹母自父癸

裹母自父癸鼎

父癸青铜鼎铭文编号二三六八　此鼎铭文示意：武丁继承王位后，发扬求梦得贤的用人之道，使殷商人才会聚，创造出数千件精美的青铜器并赋予了青铜器以人类的智慧灵魂。青铜器图腾铭文、甲骨文字记载了殷商复兴的辉煌历史。

牀殷商青铜鼎铭文第二三六八编躏　祖丁父癸鼎此鼎现已流失美国纽约其铸铭文为父癸宗祖传承先祖之图腾族徽

盩婦方鼎

盩婦尊
示己祖丁父癸

2368-7

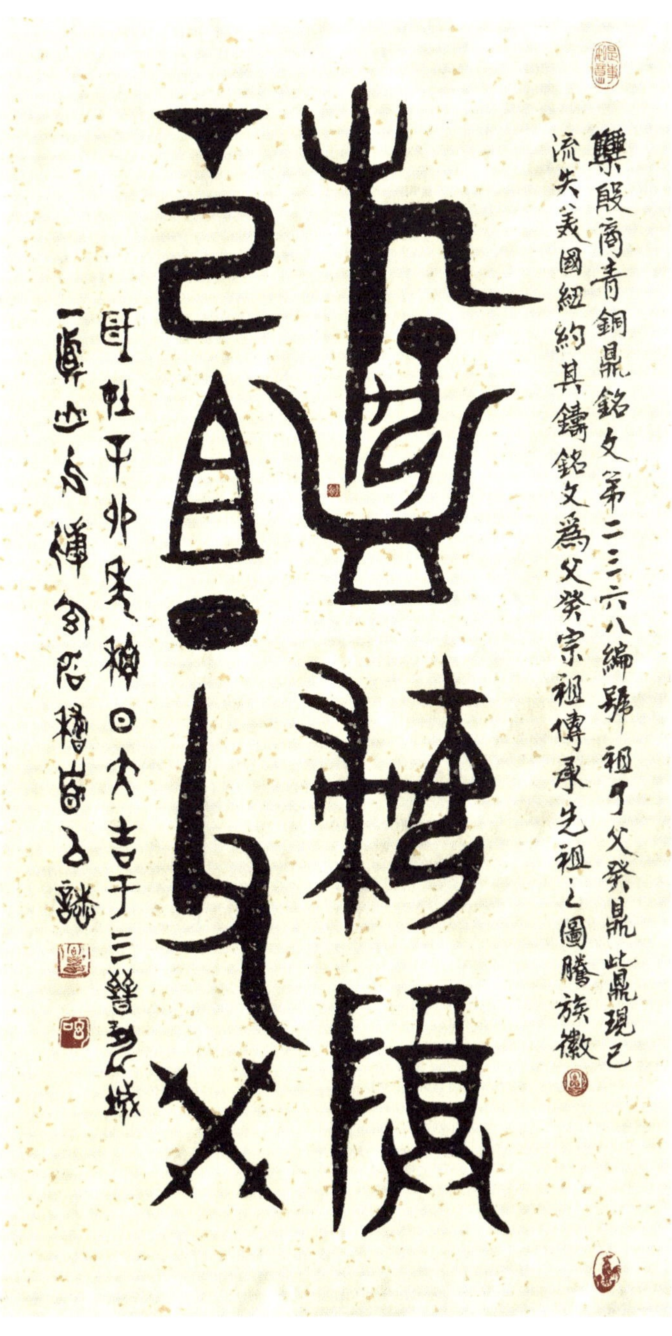

父癸青铜爵铭文编号八九六九　此爵铭文示意：父癸是父氏团队的成员之一，立榑木，观天象，传承天道。

8969

㚔旅父癸

旅父癸爵

医父青铜鼎铭文编号二四五三　此鼎铭文示意：医父在三千余年前是受万人敬仰的神医，他医术高超，技能精绝，休王遂赐贝为医父作宝鼎铭告后世子孙永保福德。

西周早期青銅鼎銘文第二四五三編醫父鼎

此鼎為休王賞賜貝為醫父用作寶鼎以彰顯醫父治病救人的高超絕技鑄鼎銘昭後世永澤子孫其鼎銘文結字點綫剛勁奔放疏密有度此鼎出土後曾流傳清宮現藏臺灣故宮博物院歲在新世紀伊始一摹傅幻石筆

2453-8

醫父鼎

休王賜醫
父貝用作
厥寶尊彝

史宜父青铜鼎铭文编号二五一五　此鼎铭文示意：华夏民族文字文明史，是中华民族群体的智慧结晶；更是华夏先祖留给子孙万代的精神财富，文字承载着华夏人类的神奇故事，文字更是中华民族智慧的宝藏，取之不尽，用之不竭。

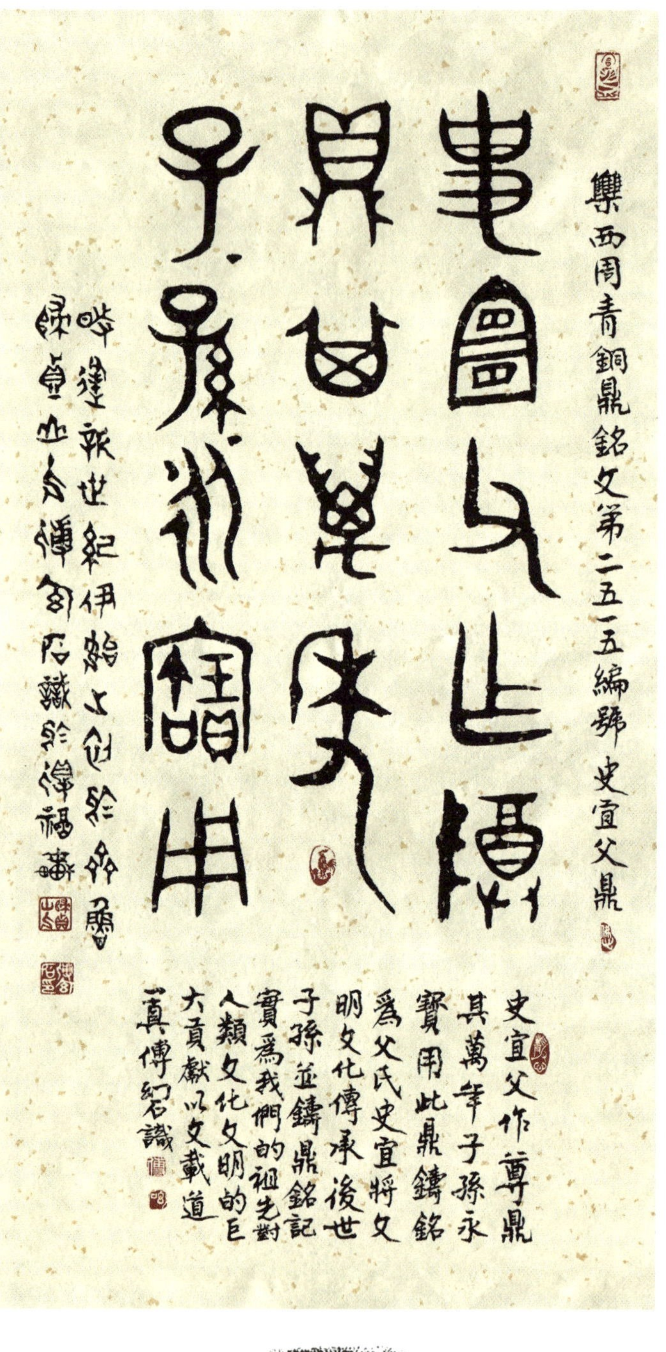
集西周青銅鼎銘文第二五一五編號史宜父鼎
史宜父作尊鼎
其萬年子孫永
寶用此鼎鑄銘
爲父氏史宜將文
明文化傳承後世
子孫並鑄鼎銘記
實爲我們的祖先對
人類文化文明的巨
大貢獻以文載道
真傳紹識

史宜父鼎

2515-7

史宜父作尊
鼎其萬年
子子孫孫永寶用

仲义父青铜鼎铭文编号二五四一　此鼎铭文示意：仲义父铸鼎铭告后世子孙，父字是华夏人类文明的基石标志。手持石斧，创造了人类最远古的文明。用燧石狩猎和击石取火，石斧工具开启了远古华夏民族用智慧进行生产劳动的大门，敬天法祖，天地人和，子孙万福。

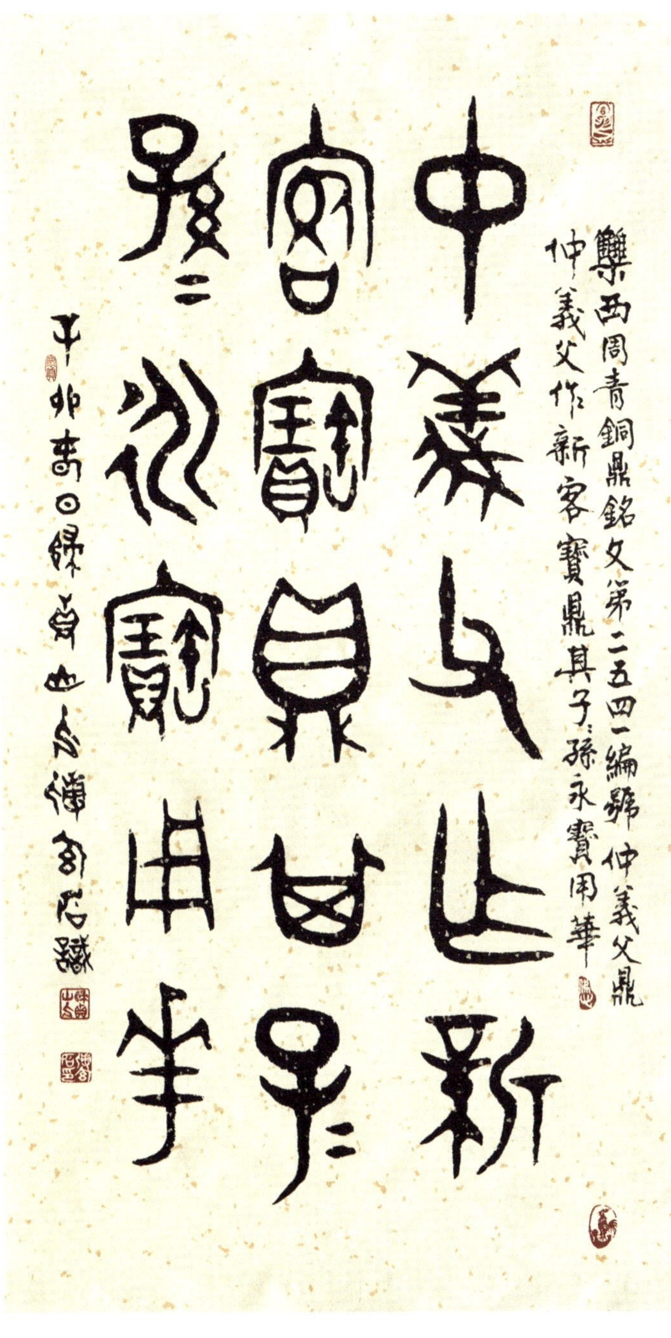

釋西周青銅鼎銘文第二五四一編號仲義父鼎
仲義父作新客寶鼎其子子孫永寶用華

仲義父鼎

2541-7

仲義父作新客寶鼎其子子孫孫永寶用華

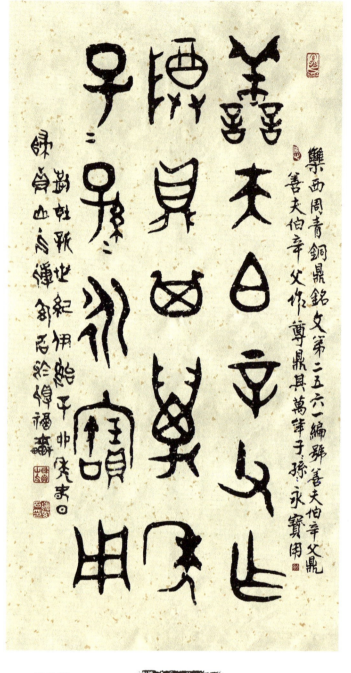

善夫伯辛父青铜鼎铭文编号二五六一　此鼎铭文示意：善、美、真、德是远古华夏民族的传统美德。纯朴善良的中华民族，是以真诚善待万物，吉言为善，善字使然，善夫伯辛父作鼎其名传千古，子子孙孙永传颂。

善夫伯辛父鼎

2561-8

膳夫伯辛父作
尊鼎其萬年
子子孫孫永寶用

伯夏父青铜鼎铭文编号二五八四　此鼎铭文示意：此鼎主人的姓氏为父，官位为伯。伯夏父是父氏宗族之始祖父兑后裔，显示了自己的身份是王公贵族，其地位非同一般，作此鼎以告后世子孙不忘前贤。

伯夏父鼎

2584-6

伯夏父作畢
姬尊鼎其萬年
子子孫孫永寶用享

仲殷父青铜毁铭文编号三九六六　此毁铭文示意：中华民族文明文化的世系传承有序，宗族血脉相连，构建了华夏民族大融合。同根共祖，以龙为图腾崇拜，龙是中华民族的象征，炎黄子孙是龙的传人。

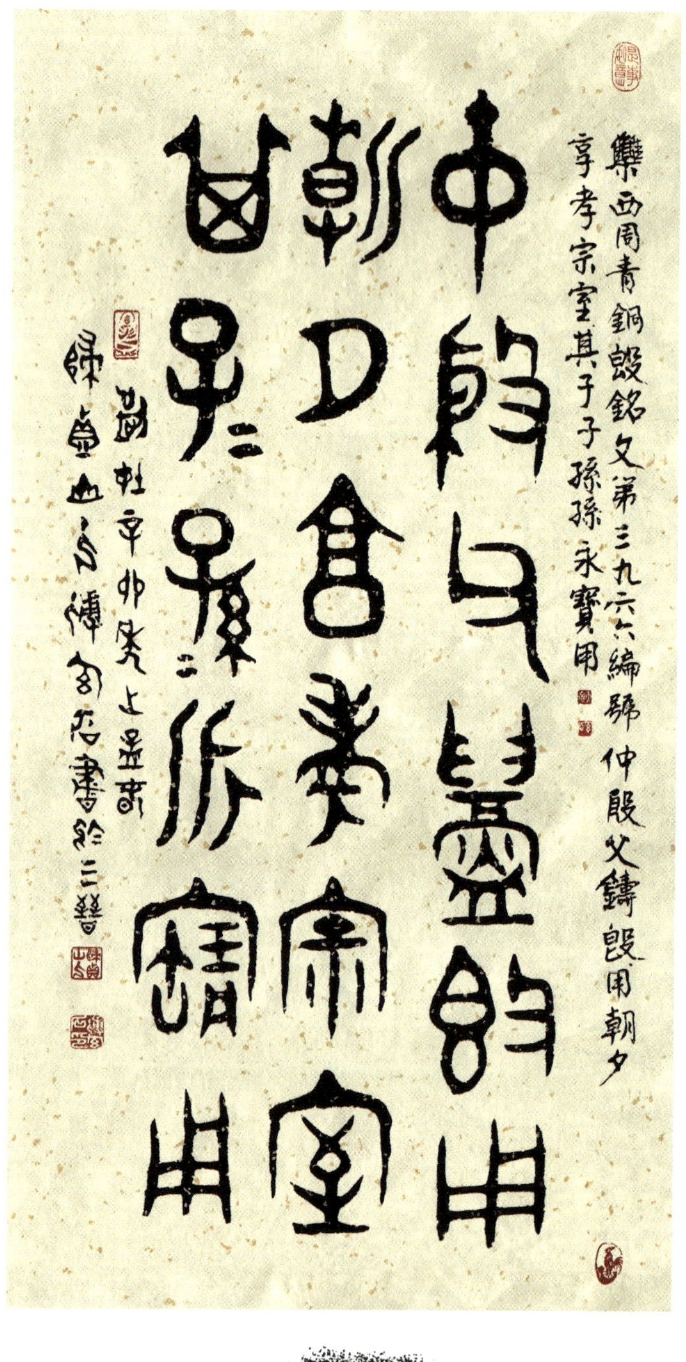

仲殷父毁

3966.1-9

仲殷父鑄
毁用朝夕享
孝宗室其
子子孫永寶用

仲辛父青铜殷铭文编号四一一四 此殷铭文示意：为彰显父氏先贤为殷商历史文化所作出的巨大贡献。以父乙、父丁、父己为核心的十天干纪历团队，将远古天道自然哲理铸入青铜铭以示后人，华夏文化传承有序，后继有人。

仲辛父殷

仲辛父作朕皇祖
日丁皇考日癸尊
殷辛父其万年无
疆子孙孙永宝用享

4114-6

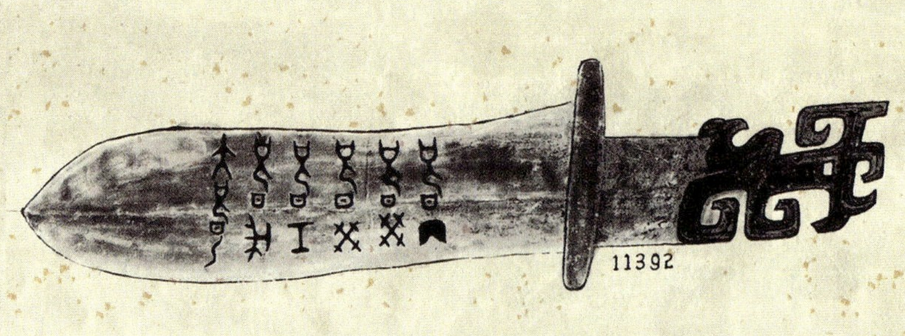

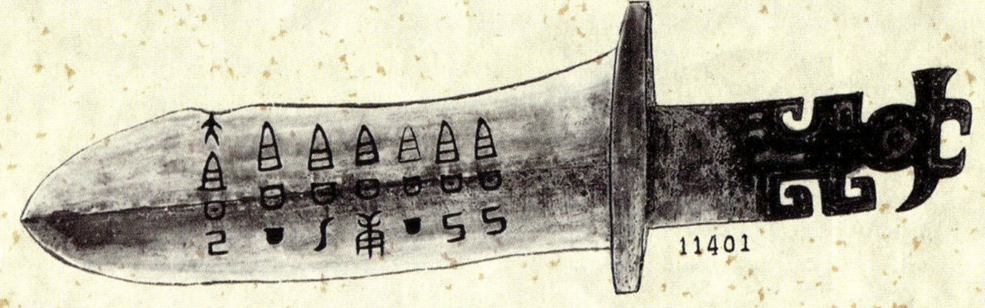

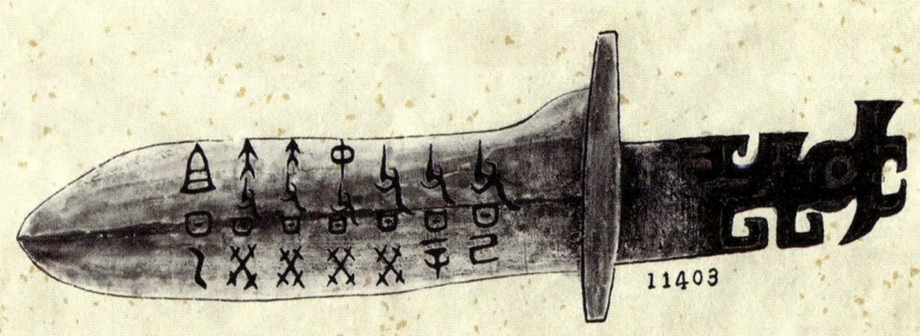

欒殷商青銅戈銘文第一一四〇三至
一一三九二編號此戈是殷商貴族
父姓宗族祖先的世系日名分别
記載了諸兄共六個忌日名諸祖
父共七個忌日名諸父共七個忌日名
由此證明殷商宗族祖先的世系譜
牒是最早用文字記載在文明
歷史上的珍貴文化瑰寶華夏
民族的祖先在上古時期的夏商
周時代都很重視世系族權與
王權大多由王侯子弟世襲因此
世系中保存了氏族歷代祖先的
名號與史事由此氏族部落首領
兼巫師口述世系世代相傳各部
落氏族王權及貴族的歷史因此
而得以展開延續子孫後代據此
可以尋根念祖 歲在新世紀伊始
歸貞山人傅幻石識並記

殷周金文集成

殷周金文集成

十天干之父乙

（精选五百五十四例）

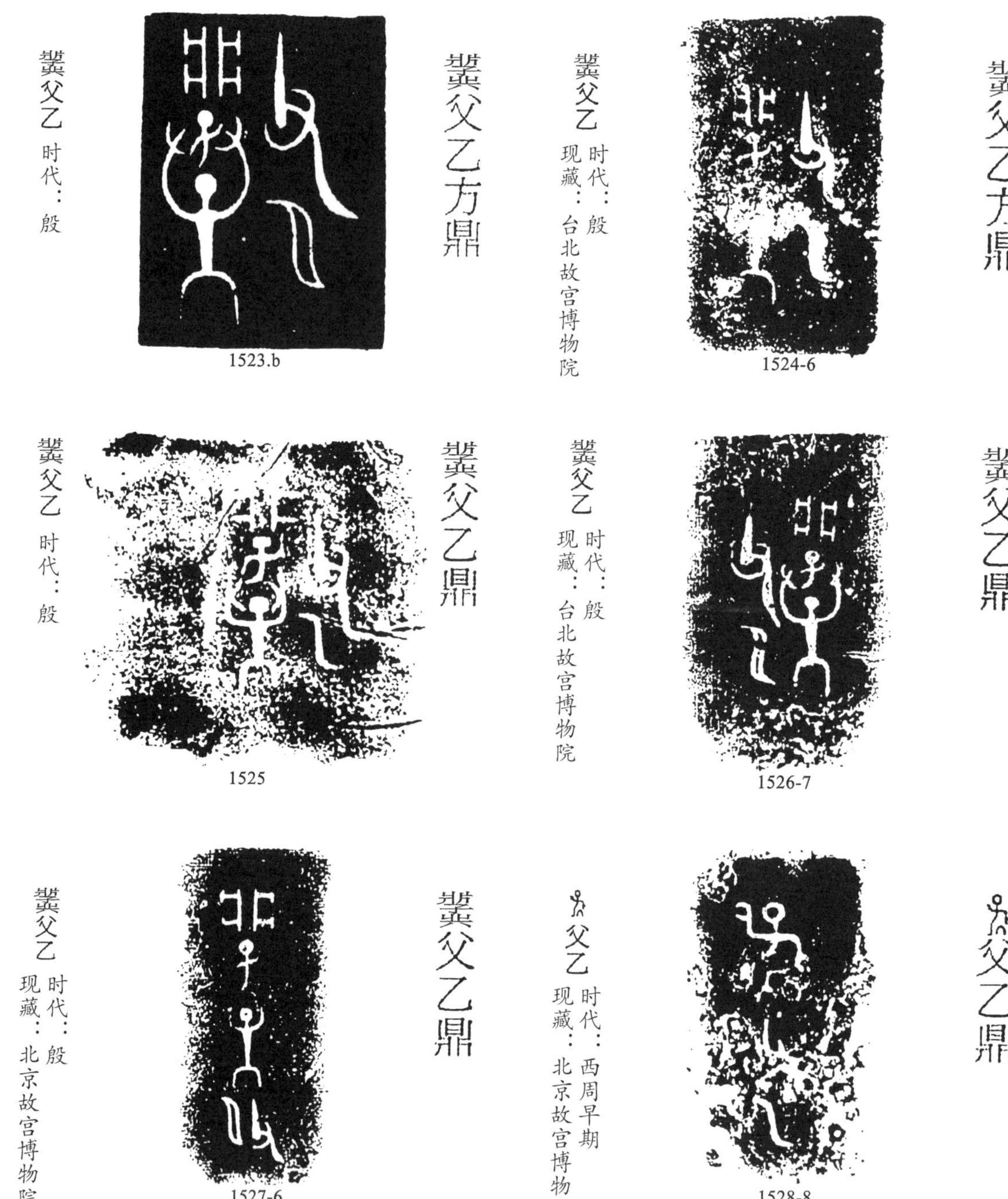

［注释］《殷周金文集成》中的断代第一期为殷商武丁王时期。本书以殷商金文为主，甲骨文为辅，选择一少部分（殷商青铜器铭文与西周早中期铭文）有针对性的西周金文进行比较注释。殷商金文大部分是图画象形文字，本书重点选择的是十天干贞人集团的重要文化信息。编号 1528 为殷商武丁时期。

光父乙方鼎

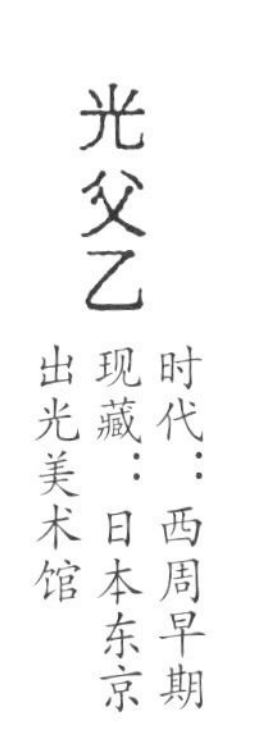

1530

光父乙

时代：西周早期

现藏：日本东京出光美术馆

□父乙方鼎

1529-7

□父乙

时代：西周早期

现藏：英国伦敦不列颠博物馆

父乙欠鼎

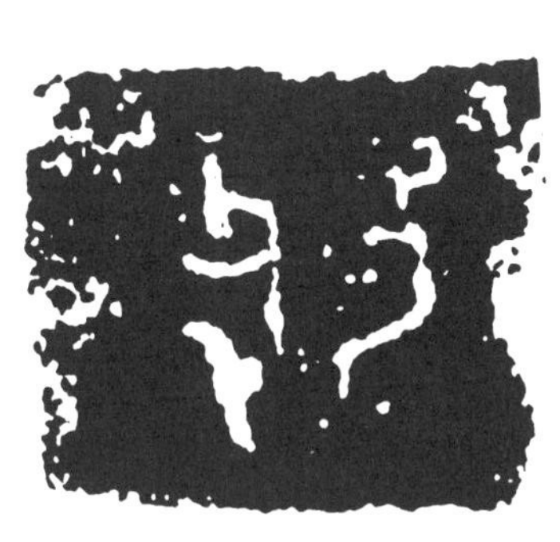

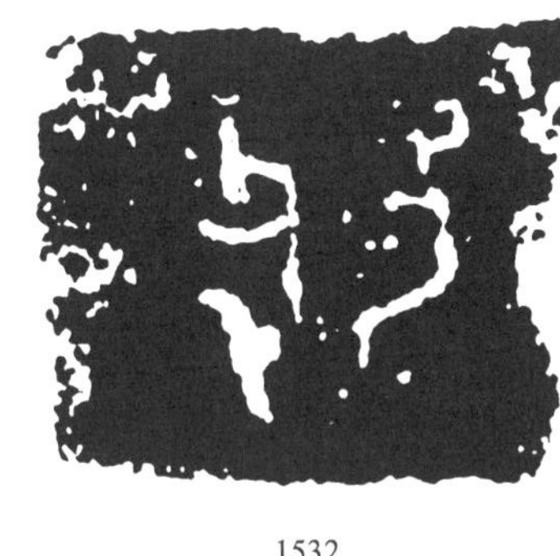

1532

欠父乙

时代：西周早期

现藏：台北故宫博物院

父乙□鼎

1531

父乙□

时代：西周早期

出土：一九二九年洛阳马坡

子父乙鼎

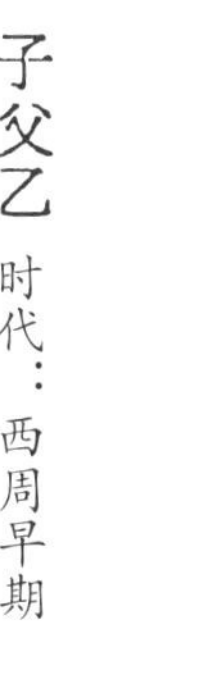

1534.b

子父乙

时代：西周早期

□父乙鼎

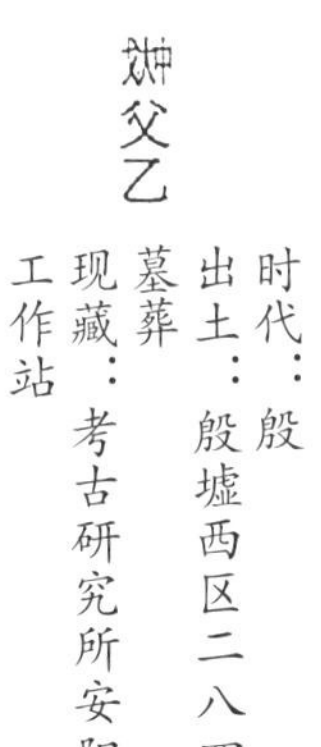

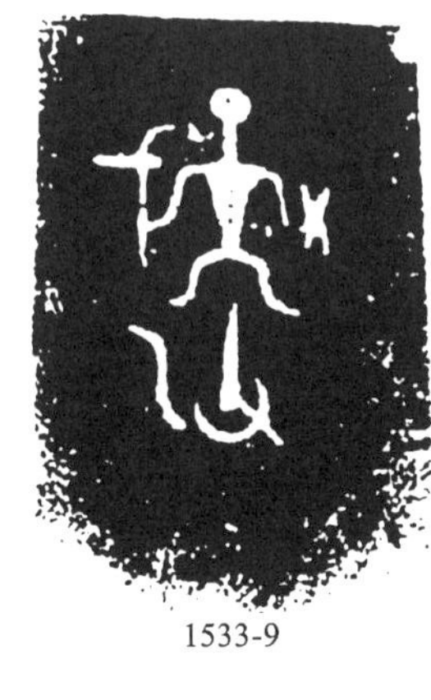

1533-9

□父乙

时代：殷

出土：殷墟西区二八四墓葬

现藏：考古研究所安阳工作站

[注释]《殷周金文集成》中带有父乙铭文的器物有二十馀类，包括殷商与西周早期的青铜器铭文。笔者发现铸有父乙铭文的青铜器多达六百多件，经过细心比较，有三种对父乙其人的称谓。①第一人称，多为父乙与图画合文，当属殷商武丁时期；②第二人称，他人为父乙作器以祀纪念，当属殷商晚期；③第三人称，多用王或其他公侯赐贝下属用作父乙考，特作器祭祀父乙为社会所做出的丰功伟绩，子子孙孙永宝(保)享用，当属殷商晚期或西周早期。编号1529、1530、1531、1532、1534为殷商武丁时期。

息父乙鼎

1535-8

息父乙

时代：殷
出土：一九七九年河南罗山县蟒张六号墓
现藏：河南省信阳地区文物管理委员会

[illegible]父乙鼎

1536-8

[illegible]父乙

时代：殷
现藏：北京故宫博物院

[illegible]父乙鼎

1537-8

賊父乙

时代：殷
现藏：上海博物馆

給父乙鼎

1538-7

給父乙

时代：西周早期
出土：一九五四年山西洪赵县坊堆
现藏：山西省博物馆

葡父乙鼎

1539

葡父乙

时代：殷
现藏：瑞士苏黎世瑞列堡博物馆

夲父乙鼎

1540

夲父乙

时代：西周早期
现藏：北京故宫博物院

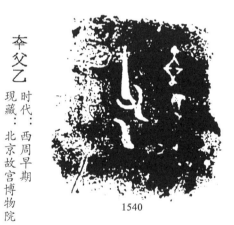

[注释]编号 1538、1540 为殷商武丁时期。

丙父乙鼎

丙父乙

时代：西周早期

1542-7

丙父乙鼎

丙父乙

时代：殷

现藏：上海博物馆

1541

冉父乙鼎

冉父乙

时代：西周早期

现藏：台北故宫博物院

1544-7

丙父乙方鼎

丙父乙

时代：西周早期

现藏：北京故宫博物院

1543

父乙鼎方鼎

鼎父乙

时代：殷

1546-8

父乙冉鼎

冉父乙

时代：殷

1545-8

[注释] 编号 1542、1543、1544 为殷商武丁时期。

[illegible]父乙鼎

[illegible]父乙

时代：殷

1548-7

父乙鼎鼎

鼎父乙

时代：殷

现藏：香港赵不波氏《彙编》

1547-8

析父乙鼎

枚父乙

时代：西周早期

出土：洛阳

现藏：广州市博物馆

1550-9

具父乙鼎

昊父乙

时代：西周早期

现藏：北京故宫博物院

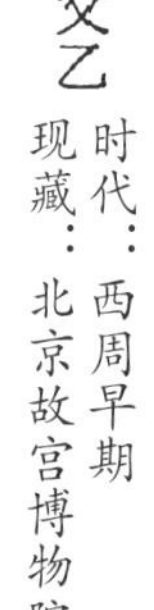

1549-8

魚父乙鼎

魚父乙

时代：西周早期

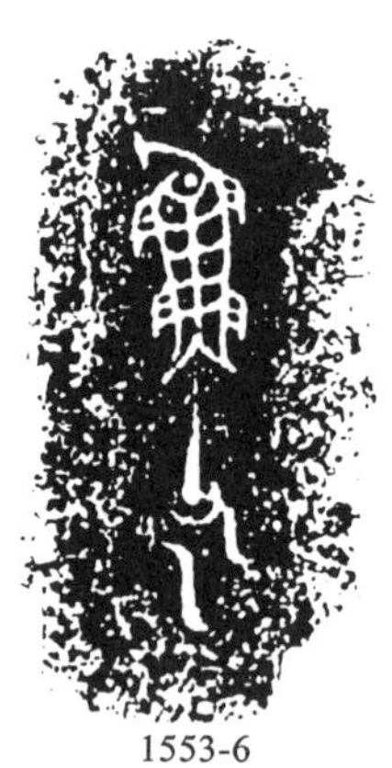

1553-6

魚父乙鼎

魚父乙

时代：西周早期

现藏：北京故宫博物院

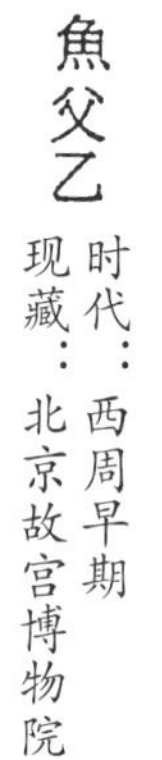

1551-9

[注释] 编号 1549、1550、1551、1553 为殷商武丁时期。

奄父乙鼎

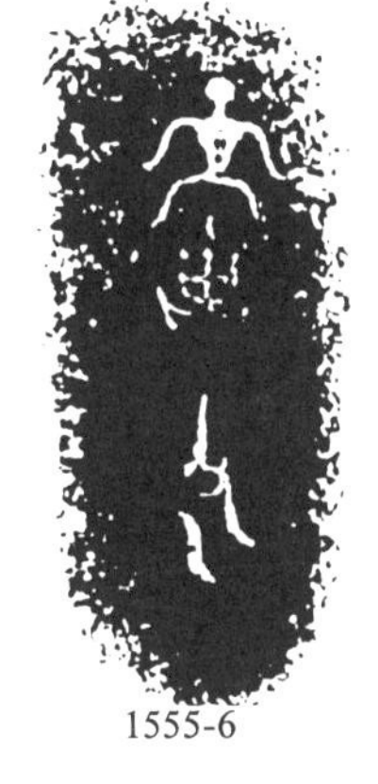

1555-6

奄父乙

时代：殷或西周早期

奄父乙鼎

1554-7

奄父乙

时代：西周早期

现藏：浙江省博物馆

奄父乙鼎

1557-8

奄父乙

时代：殷

奄父乙鼎

1556-6

奄父乙

时代：殷

现藏：天津市艺术博物馆

奄父乙方鼎

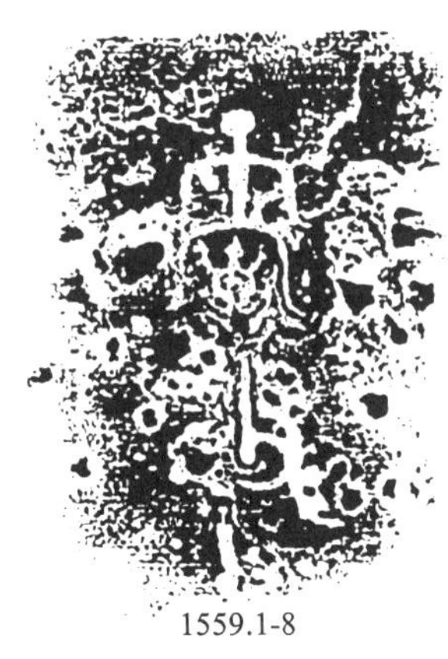

1559.1-8

奄父乙

时代：西周早期

现藏：日本东京国立博物馆

奄父乙鼎

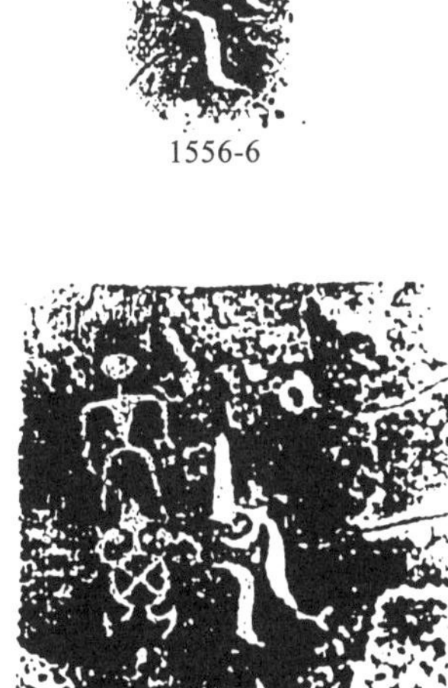

1558-7

奄父乙

时代：殷

[注释]编号1554、1555、1559为殷商武丁时期。

山父乙鼎

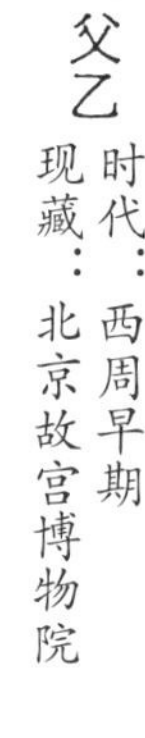

山父乙

时代：西周早期

现藏：北京故宫博物院

1561-8

爻父乙方鼎

爻父乙

时代：殷

出土：一九五〇年扶风县云塘村

现藏：陕西省扶风县博物馆

1560-7

祺父乙鼎

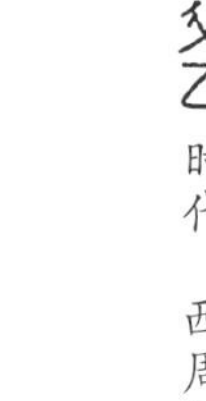

祺父乙

时代：西周早期

1563.b

未父乙鼎

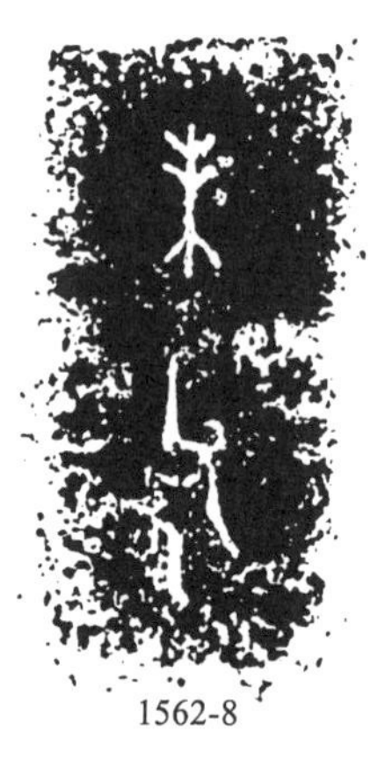

未父乙

时代：西周早期

现藏：北京故宫博物院

1562-8

亞攴父乙鼎

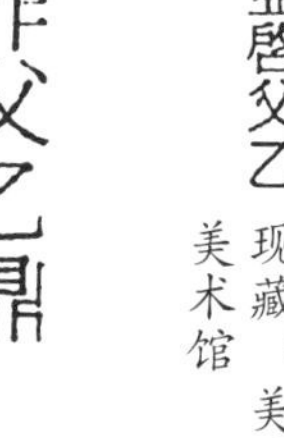

亞啓父乙

时代：殷

现藏：美国芝加哥美术馆

1818

作父乙鼎

作父乙

时代：西周

现藏：上海博物馆

1564

[注释] 编号 1561、1562、1563 为殷商武丁时期，1564 为殷商晚期。

亞𢿂父乙鼎

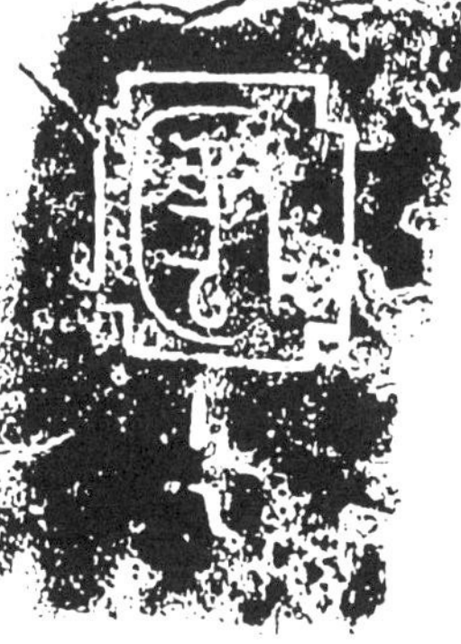

1820-7

亞𢿂父乙

时代：殷

现藏：北京故宫博物院

亞醜父乙鼎

1819-7

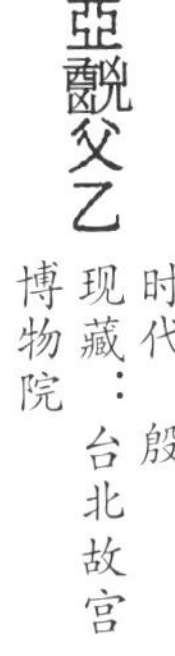

亞醜父乙

时代：殷

现藏：台北故宫博物院

天冊父乙鼎

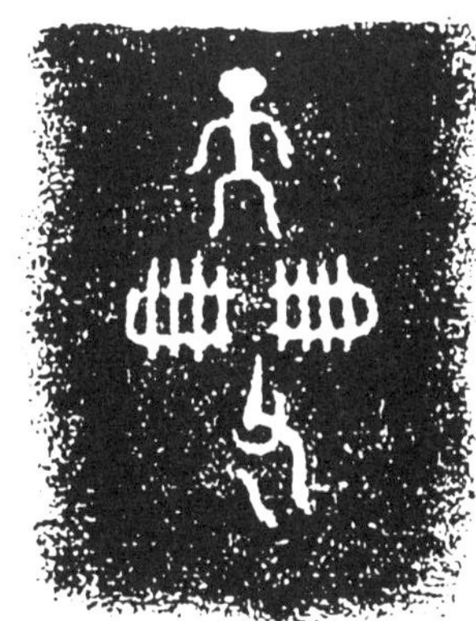

1822-9

天冊冊父乙

时代：殷或西周早期

现藏：北京故宫博物院

[illegible]冊父乙方鼎

1821-6

[illegible]冊冊父乙

时代：殷

鄉宁父乙方鼎

1824

鄉宁父乙

时代：殷

出土：传出安阳

现藏：美国纽约凡特毕尔特夫人处

[illegible]父乙鼎

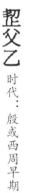

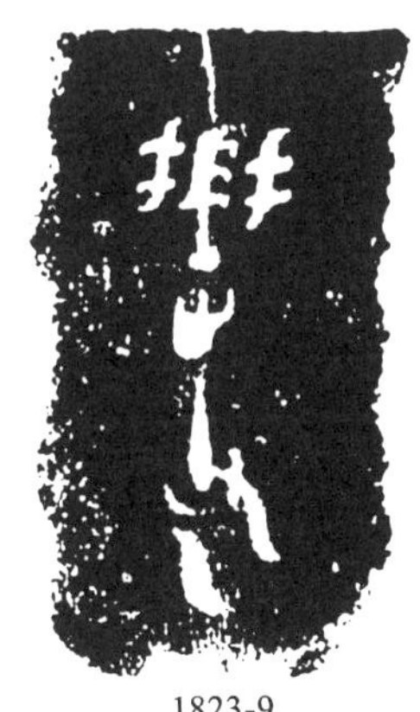

1823-9

[illegible]父乙

时代：殷或西周早期

[注释]编号 1822、1823 为殷商武丁时期。

子刀父乙方鼎

1826.b

子刀父乙
时代：殷

矢宁父乙方鼎

1825-9

矢宁父乙
时代：殷
出土：陕西岐山县礼村
现藏：国家博物馆

[illegible]父乙乙鼎

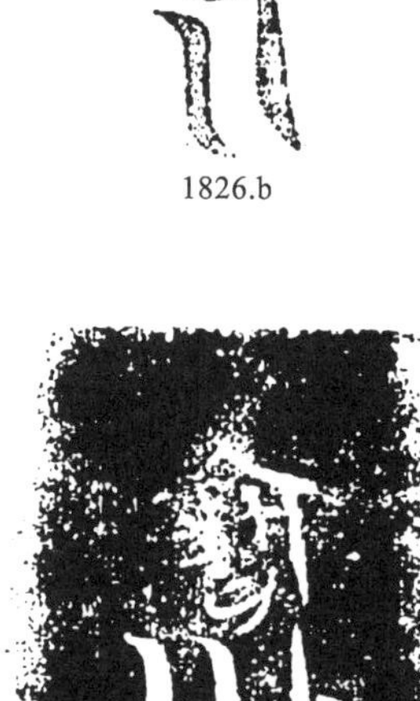

1829

[illegible]父乙乙
时代：殷

子鼎父乙鼎

1828

子鼎父乙
时代：殷
现藏：清华大学图书馆

冉[illegible]父乙鼎

1831-6

冉[illegible]父乙
时代：殷或西周早期
现藏：广州市博物馆

冉[illegible]父乙鼎

1830-7

冉[illegible]父乙
时代：殷或西周早期

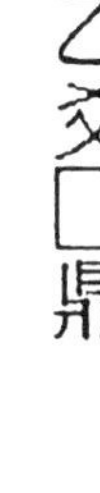

父乙亥□鼎

1833.b-9

父乙亥

时代：殷或西周早期

冋作父乙鼎

1832-8

冋作父乙

时代：西周早期

耳衡父乙鼎

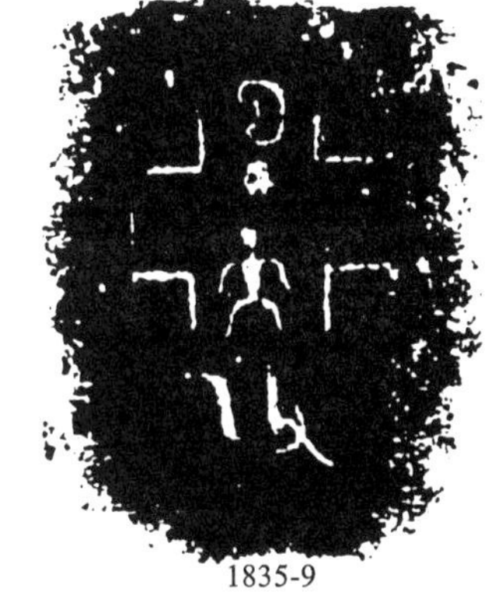

1835-9

耳衡父乙

时代：殷

耳衡父乙鼎

1834-7

耳衡父乙

时代：殷

现藏：美国旧金山亚洲美术博物馆布伦戴奇藏品

西單光父乙鼎

2001.b-8

西單光父乙

时代：殷

馬羊□父乙鼎

2000

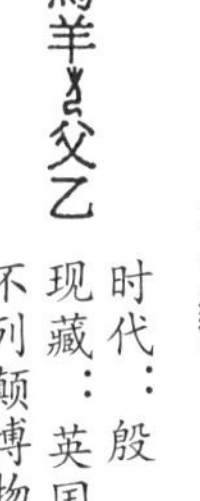
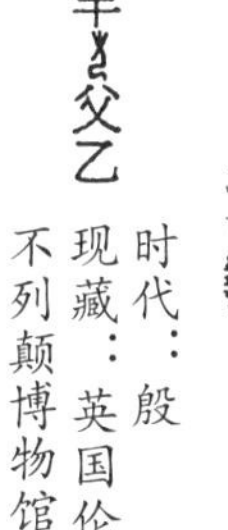

馬羊□父乙

时代：殷

现藏：英国伦敦不列颠博物馆

[注释] 编号 1832 为殷商晚期，1833 为殷商武丁时期。

臣辰父乙鼎

2003-8

臣辰兑父乙

时代：西周早期

出土：洛阳

《罗表》

辰行吴父乙鼎

2002-7

耳衔父乙

时代：殷

臣辰父乙鼎

2005-6

臣辰兑父乙

时代：西周早期

出土：洛阳

现藏：国家博物馆

臣辰父乙鼎

2004-7

臣辰兑父乙

时代：西周早期

出土：洛阳

作父乙鼎

2007-8

作父乙尊彝

时代：殷或西周早期

父乙臣辰鼎

2006-7

臣辰兑父乙

时代：西周早期

出土：洛阳

现藏：加拿大多伦多安大略博物馆

[注释] 编号 2003、2004、2005、2006、2115、2116 多件青铜鼎反复铸铭臣辰兑父乙、父乙臣辰兑，其中包含了傅說身份的重要信息，是传承天道的重臣。其中 2003、2004、2005、2006 为殷商武丁时期，2007 为殷商晚期。

旁父乙鼎

2009-9

旁𠬝子父乙

时代：殷或西周早期

现藏：台北故宫博物院

作父乙鼎

2008-6

作父乙[寶]鼎

时代：殷

出土：传河南安阳

现藏：北京故宫博物院

臣辰冊父乙鼎

2115-7

臣辰𠂤冊父乙

时代：西周早期

出土：传一九二九年洛阳马坡

现藏：美国纽约魏格氏

般作父乙方鼎

2114

般作𠂤冊父乙

时代：殷

现藏：美国纽约康恩氏

㹌犬犬魚父乙鼎

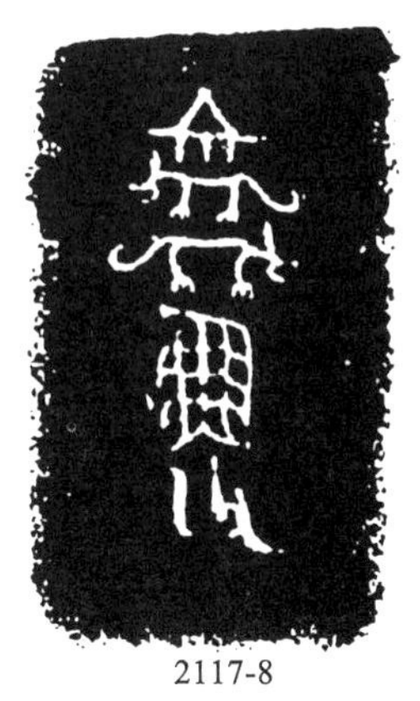

2117-8

㹌犬魚父乙

时代：殷

现藏：北京故宫博物院

臣辰冊父乙鼎

2116-7

臣辰𠂤冊父乙

时代：西周早期

出土：传一九二九年洛阳马坡

现藏：国家博物馆

[注释] 编号 2115、2116 臣辰兑册父乙鼎，其铭文进一步说明傅說还是负责掌管宫廷重要典册的大臣。编号 2009、2115、2116 为殷商武丁时期，2008、2114 为殷商晚期。

作父乙鼎

2313.b-7

作父乙寶
尊彝亞牧

时代：西周早期

堇臨作父乙方鼎

2312-6

堇臨作父乙
寶尊彝

时代：西周早期

亞豚作父乙鼎

2315-8

亞豚作父
乙寶尊鼎

时代：西周早期

士作父乙方鼎

2314.b-8

士作父乙冊
尊彝㭉

时代：西周早期

𩰫姛方鼎

2433

𩰫姒賞錫貝
于司作父乙彝

时代：殷或西周早期
出土：传出河南
现藏：美国纽约罗比尔氏

亳作父乙方鼎

2316.b-9

亞弘亳作父
乙尊彝

时代：西周早期

［注释］编号 2312、2313、2314、2315、2316、2433 为殷商晚期。

臣卿鼎

2595-6

公違省自東
在新邑臣卿賜金
用作父乙寶彝

时代：西周早期
现藏：天津市历史博物馆

𢑚姛方鼎

2434

𢑚姛賞賜貝
于司作父乙彝

时代：殷或西周早期
出土：传出河南

戍甬鼎

2694-8

亞卯　丁卯王令宜子會西
方于省唯返王賞
戍甬貝二朋用作父乙䵼

时代：殷
现藏：国家博物馆

旂鼎

2670-6

唯八月初吉
辰在乙卯公賜
旂僕旂用作
文父日乙寶
尊彝　㠱

时代：西周早期

中方鼎

2785.b

唯十又三月庚寅
王在寒師王令大
史兄褔土王曰中
茲褔人入事賜于
武王作臣今兄畀
女褔土作乃采中
對王休命𩰫父乙尊
唯臣尚中臣

时代：西周早期
出土：一一一八年
安州孝感县

寢農鼎

2710.b-8

庚午王令寢農
省北田四品在二月作
冊友史賜𪇭貝
用作父乙尊羊冊

时代：殷

[注释]编号 2434、2595、2670、2694、2710、2785 为殷商晚期。

冀父乙簋

冀父乙

时代：殷

3146-6

冀父乙簋

冀父乙

时代：殷或西周早期
出土：传出河南

3145-5

冀父乙簋

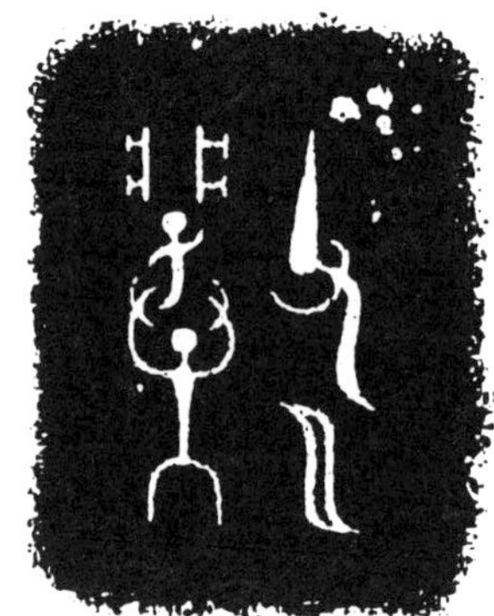

3148-7

冀父乙

时代：殷
现藏：北京故宫博物院

冀父乙簋

冀父乙

时代：殷

3147-6

咸父乙簋

咸父乙

时代：殷

3150-7

共父乙簋

共父乙

时代：殷
出土：陕西渭南县阳郭公社
现藏：渭南县图书馆

3149-7

亼父乙毁

3152.b-9

亼父乙
时代：殷
现藏：瑞士苏黎世瑞列堡博物馆

倗父乙毁

3151-7

倗父乙
时代：殷
现藏：美国旧金山亚洲美术博物馆布伦戴奇藏品

父乙冉毁

3154-9

冉父乙
时代：殷
现藏：北京故宫博物院

[鳥/兩]父乙毁

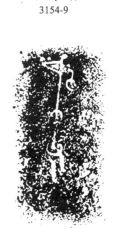

3153-7

[鳥/兩]父乙
时代：殷
现藏：北京故宫博物院

戈父乙毁

3156-6

戈父乙
时代：殷
现藏：北京故宫博物院

奄父乙毁

3155-8

奄父乙
时代：殷
现藏：北京故宫博物院

葡父乙𣪘

3157-7

葡父乙

时代：殷

现藏：北京故宫博物院

天父乙𣪘

3158-6

天父乙

时代：西周早期

现藏：美国纽约市美术博物馆

天父乙𣪘

3159.b

天父乙

时代：西周早期

谷父乙𣪘

3160-7

谷父乙

时代：西周早期

出土：传湖南石门县

现藏：湖南省博物馆

魚父乙𣪘

3161

魚父乙

时代：西周早期

出土：湖北随县羊子山

现藏：湖北随州市博物馆

文父乙𣪘

3163-7

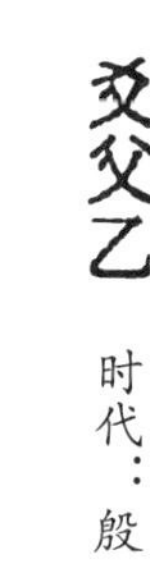

文父乙

时代：殷

[注释]编号3158、3159、3160、3161为殷商武丁时期。

兌父乙殷

3165-8

兌父乙

时代：西周早期

出土：传洛阳马坡

现藏：瑞士苏黎世瑞列堡博物馆

㸚父乙殷

3164-8

㸚父乙

时代：西周早期

父乙兌殷

3167

兌父乙

时代：西周早期

出土：传出于洛阳马坡

兌父乙殷

3166-7

兌父乙

时代：西周早期

出土：传洛阳马坡

现藏：美国旧金山亚洲美术博物馆布伦戴奇藏品

亞攸父乙殷

3297-9

亞敀父乙

时代：殷

亞麑父乙殷

3299-5

亞麑父乙

时代：西周早期

出土：辽宁喀左县

现藏：辽宁省博物馆

[注释]编号 3165、3166、3167 铸铭为兑父乙、父乙兑，包含了傅说的姓名(父兑)与身份(乙)的重要信息。其中 3164、3165、3166、3167、3299 为殷商武丁时期。

亞鳥父乙殷

3300.b

亞鳥父乙

时代：西周早期

父乙亞矢殷

3298-6

亞矢父乙

时代：殷

现藏：日本京都泉屋博古馆

□葡父乙殷

3302-7

□葡父乙

时代：殷

亞□父乙殷

3301

亞□父乙

时代：西周早期

出土：陕西长武县张家沟

现藏：长武县文化馆

□冊父乙殷

3304-7

□父乙

时代：西周早期

□冊父乙殷

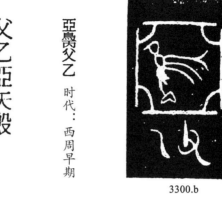

3303-6

□冊父乙

时代：殷

现藏：北京故宫博物院

[注释] 编号 3300、3301、3304 为殷商武丁时期。

作父乙子殷

3306-8

作父乙子

时代：西周早期
出土：河南省洛阳马坡
现藏：美国圣路易市浦才耳氏

作父乙殷

3305-7

□作父乙

时代：西周早期
现藏：上海博物馆

庚家馬父乙殷

3418-9

庚家馬父乙

时代：殷
出土：河南安阳殷墟墓葬
现藏：考古研究所安阳工作站

□作父乙殷

3307-7

□作父乙

时代：西周早期

子眉工父乙殷

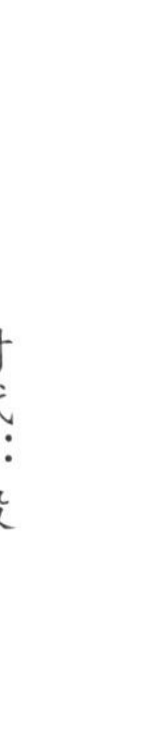

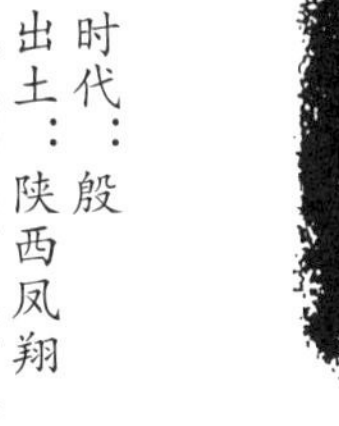

3420-8

子眉工父乙

时代：殷
出土：陕西凤翔
现藏：北京故宫博物院

亞共覃父乙殷

3419-8

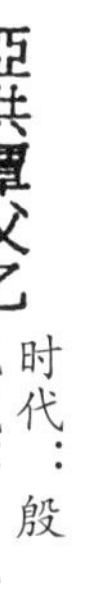

亞共覃父乙

时代：殷
现藏：台北故宫博物院

[注释] 编号 3305、3306、3307 为殷商晚期。

臣辰父乙殷

臣辰兑父乙

时代：西周早期
出土：河南洛阳
现藏：北京故宫博物院

3422-7

秉冊父乙殷

秉毌冊父乙

时代：殷

3421

臣辰父乙殷

父乙臣辰兑

时代：西周早期
现藏：哈佛大学福格美术博物馆

3424-9

臣辰父乙殷

父乙臣辰兑

时代：西周早期
现藏：哈佛大学福格美术博物馆

3423.2

文父乙殷

文父乙卯婦娸

时代：殷

3502-7

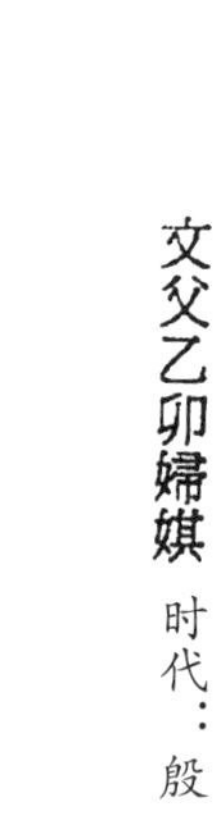

䀠作父乙殷

作父乙殷

时代：殷

3425

[注释]编号3422、3423、3424臣辰兑父乙簋，同臣辰兑父乙鼎，包含了傳說姓名、身份、职位等重要信息，傳說是传承天道的重臣。其中3422、3423、3424为殷商武丁时期，3425为殷商晚期。

亞㠱侯矣父乙毁

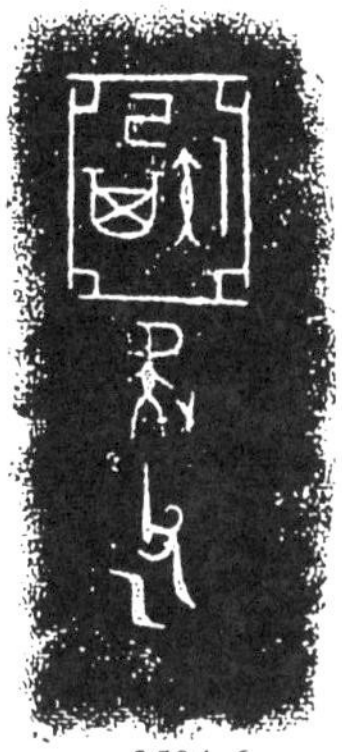

3504-6

亞㠱侯矣父乙

时代：西周早期

戈作父乙毁

3503.b

戈作父乙尊彝

时代：西周早期

臣辰兑册父乙毁

3506-9

臣辰兑册父乙

时代：西周早期

现藏：上海博物馆

亞㠱矣作父乙毁

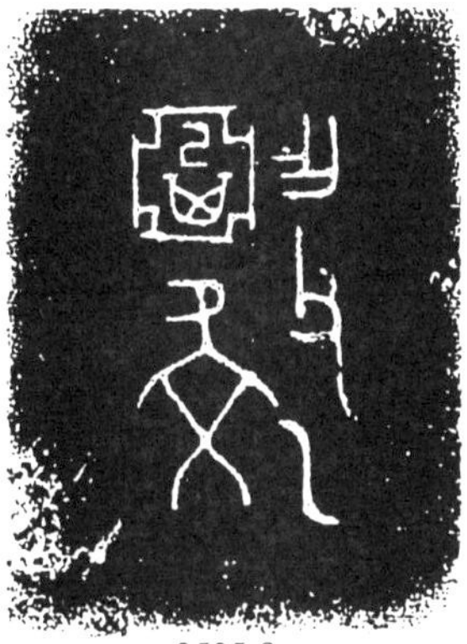

3505-8

作父乙亞㠱矣

时代：西周早期

现藏：台北故宫博物院

令作父乙毁

3508

令作父乙尊彝

时代：西周早期

用作父乙毁

3507-8

用作父乙尊彝

时代：西周早期

出土：陕西扶风县

现藏：陕西周原扶风县文物管理所

[注释]编号3506臣辰兑册父乙簋，同臣辰兑册父乙鼎，应为殷商武丁时期。这些相同的内容出现在不同的器型证明了父乙在武丁时期的核心地位。编号3503、3504、3505、3507、3508为殷商晚期。

作父乙殷

作父乙寶殷

时代：西周早期
现藏：美国西点克林克氏

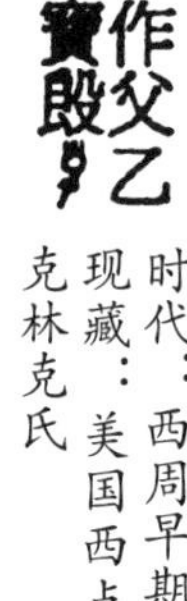

3510

作父乙殷

作父乙寶殷亞

时代：西周早期

3509

作父乙殷

作父乙寶彝冉

时代：殷

3602.2

作父乙殷

作父乙寶殷

时代：西周早期

3511-9

堇臨作父乙殷

堇臨作父乙寶尊彝

时代：西周早期
现藏：故宫博物院

3647-8

天禾作父乙殷

天禾作父乙尊彝

时代：西周早期
现藏：上海博物馆

3603-7

[注释] 编号 3509、3510、3511、3602、3603、3647 为殷商晚期。

亞䢅父乙毁

3990

亞
辛巳御
尋倉在小圃
王光賞御沚
貝用作父乙彝

时代：殷

堇臨作父乙毁蓋

3648-7

堇臨作父
乙寶尊彝

时代：西周早期
现藏：上海博物馆

習毁

3994-9

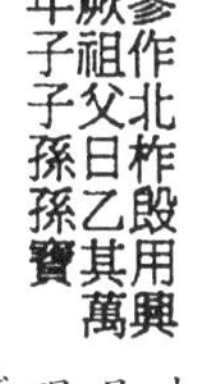

翏作北柞毁用興
厥祖父日乙其萬
年子子孫孫寶

时代：西周早期
出土：湖北江陵县万城
现藏：荆州地区博物馆

習毁

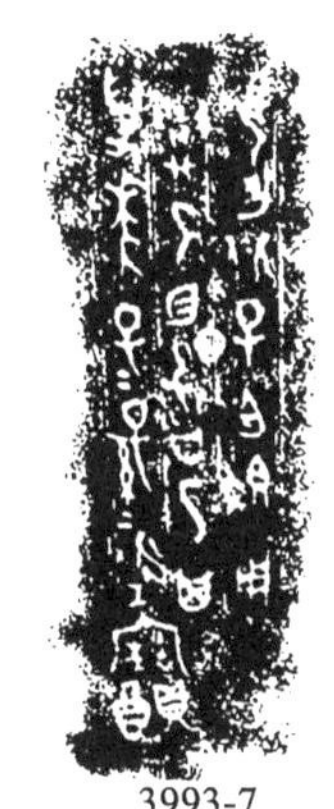

3993-7

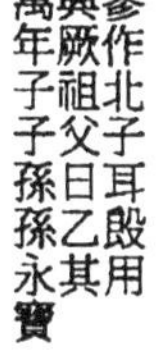

翏作北子耳毁用
興厥祖父日乙其
萬年子子孫孫永寶

时代：西周早期
出土：湖北江陵县万城
现藏：荆州地区博物馆

御史競毁

4134-7

唯六月既死霸壬申
伯屖父蔑御史競曆
賞金競揚伯屖父休
用作父乙寶尊彝毁

时代：西周早期
出土：河南洛阳邙山庙沟墓葬
现藏：加拿大多伦多安大略博物馆

沓毁

4088-8

唯十月初吉辛巳公
銅賜沓貝在葊京用作
父乙寶彝其子孫永寶

时代：西周早期

［注释］编号 3648、3990、3993、3994、4088、4134 为殷商晚期。

獻毁

唯九月既望庚寅楷
伯于遘王休亡尤朕
辟天子楷伯令厥臣獻
金車對朕辟休作朕
考光父乙十世不忘
身在畢公家受天子休

时代：西周早期
出土：近出保安

4205-8

肄作父乙毁

4144-9

戊辰弜師賜肄
𩰫戶𦃟貝用作父乙
寶彝在十月一唯王
廿祀𦎫日遘于妣戊
武乙奭豕一 夲旅

时代：殷
现藏：美国华盛顿
萨克勒美术馆

天父乙卣

4908.1-8

天父乙

时代：殷

遹毁

4207-7

唯六月既生霸穆穆王在
莽京呼漁于大池王饗
酒遹御亡譴穆穆王親賜
遹𩵦遹拜首稽首敢對
揚穆穆王休用作文考父
乙尊彝其孫孫子子永寶

时代：西周中期
出土：庚戌年秦
中出土

何父乙卣

4910-5

何父乙

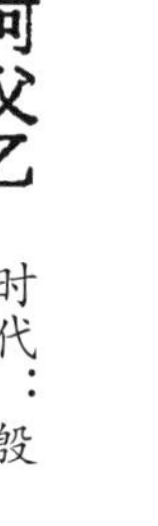

时代：殷

天父乙卣

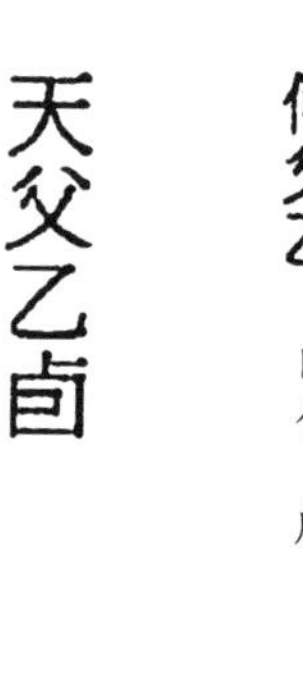

4909-9

天父乙

时代：殷
出土：广西与安拣選
现藏：广西僮族自治区
博物馆

[注释]编号 4144、4205 均为父乙铭文第三人称，前者属殷商武乙时期，后者从铭文“考光父乙十世不忘”可证当为殷商晚期，而非西周早期。4207 从铭文“穆王休用作文考父乙尊彝”当为穆王时期所铸，应属西周早期。

束父乙卣

4912-5

束父乙

时代：西周早期

倗父乙卣

4911-8

倗父乙

时代：西周早期
现藏：瑞典斯德哥尔摩远东古物馆

魚父乙卣

4914-6

魚父乙

时代：殷

冊父乙卣

4913.1-7

冊父乙

时代：殷
现藏：山东省曲阜县文物管理委员会

魚父乙卣

4916.1

魚父乙

时代：殷

魚父乙卣

4915-6

魚父乙

时代：殷

[注释] 编号 4911、4912 为殷商武丁时期。

□父乙卣

□父乙

时代：殷

4918.1-8

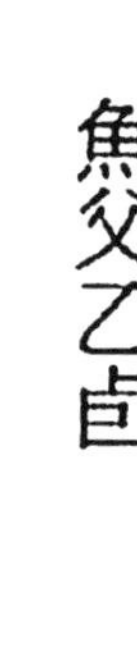

魚父乙卣

魚父乙

时代：殷

4917-8

□父乙卣蓋

□父乙

时代：殷

现藏：北京故宫博物院

4920-9

□父乙卣

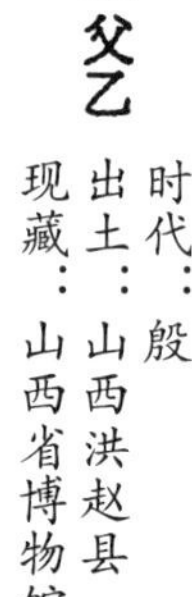

子京父乙

时代：殷

出土：山西洪赵县

现藏：山西省博物馆

4919-9

□父乙卣

□父乙

时代：殷

4922.1-5

□父乙卣

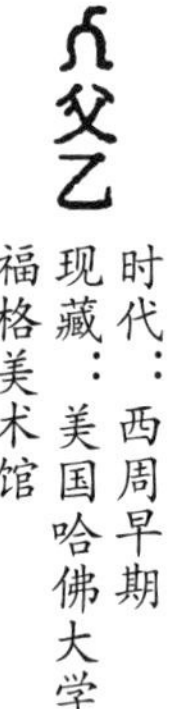

□父乙

时代：西周早期

现藏：美国哈佛大学福格美术馆

4921.2-8

[注释] 编号 4921 为殷商武丁时期。

奄父乙卣

4924.1-7

奄父乙
时代：殷

奄父乙卣

4923.2-6

奄父乙
时代：殷
现藏：台北故宫博物院

冀父乙卣

4926-7

冀父乙卣
现藏：台北故宫博物院

□父乙卣

4925.1-8

□父乙卣
时代：殷
现藏：上海博物馆

鼻父乙卣

4928-9

鼻父乙
时代：殷

□父乙卣

4927-7

光父乙
时代：殷
现藏：河南安阳

[illegible]父乙卣

[illegible]父乙

时代：殷

4930.1-9

史父乙卣

史父乙

时代：殷

现藏：北京故宫博物院

4929-6

[illegible]父乙

[illegible]父乙

时代：殷

4932.2b-8

[illegible]父乙卣

[illegible]父乙

时代：殷

4931.1

[illegible]父乙卣

[illegible]父乙

时代：殷

4934.b

亞父乙卣

亞父乙

时代：殷

4933.1b

亞[illegible]父乙卣

5053.2-7

亞覃父乙

时代：殷

⿸广寿父乙卣

4935-6

⿸广寿父乙

时代：西周早期
出土：甘肃灵台白草坡
现藏：甘肃省博物馆

亞厷父乙卣

5055.1

亞厷父乙

时代：殷

亞艅父乙卣

5054.1-8

亞俞父乙

时代：殷

子[illegible]父乙卣

5057-9

子⿰扌井父乙

时代：殷
现藏：日本东京出光美术馆

田告父乙卣

5056

田告父乙

时代：殷

[注释] 编号 4935 为殷商武丁时期。

㳄父乙卣

5059.1-6

丩冊父乙

时代：殷
现藏：北京故宫博物院

聑日父乙卣

5058.1

聑日父乙

时代：殷
现藏：日本神户白鹤美术馆

夲旅父乙卣

5061.1

夲旅父乙

时代：西周早期

㳄父乙卣

5060.2-7

丩冊父乙

时代：殷
现藏：旅顺博物馆

[illegible]作父乙卣

5148.2-7

[illegible]作父乙彝

时代：殷
现藏：日本京都小川睦之辅氏处

桓父乙卣

5147-7

亞桃桓父乙

时代：殷
现藏：北京故宫博物院

［注释］编号 5061 为殷商武丁时期，5148 为殷商晚期。

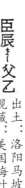

臣辰父乙卣

5150.1-8

臣辰兊父乙

时代：西周早期
出土：洛阳马坡
现藏：美国梅叶尔氏处

臣辰父乙卣

5149.1-7

臣辰兊父乙

时代：西周早期
出土：洛阳马坡
现藏：北京故宫博物院

臣辰父乙卣

5152-6

臣辰兊父乙

时代：西周早期
出土：洛阳马坡
现藏：加拿大多伦多安大略博物馆

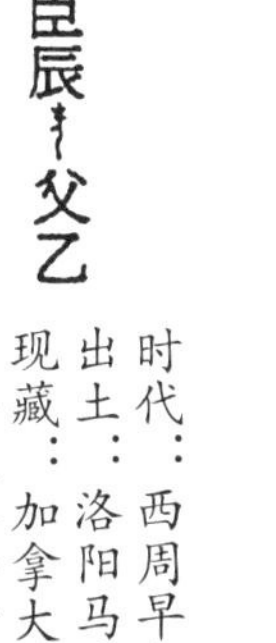

臣辰父乙卣

5151.2-6

臣辰兊父乙

时代：西周早期
出土：洛阳马坡
现藏：上海博物馆

競作父乙卣

5154.1-6

競作父乙旅

时代：西周早期
出土：洛阳庙沟
现藏：加拿大多伦多安大略博物馆

父乙臣辰卣

5153-6

父乙臣辰兊

时代：西周早期
出土：洛阳马坡
现藏：美国哈佛大学福格美术馆

［注释］编号 5149、5150、5151、5152、5153 臣辰兊父乙卣，同臣辰兊父乙鼎，为殷商武丁时期，5154 为殷商晚期。

𠂤作父乙卣

齊作父乙尊彝

时代：殷

5202.2-8

亞共且乙父己卣

亞共且乙父己卣

时代：殷

5199.1

𡧊作父乙卣

作父乙寶彝𡧊

时代：西周早期

现藏：美国纽约乃布氏处

5204.1

亞室父乙卣

亞室父乙寢䠶

时代：殷

现藏：美国米里阿波里斯美术馆

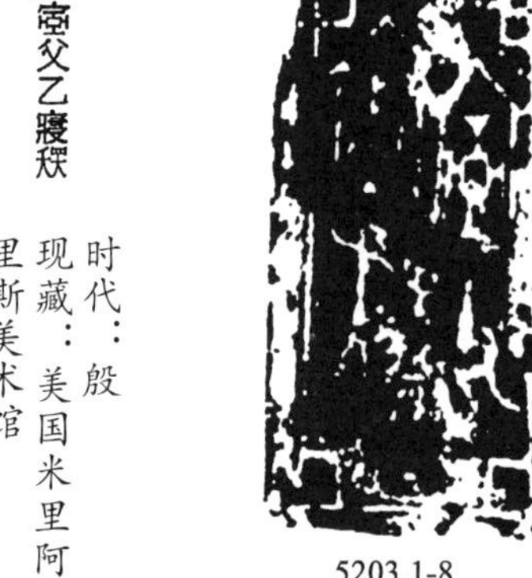

5203.1-8

亞矢望父乙卣

亞矢望父乙卣

时代：殷

现藏：上海博物馆

5206

盉作父乙卣

米作父乙天舟彝

时代：殷

现藏：台北故宫博物院

5205.1-6

[注释]编号5202、5204、5205为殷商晚期。

小臣作父乙卣

5268.2

小臣作父乙寶彝

时代：西周早期
出土：湖北江陵万城墓葬
现藏：湖北省博物馆

5207.2b-5

[illegible]作父乙寶彝

时代：殷

山御作父乙器

10568-8

山御作父乙尊彝

时代：西周早期

5270

⿰女角作父乙尊彝□

时代：西周早期
出土：河南鲁山仓头村
现藏：河南省博物馆

小臣豐卣

5352-6

賞小臣豐貝用作父乙彝

时代：西周早期

父乙告田卣

5347.2

鳥父乙母告田

时代：殷

[注释] 编号 5207、5268、5270、10568、5352 为殷商晚期。

息伯卣蓋

5385-8

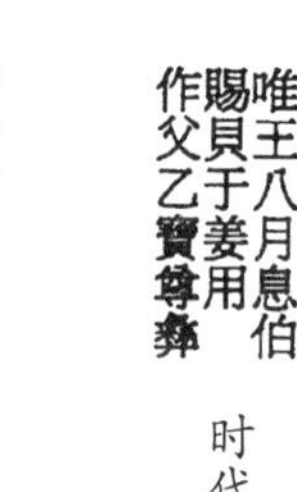

唯王八月息伯
賜貝于姜用
作父乙寶尊彝

时代：西周早期

耳卣

5384.1-7

寧史賜耳耳休
弗敢阻用作父
乙寶尊彝　刀

时代：西周早期
现藏：日本京都泉屋博古馆

作冊䰧卣

5400.2-7

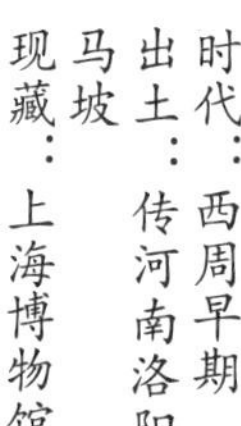

唯明保殷成周年
公賜作冊䰧鬯貝䰧
揚公休用作父乙
寶尊彝冊殸舟

时代：西周早期
出土：传河南洛阳马坡
现藏：上海博物馆

息伯卣

5386-7

唯王八月息伯
賜貝于姜用
作父乙寶尊彝

时代：西周早期
现藏：广州市博物馆

父乙尊

5516-8

父乙

时代：殷
现藏：北京故宫博物院

競卣

5425.1

唯伯屖父以成師
即東命戍南夷正
月既生霸辛丑在
坏伯屖父皇競格
于官競蔑曆賞競
璋對揚伯休用作
父乙寶尊彝子子
孫永寶

[注释]编号5384、5385、5386、5400、5425为殷商晚期。

乙父尊

5518-9

乙父

时代：殷或西周早期

出土：陕西长安县张家坡村西周墓

现藏：考古研究所西安研究室

父乙尊

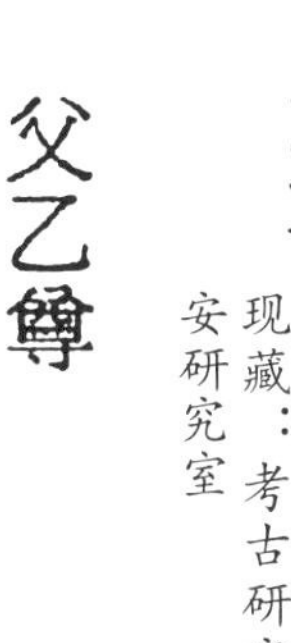

5517

父乙

时代：殷或西周早期

现藏：国家博物馆

父乙尊

5521.b

父乙

时代：西周早期或中期

父乙尊

5519

父乙

时代：西周早期

乙父尊

5615-7

東乙父

时代：殷

现藏：台北故宫博物院

山父乙尊*

5614-5

山父乙

时代：殷

现藏：国家博物馆

[注释] 编号 5517、5518、5519、5521 为殷商武丁时期。

[illegible]父乙尊

5617-7

[illegible]
父乙

时代：殷
出土：河南
现藏：美国波士顿美术博物馆

舌父乙尊

5616-8

舌*乙父

时代：西周早期
出土：一九八四年河南鹤壁市鹿楼乡辛村

甫父乙尊

5619-5

甫
父乙

时代：西周中期
现藏：台北故宫博物院

父乙㠱尊

5618

父乙㠱

时代：殷或西周早期

父乙[illegible]尊

5621-7

父乙
[illegible]

时代：西周早期
现藏：上海博物馆

冉父乙尊

5620-6

冉
父乙

时代：殷
出土：见于长安
现藏：北京故宫博物院

[注释]编号5616、5618、5619、5621为殷商武丁时期。

戈父乙尊

戈父乙
时代：西周早期
现藏：日本东京根津美术馆

5624-7

奄父乙尊

奄父乙
时代：西周早期
现藏：台北故宫博物院

5623-5

亼父乙尊

亼父乙
时代：西周中期
现藏：日本大阪某氏

5622-7

幸乙父尊

幸父乙
时代：西周早期
现藏：日本大阪江口治郎氏

5625-8

㸬父乙尊

疛父乙
时代：殷

5722-7

㸬父乙尊

疛父乙
时代：殷

5721-5

[注释] 编号 5623、5624、5625、5622 为殷商武丁时期。

[illegible]冊父乙尊

5724.b-7

[illegible]冊父乙

时代：殷

作父乙[illegible]尊

5723.5

作父乙[illegible]

时代：西周早期

子父乙步尊

5726-8

子步父乙

时代：殷

[illegible]父乙尊

5725-6

子刀父乙

时代：西周早期

出土：一九五九年安徽屯溪市

亞[illegible]父乙尊

5728-8

亞[illegible]父乙

时代：殷

现藏：台北故宫博物院

亞離父乙尊

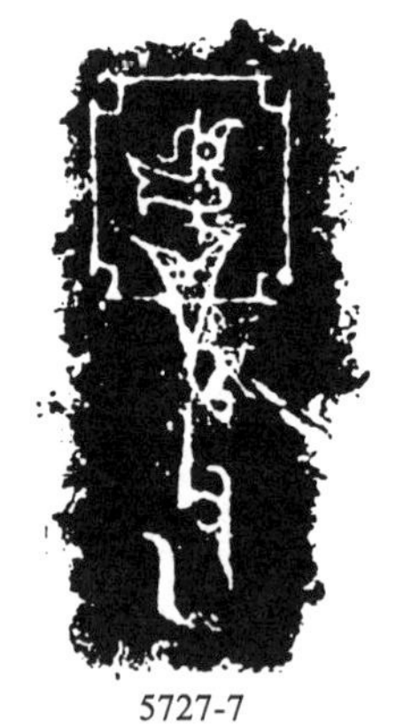

5727-7

亞[illegible]父乙

时代：西周早期

现藏：台北故宫博物院

[注释] 编号 5723 为殷商晚期，5725、5727 为殷商武丁时期。

亞攸父乙尊

亞啓父乙

时代：殷

现藏：上海博物馆

5730-9

豕馬父乙尊

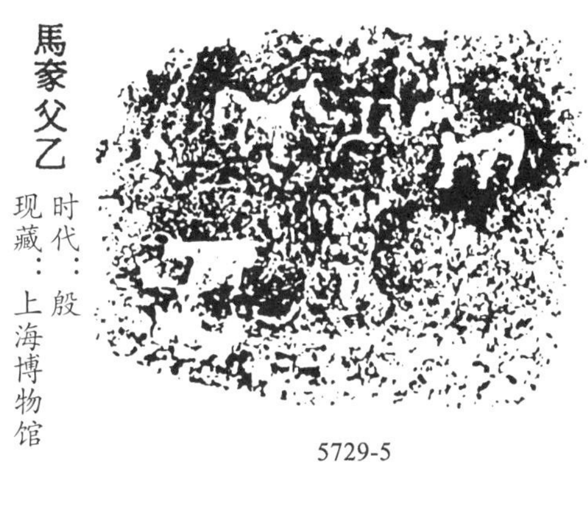

馬豕父乙

时代：殷

现藏：上海博物馆

5729-5

作父乙旅尊

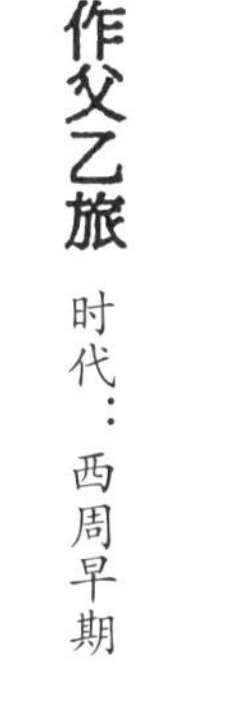

作父乙旅

时代：西周早期

5732-5

㚸鼎父乙尊

㚸鼎父乙

时代：殷

5731

競作父乙尊

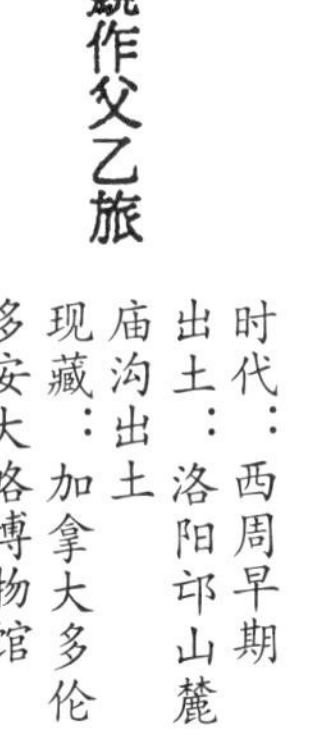

競作父乙旅

时代：西周早期

出土：洛阳邙山麓庙沟出土

现藏：加拿大多伦多安大略博物馆

5796-7

臣辰父乙尊

臣辰兑父乙

时代：西周早期

现藏：北京故宫博物院

5795-8

［注释］编号 5795 臣辰兑父乙尊，同臣辰兑父乙鼎，殷商武丁时期，5732、5796 为殷商晚期。

作父乙[illegible]尊

5824

作父乙
寶彝 [illegible]

时代：西周早期
现藏：美国纽约乃布氏

季甫父乙尊

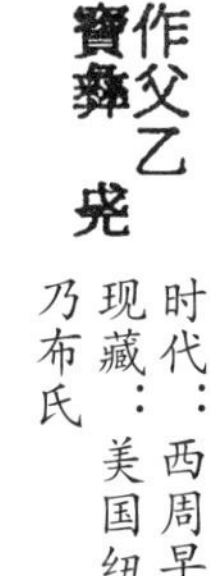

5797-7

季甫父乙宁

时代：西周早期
现藏：北京故宫博物院

辟東作父乙尊

5869-7

辟東作父
乙尊彝

时代：西周早期

衍耳父乙尊

5825-6

衍耳作
父乙彝

时代：西周早期
现藏：天津市历史博物馆

禾伯作父乙尊

5871

禾伯作父
乙寶彝

时代：西周早期

小臣作父乙尊

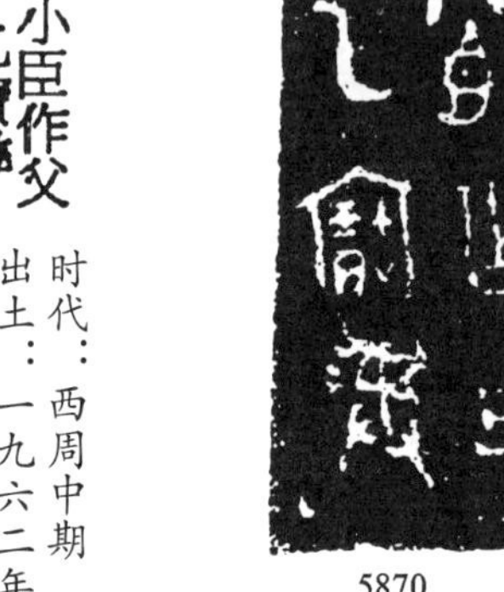

5870

小臣作父
乙寶彝

时代：西周中期
出土：一九六二年湖北江陵县

[注释] 编号5797为殷商武丁时期，5824、5825、5869、5870、5871为殷商晚期。

駇作父乙尊

5895-8

𨽍作父乙寶尊彝

时代：西周早期

现藏：日本大阪某氏

亞䤣父乙尊

5894.b-7

亞䤣 彭作父乙尊彝

时代：殷

史伏作父乙尊

5897-8

史伏作父乙寶旅彝

时代：西周早期

令作父乙尊

5896-8

令作父乙寶尊彝

时代：西周中期

现藏：法国巴黎王涅克氏

單作父乙尊

5920-8

單作父乙旅尊彝 子廟

时代：西周早期

對作父乙尊

5919-9

對作父乙寶尊彝 亞夫

时代：西周早期

现藏：日本东京国立博物馆

[注释] 本页图例为殷商晚期。

弃者君父乙尊

5945-8

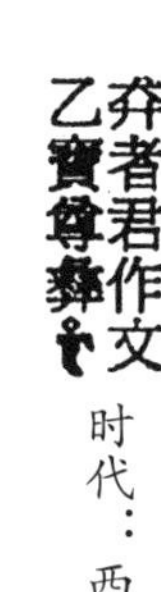

弃者君作文乙寶尊彝

时代：西周早期

𢦚作父乙尊

5944-7

並作父乙冊宁戈寶尊彝

时代：西周早期

彀作父乙方尊

5964-9

彀作父乙宗寶尊彝子子孫孫其永寶

时代：西周早期
现藏：台北故宫博物院

㲄父乙尊

5957-7

㲄罙事用作父乙旅尊彝冊𠬪

时代：西周早期

𢦚作父乙尊

5975-6

公賜8徵貝對公休用作父乙寶尊彝冉

时代：西周早期
现藏：台北故宫博物院

殳父乙尊

5973.b-9

乙卯伯□父賜□金用作父乙尊彝奄

时代：西周早期

[注释] 本页图例为殷商晚期。

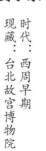

能匋尊

5984

能匋賜貝于
厥咎公矢宣
五朋能匋用作
文父日乙寶
尊彝 㠱

时代：西周早期
现藏：北京故宫博物院

復作父乙尊

5978

匽侯賞復冂
衣臣妾貝用作
父乙寶尊彝㠱

时代：西周早期
出土：北京房山县琉璃河墓葬
现藏：首都博物馆

作冊䢅父乙尊

5991

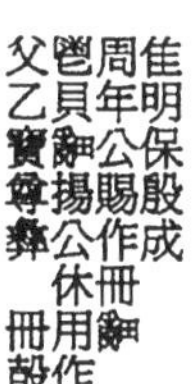

隹明保殷成
周年公賜作冊䢅
鬯貝䢅揚公休用作
父乙寶尊彝 冊殸

时代：西周早期
现藏：英国牛津雅士莫里博物馆

隣作父乙尊

5986-7

唯公𣪘于宗周
睦從公亦既洛
于官賞睦貝用
作父乙寶尊彝

时代：西周早期
出土：河南濬县
现藏：历史语言研究所

臤尊

6008-9

唯十又三月既生霸丁卯爰
從師雍父戍于古師
之年爰蔑曆仲競父賜
赤金爰拜稽首對揚競父
休用作父乙寶旅彝其子子孫孫永用

时代：西周中期
现藏：上海博物馆

作冊折尊

6002-9

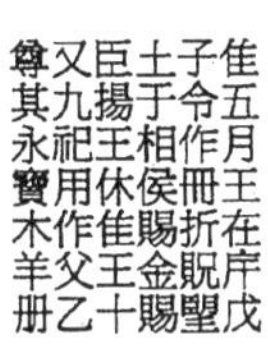

隹五月王在庠戊
子令作冊折既朢
土于相侯賜金賜
臣揚王休隹王十
又九祀用作父乙
尊其永寶木羊冊

时代：西周早期
出土：陕西扶风县庄白家村
现藏：周原扶风文物管理所

[注释] 本页图例为殷商晚期。

乙父觶

6098.2

乙父

时代：殷
出土：安阳
现藏：日本神户白鹤美术馆

父乙觶

6097

父乙

时代：殷
出土：山东长清县兴复河北岸
现藏：山东省博物馆

父乙觶

6100

父乙

时代：西周早期
出土：北京房山县琉璃河黄土坡墓葬
现藏：首都博物馆

父乙觶

6099-9

父乙

时代：殷
现藏：北京故宫博物院

大父乙觶

6217-8

天父乙

时代：西周早期
出土：宝鸡斗鸡台
现藏：美国纽约大都会美术博物馆

父乙觶

6101.b

父乙

时代：西周早期

[注释] 编号 6100、6101、6217 为殷商武丁时期。

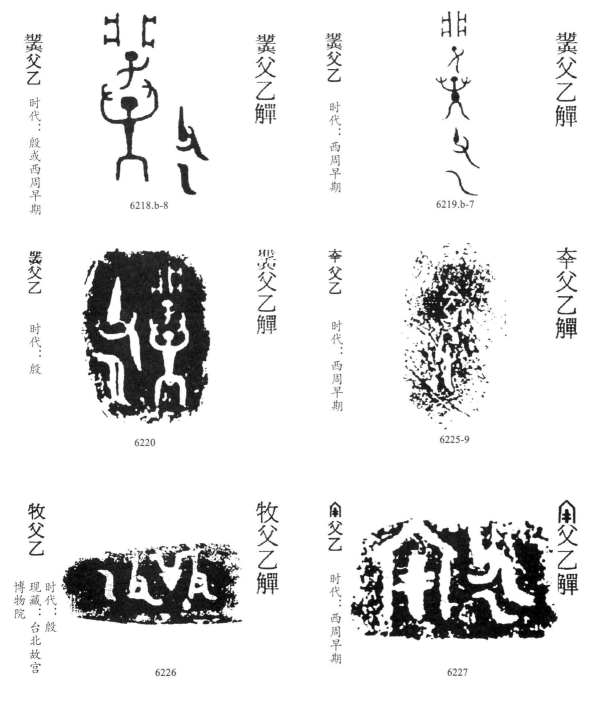

冀父乙觶

6219.b-7

冀父乙

时代：西周早期

冀父乙觶

6218.b-8

冀父乙

时代：殷或西周早期

夲父乙觶

6225-9

夲父乙

时代：西周早期

冀父乙觶

6220

冀父乙

时代：殷

[illegible]父乙觶

6227

[illegible]父乙

时代：西周早期

牧父乙觶

6226

牧父乙

时代：殷

现藏：台北故宫博物院

[注释]编号 6218、6219、6220、6225、6227 为殷商武丁时期。

受父乙觶

6229.2-8

受父乙

时代：殷

□父乙觶

6228

□父乙

时代：殷

现藏：北京故宫博物院

□父乙觶

6231

□父乙

时代：殷

酘父乙觶

6230-9

酘父乙

时代：西周早期

父乙□觶

6233

父乙□觶

时代：殷

现藏：上海博物馆

亞父乙觶

6232-9

亞父乙

时代：西周早期

[注释] 编号 6230、6232 为殷商武丁时期。

父乙觶

6235-9

父乙觶
时代：西周早期
出土：陕西宝鸡市纸坊头一号墓
现藏：宝鸡市博物馆

父乙觶

6234-7

父乙
时代：殷
现藏：上海博物馆

父乙觶

6237-7

父乙觶
时代：殷
现藏：北京故宫博物院

父乙觶

6236

父乙
时代：西周早期
出土：湖北黄陂县鲁台山墓葬
现藏：湖北省博物馆

辰父乙觶

6239

辰父乙
时代：西周早期
现藏：美国韩姆林寄陈柏弗罗科学博物馆

父乙觶

6238.2

父乙觶
时代：殷
现藏：上海博物馆

[注释]编号6235、6236、6239为殷商武丁时期。

寥父乙觶

家父乙

时代：西周早期

6240

父乙遽觶

父乙遽

时代：西周早期

6241-8

父乙束觶

父乙束

时代：西周

早期

6242

魚父乙觶

魚父乙

时代：西周早期

现藏：山东省博物馆

6243

奄父乙觶

奄父乙

时代：西周早期

现藏：台北故宫博物院

6244

奄父乙觶

奄父乙

时代：殷

现藏：北京故宫博物院

6245-9

［注释］编号 6241、6242、6243、6244 为殷商武丁时期。

父乙觚觶

6247.2

父乙觚

时代：西周早期

父乙寶觶

6246

父乙寶

时代：西周早期

现藏：北京故宫博物院

大父乙觶

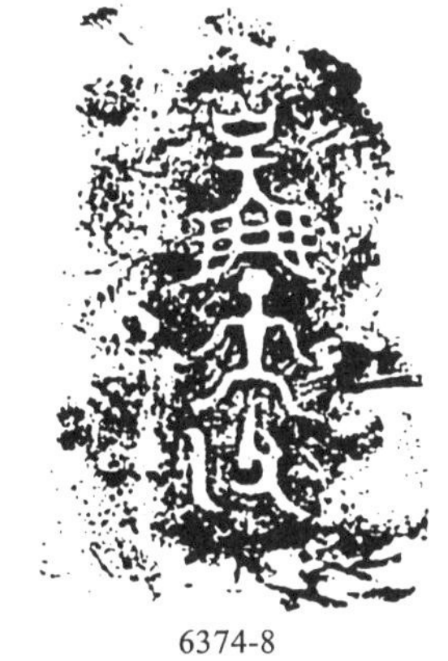

6374-8

曡天父乙

时代：西周早期

子廟父乙觶

6373-8

子廟父乙

时代：西周早期

现藏：台北故宫博物院

亞大父乙觶

6376-9

亞大父乙

时代：殷

亞大父乙觶

6375

亞大父乙

时代：殷

现藏：北京故宫博物院

[注释] 编号6246、6247、6373、6374为殷商武丁时期。

亞叿父乙觶

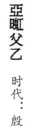

6378

亞叿父乙
时代：殷

亞矣父乙觶

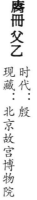

6377.1-7

亞矣父乙
时代：西周早期
现藏：美国旧金山亚洲美术博物馆布伦戴奇藏器

⿸广冉冊父乙觶

6380-8

⿸广冉冊父乙
时代：殷
现藏：北京故宫博物院

亞艅父乙觶

6379-9

亞俞父乙
时代：殷

鄉宁父乙觶

6382-8

鄉宁父乙
时代：殷
现藏：北京故宫博物院

庚豕父乙觶

6381

庚豕父乙
时代：殷
出土：安阳小屯一号墓
现藏：考古研究所安阳工作站

[注释] 编号 6377、6378、6379 为殷商武丁时期。

西單父乙觶

6384.1

西單父乙

时代：殷

出土：河南安阳

现藏：北京故宫博物院

冄父乙觶

6383-7

冄父乙

时代：殷

葡父乙觶

6386-7

葡戉父乙

时代：殷

眀日父乙觶

6385

眀日父乙

时代：殷

现藏：北京故宫博物院

亞矣父乙觶

6440-8

亞矣[illegible][illegible]

时代：西周早期

川又父乙觶

6387

川又父乙

时代：西周早期

现藏：陕西扶风县博物馆

[注释] 编号 6387、6440 为殷商武丁时期。

逋作父乙觶

父乙□逋作

时代：西周早期

6442-9

高作父乙觶

高作父乙彝

时代：西周早期
现藏：台北故宫博物院

6441-8

尙作父乙觶

尙作父乙彝鳥

时代：西周中期

6466-8

亞聿豕父乙觶

亞聿豕父乙觶

时代：西周早期

6465

小臣作父乙觶

小臣作父乙寶彝

时代：西周中期
出土：湖北江陵万城墓葬
现藏：湖北省博物馆

6468-8

丰作父乙觶

丰作父乙尊彝

时代：西周早期

6467

[注释] 本页图例为殷商晚期。

凡作父乙觶

6462.2b-8

凡作父乙尊彝狽

时代：殷或西周早期

雁事作父乙觶

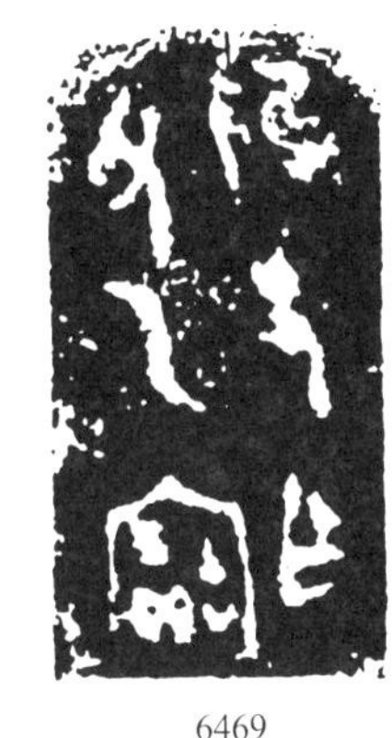

6469

應事作父乙寶

时代：西周早期

出土：河南平顶山市滍阳镇西门外墓葬

现藏：平顶山市文物管理委员会

父乙觚

6811

父乙

时代：殷

父乙觚

6810

父乙

时代：殷

现藏：日本东京出光美术馆

敄父乙觚

7087

敄父乙

时代：殷

得父乙觚

7086-9

得父乙

时代：殷

现藏：北京故宫博物院

[注释]编号6469、6492为殷商晚期。

鳥父乙觚

鳥父乙

时代：殷

现藏：北京故宫博物院

7088-9

父乙觚

父乙

时代：殷

7090-8

父乙豕觚

豕父乙

时代：殷

7091

冀父乙觚

冀父乙

时代：殷

现藏：辽宁省博物馆

7092

冀父乙觚

冀父乙

时代：殷

7093

冀父乙觚

冀父乙

时代：殷

7094.b-8

亚父乙觚

7097.b

亚父乙
时代：殷

奄父乙觚

7095

冀攸
时代：殷

父乙孟觚

7099-9

父乙孟
时代：殷

亼父乙觚

7098.b

亼父乙
时代：殷

作父乙觚

7101-9

作父乙
时代：西周早期
出土：洛阳东郊

冉父乙觚

7100

冉父乙
时代：殷
出土：一九五三年陕西岐山县礼村
现藏：陕西省博物馆

[注释] 编号 7101 为殷商晚期。

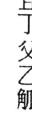

且丁父乙觚

7212

祖丁父乙

时代：殷

且丁父乙觚

7211

祖丁父乙

时代：殷

现藏：北京故宫博物院

冊正父乙觚

7224

冊守乙父

时代：殷

现藏：上海博物馆

父乙□虎觚

7223-8

父乙□虎

时代：殷

□父乙觚

7226

丩田乙父

时代：殷

现藏：北京故宫博物院

□旅父乙觚

7225

□旅父乙

时代：西周早期

出土：一九七六年陕西扶风县

现藏：周原扶风文物保管所

[注释] 编号 7225 为殷商武丁时期。

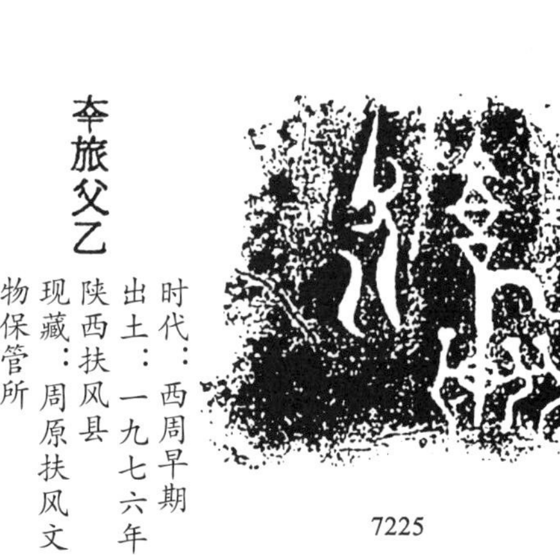

亳戈冊父乙觚

亳戈冊父乙

时代：殷

现藏：北京故宫博物院

7262-7

㢑冊父乙觚

㢑冊乙父

时代：殷

7227

父乙莫觚

亞父乙光莫

时代：殷

现藏：台北故宫博物院

7264-9

庚豕父乙觚

庚豕馬父乙

时代：殷

出土：一九八二年安阳小屯墓葬

现藏：考古研究所安阳工作站

7263-7

亞作父乙觚

亞作父乙寶尊彝

时代：西周早期

7290

𠂤冊作父乙觚

𠂤冊作父乙

时代：殷

现藏：上海博物馆

7265-9

[注释]编号7265、7290为殷商晚期。

卿作父乙觚

7292-7

卿作父乙
寶尊彝

时代：西周早期

亞作父乙觚

7291-9

亞作父乙寶
尊彝

时代：西周早期

[illegible]姛觚

7311

[illegible]姛賜
賞貝于姛
用作父乙彝

时代：殷
出土：河南辉县
现藏：加拿大多伦多安大略博物馆

貝父乙觚

7310.b-9

貝唯賜用作
父乙尊彝奄

时代：西周早期

父乙爵

7882

父乙

时代：殷
现藏：美国旧金山亚洲美术博物馆布伦戴奇藏品

父乙爵

7880

父乙

时代：殷

[注释] 编号 7291、7292、7310、7311 为殷商晚期。

父乙爵

父乙

时代：殷

7883

父乙爵

父乙

时代：殷

7884

父乙爵

父乙

时代：殷

现藏：北京故宫博物院

7885

父乙爵

父乙

时代：殷

现藏：黑龙江省博物馆

7886

父乙爵

父乙

时代：殷或西周早期

7887

父乙爵

父乙

时代：殷

现藏：北京故宫博物院

7888-7

[注释] 编号 7887 为殷商武丁时期。

父乙爵

父乙

时代：殷

7889

父乙爵

父乙

时代：殷

7890.b

父乙爵

父乙

时代：殷

7891.b

父乙爵

父乙

时代：殷

7892.b

父乙爵

父乙

时代：殷

7894.b

父乙爵

父乙

时代：西周早期

7896-9

[注释] 编号 7896 为殷商武丁时期。

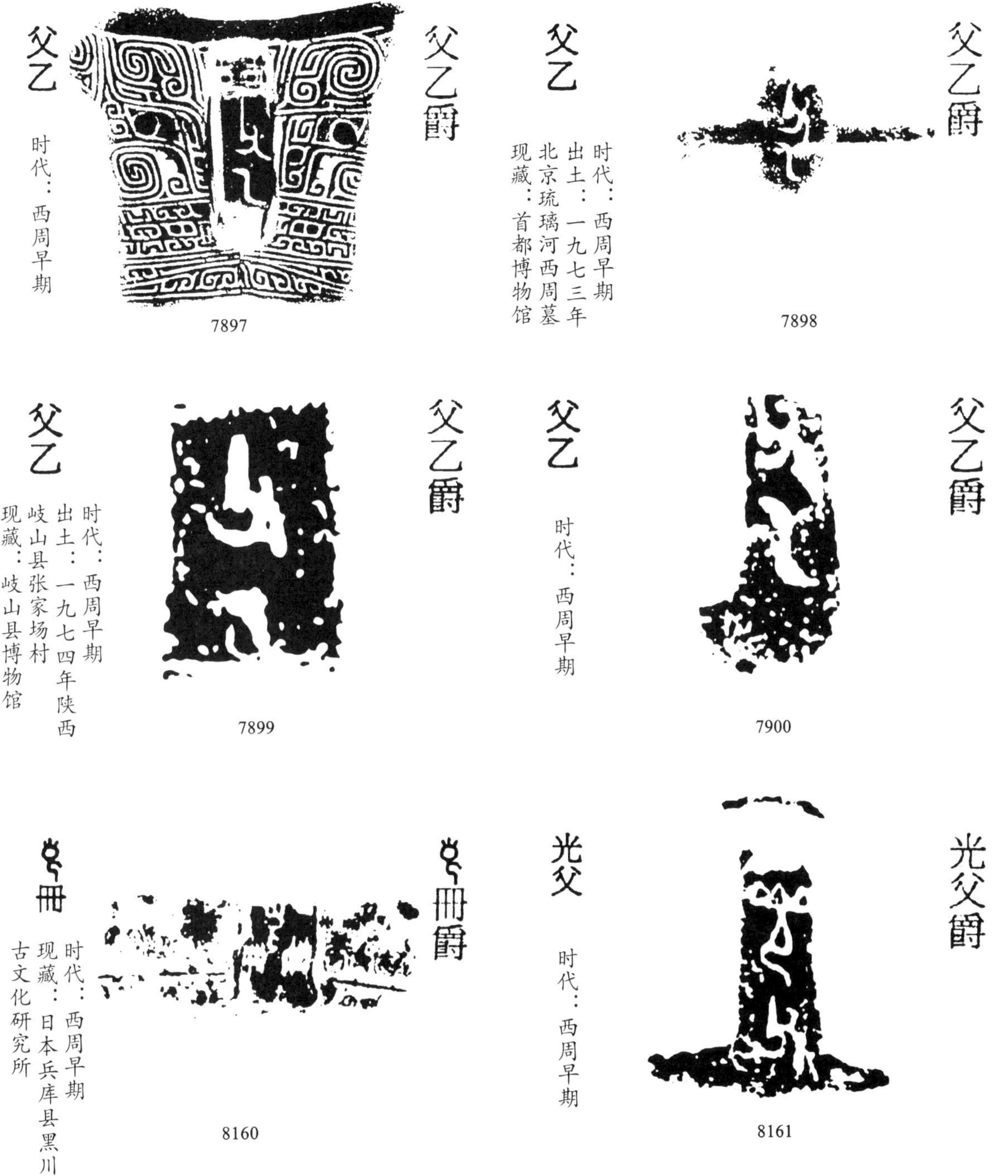

父乙爵

父乙

时代：西周早期

7898

父乙爵

父乙

时代：西周早期

出土：一九七三年北京琉璃河西周墓

现藏：首都博物馆

7897

父乙爵

父乙

时代：西周早期

7900

父乙爵

父乙

时代：西周早期

出土：一九七四年陕西岐山县张家场村

现藏：岐山县博物馆

7899

光父爵

光父

时代：西周早期

8161

□冊爵

□冊

时代：西周早期

现藏：日本兵库县黑川古文化研究所

8160

[注释]本页图例为殷商武丁时期。

光父爵

光父

时代：西周早期

现藏：台北故宫博物院

8162

單光爵

單光

时代：殷或西周早期

8163

天父乙爵

天父乙

时代：殷

现藏：上海博物馆

8376

𢦏父乙爵

𢦏父乙

时代：西周早期

8377

▲从父乙爵

▲从父乙

时代：殷

现藏：苏州市博物馆

8378

冀父乙角

冀父乙

时代：殷

8379

［注释］编号 8162、8163、8377 为殷商武丁时期。

冀父乙角

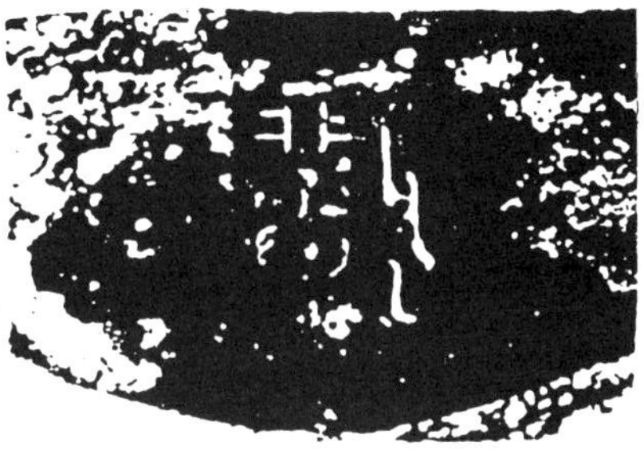

8381-8

冀父乙

时代：殷

现藏：法国巴黎某氏

冀父乙角

8382

冀父乙

时代：西周早期

现藏：北京故宫博物院

子父乙爵

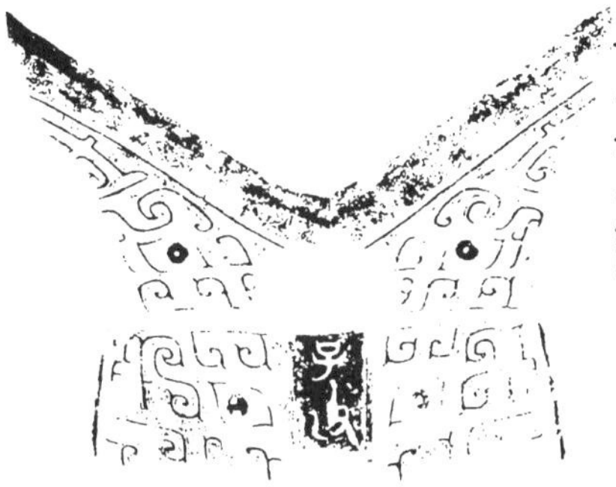

8383-8

子父乙

时代：殷

父乙爵

8384

父乙

时代：殷

现藏：北京故宫博物院

父乙爵

8385-6

父乙

时代：西周早期

出土：一九三九年河南洛阳市

父乙爵

8386

父乙

时代：西周早期

现藏：北京故宫博物院

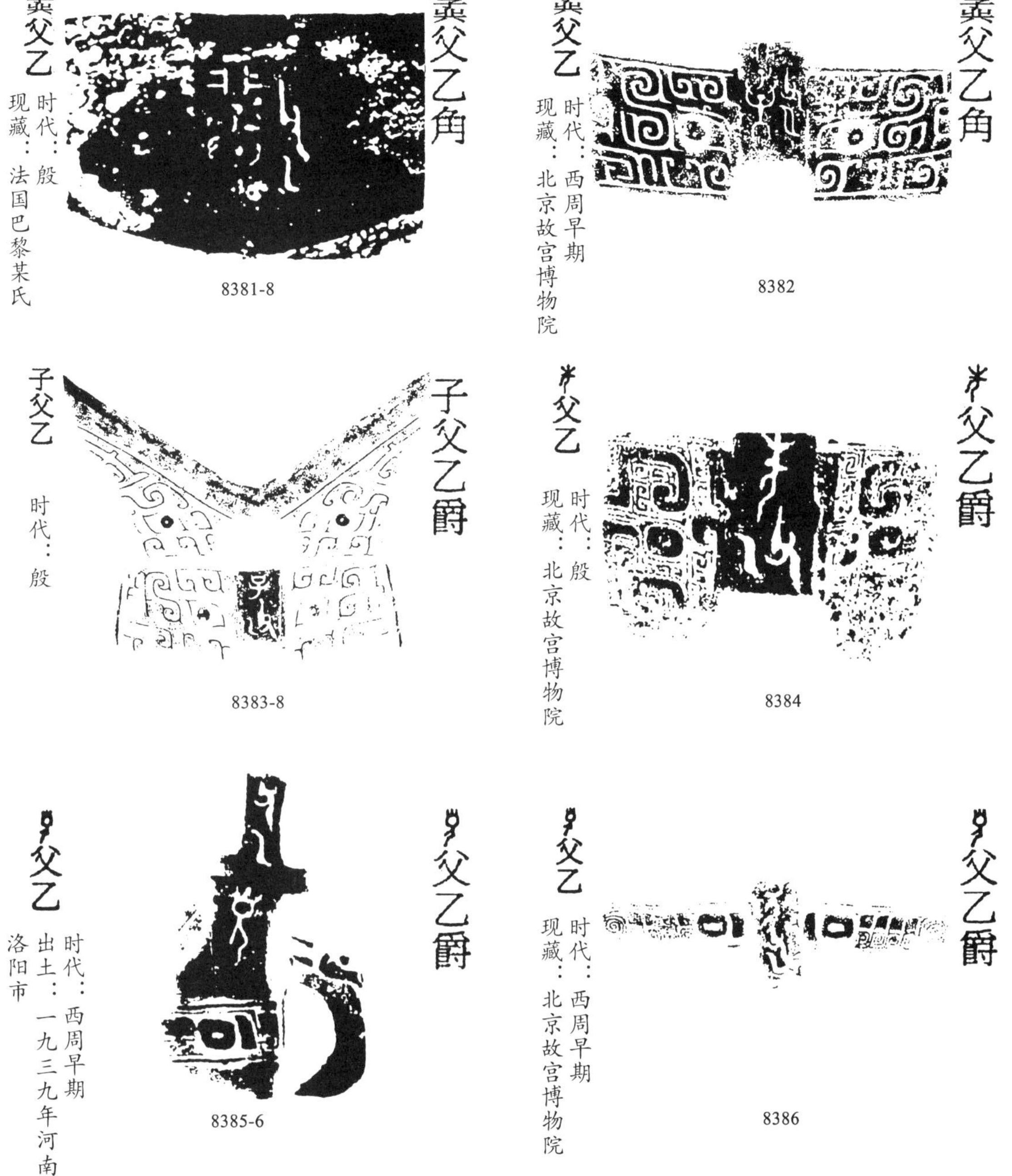

[注释] 编号 8382、8385、8386 为殷商武丁时期。

父乙爵

父乙

时代：西周早期
现藏：美国夏威夷火奴鲁鲁美术学院

8388-6

父乙爵

父乙

时代：西周早期
现藏：美国夏威夷火奴鲁鲁美术学院

8387-6

父乙爵

父乙

时代：殷

8390

父乙爵

父乙

时代：殷

8389

父乙爵

父乙

时代：西周中期
出土：陕西扶风县白家村墓葬
现藏：扶风县博物馆

8393

父乙爵

父乙

时代：殷

8392

[注释] 编号 8387、8388、8393 为殷商武丁时期。

奄父乙爵

奄父乙

时代：西周早期

8395

臤父乙爵

臤父乙

时代：殷

现藏：日本东京某氏

8394-9

忄虎父乙爵

忄虎父乙

时代：殷

现藏：北京故宫博物院

8397-6

奄父乙角

奄父乙

时代：殷

出土：传河南

8396-9

寍父乙爵

寍父乙

时代：殷

现藏：北京故宫博物院

8399

[illegible]父乙爵

[illegible]父乙

时代：殷

现藏：国家博物馆

8398

[注释] 编号 8395 为殷商武丁时期。

魚父乙爵

魚父乙

时代：殷

8401

魚父乙爵

魚父乙

时代：殷

8400

魚父乙爵

魚父乙

时代：西周早期

出土：一九七五年湖北随县羊子山

现藏：随州市博物馆

8403

魚父乙爵

魚父乙

时代：殷

现藏：苏州市博物馆

8402

亞父乙爵

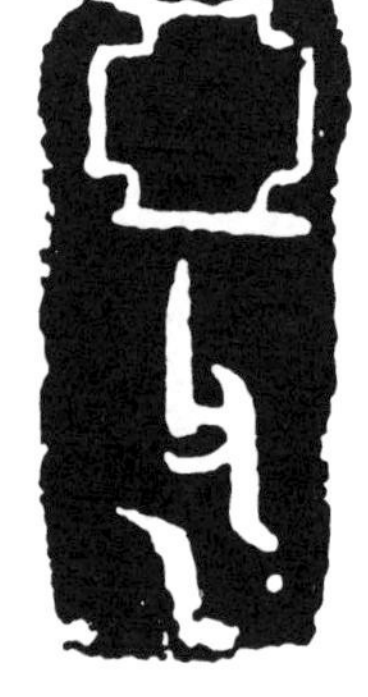

亞父乙

时代：西周早期

8405

亞父乙爵

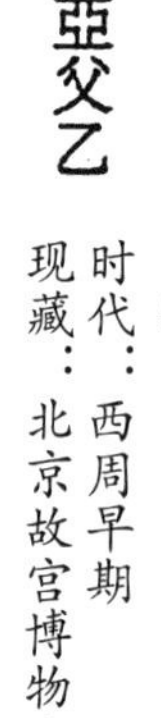

亞父乙

时代：西周早期

现藏：北京故宫博物院

8404

[注释] 编号 8403、8404、8405 为殷商武丁时期。

戈父乙爵

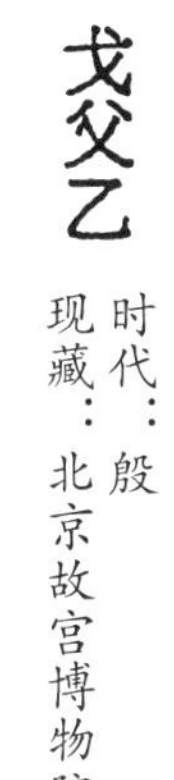

8407-7

戈父乙

时代：殷

现藏：北京故宫博物院

亞父乙爵

8406

亞父乙

时代：殷

戈父乙爵

8409

戈父乙

时代：殷

戈父乙爵

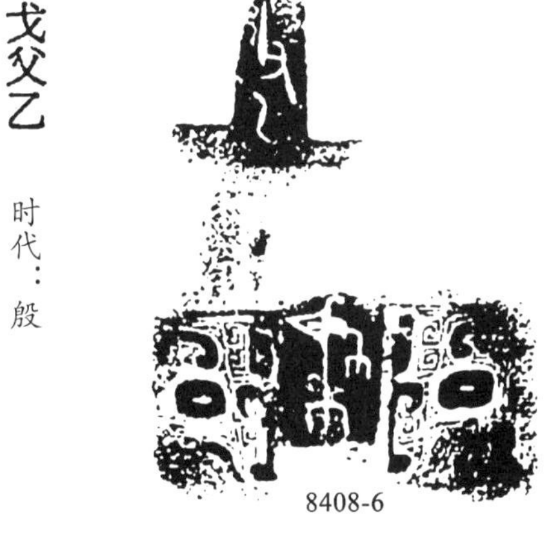

8408-6

戈父乙

时代：殷

戈父乙爵

8411

戈父乙

时代：殷

戈父乙爵

8410

戈父乙

时代：殷

庯父乙爵

庯父乙

时代：殷

现藏：台北故宫博物院

8412

□父乙爵

□父乙

时代：殷

现藏：北京故宫博物院

8413

中父乙爵

中父乙

时代：殷

8414

酉父乙爵

酉父乙

时代：殷

8415-8

弜父乙爵

弜父乙

时代：殷

8416

入父乙爵

入父乙

时代：西周早期

8417

[注释] 编号 8417 为殷商武丁时期。

鼎父乙爵

8419-8

鼎父乙

时代：西周早期
现藏：台北故宫博物院

冟父乙爵

8418

冟父乙

时代：殷
现藏：上海博物馆

鼏父乙爵

8421

鼏父乙

时代：殷
现藏：上海博物馆

鼎父乙爵

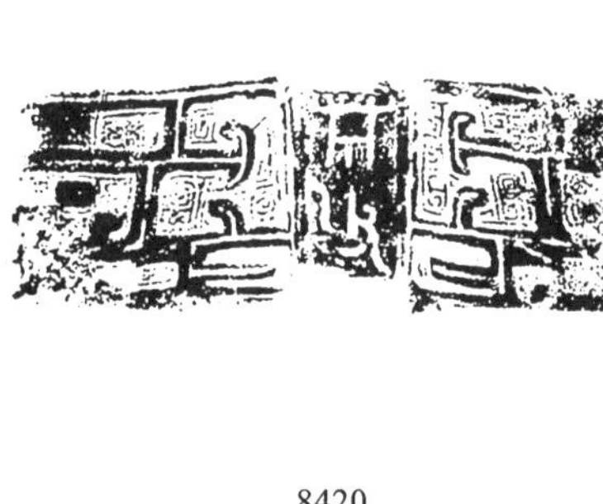

8420

鼎父乙

时代：西周早期
现藏：北京故宫博物院

丩冊父乙爵

8423

丩冊父乙

时代：西周早期
出土：河南洛阳市
现藏：日本大阪某氏

鼏父乙爵

8422

鼏父乙

时代：殷
现藏：上海博物馆

[注释]编号8419、8420、8423为殷商武丁时期。

冉父乙爵

8425

冉父乙

时代：西周早期
现藏：上海博物馆

爵父乙爵

8424.b

束父乙

时代：殷

冉父乙爵

8427-8

冉父乙

时代：殷

冉父乙爵

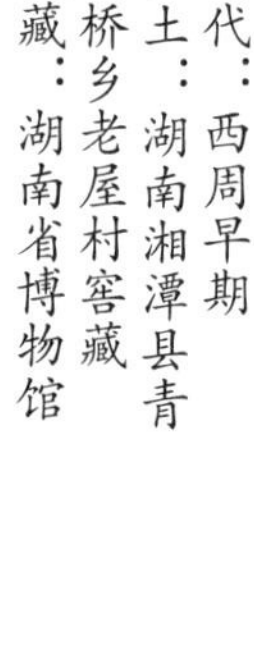

8426-9

冉父乙

时代：西周早期
出土：湖南湘潭县青山桥乡老屋村窖藏
现藏：湖南省博物馆

舟父乙爵

8430

舟父乙

时代：西周早期
现藏：上海博物馆

耒父乙爵

8429

耒父乙

时代：西周早期

[注释] 编号 8425、8426、8429、8430 为殷商武丁时期。

□父乙爵

□父乙

时代：殷

8433

作父乙爵

作父乙

时代：西周早期

8432

亞⿰其凡父乙爵

亞⿰其凡父乙

时代：殷
出土：传河南安阳市
现藏：台北故宫博物院

8852

□父乙爵

□父乙

时代：殷
现藏：美国哈佛大学福格美术博物馆

8435

亞⿰壴殳父乙爵

亞⿰壴殳父乙

时代：殷
现藏：北京故宫博物院

8854

亞⿰月象父乙爵

亞⿰月象父乙

时代：殷
现藏：北京故宫博物院

8853-7

[注释] 编号 8432 为殷商晚期。

亞𠬝父乙角

亞𠬝

时代：西周早期
出土：陕西陇县韦家庄
现藏：宝鸡市博物馆

8856.1

亞𠬝父乙爵

亞𠬝父乙

时代：西周早期
出土：陕西长安县张家坡村墓葬
现藏：考古研究所西安研究室

8855

亞聿父乙爵

亞聿父乙

时代：殷
出土：河南安阳市

8858

𠬝父乙爻角

𠬝父乙爻

时代：殷

8857-6

亞□父乙爵

亞□父乙

时代：殷
现藏：上海博物馆

8860

亞戈父乙爵

亞戈父乙

时代：西周早期

8859

[注释] 编号 8855、8856、8859 为殷商武丁时期。

乎子父乙爵

8862

乎子父乙

时代：西周早期

出土：山东滕县庄里西村

现藏：滕县博物馆

子刀父乙爵

8861-8

子刀父乙

时代：殷

大𫶌父乙爵

8864.b

天𫶌父乙

时代：殷

乎子父乙爵

8863

乎子父乙

时代：西周早期

出土：山东滕县庄里西村

现藏：滕县博物馆

獸𠂤父乙爵

8866

豕山父乙

时代：殷

现藏：上海博物馆

庚豕父乙爵

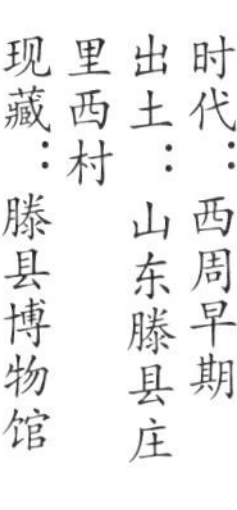

8865

庚豕父乙

时代：殷

出土：河南安阳市小屯村墓葬

现藏：考古研究所安阳工作站

［注释］编号 8862、8863 为殷商武丁时期。

萬父乙爵

工萬父乙

时代：西周早期

现藏：北京故宫博物院

8868-6

獸父乙爵

犬父乙

时代：殷

现藏：南京大学考古与艺术博物馆

8867-7

父乙爵

尹父乙

时代：殷

现藏：北京故宫博物院

8870

父乙爵

辰父乙

时代：西周早期

现藏：北京故宫博物院

8869

冊父乙爵

冊父乙

时代：殷

8872

秉父乙爵

秉冊父乙

时代：殷

8871

[注释] 编号 8868、8869 为殷商武丁时期。

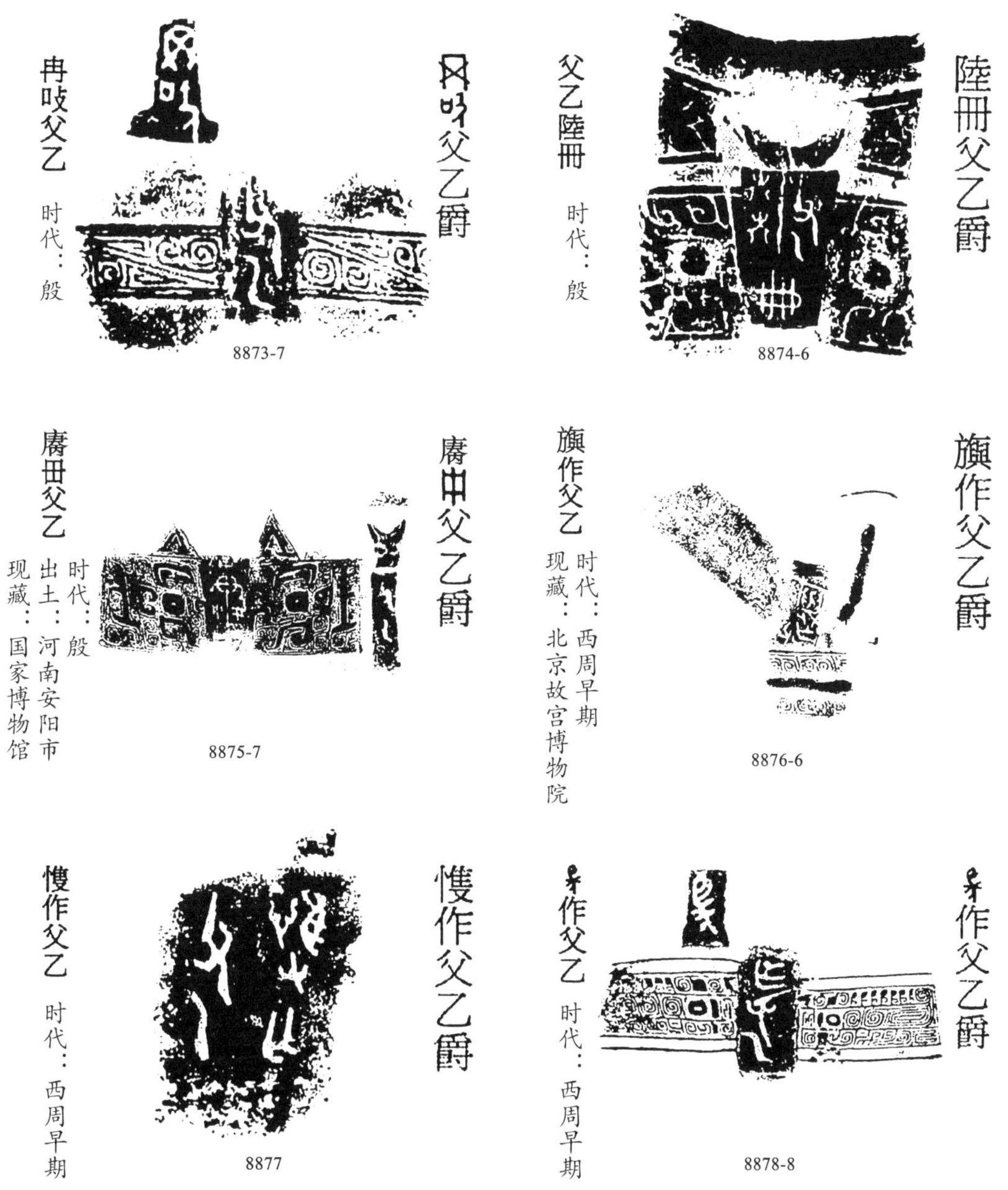

陸冊父乙爵
父乙陸冊
时代：殷
8874-6

冉吱父乙爵
冉吱父乙
时代：殷
8873-7

旟作父乙爵
旟作父乙
时代：西周早期
现藏：北京故宫博物院
8876-6

庯中父乙爵
庯田父乙
时代：殷
出土：河南安阳市
现藏：国家博物馆
8875-7

□作父乙爵
□作父乙
时代：西周早期
8878-8

㥰作父乙爵
㥰作父乙
时代：西周早期
8877

[注释]编号 8876、8877、8878 为殷商晚期。

鄉作父乙爵

鄉作父乙

时代：西周早期

现藏：北京故宫博物院

8880-8

□作父乙爵

雨作父乙

时代：西周早期

现藏：上海博物馆

8879

□且丁父乙爵

□祖丁父乙

时代：殷

8993-8

作父乙彝爵

作父乙彝

时代：西周早期

8881-7

臣辰□父乙爵

臣辰□父乙

时代：西周早期

出土：河南洛阳马坡

现藏：上海博物馆

8995-7

臣辰□父乙爵

臣辰□父乙

时代：西周早期

出土：河南洛阳马坡

现藏：台北故宫博物院

8994-6

[注释] 编号 8879、8880、8881 为殷商晚期，8994、8995 为殷商武丁时期。

臣辰□父乙爵

臣辰□父乙

时代：西周早期

出土：河南洛阳马坡

8997-8

臣辰□父乙爵

臣辰□父乙

时代：西周早期

出土：河南洛阳马坡

现藏：上海博物馆

8996-8

臣父乙爵

臣作父乙寳

时代：西周早期

现藏：国家博物馆

8999-9

臣父乙爵

臣作父乙寳

时代：西周早期

现藏：北京故宫博物院

8998-8

亞矣父乙爵

矣亞作父乙

时代：西周早期

9001-7

亞矣父乙爵

矣亞作父乙

时代：西周早期

出土：河南洛阳马坡

现藏：上海博物馆

9000-6

[注释] 编号 8996、8997 为殷商武丁时期，8998、8999、9000、9001 为殷商晚期。

執父乙爵

9003-9

執作父乙冉

时代：西周早期

现藏：北京故宫博物院

亞吴父乙爵

9002

吴亞作父乙

时代：西周早期

现藏：上海博物馆

雁事父乙爵

9048-8

雁事作父乙寶

时代：西周早期

出土：河南平顶山市郊滍阳镇

现藏：平顶山市文物管理委员会

作父乙爵

9004-9

作父乙尊彝

时代：西周早期

现藏：国家博物馆

貝隹易父乙爵

9050.2-9

奄父乙

时代：殷

子册父乙爵

9049

子册父乙爵

时代：殷

[注释] 编号 9002、9003、9004、9048 为殷商晚期。

牆父乙爵

9067-7

牆作父己寶尊彝

时代：西周早期
出土：陕西扶风县庄白村一号窖藏
现藏：周原博物馆

貝隹易父乙爵

9051.1-9

貝唯賜

时代：殷

作父乙爵

9069-7

作父乙寶尊彝□

时代：西周早期
现藏：国家博物馆

牆父乙爵

9068-7

牆作父己寶尊彝

时代：西周早期
出土：陕西扶风县
现藏：周原博物馆

父乙斝

9167

父乙

时代：殷
现藏：北京故宫博物院

子[illegible]父乙爵

9088.1-8

子[illegible]在[illegible]作文父乙彝

时代：西周早期
现藏：美国旧金山亚洲美术博物馆布伦戴奇藏品

[注释] 编号 9067、9068、9069、9088 为殷商晚期。

冉父乙斝

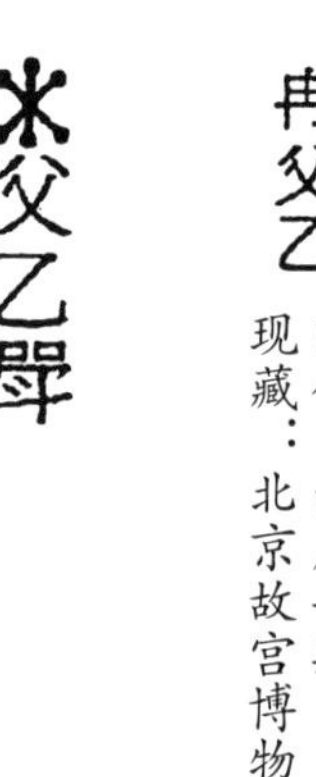

9207-7

冉父乙

时代：西周早期

现藏：北京故宫博物院

木父乙斝

9206-9

木父乙

时代：西周早期

奄父乙斝

9209-5

奄父乙

时代：殷

现藏：上海博物馆

冉父乙斝

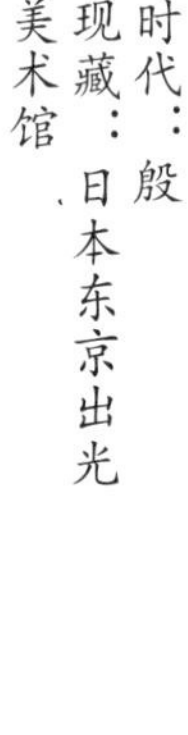

9208-8

冉父乙

时代：殷

现藏：日本东京出光美术馆

作父乙斝

9211

作父乙

时代：西周早期

现藏：上海博物馆

山父乙斝

9210-7

山父乙

时代：殷

现藏：北京故宫博物院

[注释] 编号 9206、9207 为殷商武丁时期，9211 为殷商晚期。

夲旅觥

9259.1

夲旅

时代：殷
现藏：美国米里阿波里斯博物馆皮斯柏藏品

折斝

9248.1-7

折作父乙寶尊彝 木羊冊

时代：西周早期
出土：陕西扶风县庄白村窖藏
现藏：周原博物馆

𡴀父乙觥

9268.1-8

𡴀父乙

时代：殷
现藏：上海博物馆

奄父乙觥

9267.2-8

奄父乙

时代：殷

冀父乙觥

9270

冀父乙

时代：殷

冀父乙觥

9269.1b

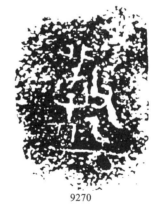

冀父乙

时代：殷

[注释] 编号 9248 为殷商晚期。

旝觥

9293.1-9

旝作父乙寶尊彝亞

时代：西周早期

现藏：日本京都泉屋博古馆

山父乙觥

9271.b

山父乙

时代：殷

作冊折觥

9303.1-5

唯五月王在厈戊子令作冊折貺望土于相侯賜金賜臣揚王休唯王十又九祀用作父乙尊其永寶木羊冊

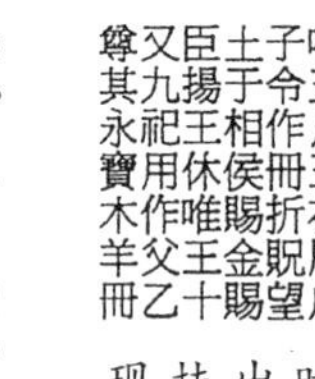

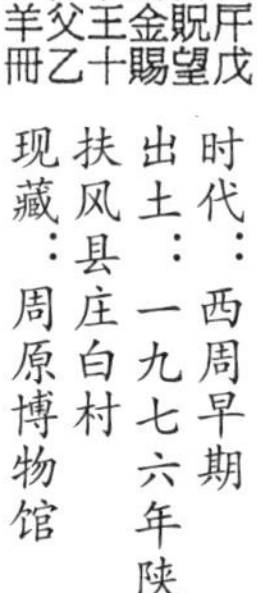

时代：西周早期

出土：一九七六年陕西扶风县庄白村

现藏：周原博物馆

⿲立水立父乙觥

9296.1-6

冊宁戈 ⿲立水立作父乙寶尊彝

时代：西周早期

子父乙盉

9340.1-9

子父乙

时代：西周早期

现藏：新加坡国立博物馆

子父乙盉

9338.1-9

子父乙盉

时代：殷

出土：陕西宝鸡

现藏：美国纽约大都会美术博物馆

[注释] 编号9293、9296、9303为殷商晚期。

奄父乙盉

9342.1

奄父乙

时代：西周早期

现藏：北京故宫博物院

子父乙盉

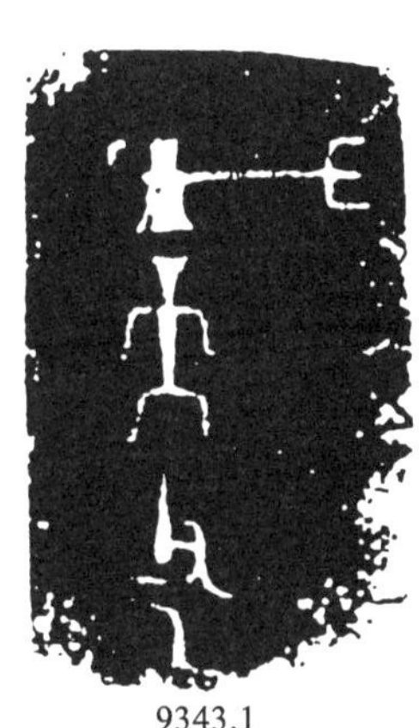

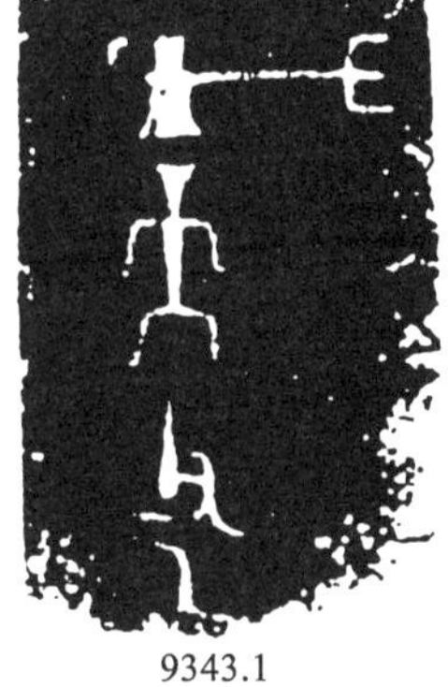

9341.1-9

子父乙

时代：西周早期

畀父乙盉

9344.1-9

畀父乙

时代：殷

现藏：美国圣路易市美术博物馆

父乙盉

9343.1

父乙

时代：殷或西周早期

现藏：美国旧金山亚洲艺术博物馆

父乙盉

9346.1-9

丩冊父乙

时代：殷

现藏：美国旧金山亚洲艺术博物馆

丙父乙盉

9345.1

丙父乙

时代：西周早期

现藏：日本京都泉屋博古馆

[注释] 编号9341、9342、9343、9345为殷商武丁时期。

父乙飤盉

9348

父乙飤
时代：西周早期
现藏：台北故宫博物院

父乙皿盉

9347.1-9

皿父乙
时代：西周早期

亞[illegible]父乙盉

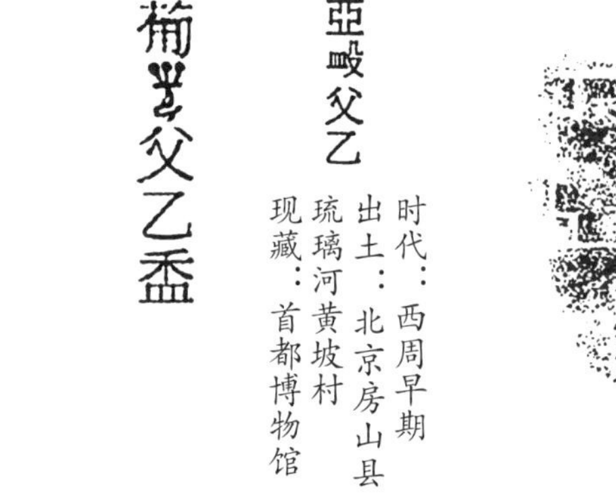

9371.1-9

亞[illegible]父乙
时代：西周早期
出土：北京房山县琉璃河黄坡村
现藏：首都博物馆

葡[illegible]父乙盉

9370.1-7

葡[illegible]父乙
时代：殷

宁未父乙盉

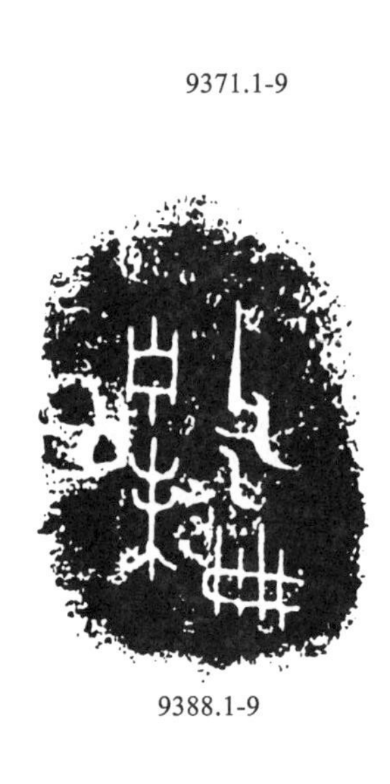

9388.1-9

宁未父乙[illegible]
时代：西周早期
现藏：上海博物馆

[illegible]父乙盉

9372.2-9

[illegible]父乙
时代：西周早期
现藏：日本奈良宁乐美术馆

[注释] 编号 9347、9348、9371、9372、9388 为殷商武丁时期。

𤼈父乙盉

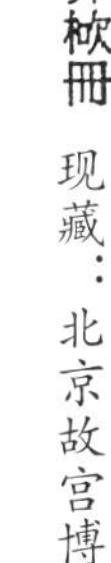
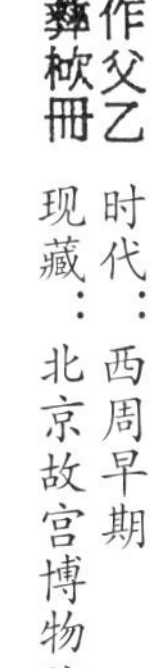

9421

沃作父乙尊彝枚冊

时代：西周早期

现藏：北京故宫博物院

鄉父乙盉

9402

鄉作父乙尊彝

时代：西周早期

亞㠱侯父乙盉

9439.1-7

亞㠱侯吳匽侯賜亞貝作父乙寶尊彝

时代：殷

𤼈父乙盉

9422.1b

沃作父乙尊彝枚冊

时代：西周早期

子父乙壺

9500-6

子父乙

时代：殷

现藏：台北故宫博物院

♠旅壺

9480-8

♠旅

时代：殷

现藏：美国旧金山亚洲艺术博物馆布伦戴奇藏品

［注释］编号 9402、9421、9422、9439 为殷商晚期。

宁戈父乙壶盖

9522-9

宁戈父乙
时代：西周早期

父乙壶

9501-8

倗父乙
时代：西周早期
出土：陕西宝鸡市郊竹园沟墓葬
现藏：宝鸡市博物馆

臣辰册壶

9526.2

臣辰册
时代：西周早期

宁戈父乙壶盖

9523-9

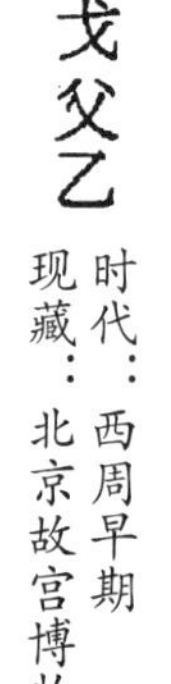
宁戈父乙
时代：西周早期
现藏：北京故宫博物院

父乙壶

9566-9

汱作父乙尊彝栿册
时代：殷

亞文父乙壶

9565

亞文父乙
时代：殷
现藏：上海博物馆

[注释] 编号 9501、9522、9523、9526 为殷商武丁时期，9566 为殷商晚期。

入父乙罍

9786-7

入父乙

时代：殷

大作父乙壶

9612.b-8

大作父乙寶彝其子子孫孫永寶

时代：西周早期

豢馬父乙罍

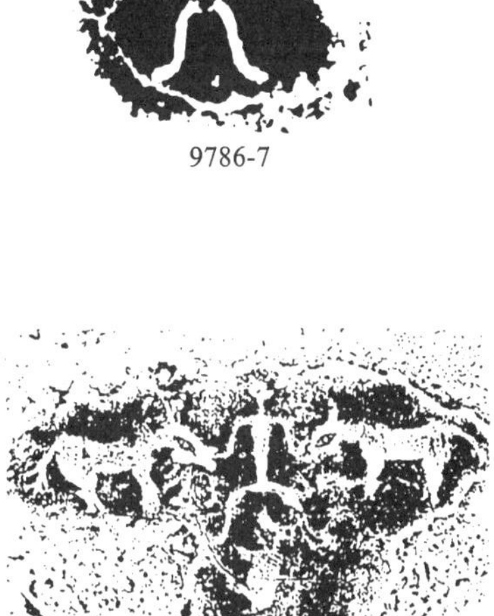

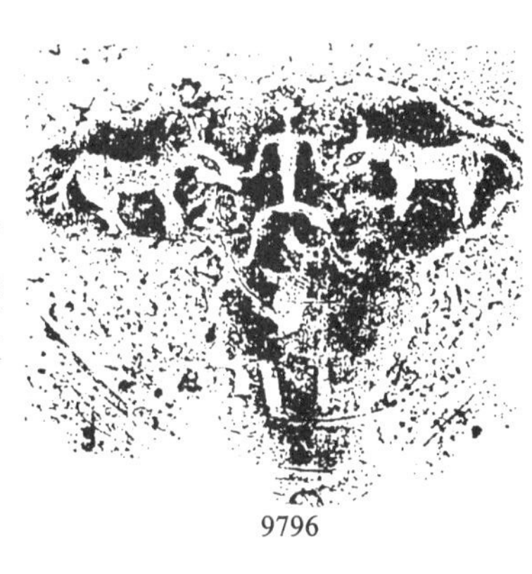

9796

馬豢父乙

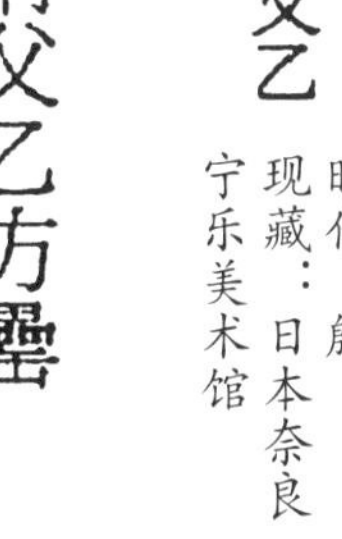

时代：殷
现藏：日本奈良宁乐美术馆

毌併父乙方罍

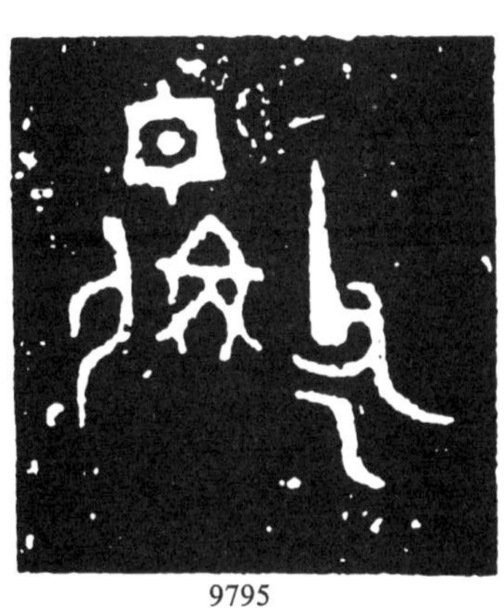

9795

毌併父乙

时代：西周早期
出土：陕西扶风县
现藏：陕西省博物馆

陵父日乙罍

9816

陵作父日乙寶罍 ◊單

时代：西周早期
出土：陕西扶风县庄白村窖藏
现藏：扶风县博物馆

中父乙罍

9815.2-9

中作父乙寶尊罍 卸

时代：西周早期

[注释] 编号 9612、9815、9816 为殷商晚期，9795 为殷商武丁时期。

䀠日父乙方彝

9871

䀠日父乙

时代：殷

吴父乙方彝

9866.1-9

吴父乙

时代：西周早期

现藏：美国圣路易市美术博物馆

舟盤

10017-8

舟盤

时代：殷

出土：传河南安阳

折方彝

9895.1

隹五月王在厈戊子令作冊折貺望土于相侯賜金賜臣揚王休唯王十又九祀用作父乙尊其永寶 木羊冊

时代：西周早期

出土：一九七六年陕西扶风县

现藏：周原博物馆

亞矣盤

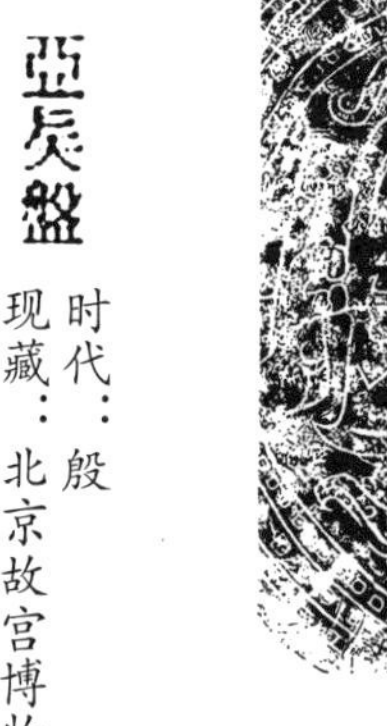

10022-7

亞矣盤

时代：殷

现藏：北京故宫博物院

亞矣盤

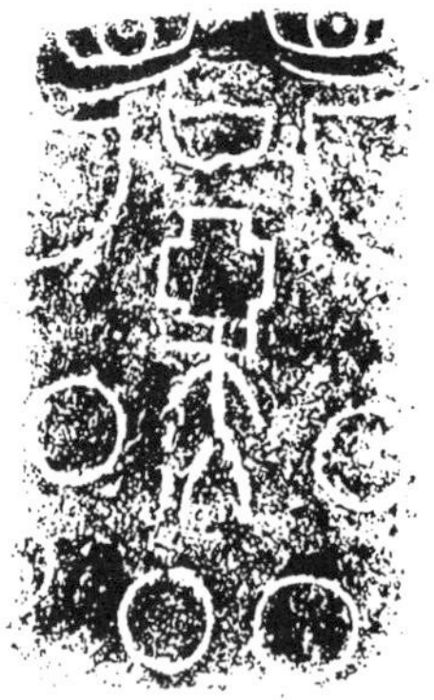

10021-9

亞矣

时代：殷

现藏：北京故宫博物院

[注释] 编号 9866 为殷商武丁时期，9895 为殷商晚期。

亞吳盤

10023

亞吳

时代：殷
出土：传河南安阳

婦好盤

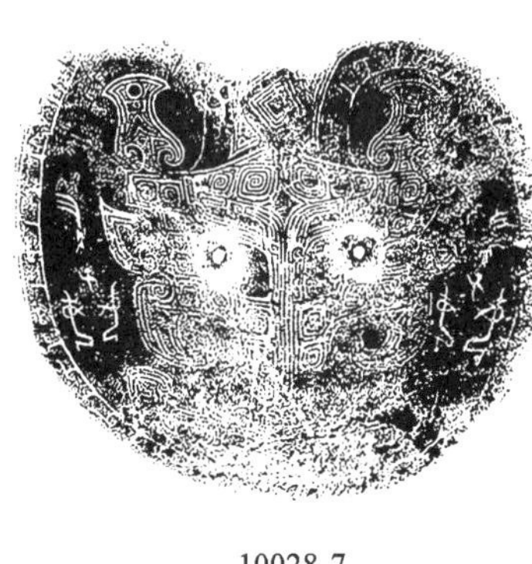

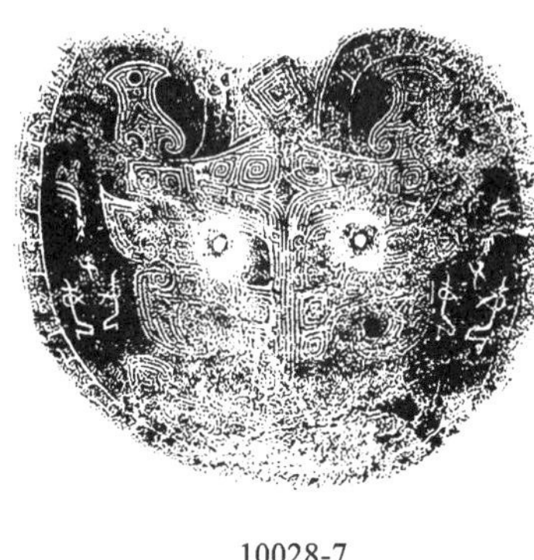

10028-7

婦好

时代：殷
出土：河南安阳市殷墟妇好墓
现藏：考古研究所

倗父乙盤

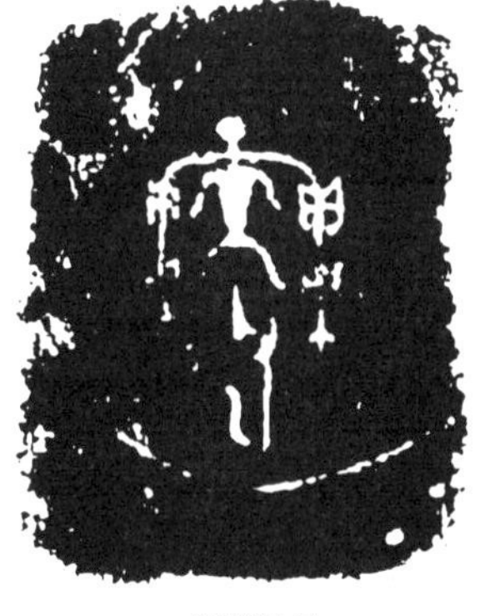

10039-7

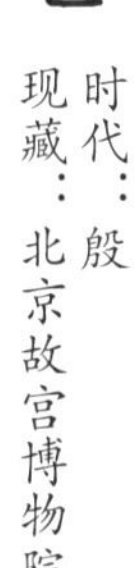

倗父乙

时代：殷
现藏：北京故宫博物院

奄父乙盤

10040-6

奄父乙

时代：殷
现藏：美国旧金山甘浦斯公司

衛典斫盤

10046-9

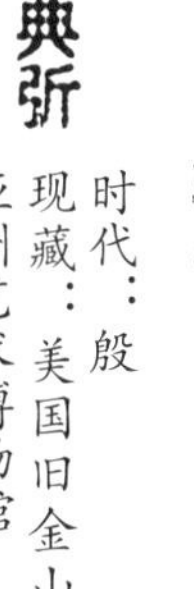

衛典斫

时代：殷
现藏：美国旧金山亚洲艺术博物馆

臣辰冊盤

10053-9

臣辰冊

时代：西周早期
出土：传河南洛阳马坡
现藏：加拿大多伦多安大略博物馆

[注释] 编号 10053 为殷商武丁时期。

旅箙形器

10343-8

㚔旅

时代：殷

北子宋盤

10084.b-9

北子宋作文父乙寶尊彝

时代：西周早期

奄父乙器

10516-5

奄父乙

时代：殷

斿器

10487

旅

时代：殷

𨽻妶父乙器

10533-8

𨽻妶父乙

时代：西周早期

父乙器

10517-6

父乙

时代：殷

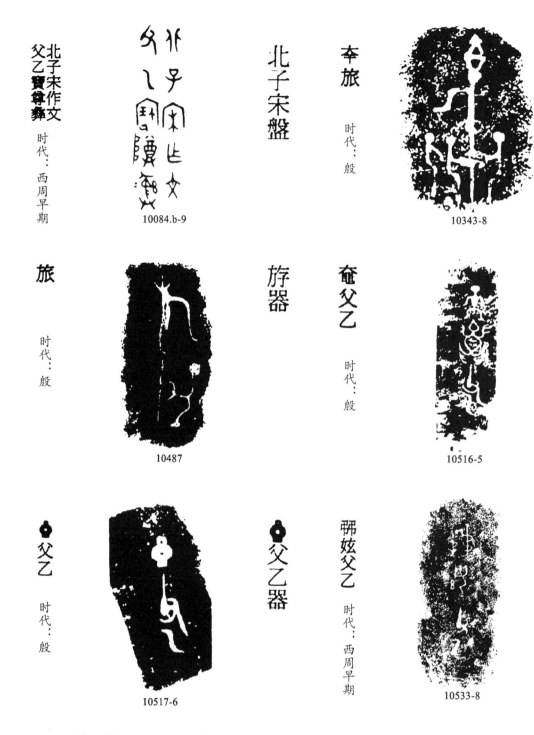

[注释] 编号 10084 为殷商晚期，10533 为殷商武丁时期。

衍作父乙器

10554-9

衍耳作父乙彝　时代：西周早期

觥作父乙器

10534-8

觥作父乙　时代：西周早期

⿱癶光父乙鉞

11756-7

⿱癶光　父乙

时代：殷

现藏：瑞典斯德哥尔摩远东古物馆

子作父乙器

10555-8

子作父乙寶彝　时代：西周早期

[注释] 编号 10534、10554、10555 为殷商晚期。

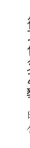

且乙戈

11115-8

祖乙
祖己
祖丁

时代：殷
现藏：上海博物馆

大且日己戈

11401-5

祖日己
祖日己
祖日丁
祖日庚
祖日乙
祖日丁
大祖日己

时代：殷
出土：传器出易州，或说出保定
现藏：辽宁省博物馆

且日乙戈

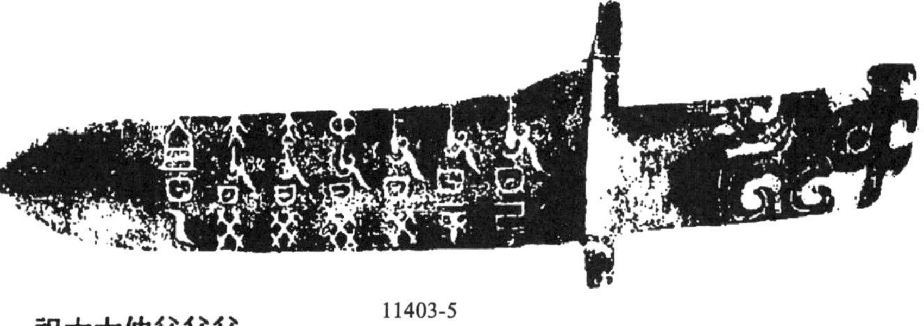

11403-5

父日己
父日辛
父日癸
仲父日癸
大父日癸
大父日癸
祖日乙

时代：殷
出土：器出易州，或说出保定
现藏：辽宁省博物馆

大兄日乙戈

11392-8

兄日丙
兄日癸
兄日癸
兄日壬
兄日戊
大兄日乙

时代：殷
出土：器出易州，或说出保定
现藏：辽宁省博物馆

殷周金文集成

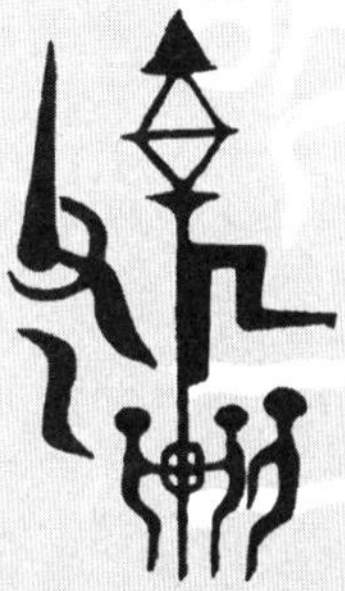

十天干之 父甲

（精选五十七例）

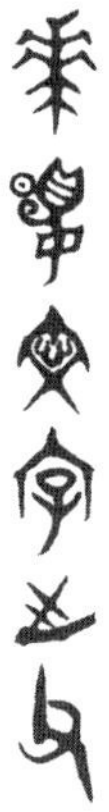

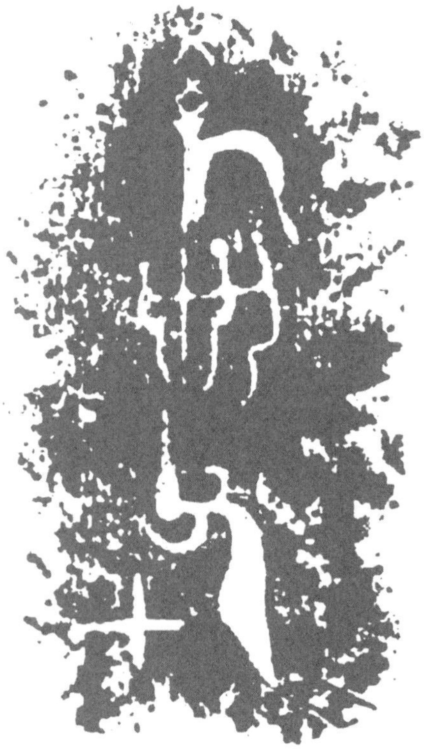

戈父甲鼎

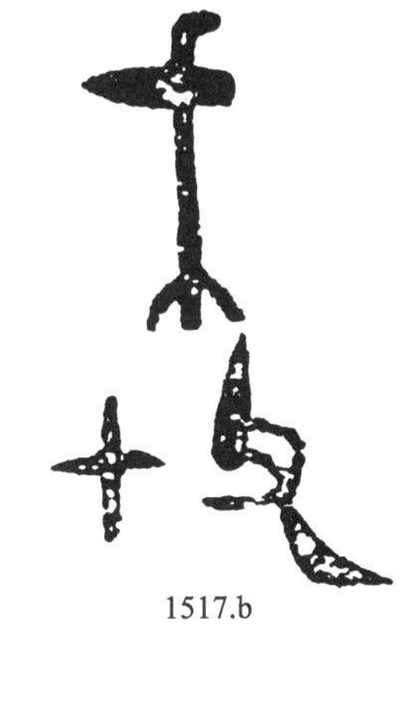

1517.b

戈父甲

时代：殷或西周早期

且辛父甲鬲

538

束父甲祖辛 正

时代：殷

现藏：旅顺博物馆

戈父甲方鼎

1519-7

戈父甲

时代：西周早期

现藏：英国伦敦不列颠博物馆

戈父甲方鼎

1518-8

戈父甲

时代：西周早期

现藏：美国哈佛大学福格美术博物馆

婓父甲鼎

1521-8

婓父甲

时代：殷

现藏：日本东京汤岛孔庙斯文会

咸父甲鼎

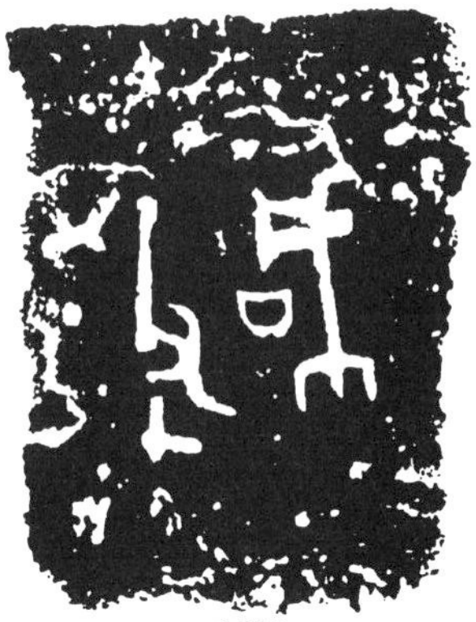

1520

咸父甲

时代：殷

[注释] 编号 1517、1518、1519、1520 为殷商武丁时期。

亞鳥父甲鼎

1817.b

亞鳥父甲

时代：殷

[图形]父甲鼎

1522-8

[图形]父甲

时代：殷

现藏：北京故宫博物院

作父甲鼎

1999-8

作父甲尊彝

时代：殷或西周早期

亞[图形]覃父甲鼎

1998-9

亞共覃父甲

时代：殷

戈父甲段

3143.b-6

戈父甲

时代：殷

田父甲段

3142-6

田父甲

时代：殷

现藏：日本东京松岡美术馆

[注释] 编号 1999 为殷商晚期。

父甲𣪘

3751-7

秅作父甲寶𣪘萬年孫子寶

时代：西周

现藏：北京故宫博物院

亼父甲𣪘

3144-5

亼父甲

时代：西周早期

出土：辽宁省喀左县山湾子窖藏

现藏：喀左县博物馆

鳥父甲卣

4902-5

鳥父甲

时代：殷

父甲盤

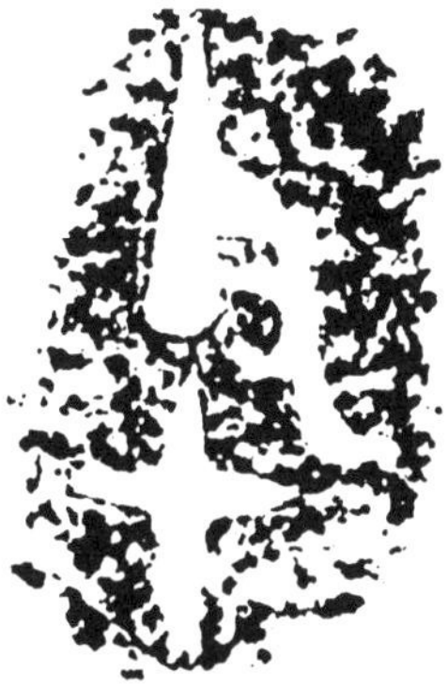

10024-7

父甲

时代：殷

现藏：新乡市博物馆

𠦪父甲卣

4904.1-7

𠦪父甲

时代：殷

现藏：河南博物馆

甲父田卣

4903.2-7

田父甲

时代：殷

出土：山东长清崮山驿

藏：日本大阪斋藤悦藏氏处

［注释］编号 3144 为殷商武丁时期，3751 为殷商晚期。

敄父甲卣

4906

敄父甲

时代：殷

丰父甲卣

4905.1-8

丰父甲

时代：殷

现藏：日本京都某氏处

亞㠱父甲卣

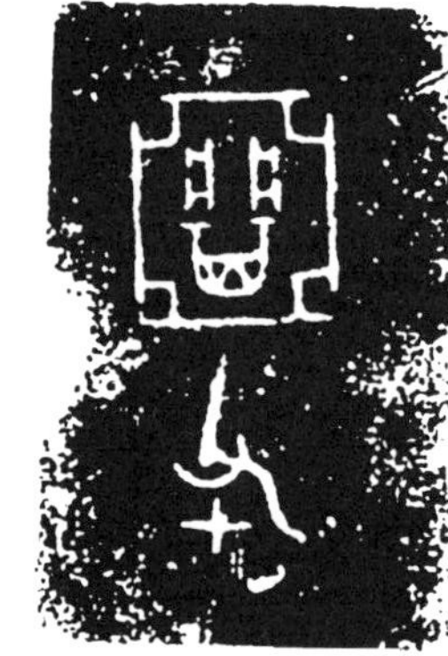

5049.1-7

亞㠱父甲

时代：殷

舟父甲卣

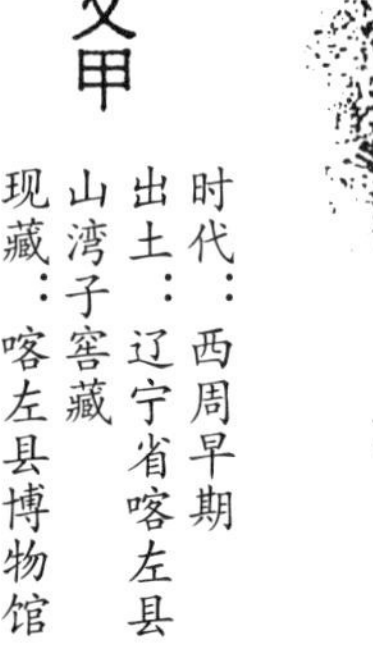

4907-6

舟父甲

时代：西周早期

出土：辽宁省喀左县山湾子窖藏

现藏：喀左县博物馆

𥂴作父甲卣

5308.1-9

𥂴作父甲寶尊彝 單

时代：西周早期

现藏：台北故宫博物院

陸冊父甲卣

5050-6

陸冊父甲

时代：殷

现藏：天津师范大学历史系

[注释] 编号 4907 为殷商武丁时期，5308 为殷商晚期。

史見父甲尊

5868-8

史見作父甲尊彝

时代：西周早期

现藏：日本大阪某氏

夲旅父甲尊

5720-7

夲旅父甲

时代：西周早期

出土：湖南湘潭县青山桥乡老屋村

现藏：湖南省博物馆

鬲作父甲尊

5956-7

鬲賜貝于王用作父甲寶尊彝

时代：西周中期

叀攸諆父甲尊

5952-6

叀攸諆爲禦作父甲旅尊彝

时代：西周早期或中期

现藏：瑞典斯德哥尔摩卡尔贝克氏

酋父甲觶

6215.1-8

酋父甲

时代：西周早期

出土：宝鸡

现藏：国家博物馆（蓋）、美国纽约大都会美术博物馆（器）

冉父甲觶

6214

冉父甲

时代：西周早期

[注释] 编号 5720、6214、6215 为殷商武丁时期，5868、5952、5956 为殷商晚期。

6372

鴛分父甲觶

鴛分父甲

时代：西周早期

萬父甲觶

6216

萬父甲

时代：殷

现藏：美国普林斯顿大学美术博物馆卡特氏藏器

冊𦥑父甲觚

7222

冊𦥑父甲

时代：殷

父甲丁觚

7221

父甲丁

时代：殷

出土：安阳殷墟西区墓葬

现藏：考古研究所安阳工作站

父甲角

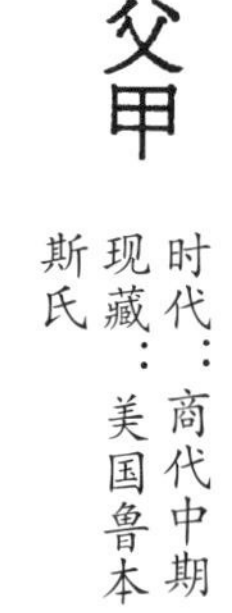

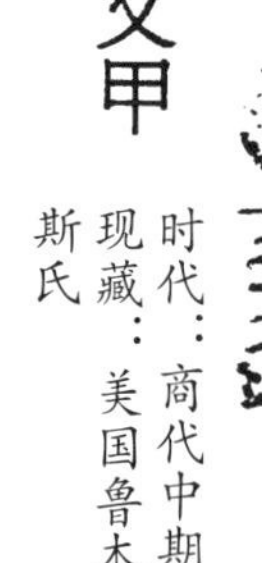

7873

父甲

时代：商代中期

现藏：美国鲁本斯氏

史見觚

7279-9

史見作父甲彝

时代：西周早期

现藏：美国毕德威尔氏

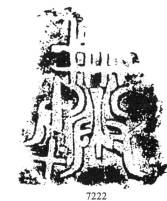

［注释］编号 6216、6372、7873 为殷商武丁时期，7279 为殷商晚期。

父甲

时代：殷
出土：山东胶县西庵村墓葬
现藏：山东潍坊市博物馆

父甲爵

7874

父甲

时代：殷

父甲爵

7875

父甲

时代：殷

父甲爵

7876

父甲

时代：殷

父甲爵

7877

父甲

时代：西周早期
现藏：北京故宫博物院

父甲爵

7878-6

車父甲

时代：殷
现藏：北京故宫博物院

車父甲爵

8371

[注释] 编号 7878 为殷商武丁时期。

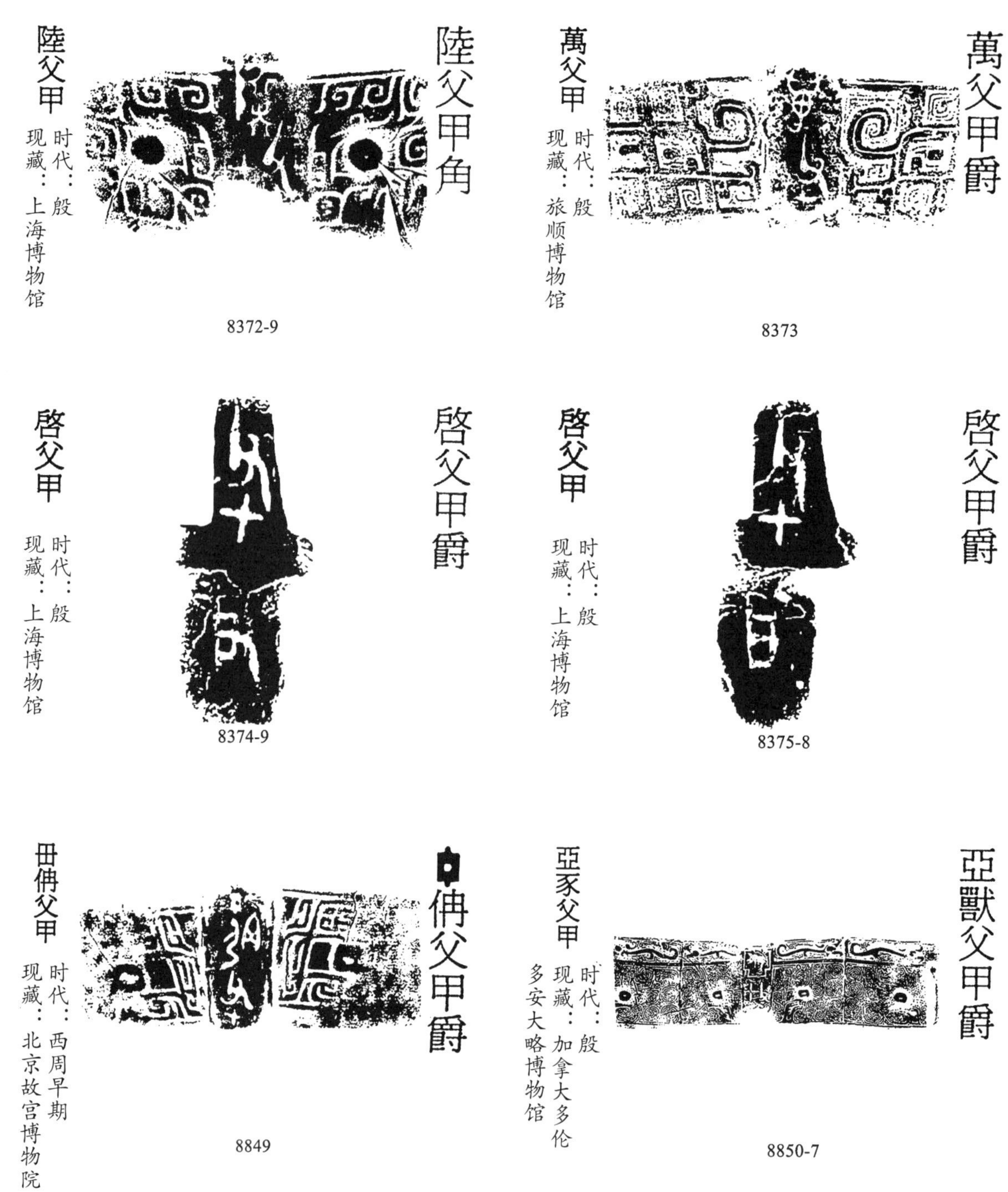

陸父甲角

陸父甲

时代：殷
现藏：上海博物馆

8372-9

萬父甲爵

萬父甲

时代：殷
现藏：旅顺博物馆

8373

啓父甲爵

啓父甲

时代：殷
现藏：上海博物馆

8374-9

啓父甲爵

啓父甲

时代：殷
现藏：上海博物馆

8375-8

毌侜父甲爵

毌侜父甲

时代：西周早期
现藏：北京故宫博物院

8849

亞獸父甲爵

亞豕父甲

时代：殷
现藏：加拿大多伦多安大略博物馆

8850-7

[注释] 编号 8373、8849 为殷商武丁时期。

望父甲爵

公賜望貝用作父甲寶彝

时代：西周早期
现藏：上海博物馆

9094

冊父甲爵

冊父甲

时代：西周早期
现藏：北京故宫博物院

8851-7

田父甲斝

田父甲

时代：殷
现藏：传山东长清

9205.2-9

豖父甲斝

豖父甲

时代：殷

9204-7

子父甲盉

子父甲

时代：殷

9387.2-6

羊父甲觥

羊父甲

时代：殷

9266.1

[注释] 编号 8851 为殷商武丁时期，9094 为殷商晚期。

冀父甲盘

10038.b-7

冀父甲
时代：殷

田父甲罍

9785.2-8

田父甲
时代：殷

［注释］编号 10038 为殷商武丁时期。

殷周金文集成

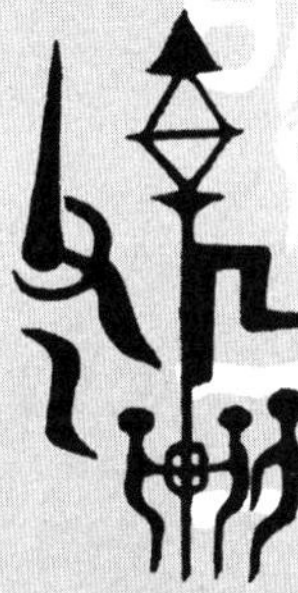

十天干之父丙

（精选四十四例）

犬父丙鼎

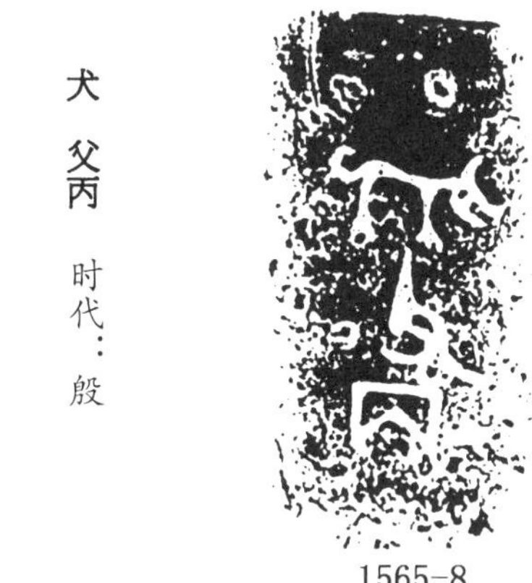

1565-8

犬 父丙

时代：殷

倲父丙鬲

478-9

重父丙

现藏：加拿大多伦多安大略博物馆

父丙□鼎

1567-7

父丙 □

时代：殷或西周早期

冉父丙鼎

1566-9

冉 父丙

时代：殷

现藏：美国波士顿美术博物馆

龜父丙鼎

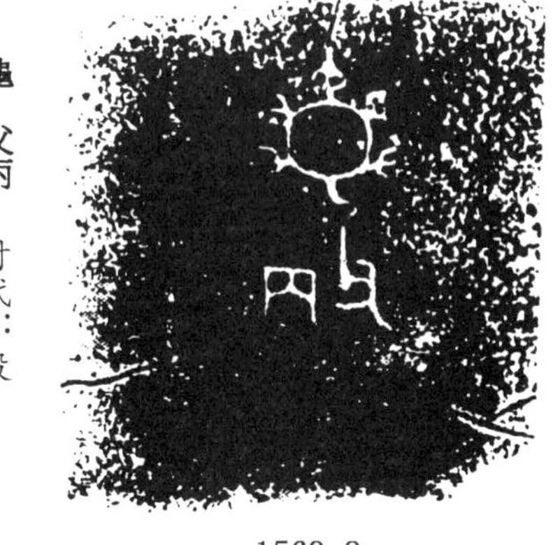
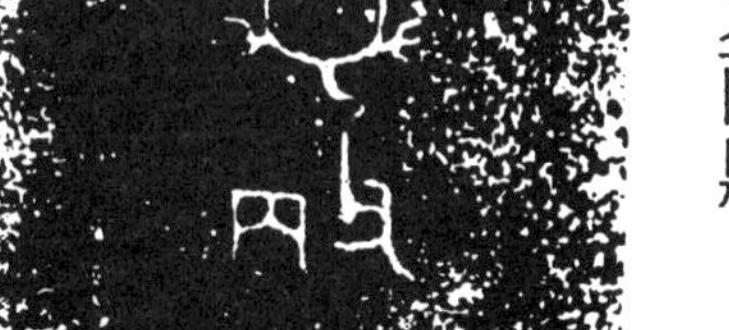

1569-8

龜 父丙

时代：殷

□父丙鼎

1568-7

弔 父丙

时代：西周早期

现藏：辽宁省博物馆

[注释] 编号 1567、1568 为殷商武丁时期。

亞䤵父丙方鼎

1837-7

亞䤵父丙

时代：殷

宁羊父丙鼎

1836-8

宁羊父丙

时代：西周早期
出土：北京房山县琉璃河二五三号墓
现藏：首都博物馆

疋作父丙鼎

2118-8

疋彈欽作父丙

时代：殷

木且辛父丙鼎

1997-7

木祖辛父丙

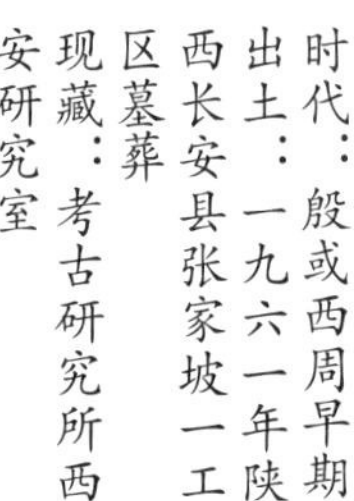

时代：殷或西周早期
出土：一九六一年陕西长安县张家坡一工区墓葬
现藏：考古研究所西安研究室

木父丙段

3168-6

木父丙

时代：西周早期
现藏：日本京都泉屋博古馆

作父丙残鼎

2119-9

作父丙寶尊彝

时代：西周早期

[注释] 编号 1836、1997、3168 为殷商武丁时期，2118、2119 为殷商晚期。

弔龜父丙段

3427-7

弔龜父丙

时代：殷

弔龜父丙段

3426-8

弔龜作父丙

时代：殷

牧父丙觚

4937-8

牧 父丙

时代：殷

枚父丙卣

4936-6

枚 父丙

时代：殷

高卣

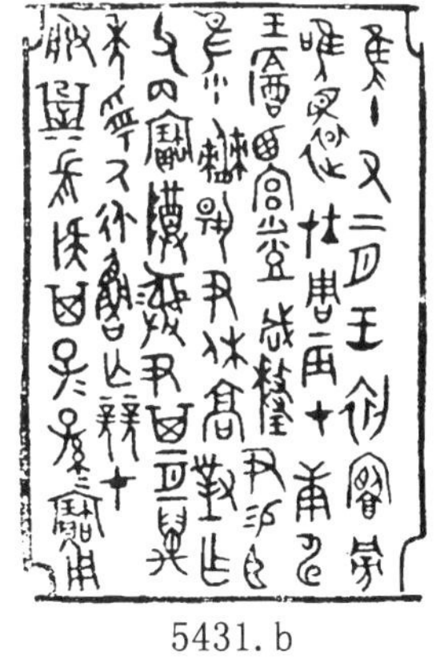
5431.b

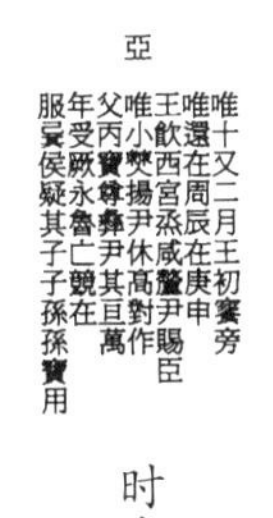
亞

唯十又二月王初饔旁
唯還在周辰在庚申
王飲西宮烝咸釐尹賜臣
唯小僰揚尹休高對作
父丙寶尊彝尹其亘萬
年受厥永魯亡斁在
服旲侯疑其子子孫孫寶用

时代：西周早期

父丙卣

5208.2b-8

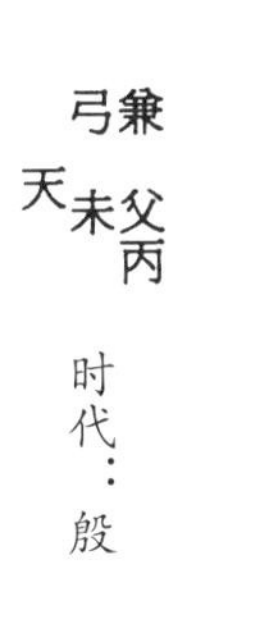
兼父丙
弓未
天

时代：殷

[注释]编号3426、3427、5431为殷商晚期。

戈作父丙尊

5798-8

戈作父丙彝

时代：西周早期

父丙尊

5522-8

父丙

时代：殷或西周早期

出土：陕西扶风县云塘村

现藏：扶风县博物馆

子父丙觶

6248-8

子 父丙

时代：西周早期

父丙觶

6102

父丙

时代：西周早期

父丙觶

6250

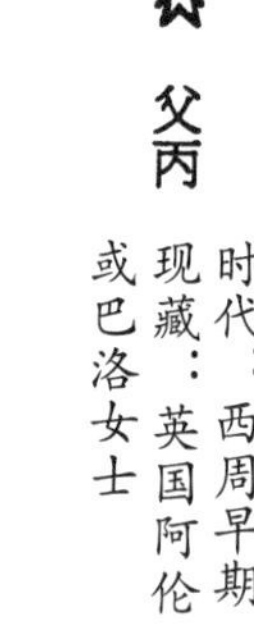

父丙

时代：西周早期

现藏：英国阿伦或巴洛女士

重父丙觶

6249-8

重 父丙

时代：殷

[注释] 编号 5522、6102、6248、6250 为殷商武丁时期，5798 为殷商晚期。

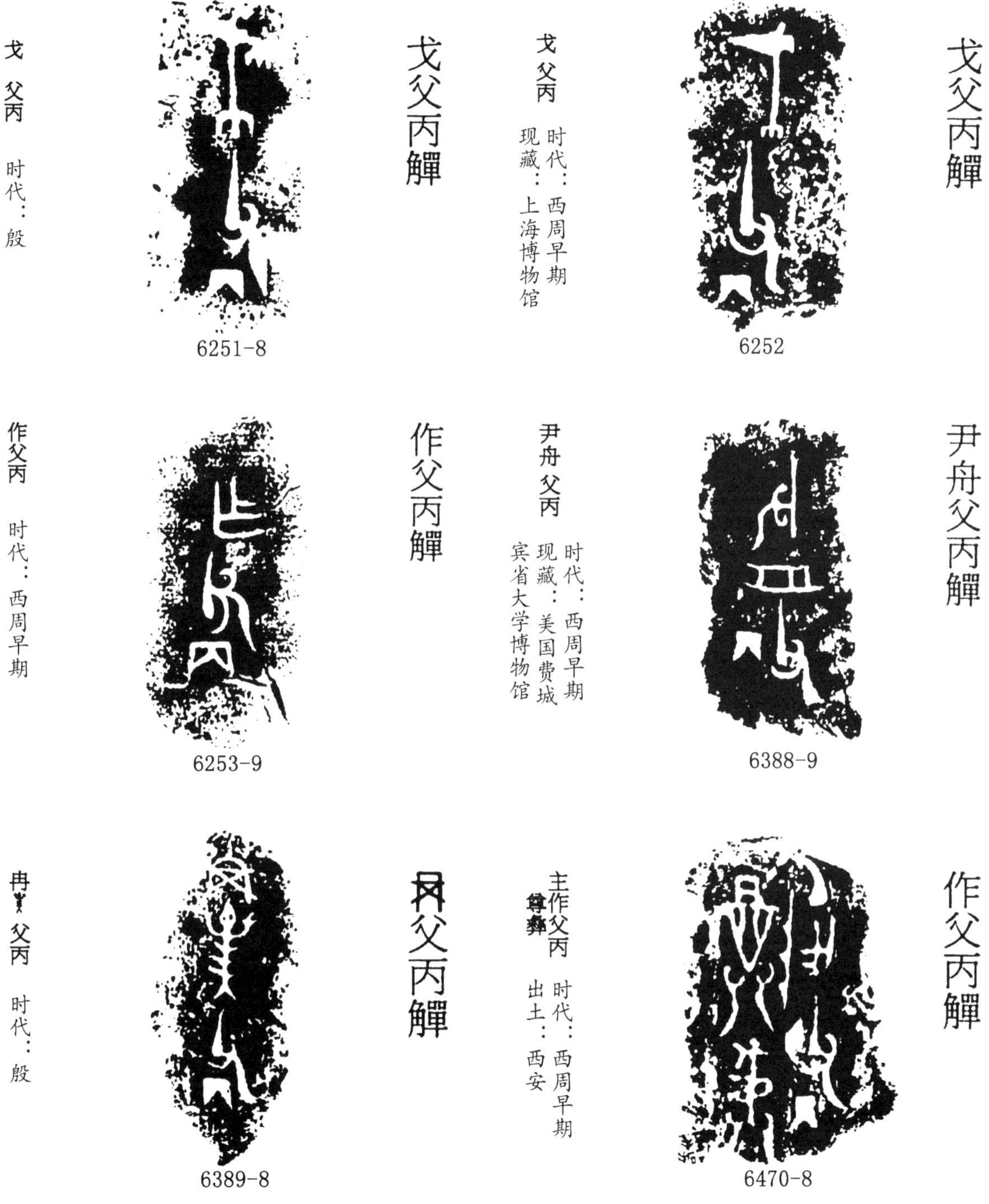

戈父丙觶

6252

戈父丙

时代：西周早期
现藏：上海博物馆

戈父丙觶

6251-8

戈父丙

时代：殷

尹舟父丙觶

6388-9

尹舟父丙

时代：西周早期
现藏：美国费城宾省大学博物馆

作父丙觶

6253-9

作父丙

时代：西周早期

作父丙觶

6470-8

主作父丙尊彝

时代：西周早期
出土：西安

冄父丙觶

6389-8

冄父丙

时代：殷

[注释] 编号 6252、6388 为殷商武丁时期，6253、6470 为殷商晚期。

史父丙觚

史父丙

时代：西周早期
出土：一九五六年陕西耀县丁家沟墓葬
现藏：陕西省博物馆

7102-8

子父丙觚

子父丙

时代：西周早期

7103-9

𢼄父丙觚

牧父丙

时代：殷
现藏：北京故宫博物院

7104-9

父丙爵

父丙

时代：西周早期

7901

𠕁父丙爵

𠕁父丙

时代：殷
现藏：北京故宫博物院

8436

魚父丙爵

魚父丙

时代：殷

8437

[注释] 编号 7102、7103、7104、7901 为殷商武丁时期。

重父丙爵

8438

重父丙

时代：殷

鼎父丙爵

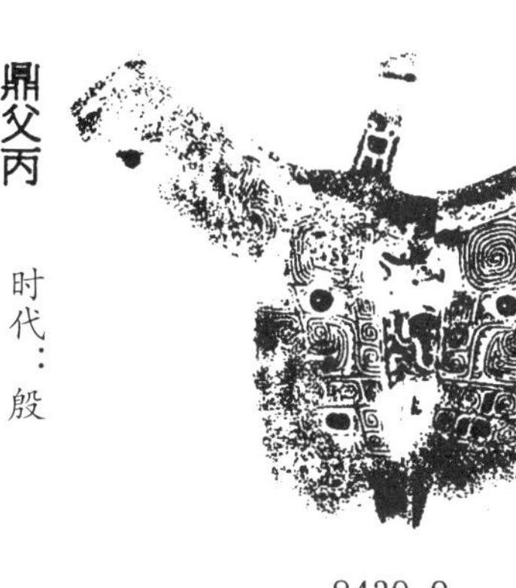

8439-9

鼎父丙

时代：殷

聑父丙爵

8440

聑父丙

时代：殷

现藏：上海博物馆

亞醜父丙爵

8882.1-7

亞醜父丙

时代：殷

⿸广寿冊父丙爵

8883

⿸广寿冊父丙

时代：西周早期

现藏：上海博物馆

西單父丙爵

8884

西單父丙

时代：殷

[注释] 编号 8883 为殷商武丁时期。

鬼作父丙壶

鬼作父丙寶壺伯[illegible]

时代：西周中期

9584-8

[臣甾]作父丙爵

8885-8

[臣甾]作父丙

时代：西周早期
出土：河南洛阳市

[注释] 编号 8885、9584 为殷商晚期。

殷周金文集成

十天干之父丁

（精选四百五十二例）

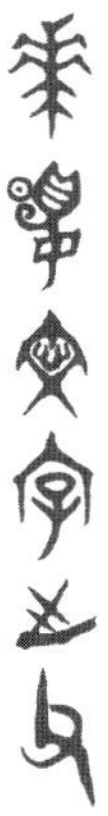

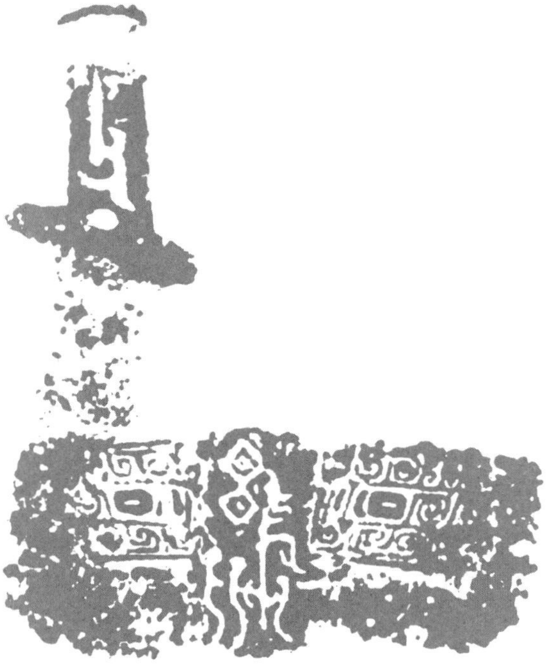

父丁鬲

父丁

时代：西周早期

458

䢅父丁鬲

䢅父丁

时代：西周早期

479

䢅父丁鬲

䢅父丁

时代：西周中期

现藏：台北故宫博物院

480

丏父丁鬲

丏父丁

时代：殷

现藏：考古研究所安阳工作站

499

冉父丁鬲

冉父丁

时代：西周早期

500-7

系父丁鬲

系父丁

时代：西周早期

现藏：北京故宫博物院

501-9

[注释] 编号458、479、480、500、501为殷商武丁时期。

荀作父丁鬲

543

敬作父丁齍尊

时代：西周早期
出土：陕西扶风县云塘村墓葬
现藏：周原扶风县文管所

亚从父丁鬲

539

亚从父丁鳥宁

时代：殷

亚𠭯父丁甗

840-8

亚𠭯父丁

时代：殷
现藏：上海博物馆

守父丁甗

813.b

守父丁

时代：殷

亚余父丁甗

842-8

亚余父丁

时代：西周早期
现藏：南京大学考古与艺术博物馆

丏亚父丁甗

841

丏亚父丁

时代：西周早期

[注释] 编号 840、841、842 为殷商武丁时期，543 为殷商晚期。

冀父丁鼎

1570.b-9

冀父丁

时代：殷或西周早期

父丁鼎

1256

父丁

时代：西周

现藏：上海博物馆

冀父丁鼎

1572-9

冀父丁

时代：殷

冀父丁鼎

1571.b-9

冀父丁

时代：殷或西周早期

冉父丁鼎

1574-8

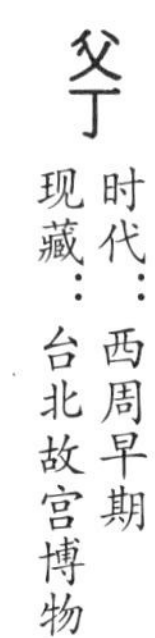

冉父丁

时代：西周早期

现藏：台北故宫博物院

冀父丁鼎

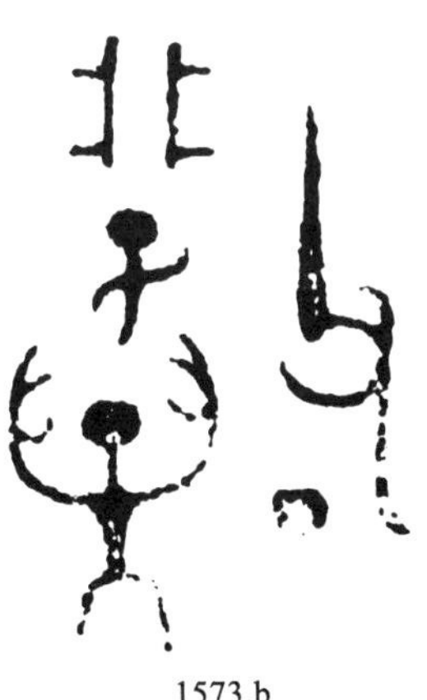

1573.b

冀父丁

时代：殷

现藏：台北故宫博物院

[注释] 编号 1256、1570、1571、1574 为殷商武丁时期。

父丁鼎

1576

父丁

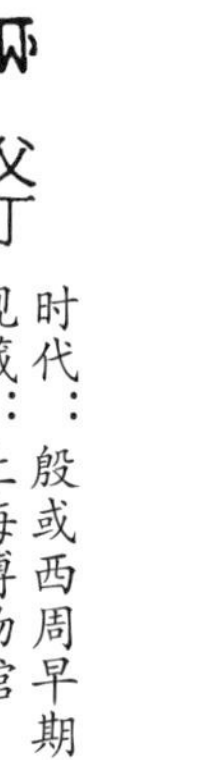

时代：殷或西周早期

现藏：上海博物馆

冉父丁鼎

1575

冉 父丁

时代：殷

父丁方鼎

1578

父丁

时代：殷

父丁鼎

1577-8

父丁

时代：西周早期

父丁方鼎

1580-7

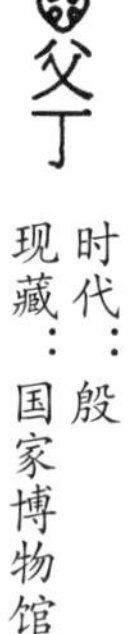

父丁

时代：殷

现藏：国家博物馆

父丁方鼎

1579-8

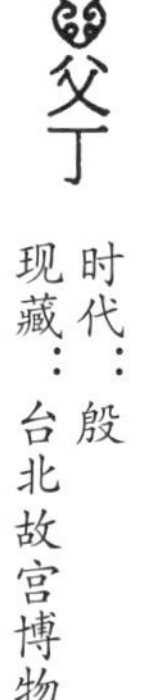

父丁

时代：殷

现藏：台北故宫博物院

[注释] 编号 1576、1577 为殷商武丁时期。

黽父丁鼎

1583-8

黽 父丁
时代：西周早期

豙父丁鼎

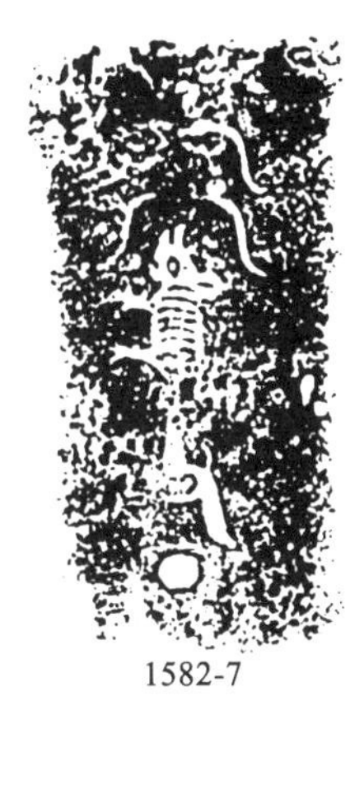

1582-7

豙 父丁
时代：殷
现藏：台北故宫博物院

魚父丁鼎

1585-8

魚 父丁
时代：西周早期

黽父丁鼎

1584-7

黽 父丁
时代：殷

弔弔父丁鼎

1587-7

弔 父丁
时代：西周中期
现藏：澳大利亚墨尔本国立维多利亚博物馆

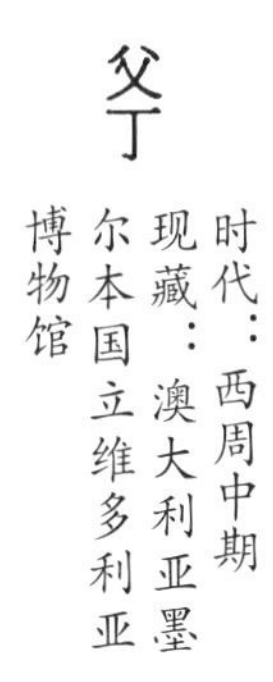

鬲父丁鼎

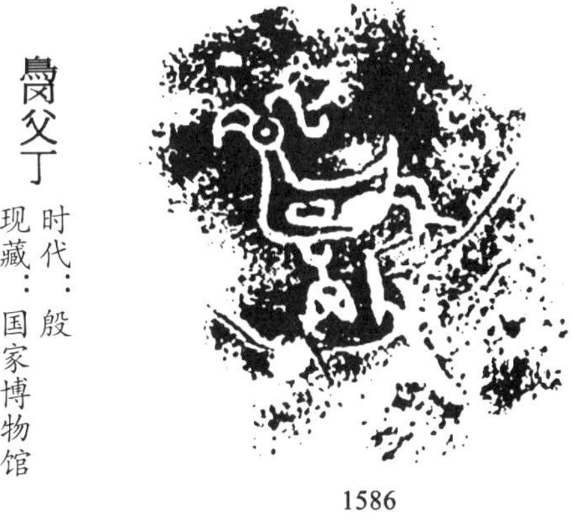

1586

鬲父丁
时代：殷
现藏：国家博物馆

[注释] 编号 1583、1585、1587 为殷商武丁时期。

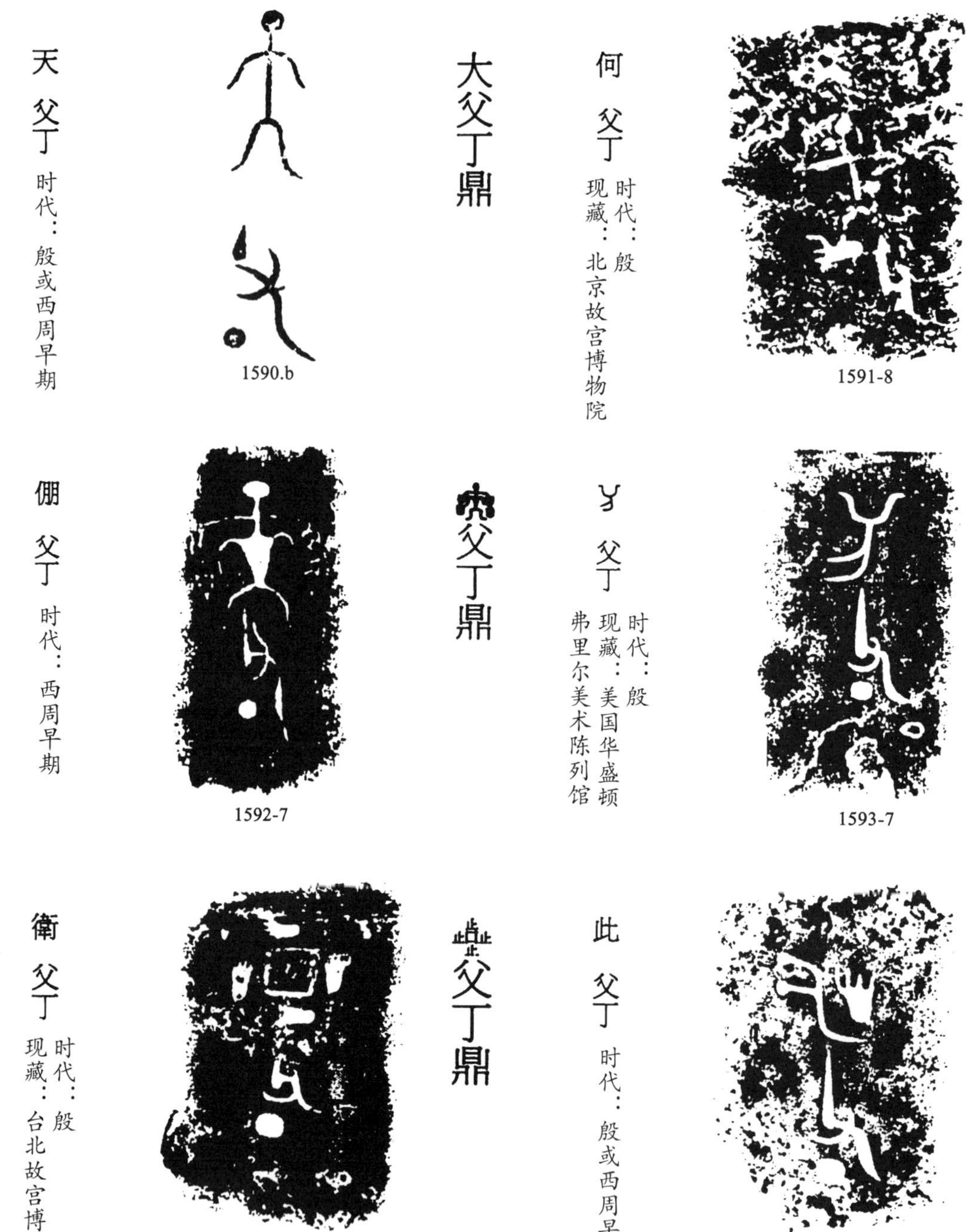

何父丁方鼎

何 父丁

时代：殷

现藏：北京故宫博物院

1591-8

大父丁鼎

天 父丁

时代：殷或西周早期

1590.b

[illegible]父丁方鼎

[illegible] 父丁

时代：殷

现藏：美国华盛顿弗里尔美术陈列馆

1593-7

[illegible]父丁鼎

倗 父丁

时代：西周早期

1592-7

[illegible]父丁鼎

此 父丁

时代：殷或西周早期

1595

[illegible]父丁鼎

衛 父丁

时代：殷

现藏：台北故宫博物院

1594-8

[注释] 编号 1590、1592、1593、1595 为殷商武丁时期。

[illegible]父丁鼎

[illegible] 父丁

时代：殷或西周早期

1597

子父丁鼎

子 父丁

时代：殷

现藏：上海博物馆

1596-8

戈父丁鼎

戈 父丁

时代：殷

现藏：美国宾夕法尼亚李察布氏

1599-6

息父丁鼎

息 父丁

时代：西周早期

出土：陕西岐山县京当公社王家嘴西周墓葬

现藏：周原扶风县文管所

1598-8

[illegible]父丁鼎

倗舟父丁

时代：殷

1838

[illegible]父丁鼎

[illegible] 父丁

时代：殷

现藏：上海博物馆

1600-6

[注释] 编号 1597、1598 为殷商武丁时期。

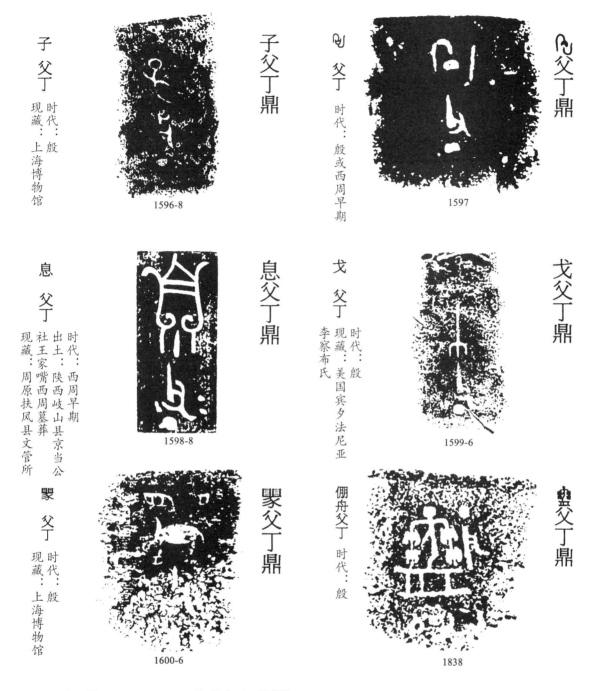

亞醜父丁方鼎

1840-8

亞醜父丁

时代：殷

亞醜父丁方鼎

1839-7

亞醜父丁

时代：殷

现藏：北京故宫博物院

亞獏父丁鼎

1842-7

亞獏父丁

时代：殷

亞獏父丁鼎

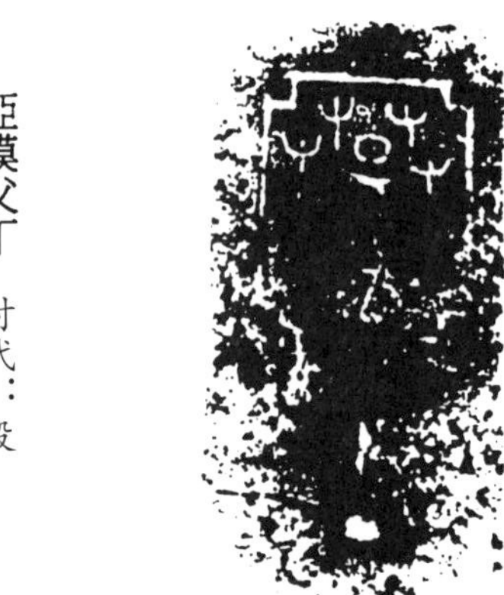

1841-8

亞獏父丁

时代：殷

亞獏父丁鼎

1844-6

亞獏父丁

时代：殷

亞獏父丁鼎

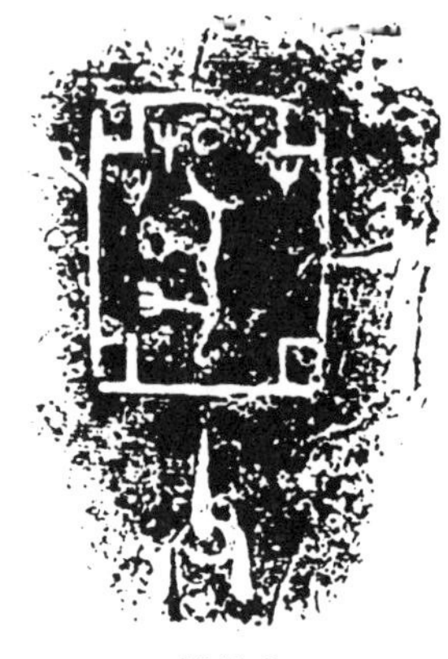

1843-6

亞獏父丁

时代：殷

现藏：瑞典斯德哥尔摩古物馆

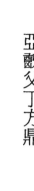

亞旃父丁鼎

1846

亞旃父丁

时代：殷

亞犬父丁方鼎

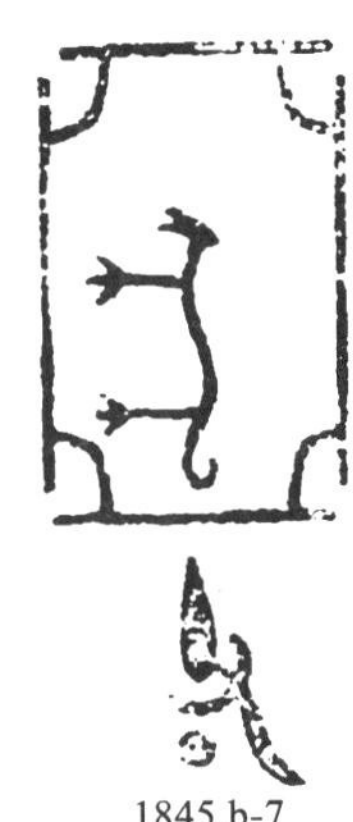

1845.b-7

亞獏父丁

时代：殷

亞壴父丁鼎

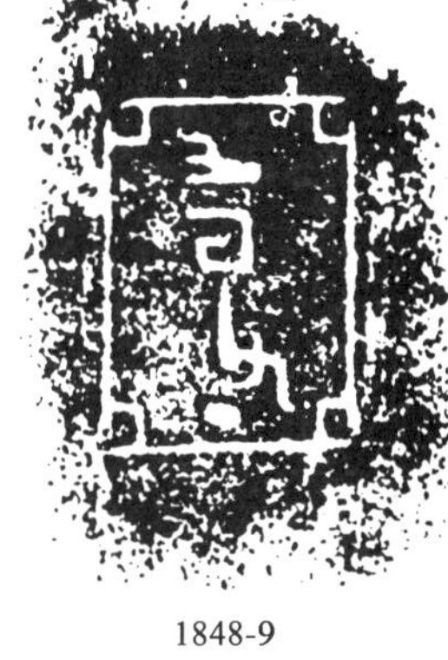

1848-9

亞壴父丁

时代：殷

亞酉父丁鼎

1847

亞酉父丁

时代：殷

现藏：美国华盛顿萨克勒美术馆

子羊父丁鼎

1850-8

子羊父丁

时代：殷

田告父丁鼎

1849-6

田告父丁

时代：殷或西周早期

现藏：上海博物馆

[注释] 编号 1848、1849 为殷商武丁时期。

臤父丁鼎

1852-8

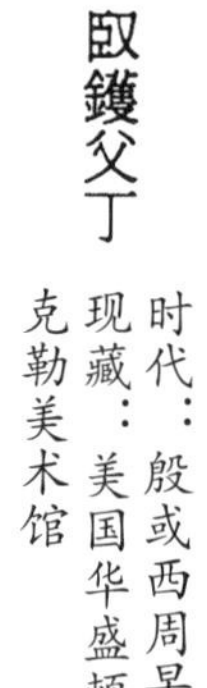

臤鑊父丁 时代：殷或西周早期 现藏：美国华盛顿萨克勒美术馆

寧母父丁方鼎

1851-7

寧母父丁 时代：殷

耳夆父丁鼎

1854.b-7

耳夆父丁鼎 时代：西周早期

耳衔父丁鼎

1853-7

耳衔父丁 时代：殷

瞏父丁冊方鼎

1856-8

瞏冊父丁 时代：殷

庚豩父丁方鼎

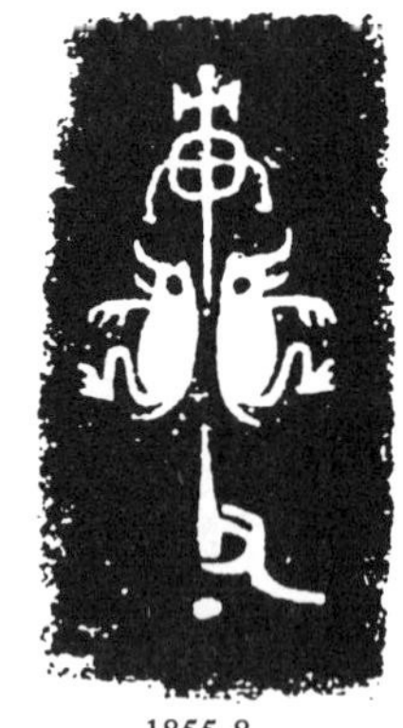

1855-8

庚豩父丁 时代：殷 出土：河南安阳小屯西地墓葬 现藏：考古研究所安阳工作站

[注释] 编号 1852、1854 为殷商武丁时期。

吴父丁冊方鼎

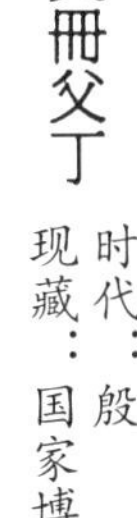

吴冊父丁

时代：殷

现藏：国家博物馆

1858-6

尹舟父丁鼎

尹舟父丁

时代：殷

1857-7

作父丁羊方鼎

作父丁 羊

时代：西周早期

现藏：北京故宫博物院

1860-8

弓𦎫父丁方鼎

弓𦎫父丁

时代：殷

现藏：美国皮斯柏寄陈米里阿波里斯美术馆

1859-6

宰𢖍宔父丁鼎

宰𢖍宔父丁

时代：西周早期

2010-9

□父丁鼎

□父丁

时代：西周

1861-9

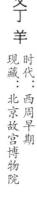

[注释]编号1861、2010为殷商武丁时期，1860为殷商晚期。

歸作父丁鼎

2121-7

歸作父丁寶鼎

时代：西周早期或中期

现藏：北京故宫博物院

韋作父丁鼎

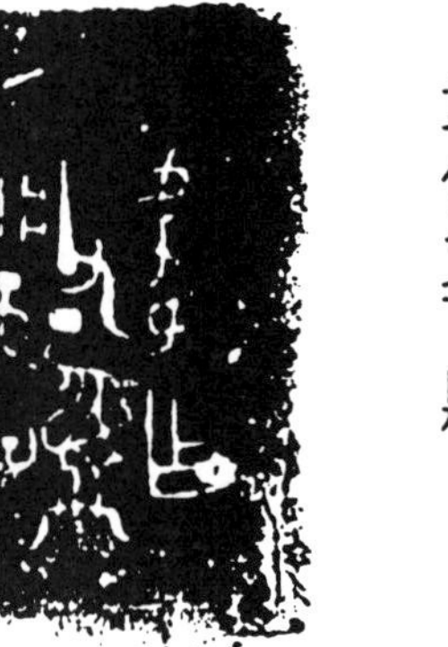

2120-8

韋作父丁彝

时代：西周早期

现藏：北京故宫博物院

涉作父丁鼎

2123.b-8

涉作父丁寶鼎

时代：西周

彸作父丁隮鼎

2122-8

彸作父丁尊彝

时代：西周早期或中期

出土：陕西武功县

现藏：武功县文化馆

□作父丁鼎

2250-8

□作父丁寶尊彝

时代：西周早期

或作父丁鼎

2249-8

或作父丁寶尊彝

时代：西周早期

现藏：辽宁省博物馆

[注释] 本页为殷商晚期。

侯作父丁鼎

侯作父丁
尊彝 表

时代：西周

2274-8

穆作父丁鼎

穆作父丁
寶尊彝

时代：西周

2251.b-6

引作文父丁鼎

引作文
父丁鬻
殴鑊

时代：殷
现藏：台北故宫博物院

2318-4

亞[illegible]作父丁鼎

亞[illegible]作父丁
寶尊彝

时代：西周早期
现藏：北京故宫博物院

2317-7

衷作父丁鼎

奪作父丁寶
尊彝[illegible]

时代：西周早期
现藏：日本神户白鹤美术馆

2366-6

車作父丁鼎

車作父丁
寶鼎戉葡

时代：西周早期
出土：山西洪赵县永凝东堡
现藏：山西省博物馆

2319-8

［注释］本页为殷商晚期。

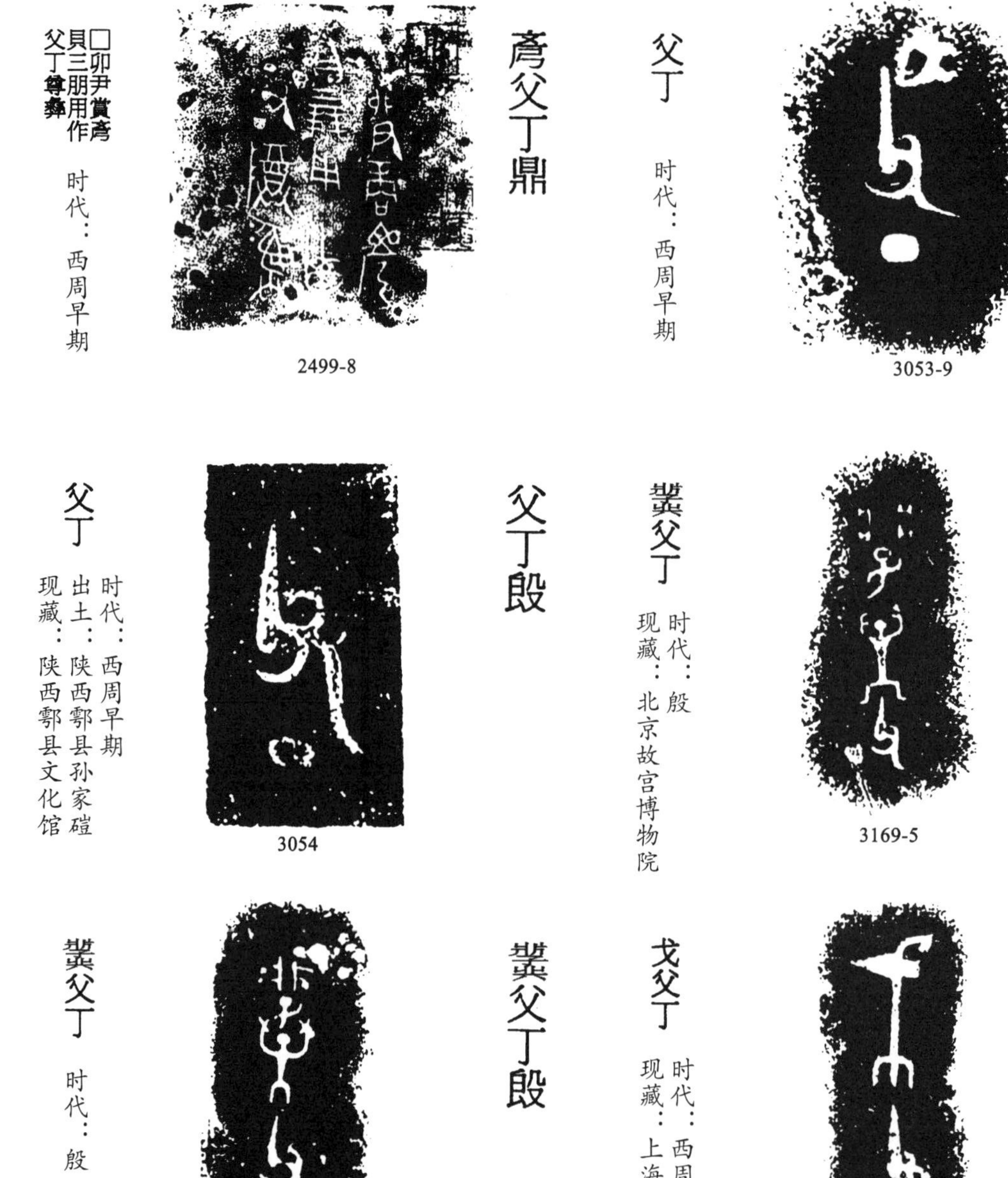

父丁殷

父丁

时代：西周早期

3053-9

斎父丁鼎

口卯尹賞斎貝三朋用作父丁尊彝

时代：西周早期

2499-8

冀父丁殷

冀父丁

时代：殷

现藏：北京故宫博物院

3169-5

父丁殷

父丁

时代：西周早期

出土：陕西鄠县孙家碓

现藏：陕西鄠县文化馆

3054

戈父丁殷

戈父丁

时代：西周早期

现藏：上海博物馆

3171-7

冀父丁殷

冀父丁

时代：殷

3170-8

[注释] 编号 3053、3054、3171 为殷商武丁时期，2499 为殷商晚期。

戈父丁殷

3173-6

戈父丁

时代：殷
现藏：北京故宫博物院

戈父丁殷

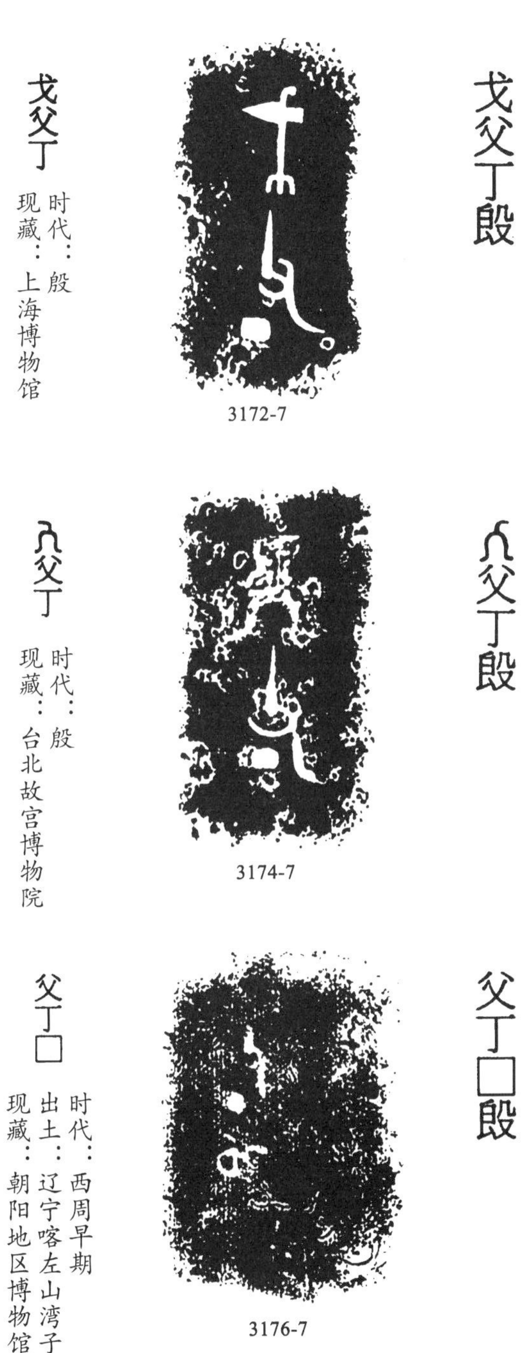

3172-7

戈父丁

时代：殷
现藏：上海博物馆

父丁[illegible]殷

3175-8

[illegible]父丁

时代：殷

[illegible]父丁殷

3174-7

[illegible]父丁

时代：殷
现藏：台北故宫博物院

[illegible]父丁殷

3177-6

[illegible]父

时代：殷

父丁□殷

3176-7

父丁□

时代：西周早期
出土：辽宁喀左山湾子
现藏：朝阳地区博物馆

［注释］编号 3176 为殷商武丁时期。

奄父丁毁

3179-8

奄父丁

时代：殷

酰父丁毁

3178-7

酰父丁

时代：殷

文父丁毁

3181-7

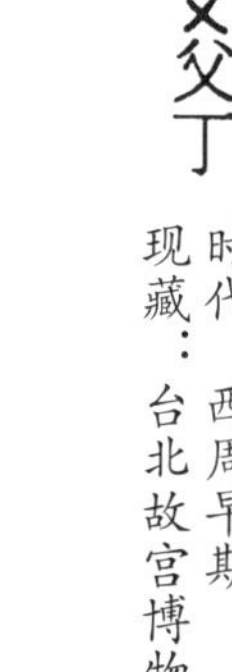

文父丁

时代：西周早期

现藏：台北故宫博物院

保父丁毁

3180-9

保父丁

时代：西周早期

现藏：旅顺博物馆

赫父丁毁

3183.1-9

弔父丁

时代：西周中期

亞父丁毁

3182

亞父丁

时代：西周早期

现藏：周至县文化馆

[注释] 编号 3180、3181、3182、3183 为殷商武丁时期。

3296

且癸父丁毁

祖癸父丁

时代：西周早期

现藏：英国伦敦不列颠博物馆

3184.1

𣏟父丁毁

弔父丁

时代：西周中期

现藏：瑞士苏黎世瑞列堡博物馆

3309

亞亯父丁毁

亞亯父丁

时代：殷

现藏：北京故宫博物院

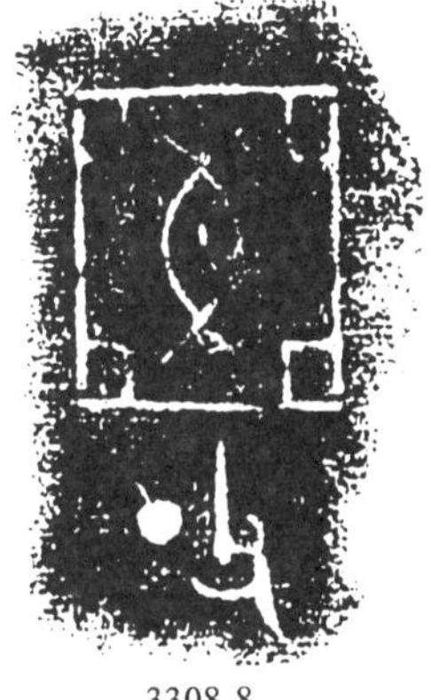

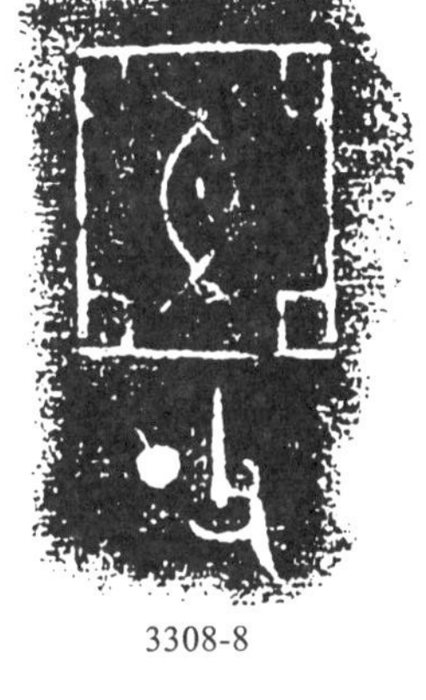

3308-8

亞束父丁毁

亞束父丁

时代：殷

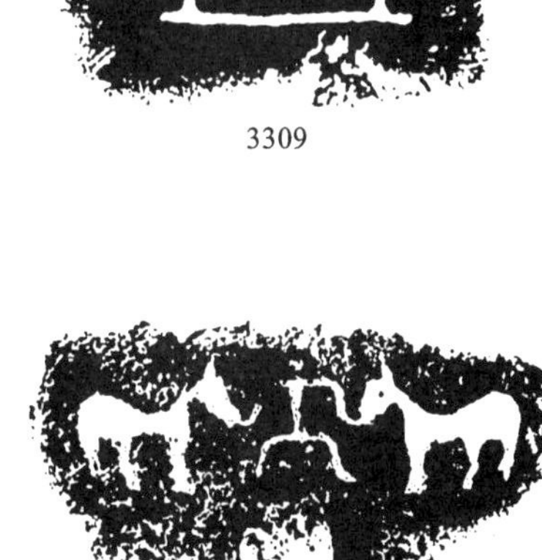

3311-7

豙馬父丁毁

豙馬父丁

时代：殷

现藏：北京故宫博物院

3310-7

亞醜父丁毁

亞醜父丁

时代：殷

现藏：北京故宫博物院

[注释] 编号 3184、3296 为殷商武丁时期。

A父丁殷

兮父丁

时代：殷

现藏：北京故宫博物院

3313-8

文䀠父丁殷

文䀠父丁

时代：殷

现藏：美国纽约康恩氏

3312.1-7

父丁殷

冉父丁

时代：西周早期

出土：陕西扶风县齐家村

现藏：扶风县博物馆

3315-6

父丁殷

兮父丁

时代：殷

3314-7

宁戈父丁殷

宁戈父丁

时代：西周早期

3317-9

父丁殷

冉父丁

时代：殷

现藏：北京故宫博物院

3316-8

[注释] 编号 3315、3317 为殷商武丁时期。

冊劦父丁毁

3319-9

隸冊父丁

时代：西周早期

宁矢父丁毁

3318-6

宁矢父丁

时代：西周早期

现藏：北京故宫博物院

□□父丁毁

3321.b

□□父丁

时代：殷

[illegible]父丁冊毁

3320-6

[illegible]冊父丁

时代：殷

现藏：法国巴黎赛尔诺什博物馆

✦一父丁毁

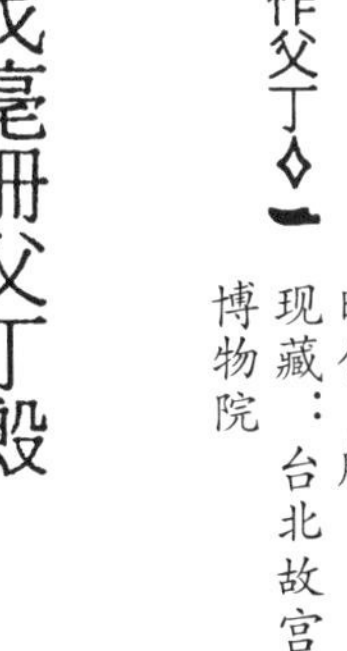

3429-9

作父丁✧一

时代：殷

现藏：台北故宫博物院

戈亳冊父丁毁

3428-8

戈亳冊父丁

时代：殷

[注释] 编号 3318、3319、3320 为殷商武丁时期，3429 为殷商晚期。

劦冊竹父丁段

3431-9

秝竹冊父丁

时代：西周早期

现藏：国家博物馆

𠆧父丁段

3430.b

𠆧父丁彝

时代：西周早期

[illegible]作父丁段

3512-9

[illegible]作父丁尊彝

时代：西周早期

现藏：北京故宫博物院

劦冊竹父丁段

3432-9

秝竹冊父丁

时代：西周早期

现藏：北京故宫博物院

叔作父丁段

3605-8

叔作父丁寶尊彝

时代：西周早期

宔父丁段

3604-8

宔父丁尊彝 [illegible]

时代：西周早期

现藏：北京故宫博物院

［注释］编号 3431、3432、3604 为殷商武丁时期，3430、3512、3605 为殷商晚期。

宰□作父丁毁

3608-8

宰□作父丁餘彝

时代：西周早期

现藏：国家博物馆

古作父丁毁

3607.b

古作父丁寶尊彝

时代：西周早期

✦一作父丁毁

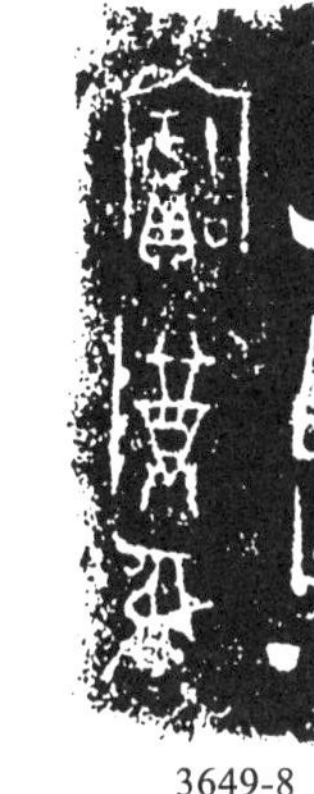

3649-8

✦一作父丁寶尊彝

时代：西周早期

现藏：瑞士苏黎世某私人

休作父丁毁

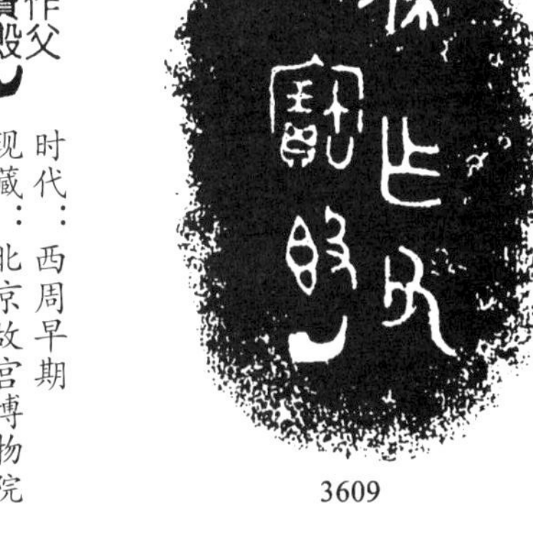

3609

休作父丁寶毁

时代：西周早期

现藏：北京故宫博物院

牧共作父丁毁

3651-8

牧共作父丁小食

时代：西周早期

✦一作父丁毁

3650-7

✦一作父丁寶尊彝

时代：西周早期

[注释] 本页为殷商晚期。

冀父丁卣

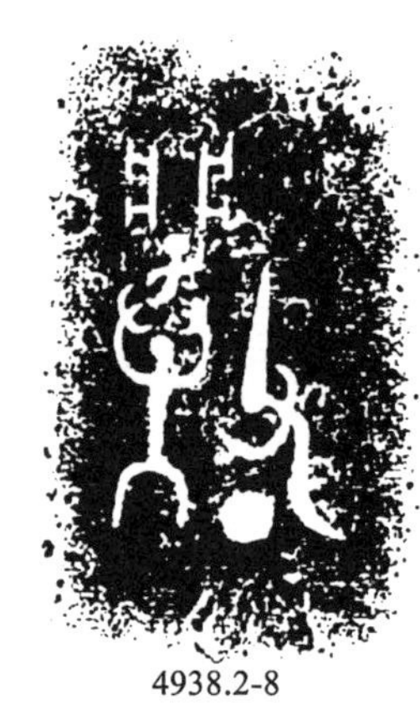

4938.2-8

冀 父丁

时代：殷

龠作父丁毁

3652-7

龠作父丁
寶尊彝□

时代：西周早期
现藏：广东省博物馆

□父丁卣

4940

□ 父丁

时代：西周早期
现藏：瑞士苏黎世瑞列堡博物馆

冀父丁卣

4939.1

冀 父丁

时代：殷

爵父丁卣

4942.b

爵父丁

时代：西周早期

史父丁卣

4941-9

史 父丁

时代：殷

[注释] 编号 4940、4942 为殷商武丁时期，3652 为殷商晚期。

束父丁卣

4944-6

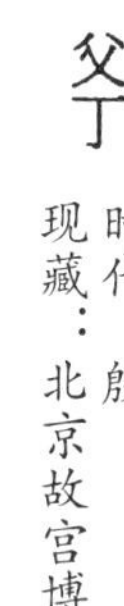

束父丁

时代：殷

现藏：北京故宫博物院

子父丁卣

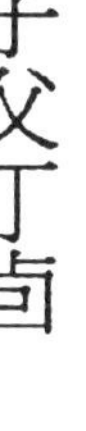

4943.1-9

子父丁

时代：殷

现藏：上海博物馆

耒父丁卣

4946.1b

耒父丁

时代：殷

耒父丁卣

4945-7

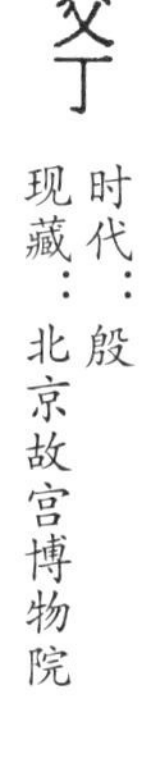

耒父丁

时代：殷

现藏：北京故宫博物院

父丁㐅卣

4948.1

㐅父丁

时代：殷

出土：山东滕县井亭煤矿

现藏：山东省博物馆

酉父丁卣

4947.1b

酉父丁

时代：殷

豕馬父丁卣

5062-6

馬豕父丁
时代：西周早期
出土：安徽颍上王岗区郑家湾
现藏：颍上县文物工作组

父丁卣

4949.2b-7

父丁
时代：殷

立𠂤父丁卣

5064.2-8

立𠂤 父丁
时代：殷
现藏：美国华盛顿萨克勒美术馆

豕馬父丁卣

5063-6

馬豕父丁
时代：西周早期
现藏：日本奈良宁乐美术馆

徵作父丁卣

5066-9

徵作父丁
时代：西周早期

立𠂤父丁卣

5065.1-8

立𠂤 父丁
时代：殷
现藏：美国纳尔逊美术陈列馆

[注释] 编号 5062、5063 为殷商武丁时期，5066 为殷商晚期。

串[glyph]父丁卣

5068-8

串[glyph]父丁

时代：殷

獄父丁卣

5067.2

彝獄 父丁

时代：西周早期
现藏：上海博物馆

子⿸广軓父丁卣

5070.2b

子⿸广軓父丁

时代：殷

串雋父丁卣

5069

串[glyph]父丁

时代：殷
出土：辽宁喀左山湾子村窖藏
现藏：辽宁省博物馆

冉[glyph]父丁卣

5072.2-7

冉[glyph]父丁

时代：西周早期
出土：陕西长安县张家坡墓葬
现藏：考古研究所西安研究室

冉[glyph]父丁卣

5071-8

冉[glyph]父丁

时代：西周早期
现藏：上海博物馆

[注释] 编号 5067、5071、5072 为殷商武丁时期。

帆公父丁卣

5074.1

埶公父丁

时代：殷
现藏：首都师范大学历史博物馆

舟丙父丁卣

5073-9

舟丙父丁

时代：殷

𡚬父丁卣

5155.1

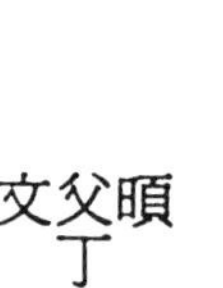

时代：殷
现藏：美国哈佛大学福格美术博物馆

釆作父丁卣

5075.b-8

釆作父丁

时代：殷
现藏：首都师范大学历史博物馆

劦册竹父丁卣

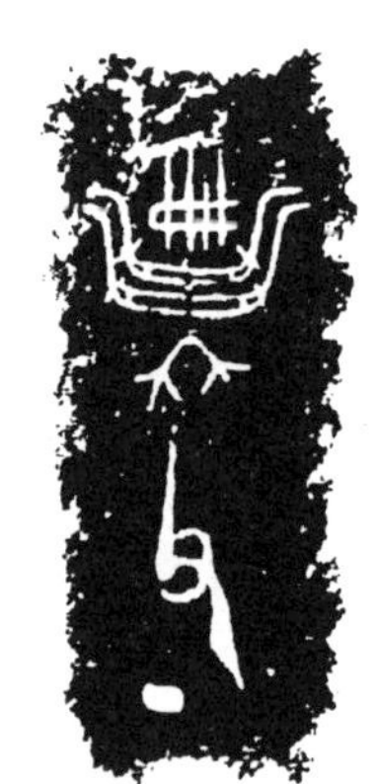

5158-6

册秝竹父丁

时代：西周早期
出土：陕西扶风召李村一号墓
现藏：扶风县博物馆

西單中父丁卣

5156.1-7

西單冊父丁

时代：殷
现藏：美国纽约侯希兰处

［注释］编号 5158 为殷商武丁时期，5075 为殷商晚期。

作父丁卣

5210.1-6

作父丁寶旅彝

时代：西周早期

现藏：北京故宫博物院

亶作父丁卣

5209-5

亶作父丁寶彝

时代：西周早期

亞㝬父丁卣

5271.2-7

亞㝬宝孤竹丁父

时代：西周早期

现藏：北京故宫博物院

大中作父丁卣

5212.b

大中作父丁尊

时代：西周早期

田告父丁卣

5273.1

田告父丁作寶彝

时代：西周早期

现藏：北京故宫博物院

戟作父丁卣

5272.2-5

戟作父丁寶尊彝

时代：西周早期

[注释]编号5209、5210、5212、5272、5273为殷商晚期。

弢作父丁卣

5275.b-9

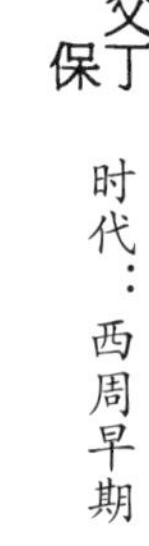

攸作父丁 尊彝 保

时代：西周早期

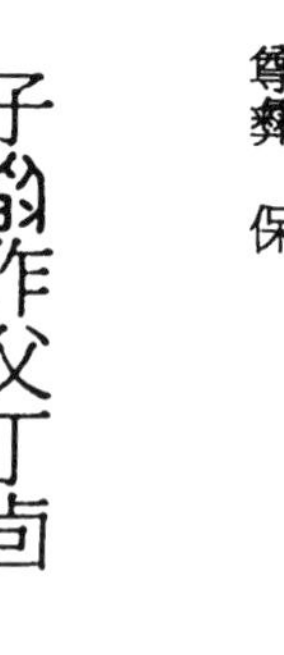

子𣪘作父丁卣

5274.1

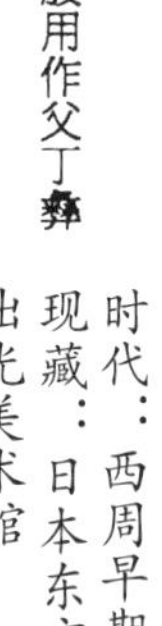

子𣪘用作父丁彝

时代：西周早期
现藏：日本东京出光美术馆

無憂作父丁卣

5309.2-9

亞來無憂作父丁彝

时代：西周早期
现藏：日本大阪山中商会

𠂤作父丁卣

5276-8

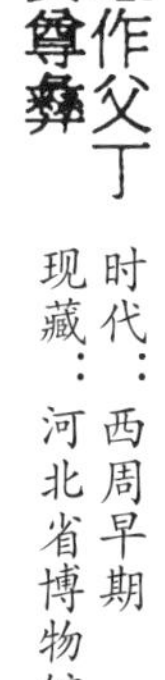

𠂤作父丁寶尊彝

时代：西周早期
现藏：河北省博物馆

平作父丁卣

5332.1-9

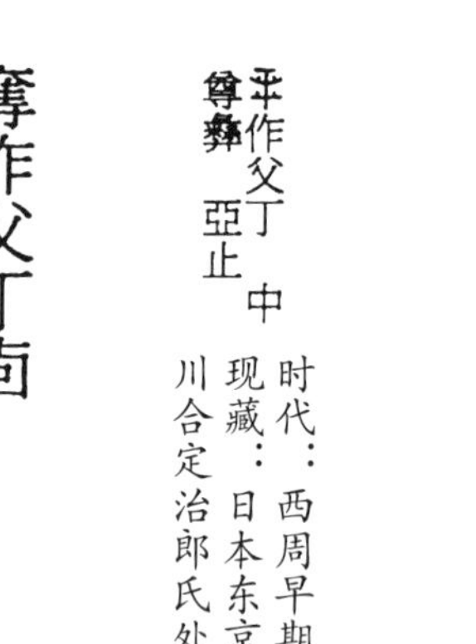

平作父丁 尊彝 亞止 中

时代：西周早期
现藏：日本东京川合定治郎氏处

奪作父丁卣

5330-8

奪作父丁寶尊彝 𠕋

时代：西周早期
现藏：北京故宫博物院

[注释] 本页为殷商晚期。

二祀切其卣

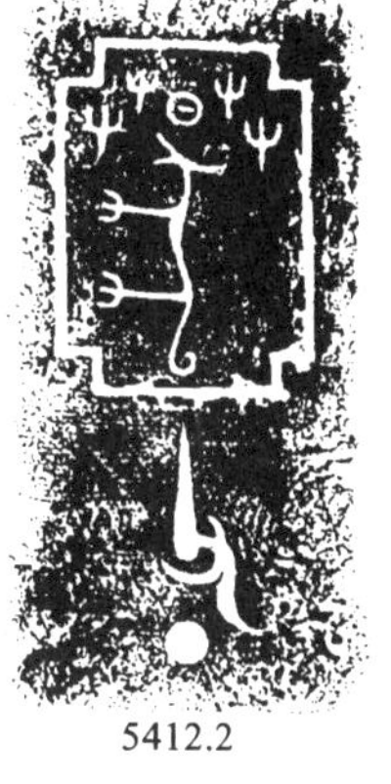

5412.2

亞獏父丁

时代：殷

出土：河南安阳

现藏：北京故宫博物院

盂卣

5399

作旅甫

兮公宦盂鬯束貝十朋盂對揚公休用作父丁寶尊彝 羊

时代：西周早期

现藏：旅顺博物馆（蓋）、北京故宫博物院（器）

父丁尊

5524.b

父丁

时代：西周早期

父丁尊

5523-7

父丁

时代：殷或西周早期

现藏：北京故宫博物院

父丁冀尊

5629-8

冀父丁

时代：殷

现藏：台北故宫博物院

母父丁尊

5627

母父丁

时代：殷

现藏：日本东京出光美术馆

[注释] 编号 5523、5524 为殷商武丁时期，5399 为殷商晚期。

父丁尊

5631

衛父丁

时代：殷

尹父丁尊

5630-9

尹父丁

现藏：北京故宫博物院

入父丁尊

5633-6

入父丁

时代：西周早期

现藏：北京故宫博物院

父丁尊

5632-7

父丁

时代：殷

父丁魚尊

5635-8

魚父丁

时代：殷

现藏：台北故宫博物院

父丁尊

5634-9

父丁

时代：殷

现藏：瑞士苏黎世瑞列堡博物馆

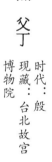

[注释] 编号 5630、5633 为殷商武丁时期。

豕父丁尊

5637-7

豕 父丁 时代：殷

奄父丁尊

5636

奄 父丁 时代：西周早期

◎父丁尊

5639-8

◎ 父丁 时代：西周早期 现藏：日本东京广田熙氏

豕父丁尊

5638-7

豕 父丁 时代：殷 现藏：日本东京松冈美术馆

亞醜父丁尊

5735-6

亞醜父丁 时代：殷

文父丁冀尊

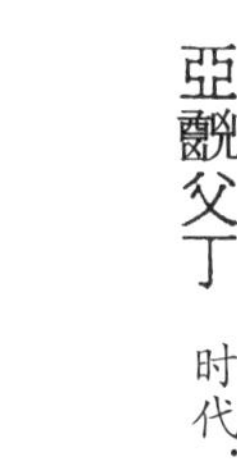

5733-8

文父丁冀 时代：西周早期

[注释] 编号 5636、5639、5733 为殷商武丁时期。

豕馬父丁尊

5737-7

馬豕 父丁

时代：殷或西周早期
出土：安徽颍上王岗区郑家湾

亞獏父丁尊

5736-6

亞獏 父丁

时代：殷
现藏：美国华盛顿弗里尔美术陈列馆

作旅父丁尊

5799

永作旅父丁

时代：西周中期
现藏：英国伦敦不列颠博物馆

父丁亯戉尊

5738-6

亯戉父丁

时代：西周早期
出土：陕西长安县张家坡墓葬
现藏：考古研究所

柚作父丁尊

5827-6

柚作父丁旅彝

时代：西周早期
现藏：北京故宫博物院

作父丁㚖尊

5826-8

作父丁寶彝 兇

时代：西周中期

[注释] 编号 5737、5738 为殷商武丁时期，5799、5826、5827 为殷商晚期。

作父丁尊

5829-7

作父丁寶彝尊

时代：西周早期
现藏：美国纽约某氏

商作父丁犧尊蓋

5828-6

商作父丁吾尊

时代：西周早期
现藏：国家博物馆

逆作父丁尊

5874-8

逆作父丁寶尊彝

时代：西周早期

子殷作父丁尊

5872-8

子殷用作父丁彝

时代：西周早期
现藏：上海博物馆

[亻禾]作父丁尊

5876-8

冀[缶禾]作父丁尊彝

时代：西周早期
现藏：北京故宫博物院

作父丁[彝族徽]尊

5875-7

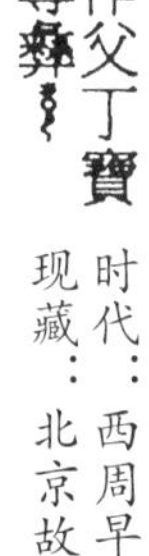

作父丁寶尊彝[彝族徽]

时代：西周早期
现藏：北京故宫博物院

［注释］本页为殷商晚期。

作父丁豢馬尊

5898-8

作父丁 馬豢
寶尊彝

时代：西周中期
现藏：美国纽约
费利浦斯氏

𩛥父丁尊

5877-8

㦤作文父
日丁 𡉚

时代：西周早期

周免旁父丁尊

5922-7

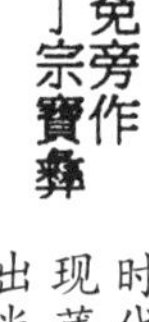

周免旁作
父丁宗寶彝

时代：西周中期
现藏：日本东京
出光美术馆

褢作父丁尊

5921-9

奪作父丁寶
尊彝 冊

时代：西周中期
现藏：北京故宫博物院

父丁觶

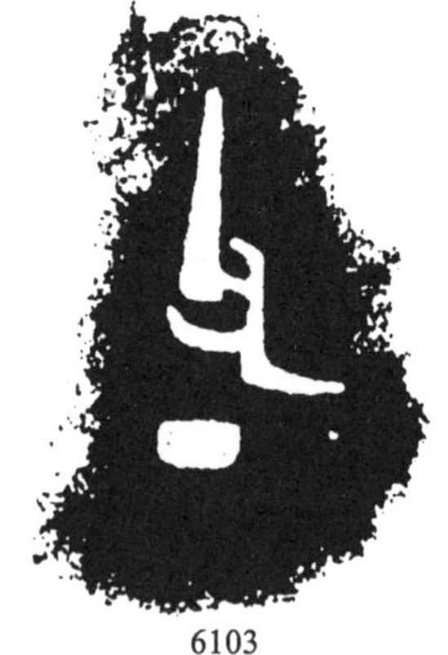

6103

父丁

时代：殷

父丁亞㠱尊

5924

作父丁寶
旅彝亞㠱侯

时代：西周早期

[注释] 编号 5877、5898、5921、5922、5924 为殷商武丁时期。

父丁

时代：殷

6104-9

父丁觶

父丁

时代：殷

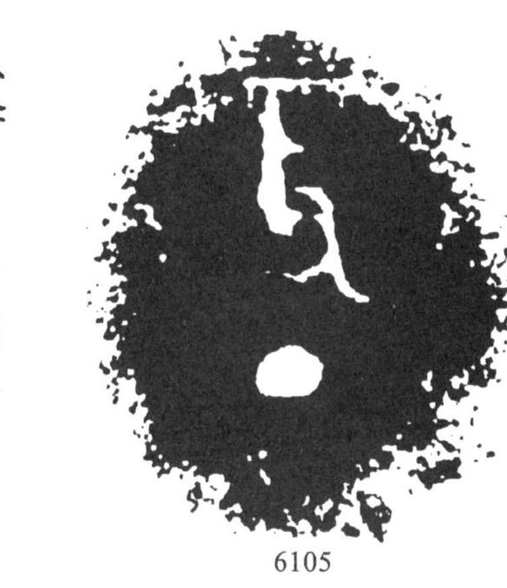

6105

父丁觶

父丁

时代：殷

6106

父丁觶

父丁

时代：殷
现藏：陕西长安

6107.b

父丁觶

父丁

时代：西周早期

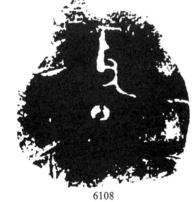

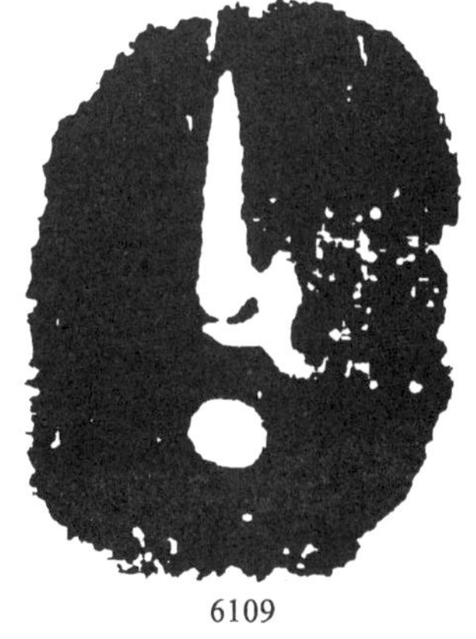

6108

父丁觶

父丁

时代：西周早期

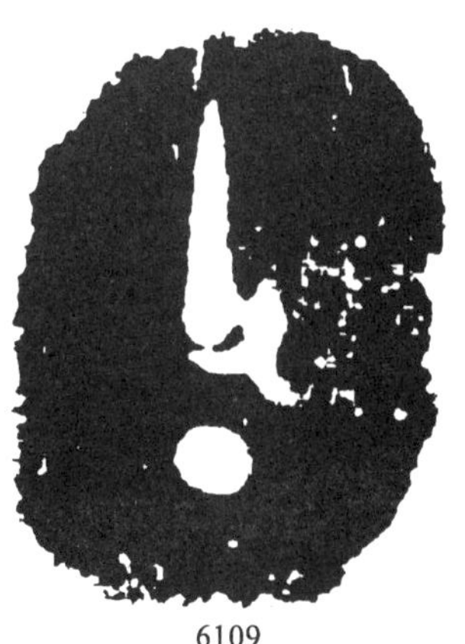

6109

父丁觶

[注释] 编号 6108、6109 为殷商晚期。

父丁觶

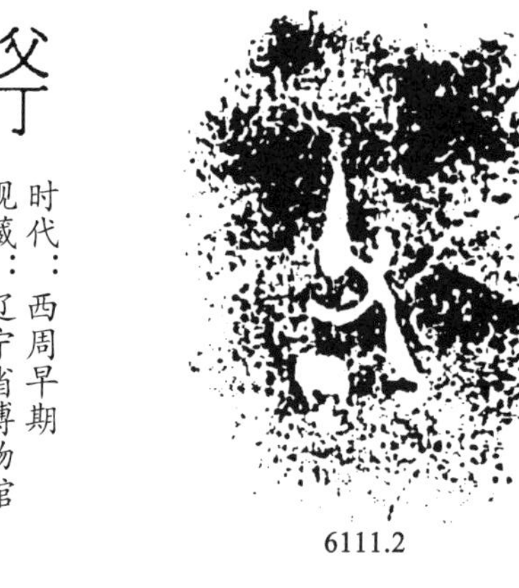

6111.2

父丁

时代：西周早期

现藏：辽宁省博物馆

父丁觶

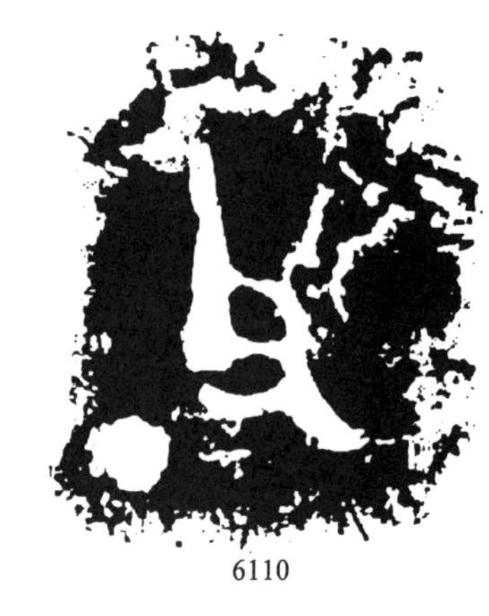

6110

父丁

时代：西周早期

现藏：北京故宫博物院

父丁觶

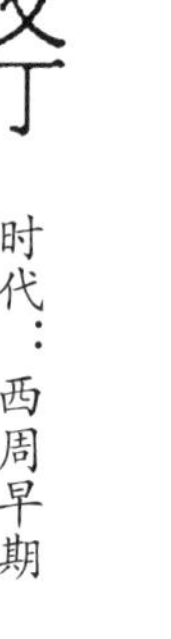

6113

父丁

时代：西周早期

父丁觶

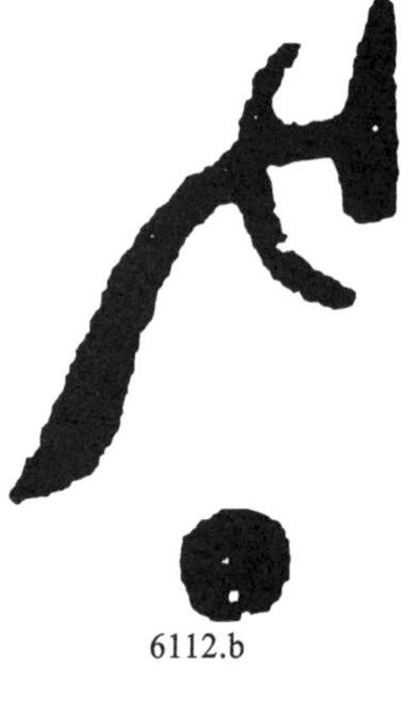

6112.b

父丁

时代：西周早期

子父丁觶

6254

子父丁

时代：西周早期

父丁觶

6114

父丁

时代：西周早期

［注释］本页为殷商武丁时期。

[illegible]父丁觶

[illegible] 父丁

时代：殷

出土：河南洛阳

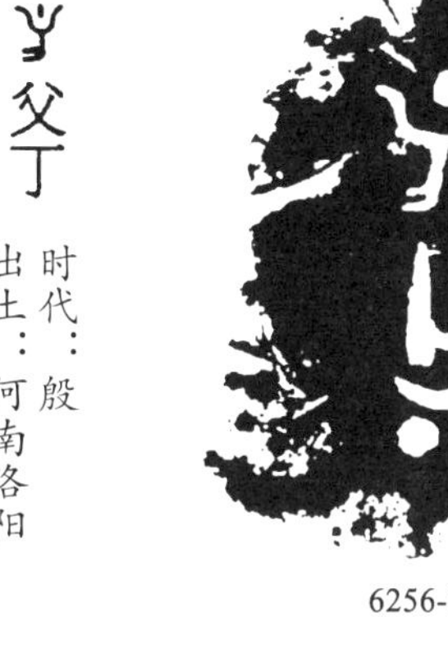

6256-8

[illegible]父丁觶

[illegible] 父丁

时代：殷

现藏：美国旧金山亚洲美术博物馆布伦戴奇藏品

6255-8

雔父丁觶

雔 父丁

时代：西周早期

6258

萬父丁觶

萬 父丁

时代：殷

现藏：北京故宫博物院

6257

山父丁觶

山 父丁

时代：西周早期

6261-8

亯父丁觶

亯 父丁

时代：西周早期

6259-9

[注释] 编号 6258、6259、6261 为殷商武丁时期。

夊父丁觶

夊

父丁

时代：殷

6263

夲父丁觶

夲

父丁

时代：西周早期

6262-9

父丁觶

父丁

时代：西周早期

出土：陕西长安县张家坡墓葬

现藏：考古研究所西安研究室

6265

𠂤父丁觶

𠂤

父丁

时代：殷

现藏：美国波士顿美术博物馆

6264-8

冉父丁觶

冉

父丁

时代：殷

现藏：北京故宫博物院

6267

父丁觶

父丁

时代：西周早期

现藏：德国科隆东亚博物馆

6266.1

[注释] 编号 6262、6265、6266 为殷商武丁时期。

冡冊父丁觶

6390-7

冡冊 父丁

时代：殷

现藏：北京故宫博物院

冉父丁觶

6268

冉 父丁

时代：西周早期

现藏：英国伦敦古董商索思比

典弜父丁觶

6393-8

典弜父丁

时代：殷

父丁告田觶

6391-8

告田 父丁

时代：西周早期

现藏：上海博物馆

亞丏父丁觶

6395-8

亞丏 父丁

时代：殷

冉父丁觶

6394-7

冉[illegible] 父丁

时代：西周早期

现藏：上海博物馆

[注释] 编号 6268、6391 为殷商武丁时期。

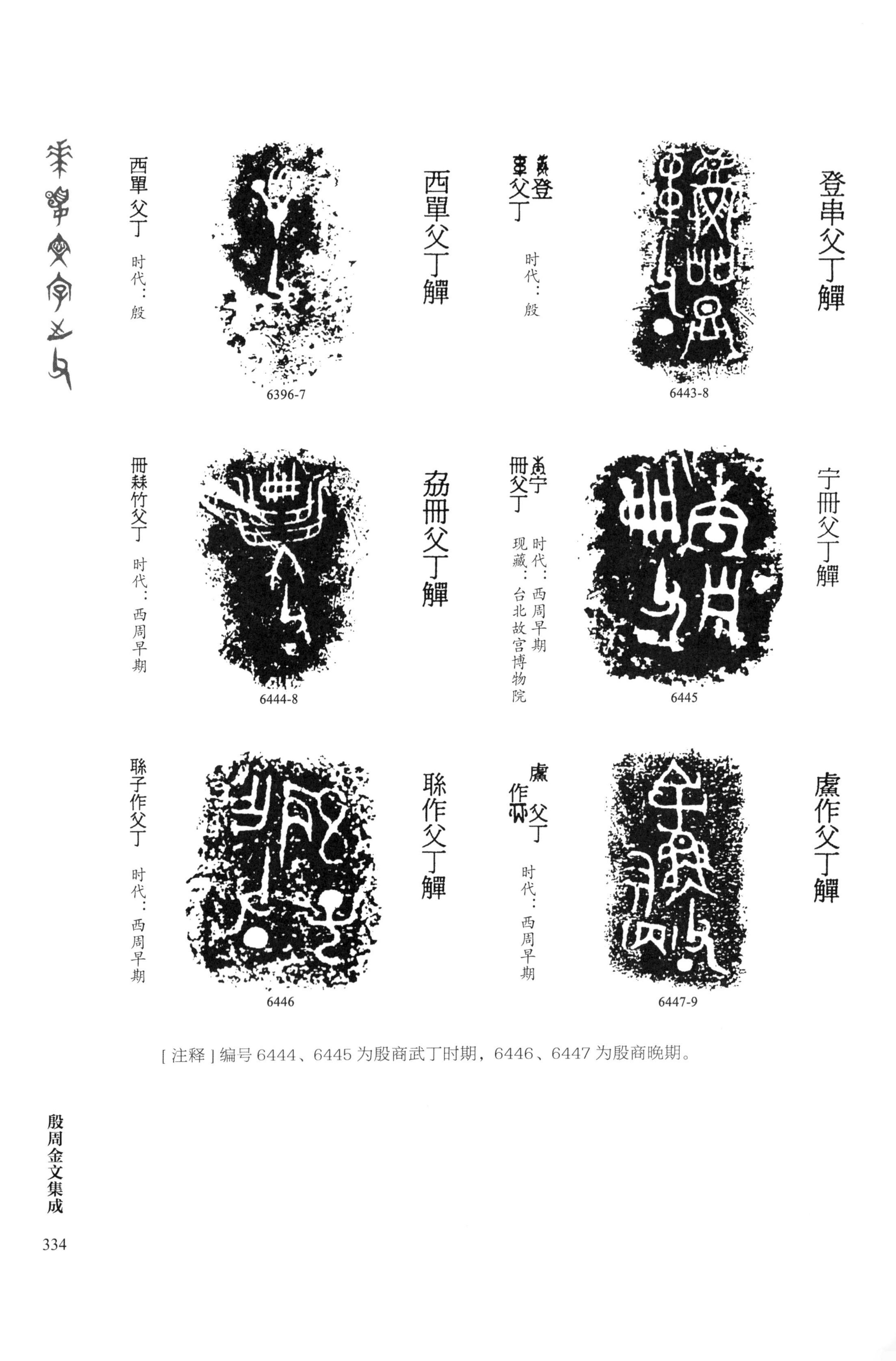

登串父丁觶

登

串父丁

时代：殷

6443-8

西單父丁觶

西單父丁

时代：殷

6396-7

宁冊父丁觶

宁

冊父丁

时代：西周早期

现藏：台北故宫博物院

6445

劦冊父丁觶

冊耒竹父丁

时代：西周早期

6444-8

盧作父丁觶

盧

作父丁

时代：西周早期

6447-9

聅作父丁觶

聅子作父丁

时代：西周早期

6446

[注释] 编号 6444、6445 为殷商武丁时期，6446、6447 为殷商晚期。

耒冬父丁觶

6471

車諫作父丁寶尊彝

时代：西周早期

现藏：旅顺博物馆

諫作父丁觶

6493-7

者仲作父丁寶尊彝

时代：西周早期或中期

现藏：英国伦敦不列颠博物馆

舌仲作父丁觶

6494.b-7

遽仲作父丁寶亞𠔇

时代：西周早期

现藏：上海博物馆

遽仲作父丁觶

6495-8

◇一作父丁寶尊彝

时代：西周早期

十一作父丁器

10572-8

亞父丁

时代：西周早期

现藏：北京故宫博物院

亞父丁觚

7105

[注释] 编号 7105 为殷商武丁时期，6471、6493、6494、6495、10572 为殷商晚期。

父丁史觚

父丁史

时代：殷

7106-7

文父丁觚

文父丁

时代：殷

7107

丩父丁觚

丩父丁

时代：西周早期

现藏：美国华盛顿萨克勒美术馆

7108

䜌父丁觚

䜌父丁

时代：殷

现藏：上海博物馆

7109

𠕁父丁觚

𠕁父丁

时代：西周早期

现藏：上海博物馆

7110

冉父丁觚

冉父丁

时代：西周早期

现藏：陕西省博物馆

7111

[注释] 编号7108、7110、7111为殷商武丁时期。

冉父丁觚

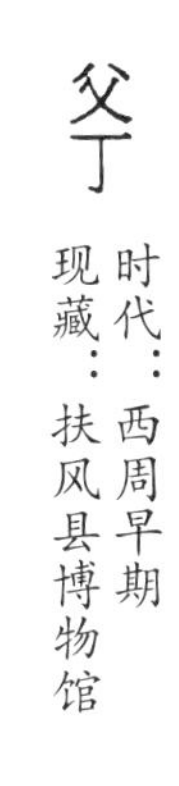

7113

冉 父丁

时代：西周早期
现藏：扶风县博物馆

冉父丁觚

7112-8

冉 父丁

时代：殷
现藏：北京故宫博物院

山父丁觚

7115

山 父丁

时代：殷

□父丁觚

7114-8

□ 父丁

时代：西周早期

山父丁觚

7117-9

山 父丁

时代：殷

山父丁觚

7116-7

山 父丁

时代：殷

[注释] 编号 7113、7114 为殷商武丁时期。

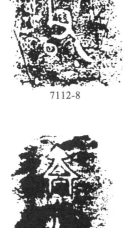

鼻父丁觚

7119

鼻 父丁

时代：殷
现藏：美国

鳶父丁觚

7118-8

鳶 父丁

时代：殷

亞鷹父丁觚

7228-9

亞鷹 父丁

时代：殷
现藏：北京故宫博物院

木父丁觚

7120

木 父丁

时代：西周早期

亞醜父丁觚

7230

亞醜 父丁

时代：殷
现藏：上海博物馆

子父丁觚

7229.b

子刀 父丁

时代：殷

[注释] 编号 7120 为殷商武丁时期。

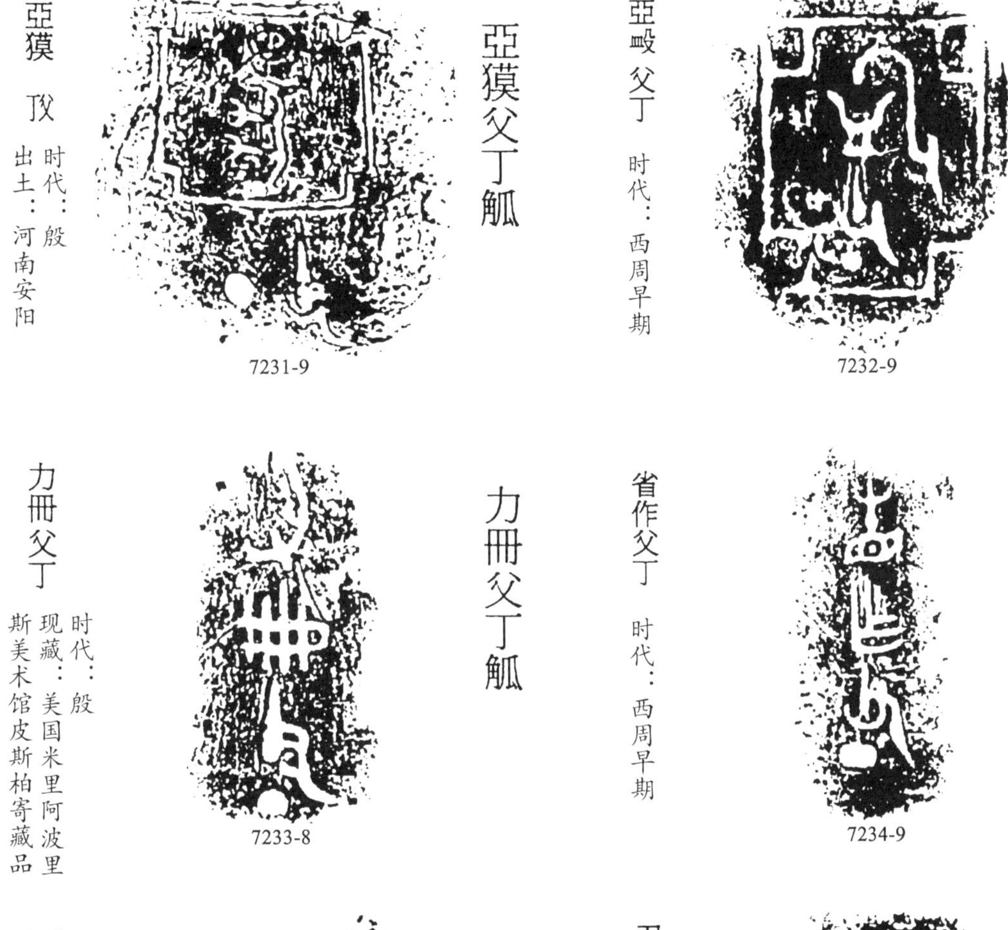

亞凶父丁觚

亞㱿 父丁

时代：西周早期

7232-9

亞獏父丁觚

亞獏 丁攵

时代：殷

出土：河南安阳

7231-9

省作父丁觚

省作父丁

时代：西周早期

7234-9

力冊父丁觚

力冊父丁

时代：殷

现藏：美国米里阿波里斯美术馆皮斯柏寄藏品

7233-8

尹舟父丁觚

尹舟父丁

时代：殷

7236-8

作父丁䇞觚

作父丁䇞

时代：西周早期

现藏：台北故宫博物院

7235

[注释] 编号 7232 为殷商武丁时期，7234、7235 为殷商晚期。

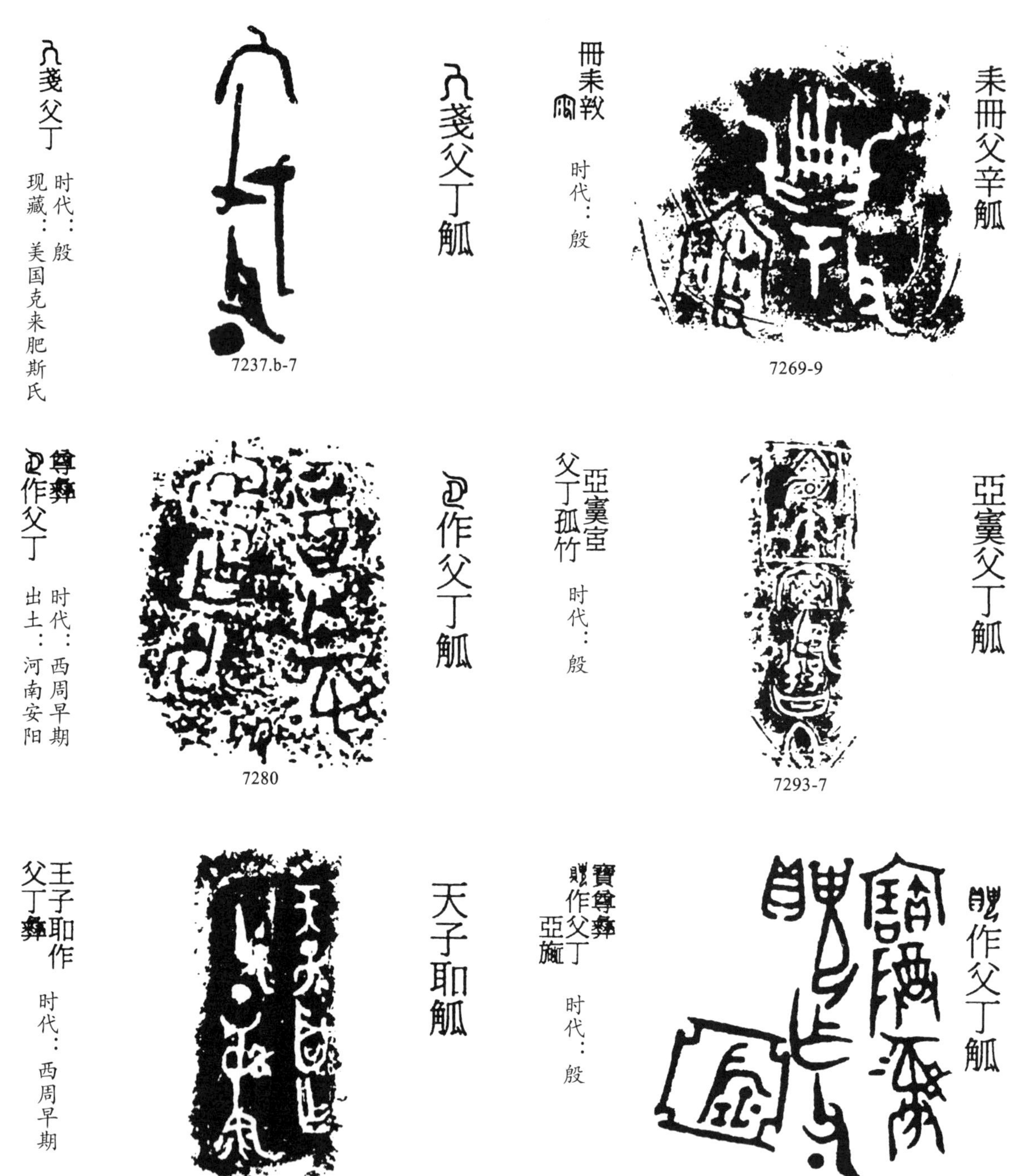

耒冊父辛觚

冊耒敎

时代：殷

7269-9

亼戔父丁觚

亼戔父丁

时代：殷

现藏：美国克来肥斯氏

7237.b-7

亞𡨦父丁觚

亞𡨦宦父丁孤竹

时代：殷

7293-7

㠯作父丁觚

㠯作父丁尊彝

时代：西周早期

出土：河南安阳

7280

作父丁觚

作父丁寶尊彝亞旐

时代：殷

7307.b-7

天子耶觚

王子耶作父丁彝

时代：西周早期

7296-7

[注释] 编号 7280、7296、7307 为殷商晚期。

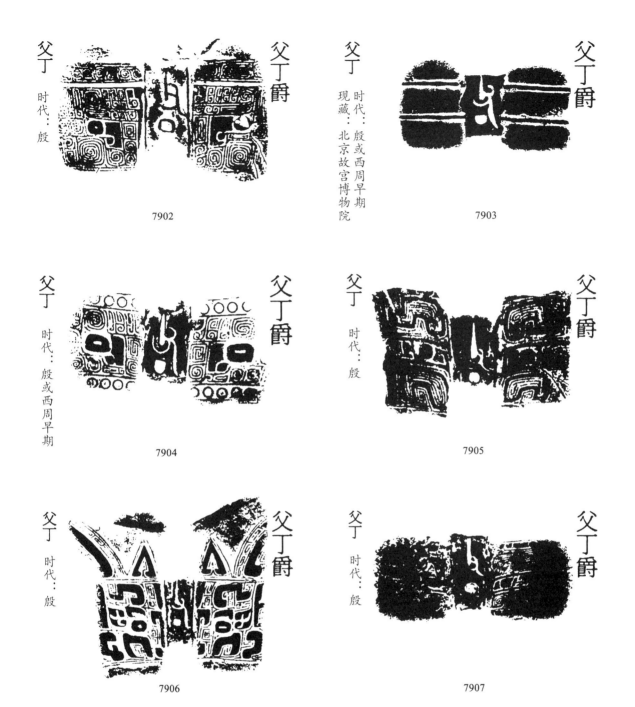

父丁爵

父丁

时代：殷

7902

父丁爵

父丁

时代：殷或西周早期

现藏：北京故宫博物院

7903

父丁爵

父丁

时代：殷或西周早期

7904

父丁爵

父丁

时代：殷

7905

父丁爵

父丁

时代：殷

7906

父丁爵

父丁

时代：殷

7907

[注释] 编号 7903、7904 为殷商武丁时期。

父丁爵

父丁

时代：殷

7908

父丁爵

父丁

时代：殷

7909

父丁爵

父丁

时代：殷

7910

父丁爵

父丁

时代：殷或西周早期

现藏：新乡市博物馆

7911

父丁爵

父丁

时代：殷

7912

父丁爵

父丁

时代：西周早期

7913

[注释] 编号 7911、7913 为殷商武丁时期。

父丁爵

7915.b

父丁

时代：殷或西周早期

父丁爵

7914

父丁

时代：西周早期
现藏：北京故宫博物院

父丁爵

7917-7

父丁

时代：西周早期
现藏：台北故宫博物院

父丁爵

7916-9

父丁

时代：西周早期

父丁爵

7919

父丁

时代：西周早期
出土：安徽颍上郑家湾
现藏：颍上县文化局文物工作组

父丁爵

7918

父丁

时代：西周早期

[注释] 本页为殷商武丁时期。

父丁爵

7920

父丁

时代：西周早期

出土：陕西长安县张家坡墓葬

现藏：考古研究所西安研究室

父丁爵

7921

父丁

时代：西周早期

出土：陕西扶风县齐家村墓葬

现藏：陕西省博物馆

父丁爵

7922

父丁

时代：西周早期

出土：陕西扶风县白家村

现藏：陕西省博物馆

父丁爵

7923

父丁

时代：西周早期

出土：湖北省黄陂县鲁台山

现藏：孝感地区博物馆

父丁爵

7924

父丁

时代：西周早期

现藏：北京故宫博物院

父丁爵

7926

父丁

时代：西周早期

现藏：南京大学考古与艺术博物馆

[注释] 本页为殷商武丁时期。

子父丁爵

子父丁

时代：殷

现藏：上海博物馆

8441

孙父丁爵

子八父丁

时代：殷

8443

𡗜父丁爵

𡗜父丁

时代：西周早期

现藏：北京故宫博物院

8444

𡗜父丁爵

𡗜父丁

时代：殷

现藏：新郑

8445.b

卯父丁爵

卯父丁

时代：西周早期

8446-9

見父丁爵

見父丁

时代：西周早期

8447-8

[注释] 编号 8444、8446、8447 为殷商武丁时期。

冉父丁爵

冉父丁

时代：殷

8448-8

丩父丁爵

丩父丁

时代：殷

8449-9

旅父丁爵

夲旅父丁

时代：殷

8450-9

豖父丁爵

豖父丁

时代：西周早期

现藏：广州市博物馆

8451-8

鄉父丁爵

卿父丁

时代：西周早期

出土：陕西省长安县河迪村墓葬

现藏：陕西省文物管理委员会

8452

史父丁爵

史父丁

时代：殷

现藏：济南市博物馆

8453

［注释］编号8451、8452为殷商武丁时期。

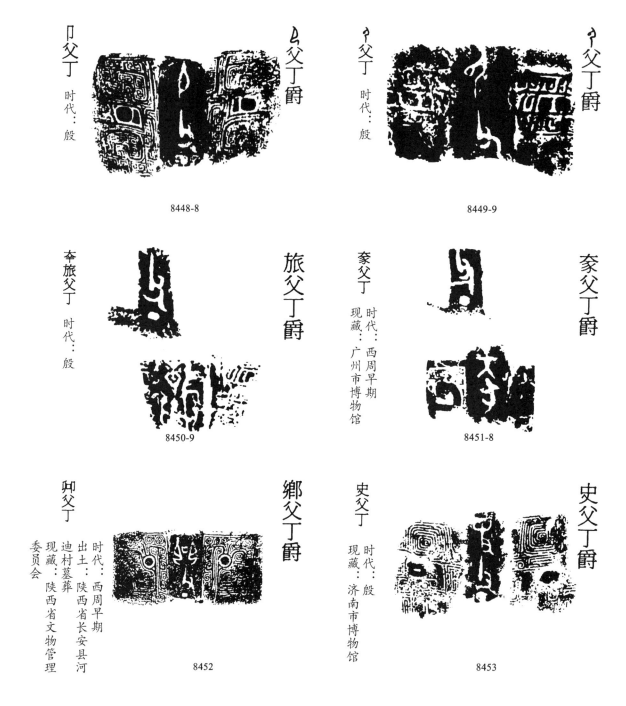

守父丁爵

守父丁

时代：西周早期

8454.b

𠂤父丁爵

𠂤父丁

时代：西周早期

8455

共父丁爵

共父丁

时代：西周早期

现藏：北京故宫博物院

8456

𠦪父丁爵

𠦪父丁

时代：殷或西周早期

8457.b

𡎸父丁爵

衛父丁

时代：殷

现藏：北京故宫博物院

8458

龜父丁爵

龜父丁

时代：西周早期

出土：甘肃灵台县白草坡村墓葬

现藏：甘肃省博物馆

8459

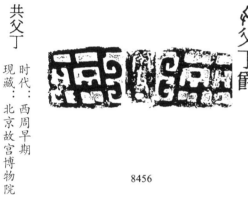

［注释］编号8454、8455、8456、8457、8459为殷商武丁时期。

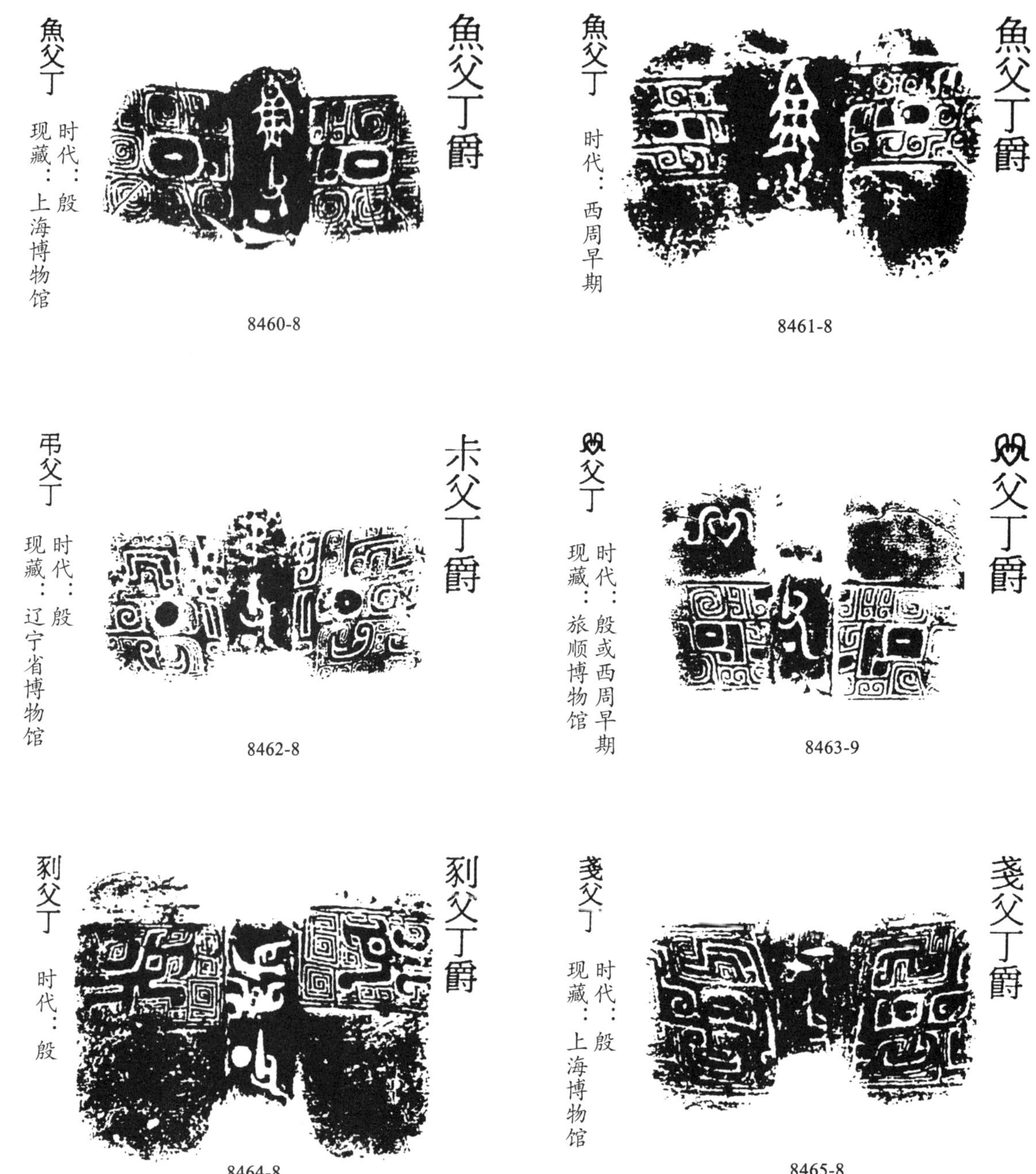

魚父丁爵

魚父丁

时代：殷

现藏：上海博物馆

8460-8

魚父丁爵

魚父丁

时代：西周早期

8461-8

朿父丁爵

朿父丁

时代：殷

现藏：辽宁省博物馆

8462-8

父丁爵

父丁

时代：殷或西周早期

现藏：旅顺博物馆

8463-9

刿父丁爵

刿父丁

时代：殷

8464-8

戔父丁爵

戔父丁

时代：殷

现藏：上海博物馆

8465-8

[注释] 编号 8461、8463 为殷商武丁时期。

戈父丁爵

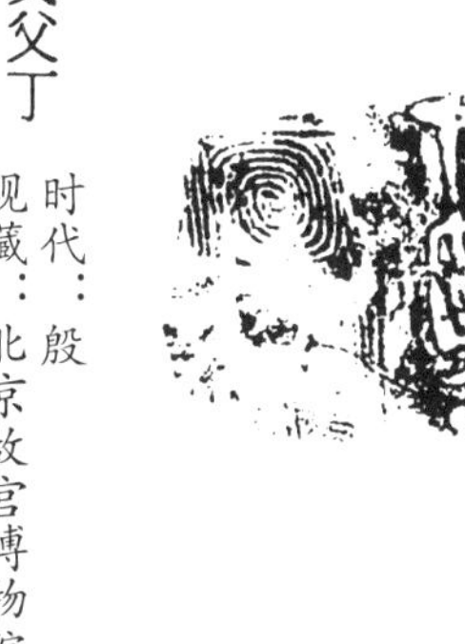

8467

戈父丁

时代：殷

现藏：北京故宫博物院

⿰矢又父丁爵

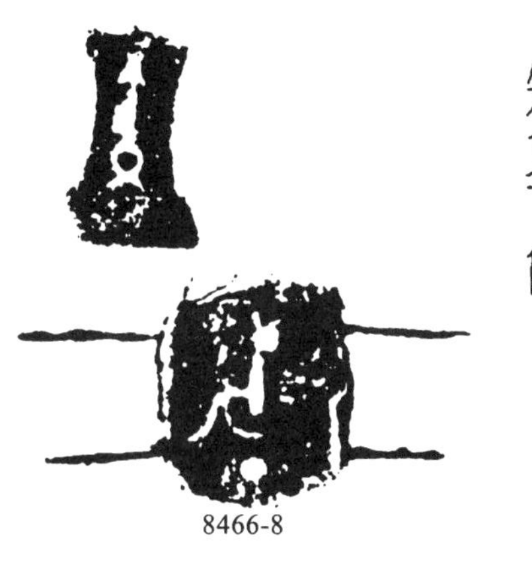

8466-8

⿰矢又父丁

时代：西周早期

戈父丁爵

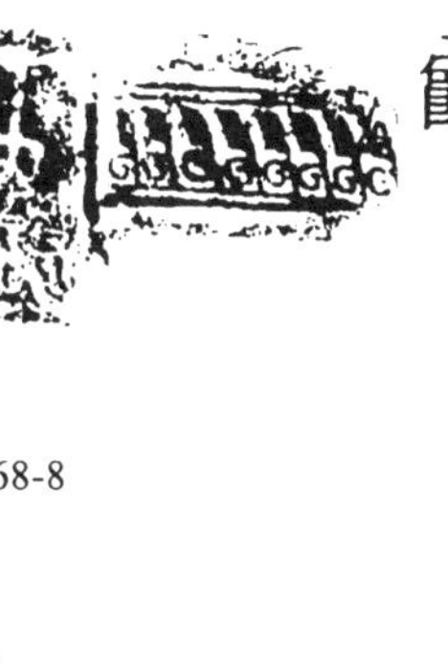

8469-8

我父丁

时代：殷

现藏：北京故宫博物院

戈父丁爵

8468-8

戈父丁

时代：西周早期

父丁爵

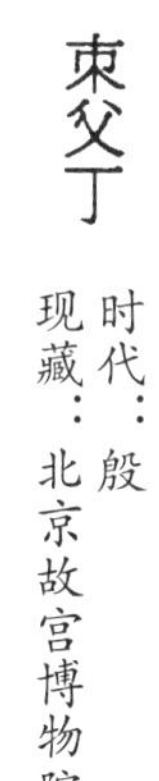

8471

朿父丁

时代：殷

现藏：北京故宫博物院

戈父丁爵

8470

戈父丁

时代：西周早期

[注释] 编号 8466、8468、8470 为殷商武丁时期。

丁父丁爵

丙父丁

时代：西周早期

现藏：北京故宫博物院

8473

㠱父丁爵

㠱父丁

时代：殷或西周早期

现藏：加拿大多伦多安大略博物馆

8472

禾父丁爵

禾父丁

时代：西周早期

8476-9

皿父丁爵

皿父丁

时代：殷

8474

弗父丁爵

弗父丁

时代：西周早期

出土：陕西宝鸡市竹园沟村墓葬

现藏：宝鸡市博物馆

8478

木父丁爵

木父丁

时代：殷

8477-8

［注释］编号 8472、8473、8476、8478 为殷商武丁时期。

冉父丁爵

冉父丁

时代：殷

8480-8

□父丁爵

□父丁

时代：西周早期

现藏：北京故宫博物院

8479-6

冉父丁爵

冉父丁

时代：西周早期

8482

冉父丁爵

冉父丁

时代：殷

现藏：北京故宫博物院

8481

冉父丁爵

冉父丁

时代：西周早期

现藏：美国纽约

8484-9

冉父丁爵

冉父丁

时代：殷

8483-8

[注释]编号 8479、8482、8484 为殷商武丁时期。

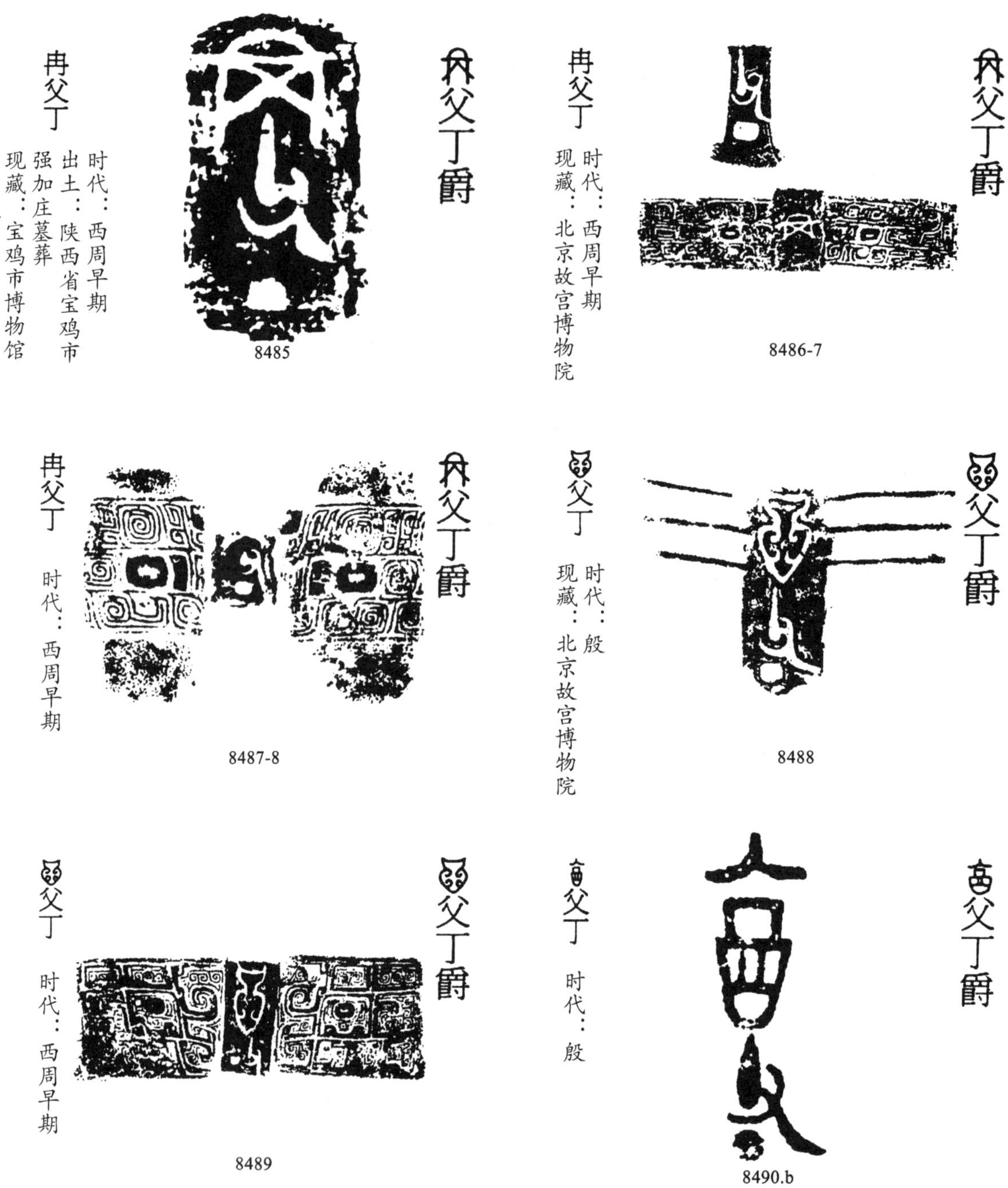

[注释] 编号 8485、8486、8487、8489 为殷商武丁时期。

乙父丁

时代：殷

乙父丁爵

8491-9

乙父丁

时代：西周早期

现藏：北京故宫博物院

乙父丁爵

8492

乙父丁

时代：西周早期

现藏：日本京都藤井有邻馆

乙父丁爵

8493-9

乙父丁

时代：西周早期

乙父丁爵

8494-9

乙父丁

时代：西周早期

乙父丁爵

8495-9

乙父丁

时代：西周早期

乙父丁爵

8496-9

[注释] 编号 8492、8493、8494、8495、8496 为殷商武丁时期。

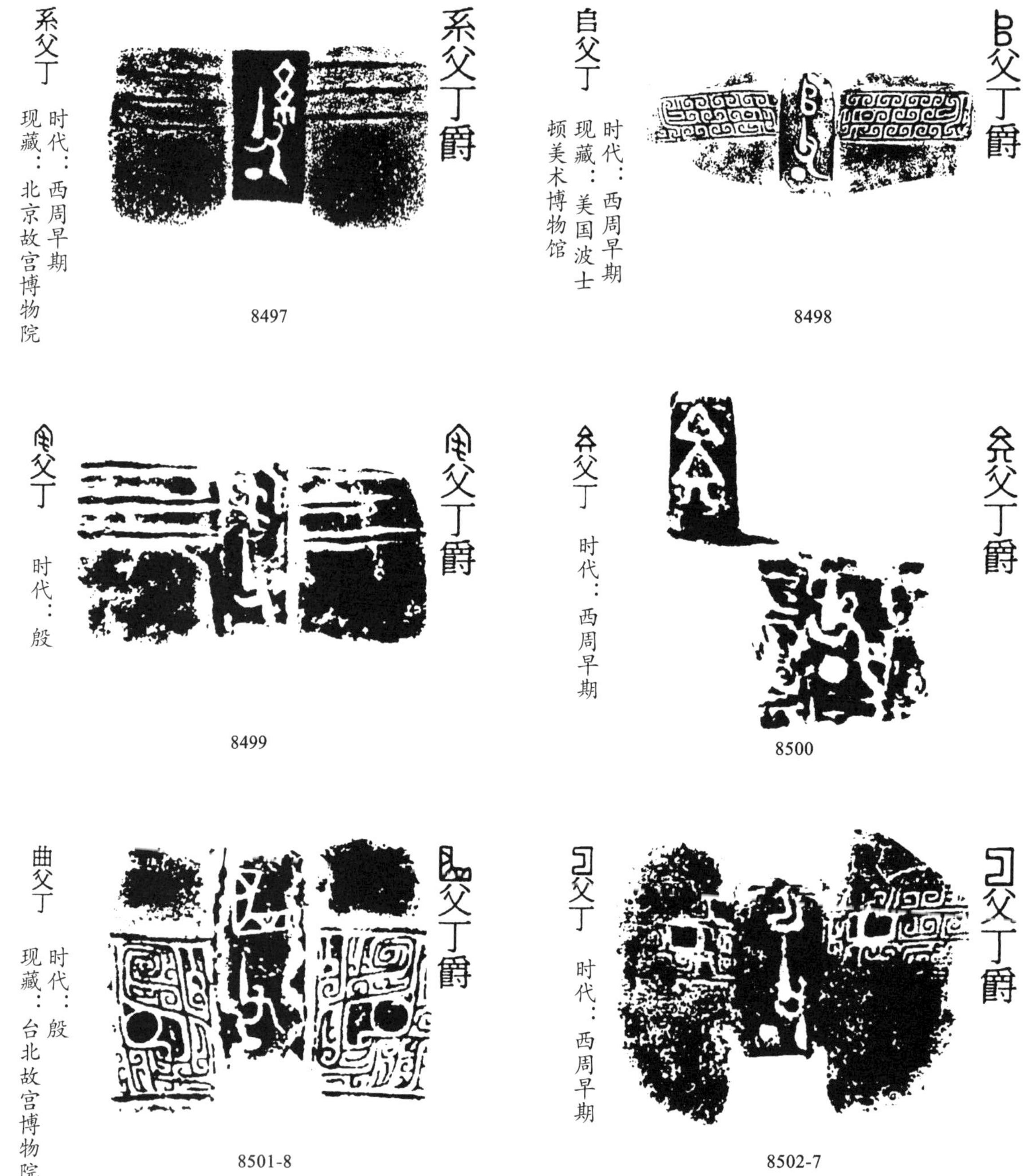

[注释]编号8497、8498、8500、8502为殷商武丁时期。

𠬝父丁爵

𠬝父丁

时代：殷

现藏：北京故宫博物院

8503-9

𡿧父丁爵

𡿧父丁

时代：西周早期

8504

㐅父丁爵

㐅父丁

时代：殷

现藏：上海博物馆

8505

車父丁爵

車父丁

时代：殷

8506

文父丁爵

文父丁

时代：西周早期

8507

𥂴父丁爵

𥂴父丁

时代：殷

现藏：国家博物馆

8508

[注释] 编号 8504、8507 为殷商武丁时期。

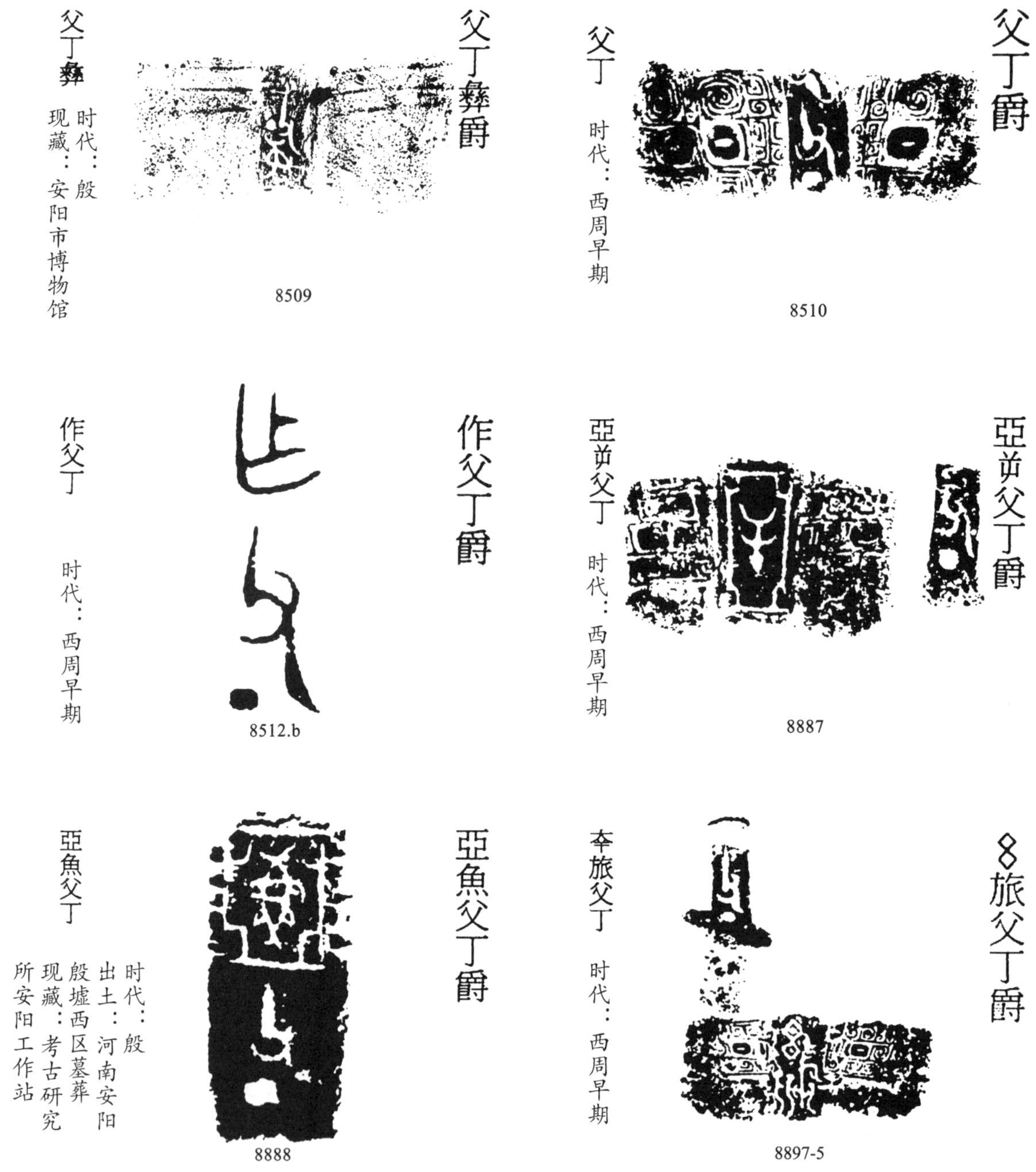

父丁爵
父丁
时代：西周早期
8510

父丁彝爵
父丁彝
时代：殷
现藏：安阳市博物馆
8509

亞𠂔父丁爵
亞𠂔父丁
时代：西周早期
8887

作父丁爵
作父丁
时代：西周早期
8512.b

𠦪旅父丁爵
𠦪旅父丁
时代：西周早期
8897-5

亞魚父丁爵
亞魚父丁
时代：殷
出土：河南安阳殷墟西区墓葬
现藏：考古研究所安阳工作站
8888

[注释] 编号 8510、8887、8897 为殷商武丁时期，8512 为殷商晚期。

尹舟父丁爵

尹舟父丁

时代：殷

现藏：台北故宫博物院

8902-8

戈帆父丁爵

戈執父丁

时代：殷

现藏：辽宁省博物馆

8901-8

射獸父丁爵

射鹿父丁

时代：殷

现藏：日本兵库县黑川古文化研究所

8904-7

田告父丁爵

田告父丁

时代：殷

现藏：北京故宫博物院

8903

𨛜父丁爵

𨛜父丁

时代：西周早期

现藏：台北故宫博物院

8906

朿父丁爵

弔父丁朿

时代：西周早期

出土：陕西周至县竹峪村

现藏：咸阳地区文物管理委员会

8905-8

[注释] 编号 8905、8906 为殷商武丁时期。

□冊父丁爵

□冊父丁

时代：西周早期

现藏：美国纽约奥尔勃来特美术陈列馆

8908

□冊父丁爵

□冊父丁

时代：殷

8907

壬冊父丁爵

玉冊父丁

时代：殷

8910

困冊父丁爵

困冊父丁

时代：殷

8909-9

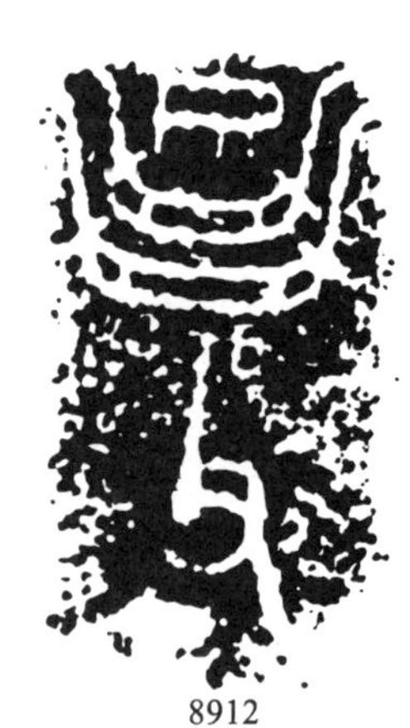

冊劦父丁角

冊□父丁

时代：西周早期

出土：甘肃灵台县白草坡村墓葬

现藏：甘肃省博物馆

8912

壬冊父丁爵

玉冊父丁

时代：殷

8911-9

[注释] 编号 8908、8912 为殷商武丁时期。

宁戈父丁爵

宁戈父丁

时代：殷

8914-7

□冊父丁爵

□冊父丁

时代：殷

现藏：北京故宫博物院

8913

瘨作父丁爵

瘨作父丁

时代：西周中期

出土：陕西扶风县庄白村一号窖藏

现藏：周原博物馆

8916

[?]庚父丁爵

[?]庚父丁

时代：殷

出土：山东邹县小西苇村

现藏：邹县文物保管所

8915

弓[?]獸父丁爵

羊[?]馬父丁

时代：西周早期

9006-8

弓[?]羊父丁爵

弓羣父丁

时代：西周早期

现藏：广州市博物馆

9005-7

[注释] 编号 9005、9006 为殷商武丁时期，8916 为殷商晚期。

亞共父丁角

9008.1

亞共 肄 父丁

时代：殷

现藏：美国旧金山亚洲美术博物馆布伦戴奇藏品

亞父丁爵

9007.b

□亞父丁 木

时代：殷

作甫丁爵

9052

作父丁 寶尊彝

时代：西周早期

现藏：旅顺博物馆

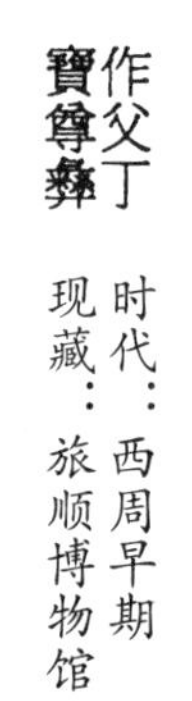

戈父丁爵

9009-7

戈作父丁寶

时代：西周早期

现藏：北京故宫博物院

小車父丁爵

9071-6

小車作 父丁尊彝

时代：西周早期

现藏：日本京都藤井有邻馆

瘨父丁爵

9070-7

作尊彝 瘨作父丁

时代：西周早期

出土：陕西扶风县庄白村一号窖藏

现藏：周原博物馆

[注释] 编号 9009、9052、9070、9071 为殷商晚期。

盟父丁角

9078.b-8

盟作父丁
尊彝亞貝

时代：西周早期

𠦪冊父丁爵

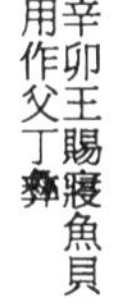

9072-5

彝衛丁冊
作父丁尊

时代：殷
现藏：北京故宫博物院

宰椃角

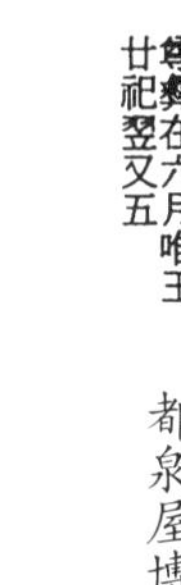

9105.1-7

庚申王在闌
王格宰椃從
賜貝五朋用作父丁
尊彝在六月唯王
廿祀翌又五

时代：殷
现藏：日本京都泉屋博物管

寢魚爵

9101

辛卯王賜寢魚貝
用作父丁彝

时代：殷
出土：河南安阳殷墟西区墓葬
现藏：考古研究所安阳工作站

亞弜父丁斝

9228

亞弜父丁

时代：殷

單父丁斝

9212.b

單 父丁

时代：殷

[注释] 编号 9072、9078、9101、9105 为殷商晚期。

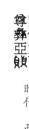

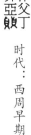

西單父丁斝

9230-8

西單父丁

时代：西周早期

矢宁父丁斝

9229.b-8

矢宁父丁

时代：西周早期

劦闢父丁斝

9241

耒闢作父丁彝

时代：西周早期

祁父丁斝

9240

戈祁作父丁彝

时代：殷或西周早期

现藏：上海博物馆

父丁尊觥

9274-9

父丁尊

时代：西周早期

宁狽父丁斝

9242-9

宁狽作父丁彝

时代：西周早期

现藏：北京故宫博物院

[注释] 编号 9229、9230、9274 为殷商武丁时期，9240、9241、9242 为殷商晚期。

冀文父丁觚

9284.1-9

冀文父丁

时代：殷
现藏：美国华盛顿萨克勒美术馆

天父丁觚

9275

天父丁

时代：西周早期

仲子觚

9298.1-7

仲子㠱引作殴文父丁尊彝鑊

时代：殷或西周早期
现藏：美国旧金山亚洲美术博物馆布伦戴奇藏品

壴父丁觚

9289.1-9

壴作父丁寶彝

时代：西周早期
现藏：美国哈佛大学福格美术博物馆

朿父丁盉

9350-7

倗

父丁

时代：殷或西周早期
现藏：北京故宫博物院

子父丁盉

9349.2

子父丁

时代：殷
现藏：台北故宫博物院

[注释] 编号 9275、9350 为殷商武丁时期，9289、9298 为殷商晚期。

冉父丁盉

9352

冉
父丁
时代：殷

亼父丁盉

9351.2

亼
父丁
时代：殷
现藏：北京故宫博物院

亞醜父丁盉

9373-7

亞醜
父丁
时代：殷

𠂤父丁盉

9353.1b

𠂤
父丁
时代：西周早期

亞得父丁盉

9375.2

亞得
父丁
时代：殷
现藏：英国伦敦不列颠博物馆

亞獏父丁盉

9374.1-6

亞獏
父丁
时代：殷
现藏：英国伦敦不列颠博物馆

[注释] 编号 9353 为殷商武丁时期。

北單戈父丁盉

北單戈父丁

时代：殷

9389.b-9

戈宁父丁盉

戈宁父丁

时代：殷

现藏：台北故宫博物院

9376.2

戈祁父丁盉

戈祁作父丁彝

时代：殷

现藏：日本京都泉屋博物馆

9404.2-9

亞鳥父丁盉

亞鳥宁从父丁

时代：殷

现藏：北京故宫博物院

9403.2

史父丁壶蓋

史父丁

时代：西周早期

现藏：北京故宫博物院

9502-9

中父丁盉

中作父丁彝

时代：殷

9405.2-9

[注释] 编号 9502 为殷商武丁时期，9404、9405 为殷商晚期。

⿱⿻⿻父丁壶

⿻父丁

时代：殷

9524-7

赫父丁壶

弔父丁

时代：西周早期

现藏：美国波士顿美术博物馆

9503

奪作父丁壶

奪作父丁寶尊彝 姗

时代：西周早期

9593.1-9

冊劦⺮父丁壶

冊劦竹父丁

时代：西周早期

出土：陕西扶风召李村一号墓

现藏：扶风县博物馆

9546-6

⿱⿻父丁罍

馬豙 父丁

时代：殷

现藏：日本奈良宁乐美术馆

9797

⿻父丁罍

⿻父丁

时代：西周早期

现藏：日本京都泉屋博物馆

9787-7

[注释] 编号 9503、9546、9787 为殷商武丁时期，9593 为殷商晚期。

敔父丁罍

敔
亞高父丁

时代：殷

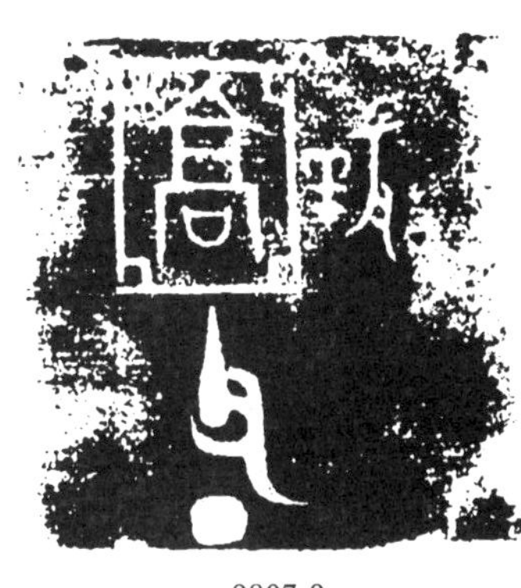

9807-9

子天父丁罍

父丁
子天

时代：殷
现藏：上海博物馆

9798

冉父丁罍

冉作父丁
妻盟

时代：西周早期
现藏：上海博物馆

9811.2-8

孤竹父丁罍

孤竹父丁
亞宊

时代：西周早期
出土：辽宁喀左县北洞村
现藏：喀左县博物馆

9810-7

王罍

王由攸
田[illegible]焱
作父丁尊
瀼

时代：殷

9821

爯父丁罍

爯作日
父丁尊彝

时代：西周早期

9814-9

[注释] 编号9810为殷商武丁时期，9811、9814、9821为殷商晚期。

𣏟父丁盤

10041-6

弔父丁

时代：殷

豙馬父丁方彝

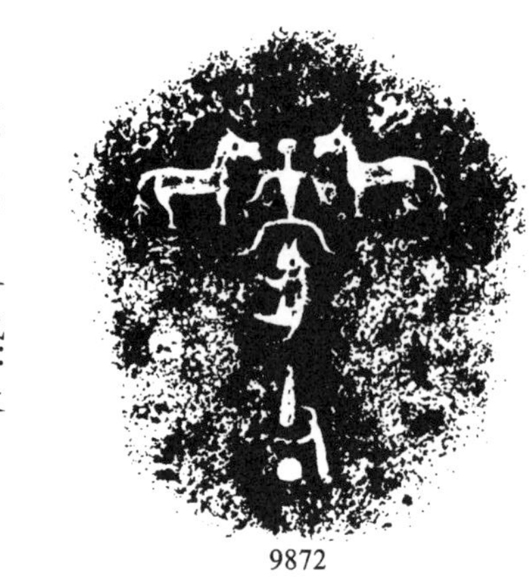
9872

馬豙父丁

时代：殷

令盤

10065-9

令作父丁[illegible]冊

时代：西周早期

现藏：上海博物馆

豆冊父丁盤

10051

冊豆父丁

时代：殷

□作父丁盂

10313-6

□作父丁盂其萬年永寶用享宗□

时代：西周中期

现藏：陕西省博物馆

北子宋盤

10084.b-9

北子宋作文父丁寶尊彝

时代：西周早期

[注释] 编号 10065、10084、10313 为殷商晚期。

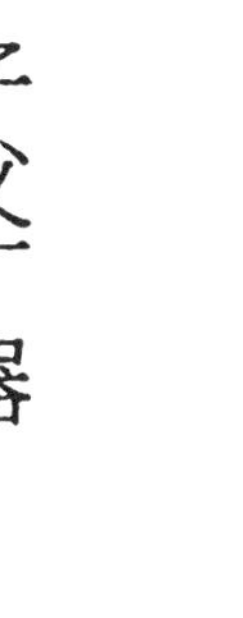

𠆢父丁器

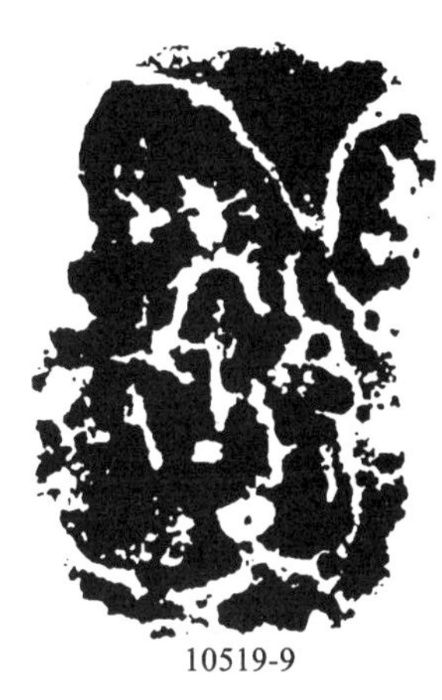

10519-9

𠆢父丁

时代：殷

子父丁器

10518-7

子父丁

时代：殷

亞𦤎父丁器

10535

亞𦤎父丁

时代：殷

𡔷父丁器

10520-9

𡔷父丁

时代：殷

畓作父丁器

10556-7

畓作父丁旅彝

时代：西周早期

田告父丁器

10536

田告父丁

时代：殷

[注释] 编号 10556 为殷商晚期。

殷周金文集成

十天干之父戊

（精选一百一十八例）

戈父戊甗

814-8

父戊
戈

时代：西周早期
现藏：美国华盛顿萨克勒博物馆

亞牧父戊鬲

502.b

亞牧父戊

时代：殷

父戊鼎

1258-7

父戊

时代：殷

父戊鼎

1257-9

父戊

时代：殷

□父戊鼎

1601

□父丁

时代：西周中期
出土：河南洛阳
现藏：河南省博物馆

父戊方鼎

1259

父戊

时代：殷

[注释] 编号 814、1601 为殷商武丁时期。

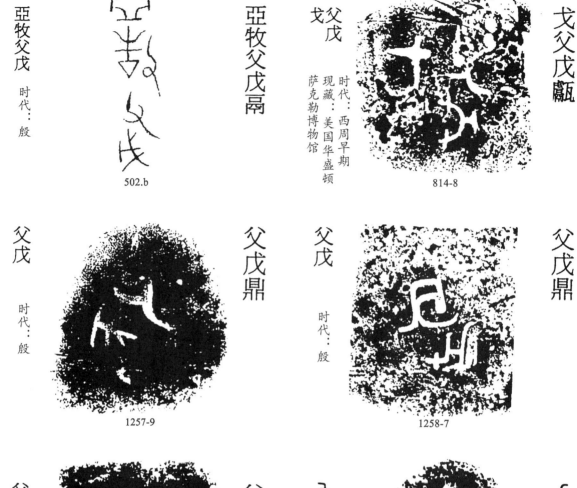

亞𤔲父戊鼎

1863-7

亞𤔲父戊

时代：殷或西周早期

季父戊子鼎

1862-7

季子父戊

时代：殷

现藏：日本东京出光美术馆

作父戊鼎

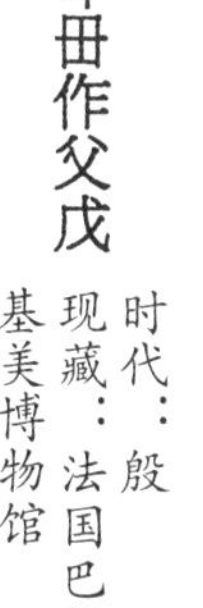
2011-8

冊作父戊

时代：殷

现藏：法国巴黎基美博物馆

角戊父字鼎

1964-9

角字父戊

时代：殷

现藏：美国华盛顿弗里尔美术陈列馆

奄作父戊方鼎

2013-7

奄作父戊彝

时代：殷或西周早期

现藏：上海博物馆

作父戊鼎

2012

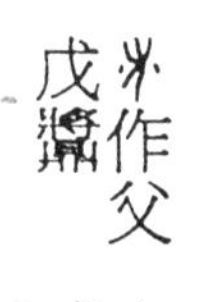
作父戊

时代：西周早期

出土：甘肃灵台县郑家洼大队垗洼墓地

现藏：灵台县文化馆

[注释]编号 1863 为殷商武丁时期，2011、2012、2013 为殷商晚期。

父戊段

3055-9

父戊

时代：西周早期
现藏：青岛市博物馆

𤇾子旅作父戊鼎

2320-8

榮子旅作父戊寶彝

时代：西周早期
现藏：上海博物馆

父戊段

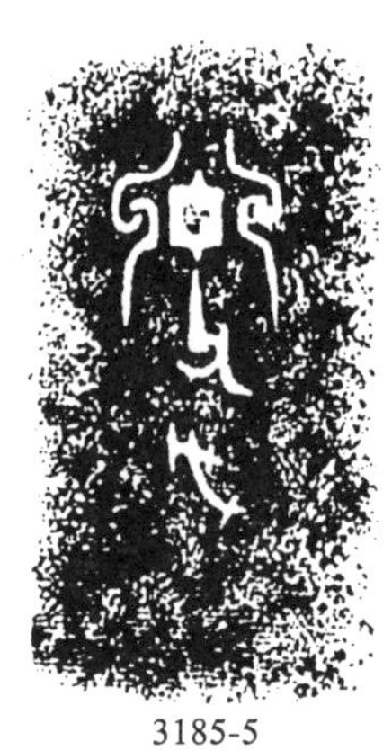
3185-5

丩冊父戊

时代：殷
现藏：天津市历史博物馆

父戊段

3056-9

父戊

时代：西周早期
现藏：上海博物馆

父戊奄段

3187-5

奄父戊

时代：殷

子父戊段

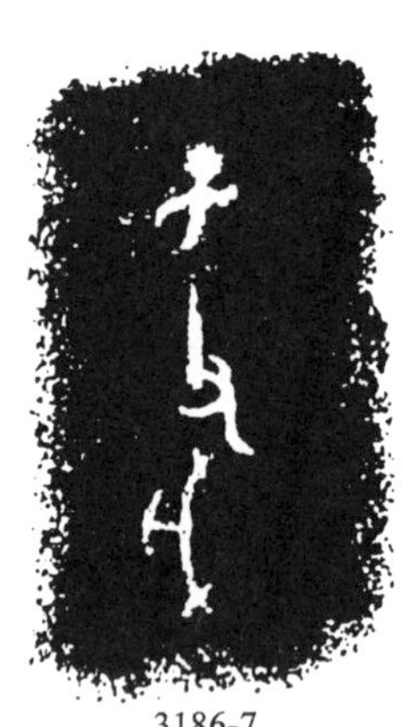
3186-7

子父戊

时代：殷
现藏：台北故宫博物院

[注释] 编号 3055、3056 为殷商武丁时期，2320 为殷商晚期。

知父戊𣪘

知父戊

时代：殷
现藏：北京故宫博物院

鳥父戊𣪘

3188-6

舊父戊

时代：殷

彐冊父戊𣪘

3323-7

㣋父戊

时代：西周早期

寓父戊𣪘

3190-5

寓父戊

时代：西周早期
出土：辽宁省喀左县山湾子村窖藏
现藏：辽宁省博物馆

作父戊𣪘

3514-9

作父戊旅彝中

时代：西周早期
现藏：北京故宫博物院

亞㠱侯矣父戊𣪘

3513

亞㠱侯矣父戊

时代：西周早期

[注释] 编号3190、3323、3513为殷商武丁时期，3514为殷商晚期。

奄父戊卣

奄父戊

时代：殷

4950-6

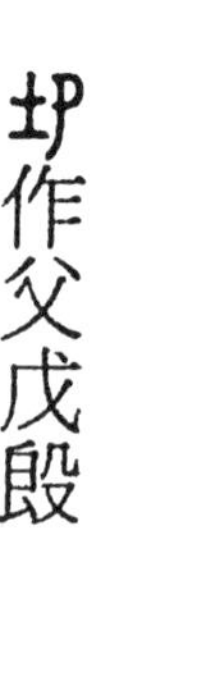

卲作父戊毁

卲作父戊寶尊彝

时代：西周

现藏：北京故宫博物院

3610

作父戊卣

作父戊寶彝

时代：西周早期

5159-6

[illegible]父戊卣

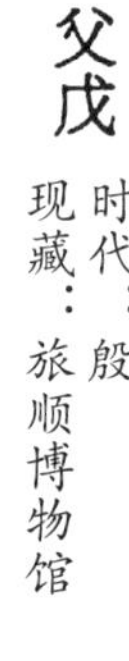

ㄐ冊父戊

时代：殷

现藏：旅顺博物馆

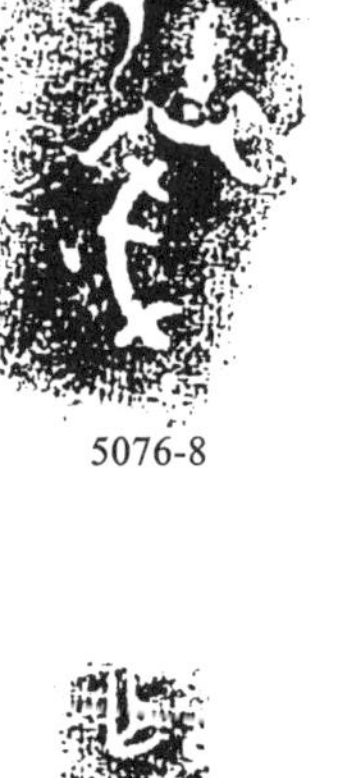

5076-8

[illegible]父戊卣

ㄐ冊六六六父戊

时代：殷

现藏：北京故宫博物院

5161.1-9

作父戊卣

作父戊寶彝

时代：西周早期

出土：传河南洛阳北窑镇

现藏：日本神户白鹤美术馆

5160.1-6

[注释] 编号 3610、5159、5160 为殷商晚期。

惠作父戊卣

5277.2-8

惠作父戊寶旅彝

时代：西周早期

现藏：台北故宫博物院

⿰齿光作父戊卣

5214.2-7

⿰齿光作父戊旅彝

时代：西周早期

出土：河南洛阳

现藏：上海博物馆

枚家作父戊卣

5310-7

析家作父戊寶尊彝

时代：西周早期

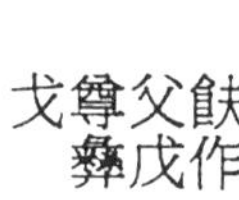

狽元作父戊卣

5278.2-6

狽元作父戊尊彝

时代：殷或西周初

⿰飠夫作父戊卣

5312.1

⿰飠夫作父戊尊彝戈

时代：西周早期

出土：陕西泾阳高家堡墓葬

现藏：陕西省博物馆

⿰鬲見作父戊卣

5311.2-8

⿰鬲見作父戊寶尊彝⿰齿光

时代：西周早期

出土：河南洛阳

[注释] 本页为殷商晚期。

父戊尊

5525-9

父戊

时代：西周早期

现藏：日本京都泉屋博古馆

同卣

5398.2-8

唯十又二月矢王賜同金車弓矢同對揚王休用作父戊寶尊彝

时代：西周中期

现藏：南京博物馆

[illegible]父戊尊

5641-6

[illegible]父戊

时代：殷

现藏：台北故宫博物院

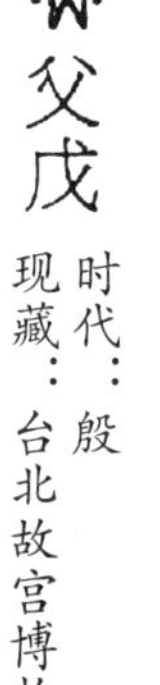

天父戊尊

5640-5

天父戊

时代：殷

[illegible]父戊尊

5739-9

[illegible]父戊

时代：殷

现藏：上海博物馆

山父戊尊

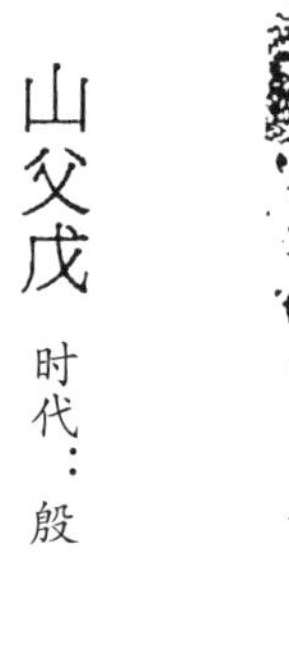

5642-7

山父戊

时代：殷

[注释]编号 5525 为殷商武丁时期，5398 为殷商晚期。

作父戊尊

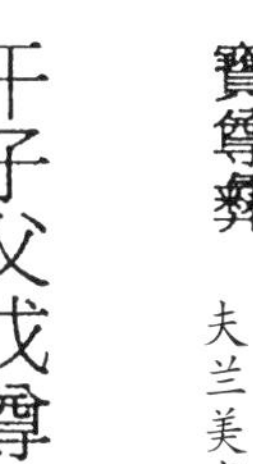

5830-9

作父戊
寶尊彝

时代：西周早期
现藏：美国克里夫兰美术博物馆

干子父戊尊

5800-8

干子工父戊

时代：西周早期
出土：北京房山县琉璃河黄土坡
现藏：首都博物馆

傳作父戊尊

5925-8

傳作父戊
寶尊彝亞𠔿

时代：西周早期
出土：传出青州

𠭯作父戊尊

5899

𠭯作父戊
寶尊彝䀠

时代：西周中期
现藏：上海博物馆

父戊觶

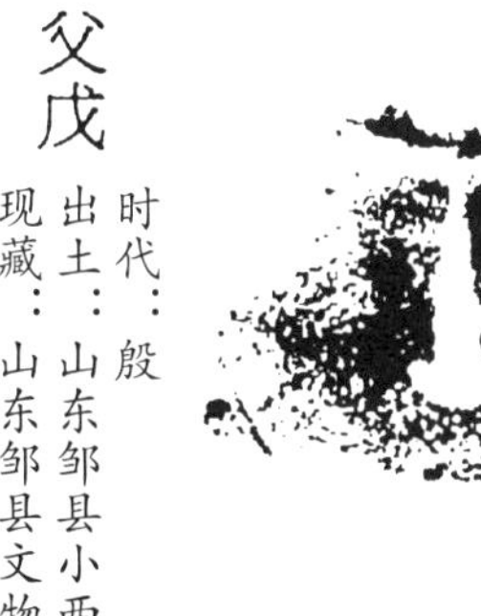

6115

父戊

时代：殷
出土：山东邹县小西韦村
现藏：山东邹县文物保管所

噉士卿父戊尊

5985-9

丁巳王在新邑初
饙工王賜噉士
卿貝朋用作
父戊尊彝　子𠬝

时代：西周早期
出土：河南洛阳
现藏：台北故宫博物院

[注释]编号5800为殷商武丁时期，5830、5899、5925、5985为殷商晚期。

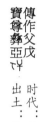

父戊觶

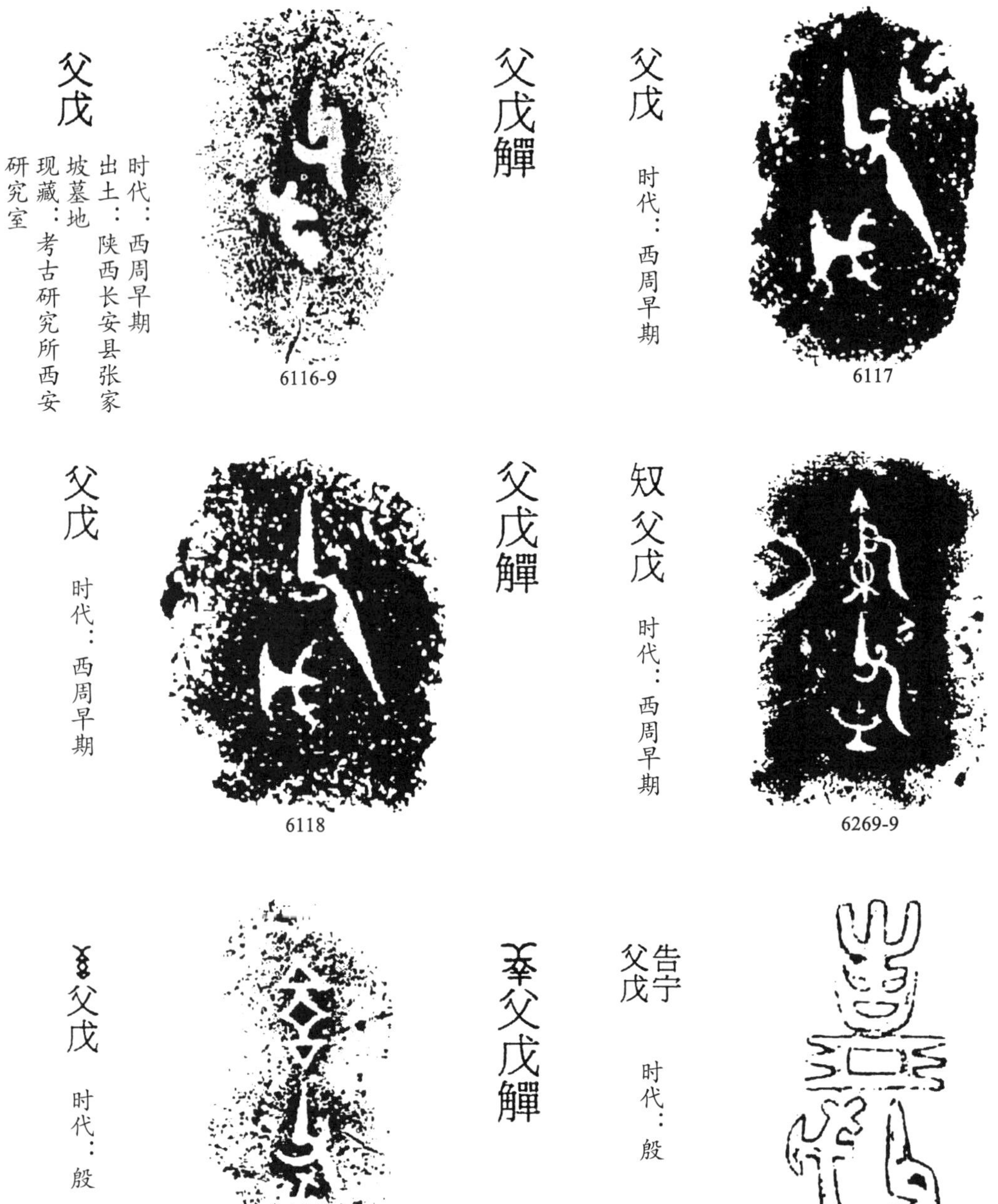

[矢+又]父戊觶

告宁父戊觶

[注释] 编号 6116、6117、6118、6269 为殷商武丁时期。

子作父戊觶

6496-5

子作父戊彝 犬山刀

时代：殷

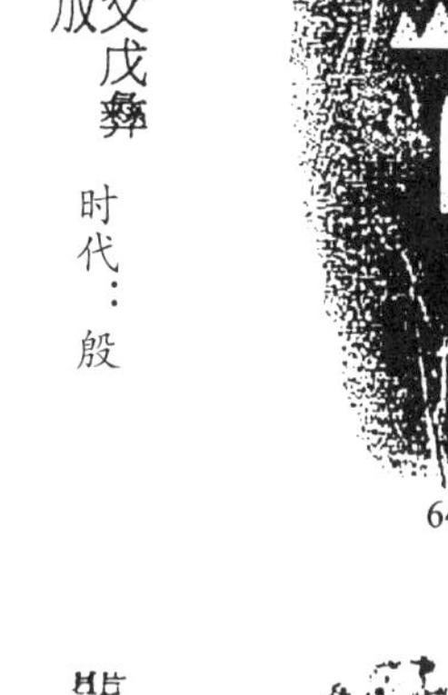

作父戊觶

6483-9

作父戊彝 亞正冊

时代：西周早期

现藏：上海博物馆

㠱父戊觚

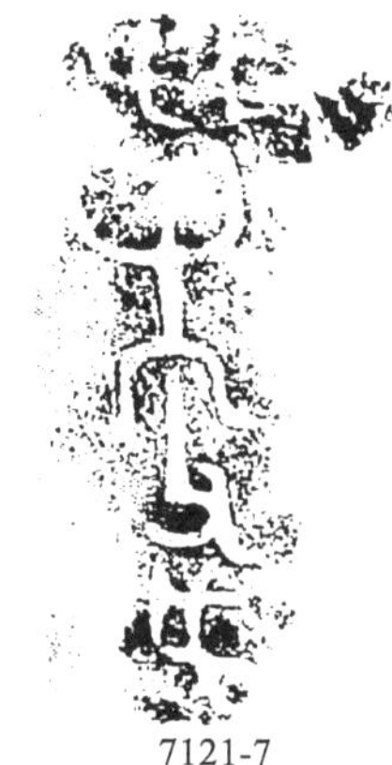

7121-7

㠱父戊

时代：殷

甚父戊觶

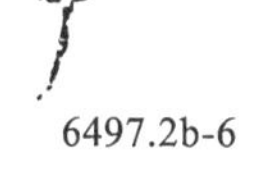

6497.2b-6

甚作父戊寶尊彖子

时代：西周早期

⿰矢又父戊觚

7123-8

⿰矢又⿵戊父

时代：殷

⿱𠂊白父戊觚

7122

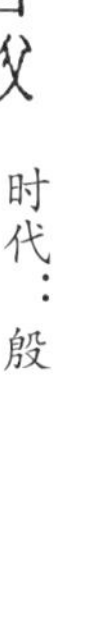

⿱𠂊白⿵戊父

时代：殷

现藏：北京故宫博物院

［注释］编号 6438、6496、6497 为殷商晚期。

冂夲父戊觚

冂
敚

时代：殷

7238-8

劇作父戊觚

劇作父戊
尊彝　䚒

时代：西周早期
现藏：台北故宫博物院

7294-8

父戊爵

父
戊

时代：殷
现藏：河南安阳

7927

劇作父戊觚

劇作父戊
尊彝　䚒

时代：西周早期

7295-9

父戊爵

父
戊

时代：殷

7929

父戊爵

父
戊

时代：殷
现藏：北京故宫博物院

7928

[注释] 编号 7294、7295 为殷商晚期。

父戊爵

父戊

时代：西周早期

现藏：法国巴黎某私人

7931

父戊爵

父戊

时代：西周早期

7930

子父戊爵

子父戊

时代：西周早期

现藏：北京故宫博物院

8514

子父戊爵

子父戊

时代：西周早期

现藏：北京故宫博物院

8513

冀父戊爵

冀父戊

时代：殷

现藏：上海博物馆

8517

子父戊爵

子父戊

时代：西周早期

现藏：北京故宫博物院

8516-7

[注释] 本页为殷商武丁时期。

奄父戊爵

奄父戊

时代：殷
现藏：上海博物馆

8518.b

〓父戊爵

美父戊

时代：西周早期

8519-6

屰父戊爵

屰父戊

时代：殷
现藏：日本奈良宁乐美术馆

8520

徶父戊爵

羌父戊

时代：殷

8521

吿父戊爵

舌父戊

时代：殷

8522-8

知父戊爵

知父戊

时代：西周早期
现藏：北京故宫博物院

8523-6

[注释]编号 8519、8523 为殷商武丁时期。

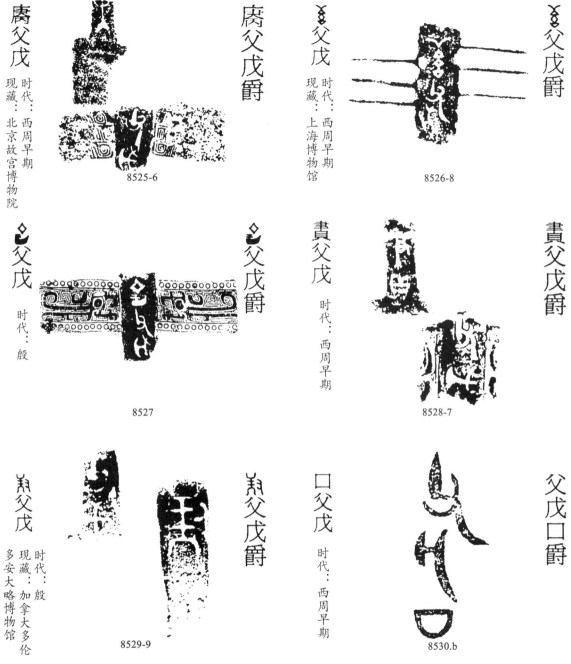

𦊧父戊爵

𦊧父戊

时代：西周早期

现藏：北京故宫博物院

8525-6

𠭯父戊爵

𠭯父戊

时代：西周早期

现藏：上海博物馆

8526-8

𠃬父戊爵

𠃬父戊

时代：殷

8527

責父戊爵

責父戊

时代：西周早期

8528-7

𦤎父戊爵

𦤎父戊

时代：殷

现藏：加拿大多伦多安大略博物馆

8529-9

父戊口爵

口父戊

时代：西周早期

8530.b

[注释] 编号8525、8526、8528、8530为殷商武丁时期。

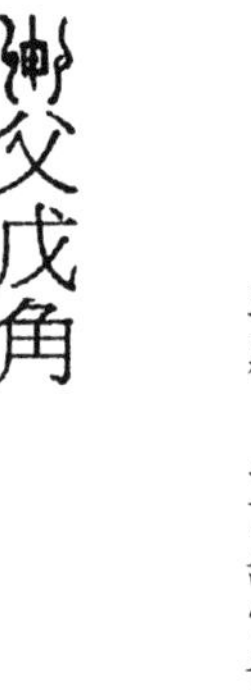

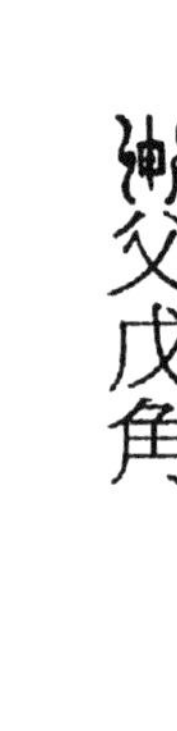

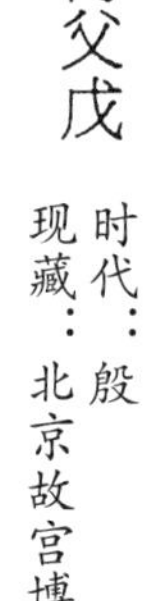

冉父戊爵

冉父戊

时代：殷

现藏：北京故宫博物院

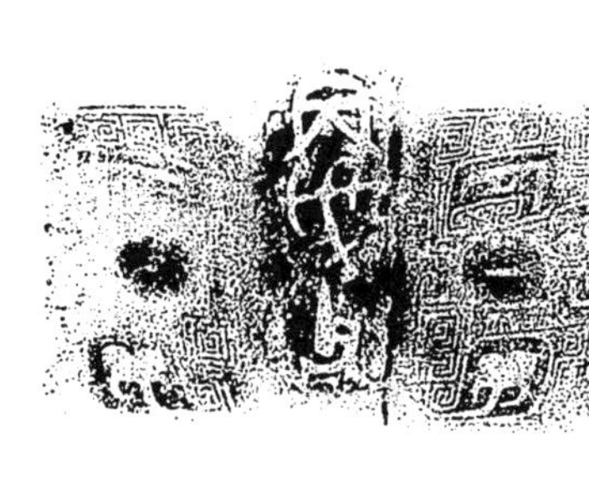

8532

[illegible]父戊角

丩田父戊

时代：殷

出土：河南安阳

8531-9

爻父戊爵

爻父戊

时代：西周早期

现藏：北京故宫博物院

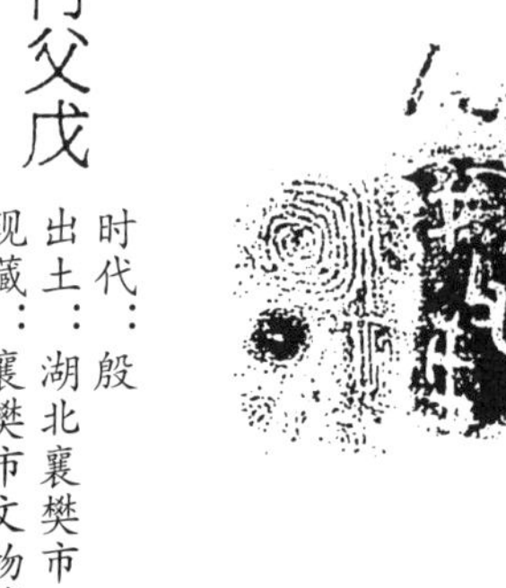

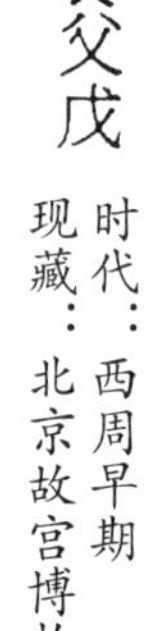

8534

冉父戊爵

冉父戊

时代：殷

出土：湖北襄樊市

现藏：襄樊市文物管理处

8533

[illegible]矢父戊爵

[illegible]矢父戊

时代：西周早期

8918

[illegible]父戊爵

[illegible]父戊

时代：殷

现藏：国家博物馆

8535

[注释] 编号 8534、8918 为殷商武丁时期。

矢父戊爵

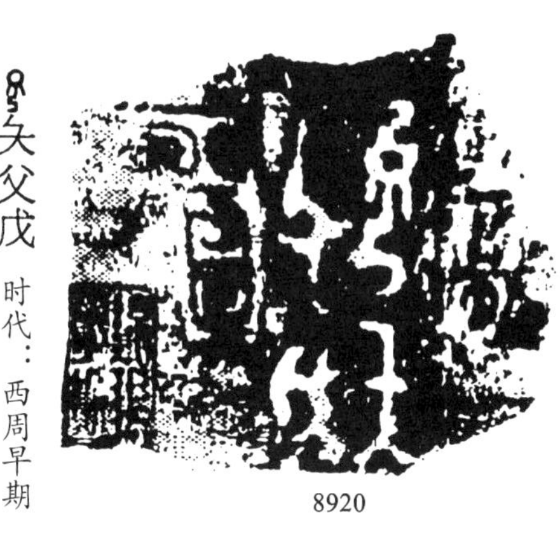

8920

矢父戊

时代：西周早期

矢父戊爵

8919

矢父戊

时代：西周早期

现藏：上海博物馆

作父戊角

8923-8

田父戊

时代：殷

出土：河南安阳

車犬父戊爵

8921-8

車犬父戊

时代：西周早期

现藏：上海博物馆

亞向父戊爵

9010

亞向父戊

时代：殷

现藏：北京故宫博物院

加作父戊爵

8924-7

加作父戊

时代：西周早期

出土：关中出土

[注释] 编号 8919、8920、8921 为殷商武丁时期，8924 为殷商晚期。

舟父戊爵

9013-7

作尊父戊舟

时代：西周早期
出土：山东长山县
现藏：北京故宫博物院

亞𠀠父戊爵

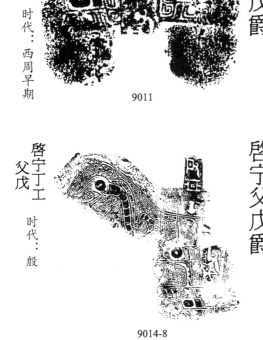

9011

亞商作父戊

时代：西周早期

獸父戊爵

9053-6

獸作父戊寶彝

时代：西周早期
现藏：上海博物馆

啓宁父戊爵

9014-8

啓宁丁工父戊

时代：殷

[illegible]作父戊斝

9231-6

丩田作父戊

时代：殷
现藏：北京故宫博物院

聿父戊斝

9213-8

聿父戊

时代：殷
现藏：北京故宫博物院

［注释］编号 9011、9013、9053、9231 为殷商晚期。

⿰土犬駿觥蓋

9300-9

吳⿰土犬御弟史事遣馬弗左用作父戊寶尊彝

时代：西周早期
出土：陕西扶风县上康村
现藏：扶风县博物馆

竟父戊觥

9276.1-8

竟父戊

时代：殷
现藏：美国旧金山亚洲美术博物馆布伦戴奇藏品

戈父戊盉

9355-8

戈父戊

时代：西周早期
出土：陕西泾阳高家堡墓葬
现藏：陕西省博物馆

奄父戊盉

9354.2-8

奄父戊

时代：殷
现藏：北京故宫博物院

⿱亼酉父戊盉

9357-9

⿱亼酉父戊

时代：殷或西周早期
现藏：美国波士顿美术博物馆

⿱亼酉父戊盉

9356

⿱亼酉父戊

时代：殷或西周早期

[注释] 编号 9355、9356、9357 为殷商武丁时期，9300 为殷商晚期。

□作父戊盉

9423

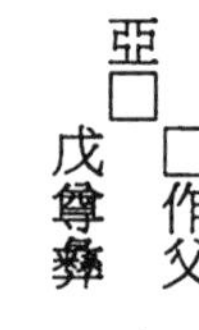

亞□ □作父戊尊彝

时代：西周早期

咎子父戊盉

9390.1-7

榮子作父戊

时代：西周早期

亼宔父戊方彝

9878-9

竹宝告永父戊

时代：西周早期

现藏：上海博物馆

趞父戊罍

9817-8

趞作文父戊尊彝雠冊

时代：西周早期

出土：陕西

□父戊盘

10042-5

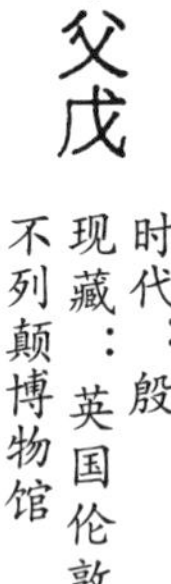

□父戊

时代：殷

现藏：英国伦敦不列颠博物馆

□父戊瓿

9957-6

□田父戊

时代：殷

现藏：北京故宫博物院

[注释] 编号 9390、9423、9817 为殷商晚期。

壽作父戊器

10558-6

壽作父戊尊彝

时代：西周早期

⿰𠚕光作父戊盘

10052-9

⿰𠚕光作父戊

时代：西周早期

现藏：北京故宫博物院

作父戊器

10570-8

作父戊彝 冊亞正

时代：殷

⿱亞㠯作父戊器

10569-9

⿱亞㠯作父戊寶尊彝

时代：殷

[注释] 本页为殷商晚期。

殷周金文集成
十天干之
父己
（精选二百九十九例）

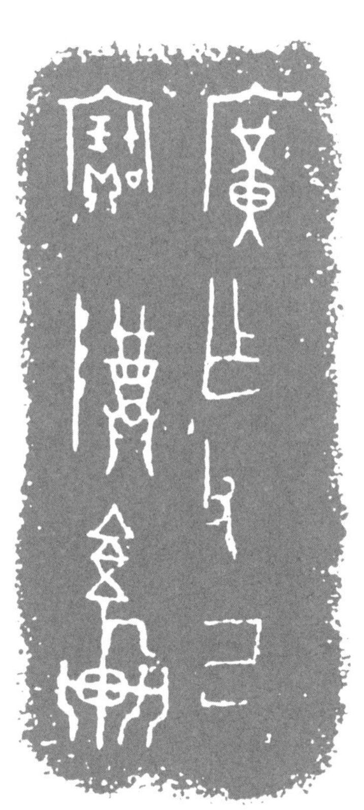

丙父己鬲

482.b

丙父己

时代：殷

[illegible]父己鬲

481-7

[illegible]父己

时代：殷

现藏：台北故宫博物院

父己甗

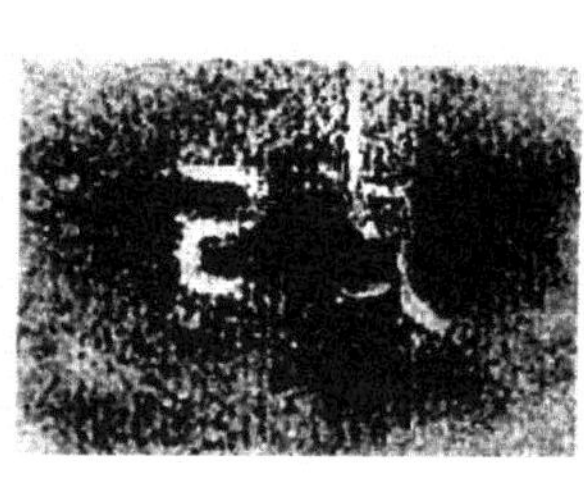

801

父己

时代：殷

现藏：首都博物馆

亞獏父己鬲

503-8

亞獏父己

时代：殷

现藏：北京故宫博物院

[illegible]父己甗

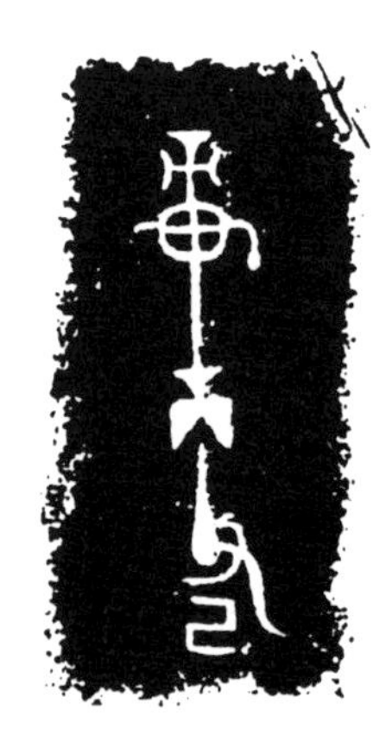

816-7

[illegible]父己

时代：西周早期

出土：陕西扶风县杨家堡遗址

现藏：扶风县博物馆

[illegible]父己甗

815-8

[illegible]父己

时代：殷

［注释］本页为殷商晚期。

見父己甗

819.b

見父己
时代：西周早期

父己甗

817-6

父己
时代：西周早期

得父己甗

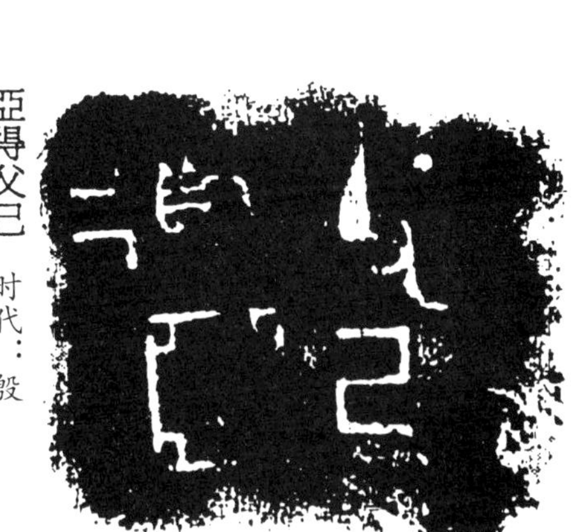
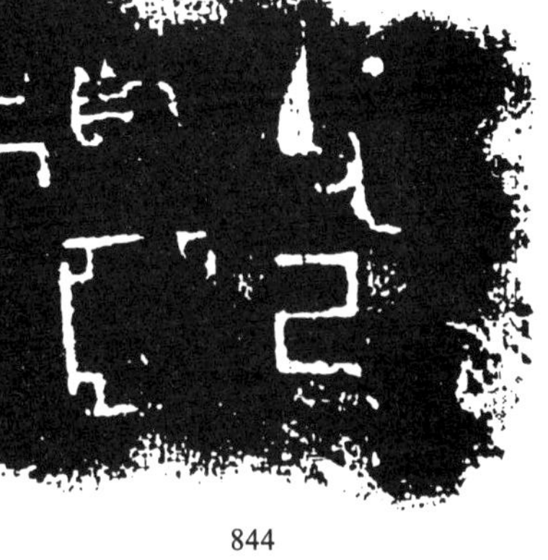
844

亞得父己
时代：殷

亞㠱父己甗

843-8

亞㠱父己
时代：西周早期

父己鼎

1260

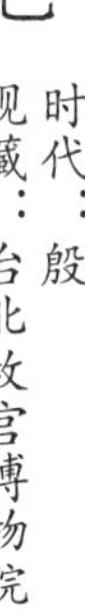
父己
时代：殷
现藏：台北故宫博物院

亞無壽作父己甗

904.b-7

亞無壽作父己彝
时代：西周早期

[注释] 本页为殷商晚期。

父己鼎

1262

父己

时代：西周早期

父己鼎

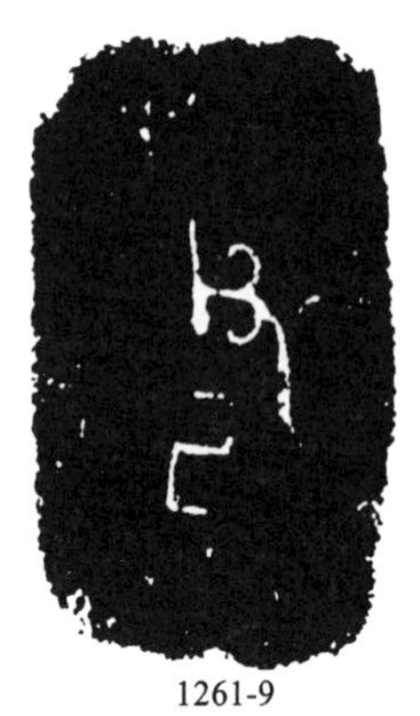

1261-9

父己

时代：西周早期

父己鼎

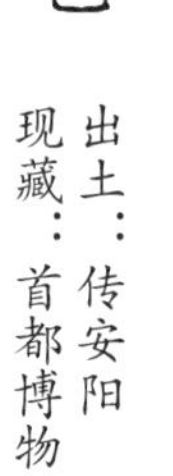

1264

父己

出土：传安阳
现藏：首都博物馆

父己鼎

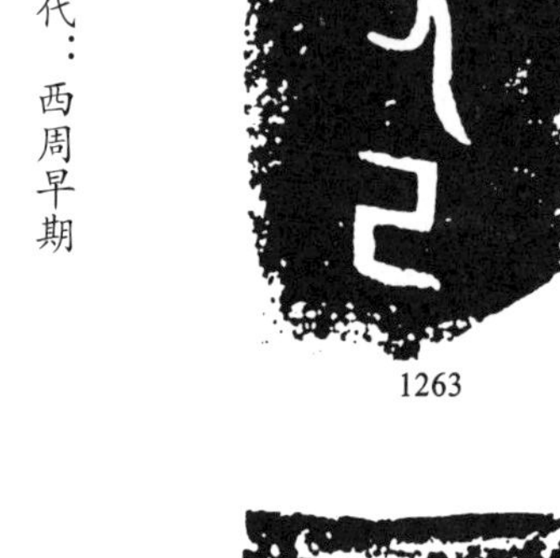

1263

父己

时代：西周早期

父己鼎

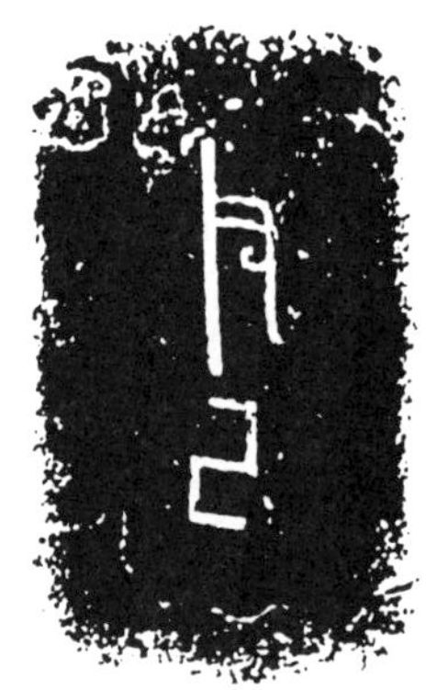

1266-7

父己

时代：殷
现藏：北京故宫博物院

父己方鼎

1265

父己

时代：殷
出土：安阳
现藏：新乡市博物馆

[注释] 本页为殷商晚期。

天父己鼎

1602

天父己
时代：殷
现藏：台北故宫博物院

𦤺父己鼎

1603-9

𦤺父己
时代：殷或西周

𦤺父己鼎

1604

𦤺父己
时代：殷
现藏：美国华盛顿萨克勒美术馆

𡕒父己鼎

1605

𡕒父己
时代：殷

戈父己鼎

1606-7

戈父己
时代：西周早期

𠕁父己鼎

1607.b

𠕁父己
时代：殷

[注释]本页为殷商晚期。

父己鼎

父己

时代：殷

1609-9

父己鼎

父己

时代：殷或西周早期

现藏：台北故宫博物院

1608-8

父己鼎

父己

时代：殷

现藏：上海博物馆

1611-9

父己方鼎

父己

时代：殷

1610-7

父己鼎

父己

时代：殷

1613.b

父己鼎

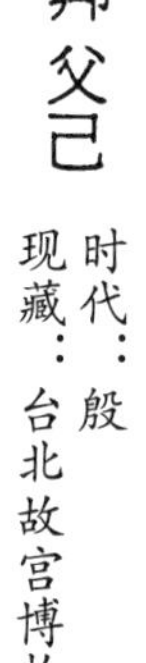

父己

时代：殷

现藏：台北故宫博物院

1612-8

［注释］本页为殷商晚期。

舌父己鼎

1616-9

舌父己

时代：殷

父己鼎

1615-8

父己

时代：殷

耒父己鼎

1618-8

耒父己

时代：西周中期

父己鼎

1617-9

守父己

时代：殷

现藏：北京故宫博物院

作父己鼎

1620-9

作父己

时代：西周中期

出土：陕西凤翔

父己鼎

1619.b

來父己

时代：西周早期

[注释] 本页为殷商晚期。

父己車鼎

1622

車父己

时代：殷

现藏：美国布拉马氏

子父己鼎

1621-9

子父己

时代：殷或西周早期

亞晳父己鼎

1866-8

亞晳父己

时代：殷

现藏：日本京都黑川古文化研究所

亞晳父己鼎

1865

亞晳父己

时代：殷

现藏：荷兰某氏

亞㠱父己鼎

1868-7

亞㠱父己

时代：殷

父己亞醜方鼎

1867-7

亞醜父己

时代：殷

现藏：北京故宫博物院

［注释］本页为殷商晚期。

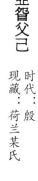

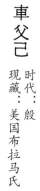

亞獸父己鼎

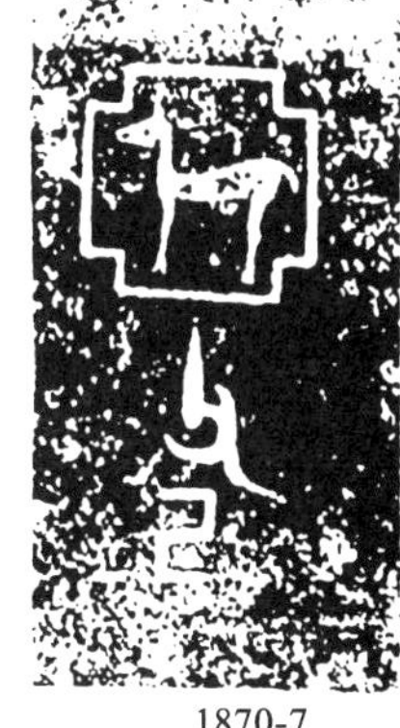

1870-7

亞麑父己

时代：殷
出土：陕西渭南县阳郭公社南堡村
现藏：渭南县图书馆

亞戈父己鼎

1869

亞戈父己

时代：殷
现藏：美国皮斯柏寄陈米里阿波里斯美术馆

亞父己鼎

1872-6

亞父己

时代：西周早期
现藏：台北故宫博物院

亞旃父己鼎

1871-9

亞旃父己

时代：殷
现藏：北京故宫博物院

小子父己方鼎

1874-8

父己小子

时代：殷
出土：河南安阳
现藏：国家博物馆

子申父己鼎

1873-9

子申父己

时代：西周早期
现藏：洛阳市博物馆

[注释] 本页为殷商晚期。

弓𦎫父己鼎

1876-8

弓𦎫父己

时代：殷

又敖父己鼎

1875-8

又敖父己

时代：殷

出土：传安阳

作父己冉鼎

1878-8

作父己冉

时代：殷或西周早期

遽作父己鼎

1877

遽作父己

时代：西周中期

父己亞奇史鼎

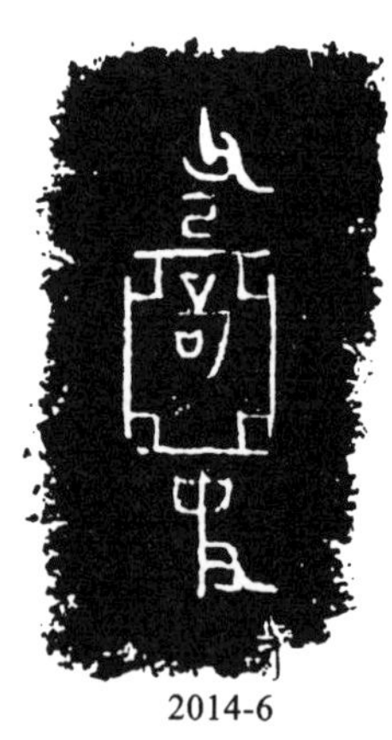

2014-6

亞奇史父己

时代：殷或西周早期

出土：陕西岐山县北寨子

现藏：岐山博物馆

子父己鼎

1879.b

子刀父己

时代：殷或西周早期

[注释] 本页为殷商晚期。

小子作父己方鼎

2016-7

小子作父己

时代：殷

现藏：美国圣路易市美术馆

小子作父己鼎

2015-6

小子作父己

时代：殷

奉作父己鼎

2126-7

奉作父己寶鼎

时代：西周早期

现藏：上海博物馆

束冊作父己鼎

2125-6

束冊作父己彝

时代：殷或西周早期

[illegible]監父己鼎

2367-7

[illegible]監引作父己寶尊彝

时代：西周中期

现藏：上海博物馆

作父己鼎

2252-7

鼎其用作父己寶

时代：西周早期

现藏：北京故宫博物院

[注释] 本页为殷商晚期。

父己簋

3058.b

父己

时代：殷

父己簋

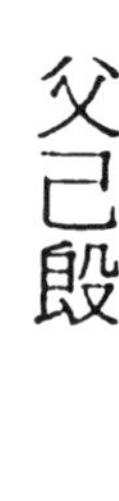

3057

父己

时代：殷

出土：河南鹤壁市庞村

现藏：河南省博物馆

冉父己簋

3192.1

冉父己

时代：殷

出土：安阳

冉父己簋

3191.2

冉父己

时代：殷

现藏：北京故宫博物院

車父己簋

3194-7

車父己

时代：殷

现藏：丹麦哥本哈根美术博物馆

京父己簋

3193-6

京父己

时代：殷

现藏：山东省博物馆

□父己殷

3196-5

埶公己

时代：殷
现藏：国家博物馆

□父己殷

3195-7

□父己

时代：殷
出土：安阳

□父己殷

3198-8

□父己

时代：西周早期
出土：陕西武功县
现藏：武功县文化馆

□父己殷

3197-6

舌父己

时代：西周早期
出土：安阳薛家庄
现藏：浙江省博物馆

尹舟父己殷

3325.2

尹舟父己

时代：殷
现藏：北京故宫博物院

北□父己殷

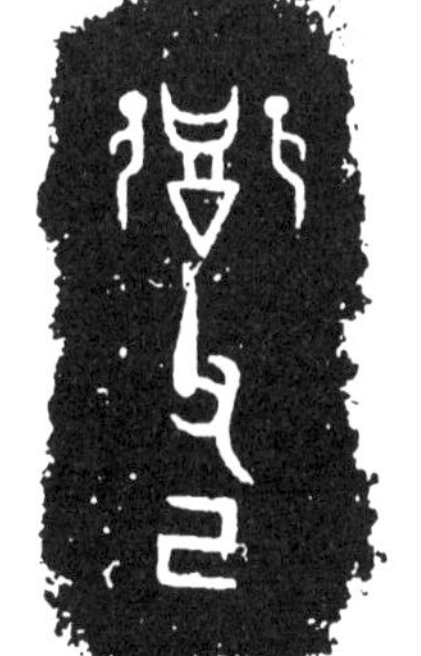

3324-6

北□父己

时代：殷

[注释] 编号 3197、3198 为殷商武丁时期。

亞戈父己𣪘

3327-8

亞戈父己

时代：西周早期

亞天父己𣪘

3326-7

亞並父己

时代：殷

现藏：美国芝加哥美术馆

又牧父己𣪘

3329-7

又𢼸父己

时代：西周早期

聿作父己𣪘

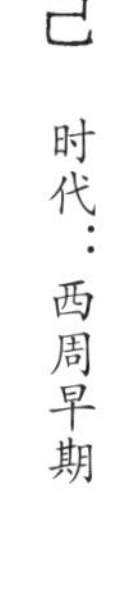
3328-9

耒作父己

时代：西周早期

Y亞作父己𣪘

3515-8

Y亞作父己尊彝

时代：西周早期

现藏：台北故宫博物院

天工冊父己𣪘

3433-8

天工冊父己

时代：西周早期

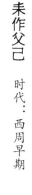

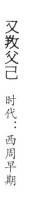

[注释] 编号 3327、3329、3433 为殷商武丁时期，3328、3515 为殷商晚期。

子阳作父己𣪘

3653-7

子阳作父己寶尊彝

时代：西周早期
现藏：北京故宫博物院

廣作父己𣪘

3611-8

廣作父己寶尊夲旅

时代：西周早期
现藏：北京故宫博物院

辨作文父己𣪘

3714-8

辨作文父馬豕
己寶尊彝

时代：西周早期
出土：河南洛阳
现藏：台北故宫博物院

見作父己𣪘

3685-7

見作父己亞其
寶尊彝

时代：西周早期
现藏：上海博物馆

酉父己卣

4952.1-9

酉父己

时代：殷

酉父己卣

4951.b-6

酉父己

时代：西周早期

［注释］编号 4951 为殷商武丁时期，3611、3653、3685、3714 为殷商晚期。

戈父己卣

4954-6

戈父己

时代：殷

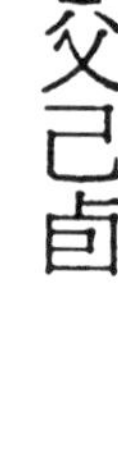父己卣

4953.2

父己

时代：殷

父己卣

4956.2-8

倗父己

时代：殷

戈父己卣

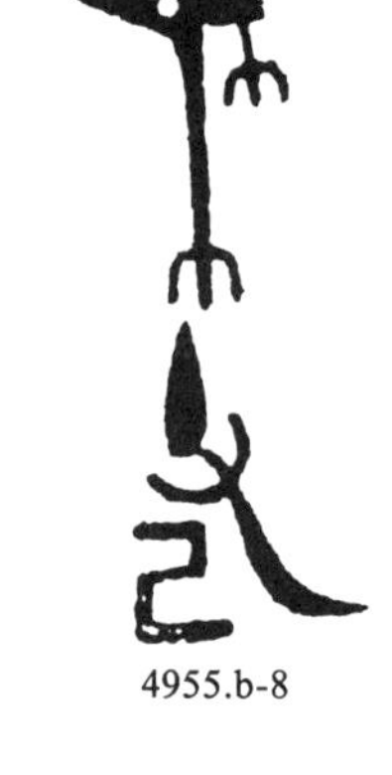

4955.b-8

戈父己

时代：殷

出土：龙游

受父己卣

4958.1-8

受父己

时代：殷

犬父己卣

4957.1-8

父己

时代：殷

冀父己卣

冀父己

时代：殷
现藏：台北故宫博物院

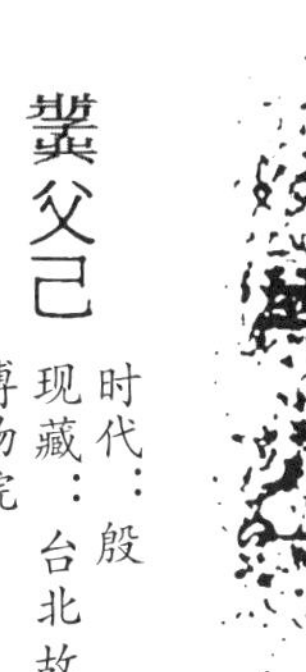

4960.2-7

遽父己卣

遽父己

时代：殷
现藏：日本大阪市立博物馆

4959.2-8

亼父己卣

亼父己

时代：殷

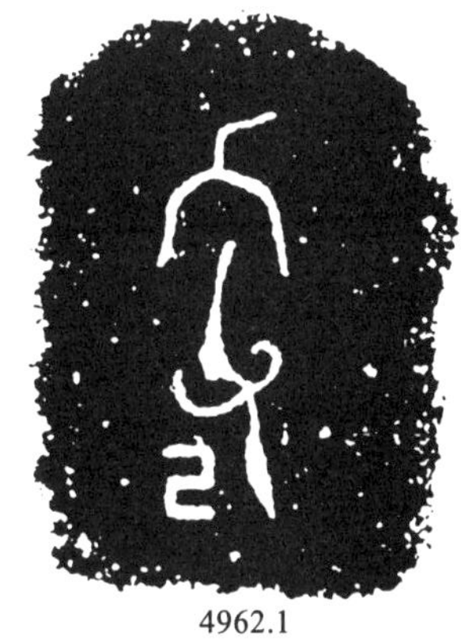

4962.1

冀父己卣

冀父己

时代：殷
出土：寿阳紫金山

4961.2b-9

萬父己卣

萬父己

时代：西周早期
出土：山西翼城凤家坡墓葬
现藏：翼城县博物馆

4964.2-6

冉父己卣

冉父己

时代：殷
现藏：美国华盛顿萨克勒美术馆

4963.1-8

[注释] 编号 4964 为殷商武丁时期。

丙父己卣

4966-7

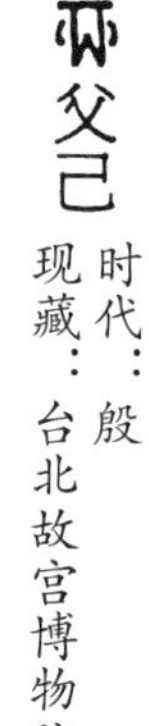

丙父己

时代：殷

现藏：台北故宫博物院

丙父己卣

4965-8

丙父己

时代：殷

又敄父己卣

5077.1

又敄父己

时代：殷

现藏：上海博物馆

且丁父己卣

5044-8

祖丁父己

时代：西周早期

出土：陕西陇县韦家庄墓葬

现藏：宝鸡市博物馆

亞址父己卣

5079.2b-8

亞址父己

时代：西周早期

出土：京兆

亞㠱父己卣

5078.2-8

亞㠱父己

时代：西周早期

出土：北京顺义牛栏山

现藏：北京市文物研究所

[注释] 编号 5044、5078、5079 为殷商武丁时期。

亞雀父己卣

5162.2-7

亞雀魚父己

出土：河南鹤壁市庞村
现藏：河南省博物馆

且己父己卣

5145.2-7

祖己妯

时代：殷
现藏：瑞士苏黎世瑞列堡博物馆

𠂤作父己卣

5164-7

𠂤作父己彝

时代：西周早期

冀父己母癸卣蓋

5163-7

冀父己母癸

时代：殷

亞古父己卣

5215.1-5

亞曺作父己彝

时代：殷
现藏：上海博物馆

亞共且乙父己卣

5199.2

亞共祖乙父己

时代：殷

[注释] 编号 5162 为殷商武丁时期，5164 为殷商晚期。

尸作父己卣

5280.2-6

□人作父己尊彝

时代：殷

□作父己卣

5279-9

□作寶父己尊彝

时代：西周早期

仔作父己卣

5282.1b

子刀作父己寶尊彝

时代：西周早期

□父己卣

5281.1-8

□父己作寶尊彝

时代：殷

父己尊

5526

父己

时代：殷
出土：传河南
现藏：美国旧金山亚洲美术博物馆布伦戴奇藏品

小子省卣

5394.1-8

甲寅子賞小子省貝□五朋省揚君賞用作父己寶彝

时代：殷
现藏：上海博物馆

[注释] 编号 5279、5280、5281、5282、5394 为殷商武丁时期。

[glyph]父己尊

5643-7

[glyph]父己

时代：殷

父己尊

5527-9

父己

时代：西周早期

遽父己象尊

5645.2-6

遽父己

时代：西周早期
现藏：德国柏林某氏

[glyph]父己尊

5644-8

[glyph]父己

时代：西周早期
现藏：美国波士顿美术博物馆

耒父己尊

5647-7

耒父己

时代：西周早期
现藏：上海博物馆

[glyph]父己尊

5646

衛*父己

时代：殷
出土：河南安阳
现藏：新乡市博物馆

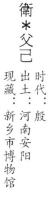

［注释］编号 5527、5644、5645、5647 为殷商武丁时期。

鼎父己尊

5649.b

鼎父己

时代：殷

鼎父己尊

5648-9

鼎父己

时代：殷

现藏：日本京都泉屋博古馆

己父尊

5651.b-9

馬父己

时代：殷

𠓝父己尊

5650-7

𠓝父己

时代：殷

现藏：日本京都泉屋博古馆

又敎父己尊

5740-8

又敎改

时代：殷

出土：传安阳

作父己尊

5652

作父己

时代：西周中期

现藏：日本京都泉屋博古馆

[注释] 编号 5652 为殷商晚期。

亞㠱父己尊

5742-7

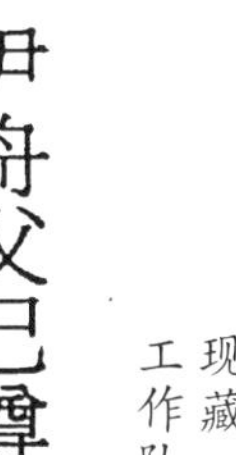

亞㠱父己

时代：西周早期
出土：北京顺义牛栏山
现藏：北京市文物工作队

尹舟父己尊

5741-6

尹舟父己

时代：殷
现藏：美国华盛顿萨克勒美术馆

作父己尊

5831-8

作父己寶彝

时代：西周中期
现藏：台北故宫博物院

父己尊

5743

子刀父己

时代：西周早期

𢆉作父己尊

5879

羌作父己寶尊彝

时代：西周中期
现藏：瑞士苏黎世瑞列堡博物馆

伃作父己尊

5878.b

伃作父己寶尊彝

时代：西周早期

[注释] 编号 5742、5743 为殷商武丁时期，5831、5878、5879 为殷商晚期。

冶仲父己尊

5881.b-8

冶仲作父己彝　戈

时代：西周中期
现藏：日本神户白鹤美术馆

魚作父己尊

5880-8

魚作父己寶尊彝

时代：西周早期
现藏：上海博物馆

隹作父己尊

5901-8

隹作父己寶彝　戉葡

时代：西周早期
现藏：美国华盛顿萨克勒美术馆

亯冊父己尊

5900-8

酰作父己尊彝　亯冊

时代：西周早期
现藏：首都师范大学历史博物馆

小子夫父己尊

5967-7

𡚬賞小子夫貝二朋用作父己尊彝𠦪

时代：殷
现藏：台北故宫博物院

屖父己尊

5953-8

屖肇其作父己寶尊彝友冑

时代：西周中期

［注释］本页为殷商晚期。

父己觶

父己

时代：殷
现藏：台北故宫博物院

6120-9

父己觶

父己

时代：殷
现藏：北京故宫博物院

6119

父己觶

父己

时代：西周早期或中期
现藏：上海博物馆

6122

父己觶

父己

时代：西周早期
出土：陕西扶风县上康村
现藏：陕西省博物馆

6121

父己觶

襄父己

时代：殷

6271

字父己觶

字父己

时代：殷
出土：安阳
现藏：广州市博物馆

6270

[注释] 编号 6121、6122 为殷商武丁时期。

兄父己觶

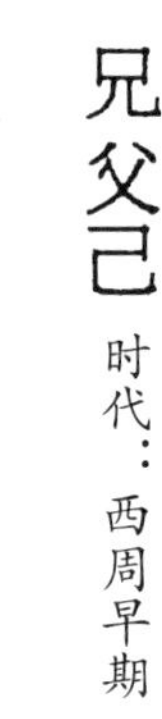

6273-9

兄父己

时代：西周早期

史父己觶蓋

6272

史父己

时代：殷

现藏：北京故宫博物院

冉父己觶

6275

冉父己

时代：殷

主父己觶

6274.b

主父己

时代：殷

冉父己觶

6277

冉父己

时代：西周早期

冉父己觶

6276

冉父己

时代：西周早期

现藏：河南鹤壁市庞村

［注释］编号 6273、6276、6277 为殷商武丁时期。

雉父己觶

6279.b-9

耤父己

时代：殷

亼父己觶

6278

亼父己

时代：西周早期

出土：陕西宝鸡市竹园沟村墓葬

现藏：宝鸡市博物馆

夰父己觶

6281

夰父己

时代：殷

现藏：日本京都黑川古文化研究所

木父己觶

6280.1b

木父己

时代：殷

己父戋觶

6283

戋父己

时代：殷

出土：河北正定县新城铺村墓葬

现藏：正定县文物保管所

帆父己觶

6282.1

埶父己

时代：殷

出土：河南安阳

现藏：英国

［注释］编号6278、6281为殷商武丁时期。

㠯父己觶

胎父己

时代：殷

6285

叉父己觶

叉父己

时代：西周早期

现藏：国家博物馆

6284

冉父己觶

守父己

时代：殷

出土：安阳大司空村墓葬

现藏：安阳市博物馆

6287-9

父己冉觶

守父己

时代：殷

现藏：台北故宫博物院

6286

奄父己觶

奄父己

时代：殷

6289.b-8

鳥冈父己觶

鼻父己

时代：西周早期

现藏：国家博物馆

6288-9

[注释] 编号6284、6288为殷商武丁时期。

萬父己觶

萬父己
时代：殷
现藏：上海博物馆

6291.2-8

黽父己觶

黽父己
时代：西周早期

6290

辰壴父己觶

衛辰父己
时代：殷
出土：河南安阳
现藏：新乡市博物馆

6400-8

子酉父己觶

子酉父己
时代：殷

6399

亞㠱父己觶

亞㠱父己
时代：西周早期
出土：北京顺义牛栏山
现藏：北京市文物研究所

6402-9

父己⿱矢⿰巾伐觶

♠⿰巾伐父己
时代：殷
现藏：上海博物馆

6401-6

[注释] 编号 6290、6402 为殷商武丁时期。

亞[illegible]父己觶

6404.2-8

亞執父己

时代：殷

现藏：北京故宫博物院

亞美父己觶

6403

亞美父己

时代：西周早期

牧正父己觶

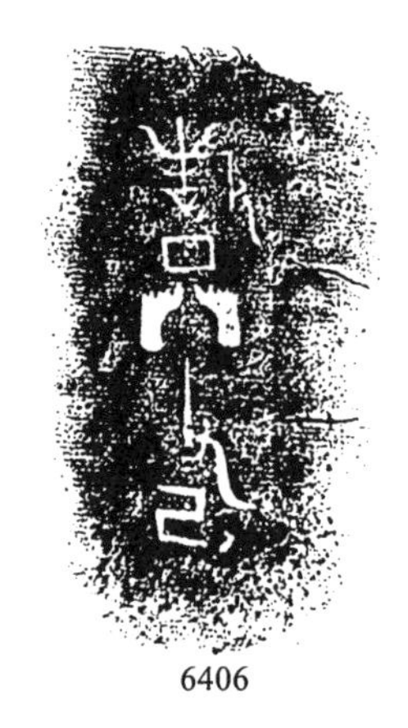

6406

牧正父己

时代：西周早期

出土：四川彭县竹瓦街

现藏：四川省博物馆

田冊父己觶

6405-6

農父己

时代：西周早期

现藏：天津市历史博物馆

父己豢馬觶

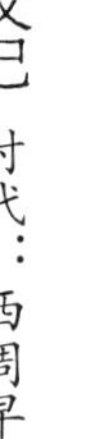

6408

馬豢父己

时代：西周早期

冉作父己觶

6407.1b

冉作父己

时代：西周中期

现藏：旅顺博物馆

[注释] 编号6403、6405、6406、6408为殷商武丁时期，6407为殷商晚期。

亞[illegible]作父己觶

6484-9

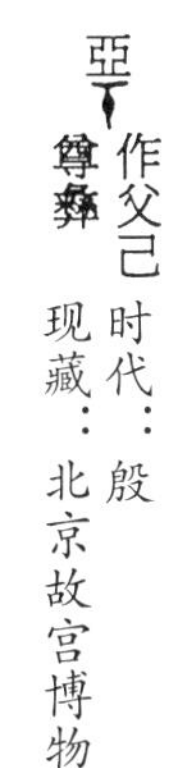

亞[illegible]作父己尊彝

时代：殷

现藏：北京故宫博物院

亞若父己觶

6409

亞若父己

时代：西周早期

出土：河南洛阳

现藏：北京故宫博物院

諫作父己觶

6499.b-7

亞𠬝諫作父己尊彝

时代：西周早期

父己年𠩺觶

6498

父己年𠩺

时代：西周早期

现藏：美国西雅图美术博物馆

父己觚

6813

父己

时代：殷

甾作父己觶

6504-7

甾作父己寶尊彝 南宮

时代：西周早期

现藏：上海博物馆

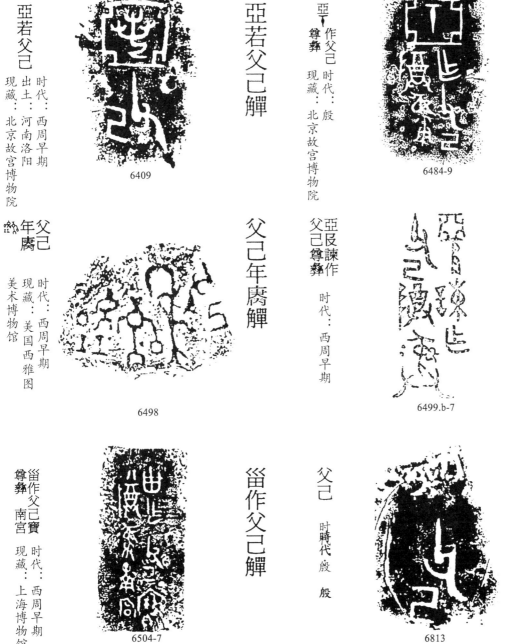

［注释］编号 6409、6498 为殷商武丁时期，6484、6499、6504 为殷商晚期。

父己觚

6815

父己

时代：殷

现藏：北京故宫博物院

己父觚

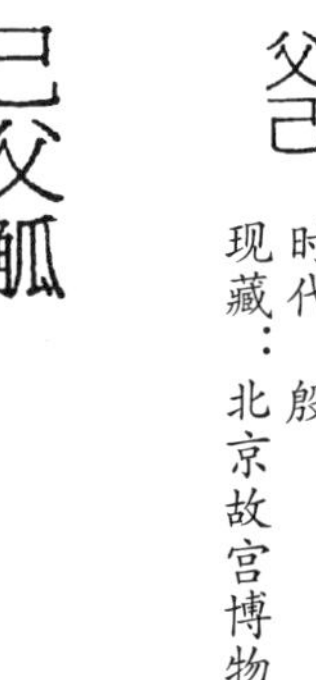

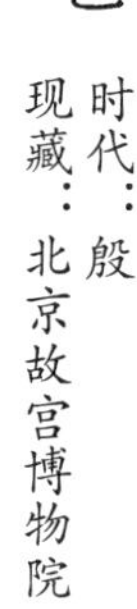

6814

己父

时代：殷

出土：西安

亞父己觚

7125-8

亞父己

时代：西周早期

出土：北京顺义牛栏山

现藏：北京市文物研究所

子父己觚

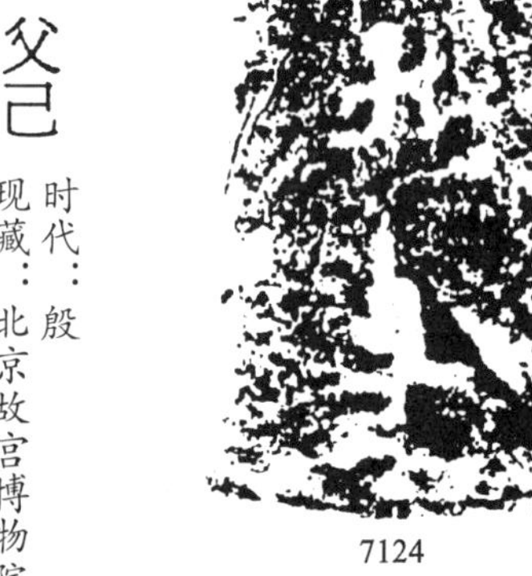

7124

子父己

时代：殷

现藏：北京故宫博物院

丙父己觚

7127

丙父己

时代：殷

亞父己觚

7126

亞父己

时代：殷

现藏：北京故宫博物院

[注释]编号7125为殷商武丁时期。

入父己觚

7129-9

入父己
时代：殷
现藏：台北故宫博物院

丙父己觚

7128

丙父己
时代：西周早期
出土：陕西长安县张家坡墓葬
现藏：考古研究所西安研究室

嬰父己觚

7133-8

嬰父己
时代：殷

冉父己觚

7130

冉父己
时代：西周早期
现藏：北京故宫博物院

戈父己觚

7135-8

戈父己
时代：西周早期

雔父己觚

7134-7

从父己
时代：殷

[注释] 编号 7128、7130、7135 为殷商武丁时期。

亞古父己觚

7239

亞曹改

时代：殷

出土：传安阳

丰父己觚

7136

丰父己

时代：殷

现藏：美国派克氏

亞矣父己觚

7241-9

亞矣父己

时代：西周早期

出土：河北邢台市

大冊父己觚

7240

天冊父己

时代：殷

出土：安阳殷墟西区墓葬

现藏：考古研究所安阳工作站

亞㫃父己觚

7243-9

亞旅父己

时代：西周早期

出土：德国科隆东亚博物馆

辰𣥠父己觚

7242-8

衛臣改

时代：殷

现藏：新乡市博物馆

[注释] 编号 7241、7243 为殷商武丁时期。

戉未父己觚

戉未改
时代：殷

7244

父己爵

父己
时代：殷
现藏：北京故宫博物院

7932

父己爵

父己
时代：殷

7933

父己爵

父己
时代：殷

7934-8

父己爵

父己
时代：殷

7935-8

父己角

父己
时代：殷
现藏：北京故宫博物院

7936

[注释] 编号7939、7940、7941为殷商武丁时期。

父己爵

父己

时代：殷

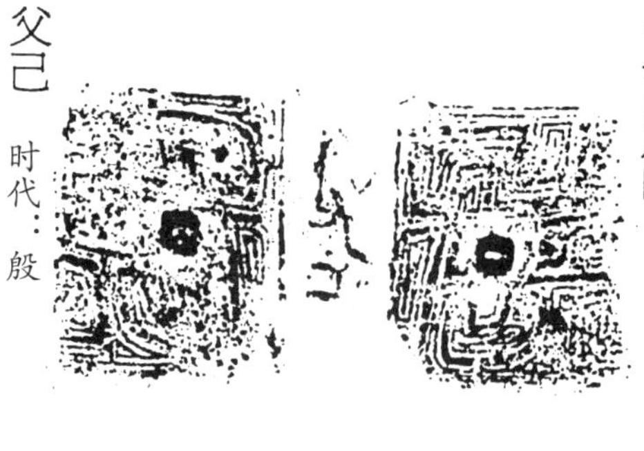

7937-8

父己爵

父己

时代：殷

7938-8

父己爵

父己

时代：西周早期
现藏：上海博物馆

7939

父己爵

父己

时代：西周早期

7940

父己爵

父己

时代：西周早期
现藏：加拿大多伦多安大略博物馆

7941-9

父己爵

父己

时代：殷
现藏：陕西省博物馆

7942

父己爵

父己

时代：西周早期

7944

父己爵

父己

时代：西周早期

现藏：北京故宫博物院

7943

父己爵

父己

时代：西周早期

现藏：北京故宫博物院

7946

父己爵

父己

时代：西周早期

7945

子父己爵

子父己

时代：殷

现藏：上海博物馆

8536

父己爵

父己

时代：西周早期

现藏：辽宁省博物馆

7947

[注释] 编号 7943、7944、7945、7946、7947 为殷商武丁时期。

8537 父己爵 ［illegible］父己 时代：殷

8538-7 㓞父己爵 㓞父己 时代：殷 现藏：北京故宫博物院

8539 冀父己爵 冀父己 时代：殷

8540-8 冀父己爵 冀父己 时代：殷 现藏：美国堪萨斯纳尔逊美术馆

8541-6 [illegible]父己爵 [illegible]父己 时代：殷

8542-9 父己爵 父己 时代：殷

[注释] 编号 8543、8544、8545、8549 为殷商武丁时期。

□父己爵

□父己

时代：西周早期

现藏：北京故宫博物院

8544-7

□父己爵

□父己

时代：西周早期

8543

□父己爵

□父己

时代：殷

8547-9

若父己爵

若父己

时代：西周早期

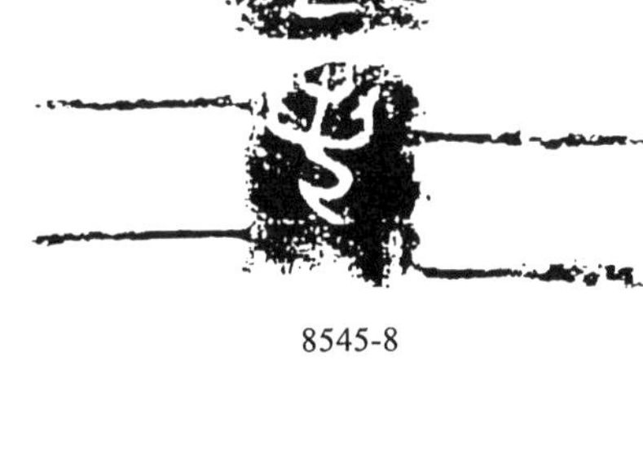

8545-8

啟父己爵

啓父己

时代：西周早期

8549

□父己爵

目父己

时代：殷

现藏：北京故宫博物院

8548-6

□父己爵

□父己

时代：殷

8550-6

□父己爵

□父己

时代：西周早期
出土：陕西扶风县法门寺李家村
现藏：周原博物馆

8551

舌父己爵

舌父己

时代：殷
现藏：上海博物馆

8552-8

舌父己爵

舌父己

时代：殷
现藏：新乡市博物馆

8553

□父己爵

心父己

时代：殷

8554-9

戈父己爵

戈父己

时代：殷

8555-9

[注释] 编号 8551 为殷商武丁时期。

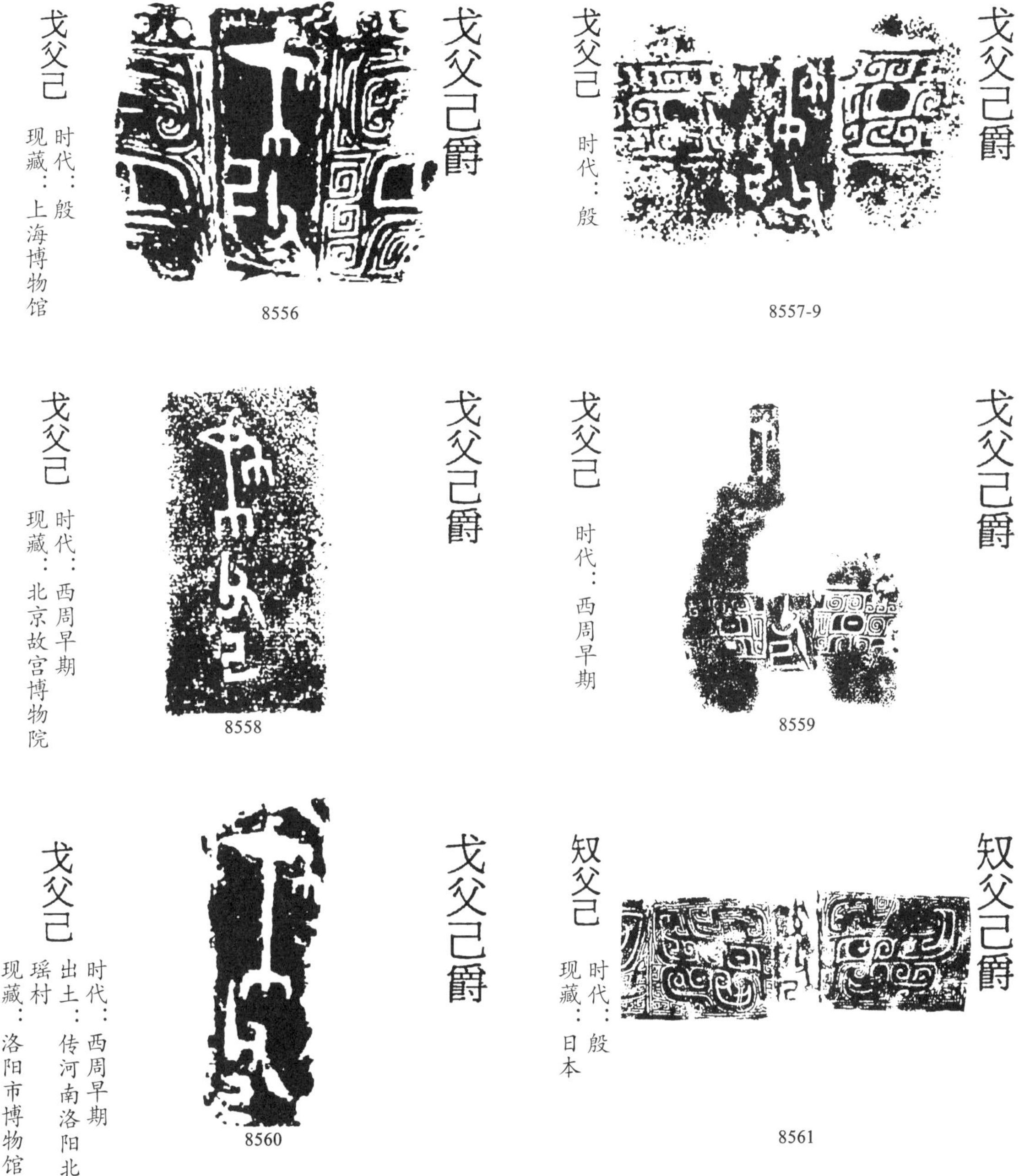

戈父己爵

戈父己

时代：殷

8557-9

戈父己爵

戈父己

时代：殷

现藏：上海博物馆

8556

戈父己爵

戈父己

时代：西周早期

8559

戈父己爵

戈父己

时代：西周早期

现藏：北京故宫博物院

8558

知父己爵

知父己

时代：殷

现藏：日本

8561

戈父己爵

戈父己

时代：西周早期

出土：传河南洛阳北瑶村

现藏：洛阳市博物馆

8560

[注释] 编号 8558、8559、8560 为殷商武丁时期。

剢父己爵

剢父己

时代：殷

8563-8

舟父己爵

舟父己

时代：殷

8562.b

萬父己爵

萬父己

时代：殷

8565-9

萬父己爵

萬父己

时代：殷
出土：河南安阳
现藏：北京故宫博物院

8564-6

□父己爵

融父己

时代：殷

8567

鼎父己爵

鼎父己

时代：殷
现藏：北京故宫博物院

8566

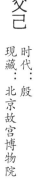

冉父己

时代：西周早期
现藏：北京故宫博物院

冉父己爵

8568

冉父己

时代：殷
现藏：北京故宫博物院

冉父己爵

8569

冉父己

时代：殷

冉父己爵

8570-9

冉父己

时代：殷
出土：湖北鄂城县沙窝公社五家湾村
现藏：鄂城县博物馆

冉父己爵

8571

丙父己

时代：殷

丙父己爵

8572

丙父己

时代：西周早期

丙父己爵

8573-8

[注释] 编号 8568、8573 为殷商武丁时期。

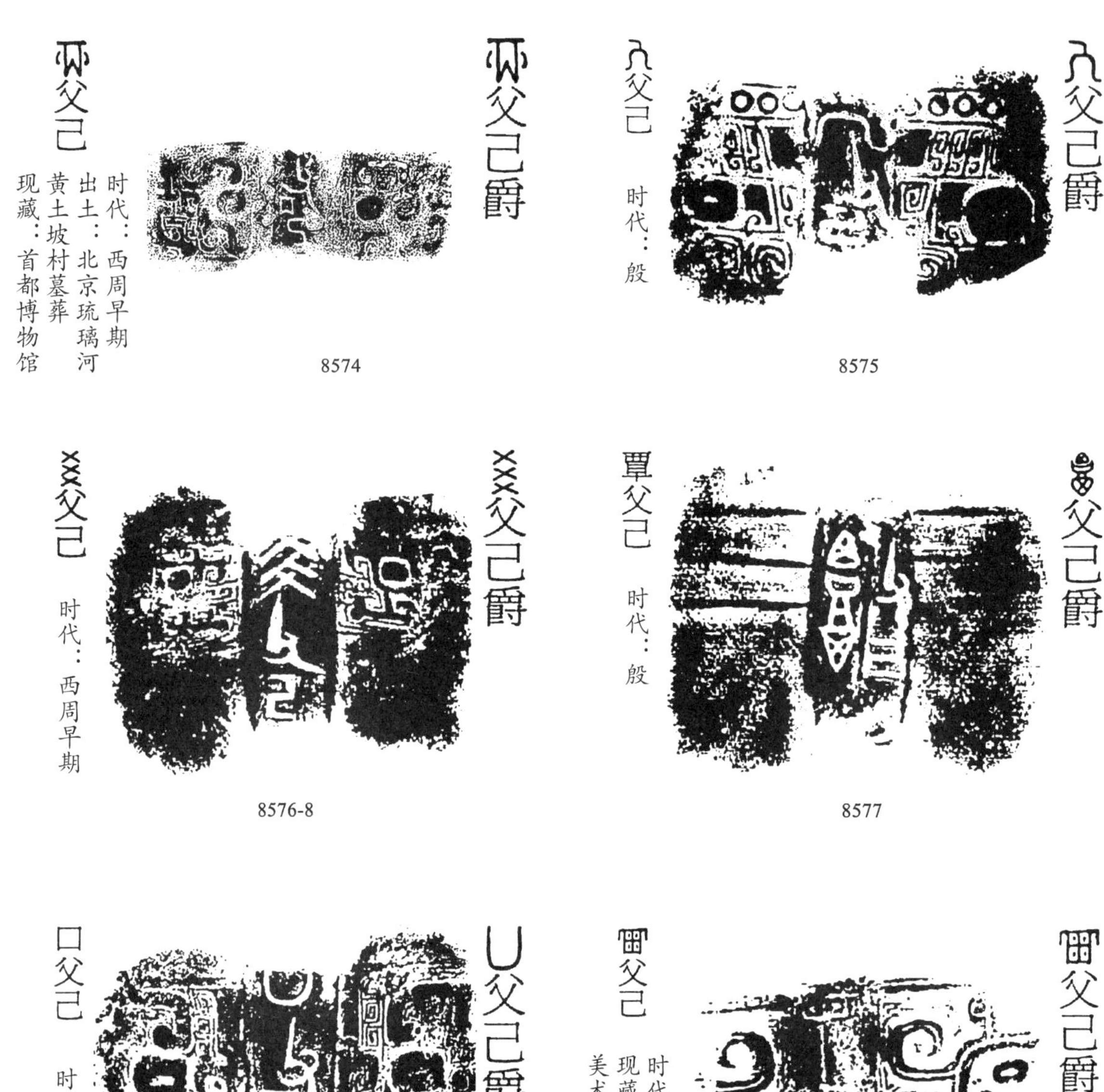

[注释]编号8574、8576、8579为殷商武丁时期。

8父己爵

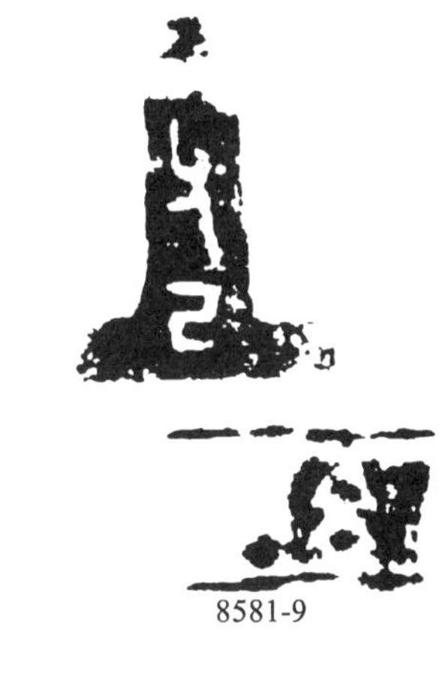

玄父己

时代：西周早期

8581-9

父己爵

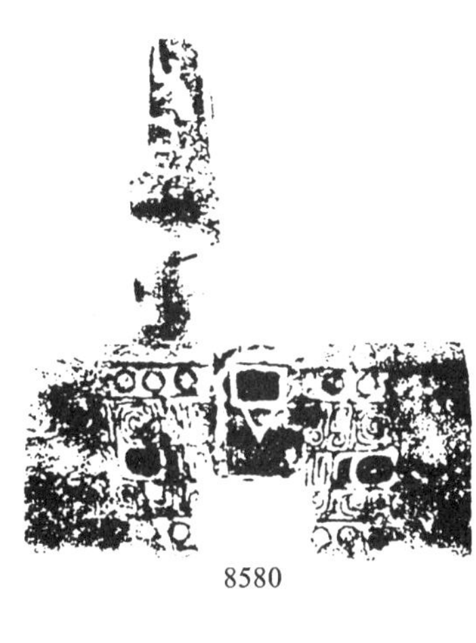

父己

时代：西周早期

8580

父己冊爵

父己冊

时代：西周早期

现藏：台北故宫博物院

8583-8

父己爵

㚔父己

时代：殷

8582

亞吕父己角

亞曹父己

时代：殷

8927

亞此父己爵

亞出父己

时代：殷

8926

[注释] 编号 8580、8581、8583 为殷商武丁时期。

葡父己爵

8929

字葡父己

时代：殷

亞若父己爵

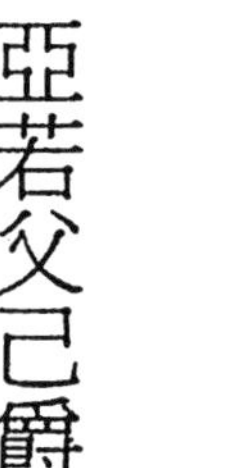

8928

亞若父己

时代：西周早期

旅父己爵

8931-9

夲旅父己

时代：殷

现藏：北京故宫博物院

父己爵

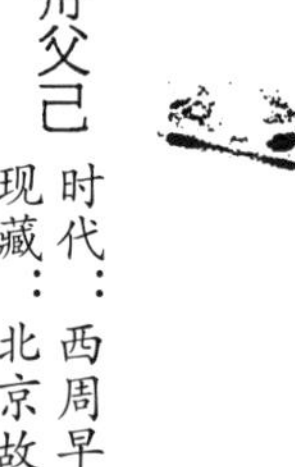

8930

臣衛父己

时代：殷

现藏：北京故宫博物院

尹舟父己爵

8933

尹舟父己

时代：西周早期

现藏：北京故宫博物院

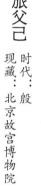

旅父己爵

8932.b-8

夲旅父己

时代：殷

现藏：法国巴黎赛尔诺什博物馆

[注释]编号 8928、8933 为殷商武丁时期。

守冊父己爵

守冊父己

时代：西周早期

现藏：上海博物馆

8935

北㠱父己爵

北㠱父己

时代：西周早期

出土：河南鹤壁市庞村

现藏：河南省博物馆

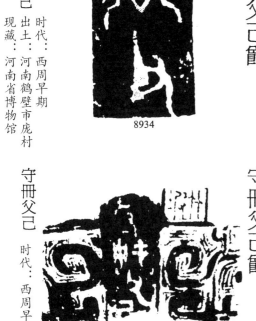

8934

毌單父己爵

毌單父己

时代：殷

现藏：国家博物馆

8937

守冊父己爵

守冊父己

时代：西周早期

8936

亞[⿱亞圣]父己爵

亞[⿱亞圣]父己卜

时代：殷

出土：河南上蔡县田庄村

现藏：河南省博物馆

9015

毌[亻冉]父己爵

毌[亻冉]父己

时代：西周早期

现藏：台北故宫博物院

8938-6

[注释] 编号 8934、8935、8936、8938 为殷商武丁时期。

央作父己爵

9073-7

明日
央作父己
尊彝

时代：西周早期
现藏：上海博物馆

系子刀父己爵

9055

系子父
工刀己

时代：殷
现藏：加拿大多伦多安大略博物馆

父己斝

9168

父己

时代：殷
出土：安阳殷墟
现藏：考古研究所安阳工作站

達父己爵

9079

羊冊達作
父己尊彝

时代：西周早期

冉父己斝

9215.b

冉父己

时代：殷

保父己斝

9214-7

保父己

时代：殷

[注释] 编号 9073、9079 为殷商晚期。

父己盉

9358-9

父己

时代：西周早期

出土：陕西陇县韦家庄墓葬

现藏：宝鸡市博物馆

般觥

9299.b-6

王令般祝米于欽考甬甬用賓父己來

时代：西周早期

僕父己盉

9406

僕作父己徙遽

时代：西周早期

出土：甘肃灵台县白草坡村墓葬

现藏：甘肃省博物馆

亞父己盉

9378.2

亞曹父己

时代：殷

酉父丁壺

9504

酉父丁

时代：西周早期

父己壺

9493.b

父己

时代：殷

［注释］编号 9358、9504 为殷商武丁时期，9299、9406 为殷商晚期。

工冊天父己壺

9547.b-7

工冊天父己

时代：殷

辰作父己壺

9525-9

辰作父己

时代：西周早期

现藏：旅顺博物馆

作父己壺

9576-9

人作父己尊彝

时代：殷

作父己壺

9548.b

作父己尊彝

时代：西周早期

冉父己罍

9789-7

冉父己

时代：西周早期

现藏：首都师范大学历史博物馆

父己罍

9788

父己

时代：殷

现藏：北京故宫博物院

[注释] 编号 9789 为殷商武丁时期，9525、9548、9576 为殷商晚期。

亞□方彝蓋

9883

盟天□作
父己尊彝

时代：殷
出土：湖南桃源县漆
家河
现藏：湖南省博物馆

亞父己罍

9812

父己尊彝
盟作

时代：殷

其侯亞矣父己器

10559

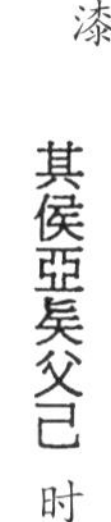

其侯亞矣父己

时代：殷

□父己盤

10043

□父己

时代：西周早期
现藏：北京故宫博物院

田作父己器

10573-8

田作父己
寶尊彝正

时代：西周早期

[注释] 编号 10043 为殷商武丁时期，9812、9883、10573 为殷商晚期。

殷周金文集成

十天干之父庚

（精选七十一例）

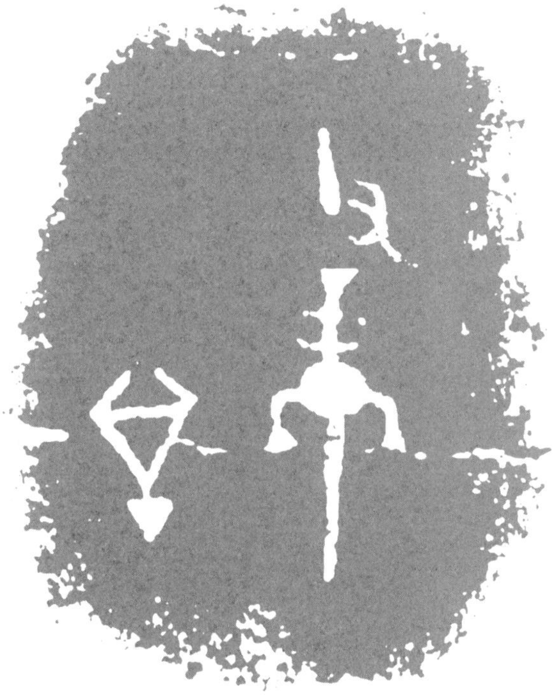

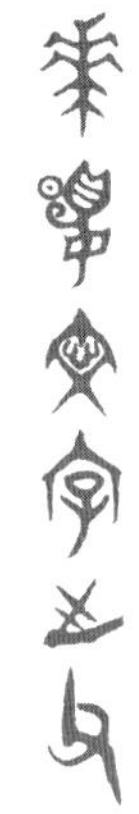

毁作父庚甗

毁作父庚旅彝

时代：西周早期

882-8

作父庚甗

作父庚寶彝

时代：西周早期

现藏：日本京都泉屋博古馆

881

史父庚鼎

史父庚

时代：西周早期

现藏：北京故宫博物院

1624-7

史父庚鼎

史父庚

时代：殷

1623-8

㚔父庚鼎

㚔父庚

时代：殷或西周早期

1626

葡父庚鼎

葡父庚

时代：殷

现藏：澳大利亚墨尔本买亚氏

1625-9

［注释］编号 1624、1626 为殷商武丁时期，881、882 为殷商晚期。

父庚宊鼎

1628.b

宊 父庚

时代：殷

羊父庚鼎

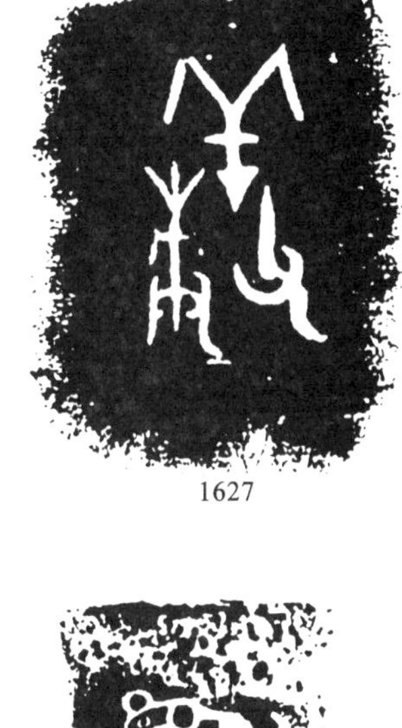

1627

羊 父己

时代：殷或西周早期
现藏：美国华盛顿萨克勒美术馆

觥父庚鼎

1630-9

觥 父庚

时代：西周中期
现藏：北京故宫博物院

虎父庚鼎

1629-9

虎 父庚

时代：西周

剌作父庚鼎

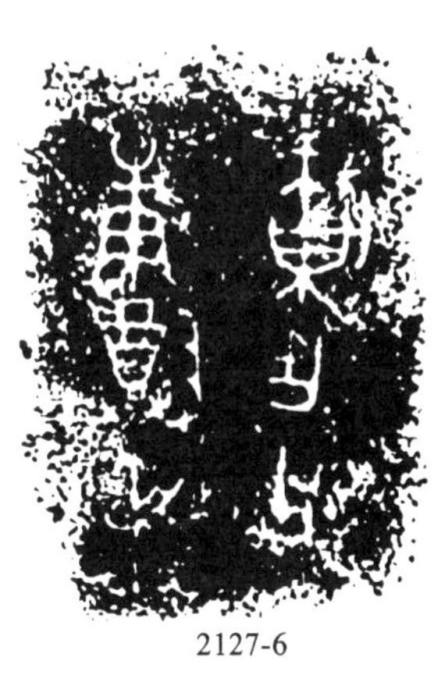

2127-6

剌作父庚尊彝

时代：殷或西周早期
现藏：北京故宫博物院

亞得父庚鼎

1880-9

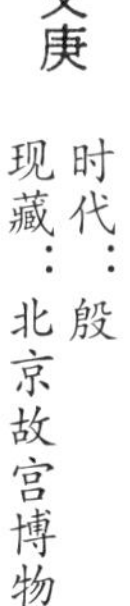

亞得父庚

时代：殷
现藏：北京故宫博物院

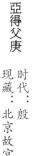

[注释] 编号 1627、1629、1630 为殷商武丁时期，2127 为殷商晚期。

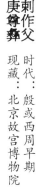

亞父庚且辛鼎

2363-8

亞保俞尹
旟父庚祖辛

时代：殷或西周早期
现藏：上海博物馆

具作父庚鼎

2128-7

庚寶鼎
具作父

时代：西周中期
现藏：北京故宫博物院

糾作父庚殷

3516

糾作父
庚寶彝

时代：西周早期
现藏：上海博物馆

亞父庚且辛殷

2364-7

亞保俞尹旟
父庚
祖辛

时代：殷或西周早期
现藏：上海博物馆

衛作父庚殷

3612-6

衛作父庚
寶尊彝

时代：西周早期
出土：陕西岐山县贺家村墓葬
现藏：陕西省博物馆

毇作父庚殷

3517-8

毇作父庚旅彝

时代：西周早期
现藏：美国波斯顿美术博物馆

［注释］编号 2363、2364 为殷商武丁时期，2128、3516、3517、3612 为殷商晚期。

弓父庚卣

弓父庚

时代：殷

4968.2-6

㠱父庚卣

父庚㠱

时代：殷

现藏：台北故宫博物馆

4967-9

父庚觥卣

父庚觥

时代：西周早期

现藏：北京故宫博物院

4970.1-7

子父庚卣

子父庚

时代：殷

现藏：辽宁省博物馆

4969.2-7

陸冊父庚卣

冊陸父庚

时代：殷

5081.2-5

子刀父庚卣

子刀父庚

时代：西周早期

现藏：美国芝加哥美术馆

5080.2-7

[注释]编号 4970、5080 为殷商武丁时期。

隻婦父庚卣蓋

5083

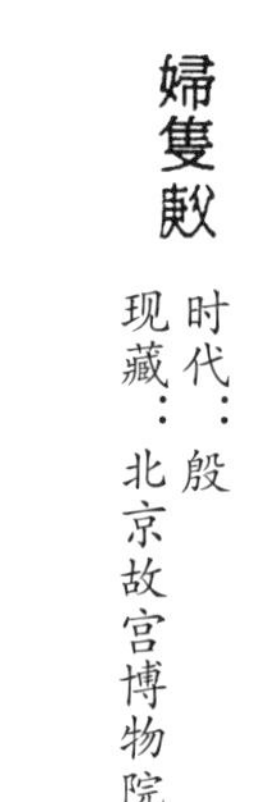

婦隻𣪘

时代：殷

现藏：北京故宫博物院

家戈父庚卣

5082.1

家戈父庚

时代：殷

现藏：北京故宫博物院

父庚䚷尊

5653-5

䚷父庚

时代：西周早期或中期

𤔲作父庚卣

5213-9

𤔲義作父庚尊彝

时代：西周早期

出土：辽宁省凌源县海岛营子

现藏：辽宁省博物馆

魚父庚尊

5801-8

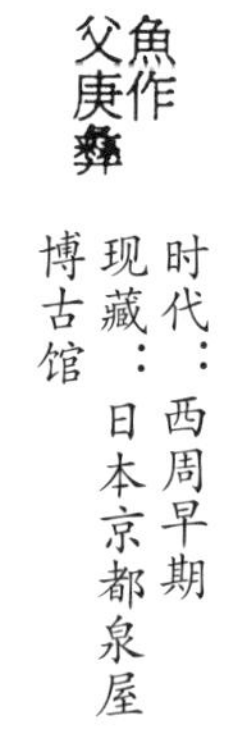

魚作父庚彝

时代：西周早期

现藏：日本京都泉屋博古馆

田父庚尊

5744

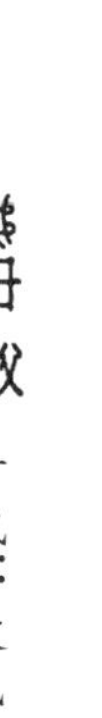

田𣪘

时代：殷或西周早期

［注释］编号 5653、5744 为殷商武丁时期，5213、5801 为殷商晚期。

魚作父庚尊

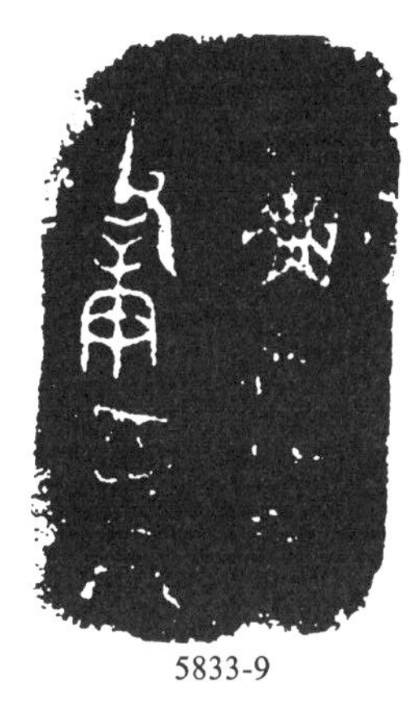
5833-9

魚作父庚尊彝

时代：西周早期
现藏：日本京都小川睦之辅氏

作父庚尊

5832-8

作父庚寶尊彝

时代：西周早期
现藏：美国纽约何母斯氏

弴作父庚尊

5958-6

弴啟作父庚尊彝子子孫孫其永寶

时代：西周早期或中期
现藏：美国旧金山亚洲美术博物馆布伦戴奇藏品

獸作父庚尊

5902-9

獸作父庚寶尊彝弓

时代：西周中期
现藏：美国费城宾省大学博物馆

父庚觶

6124

父庚

时代：西周早期
现藏：故宫博物院

父庚觶

6123-9

父庚

时代：西周早期

[注释] 编号 6123、6124 为殷商武丁时期，5832、5833、5902、5958 为殷商晚期。

妏父庚觶

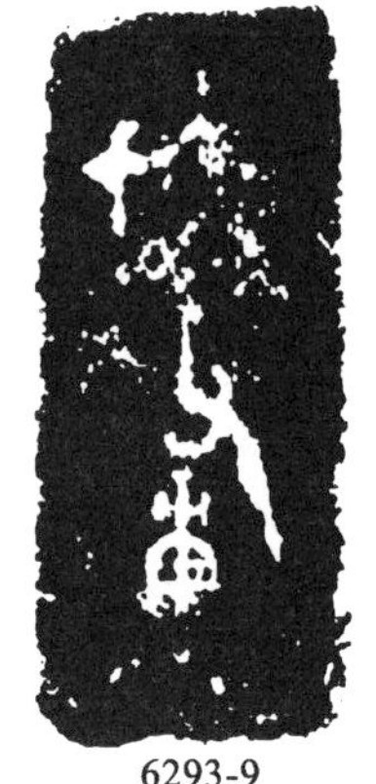
6293-9

妏父庚
时代：西周早期

子父庚觶

6292-8

子父庚
时代：殷

作父庚觶

6295-8

作父庚
时代：西周中期
现藏：上海博物馆

父庚觶

6294

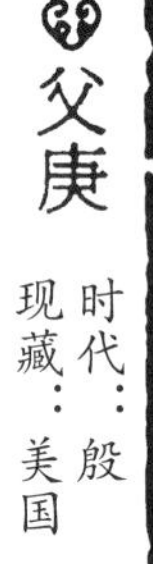
父庚
时代：殷
现藏：美国

冀父庚觚

7137-8

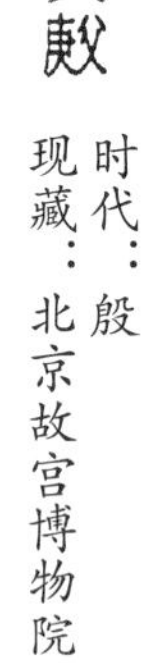
冀敕
时代：殷
现藏：北京故宫博物院

父庚觚

6816.b

父庚
时代：殷

[注释] 编号 6293 为殷商武丁时期，6295 为殷商晚期。

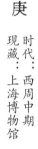

□父庚觚

父庚

时代：西周早期
现藏：日本大阪某私人

7139

子庚父觚

子父庚

时代：殷
现藏：日本东京出光美术馆

7138-9

柬父庚觚

宗尊柬以父庚

时代：殷
出土：安阳大司空村墓葬
现藏：考古研究所安阳工作站

7281-9

𠩺冊父庚疋觚

𠩺冊父庚守

时代：殷
现藏：北京故宫博物院

7266-7

父庚爵

父庚

时代：殷
现藏：北京故宫博物院

7948-8

柬父庚觚

宗彝柬以姨

时代：殷
出土：安阳大司空村墓葬
现藏：考古研究所安阳工作站

7282

[注释] 编号 7139 为殷商武丁时期。

父庚爵

父庚

时代：西周早期

现藏：北京故宫博物院

7950-8

父庚爵

父庚

时代：西周早期

7949-8

子父庚爵

子父庚

时代：殷

现藏：北京故宫博物院

8584

父庚爵

父庚

时代：西周早期

7951.b

⿱子兵父庚爵

⿱子兵父庚

时代：殷

8587.b

[illegible]父庚爵

⿰乚大父庚

时代：殷

8585-8

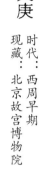

[注释] 编号 7949、7950、7951 为殷商武丁时期。

奄父庚角

8589

奄父庚 时代：殷 现藏：上海博物馆

奄父庚爵

8588-6

奄父庚 时代：西周早期 现藏：北京故宫博物院

[illegible]父庚爵

8591-7

[illegible]父庚 时代：殷

乙父庚爵

8590

乙父庚 时代：西周早期 现藏：北京故宫博物院

弓衛父庚爵

8939

弓衛父庚 时代：西周早期

萬父庚爵

8592

萬僕父 时代：殷

[注释]编号 8588、8590、8939 为殷商武丁时期。

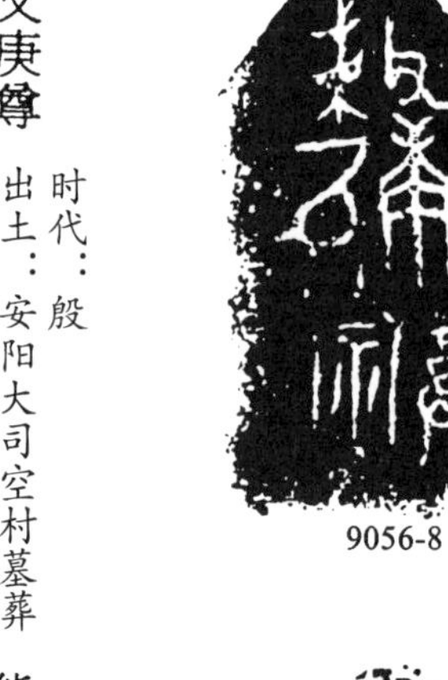

9056-8

父庚爵

父庚尊
柬以宗

时代：殷
出土：安阳大司空村墓葬
现藏：考古研究所安阳工作站

8940-7

父庚爵

北單父庚

时代：西周早期
现藏：北京故宫博物院

9059-8

父庚爵

能作父庚尊彝

时代：西周早期

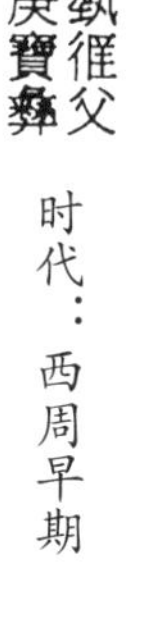

9058-5

徣父庚爵

執徣父庚寶彝

时代：西周早期

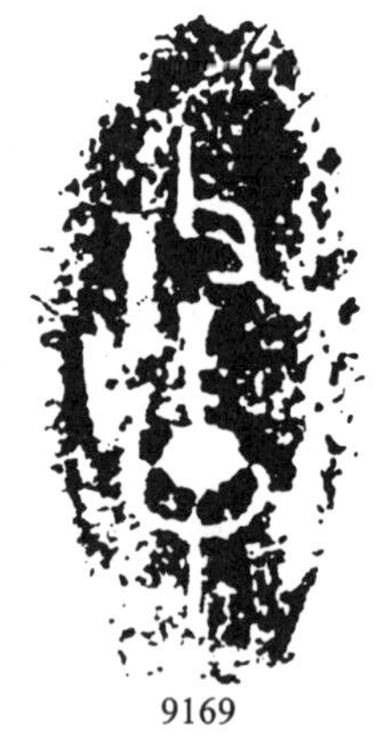

9169

父庚斝

父庚

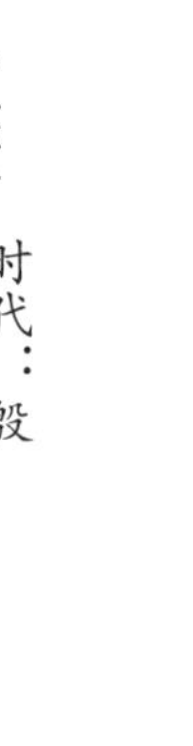

时代：殷
现藏：旅顺博物馆

9074

衔天父庚爵

耳衔父庚百

时代：殷
现藏：北京故宫博物院

[注释] 编号 8940、9058、9059 为殷商武丁时期。

廌冊父庚壺

9549-7

廌冊父庚疋

时代：西周早期
现藏：上海博物馆

乙父庚觥

9277-9

乙父庚

时代：西周早期
出土：传河南
现藏：美国纽约大都会美术博物馆

冊父庚方彝

9867-7

畀父庚

时代：殷
现藏：上海博物馆

朋父庚罍

9808-9

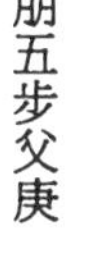

朋五步父庚

时代：殷或西周早期
出土：辽宁朝阳地区小波汰沟墓葬
现藏：朝阳地区博物馆

趨子作父庚器

10575

趨子冉作父庚寶尊彝

时代：西周早期

[注释] 编号 9277、9549、9808 为殷商武丁时期，10575 为殷商晚期。

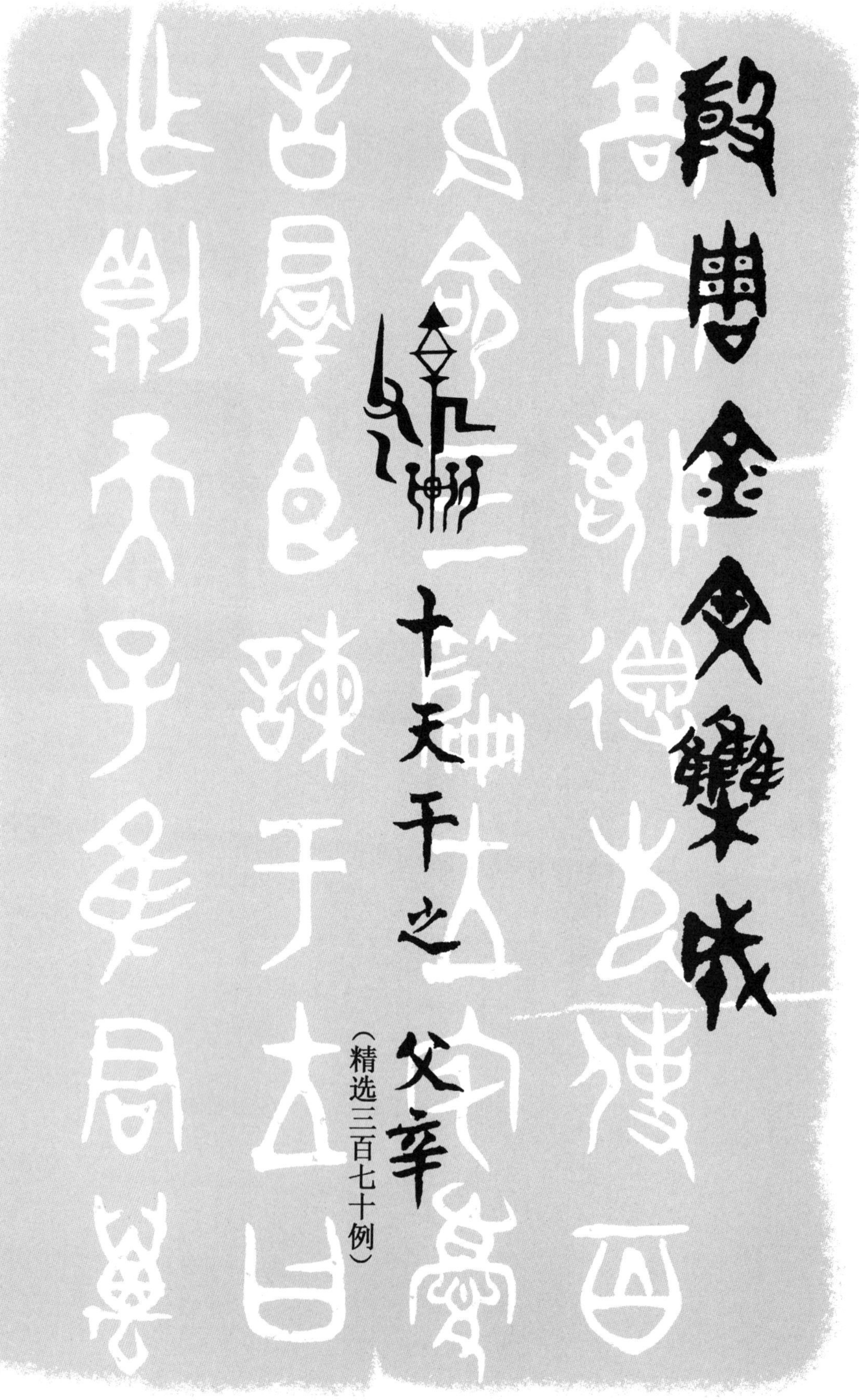

殷周金文集成

十天干之父辛

（精选三百七十例）

作父辛𠔁鬲

504

作父辛𠔁

时代：西周早期
现藏：美国哈佛大学福格美术博物馆

父辛鬲

459

父辛

时代：西周早期
现藏：台北故宫博物院

𡚬父辛甗

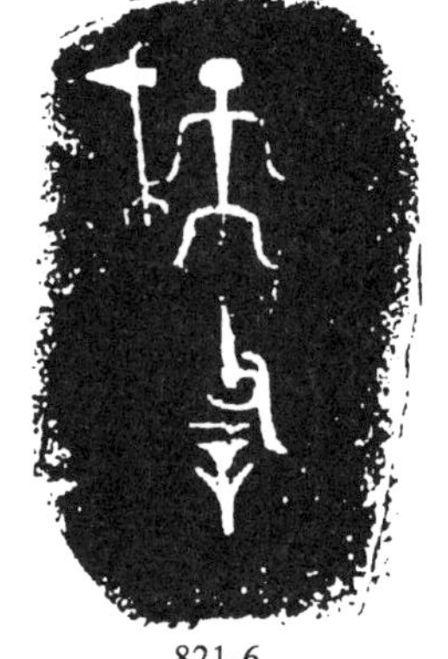

821-6

𡚬父辛

时代：西周早期

人父辛甗

820

人父辛

时代：西周早期
现藏：旅顺博物馆

乃子作父辛甗

924.1-7

乃子作父辛寶尊彝 冊冊

时代：西周早期
出土：河南洛阳
现藏：旅顺博物馆

𪾢作父辛甗

845-7

𪾢作父辛

时代：殷
现藏：美国波士顿美术博物馆

[注释] 编号 459、820、821 为殷商武丁时期，504、845、924 为殷商晚期。

父辛鼎

1268-7

父辛

时代：殷

父辛鼎

1267-9

父辛

时代：殷

现藏：国家博物馆

父辛方鼎

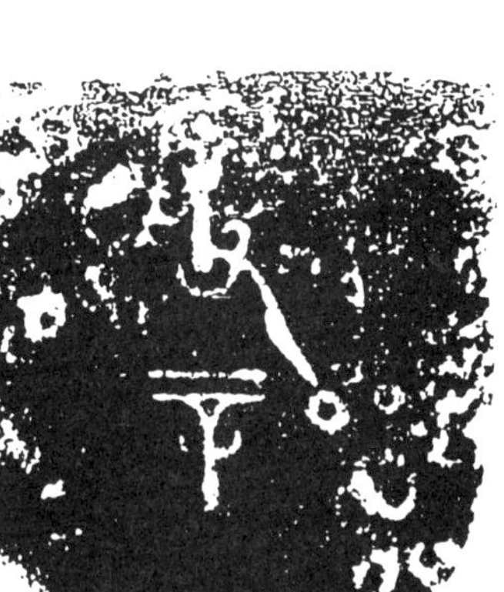

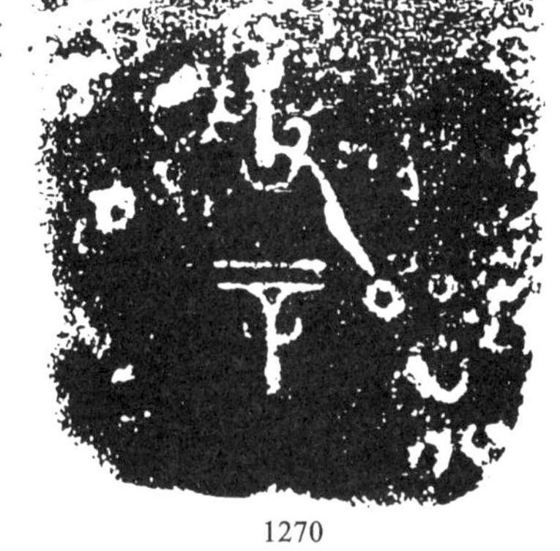

1270

父辛

时代：殷

父辛鼎

1269-9

父辛

时代：殷

现藏：北京故宫博物院

亞父辛鼎

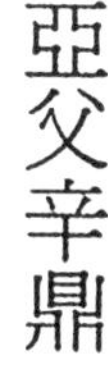

1631-7

亞父辛

时代：殷

出土：陕西凤翔

现藏：凤翔县雍城考古队

父辛方鼎

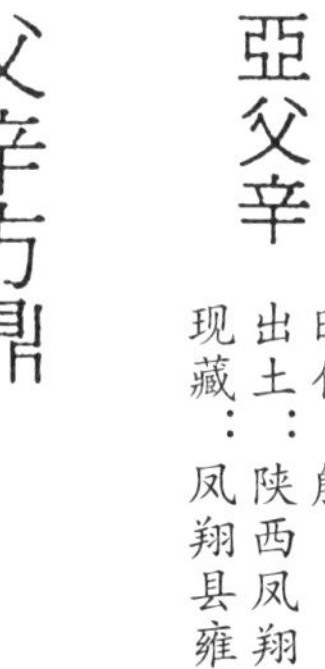

1271

父辛

时代：西周早期

出土：陕西郿县凤池村

现藏：郿县文化馆

[注释] 编号 1271 为殷商武丁时期。

[illegible]父辛鼎

[illegible]父辛

时代：西周早期

出土：河南洛阳

现藏：北京故宫博物院

1633-8

旅父辛鼎

旅父辛

时代：殷或西周早期

1632-9

[illegible]父辛鼎

需父辛

时代：殷

1635

[illegible]父辛鼎

[illegible]父辛

时代：殷

现藏：国家博物馆

1634-9

戈父辛鼎

戈父辛

时代：西周早期

1638-8

[illegible]父辛鼎

[illegible]父辛

时代：西周早期

1637

[注释] 编号 1632、1633、1637、1638 为殷商武丁时期。

𢑚父辛鼎

𢑚父辛

时代：殷

1640.b

戈父辛鼎

戈父辛

时代：西周早期

现藏：国家博物馆

1639-8

田父辛方鼎

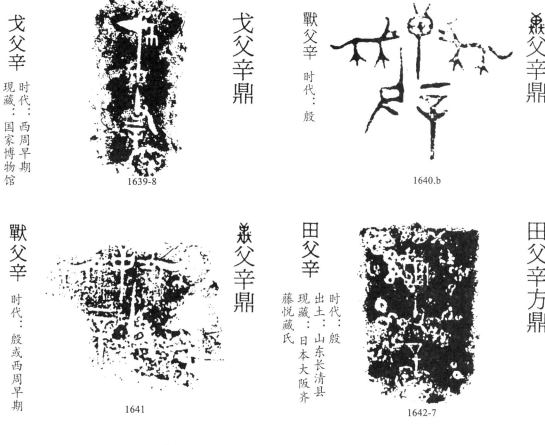

田父辛

时代：殷

出土：山东长清县

现藏：日本大阪齐藤悦藏氏

1642-7

𢑚父辛鼎

𢑚父辛

时代：殷或西周早期

1641

𤞷父辛鼎

𤞷父辛

时代：殷

现藏：上海博物馆

1644-9

魚父辛鼎

魚父辛

时代：西周早期

现藏：北京故宫博物院

1643-6

[注释] 编号1639、1641、1643为殷商武丁时期。

父辛鼎

1646

父辛

时代：西周早期

父辛豖鼎

1645.b

啄父辛

时代：殷

父辛鼎

1648-8

父辛

时代：西周早期

现藏：国家博物馆

父辛鼎

1647-9

父辛

时代：殷

冄父辛鼎

1650-9

冄父辛

时代：西周早期

父辛鼎

1649-6

父辛

时代：西周早期

现藏：北京故宫博物院

[注释] 编号 1646、1648、1649、1650 为殷商武丁时期。

冉父辛鼎

冉父辛

时代：殷

现藏：台北故宫博物院

1652-7

冉父辛鼎

冉父辛

时代：殷

出土：辽宁喀左县北洞村二号窖藏

现藏：辽宁省博物馆

1651-6

木父辛鼎

木父辛

时代：殷

1654-9

冉父辛鼎

冉父辛

时代：西周早期或中期

现藏：日本东京汤岛孔庙斯文会

1653-9

□父辛鼎

□父辛

时代：殷

1656

敷父辛鼎

敷父辛

时代：西周早期

1655-7

[注释]编号1653、1655为殷商武丁时期。

㠯父辛鼎

1658.b

㠯父辛

时代：殷

聑父辛鼎

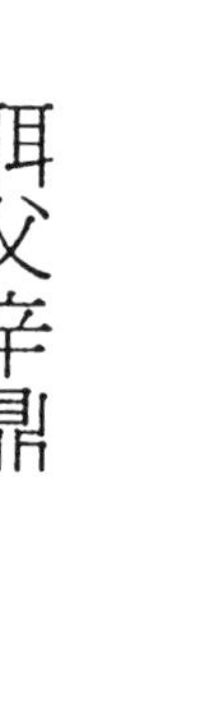

1657

聑父辛

时代：殷

现藏：美国柏弗罗科学博物馆

串父辛鼎

1660-8

串父辛

时代：西周早期

现藏：台北故宫博物院

束父辛鼎

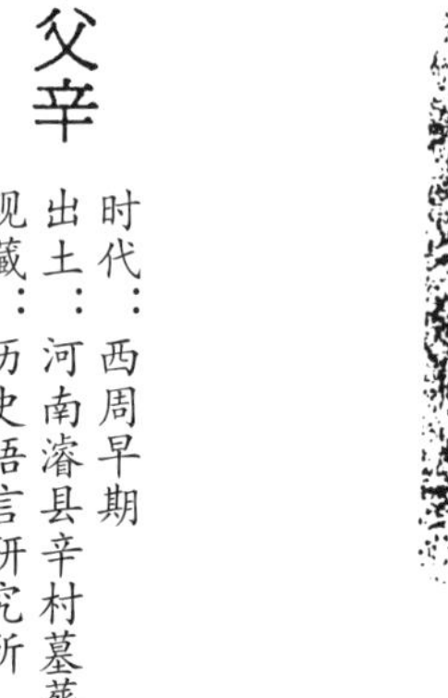

1659-8

束父辛

时代：西周早期

出土：河南濬县辛村墓葬

现藏：历史语言研究所

父辛□鼎

1662

戔父辛

时代：殷

子父辛鼎

1661-9

子父辛

时代：殷

[注释] 编号 1659、1660 为殷商武丁时期。

□父辛鼎

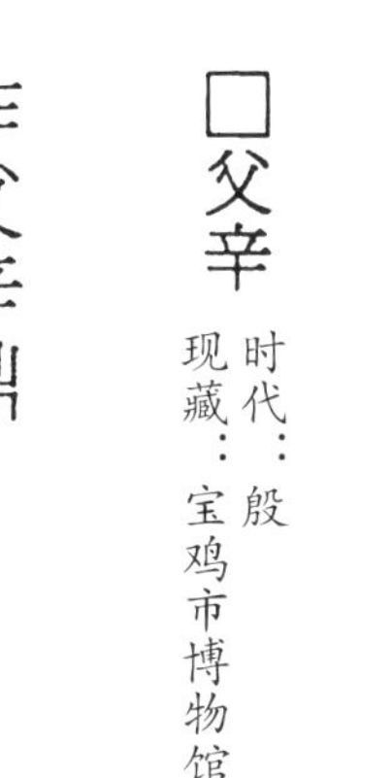
1664

□父辛

时代：殷
现藏：宝鸡市博物馆

作父辛鼎

1663

作父辛

时代：殷

子刀父辛鼎

1881-9

子刀父辛

时代：西周早期
现藏：北京故宫博物院

秉父辛鼎

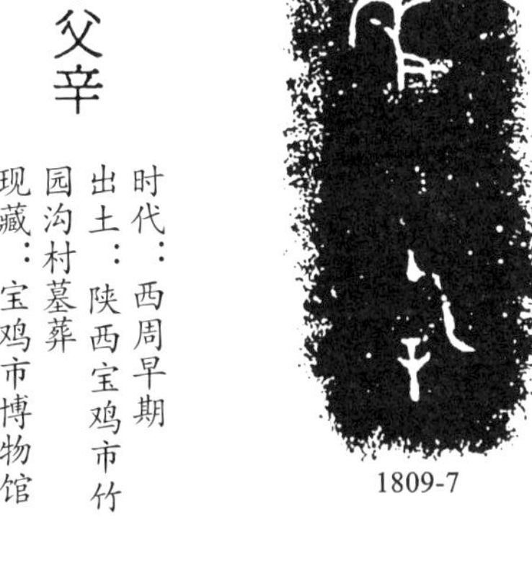
1809-7

秉父辛

时代：西周早期
出土：陕西宝鸡市竹园沟村墓葬
现藏：宝鸡市博物馆

亞卣父辛鼎

1883-9

亞甗父辛

时代：殷或西周早期

子刀父辛方鼎

1882-6

子刀父辛

时代：殷

[注释] 编号 1809、1881、1883 为殷商武丁时期，1663 为殷商晚期。

虎重父辛鼎

1885-9

虎重父辛

时代：西周早期

现藏：北京故宫博物院

亞醜父辛鼎

1884-8

亞醜父辛

时代：殷

父辛[?]冊鼎

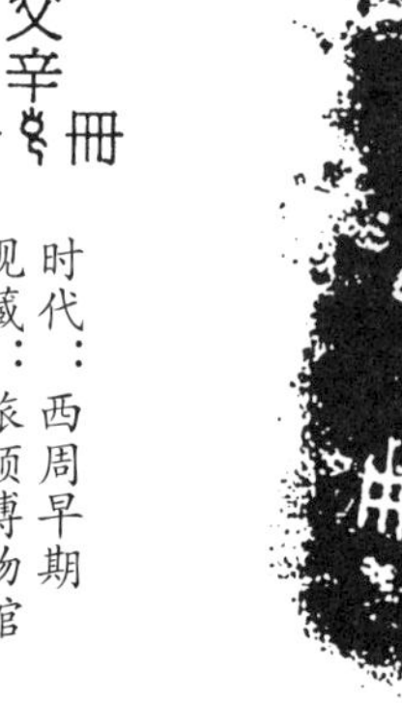

1887-7

父辛

冊[?]冊

时代：西周早期

现藏：旅顺博物馆

丙作父辛鼎

1886-7

丙作父辛

时代：殷或西周早期

[豙馬]父辛鼎

1889-6

豙馬父辛

时代：殷

现藏：台北故宫博物院

逆歠父辛鼎

1888

逆歠父辛

时代：西周早期

现藏：台北故宫博物院

[注释] 编号 1885、1887、1888 为殷商武丁时期，1886 为殷商晚期。

盘且庚父辛鼎

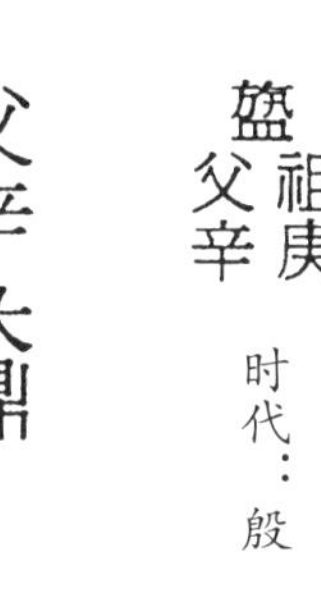

1996-6

盘祖庚父辛

时代：殷

父辛矢鼎

1890

□矢父辛

时代：西周早期

出土：河南襄县西营公社霍庄村墓葬

现藏：河南省博物馆

作父辛方鼎

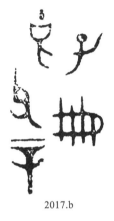

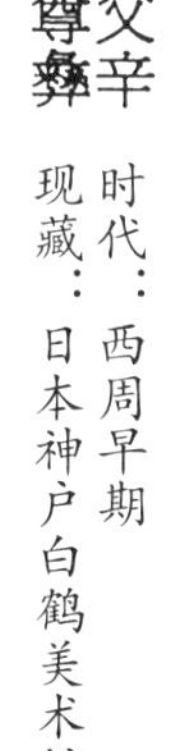

2129-7

作父辛寶尊彝

时代：西周早期

现藏：日本神户白鹤美术馆

子冊父辛鼎

2017.b

子克冊父辛

时代：殷

□父辛鼎

2253-7

□戊冊作父辛寶

时代：西周早期

出土：陕西宝鸡市竹园沟村墓葬

现藏：宝鸡市博物馆

木作父辛鼎

2131-8

木作父辛寶尊

时代：西周早期

现藏：北京故宫博物院

［注释］编号 1890 为殷商武丁时期，2129、2130、2253 为殷商晚期。

⿰土弓作父辛鼎

2255-7

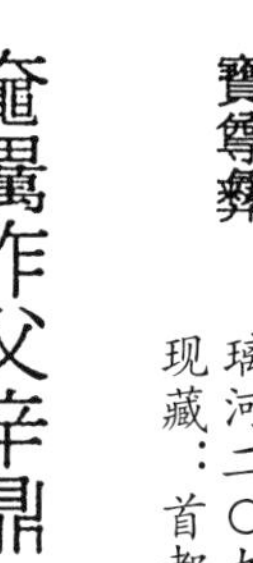

⿰王卂作父辛寶尊彝

时代：西周早期

出土：北京房山琉璃河二〇九号墓

现藏：首都博物馆

奄䵼作父辛鼎

2254.b-7

奄䵼作父辛尊鼎

时代：西周早期

[illegible]作父辛鼎

2321-9

亞[illegible]彈作父辛尊彝

时代：西周早期

出土：陕西省长武县枣园村

现藏：陕西省博物馆

易作父辛鼎

2256-7

易作父辛寶旅彝

时代：西周早期

现藏：北京故宫博物院

戈父辛鼎

2406-6

戈[illegible]高陶作父辛寶尊彝

时代：西周早期

作父辛方鼎

2322-5

作父辛寶尊彝亞牧

时代：西周早期

现藏：台北故宫博物院

[注释] 本页为殷商晚期。

父辛毁

3059.2

父辛　时代：殷

伯鮇鼎

2407-5

伯鮇作召伯父辛寶尊鼎　时代：西周早期　现藏：北京故宫博物院

丙父辛毁

3199-7

丙父辛　时代：殷

父辛毁

3060-8

父辛　时代：西周早期　现藏：上海博物馆

鳶父辛毁

3201-6

鳶父辛　时代：殷　现藏：北京故宫博物院

伏父辛毁

3200-8

伏父辛　时代：西周早期　现藏：北京故宫博物院

[注释] 编号 3060、3200 为殷商武丁时期，2407 为殷商晚期。

串父辛𣪘

串父辛

时代：殷

3203-8

枚父辛𣪘

枚父辛

时代：殷

现藏：北京故宫博物院

3202-6

埶父辛𣪘

埶父辛

时代：西周早期

现藏：日本东京国立博物馆

3206-6

亼父辛𣪘

亼父辛

时代：殷

3205.b

腐父辛𣪘

腐父辛

时代：西周早期

现藏：北京故宫博物院

3208-6

㚤父辛𣪘

㚤父辛

时代：西周早期

出土：陕西长安县普渡村无量庙墓葬

现藏：陕西省博物馆

3207-7

[注释] 编号 3206、3207、3208 为殷商武丁时期。

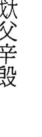

亞龏父辛𣪘

3330-7

亞龏父辛

时代：殷
现藏：首都师范大学历史博物馆

責父辛𣪘

3209-7

責父辛

时代：西周早期
现藏：北京故宫博物院

亞[illegible]父辛𣪘

3334-7

亞孳父辛

时代：西周早期
出土：陕西武功县渠子村
现藏：武功县文化馆

亞醜父辛𣪘

3331-7

亞醜父辛

时代：殷

[illegible]父辛𣪘

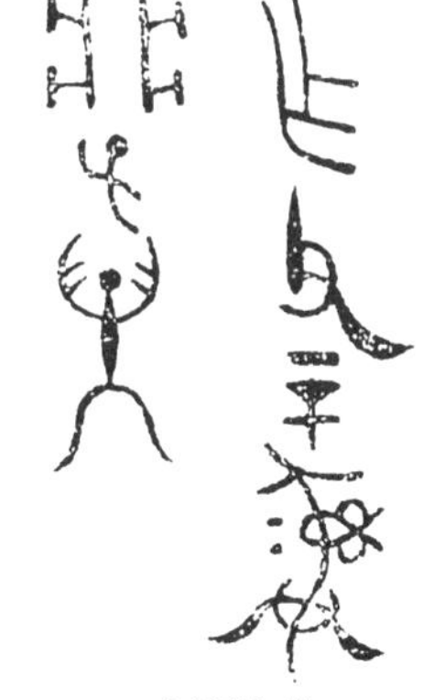

3434.b-8

作父辛彝[illegible]

时代：西周早期

作父辛彝𣪘

3336-9

作父辛彝

时代：西周早期

[注释] 编号 3209、3334 为殷商武丁时期，3336、3434 为殷商晚期。

[illegible]作父辛段

3518-9

對作父辛尊彝

时代：西周早期

现藏：旅顺博物馆

囝父辛段

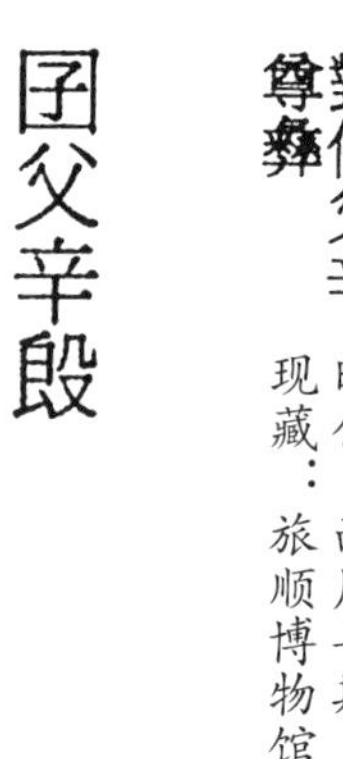

3435-7

囝作父辛彝

时代：西周早期

虘作父辛段

3520-9

虘作父辛尊彝

时代：西周早期

出土：陕西扶风县刘家村墓葬

现藏：陕西省文物管理委员会

□作父辛段

3519-9

□作父辛寶彝

时代：西周早期

现藏：美国波士顿美术博物馆

戈冊父辛段

3717.b-7

戈北單冊奴作父辛尊彝

时代：殷

[illegible]作父辛段

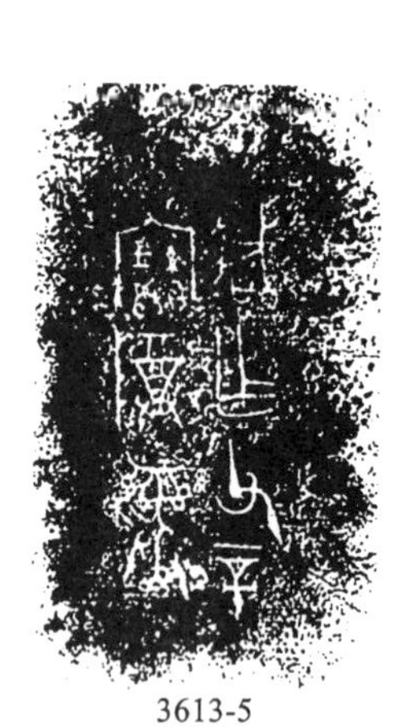

3613-5

哦作父辛寶尊彝

时代：西周早期

现藏：日本兵库县黑川古文化研究所

［注释］本页为殷商晚期。

責父辛卣

4971.1-6

責父辛

时代：西周早期

现藏：上海博物馆

父辛卣

4835.2-8

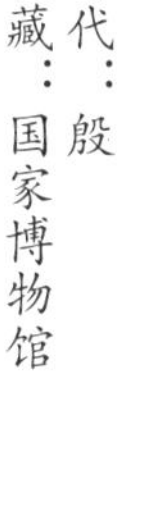

父辛

时代：殷

现藏：国家博物馆

丙父辛卣蓋

4974-8

丙父辛

时代：西周早期

出土：山东黄县归城乡小刘庄

现藏：山东省博物馆

□父辛卣

4972.2-6

□父辛

时代：殷

现藏：上海博物馆

天父辛卣

4976.2-7

天父辛

时代：殷

现藏：北京故宫博物院

□父辛卣

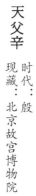

4975-7

□父辛

时代：殷

现藏：北京故宫博物院

[注释] 编号 4971、4974 为殷商武丁时期。

奄父辛卣

4978.2-7

奄父辛

时代：殷

现藏：北京故宫博物院

帆父辛卣

4977.2-8

父辛埶

时代：殷

现藏：陕西宝鸡峪泉村墓葬

现藏：宝鸡市博物馆

羴父辛卣蓋

4980-6

羴父辛

时代：殷

现藏：北京故宫博物院

父辛奄卣

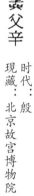

4979-6

父辛黽

时代：殷

现藏：上海博物馆

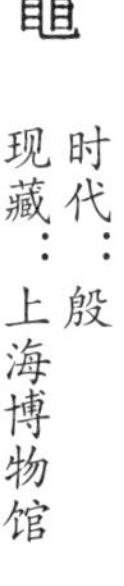

□父辛卣

4982.2-6

□父辛

时代：西周早期

现藏：上海博物馆

弔父辛卣

4981.2-6

弔父辛

时代：殷

现藏：台北故宫博物院

[注释] 编号 4982 为殷商武丁时期。

[illegible]父辛卣

4984-8

曼父辛

时代：西周早期
出土：陕西长安县张家坡墓葬
现藏：考古研究所西安研究室

辛父[illegible]卣

4983.b-9

[illegible]父辛

时代：殷

[illegible]父辛卣

4986.1-9

冉父辛

时代：殷
现藏：美国哈佛大学福格美术博物馆

[illegible]父辛卣

4985.2-6

刀父辛

时代：殷
现藏：北京故宫博物院

夲父辛卣盖

5084-8

寬夲敦

时代：殷
现藏：美国华盛顿弗里尔美术陈列馆

父辛酉卣

4987-6

父辛酉

时代：殷
现藏：北京故宫博物院

[注释] 编号4984为殷商武丁时期。

亞獏父辛卣

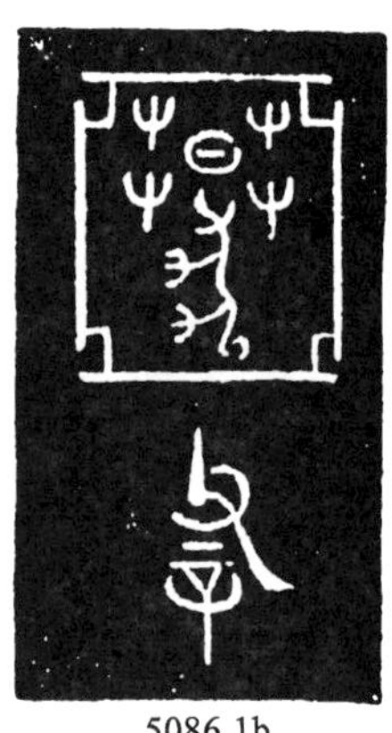

5086.1b

亞獏父辛

时代：殷

亞醜父辛卣

5085.1b

亞醜父辛

时代：殷

葡貝父辛卣

5088.1b

葡貝父辛

时代：西周早期

令▮父辛卣

5087.1

令父
工辛

时代：殷

现藏：北京故宫博物院

夲旅父辛卣

5090.1

夲旅父辛

时代：西周早期

现藏：美国米里阿波里斯美术馆寄陈皮斯柏藏品

□父辛卣

5089.2-6

□父辛

时代：殷

[注释] 编号5088、5090为殷商武丁时期。

北子冉父辛卣

5165.1-8

北子冉父辛

时代：殷

且己父辛卣

5146.1-8

祖己 父辛

时代：殷

现藏：国家博物馆

冀叔父辛卣

5167.1-6

冀叔 父辛彝

时代：殷

现藏：国家博物馆

丙木父辛卣

5166.1-7

丙木父辛冊

时代：殷

葡冊戉父辛卣

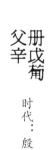

5169.1b-9

冊戉葡 父辛

时代：殷

亞其戈父辛卣

5168.1-9

亞其戈 父辛

时代：殷

[注释] 本页为殷商晚期。

冀作父辛卣

5171.b-6

作父辛彝
冀

时代：殷

守宫作父辛卣

5170-8

守宫作父辛

时代：西周早期

作父辛卣

5217.2-5

寶尊彝
作父辛

时代：西周早期
现藏：上海博物馆

考作父辛卣

5216.1-7

考作父
辛尊彝

时代：西周早期

[illegible]作父辛卣

5284.2-9

[illegible]作父辛
寶尊彝

时代：西周早期
现藏：日本京都泉屋博物馆

責作父辛卣

5283.1

責作父辛
寶尊彝

时代：西周早期
现藏：上海博物馆

竟作父辛卣蓋

5286-8

竟作父辛寶尊彝

时代：殷
现藏：上海博物馆

作父辛卣

5285-7

作父辛尊彝

时代：殷

戈父辛觶

6304.b

戈父辛

时代：殷

敷作父辛卣

5287.1b-8

敷作父辛旅彝 亞

时代：西周早期

夾作父辛卣

5314.2

夾作父辛尊彝 亞

时代：西周早期
现藏：美国华盛顿赛车尔氏

寍作父辛卣

5313-7

寍作父辛尊彝 亞俞

时代：西周早期
现藏：台北故宫博物院

[注释] 编号 5285、5286、5287、5313、5314 为殷商晚期。

脸作父辛卣蓋

5361.2b-6

父辛尊彝奄
宜生賞脸用作

时代：西周早期

朿作父辛卣

5333.1-9

公賞朿
用作父
辛于彝

时代：西周早期
出土：山东黄县莱阴

豐卣

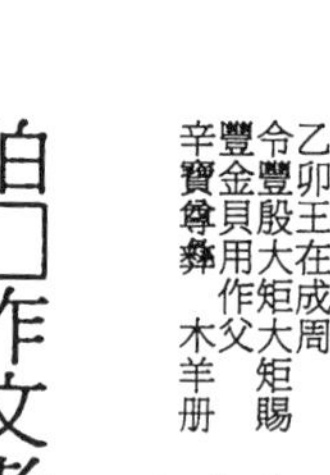

5403.1-8

唯六月既生霸
乙卯王在成周
令豐殷大矩大矩賜
豐金貝用作父
辛寶尊彝　木羊册

时代：西周中期
出土：陕西扶风县
现藏：陕西周原扶风县文管所

伯□作文考父辛卣

5393.2-7

伯□吕京享
□□作厥文考
父辛寶尊彝

时代：西周早期
出土：山东滕县庄里西村
现藏：滕县博物馆

父辛尊

5529-9

父辛

时代：殷
现藏：台北故宫博物院

作册益卣

5427

作册嗌作父辛尊
厥名義曰子子孫寶
不祿嗌子子延先盡
死亡子子引有孫不
敢姊憂贶鑄彝
用作大禦于厥祖
厥父母多神毌念
哉弋勿剝嗌鰥寡
遺祜祏宗不刜

时代：西周中期
现藏：上海博物馆

[注释] 编号 5333、5361、5393、5403、5427 为殷商晚期。

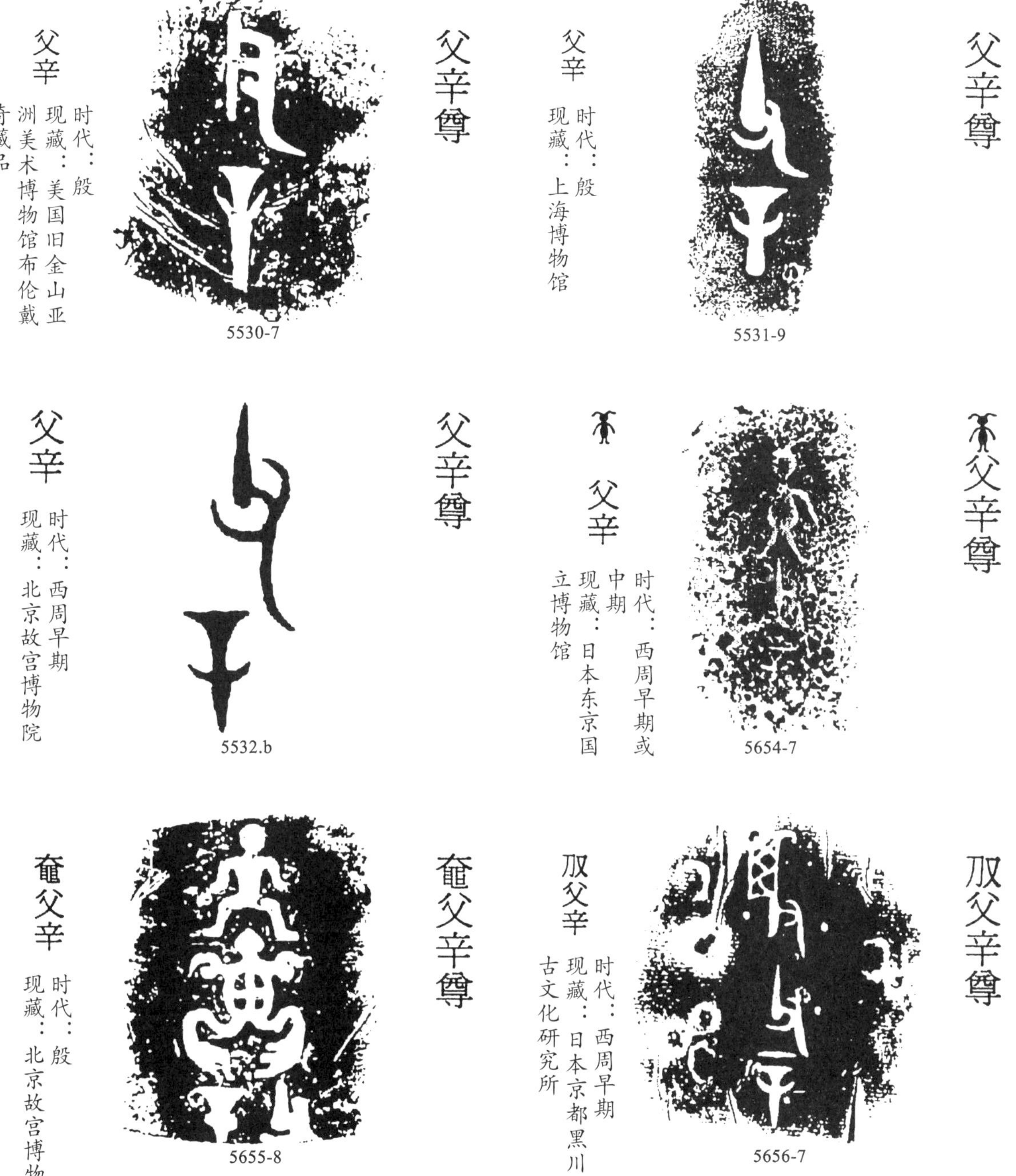

父辛尊

父辛

时代：殷
现藏：上海博物馆

5531-9

父辛尊

父辛

时代：殷
现藏：美国旧金山亚洲美术博物馆布伦戴奇藏品

5530-7

父辛尊

父辛

时代：西周早期或中期
现藏：日本东京国立博物馆

5654-7

父辛尊

父辛

时代：西周早期
现藏：北京故宫博物院

5532.b

𠬝父辛尊

𠬝父辛

时代：西周早期
现藏：日本京都黑川古文化研究所

5656-7

奄父辛尊

奄父辛

时代：殷
现藏：北京故宫博物院

5655-8

[注释] 编号 5532、5654、5656 为殷商武丁时期。

丙父辛尊

5658

丙父辛

时代：殷

现藏：美国斯特劳斯氏

田父辛尊

5657-8

田父辛

时代：殷

庯父辛尊

5660-7

庯父辛

时代：西周早期

出土：陕西耀县丁安沟墓葬

现藏：陕西省博物馆

冉父辛尊

5659

冉父辛

时代：西周早期

出土：陕西长安县张家坡墓葬

现藏：考古研究所西安研究室

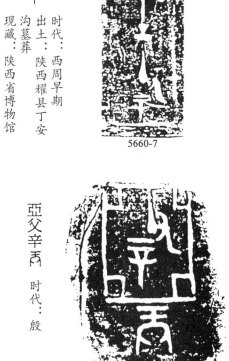

亞父辛尊

5745

亞父辛丙

时代：殷

㠱父辛尊

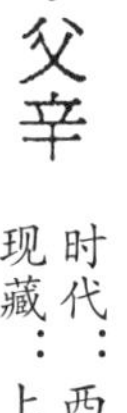

5661-6

㠱父辛

时代：西周早期

现藏：上海博物馆

[注释] 编号 5659、5660、5661 为殷商武丁时期。

亞龏父辛尊

5747-8

亞龏父辛

时代：殷

现藏：美国纽约孟台尔·爵克曼氏

亞龏父辛尊

5746-6

亞龏父辛

时代：西周早期

现藏：台北故宫博物院

父辛尊

5749-8

馬 𢻬

时代：殷

现藏：上海博物馆

葡父辛尊

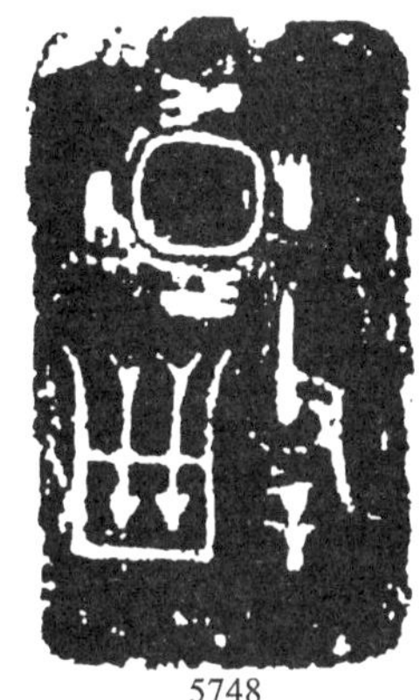

5748

衛葡 父辛

时代：殷

现藏：日本京都川和定治郎

父辛尊

5802-9

及父辛

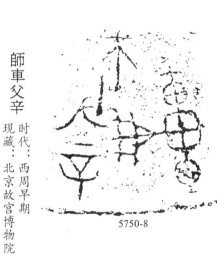

时代：殷

现藏：北京故宫博物院

車父辛尊

5750-8

師車父辛

时代：西周早期

现藏：北京故宫博物院

[注释]编号5746、5750为殷商武丁时期。

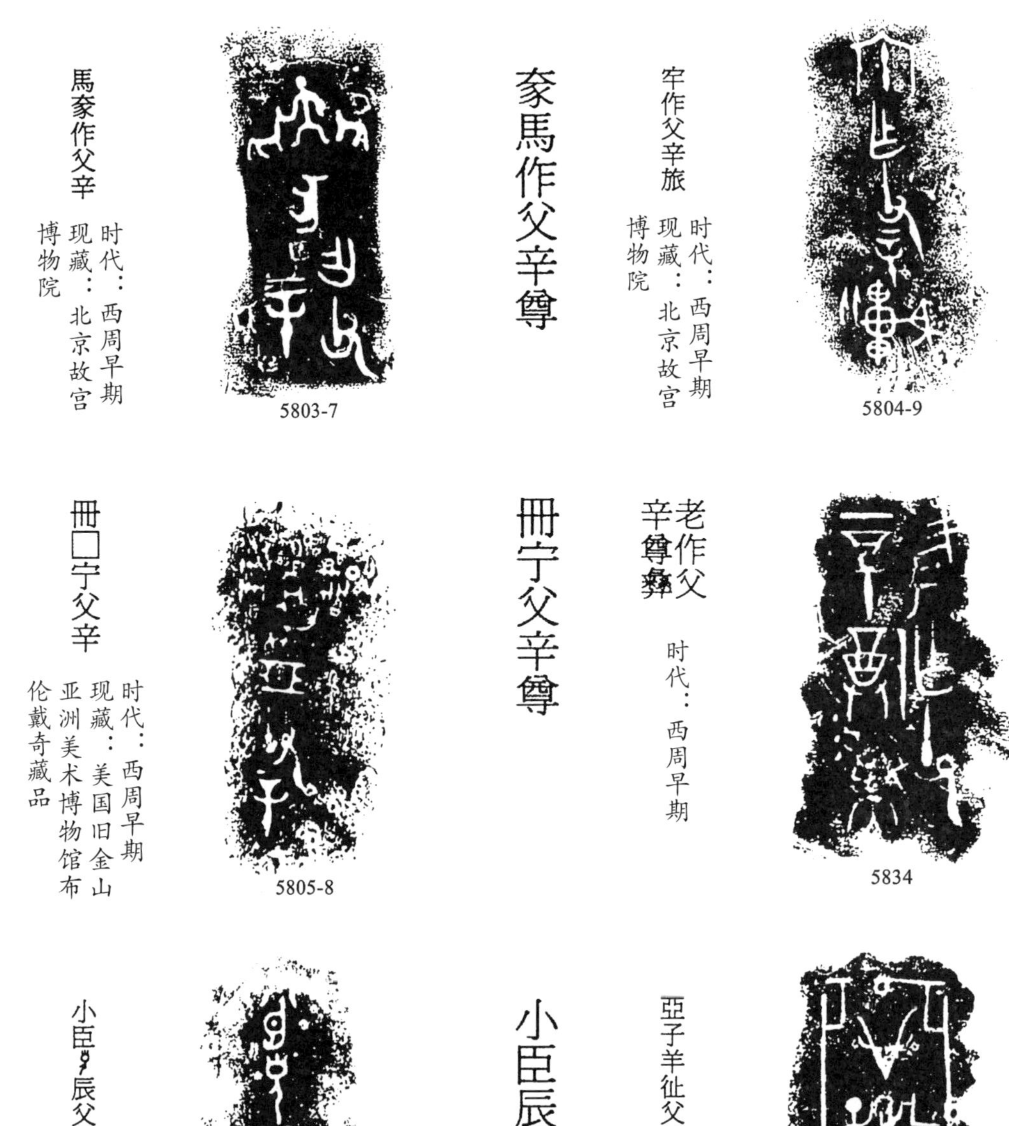

牢作父辛尊

牢作父辛旅

时代：西周早期

现藏：北京故宫博物院

5804-9

豢馬作父辛尊

馬豢作父辛

时代：西周早期

现藏：北京故宫博物院

5803-7

老作父辛尊

老作父辛尊彝

时代：西周早期

5834

冊宁父辛尊

冊□宁父辛

时代：西周早期

现藏：美国旧金山亚洲美术博物馆布伦戴奇藏品

5805-8

亞子父辛尊

亞子羊征父辛

时代：殷

5836-9

小臣辰父辛尊

小臣□辰父辛

时代：西周早期

5835-8

[注释] 编号 5805、5835 为殷商武丁时期，5803、5804、5834 为殷商晚期。

鐵作父辛尊

5882-8

鐵作父辛寶尊彝

时代：西周早期
现藏：日本京都泉屋博物馆

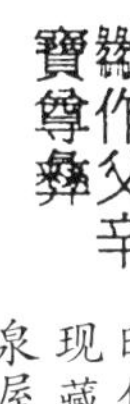

作父辛尊

5837-8

作父辛寶尊彝

时代：西周早期

良夨作父辛尊

5884-9

良夨作父辛寶彝

时代：西周早期
出土：河南襄县霍庄村墓葬
现藏：河南省博物馆

𦘒作父辛尊

5883-7

𦘒作父辛寶尊彝

时代：西周早期

此作父辛尊

5886-9

此作父辛寶尊彝

时代：西周早期
现藏：美国华盛顿萨克勒美术馆

者史作父辛尊

5885-9

者史作父辛旅彝

时代：西周早期
现藏：上海博物馆

[注释] 本页为殷商晚期。

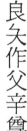

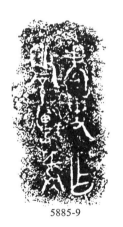

亞旐父辛尊

5926-7

旅矢
亞旐作父辛彝尊

时代：殷
现藏：日本神户某氏

𢑴子作父辛尊

5903-9

𢑴子作父辛
寶尊彝

时代：西周早期
现藏：美国纽约大都会美术博物馆

子作父辛尊

5965-7

子光賞子䪫
啟貝用作文
父辛尊彝

时代：殷

守宮父辛鳥尊

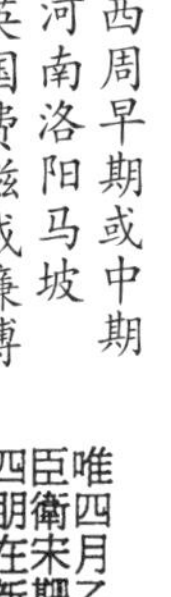

5959-9

守宮揚王休作
父辛尊其永寶

时代：西周早期或中期
出土：河南洛阳马坡
现藏：英国费滋威廉博物馆

豐作父辛尊

5996

隹六月既生霸
乙卯王在成周
令豐殷大矩大矩賜
豐金貝用作父
辛寶尊彝 木羊冊

时代：西周中期
出土：陕西扶风县白家村
现藏：周原扶风县文管所

臣衛父辛尊

5987

唯四月乙卯公賜
臣衛宋𣄰貝
四朋在新京用
作父辛寶尊彝

时代：西周早期

[注释] 本页为殷商晚期。

父辛觶

父辛

时代：西周早期

6125

由伯尊

□由伯曰弜禦作尊彝曰毋入于公曰由伯子曰弜爲厥父辛彝丙日唯毋入于公

时代：西周早期

现藏：北京故宫博物院

5998-9

父辛觶

父辛

时代：西周早期

现藏：台北故宫博物院

6127

父辛觶

父辛

时代：西周早期

现藏：北京故宫博物院

6126-9

父辛觶

父辛

时代：西周早期

现藏：国家博物馆

6129-8

父辛觶

父辛

时代：西周早期

6128

[注释] 编号 6125、6126、6127、6128、6129 为殷商武丁时期，5998 为殷商晚期。

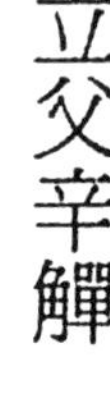

立父辛觶

6297-8

立父辛

时代：殷

子父辛觶

6296-9

子父辛

时代：殷

现藏：南京大学考古与艺术博物馆

竟父辛觶

6299-6

竟父辛

时代：西周早期

现藏：台北故宫博物院

吴父辛觶

6298

吴父辛

时代：殷

冀父辛觶

6301

冀父辛

时代：殷

冀父辛觶

6300-8

冀父辛

时代：殷

现藏：上海博物馆

［注释］编号 6299 为殷商武丁时期。

父辛戈觶

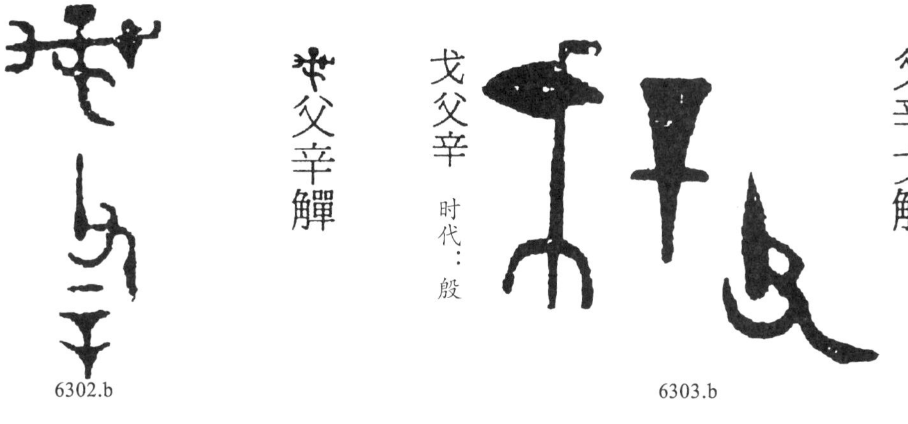

6303.b

戈父辛

时代：殷

何父辛觶

6302.b

何父辛

时代：西周早期

父辛丙觶

6306-8

父辛丙

时代：殷

行父辛觶

6305.b-8

行父辛

时代：西周早期

亼父辛觶

6308-9

亼父辛

时代：殷

现藏：上海博物馆

丙父辛觶

6307

丙父辛

时代：西周早期

现藏：台北故宫博物院

[注释] 编号 6302、6305、6307 为殷商武丁时期。

父辛觶

父辛

时代：西周早期

6310.b-9

父辛觶

父辛

时代：西周早期

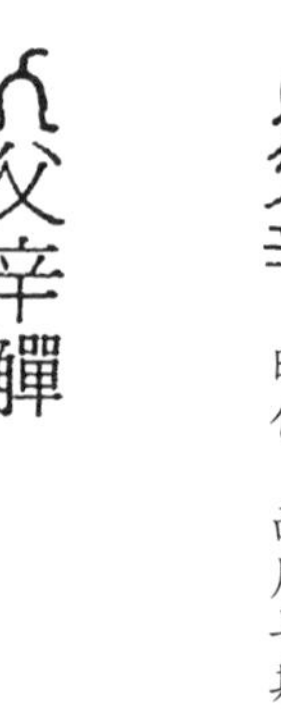

6309.b

冉父辛觶

冉父辛

时代：西周中期

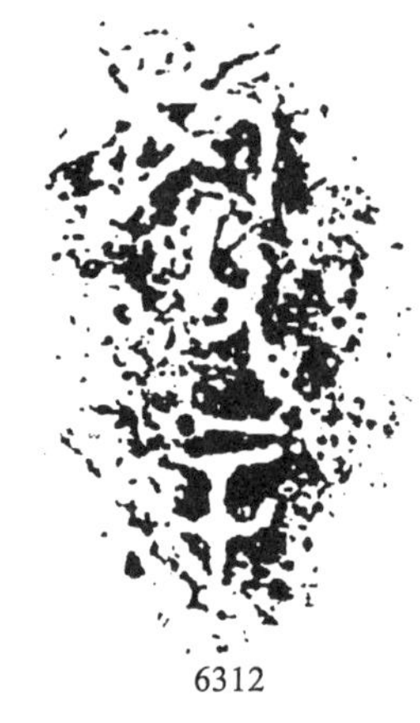

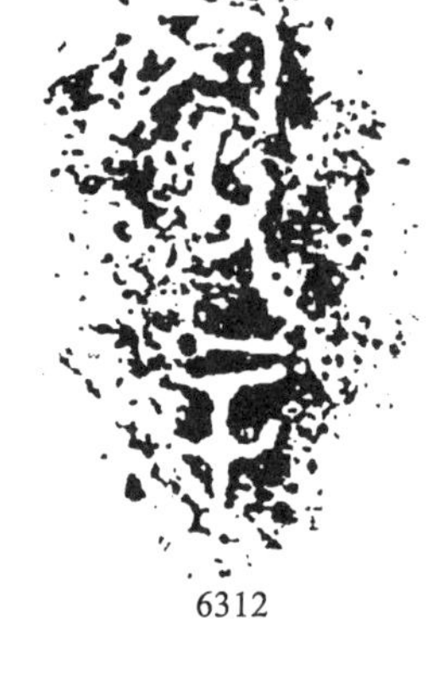

6312

父辛觶

守父辛

时代：殷

6311-7

雔父辛觶

雔父辛

时代：西周早期

6314

父辛觶

父辛

时代：西周早期

6313-7

[注释] 编号 6302、6305、6307 为殷商武丁时期。

樹父辛觶

6316-8

樹父辛

时代：西周早期

出土：陕西陇县韦家庄墓葬

现藏：宝鸡市博物馆

羊父辛觶

6315-9

羊父辛

时代：殷

遽父辛觶

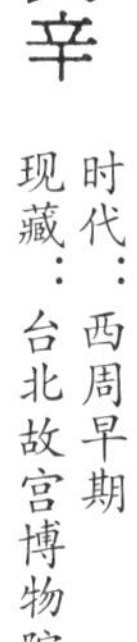

6318-7

虎銜父辛

时代：西周早期

现藏：台北故宫博物院

束父辛觶

6317

束父辛

时代：西周早期

现藏：加拿大多伦多安大略博物馆

賁父辛觶

6320-9

賁父辛

时代：西周早期

𣏟父辛觶

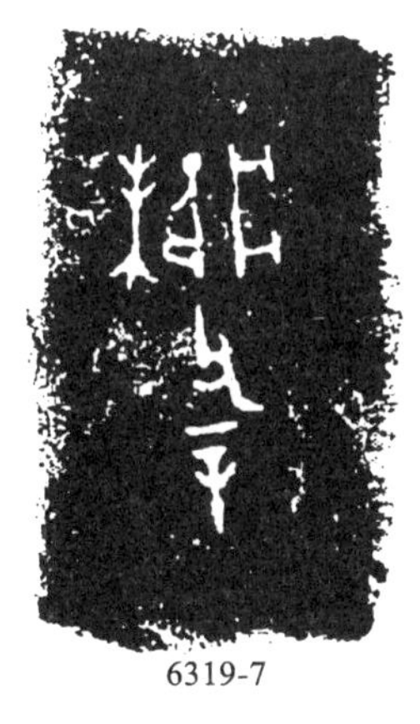

6319-7

𣏟父辛

时代：西周早期

现藏：山东省博物馆

［注释］编号 6316、6317、6318、6319、6320 为殷商武丁时期。

子工父辛觶

6410.2

子工父辛

时代：殷

现藏：上海博物馆

冊父辛觶

6321

畀父辛

时代：西周早期

亞果父辛觶

6412-8

亞果父辛

时代：西周早期

父辛亞艅觶

6411

亞俞父辛

时代：西周早期

亞孳父辛觶

6414-7

亞孳父辛

时代：西周早期

现藏：北京故宫博物院

亞㚔父辛觶

6413

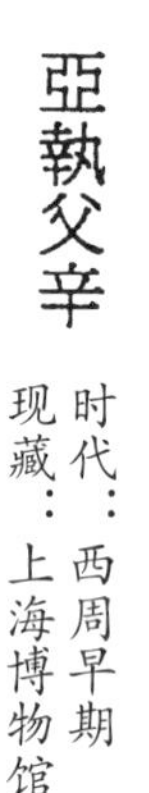

亞執父辛

时代：西周早期

现藏：上海博物馆

[注释] 编号 6321、6411、6412、6413、6414 为殷商武丁时期。

逆卽父辛觶

6416-7

逆歈父辛

时代：西周早期

弓𩫏父辛觶

6415-8

弓𩫏父辛

时代：西周早期

寧作父辛觶

6419

父辛寧作

时代：西周早期

穷宷父辛觶

6418-8

無終宷父辛

时代：西周早期

现藏：上海博物馆

邑且辛父辛觶

6463

邑祖辛父辛云

时代：殷

出土：河南安阳

现藏：考古研究所安阳工作站

作父辛觶

6448-8

作父辛寶尊

时代：西周早期

现藏：上海博物馆

[注释] 编号 6415、6416、6418 为殷商武丁时期，6419、6448 为殷商晚期。

作父辛觶

6473-8

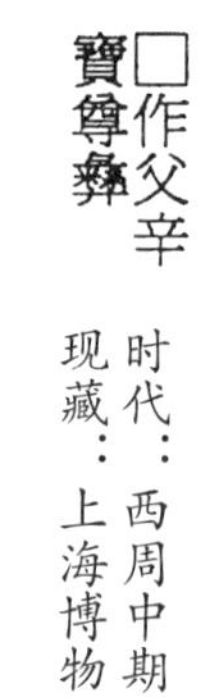

□作父辛寶尊彝

时代：西周中期

现藏：上海博物馆

作禦父辛觶

6472-8

禦父辛耳□作

时代：西周早期

虆父辛觚

7140-7

虆父辛

时代：殷

鼓𩫖作父辛觶

6500-8

鼓𩫖作父辛寶尊彝

时代：西周早期

父辛竝觚

7142

竝父辛

时代：殷

现藏：上海博物馆

父辛𡗜觚

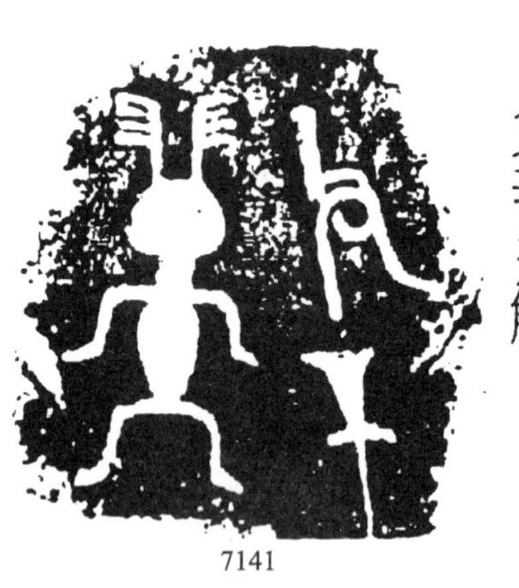

7141

𡗜父辛

时代：殷

现藏：北京故宫博物院

[注释] 编号 6472、6473、6500 为殷商晚期。

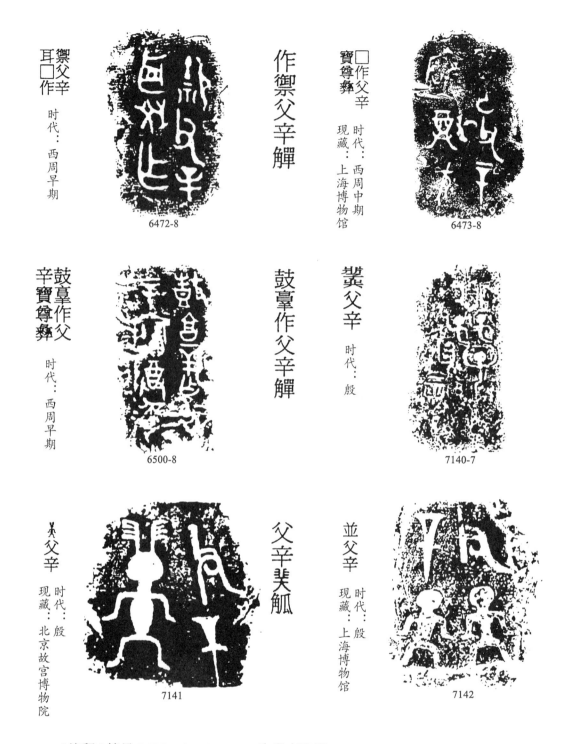

[illegible]父辛觚

7144

[illegible]父辛

时代：殷

[illegible]父辛觚

7143

[illegible]父辛

时代：西周早期

椃父辛觚

7146

椃[illegible]

时代：殷

现藏：北京故宫博物院

口父辛觚

7145

口父辛

时代：西周早期

冉父辛觚

7148-9

冉父辛

时代：西周早期

现藏：上海博物馆

弔父辛觚

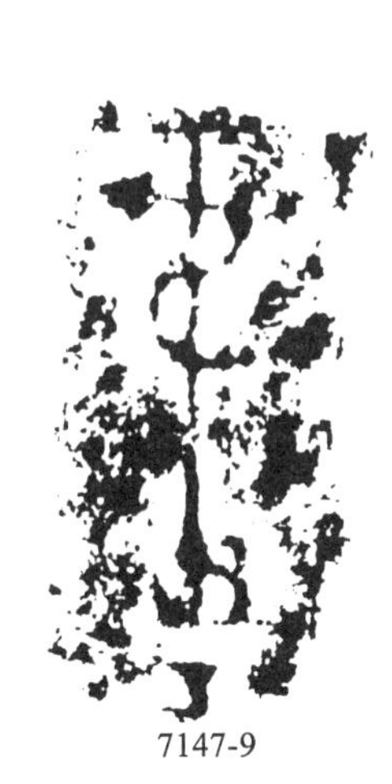
7147-9

弔父辛

时代：殷

[注释]编号7143、7145、7148为殷商武丁时期。

[illegible]父辛觚

7151.b

[illegible]父辛

时代：殷

⿰耒虎父辛觚

7150-8

⿰耒虎父辛

时代：殷

㚔旅父辛觚

7245-8

㚔旅⿰幸攵

时代：西周早期

现藏：北京故宫博物院

辛父攸觚

7152

啟父辛

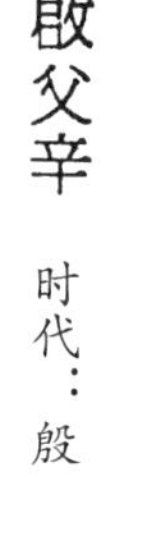

时代：殷

臣辰父辛觚

7267-8

臣辰父辛

时代：西周早期

现藏：上海博物馆

父辛册觚

7247.b

册父辛

时代：殷

[注释]编号7245、7267为殷商武丁时期。

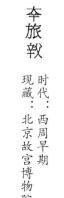

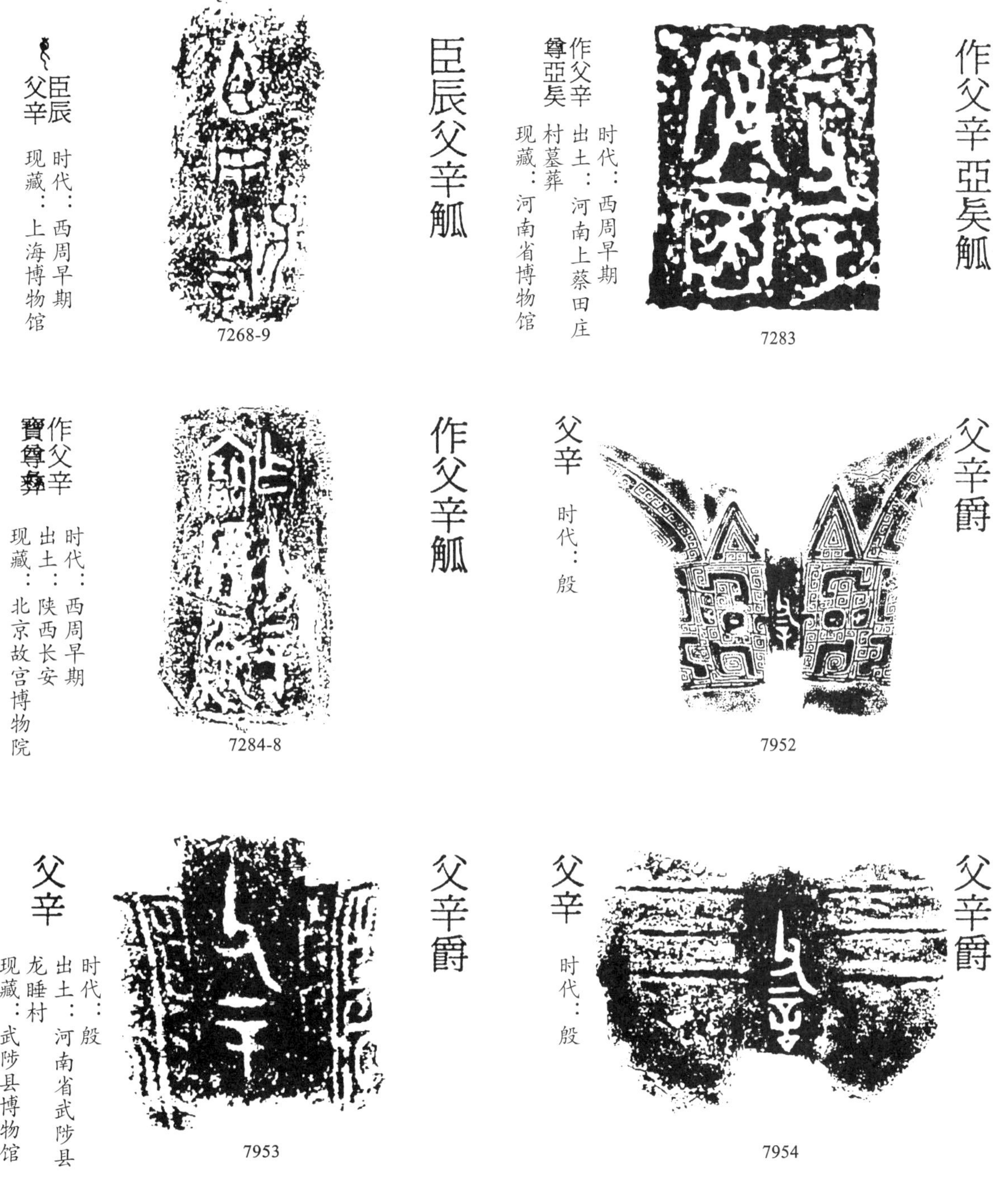

作父辛亞吴觚

7283

作父辛
尊亞吴

时代：西周早期
出土：河南上蔡田庄村墓葬
现藏：河南省博物馆

臣辰父辛觚

7268-9

臣辰
父辛

时代：西周早期
现藏：上海博物馆

父辛爵

7952

父辛

时代：殷

作父辛觚

7284-8

作父辛
寶尊彝

时代：西周早期
出土：陕西长安
现藏：北京故宫博物院

父辛爵

7954

父辛

时代：殷

父辛爵

7953

父辛

时代：殷
出土：河南省武陟县龙睡村
现藏：武陟县博物馆

[注释] 编号 7268 为殷商武丁时期，7283、7284 为殷商晚期。

父辛爵

父辛

时代：殷

7955

父辛爵

父辛

时代：殷

7956

父辛爵

父辛

时代：殷

现藏：北京故宫博物院

7957

父辛爵

父辛

时代：西周早期

现藏：上海博物馆

7958

父辛爵

父辛

时代：殷

现藏：陕西省博物馆

7959

父辛爵

父辛

时代：西周早期

7960

[注释] 编号7958、7960为殷商武丁时期。

父辛爵

父辛

时代：殷
现藏：北京故宫博物院

7962

父辛爵

父辛

时代：西周早期

7961

父辛爵

父辛

时代：西周早期
现藏：上海博物馆

7964

父辛爵

父辛

时代：殷
现藏：北京故宫博物院

7963

父辛爵

父辛

时代：西周早期
现藏：首都博物馆

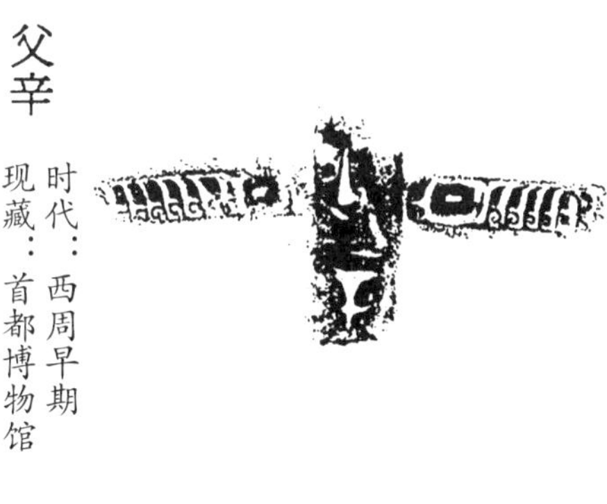

7966

父辛爵

父辛

时代：西周早期

7965.b

[注释]编号 7961、7964、7965、7966 为殷商武丁时期。

父辛爵

父辛

时代：西周早期

现藏：洛阳市博物馆

7968

父辛爵

父辛

时代：西周早期

7967

父辛爵

父辛

时代：西周早期

现藏：北京故宫博物院

7970

父辛爵

父辛

时代：西周早期

出土：陕西长安县张家坡墓葬

现藏：考古研究所西安研究室

7969

子父辛爵

子父辛

时代：殷

现藏：台北故宫博物院

8594-9

子父辛爵

子父辛

时代：殷

现藏：北京市文物研究所

8593-7

[注释] 编号 7967、7968、7969、7970 为殷商武丁时期。

子父辛爵

子父辛

时代：西周早期

8596

子父辛爵

子父辛

时代：西周早期

现藏：国家博物馆

8595

大父辛爵

大父辛

时代：殷

现藏：北京故宫博物院

8598-7

囝父辛爵

囝父辛

时代：殷

8597-9

光父辛爵

光父辛

时代：殷

出土：河南安阳

8600

屰父辛爵

屰父辛

时代：殷

8599

[注释] 编号 8595、8596 为殷商武丁时期。

父辛爵

8602.b

[目戈]父辛

时代：殷

父辛爵

8601-8

[目戈]父辛

时代：殷

出土：河南安阳殷墟西区墓葬

现藏：考古研究所安阳工作站

父辛爵

8604-9

倗父辛

时代：殷

父辛爵

8603-8

戕父辛

时代：殷

夨父辛爵

8606

夨父辛

时代：西周早期

出土：河南襄县丁营公社霍庄村

现藏：河南省博物馆

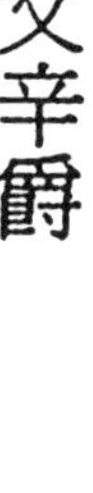父辛爵

8605

兕父辛

时代：殷

现藏：北京故宫博物院

[注释]编号8606为殷商武丁时期。

冀父辛角

冀父辛

时代：殷

现藏：上海博物馆

8608

冀父辛爵

冀父辛

时代：殷

现藏：北京故宫博物院

8607

⿱聿貝父辛爵

⿱聿貝父辛

时代：西周早期

8611-6

⿱聿貝父辛爵

⿱聿貝父辛

时代：西周早期

8609

臤父辛爵

臤父辛

时代：西周早期

现藏：陕西省博物馆

8613

⿱聿貝父辛爵

⿱聿貝父辛

时代：西周早期

8612-8

[注释] 编号 8609、8611、8612、8613 为殷商武丁时期。

𠬝父辛爵

𠬝父辛

时代：西周早期
现藏：北京故宫博物院

8614

史父辛爵

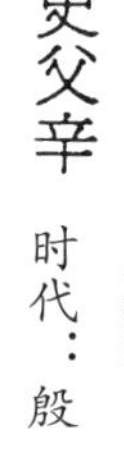

史父辛

时代：殷

8615

興父辛爵

興父辛

时代：西周早期
现藏：上海博物馆

8616

獸父辛爵

豖父辛

时代：殷
现藏：北京故宫博物院

8617

黽父辛爵

黽父辛

时代：殷

8618-8

萬父辛爵

萬父辛

时代：殷
现藏：北京故宫博物院

8619

[注释] 编号 8614、8616 为殷商武丁时期。

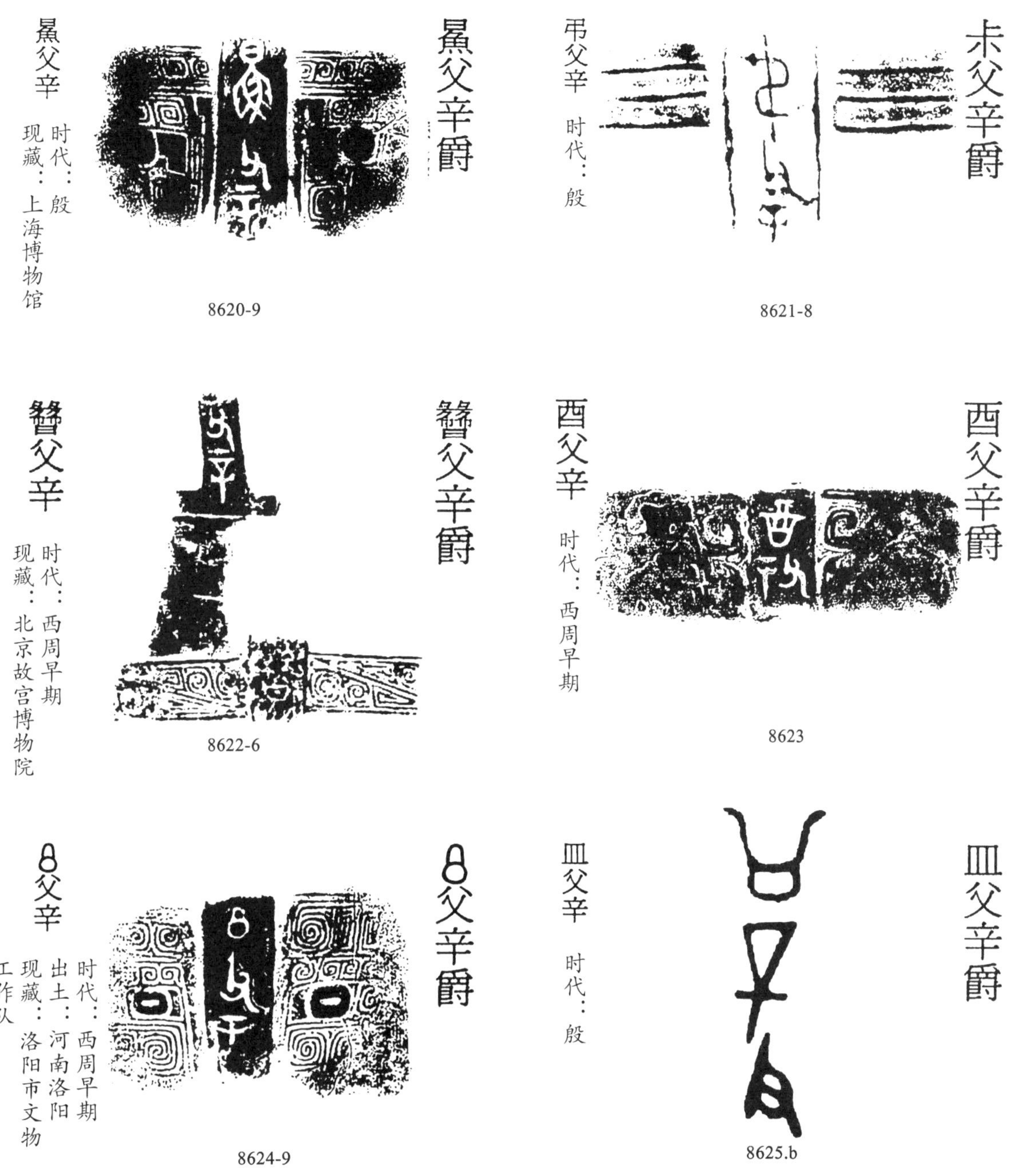

赤父辛爵

弔父辛

时代：殷

8621-8

𠭯父辛爵

𠭯父辛

时代：殷

现藏：上海博物馆

8620-9

酉父辛爵

酉父辛

时代：西周早期

8623

䰜父辛爵

䰜父辛

时代：西周早期

现藏：北京故宫博物院

8622-6

皿父辛爵

皿父辛

时代：殷

8625.b

𠂤父辛爵

𠂤父辛

时代：西周早期

出土：河南洛阳

现藏：洛阳市文物工作队

8624-9

[注释] 编号 8622、8623、8624 为殷商武丁时期。

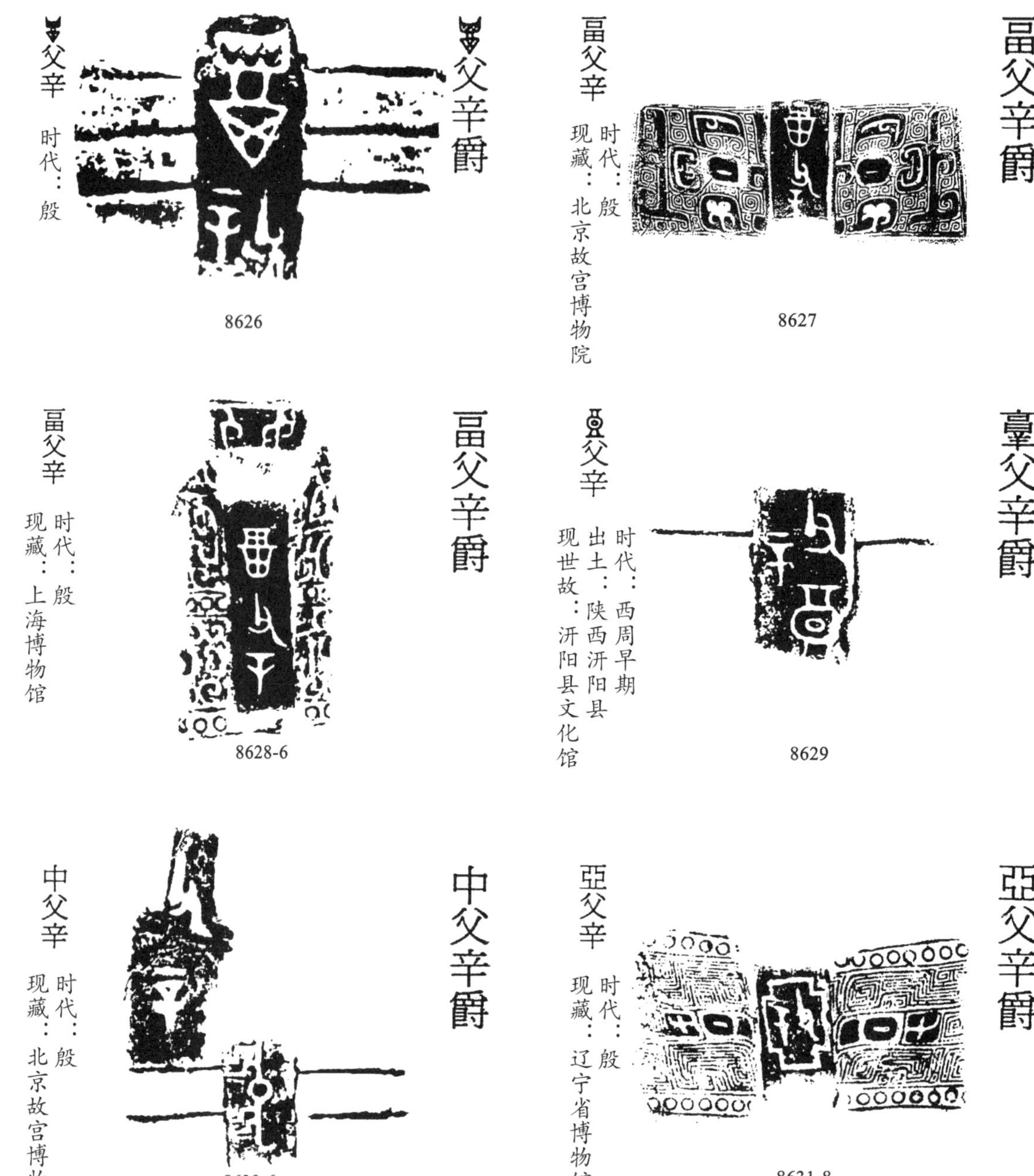

畐父辛爵

畐父辛

时代：殷

现藏：北京故宫博物院

8627

父辛爵

父辛

时代：殷

8626

𩫏父辛爵

父辛

时代：西周早期

出土：陕西汧阳县

现世故：汧阳县文化馆

8629

畐父辛爵

畐父辛

时代：殷

现藏：上海博物馆

8628-6

亞父辛爵

亞父辛

时代：殷

现藏：辽宁省博物馆

8631-8

中父辛爵

中父辛

时代：殷

现藏：北京故宫博物院

8630-6

[注释] 编号 8629 为殷商武丁时期。

亞父辛爵

亞父辛

时代：西周早期

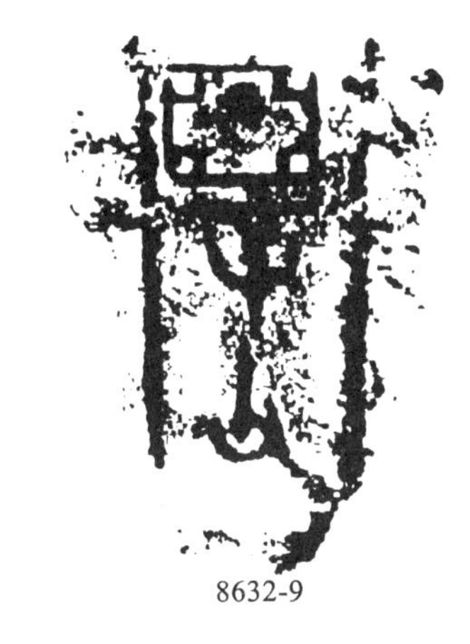

8632-9

木父辛爵

木父辛

时代：殷

8633-9

木父辛爵

木父辛

时代：殷

8634-9

果父辛爵

果父辛

时代：西周早期

现藏：北京故宫博物院

8635-7

東父辛爵

東父辛

时代：殷

8636

梳父辛爵

梳父辛

时代：西周早期

8637-5

[注释] 编号 8632、8635、8637 为殷商武丁时期。

鼎父辛爵

鼎父辛

时代：殷

现藏：北京故宫博物院

8639

鼎父辛爵

鼎父辛

时代：殷

现藏：北京故宫博物院

8638-8

册父辛爵

册父辛

时代：殷

现藏：北京故宫博物院

8641-9

鼎父辛爵

鼎父辛

时代：西周早期

8640-5

□父辛爵

□父辛

时代：殷

8643

□父辛爵

□父辛

时代：殷或西周早期

现藏：北京故宫博物院

8642

[注释] 编号 8640、8642 为殷商武丁时期。

冉父辛爵

8645-6

冉父辛

时代：殷

冉父辛爵

8644

冉父辛

时代：殷

现藏：北京故宫博物院

冉父辛爵

8647-8

冉父辛

时代：西周早期

现藏：上海博物馆

冉父辛爵

8646.b

冉父辛

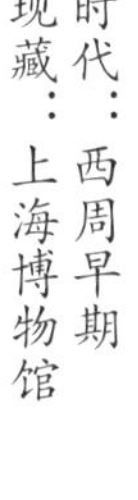

时代：西周早期

现藏：上海博物馆

冉父辛爵

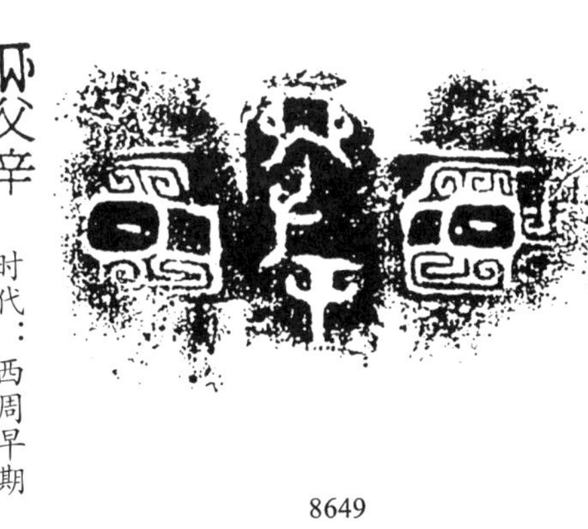

8649

冉父辛

时代：西周早期

冉父辛爵

8648

冉父辛

时代：西周早期

[注释] 编号 8646、8647、8648、8649 为殷商武丁时期。

父辛爵

父辛

时代：殷

8650-9

父辛爵

父辛

时代：西周早期

现藏：新加坡国立博物馆

8651-9

父辛爵

父辛

时代：西周早期

现藏：北京故宫博物院

8652-6

父辛爵

父辛

时代：西周早期

8653

父辛爵

父辛

时代：殷

现藏：上海博物馆

8654-7

父辛爵

父辛

时代：西周早期

现藏：上海博物馆

8655

[注释] 编号 8651、8652、8653、8655 为殷商武丁时期。

戈父辛爵

戈父辛

时代：殷

现藏：美国华盛顿

萨克勒美术馆

8657

戈父辛爵

戈父辛

时代：殷

出土：湖北随县安居乡

羊子山墓葬

现藏：随州市博物馆

8656

作父辛爵

作父辛

时代：西周早期

8659

永父辛爵

永父辛

时代：殷

8658-9

□父辛爵

霝父辛

时代：西周早期

现藏：北京故宫博物院

8661

作父辛爵

作父辛

时代：西周早期

8660

[注释] 编号8661为殷商武丁时期，8659、8660为殷商晚期。

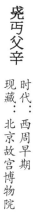

且辛父己爵

祖辛父己

时代：西周早期

8847-7

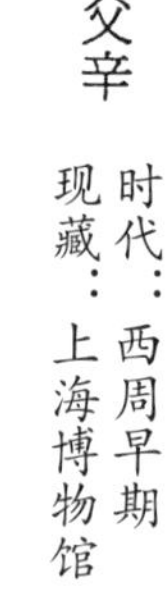

亞□父辛爵

亞□父辛

时代：西周早期

现藏：上海博物馆

8941-8

亞□父辛爵

亞告父辛

时代：殷

8943

大丁父辛爵

大丏父辛

时代：西周早期

8944

□丁父辛爵

□丏父辛

时代：西周早期

现藏：北京故宫博物院

8945-7

子□父辛爵

子□□父辛

时代：西周早期

8946-9

［注释］编号 8847、8941、8944、8945、8946 为殷商武丁时期。

鬼重父辛爵

8949-7

鬼重父辛
时代：西周早期

□冊父辛爵

8947-7

□冊父辛
时代：西周早期
现藏：上海博物馆

虘作父辛爵

8952-8

虘作父辛
时代：西周早期
出土：陕西扶风县刘家村墓葬
现藏：陕西省文物管理委员会

□興父辛爵

8951

□興父辛
时代：殷

守宫父辛爵

9017

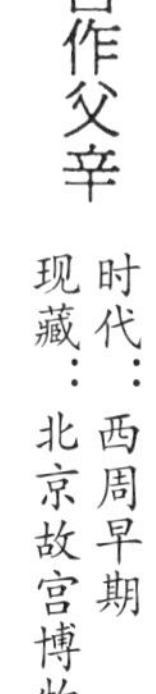

守宫作父辛
时代：西周早期
现藏：北京故宫博物院

亞天父辛爵

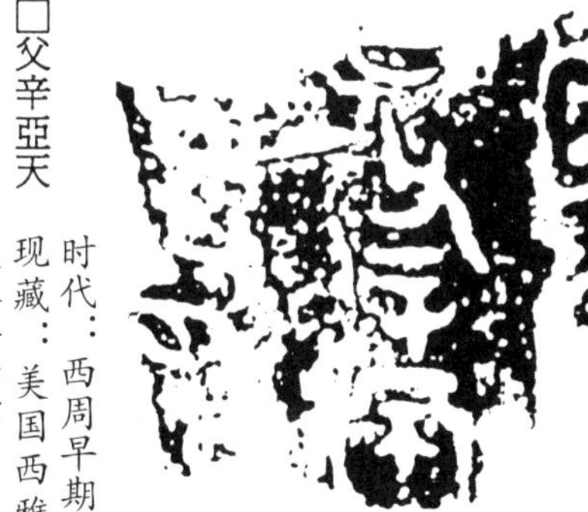

9016

□父辛亞天
时代：西周早期
现藏：美国西雅图美术博物馆

[注释] 编号 8947、8949、9016 为殷商武丁时期，8952、9017 为殷商晚期。

歸父辛爵

9020-8

歸作父辛彝

时代：西周早期
出土：陕西长安县斗门镇花园村墓葬
现藏：陕西省文物管理委员会

弓夼羊父辛爵

9019-7

弓𦎧父辛

时代：殷或西周初

木羊冊父辛爵

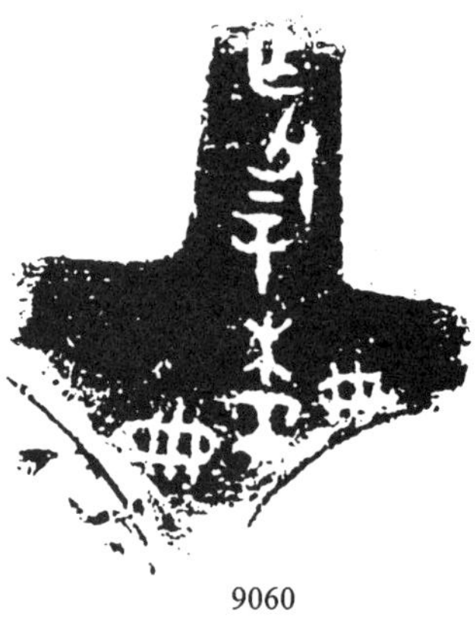

9060

作父辛
木羊冊

时代：西周中期
出土：陕西扶风县庄白村一号窖藏
现藏：周原博物馆

作父辛爵

9021

□父作父辛

时代：西周早期

豐父辛爵

9081

豐作父辛
寶木羊冊

时代：西周中期
出土：陕西扶风县庄白村一号窖藏
现藏：周原博物馆

豐父辛爵

9080

豐作父辛
寶木羊冊

时代：西周中期
出土：陕西扶风县庄白村一号窖藏
现藏：周原博物馆

［注释］编号 9019 为殷商武丁时期，9020、9021、9060、9080、9081 为殷商晚期。

鮴父辛爵

9089

鮴作盥
伯父辛
寶尊彝

时代：西周早期
现藏：北京故宫博物院

萛大父辛爵

9083-6

萛大作父辛
寶尊彝

时代：西周早期
现藏：北京故宫博物院

父辛斝

9170.b

父辛

时代：殷

祉作父辛角

9099-9

丁未𡚱賞祉
貝用作父辛
彝亞矣

时代：西周早期
现藏：上海博物馆

輦父辛斝

9218

輦父辛

时代：西周早期
出土：甘肃巫台县白草坡村墓葬
现藏：甘肃省博物馆

冉父辛斝

9216.b

冉父辛

时代：殷

[注释] 编号9218为殷商武丁时期，9083、9089、9099为殷商晚期。

戎父辛觚

戎父辛

时代：殷或西周初

9278-6

山凵父辛斝

山凵父辛

时代：殷

现藏：北京故宫博物院

9232-8

匽父辛觚

匽作父辛
寶尊彝㚔

时代：西周早期

现藏：美国华盛顿弗里尔美术博物馆

9292.1-9

冉父辛觚

冉父辛
寶尊彝

时代：西周早期

现藏：台北故宫博物院

9290-7

亞孳父辛盉

亞孳父辛

时代：殷

现藏：北京故宫博物院

9379-9

守宫觚

守宫作父辛
尊彝其永寶

时代：西周早期

现藏：英国贵滋威廉博物馆

9297.2

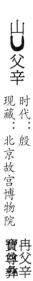

[注释] 编号 9278、9290 为殷商武丁时期，9292、9297 为殷商晚期。

𠁁父辛壺

9505

𠁁父辛

时代：殷

伯害盉

9430.2-9

伯害作召伯父辛寶尊彝

时代：西周早期

歸妸進壺

9594.1-9

亞歸妸進作父辛彝 束

时代：西周早期
出土：陕西长安县斗门镇花园村墓葬
现藏：陕西省文物管理委员会

叡作父辛壺

9577

叡作父辛彝膚冊

时代：西周早期
现藏：上海博物馆

父辛盤

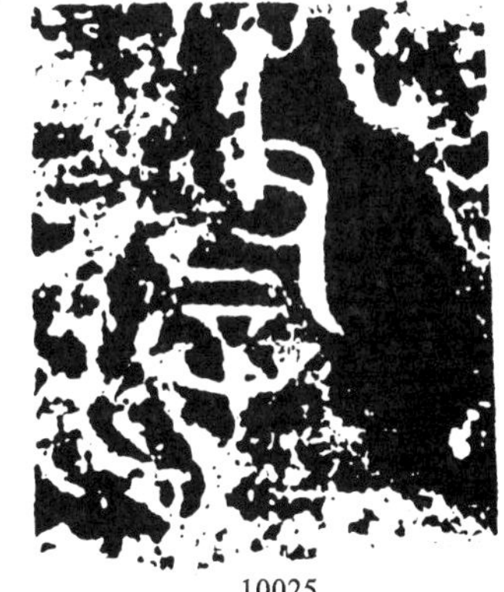
10025

父辛

时代：西周早期

𥂴父辛方彝

9884-7

𥂴作父辛寶尊彝 夲

时代：西周中期

[注释] 编号 10025 为殷商武丁时期，9430、9577、9594、9884 为殷商晚期。

京隮仲盤

10083-6

京隮仲僕作父辛寶尊彝

时代：西周早期

鳥父辛盤

10044.b-7

鳥父辛

时代：殷

父辛器皿

10500

父辛

时代：殷

父辛器

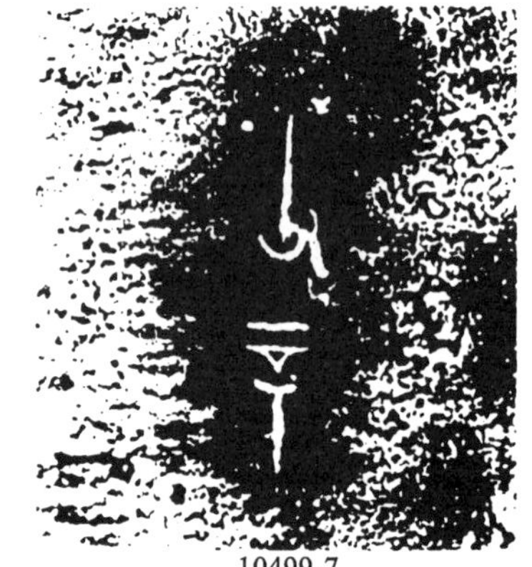

10499-7

父辛

时代：殷

家父辛器

10522-8

家父辛

时代：殷

亞父辛器

10521-8

亞父辛

时代：殷

[注释] 编号 10083 为殷商晚期。

曶作父辛器

10560-7

耒丮作父辛尊彝

时代：西周早期

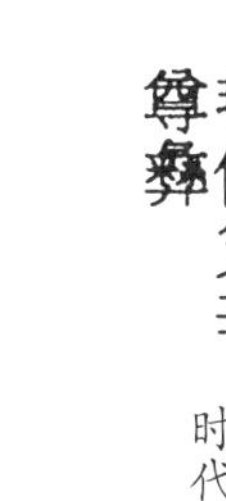

□父辛器

10523-8

□父辛

时代：殷

弙作父辛器

10581-7

唯八月甲申公仲在宗周賜斿貝五朋用作父辛尊彝[illegible]

时代：西周早期

俞作父辛器

10561-7

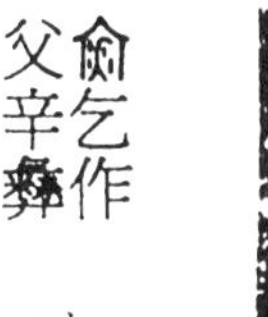

俞乞作父辛尊彝

时代：西周早期

[注释] 编号 10560、10561、10581 为殷商晚期。

十天干之 父壬

（精选二十四例）

木父壬鼎

1665-6

木父壬

时代：殷

壬父鼎

1272-7

父壬

时代：殷

覬作父壬𣪘

3654.1-8

覬作父壬寶尊彝　射

时代：西周早期
现藏：北京故宫博物院

重父壬鼎

1666

重父壬

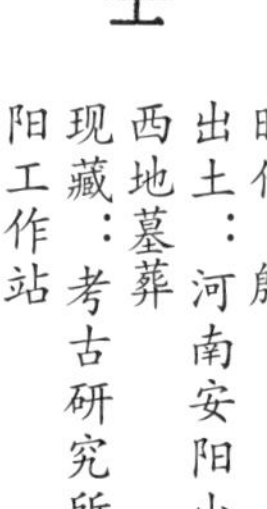
时代：殷
出土：河南安阳小屯西地墓葬
现藏：考古研究所安阳工作站

作父壬卣

5289.1

作父壬寶尊彝　天

时代：殷
现藏：上海博物馆

史戍作父壬卣

5288.2-7

史戍作父壬尊彝

时代：西周早期
出土：辽宁喀左马厂沟窖藏
现藏：辽宁省博物馆

[注释] 编号 3654、5288、5289 为殷商晚期。

舟父壬尊

5663-9

舟父壬

时代：殷或西周早期

史父壬尊

5662-9

史父壬

时代：殷

[glyph]父壬尊

5806

亞爪月父壬

时代：殷或西周早期

现藏：上海博物馆

[glyph]父壬尊

5664-7

山父壬

时代：殷

[glyph]父壬觶

6322

[glyph]父壬

时代：西周早期

員作父壬尊

5966-6

員作父壬寶尊彝子孫其永寶冉

时代：西周中期

[注释] 编号 5663、5806、6322 为殷商武丁时期，5966 为殷商晚期。

父壬爵

父壬

时代：殷

7971

父壬爵

父壬

时代：殷

现藏：上海博物馆

7972-8

父壬爵

父壬

时代：殷

7973.b

父壬爵

父壬

时代：西周早期

7974

父壬爵

父壬

时代：西周早期

现藏：日本京都泉屋博古馆

7975

子父壬爵

子父壬

时代：殷

8662.b

[注释] 编号 7974、7975 为殷商武丁时期。

木父壬爵

木父壬

时代：西周早期

8663

冉父壬爵

冉父壬

时代：西周早期
现藏：上海博物馆

8664

系父壬爵

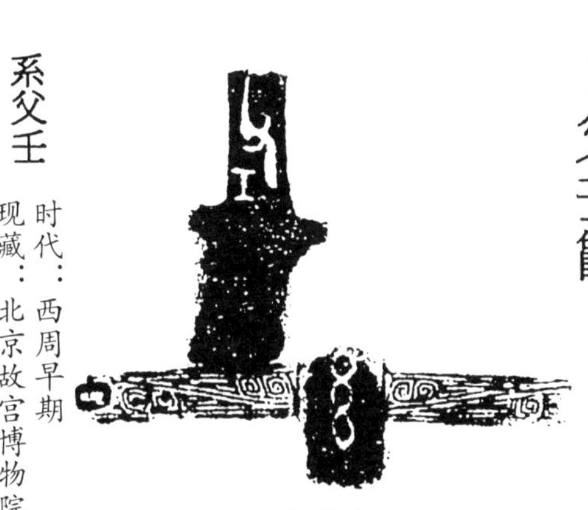

系父壬

时代：西周早期
现藏：北京故宫博物院

8665-6

亞獸父壬爵

亞鹿父壬

时代：西周早期

8953-6

刀子父壬爵

子刀父壬

时代：殷
现藏：旅顺博物馆

8954

□父壺

□父作父壬寶壺

时代：西周早期

9578-9

［注释］编号 8663、8664、8665、8953 为殷商武丁时期，9578 为殷商晚期。

殷周金文集成

十天干之 父癸

（精选三百三十二例）

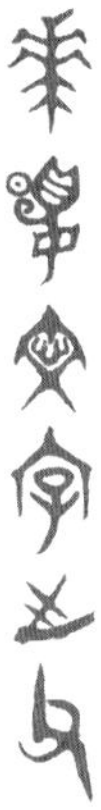

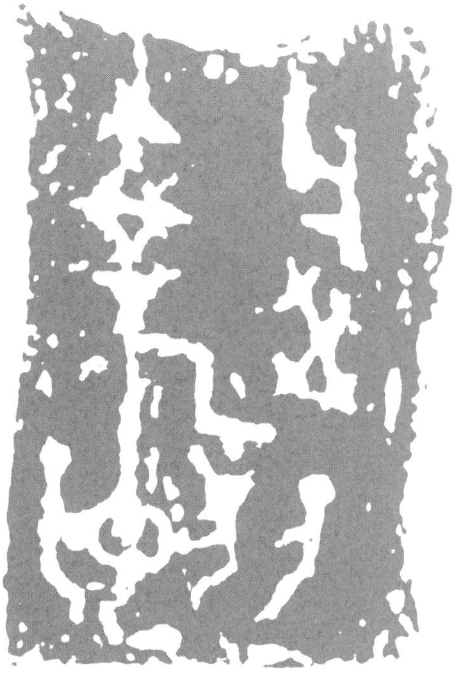

冉父癸鬲

483.2b

冉父癸 时代：殷

癸父鬲

460.b

父癸 时代：西周早期

⿱宀⿰甫攴翌作父癸鬲

567

⿱宀⿰甫攴作父癸寶彝 时代：西周早期 现藏：上海博物馆

□□作父癸鬲

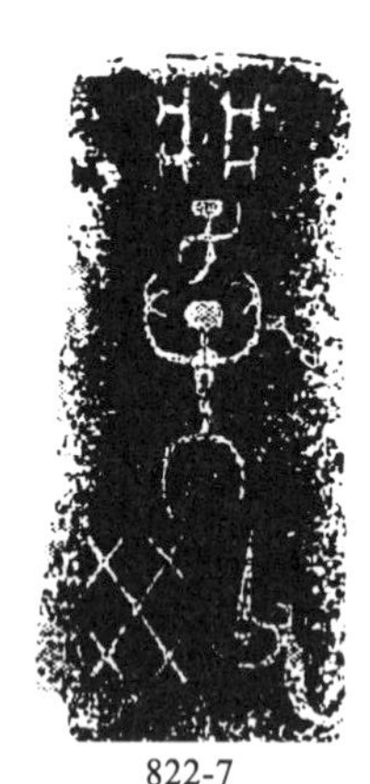
564

□通作父癸彝 时代：西周早期 出土：陕西宝鸡市 现藏：宝鸡市博物馆

伕父癸甗

823-6

知父癸 时代：西周早期 现藏：日本东京国立博物馆

冀父癸甗

822-7

冀父癸 时代：西周早期

［注释］编号 460、822、823 为殷商武丁时期，564、567 为殷商晚期。

葡戉父癸甗

846-6

葡戉父癸

时代：殷

现藏：北京故宫博物院

爰父癸甗

824-9

爰父癸

时代：殷

现藏：北京故宫博物院

父癸鼎

1273

父癸

时代：西周早期

作父癸甗

905-5

作父癸寶尊彝 𩱰

时代：西周早期

现藏：北京故宫博物院

父癸鼎

1275-6

父癸

时代：殷

父癸鼎

1274

父癸

时代：西周早期

现藏：美国普林斯顿大学博物馆

[注释] 编号1273、1274为殷商武丁时期，905为殷商晚期。

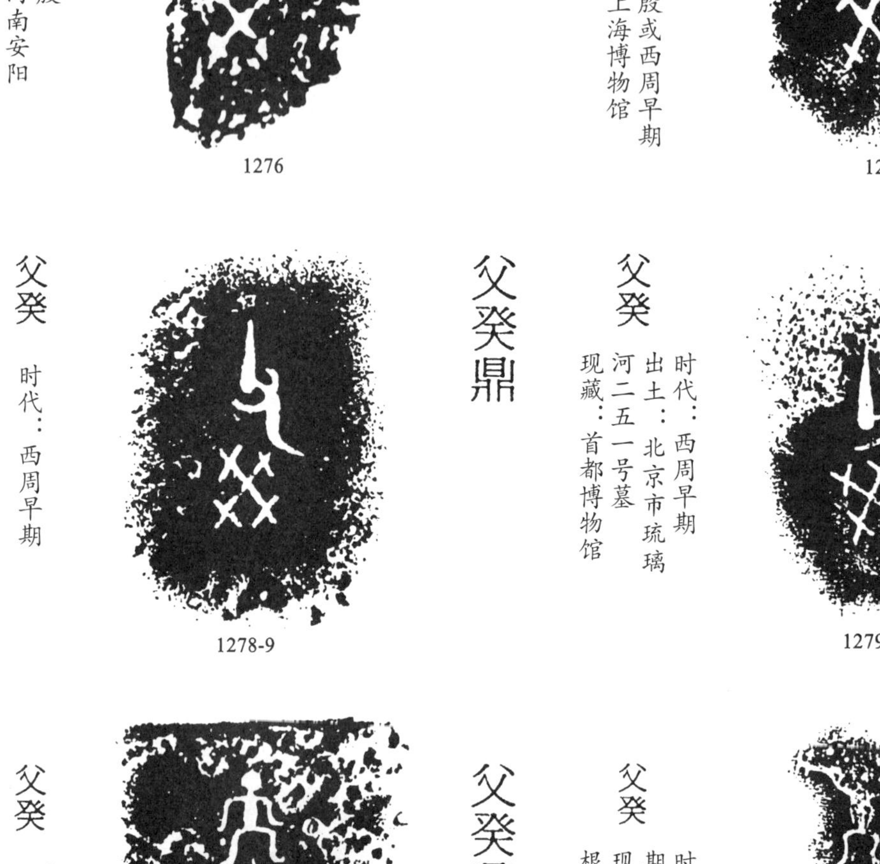

父癸鼎

1277

父癸

时代：殷或西周早期

现藏：上海博物馆

父癸鼎

1276

父癸

时代：殷

出土：河南安阳

父癸鼎

1279-8

父癸

时代：西周早期

出土：北京市琉璃河二五一号墓

现藏：首都博物馆

父癸鼎

1278-9

父癸

时代：西周早期

父癸鼎

1668-5

父癸

时代：殷或西周早期

现藏：丹麦哥本哈根美术博物馆

父癸鼎

1667-9

父癸

时代：殷

现藏：北京故宫博物院

[注释] 编号 1277、1278、1279、1668 为殷商武丁时期。

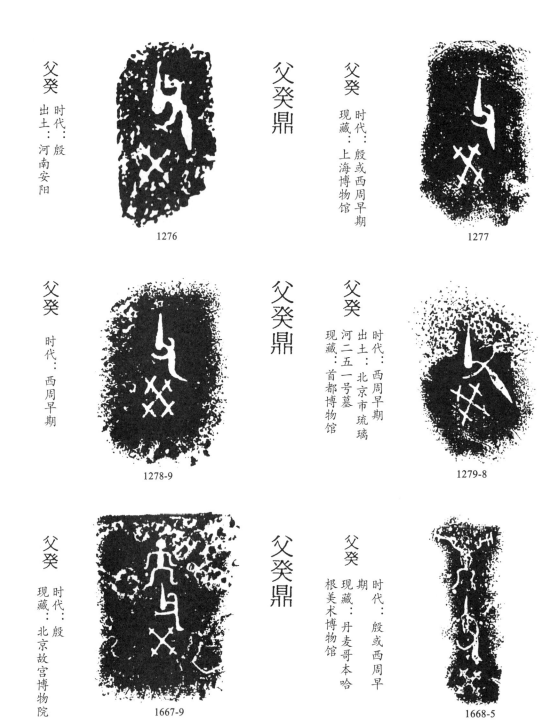

□父癸方鼎

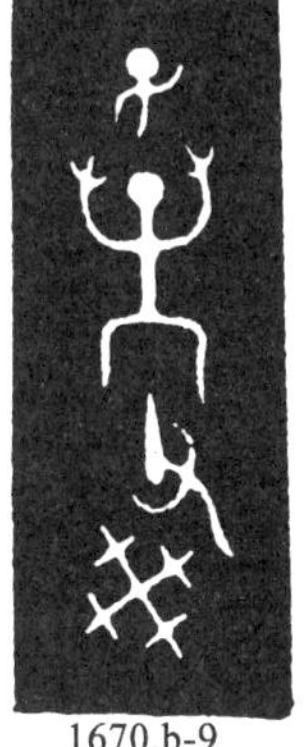
1670.b-9

□父癸
时代：殷

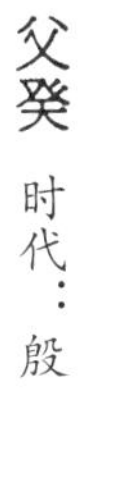

□父癸鼎

1669.b-9

□父癸
时代：殷

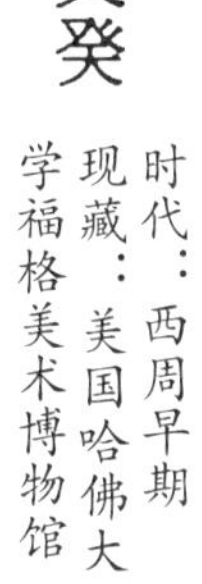

□父癸鼎

1672-9

□父癸
时代：殷或西周早期
现藏：法国巴黎赛尔诺什博物馆

□父癸方鼎

1671-7

□父癸
时代：西周早期
现藏：美国哈佛大学福格美术博物馆

冉父癸鼎

1674.b

冉父癸
时代：西周早期

□父癸鼎

1673.b

□父癸
时代：殷

［注释］编号 1671、1672、1674 为殷商武丁时期。

戈父癸鼎

1676-9

戈父癸　时代：殷

冉父癸鼎

1675-8

冉父癸　时代：西周　现藏：日本奈良天理参考馆

弓父癸鼎

1678

弓父癸　时代：西周早期

网父癸方鼎

1677-7

网父癸　时代：殷

父癸方鼎

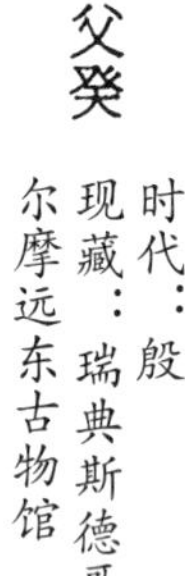

1680-9

父癸　时代：殷　现藏：瑞典斯德哥尔摩远东古物馆

酋父癸鼎

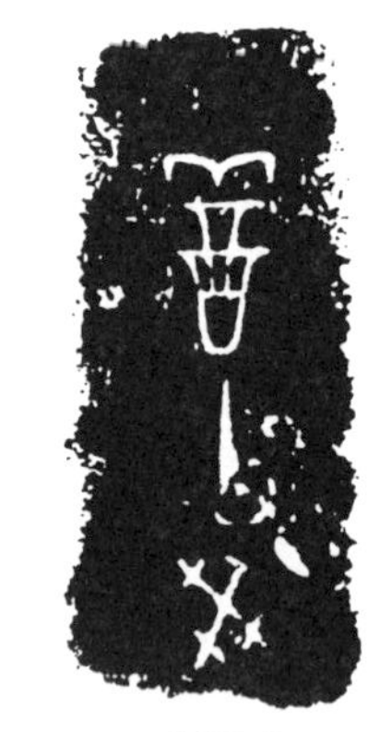

1679-7

酋父癸　时代：殷

[注释] 编号 1675、1678 为殷商武丁时期。

奄父癸鼎

1682.b

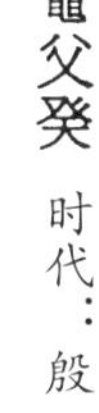

奄父癸

时代：殷

□父癸鼎

1681-9

□父癸

时代：殷

现藏：台北故宫博物院

奄父癸方鼎

1684-6

奄父癸

时代：西周早期

现藏：台北故宫博物院

奄父癸鼎

1683-8

奄父癸

时代：殷

现藏：北京故宫博物院

魚父癸方鼎

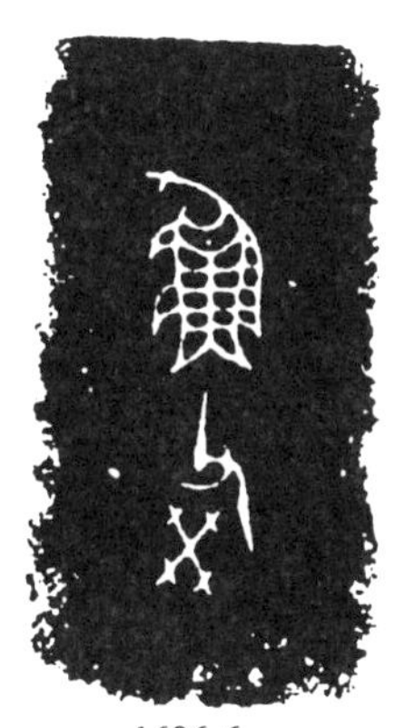

1686-6

魚父癸

时代：西周早期

鳥父癸鼎

1685-6

鳥父癸

时代：殷

现藏：北京故宫博物院

[注释] 编号 1684、1686 为殷商武丁时期。

⿱䀠又父癸鼎

1688.b-8

⿱䀠又父癸
时代：殷

共父癸鼎

1687-9

共父癸
时代：殷
现藏：北京故宫博物院

⿱䀠又父癸鼎

1690-8

⿱丆目父癸
时代：西周早期
现藏：台北故宫博物院

⿱䀠又父癸鼎

1689-7

⿱䀠又父癸
时代：殷
现藏：台北故宫博物院

衙父癸鼎

1692-8

衙父癸
时代：殷或西周早期
现藏：美国华盛顿萨克勒美术馆

目父癸鼎

1691-7

目父癸
时代：西周早期
现藏：宝鸡市博物馆

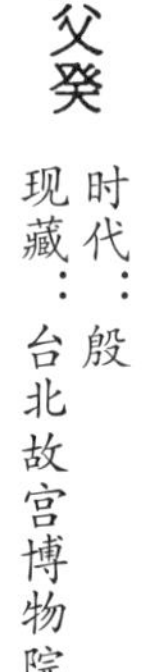

[注释] 编号 1690、1691、1692 为殷商武丁时期。

父癸𠃌鼎

1694-9

𠃌父癸

时代：殷

出土：湖北江陵县五三农场

现藏：荆州地区博物馆

串父癸鼎

1693-9

串父癸

时代：殷

子父㕟鼎

1697.b-8

子父癸

时代：殷或西周早期

𢦏父癸鼎

1695.b

𢦏父癸

时代：殷

子𢍏父癸鼎

1891

子𢍏父癸

时代：殷

且己父癸鼎

1815-7

祖己父癸

时代：殷或西周早期

现藏：北京故宫博物院

[注释] 编号1697、1815为殷商武丁时期。

何父癸鼎

何[illegible]父癸 时代：殷

1893-8

亞共父癸鼎

亞共父癸 时代：西周

1892-8

衔天父癸鼎

衔天父癸 时代：西周

1896.b-9

射獸父癸鼎

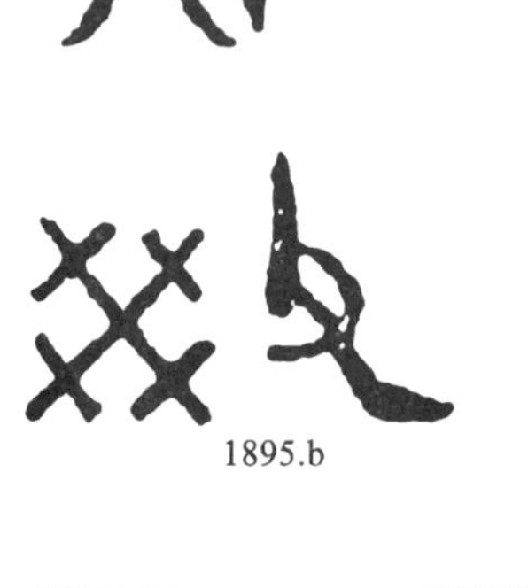

射獸父癸 时代：西周

1895.b

冊父癸鼎

冊[illegible]冊父癸 时代：殷 现藏：日本东京汤岛孔庙斯文会

1898-8

冊腐父癸鼎

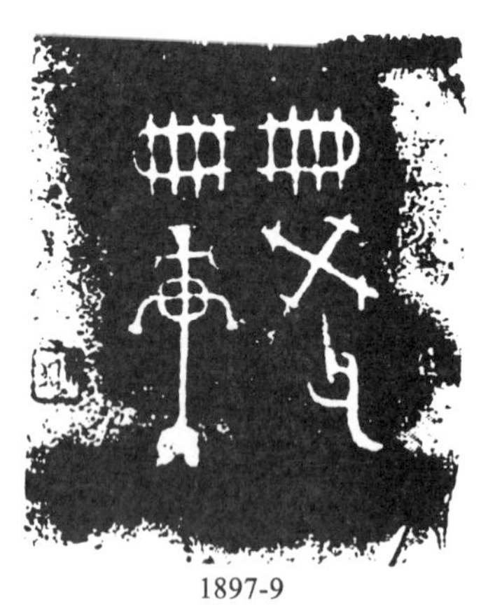

腐冊冊父癸 时代：西周

1897-9

[注释] 编号 1892 为殷商武丁时期。

父癸疋冊鼎

1900-9

疋冊父癸

时代：殷

现藏：美国华盛顿萨克勒美术馆

允冊父癸鼎

1899-8

人冊父癸

时代：西周早期

现藏：北京故宫博物院

𠂤✦父癸鼎

1902-8

𠂤✦父癸

时代：西周早期

𠂤作父癸鼎

1901-8

戉作父癸

时代：西周早期

冀母𠂤父癸鼎

2020-6

冀母𠂤父癸

时代：殷

冀兄戊父癸

2019-8

冀兄戊父癸

时代：殷

[注释] 编号 1899、1902 为殷商武丁时期，1901 为殷商晚期。

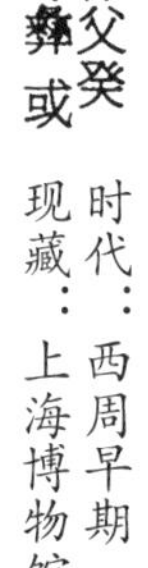

匚賓父癸鼎

2132-6

匚賓作
父癸彝

时代：西周早期
现藏：瑞典斯德哥尔摩远东古物馆

孔作父癸鼎

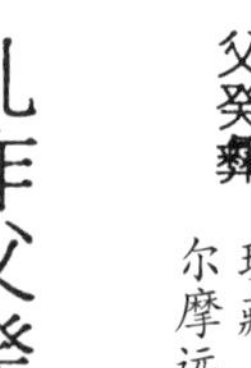

2021-8

孔作父
癸旅

时代：西周中期

臣辰父癸鼎

2135-8

臣辰𠂤冊
父癸

时代：西周早期
出土：河南洛阳马坡
现藏：旅顺博物馆

或作父癸方鼎

2133-7

作父癸
尊彝或

时代：西周早期
现藏：上海博物馆

朋作父癸鼎

2257-5

朋作父癸
寶尊彝

时代：西周中期

子父癸鼎

2136-8

子刀工系癸
父

时代：殷
现藏：北京故宫博物院

[注释] 编号 2135 为殷商武丁时期，2021、2132、2133、2275 为殷商晚期。

冊作父癸鼎

2259-6

允冊作父癸寶尊彝

时代：西周

现藏：上海博物馆

父癸鼎

2258-5

允冊作父癸寶尊

时代：西周

现藏：上海博物馆

作父癸鼎

2324-6

作父癸寶尊彝 裝

时代：西周早期

现藏：英国伦敦阿伦及巴洛氏

梓作父癸鼎

2323.b-8

梓作父癸寶尊彝 表

时代：西周早期

史造作父癸鼎

2326.b-7

史造作父癸寶尊彝

时代：西周中期

季作父癸方鼎

2325-6

季作父癸寶尊彝

时代：西周早期

现藏：美国圣格氏

[注释] 本页为殷商晚期。

酉父癸𣪘

3210-7

酉父癸

时代：殷

现藏：上海博物馆

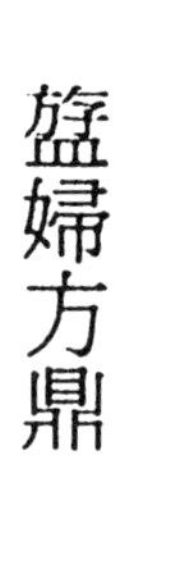

盗婦方鼎

2368-7

盗婦尊示己祖丁父癸

时代：西周早期

现藏：美国纽约某氏

獸父癸𣪘

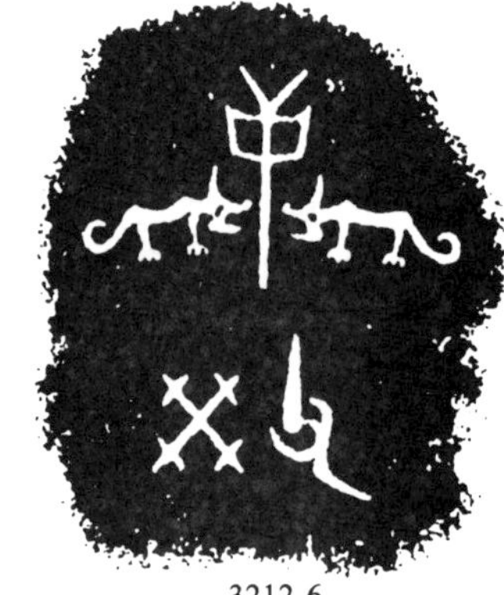

3212-6

獸父癸

时代：殷

现藏：上海博物馆

父癸𣪘

3211.2-5

父癸

时代：殷

倗父癸𣪘

3214

倗父癸

时代：西周早期

出土：陕西宝鸡市清姜河桑园堡

现藏：陕西省博物馆

𢼄父癸𣪘

3213

𢼄父癸

时代：殷

[注释] 编号 2368、3214 为殷商武丁时期。

魚父癸毁

3216-8

魚父癸

时代：西周早期

出土：辽宁省凌源海岛营子

现藏：辽宁省博物馆

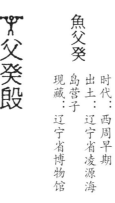

父癸毁

3215-7

父癸

时代：西周早期

冉父癸毁

3218-7

冉父癸

时代：西周早期

现藏：美国华盛顿萨克勒美术馆

父癸毁

3217-6

父癸

时代：西周早期

现藏：台北故宫博物院

鄉父癸宁毁

3337

鄉宁父癸

时代：殷

现藏：美国旧金山亚洲美术博物馆布伦戴奇藏品

父癸毁

3219-6

八冊父癸

时代：西周早期

出土：陕西周至县豆村

现藏：咸阳地区文物管理委员会

[注释] 编号 3215、3216、3217、3218、3219 为殷商武丁时期。

亞共父癸段

3339-7

亞共父癸 时代：殷

亞弜父癸段

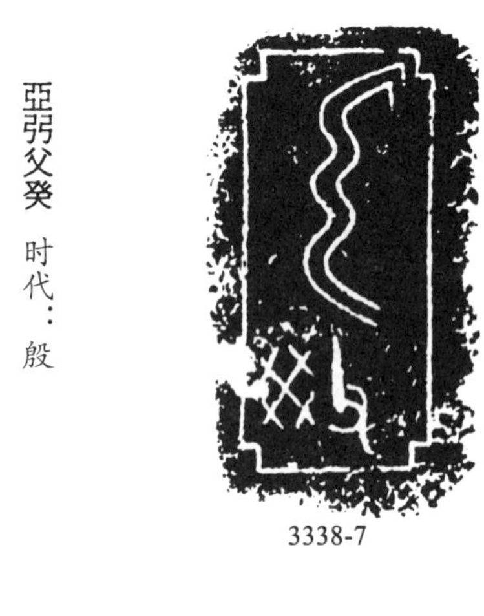

3338-7

亞弜父癸 时代：殷

何父癸□段

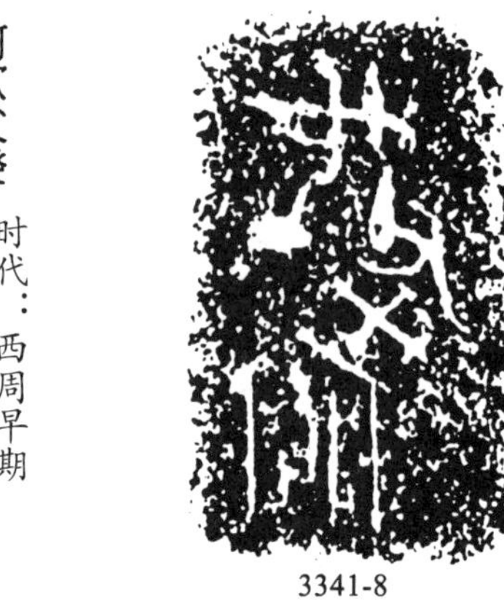

3341-8

何[illegible]父癸 时代：西周早期 出土：河南洛阳

衜天父癸段

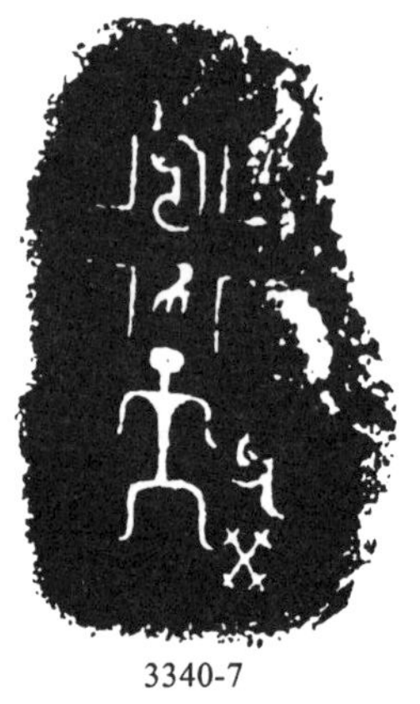

3340-7

耳衡父癸 时代：殷

[illegible]父癸段

3436-8

[illegible]作父癸彝 时代：西周早期

作父癸[illegible]段

3342-9

作父癸[illegible] 时代：西周早期 出土：河南洛阳

［注释］编号 3341 为殷商武丁时期，3342、3436 为殷商晚期。

臣辰𠂤冊父癸毁

3522.1-9

臣辰𠂤冊父癸 时代：西周早期

㪤作父癸毁

3521-7

工㪤作父癸尊彝

时代：西周早期

出土：山西闻喜县南王村

现藏：上海博物馆

亞高作父癸毁

3655.b

亞高亢作父癸尊彝

时代：西周早期

臣辰𠂤冊父癸毁

3523.1

臣辰𠂤冊父癸 时代：西周早期

集層作父癸毁

3657-7

集層作父癸寶尊彝

时代：西周早期

现藏：辽宁省博物馆

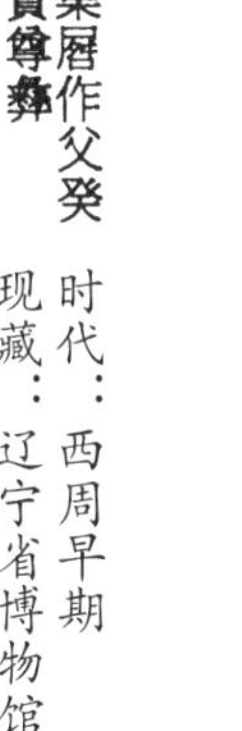

層作父癸毁

3656

層作父癸寶尊彝

时代：西周早期

[注释]编号 3522、3523 为殷商武丁时期，3521、3655、3656、3657 为殷商晚期。

子令作父癸殷

3659-7

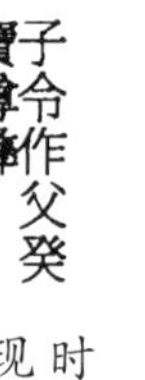

子令作父癸寶尊彝

时代：西周早期
现藏：台北故宫博物院

集屠作父癸殷

3658-8

集屠作父癸寶尊彝

时代：西周早期
现藏：日本东京松冈美术馆

⿰冊欠作父癸殷

3662-8

⿰冊欠作父癸寶尊彝旅

时代：西周早期
现藏：上海博物馆

⿰冊欠作父癸殷

3660-8

⿰冊欠作父癸寶尊彝旅

时代：西周早期

⿰丰井□冀作父癸殷

3686

⿰丰井淊冀作父癸寶尊彝

时代：西周早期

□黄作父癸殷

3663-8

□黄作父癸寶尊彝

时代：西周早期
现藏：旅顺博物馆

［注释］本页为殷商晚期。

父癸卣

4836.1

父癸　时代：殷

遹□作父癸殷

3688.2-8

遹遾作父癸寶彝冊允

时代：西周早期

现藏：北京故宫博物院

爵父癸卣蓋

4988-9

爵父癸　时代：殷

父癸卣

4837.1b

父癸　时代：殷

史父癸卣

4990.1-7

史父癸　时代：西周早期

[illegible]父癸卣

4989.1-8

刚父癸　时代：殷

[注释] 编号 4990 为殷商武丁时期，3688 为殷商晚期。

串父癸卣

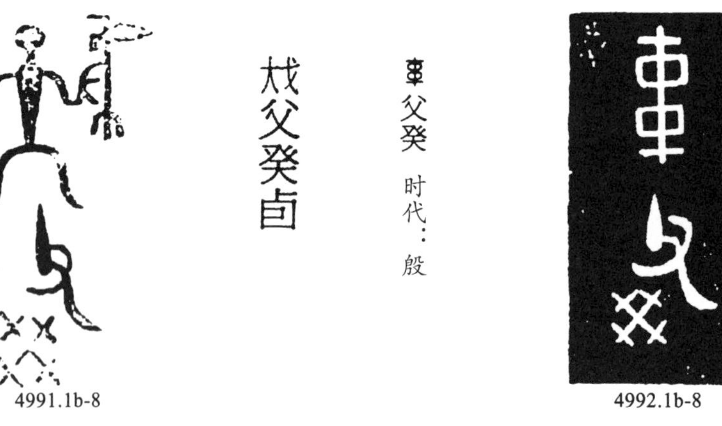

4992.1b-8

串父癸

时代：殷

戕父癸卣

4991.1b-8

戕父癸

时代：西周早期

取父癸卣

4994.2-7

取父癸

时代：殷

现藏：北京故宫博物院

奄父癸卣

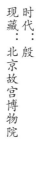

4993-7

奄父癸

时代：殷

父癸卣

4996.b-9

公癸

时代：西周早期

父癸卣

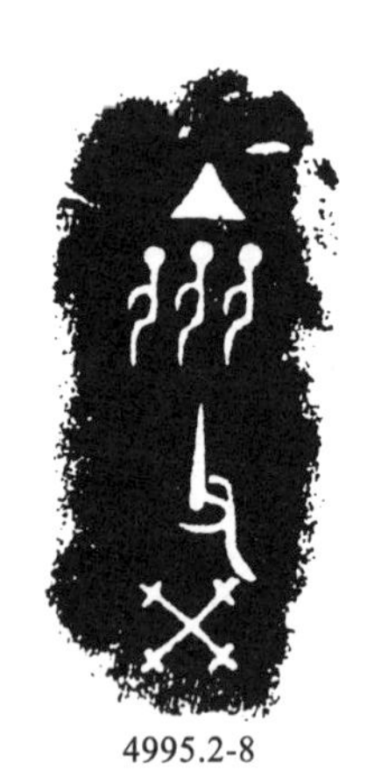

4995.2-8

▲从父癸

时代：殷

现藏：北京故宫博物院

[注释] 编号 4991、4996 为殷商武丁时期。

㠱父癸卣

4998-9

父癸㠱

时代：殷

现藏：北京故宫博物院

魚父癸卣

4997

魚父癸

时代：殷

现藏：美国华盛顿弗里尔美术陈列馆

作父癸[illegible]卣

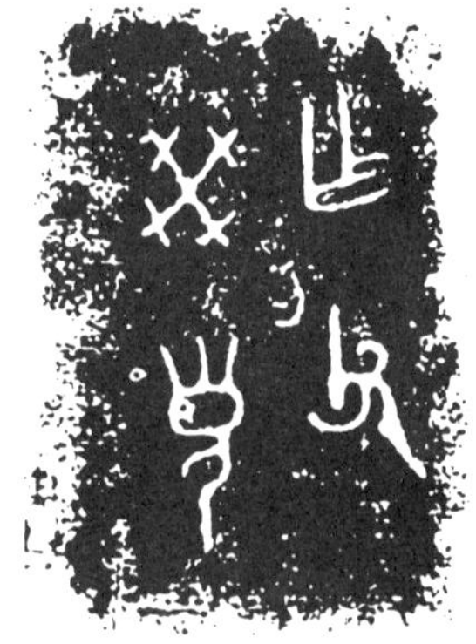

5092.2-8

时代：殷

何父癸卣

5091.1-7

何父癸宁

时代：殷

亞得父癸卣

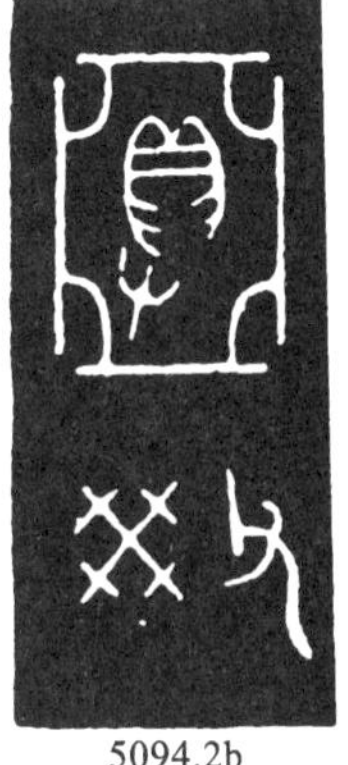

5094.2b

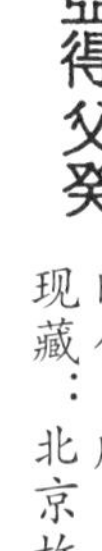

亞得父癸

时代：殷

现藏：北京故宫博物院

行天父癸卣

5093.1b-7

行天父癸

时代：殷

[注释] 编号 5092 为殷商晚期。

[glyph]父癸卣

5096.2-5

父癸

时代：殷

现藏：北京故宫博物院

[glyph]冊父癸卣

5095.b-7

冊衛父癸

时代：西周早期

冊父癸卣

5173.2-8

冊□天父癸

时代：殷

菐父癸母□卣

5172.2-7

菐父癸母□

时代：殷

现藏：美国华盛顿弗里尔美术陈列馆

且丁父癸卣

5265.2

□▼己祖丁父癸

时代：西周早期

现藏：德国科隆东亚博物馆

集作父癸卣

5218.1-7

作父癸尊彝集

时代：西周早期

[注释] 编号 5095、5265 为殷商武丁时期，5218 为殷商晚期。

矢伯隻作父癸卣

5291.1-9

矢伯獲作父癸彝

时代：西周早期
出土：山东临朐柳山寨
现藏：美国圣路易市美术博物馆

責作父癸卣

5290.1-9

責作父癸寶尊彝

时代：西周早期
现藏：洛阳市文物工作队

屖作父癸卣

5334-8

屖作父癸寶尊彝用旅

时代：西周早期

歃作父癸卣

5315.2-8

歃作父癸寶尊彝旅

时代：西周早期
现藏：上海博物馆

保卣

5415.1-8

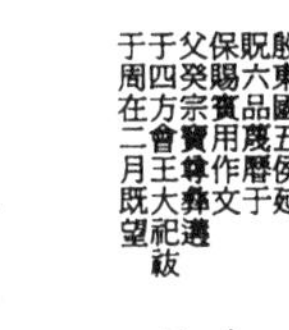

乙卯王令保及殷東國五侯延貺六品蔑曆于保賜賓用作文父癸宗寶尊彝遘于四方會王大祀祓于周在二月既望

时代：西周早期
出土：河南洛阳
现藏：上海博物馆

寎鼎作父癸卣

5360.1-9

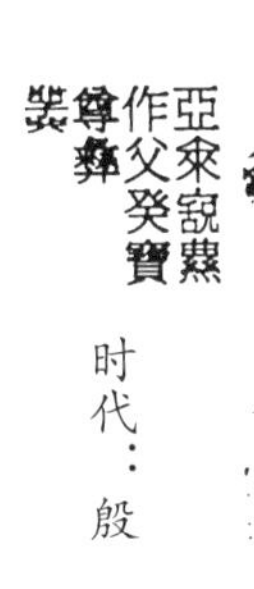

亞束寎鼎作父癸寶尊彝𠦪

时代：殷

[注释] 本页为殷商晚期。

士上卣

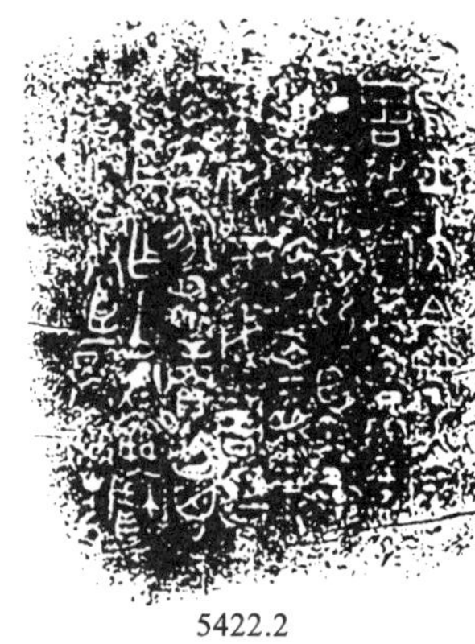

5422.2

唯王大禴于宗周㣈寮葊京年在五月既望辛酉王令士上眔史寅殷于成周替百姓豚眔賞卣鬯貝用作父癸寶尊彝臣辰冊

时代：西周早期
出土：河南洛阳马坡
现藏：美国哈佛大学福格美术博物馆

士上卣

5421.2

唯王大禴于宗周㣈寮葊京年在五月既望辛酉王令士上眔史寅殷于成周替百姓豚眔賞卣鬯貝用作父癸寶尊彝臣辰冊

时代：西周早期
出土：河南洛阳马坡
现藏：日本神户白鹤美术馆

父癸尊

5534

父癸

时代：西周早期
出土：陕西长安县沣西大原村
现藏：西安市文物管理委员会

父癸尊

5533.b

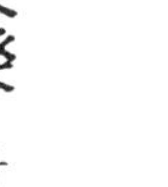

父癸

时代：西周早期

史父癸尊

5666-9

史父癸

时代：西周早期
现藏：美国纽约费利浦斯氏

𢍰父癸尊

5665

𢍰父癸

时代：西周早期
出土：陕西岐山县礼村
现藏：陕西省博物馆

［注释］编号 5533、5534、5665、5666 为殷商武丁时期，5421、5422 为殷商晚期。

吙父癸尊

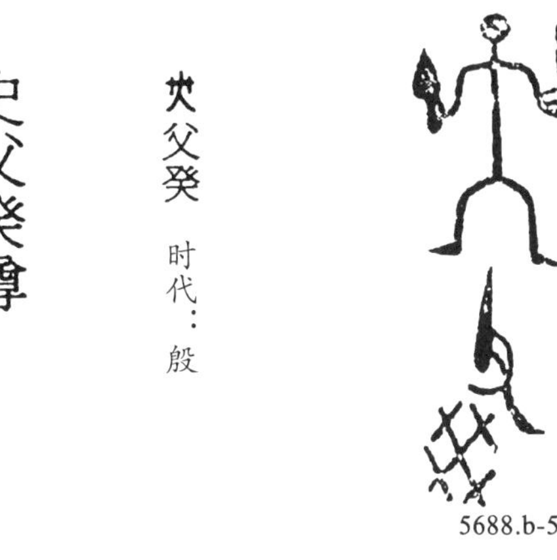

5688.b-5

[illegible]父癸

时代：殷

史父癸尊

5667-7

史父癸

时代：西周早期

现藏：荷兰某氏

[illegible]父癸尊

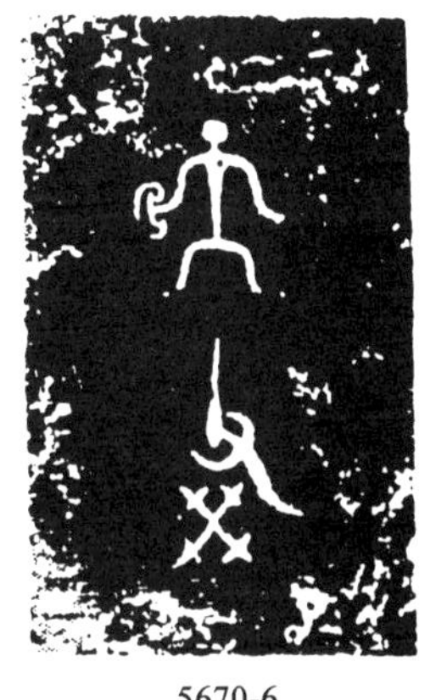

5670-6

取父癸

时代：殷

戈父癸尊

5669.b-9

戈父癸

时代：殷

[illegible]父癸尊

5672.b

取父癸

时代：西周早期

冄父癸尊

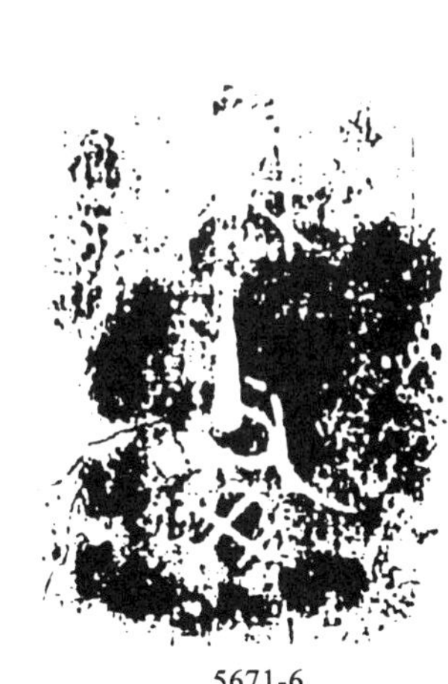

5671-6

冉父癸

时代：殷

[注释] 编号 5667、5672 为殷商武丁时期。

丙父癸尊

5674-8

丙父癸

时代：殷

现藏：北京故宫博物院

丙父癸尊

5673

丙父癸

时代：殷

□父癸尊

5676

□父癸

时代：西周早期

爵父癸尊

5675.b-9

爵父癸

时代：西周早期

奄父癸尊

5678-7

奄父癸

时代：殷

鳥父癸尊

5677-7

鳥父癸

时代：殷

现藏：上海博物馆

[注释] 编号 5675、5676 为殷商武丁时期。

尹舟父癸尊

5752-7

尹舟
父癸

时代：殷
现藏：北京故宫博物院

亞天父癸尊

5751-8

亞天
父癸

时代：殷
现藏：加拿大多伦多安大略博物馆

劦冊父癸尊

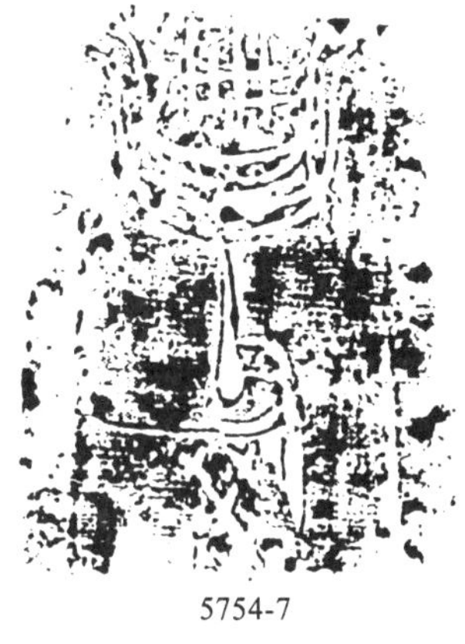

5754-7

冊棘
父癸

时代：西周早期
现藏：美国旧金山亚洲美术博物馆布伦戴奇藏品

劦冊父癸尊

5753-6

冊棘
父癸

时代：殷

何父癸尊

5756-8

何灾
父癸

时代：殷

父癸告正尊

5755-6

告正
父癸

时代：西周早期
现藏：日本京都泉屋博物馆

[注释] 编号 5752、5755 为殷商武丁时期。

亢父癸尊

5808

亞[illegible]亢父癸

时代：殷

现藏：北京故宫博物院

弓夲父癸尊

5758-8

弓夲父癸

时代：殷

现藏：日本东京某氏

貍作父癸尊

5904

貍作父癸寶尊彝 單

时代：西周早期

臣辰父癸尊

5838-8

臣辰[illegible]冊父癸

时代：西周早期

现藏：上海博物馆

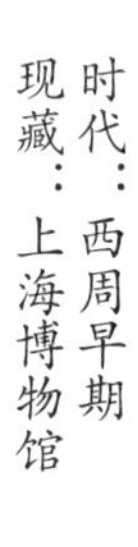

[illegible]作父癸尊

5906-9

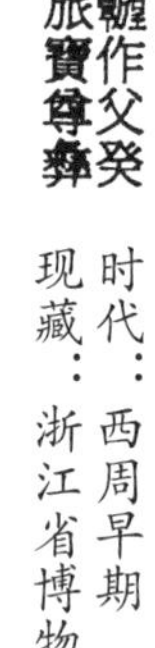

[illegible]作父癸旅寶尊彝

时代：西周早期

现藏：浙江省博物馆

單具父癸尊

5905-9

單具作父癸寶尊彝

时代：西周早期

现藏：美国华盛顿弗里尔美术陈列馆

［注释］编号 5838 为殷商武丁时期，5904、5905、5906 为殷商晚期。

偕作父癸尊

偕作父癸
寶尊彝
用旅

时代：西周早期

5927-8

⿰冊欠作父癸尊

⿰冊尤作父癸
寶尊彝旅

时代：西周中期
现藏：美国华盛
顿萨克勒美术馆

5907-8

士上尊

隹王大龠于宗
周徃窶莽京年
在五月既望辛
酉王令士上眔史
寅殷于成周𩁹
百生豚眔賞卣
鬯貝用作父癸寶
尊彝臣辰𠂤冊

时代：西周早期
出土：河南洛阳马坡
现藏：日本神户白鹤
美术馆

5999

作父癸尊

□作父癸寶尊
彝其孫孫子子永用

时代：西周早期
现藏：美国波士
顿美术博物馆

5946-7

父癸觶

父癸

时代：西周早期

6130

保尊

乙卯王令保及
殷東國五侯征
貺六品蔑曆
于保賜賓用作
文父癸宗寶尊
彝遘于四方
迨王大祀祓于
周在二月既望

时代：西周早期
出土：河南洛阳
现藏：河南省博物馆

6003

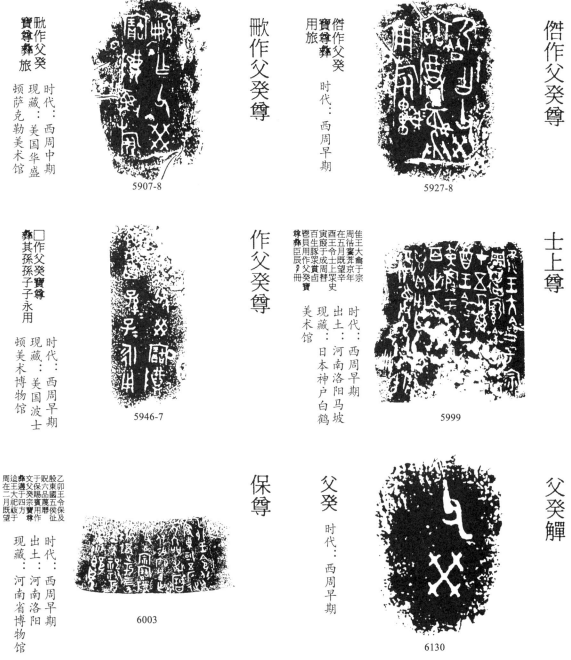

[注释]编号 6130 为殷商武丁时期 5907、5927、5946、5999、6003 为殷商晚期。

重父癸觯

6324-8

重父癸 时代：殷

子父癸觯

6323

子父癸 时代：西周早期 出土：湖北随县安居乡羊子山墓葬 现藏：随州市博物馆

冀父癸觯

6326

冀父癸 时代：殷

重父癸觯

6325.b

重父癸 时代：殷

妕父癸觯

6328.b-8

妕父癸 时代：殷

冀父癸觯

6327-9

父癸冀 时代：殷

[注释] 编号 6323 为殷商武丁时期。

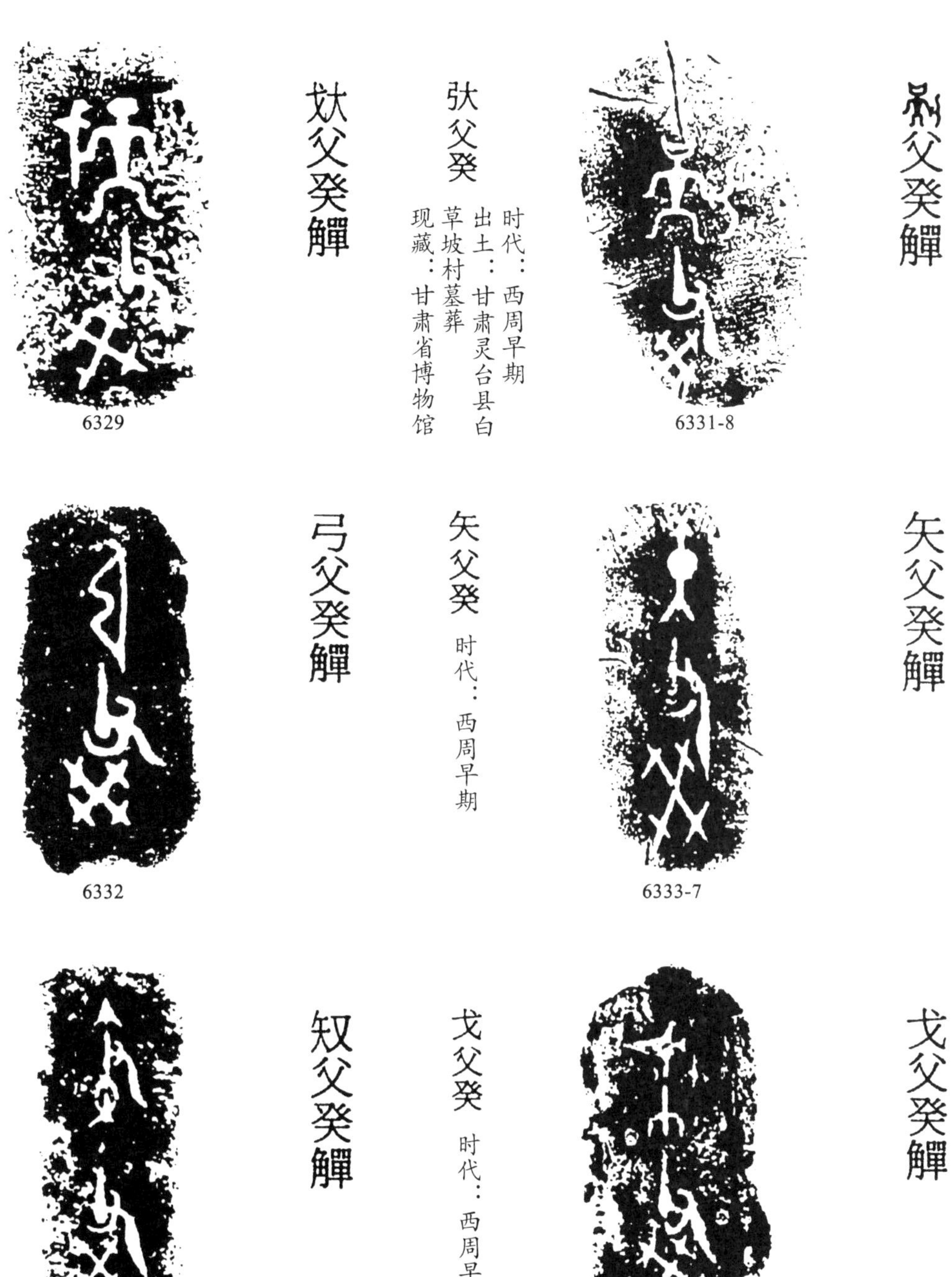

□父癸觶

6331-8

弜父癸

时代：西周早期

出土：甘肃灵台县白草坡村墓葬

现藏：甘肃省博物馆

妋父癸觶

6329

妋父癸

时代：西周早期

矢父癸觶

6333-7

矢父癸

时代：西周早期

弓父癸觶

6332

弓父癸

时代：西周早期

戈父癸觶

6336-7

戈父癸

时代：西周早期

知父癸觶

6334.2-7

知父癸

时代：西周早期

[注释] 本页为殷商武丁时期。

冄父癸觶

6340-9

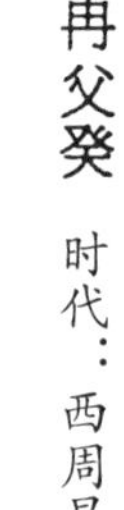

冉父癸

时代：西周早期

臤父癸觶

6338-9

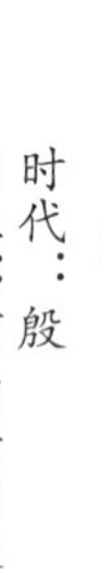

臤父癸

时代：殷

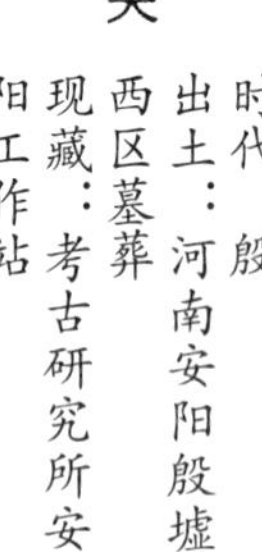

出土：河南安阳殷墟西区墓葬

现藏：考古研究所安阳工作站

魚父癸觶

6343

魚父癸

时代：殷

出土：陕西岐山

现藏：国家博物馆

父癸觶

6342-8

父癸

时代：西周早期

出土：四川彭县竹瓦街

现藏：四川省博物馆

子𧗳父癸觶

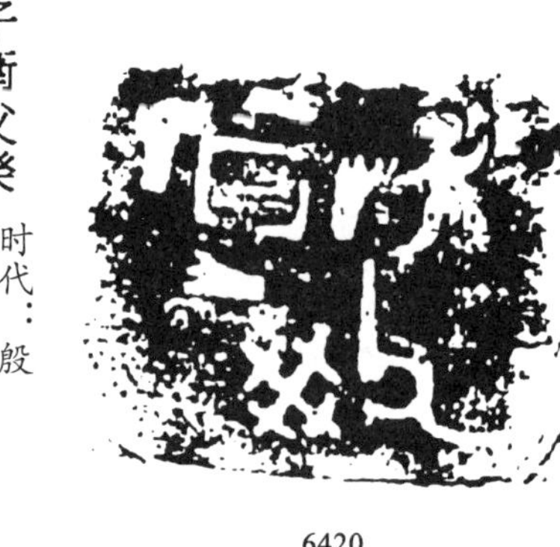

6420

子衛父癸

时代：殷

现藏：北京故宫博物院

敉父癸觶

6344-8

敉父癸

时代：殷

［注释］编号 6340、6342 为殷商武丁时期。

尹舟父癸觶

6422

尹舟父癸

时代：殷

亞食父癸觶

6421

亞食父癸

时代：西周早期

父癸何觶

6424

何宂父癸

时代：殷

现藏：北京故宫博物院

亝豖父癸觶

6423.b

齊啄父癸

时代：殷

✱作父癸觶

6426.b

✱作父癸

时代：殷

棥父癸觶

6425-6

㚔丨父癸

时代：西周早期

现藏：台北故宫博物院

[注释] 编号 6421、6425 为殷商武丁时期。

敄作父癸觶

6474-9

敄作父癸彝 舟

时代：殷

现藏：旅顺博物馆

夌作父癸觶

6449

夌作父癸

时代：西周早期

现藏：上海博物馆

作父癸觶

6501-5

光作父癸寶尊彝用

时代：西周中期

现藏：美国华盛顿弗里尔美术陈列馆

朕作父癸觶

6475-8

朕作父癸尊彝

时代：西周早期

现藏：上海博物馆

父癸觚

6817

父癸

时代：西周早期

史父癸觶

6637-8

史父癸

时代：西周早期

［注释］编号 6637、6817 为殷商武丁时期，6449、6474、6475、6501 为殷商晚期。

隻父癸觚

7154-9

隻𢼸

时代：殷

奄父癸觚

7153-9

奄𢼸

时代：西周早期

禾父癸觚

7156-9

禾父癸

时代：殷
现藏：北京故宫博物院

戈父癸觚

7155

戈父癸

时代：殷

子父癸觚

7158-8

子父癸

时代：殷

行父癸觚

7157-9

行父癸

时代：西周早期
现藏：旅顺博物馆

［注释］编号 7153、7157 为殷商武丁时期。

亞宁父癸觚

7248.b

亞宁 㪅

时代：殷

乚父癸觚

7159

乚父癸

时代：殷

何父癸觚

7250

何 㪅欣

时代：殷

现藏：日本东京出光美术馆

父癸夲葡觚

7249

父夲 癸葡

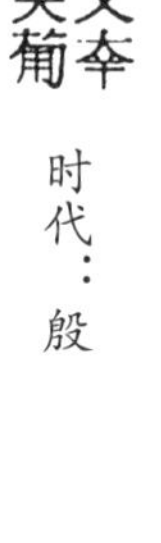

时代：殷

父癸爵

7976

父癸

时代：殷

友敹父癸觚

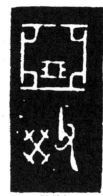

7303

友敹父癸 母 止

时代：殷

父癸爵

父癸

时代：殷

7977

父癸爵

父癸

时代：殷

7978

父癸爵

父癸

时代：殷

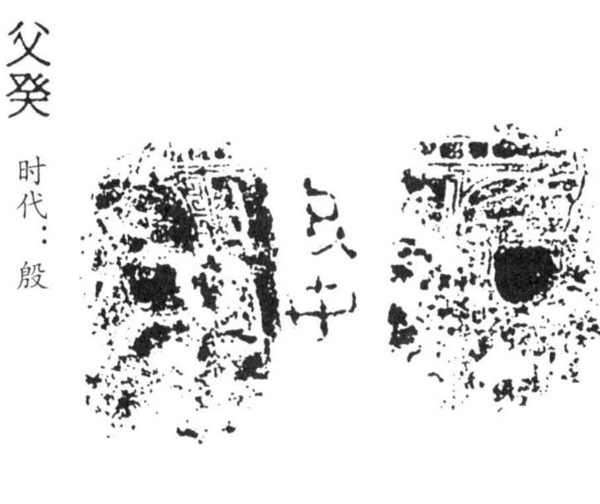

7979

父癸爵

父癸

时代：殷

7980-8

父癸爵

父癸

时代：殷

7981-8

父癸爵

父癸

时代：西周早期

7982

[注释] 编号 7982 为殷商武丁时期。

父癸爵

7984

父癸

时代：西周早期

父癸爵

7983

父癸

时代：西周早期

父癸爵

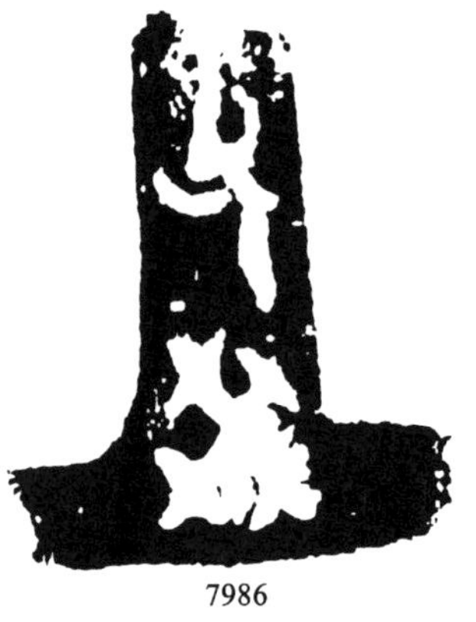

7986

父癸

时代：西周早期

出土：河南洛阳

现藏：北京故宫博物院

父癸爵

7985

父癸

时代：西周早期

现藏：国家博物馆

父癸爵

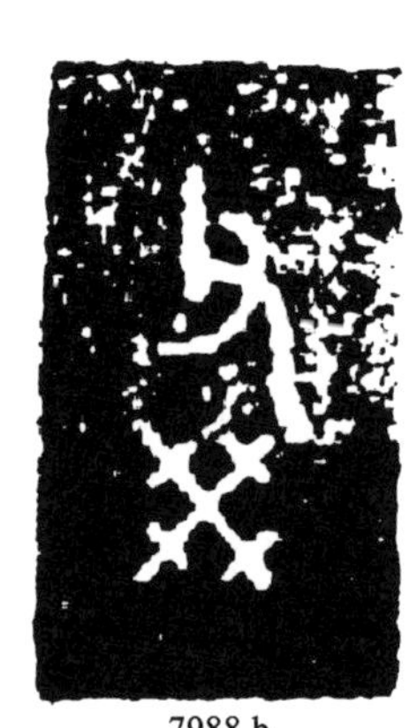

7988.b

父癸

时代：西周早期

父癸爵

7987

父癸

时代：西周早期

出土：河南濬县辛村墓葬

现藏：历史语言研究所

[注释] 本页为殷商武丁时期。

父癸爵

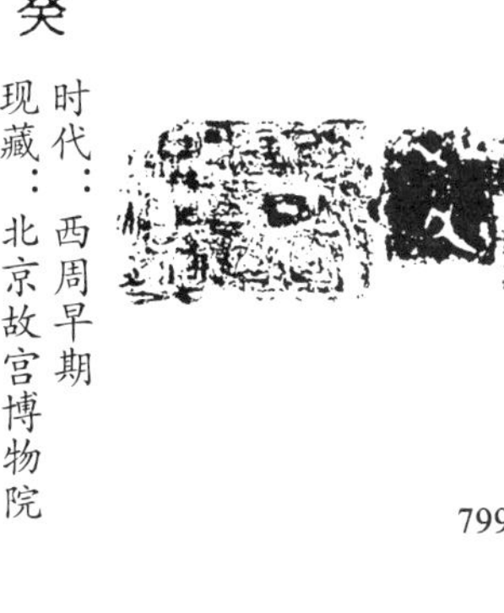

7990

父癸

时代：西周早期

现藏：北京故宫博物院

父癸爵

7989.b

父癸

时代：西周早期

子父癸爵

8667

子父癸

时代：西周早期

子父癸爵

8666.b

子父癸

时代：殷

[illegible]父癸爵

8669-8

兴父癸

时代：西周早期

天父癸爵

8668-8

天父癸

时代：殷

[注释]编号7989、7990、8667、8669为殷商武丁时期。

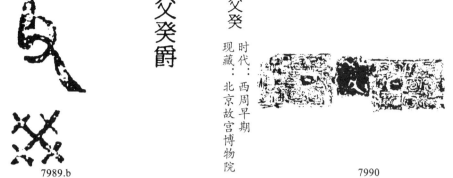

□父癸爵

人父癸

时代：殷

8672

□父癸爵

8671

□父癸

时代：西周早期

现藏：美国斯坦福大学美术陈列馆

□父癸爵

□父癸

时代：殷

8674-9

□父癸爵

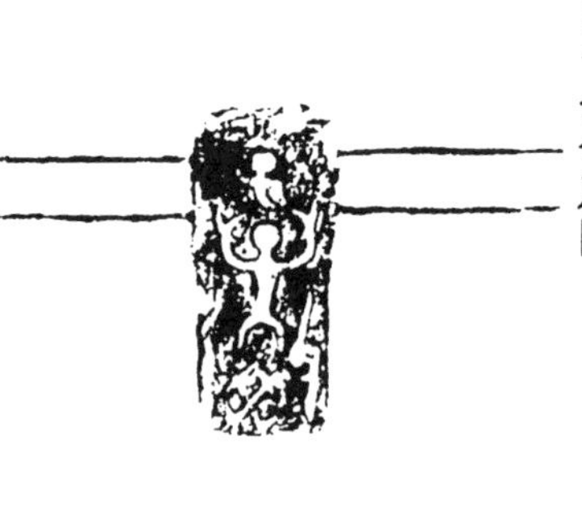

8673

□父癸

时代：殷

现藏：北京故宫博物院

□父癸爵

□父癸

时代：西周早期

8676-7

□父癸爵

8675

□父癸

时代：殷

现藏：日本京都泉屋博物馆

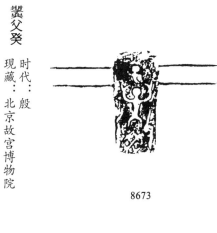

[注释] 编号 8671、8676 为殷商武丁时期。

父癸爵

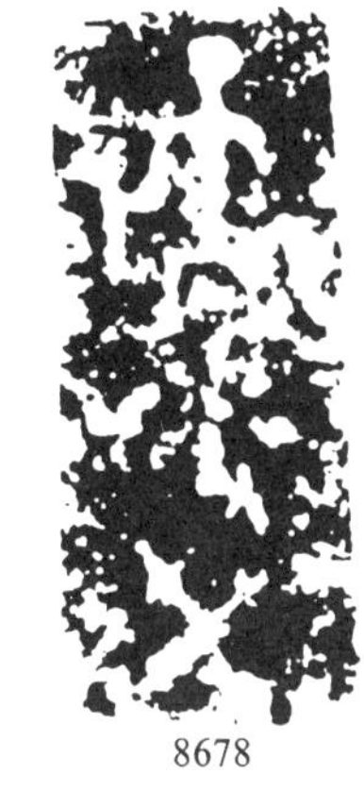

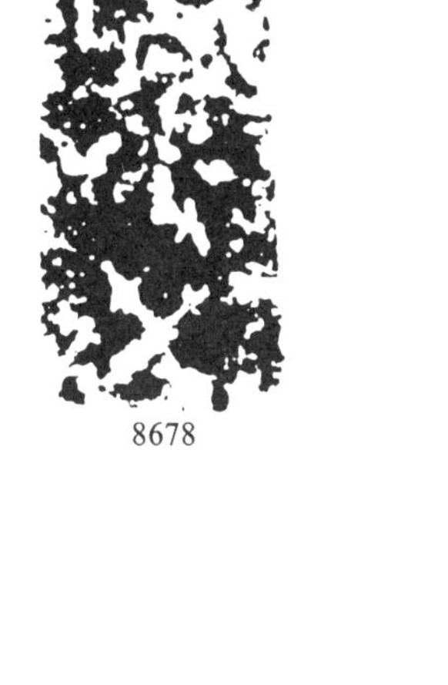

8678

戕父癸

时代：殷

父癸爵

8677.b

倗父癸

时代：殷

父癸爵

8680-8

兇父癸

时代：殷

父癸爵

8679

父癸

时代：西周早期

旅父癸爵

8682-8

旅父癸

时代：西周早期

现藏：上海博物馆

父癸爵

8681-8

父癸

时代：殷

[注释] 编号 8679、8682 为殷商武丁时期。

母父癸爵

母父癸

时代：西周早期
现藏：上海博物馆

8684

𥁕父癸爵

𥁕父癸

时代：殷

8685

知父癸爵

知父癸

时代：殷

8686-7

知父癸爵

知父癸

时代：西周早期
现藏：北京故宫博物院

8687-6

耒父癸爵

耒父癸

时代：殷
现藏：北京故宫博物院

8688-8

徙父癸爵

徙父癸

时代：殷

8690-8

[注释] 编号 8684、8687 为殷商武丁时期。

獸父癸爵

8692-7

獸父癸

时代：西周早期

现藏：北京故宫博物院

父癸爵

8691

父癸

时代：西周早期

鳥父癸爵

8694

鳥父癸

时代：殷

奄父癸爵

8693

奄父癸

时代：殷

集父癸爵

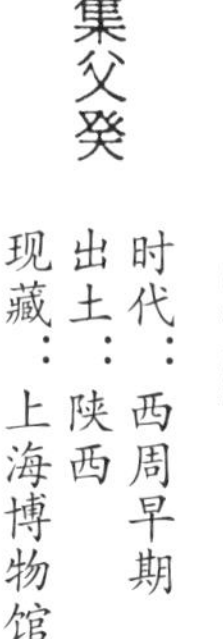

8696

集父癸

时代：西周早期

出土：陕西

现藏：上海博物馆

鳥父癸爵

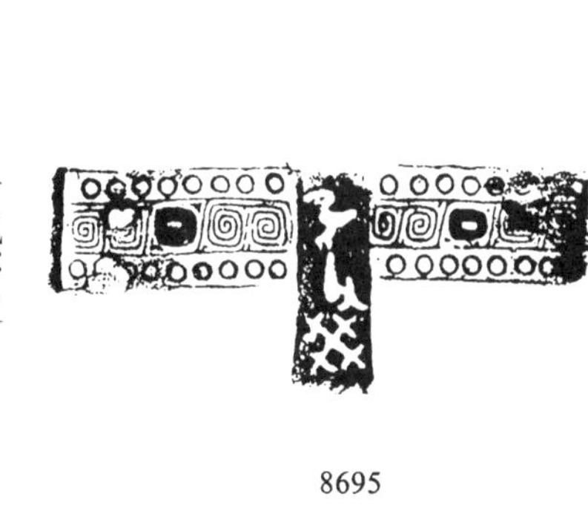

8695

鳥父癸

时代：殷

现藏：台北故宫博物院

[注释] 编号 8691、8692、8696 为殷商武丁时期。

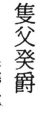

隻父癸爵

隻父癸 时代：殷

8697

雠父癸爵

雠父癸 时代：殷

8698-9

戈父癸爵

戈父癸 时代：殷

8699-9

矢父癸爵

矢父癸 时代：殷

8701-8

弓父癸爵

弓父癸 时代：西周早期 现藏：北京故宫博物院

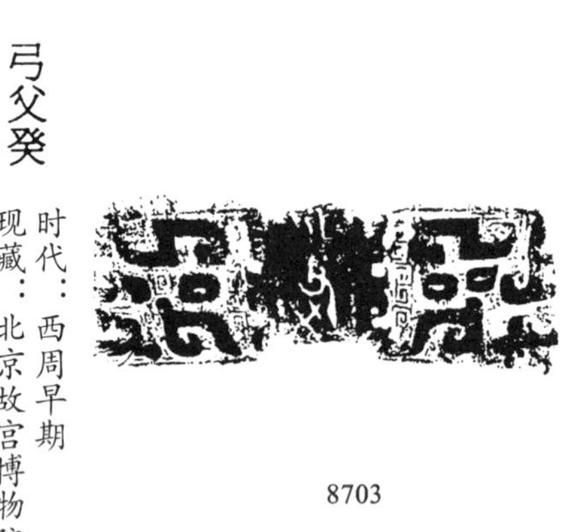

8703

𣲾父癸爵

𣲾父癸 时代：殷

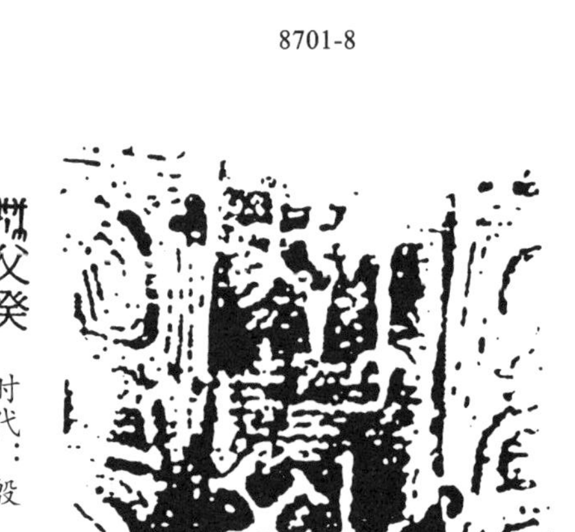

8704

[注释]编号8703为殷商武丁时期。

父癸爵

父癸 时代：殷

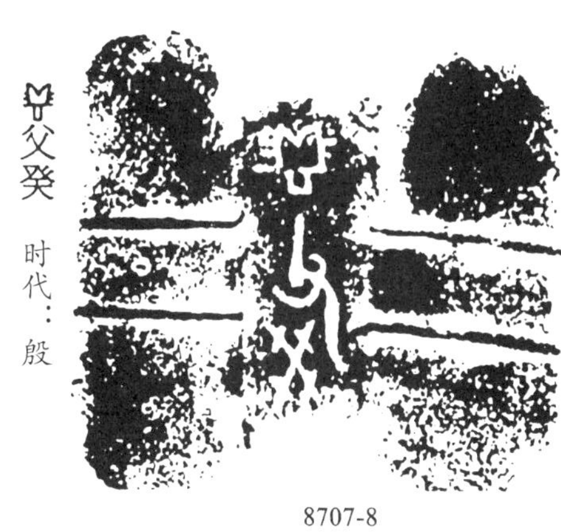

8707-8

父癸爵

卒父癸 时代：西周早期

8705

父癸爵

亯父癸 时代：殷 现藏：河北临城县

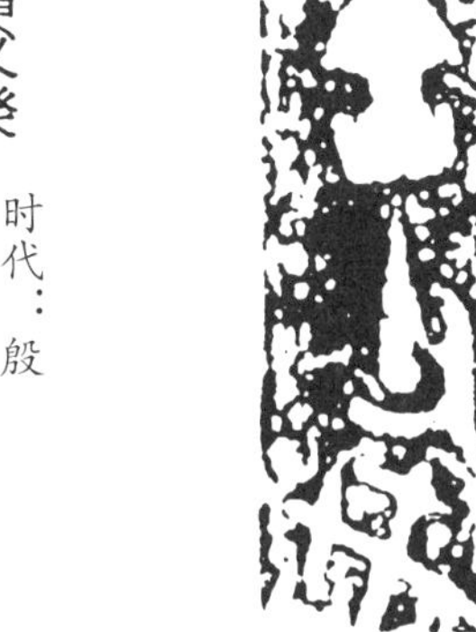

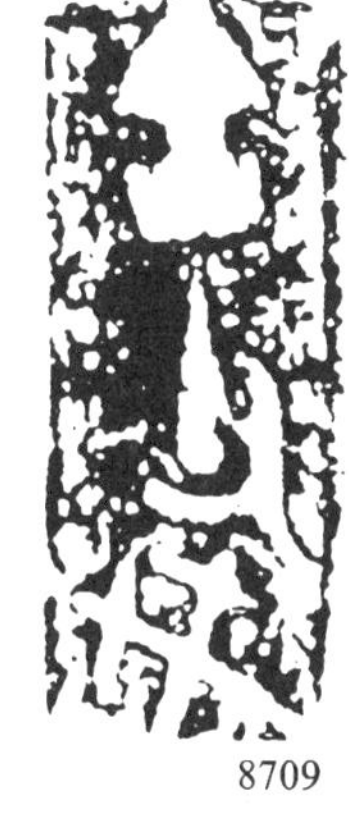

8709

土父癸爵

土父癸 时代：殷

8708.b

木父癸爵

木父癸 时代：殷 现藏：北京故宫博物院

8711-7

父癸爵

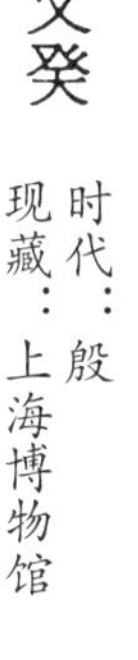

父癸 时代：殷 现藏：上海博物馆

8710

[注释] 编号 8705 为殷商武丁时期。

□父癸爵

□父癸

时代：殷

8713

工父癸爵

父癸工

时代：殷

8712

□父癸爵

□父癸

时代：殷

8715-6

□父癸爵

□父癸

时代：殷

8714-8

□父癸爵

□父癸

时代：殷

8718

□父癸爵

□父癸

时代：殷

8717-9

𠚤父癸爵

𠚤父癸

时代：西周早期

现藏：上海博物馆

8720-9

8父癸爵

玄父癸

时代：殷

8719

冉父癸爵

冉父癸

出土：山东胶县西庵村墓葬

现藏：山东潍坊市博物馆

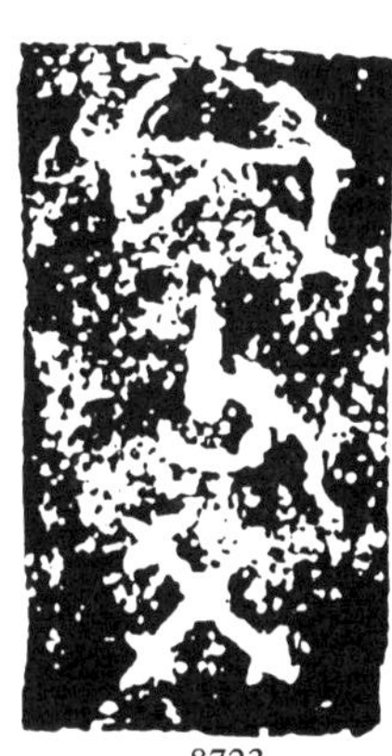

8723

亘父癸爵

亘父癸

时代：殷

现藏：美国华尔特美术陈列馆

8722

冉父癸爵

冉父癸

时代：殷

8725

冉父癸爵

冉父癸

时代：殷

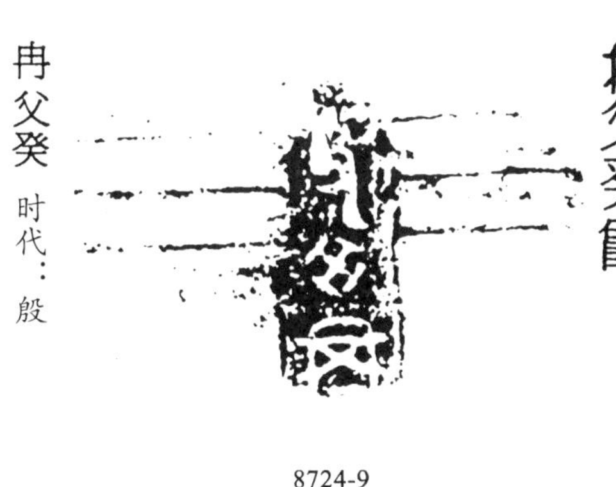

8724-9

［注释］编号 8720 为殷商武丁时期。

冉父癸爵

8726-6

冉父癸

时代：殷

冉父癸爵

8727

冉父癸

时代：殷

父癸爵

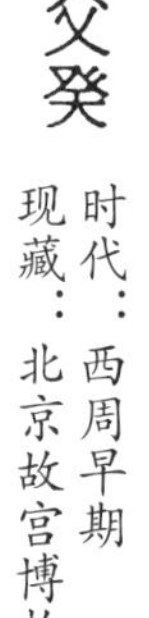

8728

父癸

时代：西周早期

现藏：北京故宫博物院

父癸爵

8729

父癸

时代：殷

现藏：北京故宫博物院

父癸□爵

8730.b

父癸□

时代：殷

亞父癸爵

8955

亞血父癸

时代：西周早期

出土：河南安阳

[注释] 编号 8728、8955 为殷商武丁时期。

何𦨶父癸爵

8957

何𦨶父癸

时代：殷

现藏：北京故宫博物院

大𣝐父癸爵

8956

天𣝐父癸

时代：殷

𠂤子父癸爵

8961

子𠂤父癸

时代：殷

现藏：上海博物馆

禾子父癸爵

8960-8

子禾父癸

时代：西周早期

出土：陕西宝鸡市竹园沟村墓葬

现藏：宝鸡市博物馆

鄉宁父癸爵

8963

鄉宁父癸

时代：西周早期

现藏：美国纽约魏格氏

北酉父癸爵

8962

北酉父癸

时代：殷

现藏：北京故宫博物院

[注释] 编号 8960、8963 为殷商武丁时期。

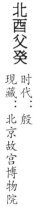

尹舟父癸爵

8967

尹舟父癸

时代：殷

屰目父癸爵

8964

屰目父癸

时代：西周早期

旅父癸爵

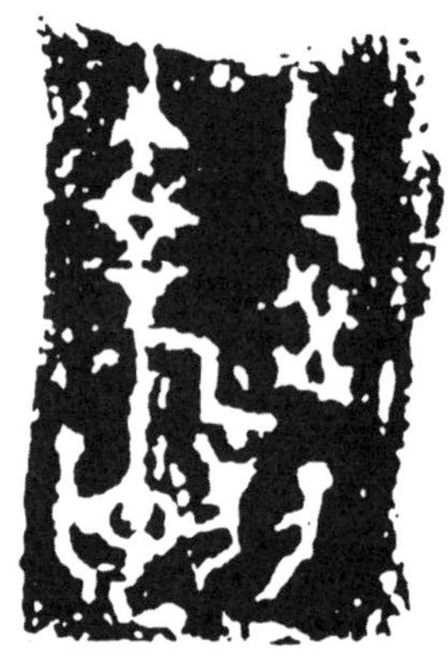

8969

㚔旅父癸

时代：殷

现藏：上海博物馆

麦鼻父癸爵

8968-7

麦鼻父癸

时代：殷

父癸爵

8971-9

父癸

时代：西周早期

出土：北京房山琉璃河黄土坡墓葬

现藏：考古研究所

父癸爵

8970

㚔父癸

时代：殷

现藏：上海博物馆

[注释] 编号 8964、8971 为殷商武丁时期。

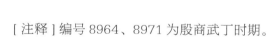

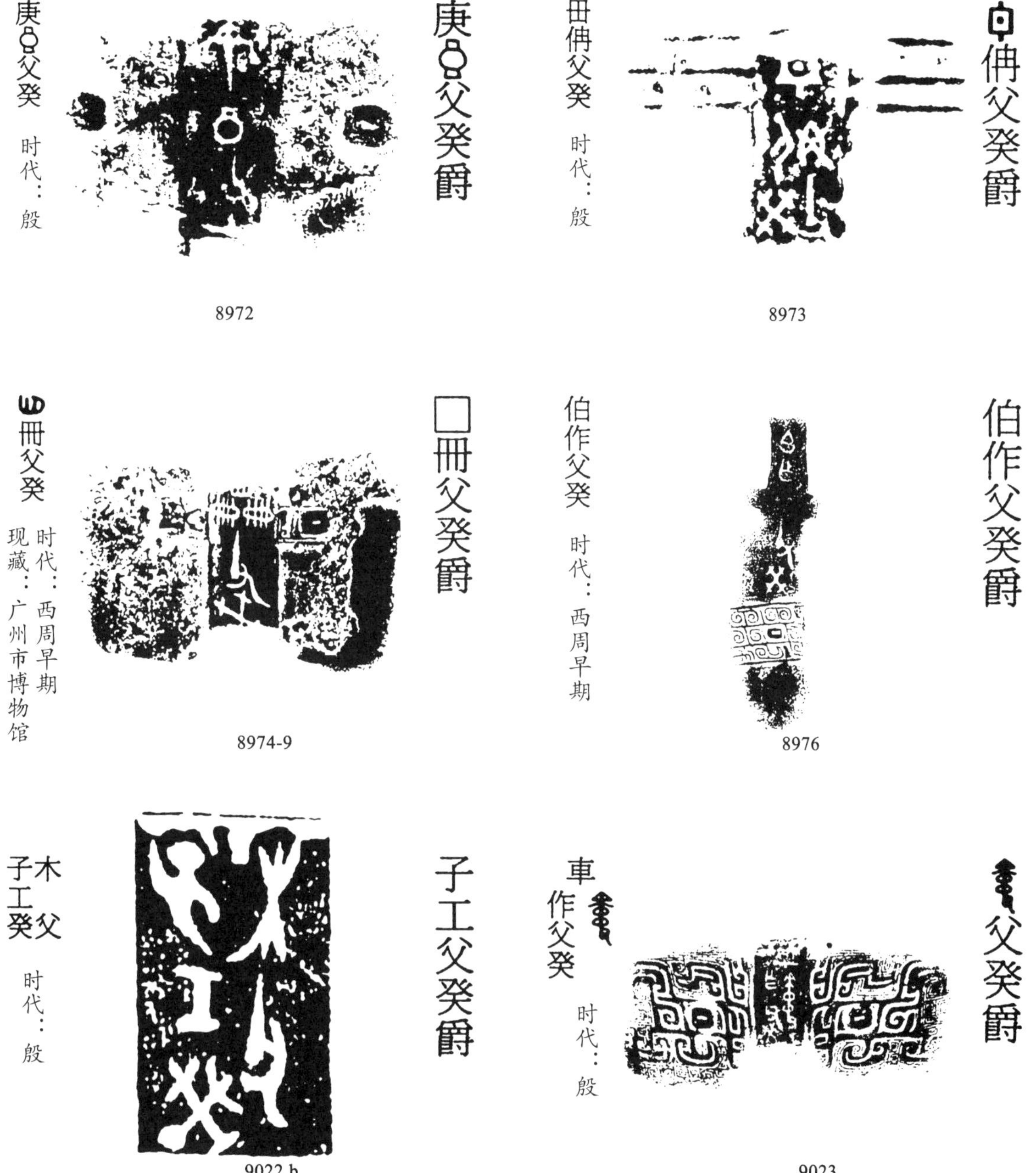

◻佣父癸爵

田佣父癸 时代：殷

8973

庚◻父癸爵

庚◻父癸 时代：殷

8972

伯作父癸爵

伯作父癸 时代：西周早期

8976

◻冊父癸爵

◻冊父癸 时代：西周早期 现藏：广州市博物馆

8974-9

◻父癸爵

車作父癸◻ 时代：殷

9023

子工父癸爵

木父子工癸 时代：殷

9022.b

[注释] 编号 8974 为殷商武丁时期，8976 为殷商晚期。

□父癸爵

亞丁父癸
尊彝

时代：西周早期

9025-6

戲父癸爵

虢作父癸蚯

时代：西周早期
出土：陕西凤翔县丁家河
现藏：宝鸡市博物馆

9024-7

9061-7

𠁁父癸爵

冋公作父癸羊

时代：西周早期
出土：陕西长安县张家坡墓葬
现藏：考古研究所西安研究室

9026-7

□父癸爵

亞□父癸
尊彝

时代：西周早期
现藏：北京故宫博物院

9084

友敄父癸爵

友敄父癸
妣川
母止

时代：殷
现藏：北京故宫博物院

9062-8

𢼸父癸爵

𢼸作父
癸尊彝

时代：西周早期
现藏：国家博物馆

[注释] 编号 9025、9026 为殷商武丁时期，9024、9061、9062 为殷商晚期。

𢿞作父癸角

9100-9

甲寅子賜奄
坺貝用作
父癸尊彝

时代：殷
现藏：上海博物馆

友敊父癸爵

9085

友敊父癸
尹妣Ⅱ
母止

时代：殷
现藏：北京故宫博物院

父癸斝

9171

父癸

时代：殷
现藏：上海博物馆

葡亞作父癸角

9102.2-7

丙申王賜葡亞𡿪奚
貝在𩵦用作父癸彝

时代：殷
现藏：美国华盛顿弗里尔美术陈列馆

𠕁父癸斝

9220-8

畀父癸

时代：殷
现藏：台北故宫博物院

冀父癸斝

9219-7

冀父癸

时代：殷

[注释]编号9100、9102为殷商晚期。

奄父癸觥

9279-8

奄父癸

时代：殷

何父癸斝

9233

何钦父癸

时代：殷

奄父癸盉

9359-8

奄父癸

时代：殷

爵丁父癸觥

9285.b

爵丙父癸

时代：西周早期

史父癸盉

9361.2

史父癸

时代：西周早期

现藏：美国米里阿波里斯博物馆皮斯柏藏品

[illegible]父癸盉

9360.b

夶父癸

时代：殷

[注释] 编号 9285、9361 为殷商武丁时期。

□父癸盉

9363

□父癸

时代：殷

现藏：美国哈佛大学福格美术博物馆

爵父癸盉

9362.1

爵父癸

时代：西周早期

现藏：北京故宫博物院

冉父癸盉

9365.1b

冉父癸

时代：殷

□父癸盉

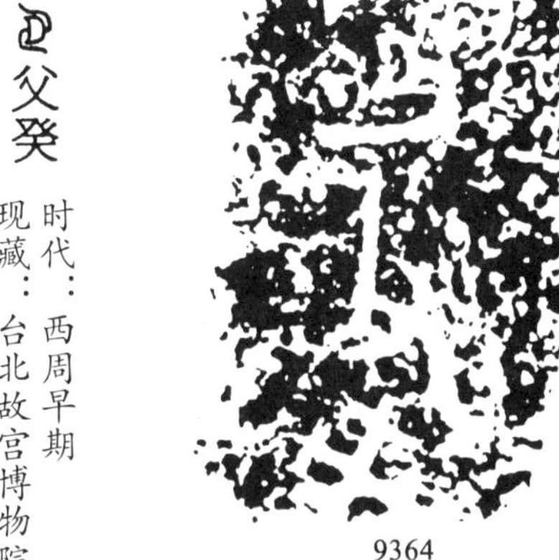

9364

□父癸

时代：西周早期

现藏：台北故宫博物院

魚父癸壶

9506-7

魚父癸

时代：西周早期

现藏：上海博物馆

臣辰父癸盉

9392-7

臣辰□父癸

时代：西周早期

现藏：台北故宫博物院

[注释] 编号 9362、9364、9392、9506 为殷商武丁时期。

何𡧊父癸罍

何𡧊父癸　时代：西周早期

9800-9

父癸罍

9778

父癸　时代：西周早期

㠱方彝

9892.2-7

頍啟卿宁百姓揚用作高文考父癸寶尊彝用申文考烈余其萬年將孫子寶 㐅

时代：西周早期　现藏：美国波士顿美术博物馆

逆父癸方彝蓋

9890

癸未王在圃藿京王賞逝貝用作父癸寶尊

时代：殷

𠬝父癸器

10524-6

𠬝父癸　时代：殷

父癸器

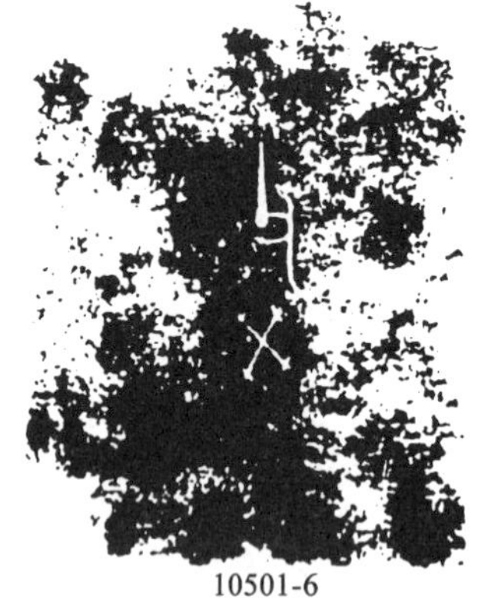

10501-6

父癸　时代：西周早期

［注释］编号 9778、9800、10501 为殷商武丁时期，9890、9892 为殷商晚期。

耳作父癸器

10574

耳作父癸寶
尊彝 弜

时代：西周早期

冉父癸器

10525-8

冉父癸

时代：西周早期

[注释] 编号 10525 为殷商武丁时期，10574 为殷商晚期。

十天干之父

（精选四十八例）

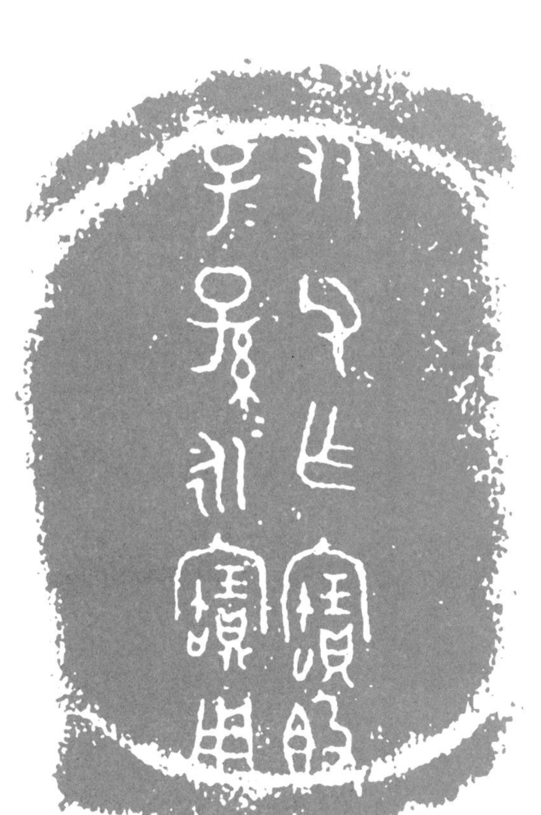

己華父鼎

2418-7

紀華父作寶鼎子子孫永用

时代：西周晚期
出土：山东烟台市上夼村西周墓
现藏：烟台地区文物管理委员会

叔師父鼎

2411-6

叔師父作尊鼎其永寶用

时代：西周中期
现藏：北京故宫博物院

仲殷父鼎

2463-7

仲殷父作鼎其萬年子子孫孫寶用

时代：西周晚期
现藏：北京故宫博物院

[illegible]父鼎

2453-8

休王賜罶父貝用作厥寶尊彝

时代：西周早期
现藏：台北故宫博物院

伯考父鼎

2508-7

伯考父作寶鼎其萬年子子孫永寶用

时代：西周中期或晚期

伯𩡧父鼎

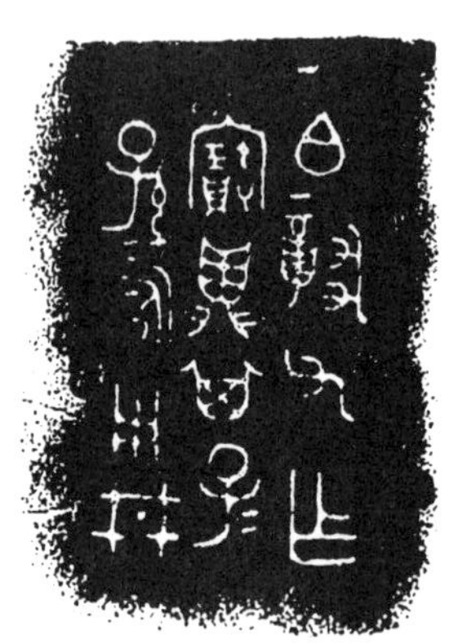
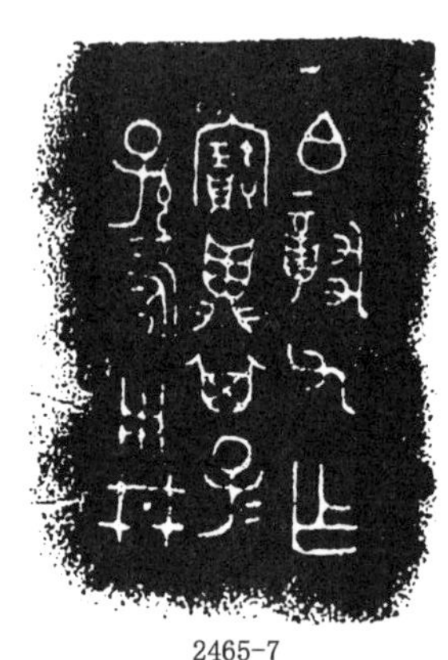

2465-7

伯𩡧父作寶鼎其子子孫孫永用井

时代：西周晚期

伯筍父鼎

2513-6

伯筍父作寶鼎其萬年子子孫孫永寶用

时代：西周晚期或春秋早期

现藏：台北故宫博物院

吉父鼎

2512-7

吉父作旅鼎其萬年子子孫永寶用享

时代：西周晚期

出土：陕西扶风县

现藏：上海博物馆

仲義父鼎

2543-6

仲義父作新客寶鼎其子子孫孫永寶用華

时代：西周晚期

出土：陕西扶风县法门寺

现藏：北京故宫博物院

史宜父鼎

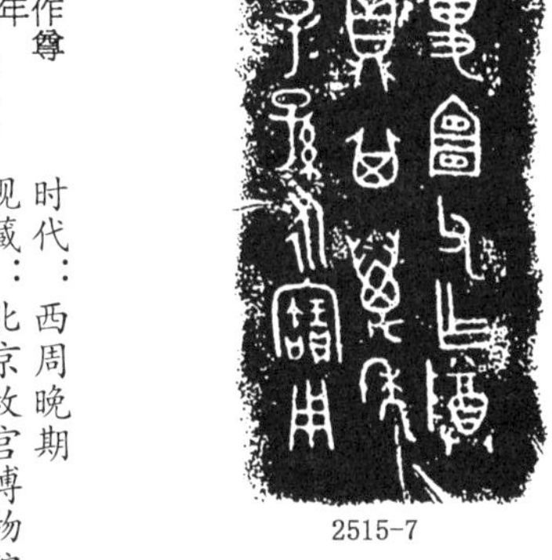

2515-7

史宜父作尊鼎其萬年子子孫孫永寶用

时代：西周晚期

现藏：北京故宫博物院

善夫伯辛父鼎

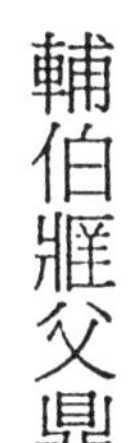

2561-8

膳夫伯辛父作尊鼎其萬年子子孫孫永寶用

时代：西周晚期

出土：陕西岐山县董家村窖藏

现藏：岐山县博物馆

輔伯雁父鼎

2546-6

輔伯雁父作豐孟媜賸鼎子子孫孫永寶用

时代：西周晚期

现藏：北京故宫博物院

伯頵父鼎

伯頵父作朕皇考屖伯吳姬寶鼎其萬年子子孫孫永寶用

2649-6

时代：西周晚期
现藏：国家博物馆

伯吉父鼎

唯十又二月初吉白吉父作毅尊鼎其萬年子子孫永寶用

2656-7

时代：西周早期
出土：陕西扶风县
现藏：扶风县博物馆

弗奴父鼎

弗奴父作孟姒㚤媵鼎其眉壽萬年永寶用

2589-6

时代：春秋早期
出土：山东邹县
现藏：山东邹县文物保管所

舍父鼎

辛宮賜舍父帛金揚辛宮休用作寶鼎子子孫孫其永寶

2629

时代：西周早期
现藏：北京故宫博物院

伯莀父鼎

大師小子伯莀父作寶鼎其萬年子子孫孫永寶用

2580-7

时代：西周
现藏：上海博物馆

伯夏父鼎

伯夏父作畢姬尊鼎其萬年子子孫孫永寶用享

2584-6

时代：西周晚期
出土：陕西岐山县贺家村墓葬
现藏：陕西省文物管理委员会

師旂鼎

2809

唯三月丁卯師旂眾
僕不從王征于方雷
使厥友引以告于伯
懋父在艿伯懋父罰
得顯古三百寽今弗
克厥罰懋父令曰宜
播戲厥不從厥右征
今毋播其有納于師
旂引以告中史書旂
封賛厥迺于尊彝

时代：西周中期
现藏：北京故宫博物院

師奎父鼎

2813-8

唯六月既生霸庚寅王
格于大室嗣馬邢伯佑
師奎父王呼內史駒冊
命師奎父賜緇市絅衡
玄衣黹純戈琱㦸旂用
嗣乃父官友奎父拜稽
首對揚天子丕丕魯休
用追孝于烈仲用作尊
鼎用介眉壽黃耇吉康
師奎父其萬年子子孫
永寶用

时代：西周中期
现藏：上海博物馆

師器父鼎

2727-8

師器父作尊
鼎用享孝于
宗室用祈眉
壽黃耇吉康
師器父其萬
年子子孫孫永寶用

时代：西周中期

仲師父鼎

2743-6

仲師父作季妓
始寶尊鼎其用
享用孝于皇祖
帝考用賜眉壽
無疆其子子孫
萬年永寶用享

时代：西周晚期

伯考父鼎

2508-7

伯考父作寶
鼎其萬年子子
孫永寶用

时代：西周晚期

㝨鼎（師雔父鼎）

2721-9

唯十又一月師
雍父省道至
于㝬㝨從其
父蔑㝨曆賜
金對揚其父
休用作寶鼎

时代：西周中期

仲⊠父殷

3759-5

仲五父作殷其萬年永寶用

时代：西周晚期

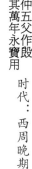

叔向父殷

3851

叔向父作婞姒尊殷其子子孫孫永寶用

时代：西周晚期

仲𠂤父殷

3754-8

仲師父作好旅殷其用萬年

时代：西周中期

现藏：上海博物馆

中友父殷

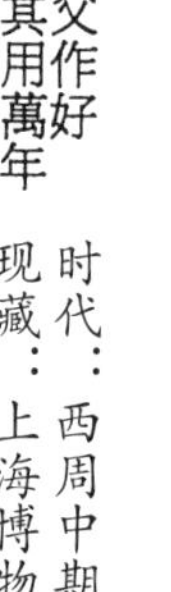

3756-6

中友父作寶殷子子孫永寶用

时代：西周晚期

出土：陕西扶风县齐家村

现藏：陕西省博物馆

友父殷

3727-6

友父作寶殷子子孫孫永寶用

时代：西周中期

出土：陕西扶风县齐家村墓葬

现藏：陕西省博物馆

伯者父殷

3748-6

伯者作寶殷用饗王逆復

时代：西周早期

现藏：美国华盛顿弗里尔美术陈列馆

魯伯大父作仲姬俞毁

3989-7

魯伯大父作仲姬俞媵毁其萬年眉壽永寶用享

时代：春秋早期
现藏：北京故宫博物院

叔多父毁

4005.1-9

師趛父孫孫叔多父作孟姜尊毁其萬年子子孫孫永寶用

时代：西周晚期
现藏：上海博物馆

兑毁

3955-7

兑作朕皇考叔氏尊毁兑其萬年子子孫孫永寶用

时代：西周晚期
现藏：台北故宫博物院

仲殷父毁

3965.1

仲殷父鑄毁用朝夕享孝宗室其子子孫永寶用

时代：西周晚期

㭱車父毁

3886

㭱車父作鄆姞餘毁其萬年子子孫孫永寶

时代：西周晚期
现藏：扶风县博物馆

師旲父毁

3892-9

師旲父作寶毁子子孫孫其萬年永寶用享

时代：西周晚期
现藏：上海博物馆

內伯多父毁

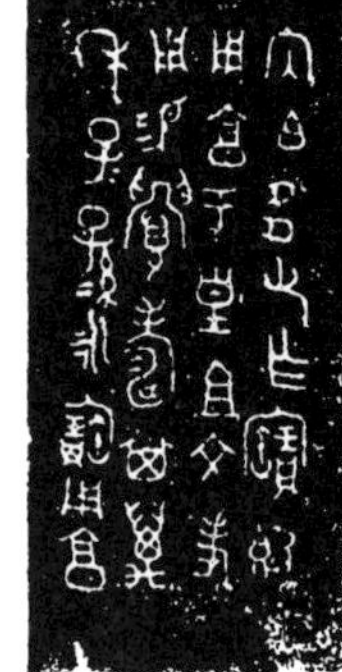

4109.1-7

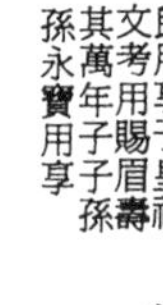

芮伯多父作寶毁用享于皇祖文考用賜眉壽其萬年子子孫孫永寶用享

时代：西周晚期

孟㝬父毁

3962-7

孟㝬父作幻伯妊媵毁八其萬年子子孫孫永寶用

时代：西周晚期

现藏：国家博物馆

小臣傳毁

4206-8

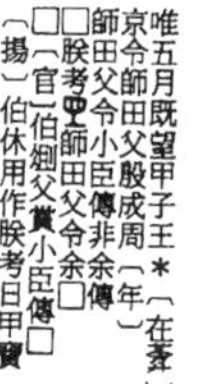

唯五月既望甲子王＊〔在莽〕京令師田父殷成周〔年〕師田父令小臣傳非余傳□□朕考𠄎師田父令余□□〔官〕伯𠷎父賞小臣傳□〔揚〕伯休用作朕考日甲寶

时代：西周早期

御正衛毁

4044-8

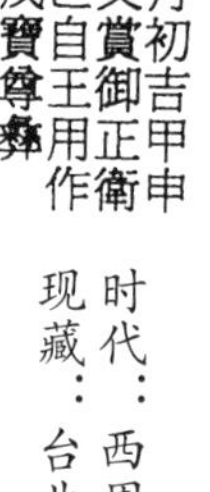

五月初吉甲申懋父賞御正衛馬匹自王用作父戊寶尊彝

时代：西周早期

现藏：台北故宫博物院

叔向父禹毁

4242-7

叔向父禹曰余小子司朕皇考肇帥型先文祖恭明德秉威儀用申〔䌛〕奠保我邦我家作朕皇祖幽大叔尊毁其〔嚴〕在〔上〕降余多福繁釐廣啓禹身勵于永命禹其萬年永寶用

时代：西周晚期

现藏：上海博物馆

小臣謎毁

4239.2-9

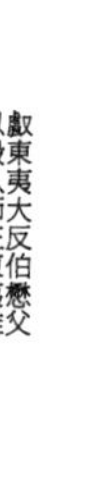

𠭯東夷大反伯懋父以殷八師征東夷唯十又一月遣自𩰫師述東陕伐海眉雩厥復歸在牧師伯懋父承王命賜師帥征自五齵貝小臣謎蔑曆眔賜貝用作寶尊彝

时代：西周早期

现藏：台北故宫博物院

亞醜矛

11439-7

亞醜

时代：殷
出土：一九三〇年山东益都苏埠屯

亞醜矛

11438-6

亞醜

时代：殷
出土：山东益都苏埠屯

亞醜矛

亞醜

11441-5

亞醜

时代：殷
出土：一九三〇年山东益都苏埠屯

亞醜矛

11440-5

亞醜

时代：殷
出土：一九三〇年山东益都苏埠屯

亞醜矛

11443

亞醜

时代：殷
出土：一九三〇年山东益都苏埠屯

亞醜矛

11442

亞醜

时代：殷
出土：一九三〇年山东益都苏埠屯
现藏：上海博物馆

近出殷周金文集录

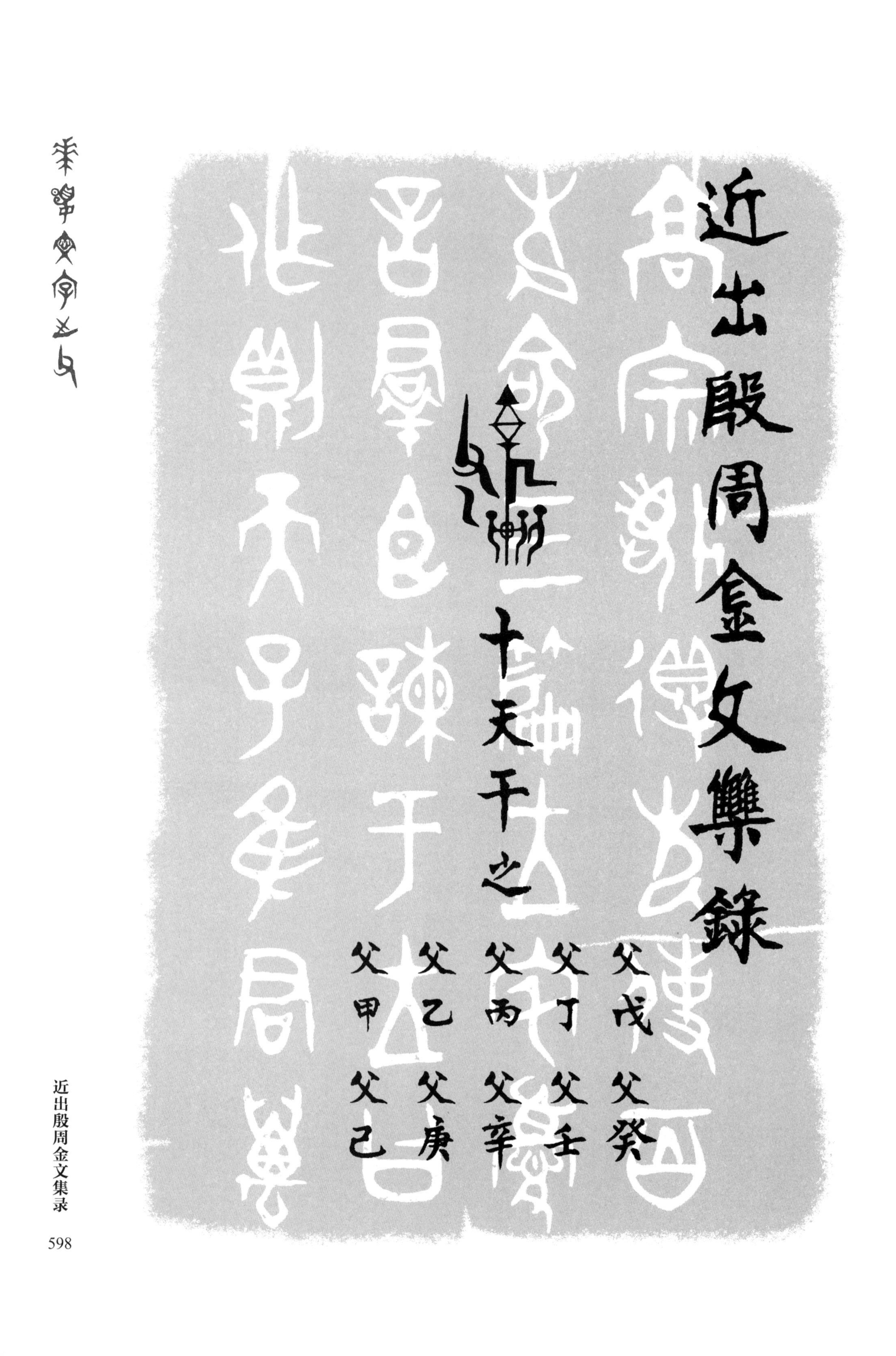

近出殷周金文集錄

十天干之

父戊 父癸

父丁 父壬

父丙 父辛

父乙 父庚

父甲 父己

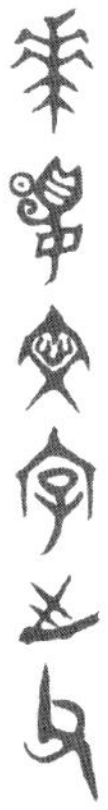

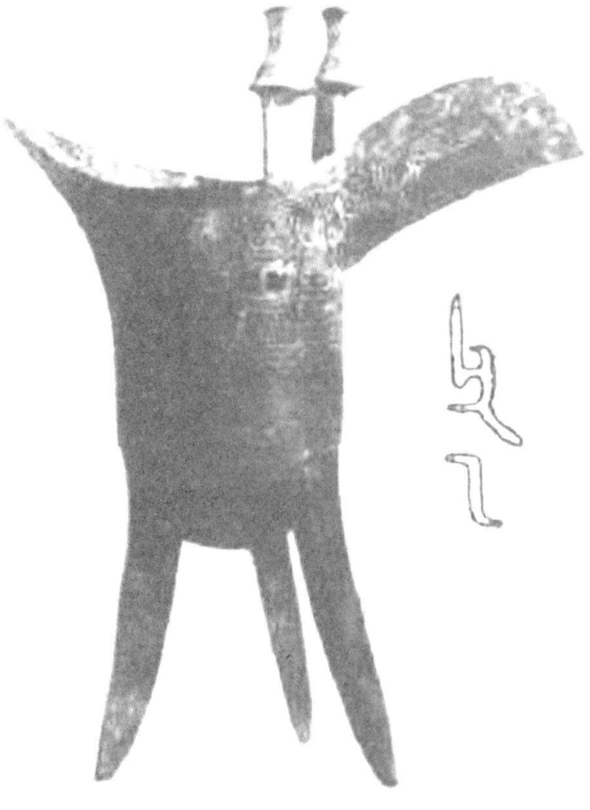

息父乙鼎

度量：通高 22.4 厘米，口径 17.2 厘米
时代：商代后期
著录：《考古学报》1986 年 2 期 161–172 页
出土：河南罗山县蟒张乡天湖村墓葬
现藏：河南罗山县文化馆

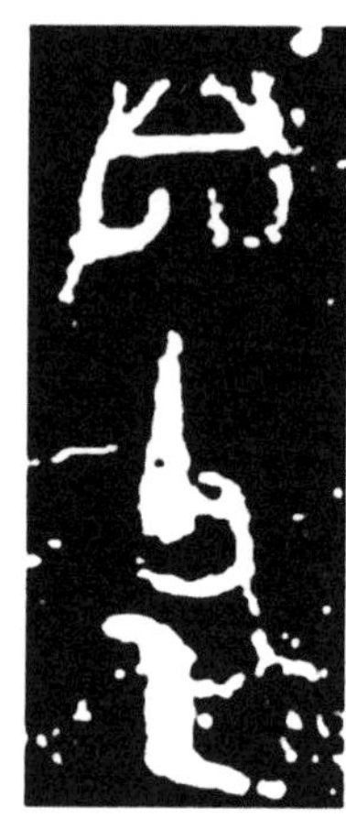

230

亞[⿱亞土]父乙鼎

度量：通高 19.5 厘米，口径 15.3 厘米
时代：西周早期
著录：《考古》1984 年 9 期 781 页
出土：陕西长安县张家坡村墓葬
现藏：中国社会科学院考古研究所沣西发掘队

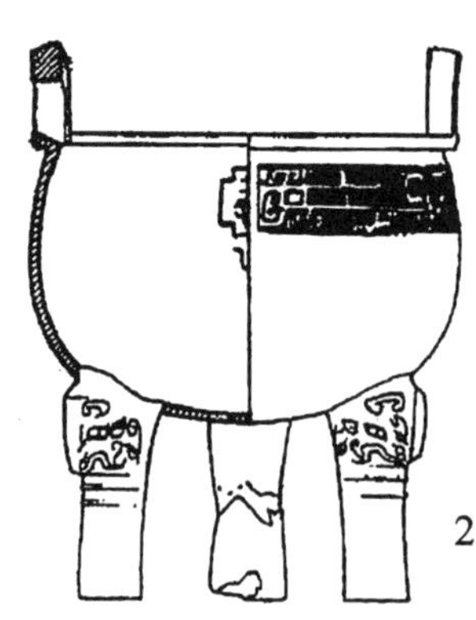

263

備作父乙鼎

度量：通高 19 厘米

时代：西周早期

著录：富士比 (1988，6，7：10)

流传：英国伦敦富士比拍卖行

301

[illegible]父乙簋

度量：通高 15.9 厘米，口径 22.5 厘米

时代：西周早期

著录：《考古与文物》1990 年 5 期 26-43 页

出土：陕西长安县澧西

现藏：陕西西安市文物中心

393

月𪓐父乙簋

度量：通高 10.7 厘米，口径 15.7 厘米，重 1 千克
时代：商代后期
著录：《中原文物》1986 年 3 期 118–119 页
现藏：河南安阳市博物馆

410

父乙簋

度量：通高 15.8 厘米，口径 22 厘米
时代：西周早期
著录：《欧洲所藏中国青铜器遗珠》图版 85
现藏：德国科隆东亚艺术博物馆

433

叔簋

度量：通高 29 厘米
时代：西周早期
著录：富士比（1988，6，7：1）
流传：英国伦敦富士比拍卖行
备注：应读为“叔作父乙宝尊彝”

434

晨簋

度量：通高 17.2 厘米，口径 23.2 厘米
时代：西周早期
著录：《考古》1989 年 1 期 10–18 页
出土：河南信阳县浉河港乡浉河滩
现藏：河南信阳市文物管理委员会

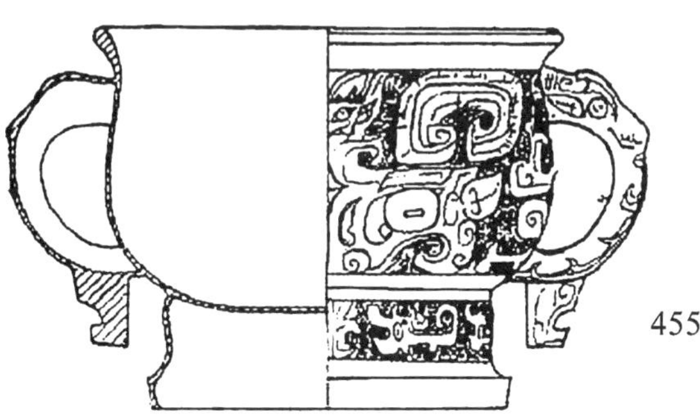
455

史父乙豆

度量：通高 12.1 厘米，口径 13.1 厘米，重 0.65 千克
时代：西周早期
出土：陕西宝鸡市竹园沟 13 号墓
现藏：陕西宝鸡市博物馆

539

父乙卣

度量：通高 22.3 厘米
时代：西周早期
著录：富士比 (1984，12，11 ：15)
流传：英国伦敦富士比拍卖行

557

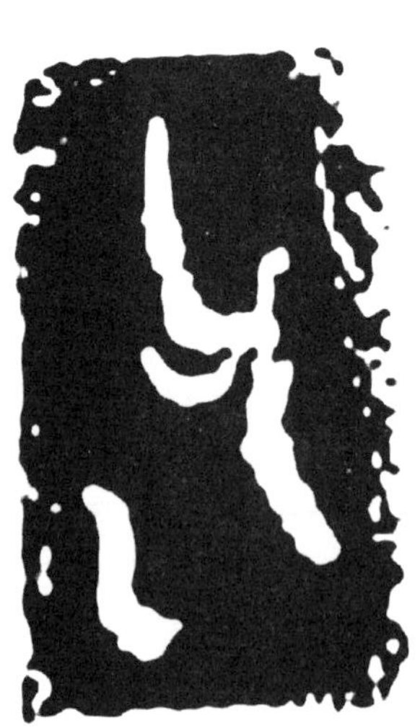

𠷎父乙卣

度量：通高 23.3 厘米
时代：商代后期
著录：《考古》1990 年 10 期 879–881 页
出土：陕西麟游县九成宫镇后坪村
现藏：陕西麟游县博物馆

567

㾝父乙卣

度量：通高 25.3 厘米
时代：西周早期
著录：《考古》1989 年 1 期 10–18 页
出土：河南信阳县浉河港乡浉河滩
现藏：河南信阳市文物管理委员会

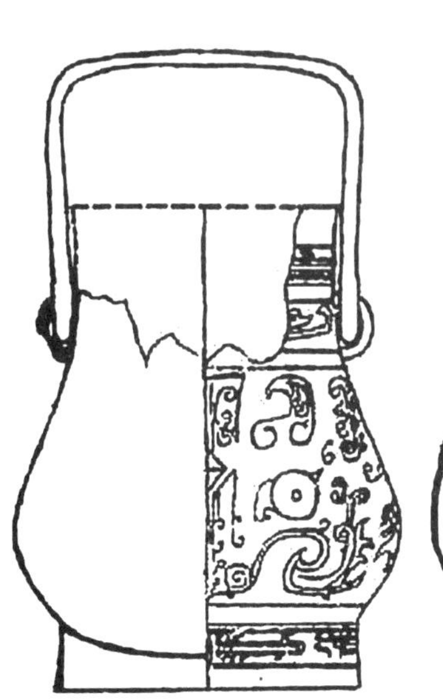

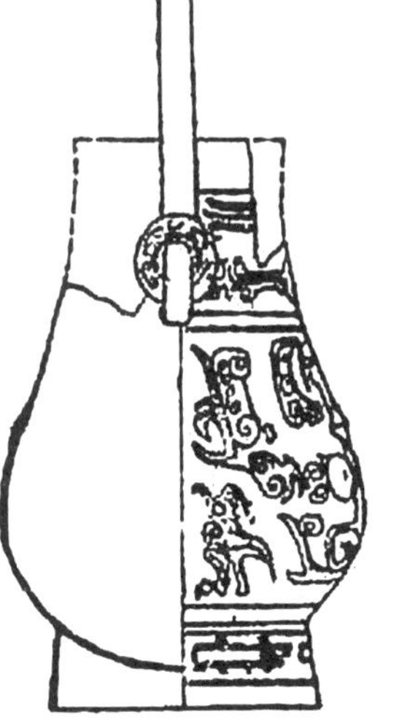

568

□父乙卣

度量：通高 37 厘米

时代：西周早期

著录：《考古与文物》1990 年 5 期 26-43 页

出土：陕西长安县澧西

现藏：陕西西安市文物中心

569

（盖）

（器）

冊亯般卣

度量：通高 31 厘米

时代：商代后期

著录：富士比 (1972，3，14：12)

流传：英国伦敦富士比拍卖行

590

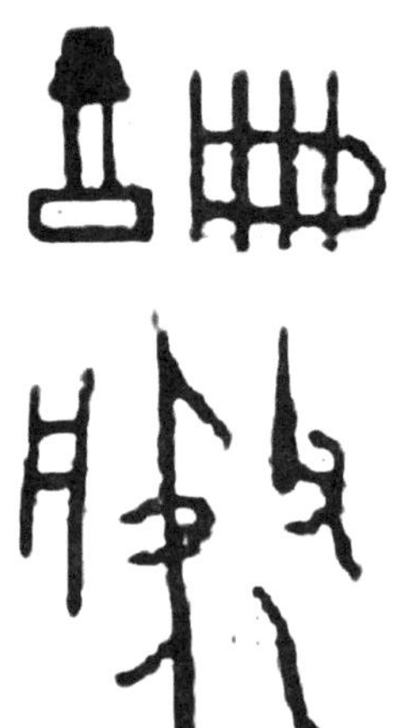

斁罝卣

度量：通高 36.5 厘米
时代：西周早期
著录：富士比 (1993，6，8：118)
流传：英国伦敦富士比拍卖行

600 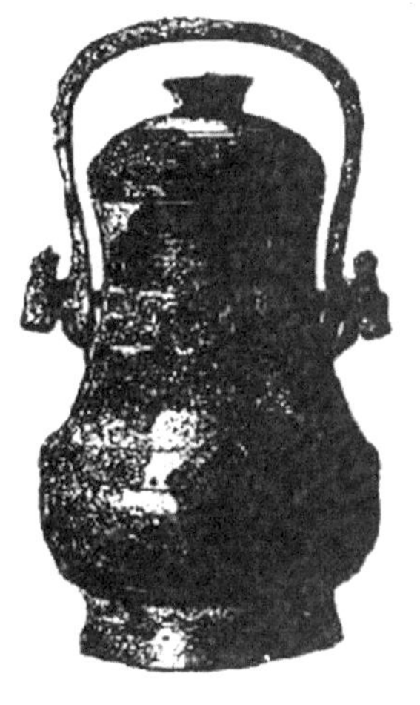

（盖）

（器）

父乙尊

度量：通高 24.5 厘米，口径 19.5 厘米
时代：西周早期
著录：《考古与文物》1990 年 5 期 26-43 页
出土：陕西长安县澧西毛纺厂
现藏：陕西西安市文物中心

611 

臣辰兊父乙尊

度量：通高 28 厘米，口径 22 厘米
时代：商代后期
著录：《考古与文物》1990 年 5 期 25–38 页
出土：陕西礼泉县征集
现藏：陕西西安市文物中心

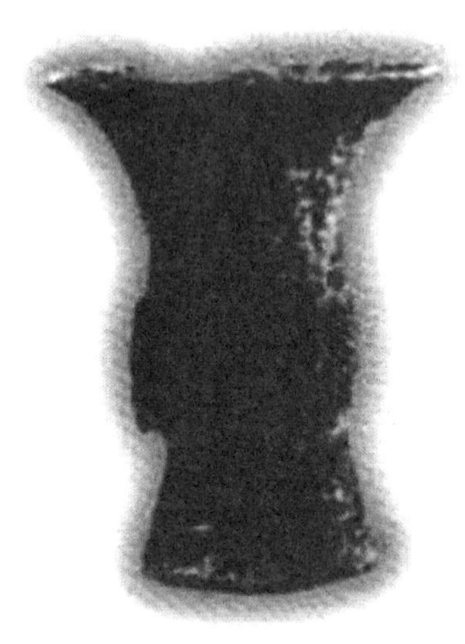

628

即冊尊

度量：通高 34 厘米，口径 26.8 厘米
时代：西周早期
著录：《考古》1989 年 1 期 10–18 页
出土：河南信阳县浉河港乡浉河滩
现藏：河南信阳市文物管理委员会

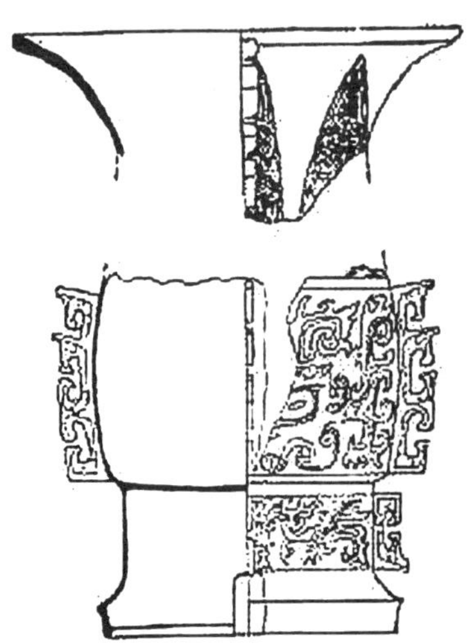

632

邵尊

度量：通高 25 厘米，口径 21 厘米
时代：西周早期
著录：《文博》1991 年 2 期 71–74 页
现藏：陕西韩城市博物馆

633

父乙飤觶

度量：通高 17 厘米
时代：西周早期
著录：富士比（1970，11，17：26）
流传：英国伦敦富士比拍卖行

658

[illegible]父乙觶

度量：通高 13.7 厘米，重 0.25 千克

时代：西周早期

著录：《文物》1998 年 3 期 20-24 页

出土：陕西宝鸡市西关纸坊头村墓葬

现藏：陕西宝鸡市博物馆

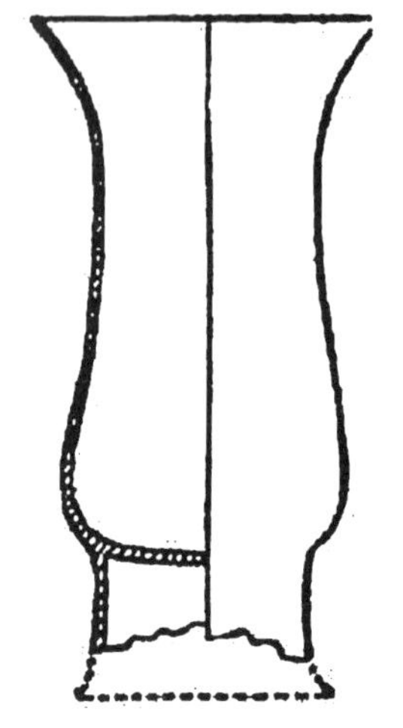

666

息父乙觚

度量：通高 21.3 厘米，口径 13 厘米

时代：商代后期

著录：《中原文物》1988 年 1 期 15-19 页

出土：河南罗山县蟒张乡后李村墓葬

现藏：河南罗山县文物管理委员会

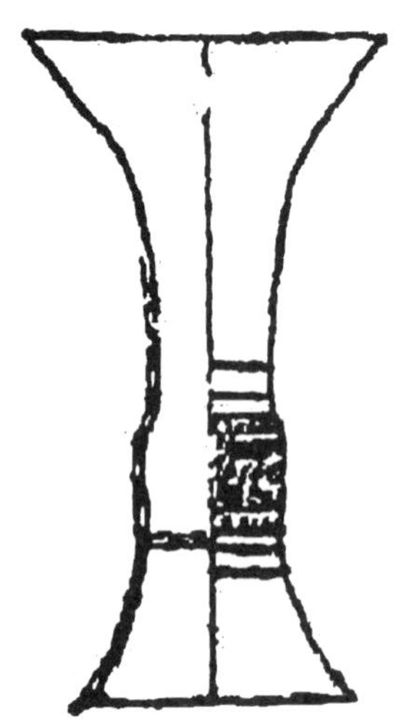

742

晨觚

度量：通高 28.5 厘米，口径 16.6 厘米
时代：西周早期
著录：《考古》1989 年 1 期 10－18 页
出土：河南信阳县浉河港乡浉河滩
现藏：河南信阳市文物管理委员会

758

父乙爵

时代：商代后期
著录：《考古学报》1986 年 2 期 161－172 页
出土：河南罗山县蟒张乡天湖村墓葬
现藏：河南罗山县文化馆

808

父乙爵

度量：通高 22.2 厘米
时代：西周早期
著录：《欧洲所藏中国青铜器遗珠》图版 88
流传：英国伦敦埃斯肯纳齐拍卖行

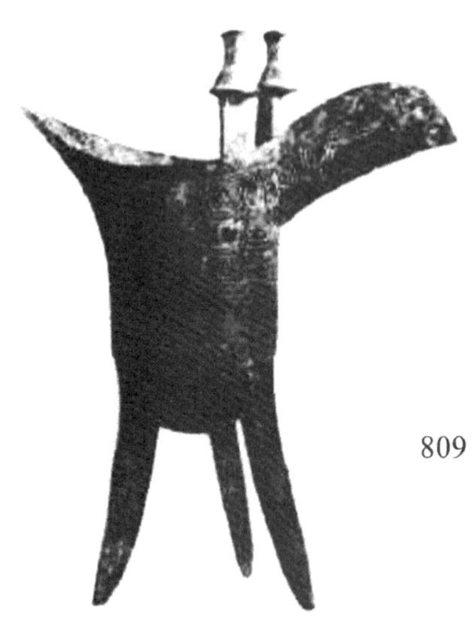

809

戈父乙爵

度量：通高 19.8 厘米
时代：商代后期
著录：《考古与文物》1990 年 5 期 25–38 页
现藏：陕西西安市文物商店

869

宁父乙爵

度量：通高 20 厘米
时代：商代后期
著录：《华夏考古》1997 年 2 期 17–18 页
出土：河南安阳市刘家庄
现藏：河南安阳市文物工作队

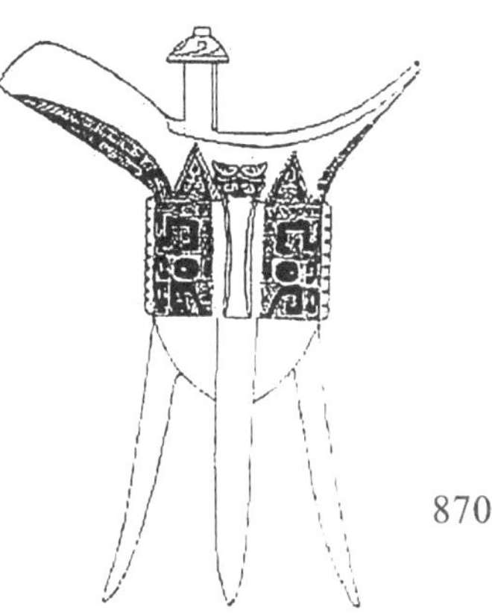

870

宀父乙尊

度量：通高 22.3 厘米
时代：西周早期
著录：富士比（1985，12，10：6）
流传：英国伦敦富士比拍卖行

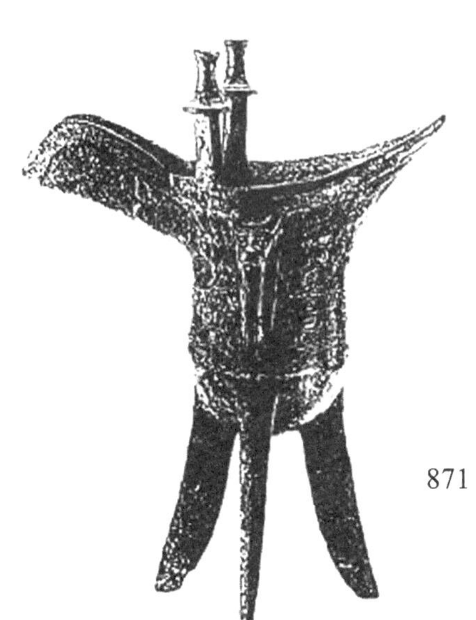

871

亀父乙角

度量：通高 24 厘米
时代：商代后期
著录：富士比（纽约 1989，5，31：21）
流传：英国伦敦富士比拍卖行

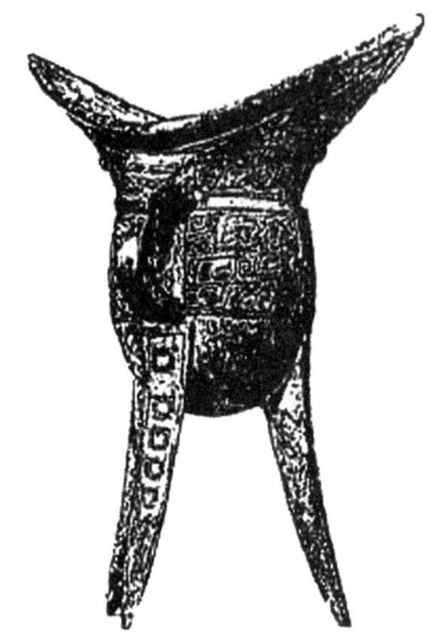

872

亞𠪚父乙爵

度量：通高 19.8 厘米
时代：西周早期
著录：《考古》1984 年 9 期 785 页
出土：陕西长安县张家坡村墓葬
现藏：中国社会科学院考古研究所澧西发掘队

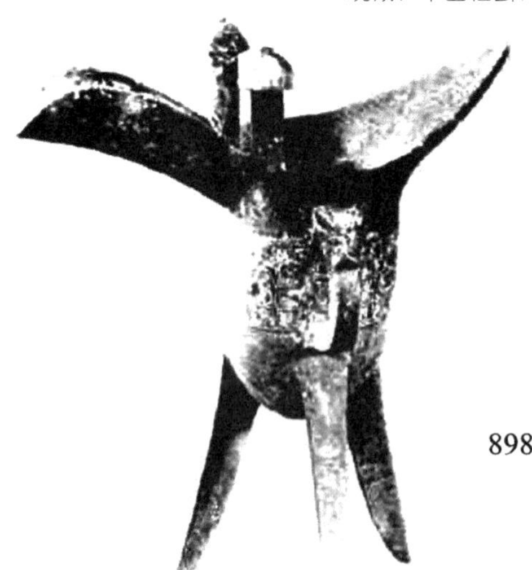

898

亞示父乙爵

度量：通高 18.4 厘米，重 0.9 千克
时代：西周早期
著录：《文物》1996 年 7 期 54–68 页
出土：河南洛阳市北窑村西庞家沟墓葬

899

亥爵

度量：通高 21.2 厘米
时代：西周早期
著录：《考古》1990 年 10 期 879–881 页
出土：陕西麟游县九成宫镇后坪村
现藏：陕西麟游县博物馆

909

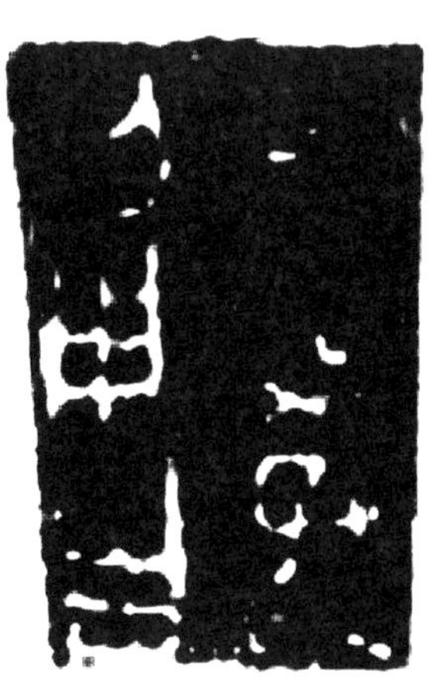

晨角

度量：通高 28 厘米
时代：西周早期
著录：《考古》1989 年 1 期 10–18 页
出土：河南信阳县浉河港乡浉河滩
现藏：河南信阳市文物管理委员会

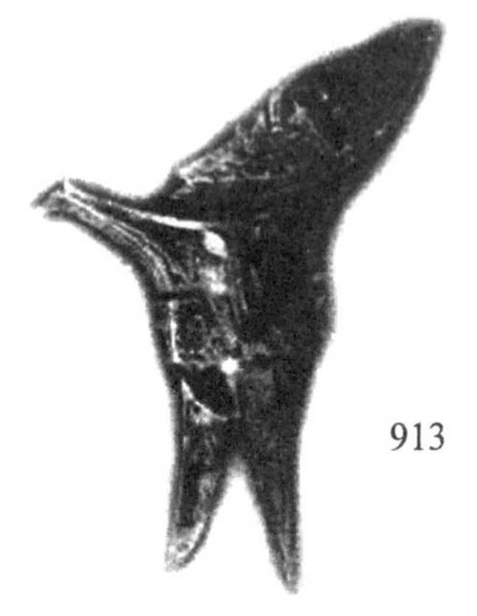

913

（盖）

（器）

度量：通高 28 厘米
时代：西周早期
著录：《考古》1989 年 1 期 10–18 页
出土：河南信阳县狮河港乡浉河滩
现藏：河南信阳市文物管理委员会

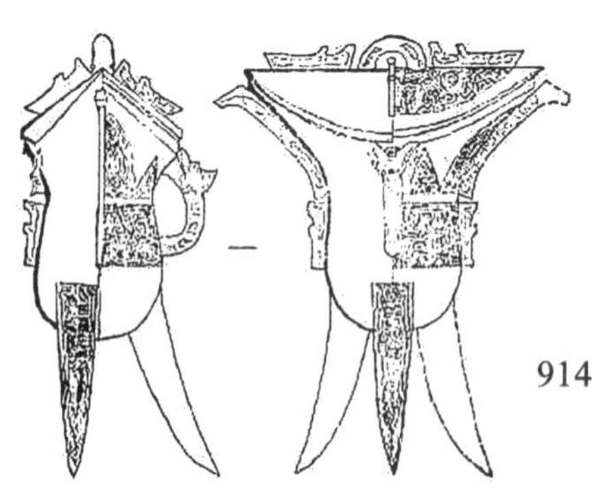

914

（盖）

（器）

爻父乙斝

度量：通高 28.3 厘米
时代：西周早期
著录：《考古与文物》1991 年 1 期 3–13 页
出土：陕西宝鸡市金台区陈仓乡戴家湾盗掘

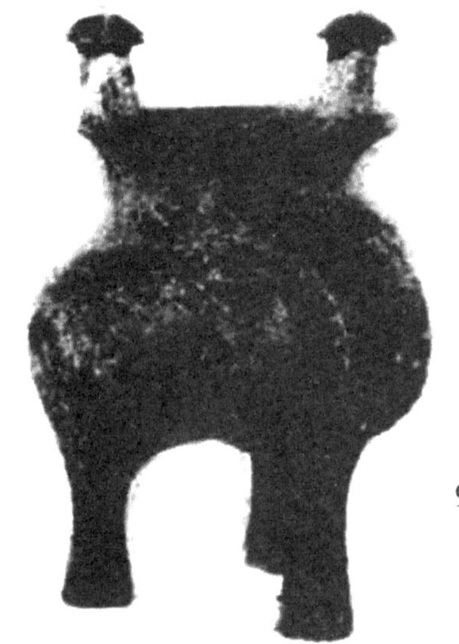

926

企方彝蓋

度量：通高 19.8 厘米
时代：西周早期
著录：《考古》1989 年 1 期 10–18 页
出土：河南信阳县狮河港乡狮河滩
现藏：河南信阳市文物管理委员会

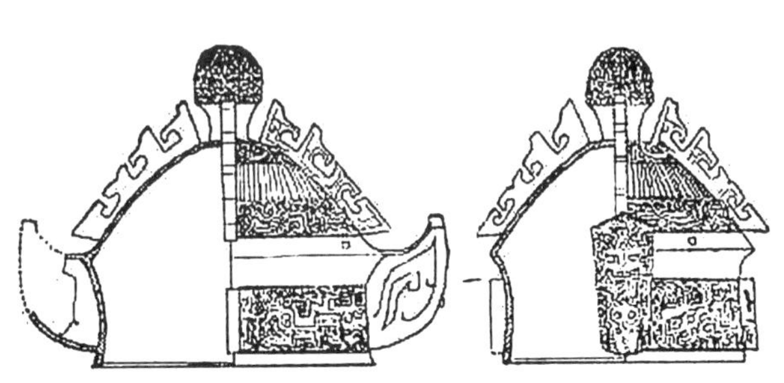

995

尹舟父甲觯

度量：通高 15 厘米
时代：西周早期
著录：富士比（1988，12，13：3）
流传：英国伦敦富士比拍卖行

667

叀觯

度量：通高 17 厘米
时代：西周早期
著录：富士比（1973，11，27：12）
流传：英国伦敦富士比拍卖行

678

州子卣

度量：通高 35 厘米

时代：西周早期

著录：《考古与文物》1990 年 5 期 26–43 页

流传：陕西西安市文物商店收购

现藏：陕西西安市文物中心

604

□父丙爵

度量：通高 21.3 厘米

时代：西周中期

著录：富士比（1976，4，6：11）

流传：英国伦敦富士比拍卖行

873

息父丁鼎

度量：通高 31 厘米，重 7 千克
时代：西周早期
著录：《文博》1985 年 5 期 4 页
出土：1980 年陕西岐山县京当乡王家嘴墓葬

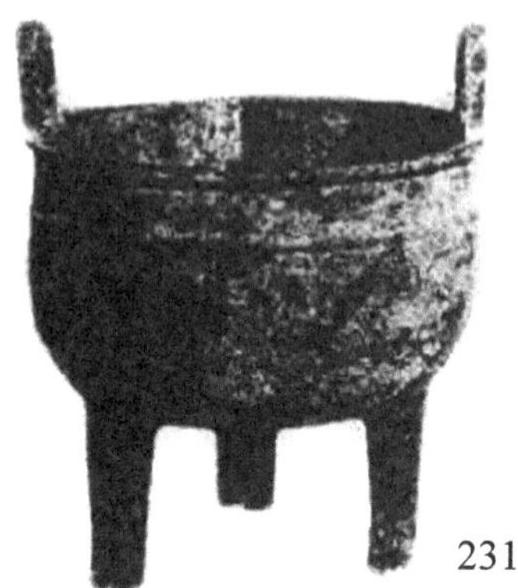
231

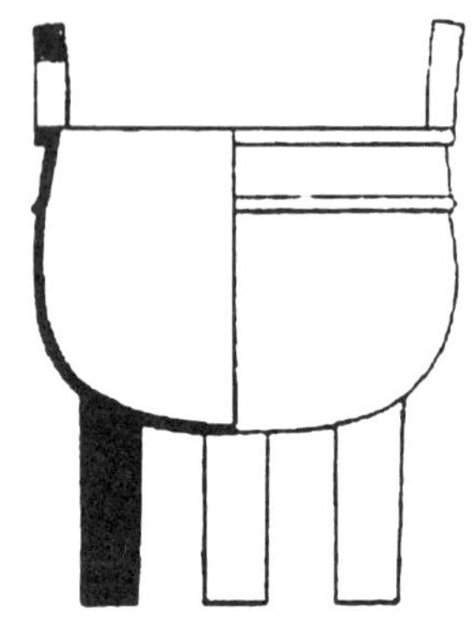

鼎父丁鼎

度量：通高 14.5 厘米
时代：商代后期
著录：富士比（1985，12，10：10）
流传：英国伦敦富士拍卖行

232

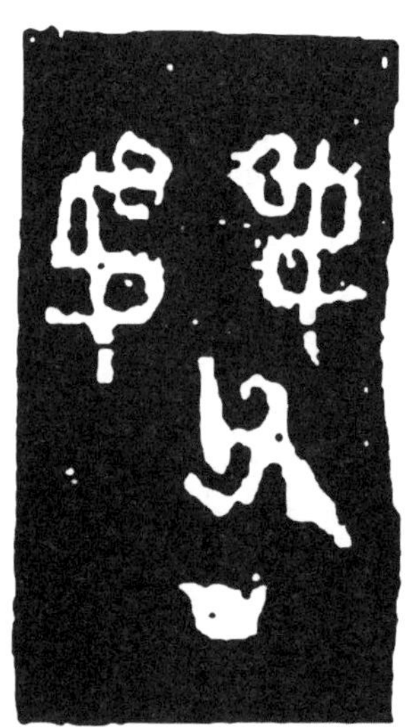

□父丁鼎

度量：通高 18.8 厘米
时代：商代后期
著录：富士比（1984，6，19：19）
流传：柏林
旧藏：英国伦敦富士比拍卖行

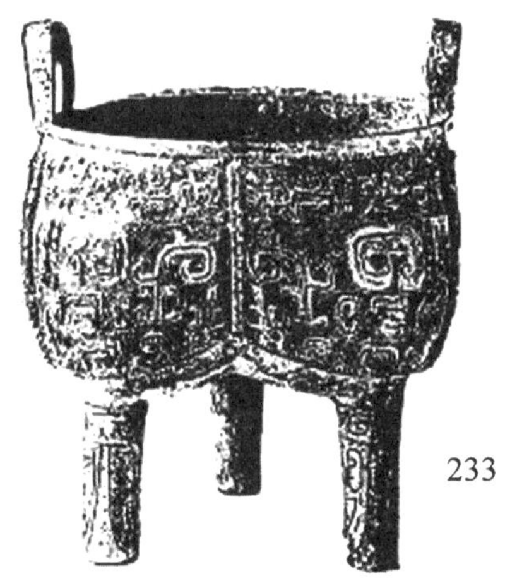
233

冊㝱父丁鼎

度量：通高 20 厘米
时代：商代后期
著录：富士比（1969，11，4：18）
流传：英国伦敦富士比拍卖行

264

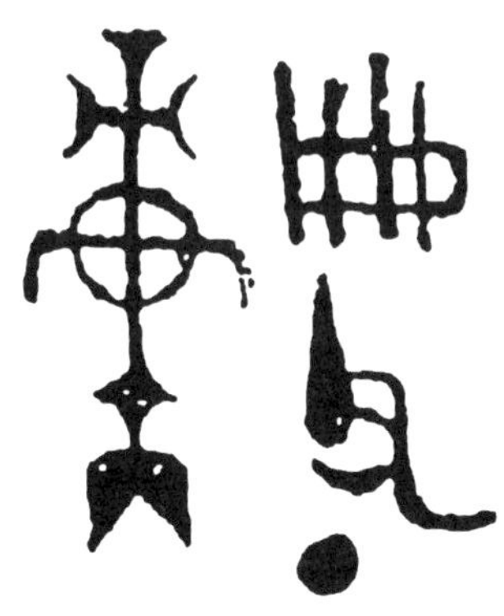

[illegible]父丁鼎

度量：通高 21 厘米，口径 17 厘米

时代：商代后期

著录：《中原文物》1988 年Ⅰ期 15–19 页

出土：1985 年 5 月河南罗山县蟒张乡后李村墓葬

现藏：河南罗山县文物管理委员会

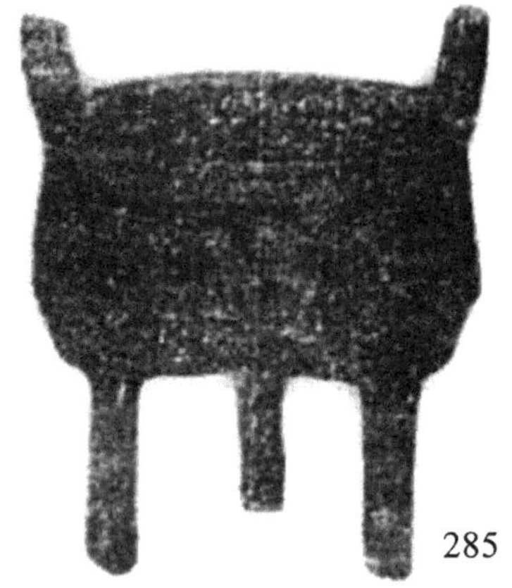

285

辛卯羊鼎

度量：通高 15.4 厘米，口径 14.5 厘米

时代：商代后期

著录：《欧洲所藏中国青铜器遗珠》

现藏：比利时布鲁塞尔皇家艺术与历史博物馆

291

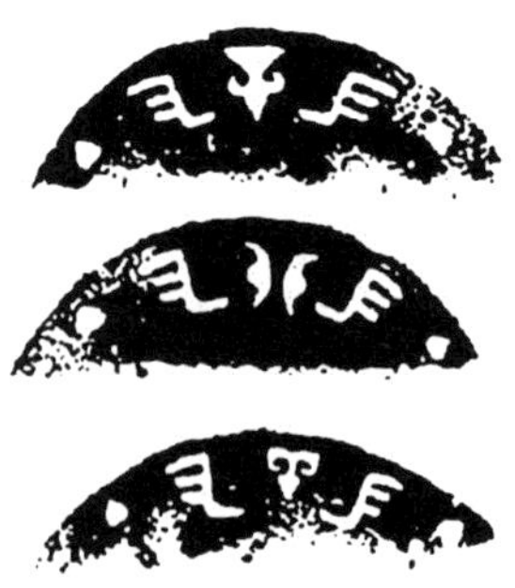

尹覘鼎

度量：通高 23.5 厘米，重 3.45 千克
时代：西周早期
著录：《高家堡戈国墓》74 页
出土：1991 年陕西泾阳县兴隆乡高家堡
现藏：陕西泾阳县博物馆

302

尹覘鼎

度量：通高 24.2 厘米，重 3.78 千克
时代：西周早期
著录：《高家堡戈国墓》63 页
出土：1991 年陕西泾阳县兴隆乡高家堡
现藏：陕西泾阳县博物馆

303

靜方鼎

度量：通高 32.7 厘米
时代：西周早期
著录：《文物》1998 年 5 期 85 页
现藏：日本出光美术馆

357

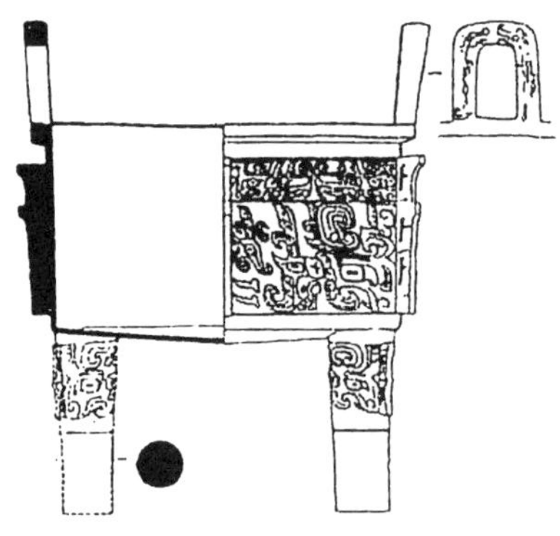

子父丁簋

度量：通高 14.1 厘米
时代：商代后期
著录：佳士得（1987，6，4：8）
流传：英国伦敦佳士得拍卖行

394

亞㱿父丁臮簋

度量：通高 17.5 厘米，口径 25.5 厘米
时代：商代后期
著录：《海岱考古》第一辑 320-324 页
现藏：山东济南市博物馆

417

作父丁簋

度量：通高 17.5 厘米，口径 22.3 厘米
时代：西周早期
著录：《考古》1989 年 1 期 10-18 页
出土：1986 年 8 月河南信阳县浉河港乡浉河滩
现藏：河南信阳市文物管理委员会

435

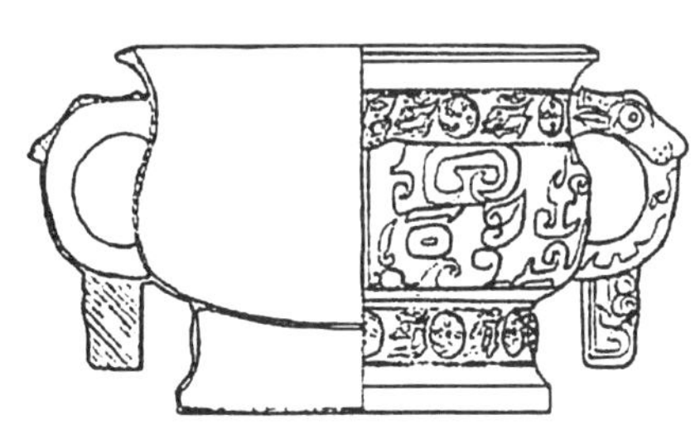

作父丁簋

度量：通高 17.5 厘米，口径 22.3 厘米
时代：西周早期
著录：《考古》1989 年 1 期 10–18 页
出土：1986 年 8 月河南信阳县狮河港乡狮河滩
现藏：河南信阳市文物管理委员会

436

寝魚簋

度量：通高 13.3 厘米，口径 19.5 厘米
时代：商代后期
著录：《考古》1986 年 8 期 705–706 页
出土：1984 年河南安阳市商代后期墟 1713 号墓葬
现藏：中国社会科学院考古研究所安阳工作队

454

筆簋

度量：通高 31.5 厘米
时代：西周中期
著录：彙编 4.344；富士比 (1986，12，9：9)
流传：英国伦敦富士比拍卖行

464

𠁁父丁卣

度量：通高 33.5 厘米
时代：西周早期
著录：《考古与文物》1990 年 5 期 26–43 页
出土：陕西长安县沣西工程配件厂墓葬
现藏：陕西西安市文物中心

570

（盖）

（器）

□父丁卣

度量：通高 24.7 厘米
时代：西周早期
著录：《考古》1989 年 1 期 10-18 页
出土：1986 年 8 月河南信阳县浉河港乡河滩
现藏：河南信阳市文物管理委员会

571

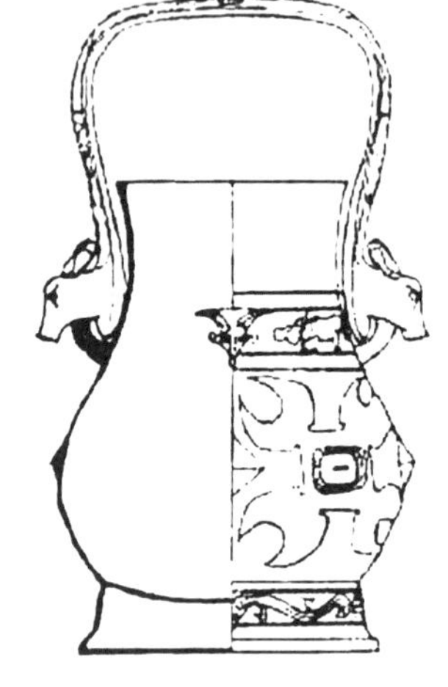

馬□父丁卣

度量：通高 30 厘米
时代：商代后期
著录《文物》1986 年 8 期 73 页
现藏：河南安阳市博物馆

579

嬰父丁卣

度量：通高 33.5 厘米

时代：西周早期
著录：《考古与文物》1990 年 5 期 26-43 页
出土：1965 年陕西长安县大原村
现藏：陕西西安市文物中心

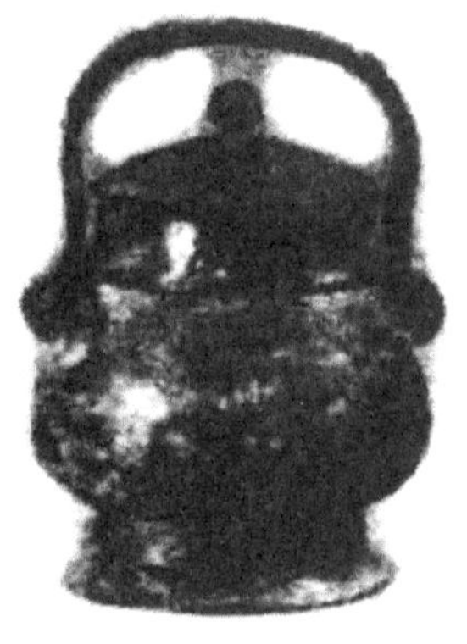

580

（器）

（蓋）

[illegible]父丁尊

度量：通高 19.7 厘米，口径 17.5 厘米，重 1.37 千克
时代：西周早期
出土：1972 年秋河南洛阳市东郊机工厂
现藏：河南洛阳市博物馆

615

豙父丁尊

度量：通高 32 厘米
时代：商代后期
著录：富士比 (1975，3，25：149)
流传：英国伦敦富士比拍卖行

616

亞[illegible]父丁尊

度量：通高 23.8 厘米，口径 19.8 厘米
时代：西周早期
出土：1985 年内蒙古自治区宁城县甸子乡小黑石沟村墓葬
现藏：内蒙古自治区宁城县文物管理所

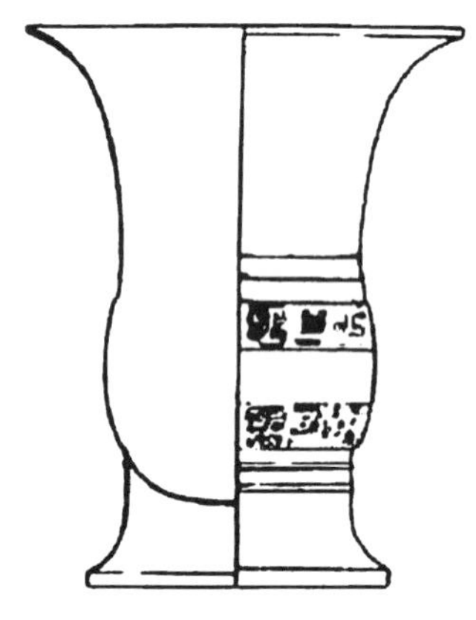

622

保父丁觶

度量：通高 14.1 厘米，重 0.6 千克
时代：西周早期
出土：1991 年陕西泾阳县兴隆乡高家堡
现藏：陕西泾阳县博物馆

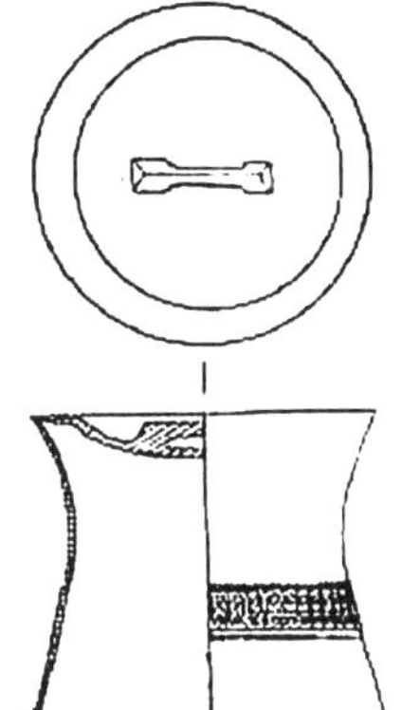

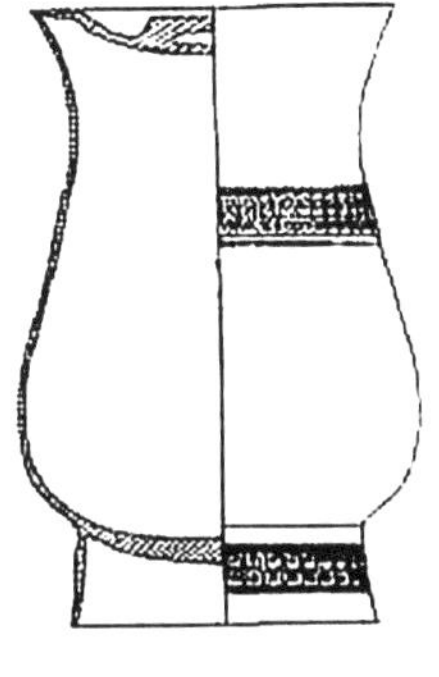

659

𠓛冊父丁觶

度量：通高 18.5 厘米
时代：商代后期
著录：《欧洲所藏中国青铜器遗珠》图版 32
现藏：德国科隆东亚艺术博物馆

668

（盖）

（器）

羊建父丁觚

度量：通高 31 厘米
时代：商代后期
著录：富士比（1972，3，14：9）
流传：英国伦敦富士比拍卖行

751

史父丁爵

度量：通高 21.5 厘米
时代：商代后期
著录：《海岱考古》第一辑 320-324 页
现藏：山东济南市博物馆

874

[illegible]父丁爵

时代：西周早期
著录：《考古与文物》1990 年 5 期 26-43 页
出土：陕西长安县澧西乡
现藏：陕西西安市文物中心

875

[illegible]父丁爵

度量：通高 20.3 厘米
时代：西周早期
著录：富士比（1971，11，16：1）
流传：英国伦敦富士比拍卖行

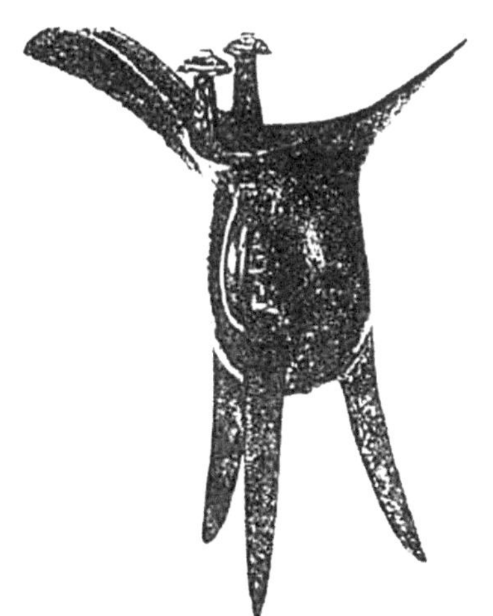

876

伐父丁爵

度量：通高 20.3 厘米
时代：商代后期
著录：富士比（纽约 1986，12，3：21）
流传：英国伦敦富士比拍卖行

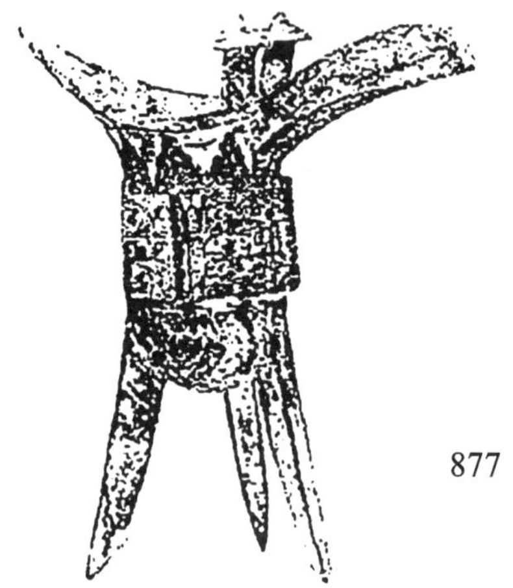

877

伐父丁爵

度量：通高 20.3 厘米
时代：西周早期
著录：富士比（1966，2，14：147）
流传：英国伦敦富士比拍卖行

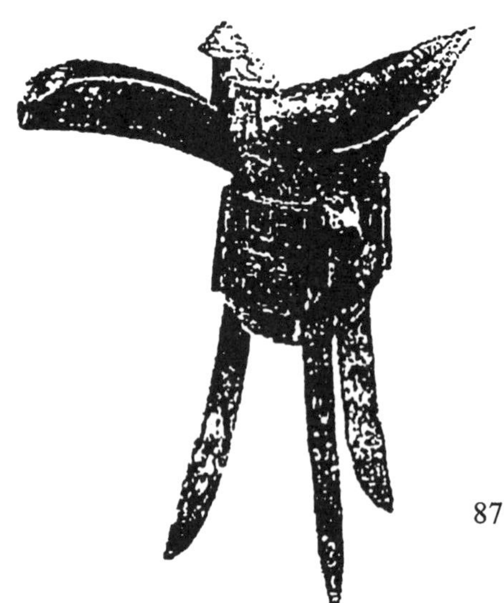

878

盂父丁盉

度量：通高 22.8 厘米
时代：西周早期
著录：《考古与文物》1993 年 5 期 8 页
出土：陕西延长县安沟乡岔口村
现藏：陕西延长县文物管理委员会

935

奴父丁盉

度量：通高 27 厘米
时代：西周早期
著录：《考古》1990 年 10 期 879–881 页
出土：陕西麟游县九成宫镇后坪村
现藏：陕西麟游县博物馆

936

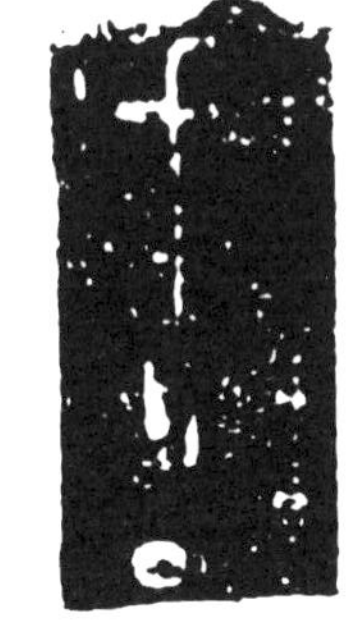

[illegible]父丁壶

度量：通高 26 厘米
时代：西周早期
著录：《欧洲所藏中国青铜器遗珠》图版 48
流传：英国伦敦戴迪野拍卖行

948

父丁罍

度量：通高 44.5 厘米
时代：商代后期
著录：《文物》1989 年 12 期 91–92 页
出土：河南武陟县宁郭村
现藏：河南武陟县博物馆

983

子父戊子鼎

度量：通高 21.5 厘米
时代：商代后期
著录：富士比（1986，12，9：3）
流传：英国伦敦富士比拍卖行

265

父戊簋

度量：通高 11.5 厘米
时代：西周早期
著录：富士比（1973，6，26：5）
流传：英国伦敦富士比拍卖行

388

父戊卣

度量：通高 33 厘米
时代：西周早期
著录：《考古与文物》1990 年 5 期 26-43 页
出土：陕西长安县沣西工程配件厂墓葬
现藏：陕西西安市文物中心

558

（器）

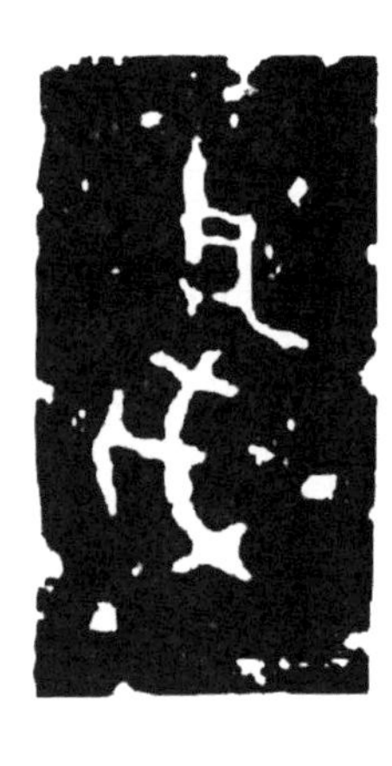

（蓋）

卩父戊觚

度量：通高 28.5 厘米
时代：商代后期
著录：富士比 (1947，3，25：79)
流传：英国伦敦富士比拍卖行

743

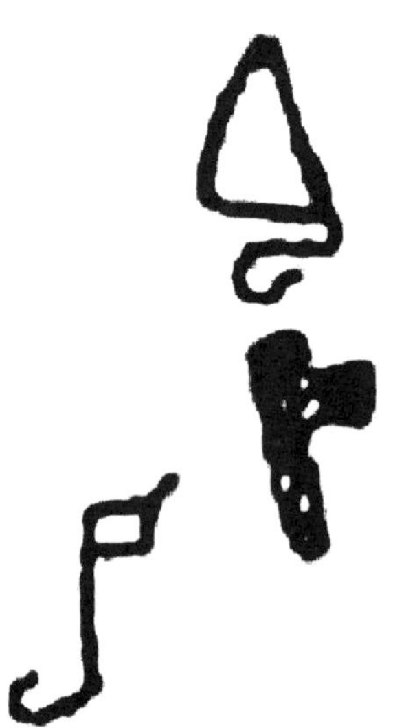

米蘦父戊罍

度量：通高 44 厘米，口径 19 厘米，重 15 千克
时代：西周早期
著录：《高家堡戈国墓》91 页
出土：陕西泾阳县兴隆乡高家堡
现藏：陕西泾阳县博物馆

984

戈父己簋

度量：通高 16.3 厘米，口径 23 厘米，重 3.8 千克
时代：西周早期
著录：《高家堡戈国墓》74 页
出土：陕西泾阳县兴隆乡高家堡
现藏：陕西泾阳县博物馆

395

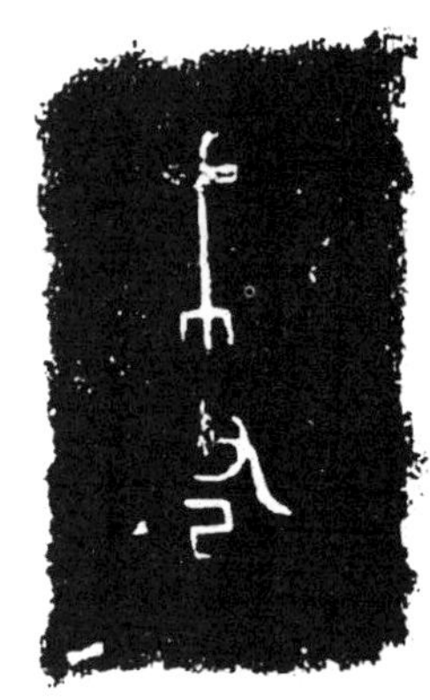

⿱雥泉卣

度量：通高 20.3 厘米
时代：西周中期
著录：《上海博物馆集刊》1996 年 7 期 45-46 页
现藏：上海博物馆

605

（蓋）　　（器）

□父己尊

度量：通高 33.7 厘米，口径 22.2 厘米
时代：商代后期
著录：《文物》1986 年 11 期 14 页
出土：山西灵石县旌介村墓葬
现藏：山西灵石县文化局

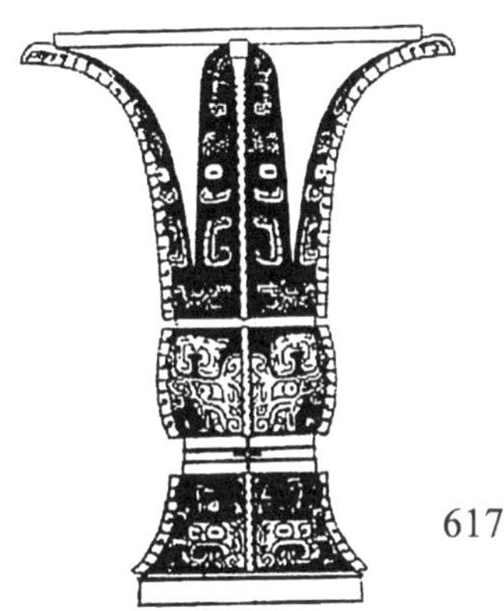
617

弜妶父己尊

度量：通高 25.3 厘米
时代：西周早期
著录：富士比（1984，6，19：21）
流传：英国伦敦富士比拍卖行

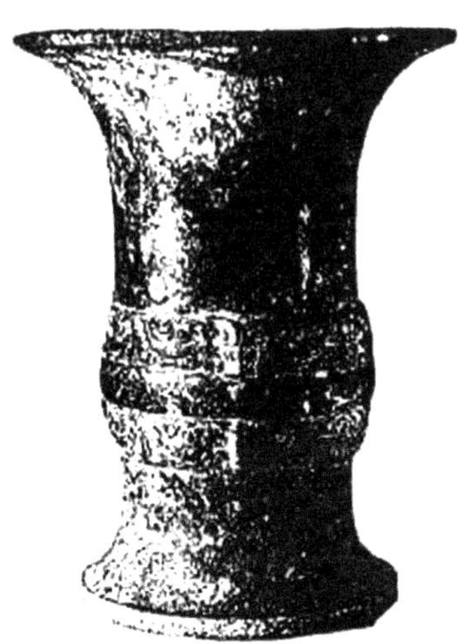
623

戈父己觶

度量：通高 17.3 厘米，重 0.6 千克
时代：西周早期
著录：《高家堡戈国墓》74 页
出土：陕西泾阳县兴隆乡高家堡
现藏：陕西泾阳县博物馆

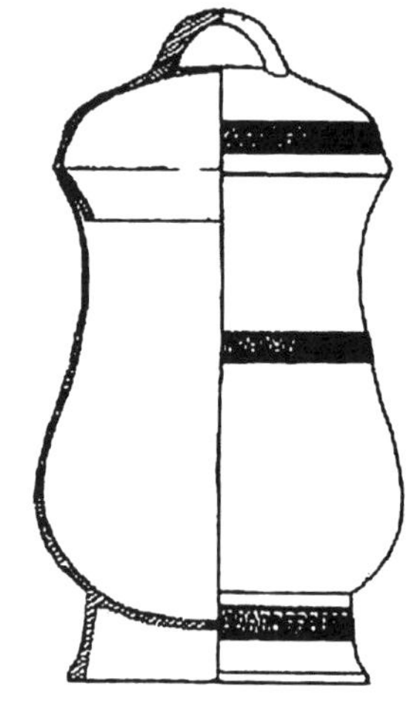

660

莾⿰酉比觶

度量：通高 9.1 厘米
时代：西周中期
著录：《文物》1996 年 7 期 54–68 页
出土：河南洛阳市北窑村西庞家沟墓葬

672

𦱤酰觶

度量：通高 9.1 厘米
时代：西周中期
著录：《文物》1996 年 7 期 54–68 页
出土：河南洛阳市北窑村西庞家沟墓葬

673

𩁹鹰作父己觶

度量：通高 12.1 厘米，重 0.4 千克
时代：西周早期
出土：陕西宝鸡市竹园沟 7 号墓
现藏：陕西宝鸡市博物馆

675

父己爵

度量：通高 22.2 厘米，重 0.95 千克
时代：西周早期
著录：《高家堡戈国墓》74 页
出土：陕西泾阳县兴隆乡高家堡
现藏：陕西泾阳县博物馆

810

父己爵

度量：通高 21 厘米
时代：西周早期
著录：佳士得 (1988，12，1：137)
流传：英国伦敦富士比拍卖行

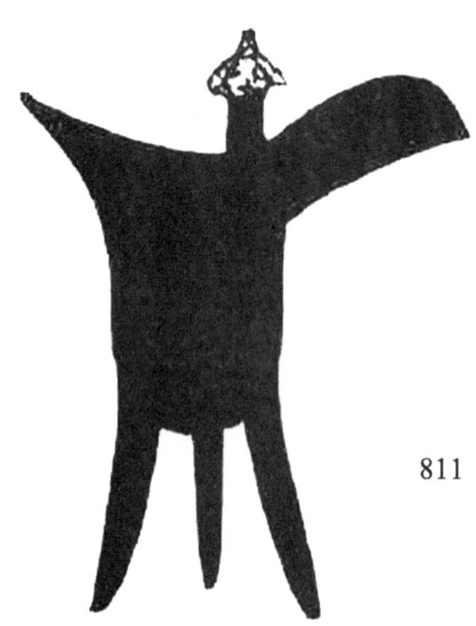

811

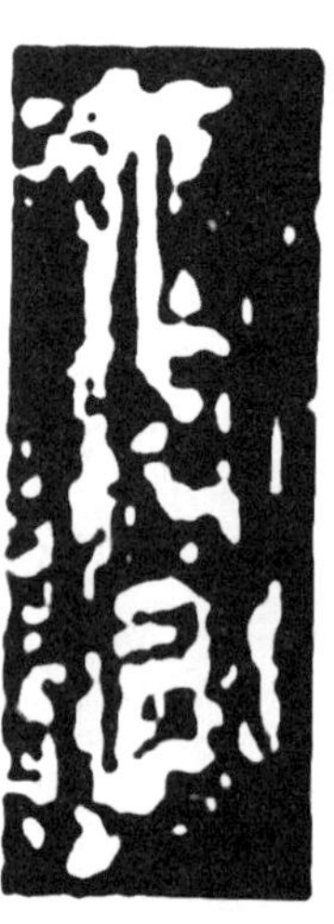

父己爵

度量：通高 20.5 厘米，重 0.74 千克
时代：西周早期
著录：《考古》1997 年 7 期 66 页
出土：山东青州市于家庄
现藏：山东青州市博物馆

812

父己爵

度量：通高 21.3 厘米
时代：西周中期
著录：《考古》1989 年 6 期 524-525 页
出土：陕西长安县张家坡村墓葬
现藏：中国社会科学院考古研究所澧西发掘队

813

亞父己爵

度量：通高 16.8 厘米
时代：西周早期
著录：《文物》1983 年 11 期 64-67 页
出土：北京顺义县金牛村
现藏：北京市文物工作队

879

我父己爵

度量：通高 18.4 厘米
时代：西周早期
著录：富士比 (1970，7，14：50)
流传：英国伦敦富士比拍卖行

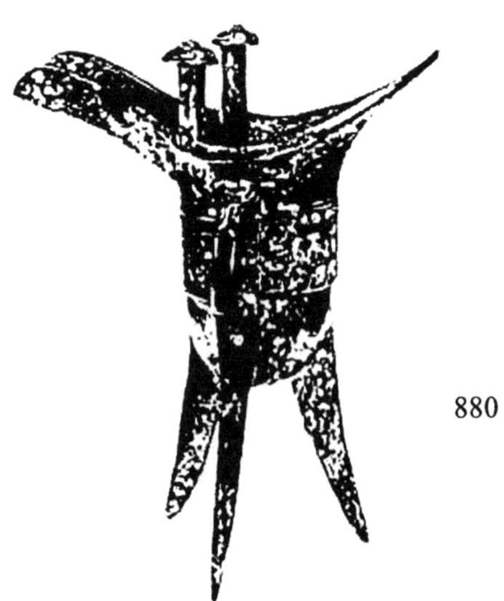

880

{㗊廾}天父己爵

度量：通高 19.8 厘米
时代：商代后期
著录：《考古》1991 年 2 期 132–134 页
出土：河南安阳市梅园庄南地墓葬

900

麋癸爵

度量：通高 21.7 厘米
时代：西周中期
著录：富士比（1972，11，14：222）
流传：英国伦敦富士比拍卖行

901

刀父己壶

度量：通高 36.3 厘米，重 3.25 千克
时代：西周早期
出土：陕西宝鸡市竹园沟 13 号墓
现藏：陕西宝鸡市博物馆

949

（内底）

（底外壁）

工敉父己罍

度量：通高 44 厘米，口径 19 厘米，重 15 千克
时代：西周早期
著录：《高家堡戈国墓》91 页
出土：陕西泾阳县兴隆乡高家堡
现藏：陕西泾阳县博物馆

985

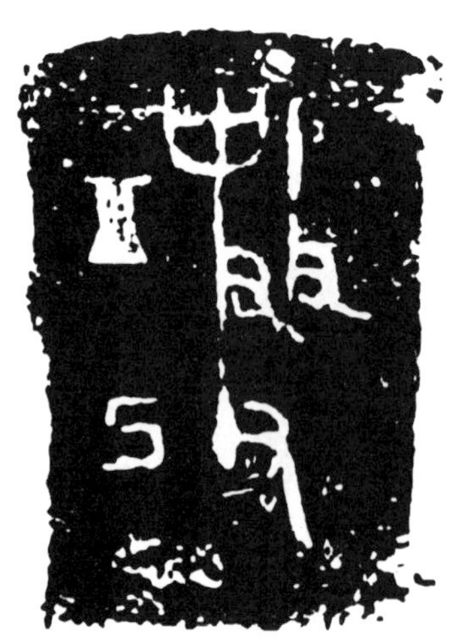

父庚鬲

度量：通高 20.5 厘米，口径 14.7 厘米
时代：西周早期
著录：《考古与文物》1990 年 5 期 25–38 页
流传：陕西西安市大白杨库
现藏：陕西西安市文物中心

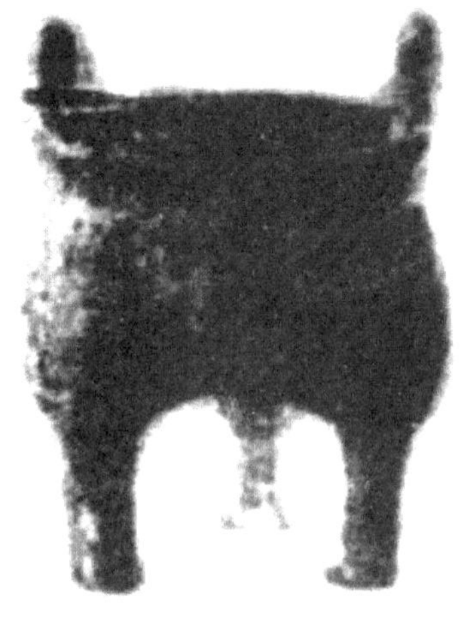

131

父庚鼎

度量：通高 17 厘米，口径 15.8 厘米
时代：西周早期
著录：《考古与文物》1990 年 5 期 26–43 页
流传：陕西西安市大白杨库
现藏：陕西西安市文物中心

205

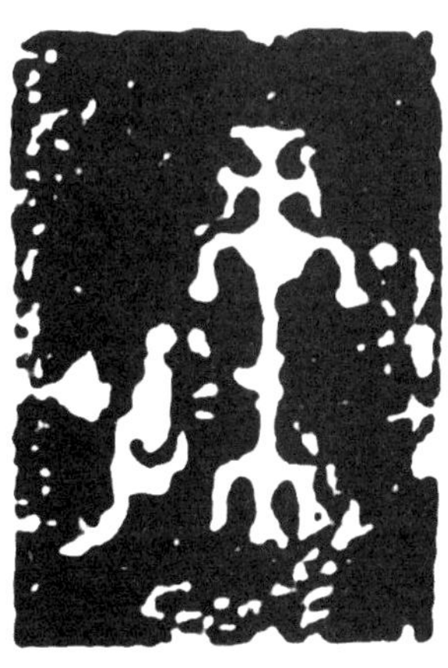

屰父庚方鼎

度量：通高 12.5 厘米
时代：商代后期
著录：富士比（1978，3，30：12）
流传：英国伦敦富士比拍卖行

234

陵鼎

度量：通高 24.3 厘米，口径 19 厘米
时代：西周早期
著录：《文物季刊》1996 年 3 期 54-55 页
流传：山西曲沃县公安局缴获
现藏：山西曲沃县博物馆

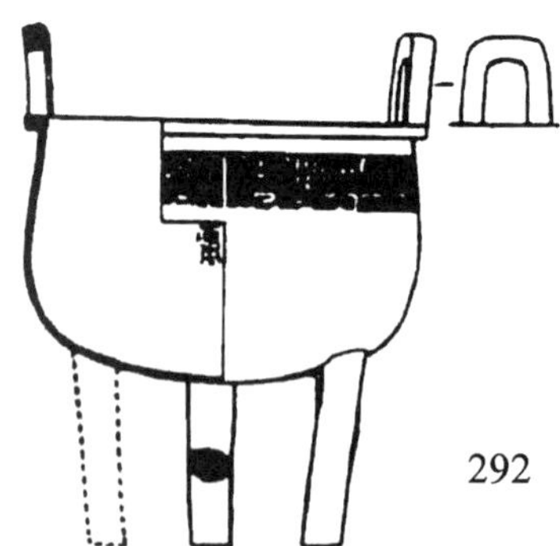

292

申父庚卣

度量：通高 23.5 厘米
时代：西周早期
著录：《考古与文物》1990 年 5 期 26–43 页
流传：陕西长安县沣西乡
现藏：陕西西安市文物中心

572

（盖）

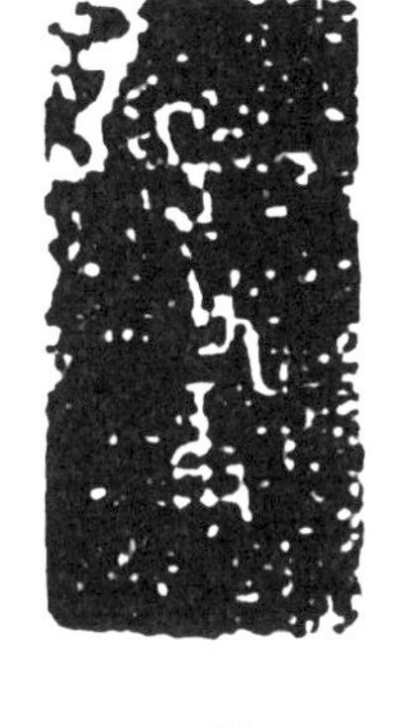

（器）

)(毋父庚觚

度量：通高 26 厘米
时代：商代后期
著录：富士比（1965，5，11：101）
流传：英国伦敦富士比拍卖行

752

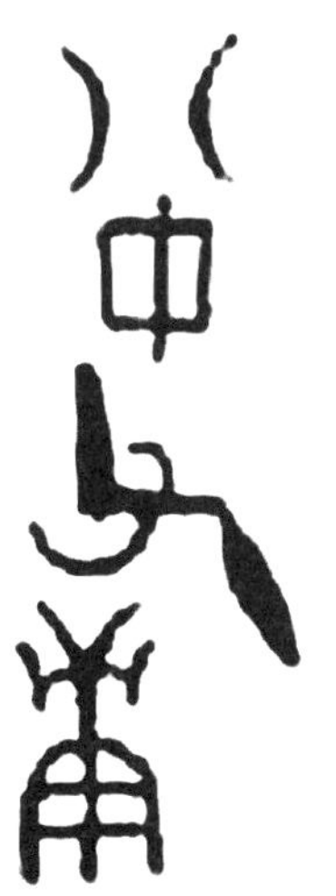

共冊父庚觚

度量：通高 28.7 厘米
时代：商代后期
著录：富士比（1975，3，25：148）
流传：英国伦敦富士比拍卖行

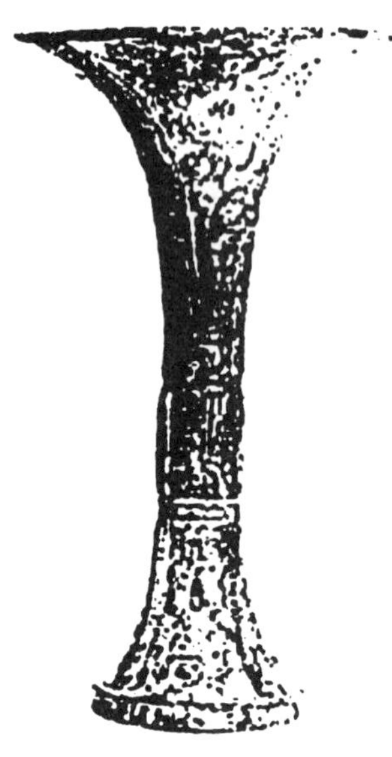

753

膚冊父庚角

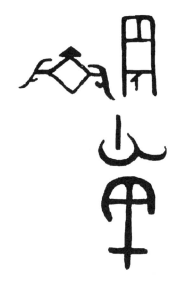

度量：通高 21.7 厘米
时代：商代后期
著录：富士比（1968，12，10：34）
流传：英国伦敦富士比拍卖行

902

史宛爵

度量：通高 22.6 厘米，重 0.8 千克

时代：西周早期

著录：《文物》1996 年 7 期 54–68 页

出土：河南洛阳市北窑村西庞家沟墓葬

912

共宁II鬲

123

度量：通高 18 厘米

时代：商代后期

著录：《文物》1992 年 3 期 93–95 页

出土：山东新泰市府前街墓葬

现藏：山东新泰市博物馆

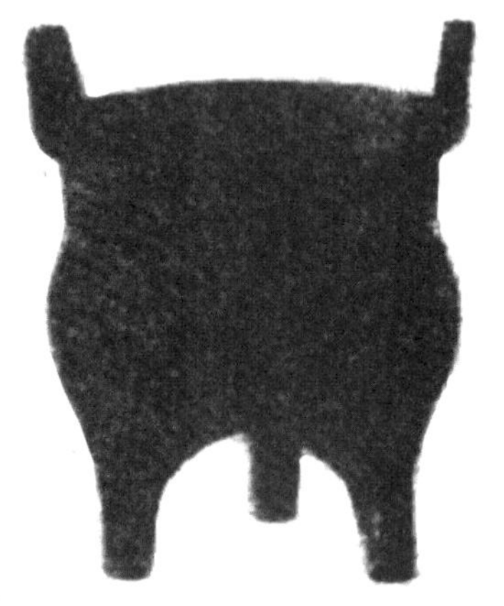

甬鬲

128

度量：通高 22.5 厘米，重 1.8 千克

时代：西周早期

著录：《中原文物》1986 年 4 期 99 页

出土：河南巩县小沟村

息父辛鼎

度量：通高 39.5 厘米，口径 24.2 厘米
时代：商代后期
著录：《考古学报》1986 年 2 期 161–172 页
出土：河南罗山县蟒张乡天湖村
现藏：河南罗山县文化馆

235

秉毌父辛鼎

度量：通高 21.2 厘米，口径 16.8 厘米，重 1.7 千克
时代：西周早期
出土：陕西宝鸡市竹园沟 13 号墓
现藏：陕西宝鸡市博物馆

266

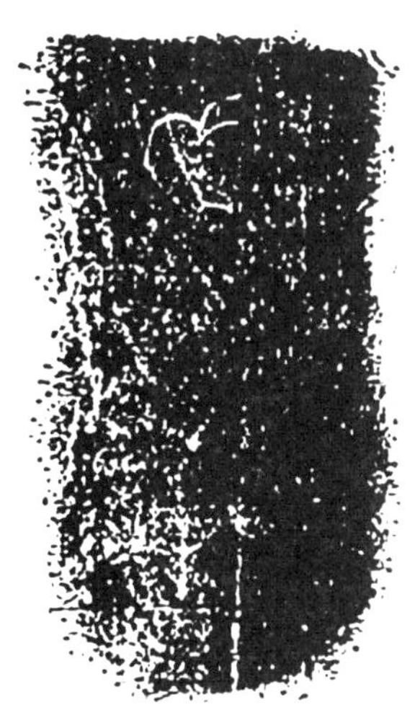

亞夫父辛鼎

度量：通高 23.4 厘米，口径 17.8 厘米，重 1.65 千克
时代：西周早期
著录：《高家堡戈国墓》23 页
出土：1991 年陕西泾阳县兴隆乡高家堡
现藏：陕西泾阳县博物馆

286

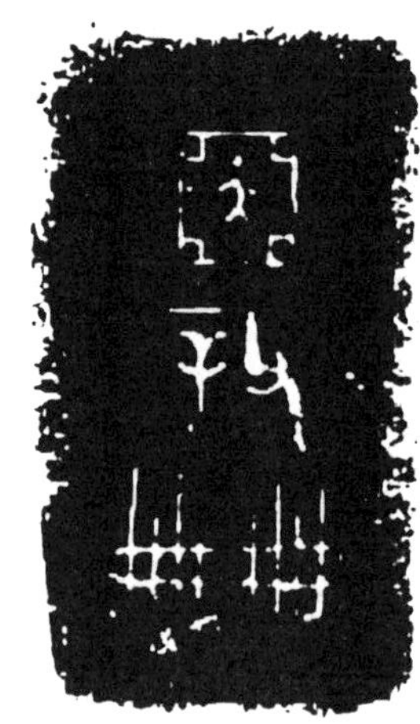

偁戊作父辛鼎

度量：通高 25.2 厘米，重 2.9 千克
时代：西周早期
出土：陕西宝鸡市竹园沟 13 号墓
现藏：陕西宝鸡市博物馆

304

光父辛簋

度量：通高 13 厘米，口径 16.2 厘米
时代：西周早期
著录：《考古》1985 年 12 期 1141 页
出土：河南临汝县骑岭乡大张村
现藏：河南临汝县文化馆

396

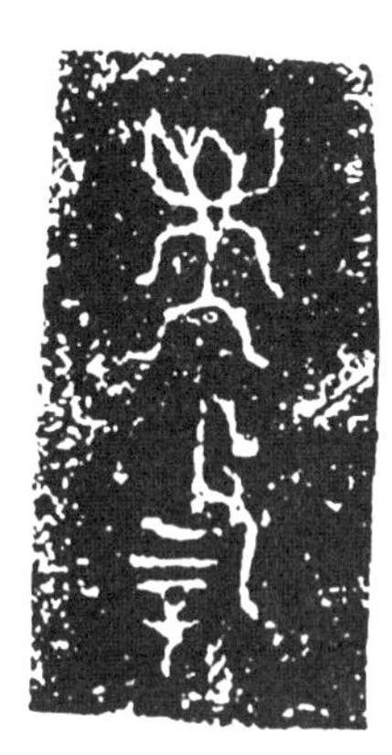

亼父辛簋

度量：通高 15.2 厘米
时代：西周早期
著录：富士比 (1984，6，19：12)
流传：英国伦敦富士比拍卖行

397

丫父辛卣

度量：通高 30.4 厘米

时代：商代后期

著录：《考古》1990 年 10 期 879-881 页

出土：陕西麟游县九成宫镇后坪村

现藏：陕西麟游县博物馆

573

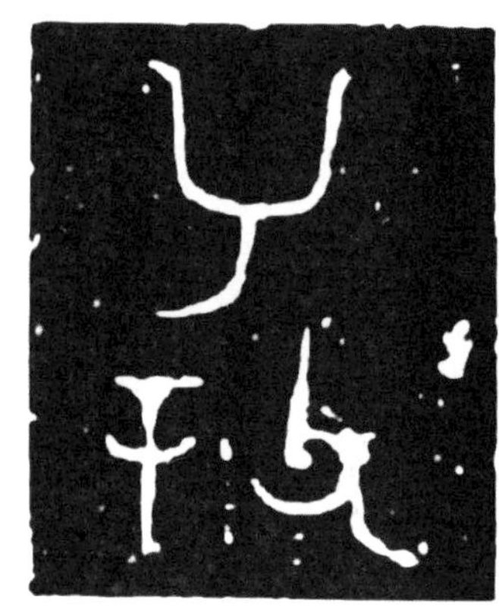

州子卣

度量：通高 35 厘米

时代：西周早期

著录：《考古与文物》1990 年 5 期 26-43 页

出土：陕西西安市文物商店收购

现藏：陕西西安市文物中心

604

戈父辛尊

度量：通高 27.5 厘米，口径 22 厘米
时代：西周早期
著录：《考古与文物》1990 年 5 期 26–43 页
出土：陕西长安县马王镇新旺村
现藏：陕西西安市文物中心

618

□父辛尊

度量：通高 24.4 厘米，口径 20.2 厘米
时代：商代后期
著录：《欧洲所藏中国青铜器遗珠》图版 36
流传：英国伦敦戴迪野拍卖行

619

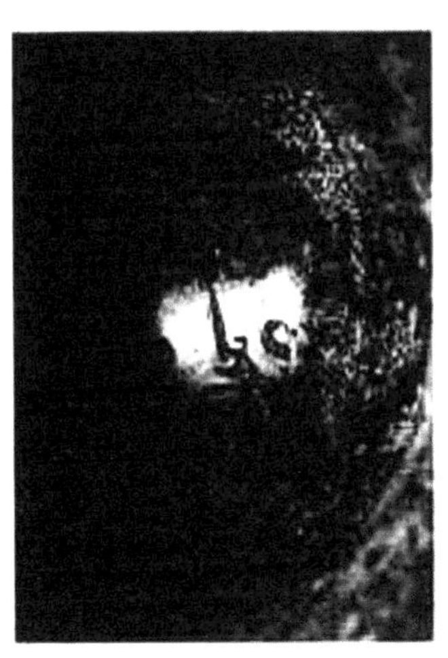

作父辛尊

度量：通高 18.5 厘米，口径 17.5 厘米
时代：西周中期
著录：《考古》1991 年 10 期 912-917 页
出土：山东黄县归城遗址墓葬
现藏：山东烟台市文物管理委员会

629

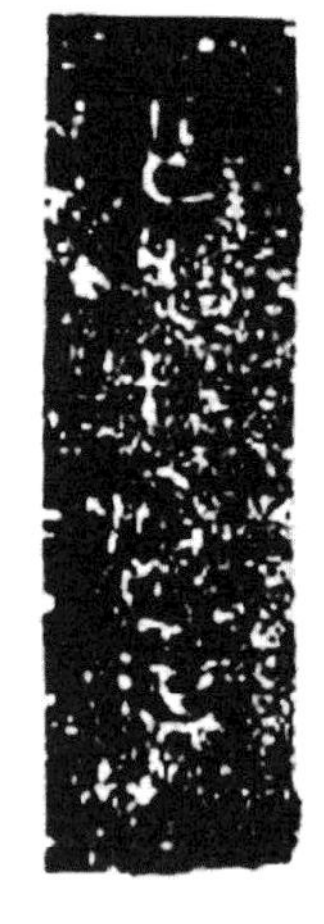

子父辛觶

度量：通高 13.5 厘米
时代：商代后期
著录：《考古与文物》1996 年 6 期 74-77 页
现藏：河南南阳市博物馆

661

烏父辛觶

度量：通高 15.2 厘米，重 0.42 千克
时代：西周早期
著录：《考古》1990 年 10 期 879–881 页
出土：陕西麟游县九成宫镇后坪村
现藏：陕西麟游县博物馆

662

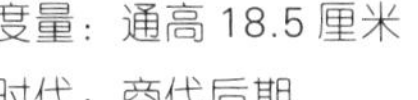

榮門父辛觶

度量：通高 18.5 厘米
时代：商代后期
著录：《海岱考古》第一辑 313–314 页
出土：山东潍坊市坊子区院上水库南崖
现藏：山东潍坊市博物馆

669

叀觶

度量：通高 17 厘米
时代：西周早期
著录：富士比（1973，11，27：12）
流传：英国伦敦富士比拍卖行

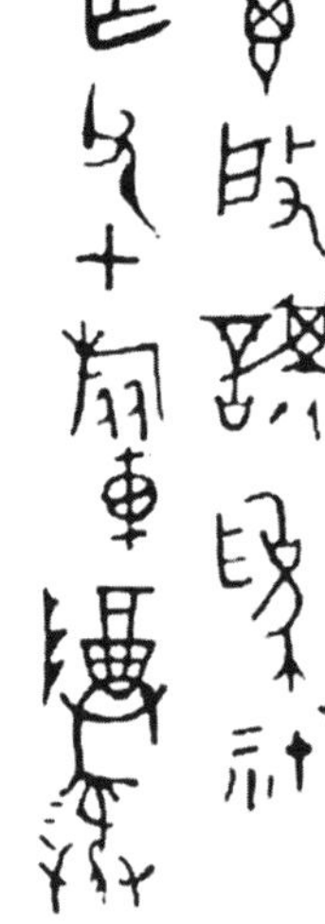

678

左父辛爵

度量：通高 21.6 厘米
时代：商代后期
著录：富士比（1973，11，27：11）
流传：英国伦敦富士比拍卖行

881

882 魚父辛爵

度量：通高 22 厘米
时代：西周早期
著录：富士比（1974，12，2：8）
流传：英国伦敦富士比拍卖行

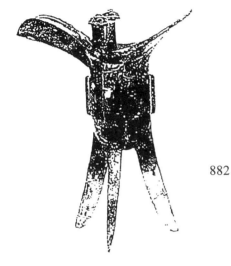

882

883 魚父辛爵

度量：通高 22 厘米
时代：西周早期
著录：富士比（1974，12，2：8）
流传：英国伦敦富士比拍卖行

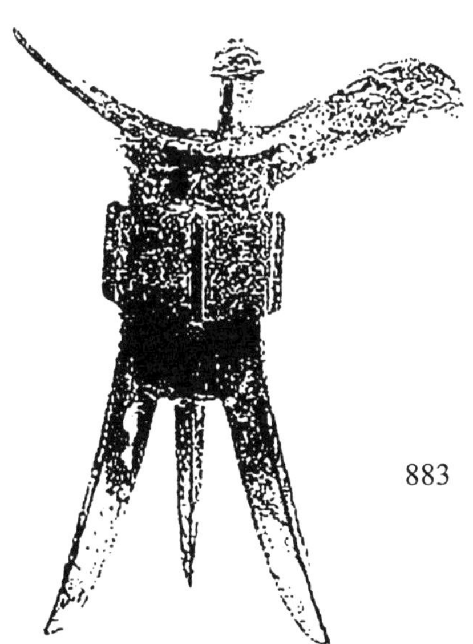

883

□井父辛爵

度量：通高 20.3 厘米
时代：西周早期
著录：富士比 (1967，5，16 ：40)
流传：英国伦敦富士比拍卖行

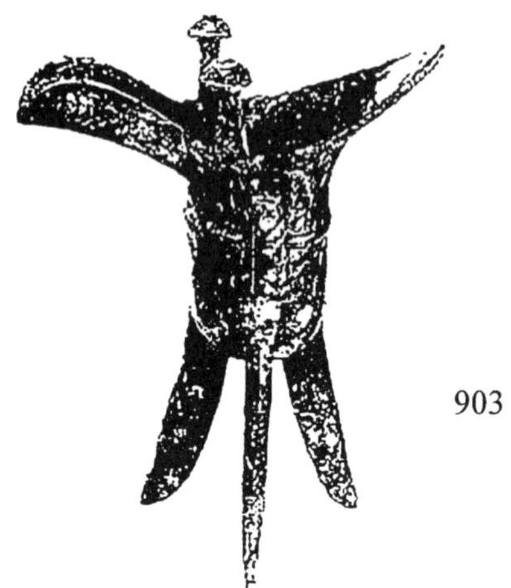

903

(鋬)

(柱)

父辛爵

度量：通高 24 厘米，重 0.79 千克
时代：西周早期
著录：《中国文物报》1991 年 31 期 3 版
现藏：陕西咸阳市博物馆

911

丰父辛盉

度量：通高 27.4 厘米，重 2.48 千克
时代：西周早期
著录：《琉璃河西周燕国墓地》196 页
出土：北京房山县琉璃河
现藏：北京市文物研究所

937

父辛盤

度量：通高 13 厘米，口径 34.9 厘米，重 3.05 千克
时代：西周早期
出土：陕西宝鸡市竹园沟 13 号墓
现藏：陕西宝鸡市博物馆

997

父辛戈

度量：通高 24 厘米
时代：西周早期
著录：《琉璃河西周燕国墓地》204 页
出土：北京房山县琉璃河
现藏：北京市文物研究所

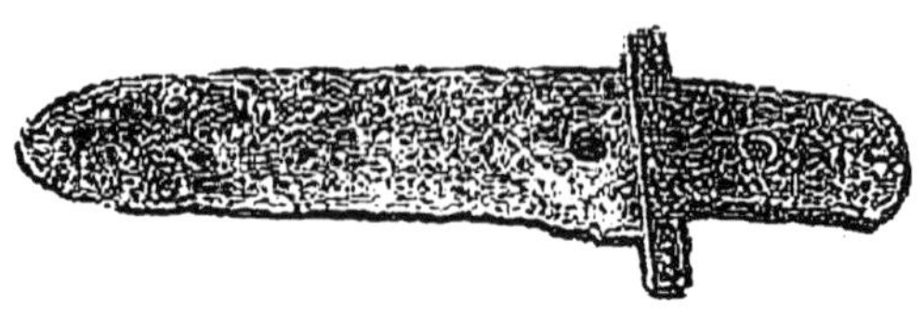

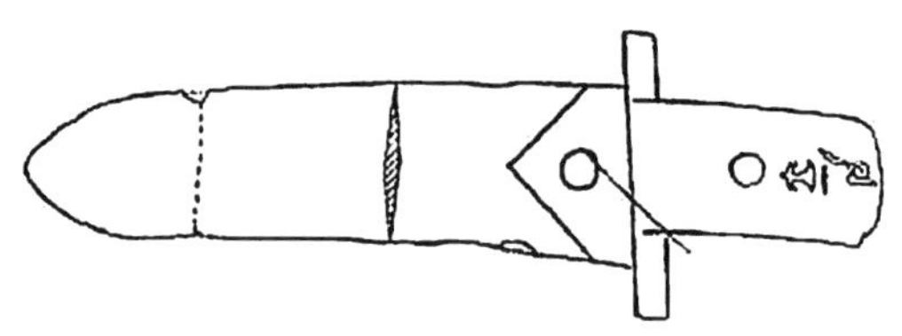

1096

宷父壬觚

度量：通高 37 厘米
时代：商代后期
著录：富士比 (1977，7，5：21)
流传：英国伦敦富士比拍卖行

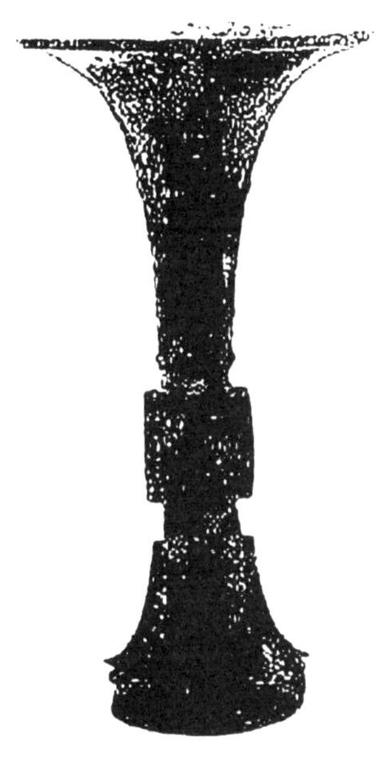

745

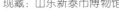

叔父癸鬲

度量：通高 17 厘米
时代：商代后期
著录：《文物》1992 年 3 期 93–95 页
出土：1984 年 10 月山东新泰市府前街墓葬
现藏：山东新泰市博物馆

120

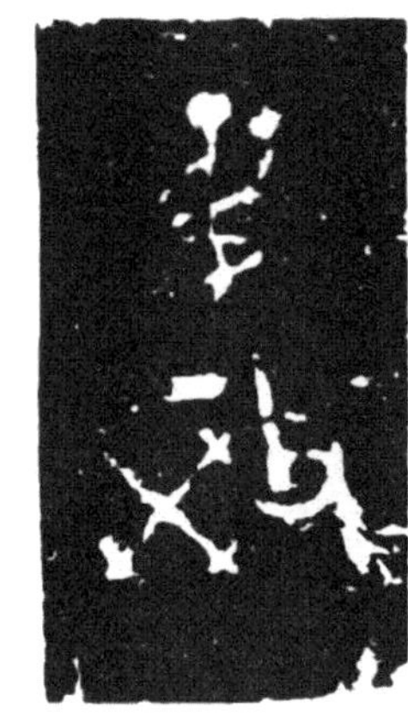

[illegible]父癸鼎

度量：通高 28.6 厘米，口径 23.2 厘米
时代：商代后期
著录：《华夏考古》1997 年 2 期 17–18 页
出土：河南安阳市刘家庄
现藏：河南安阳市文物工作队

236

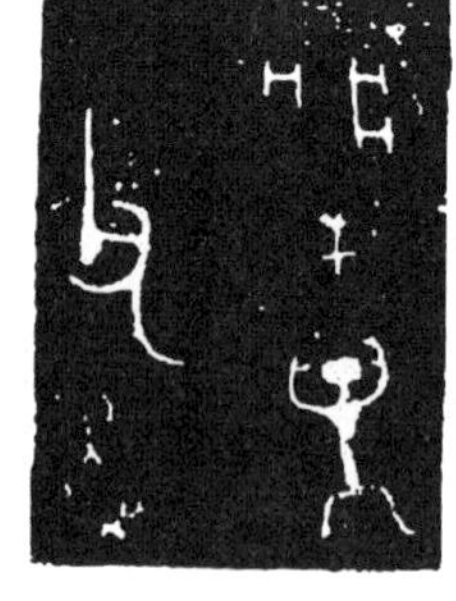

[illegible]父癸鼎

度量：通高 38.8 厘米，口径 27.5 厘米
时代：商代后期
著录：《考古》1990 年 10 期 879－881 页
出土：陕西麟游县九成宫镇后坪村
现藏：陕西麟游县博物馆

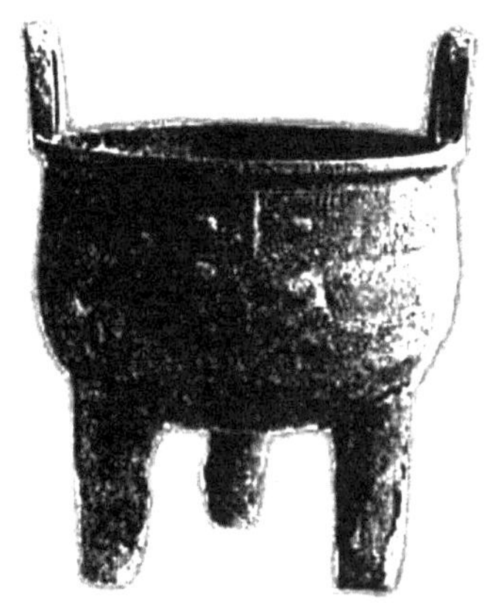

237

叔父癸鼎

度量：通高 27.5 厘米，口径 22 厘米
时代：商代后期
著录：《文物》1992 年 3 期 93－95 页
出土：1984 年 10 月山东新泰市府前街墓葬
现藏：山东新泰市博物馆

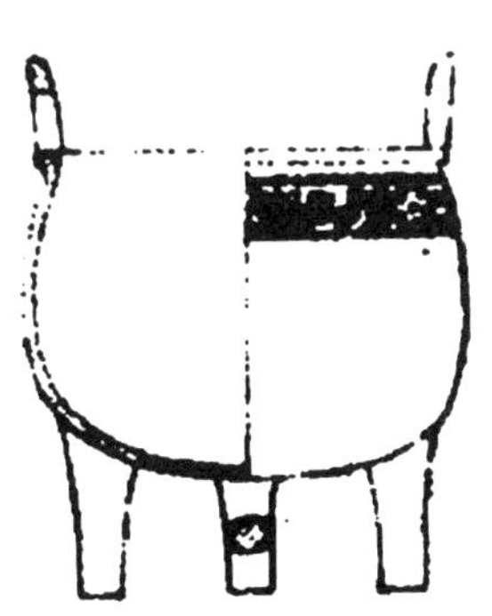

238

□父癸鼎

度量：通高 20.5 厘米
时代：商代后期
著录：富士比（1958，6，24：90）
流传：英国伦敦富士比拍卖行

239

得父癸方鼎

度量：通高 23.7 厘米
时代：商代后期
著录：富士比（1983，6，21：21）
流传：英国伦敦富士比拍卖行

240

鼎父癸簋

度量：通高 15.5 厘米，口径 21.9 厘米
时代：西周早期
著录：《考古与文物》1990 年 5 期 26-43 页
出土：陕西西安市大白杨库
现藏：陕西西安市文物中心

398

丙父癸簋

度量：通高 18 厘米，口径 18.3 厘米
时代：西周中期
著录：《考古与文物》1990 年 5 期 26-43 页
出土：陕西西安市大白杨库
现藏：陕西西安市文物中心

399

冊玄父癸簋

度量：通高 17 厘米
时代：商代后期
著录：富士比（1947，3，25：84）
流传：英国伦敦富士比拍卖行

411

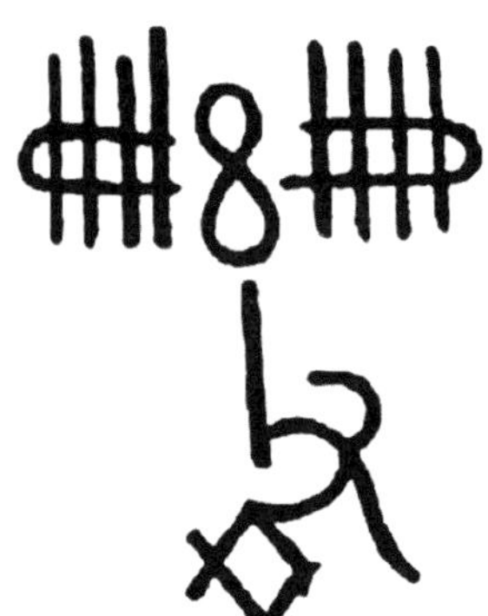

㸙辟簋

度量：通高 29 厘米
时代：西周早期
著录：富士比（1977，12，13：214）
流传：英国伦敦富士比拍卖行
备注：该簋传世两件一对，形制、纹饰、铭文相同

445

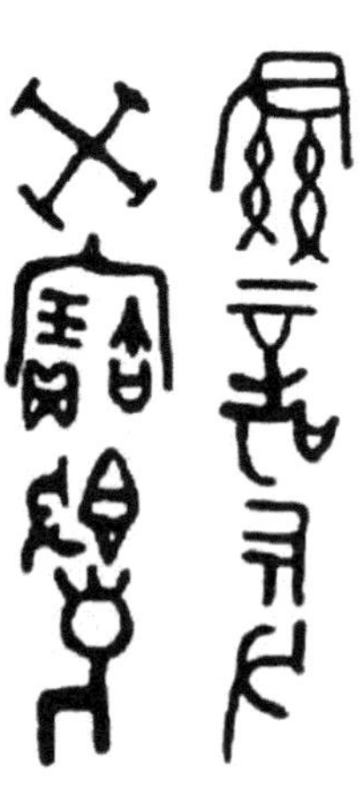

□父癸豆

540

度量：通高 12.3 厘米，口径 13.5 厘米
时代：商代后期
著录：《考古与文物》1990 年 5 期 25–38 页
出土：陕西西安市东郊老牛坡
现藏：陕西西安市文物中心

戈父癸卣

度量：通高 24.6 厘米，重 1.6 千克
时代：西周中期
著录：《高家堡戈国墓》63 页
出土：陕西泾阳县兴隆乡高家堡
现藏：陕西泾阳县博物馆

（盖）

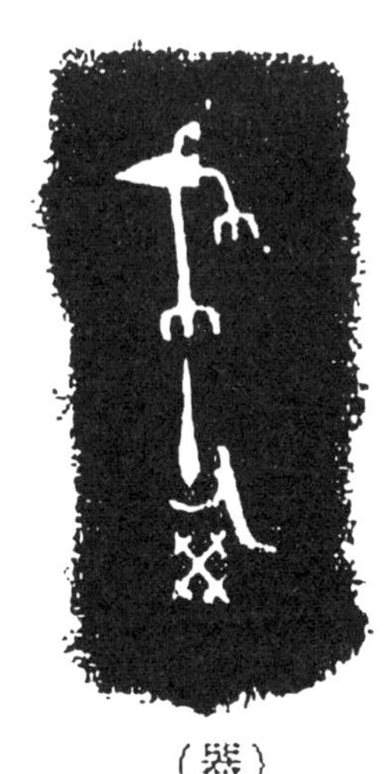

（器）

剚冊父癸卣

度量：通高 33 厘米
时代：商代后期
著录：《文物》1990 年 7 期 36–37 页
出土：山东兖州县嶧山区李宫村
现藏：山东兖州县博物馆

581

（盖）

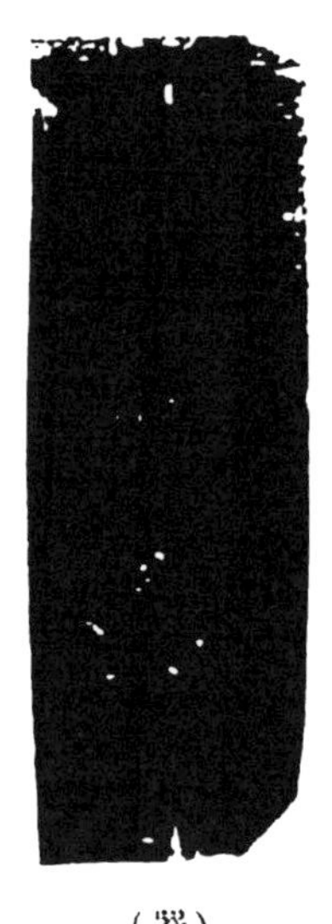

（器）

㽙父癸卣

度量：通高 34 厘米，重 5.5 千克
时代：西周早期
著录：《文博》1987 年 3 期 82–83 页
出土：甘肃陇县牙科乡梁甫村

582

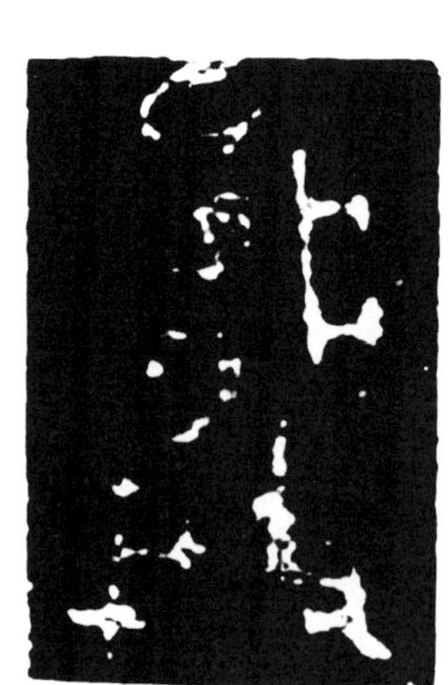

宁月卣

度量：通高 31.5 厘米
时代：商代后期
著录：《文物》1989 年 6 期 67–68 页
出土：山东章丘县明水镇东润西村墓葬
现藏：山东章丘县文物管理所

593

（器）

（盖）

葡□卣

度量：通高 37.5 厘米
时代：商代后期
著录：富士比（1976，7，6：4）
流传：英国伦敦富士比拍卖行

596

父癸尊

度量：通高 25.8 厘米，口径 20.1 厘米，重 2.15 千克
时代：西周早期
著录：《高家堡戈国墓》91 页
出土：陕西泾阳县兴隆乡高家堡
现藏：陕西泾阳县博物馆

612

父癸尊

度量：通高 26.1 厘米，口径 20 厘米，重 2.6 千克
时代：商代后期
著录：《考古》1990 年 10 期 879—881 页
出土：陕西麟游县九成宫镇后坪村
现藏：陕西麟游县博物馆

620

父癸觶

度量：通高 14.8 厘米
时代：商代后期
著录：《考古与文物》1989 年 2 期 100 页
出土：陕西长安县引镇孙岩村墓葬

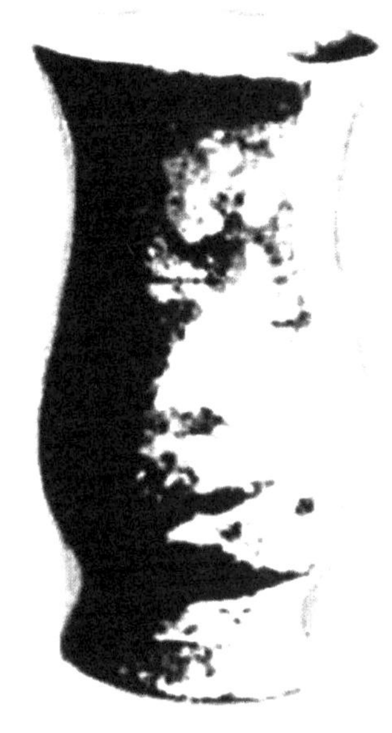

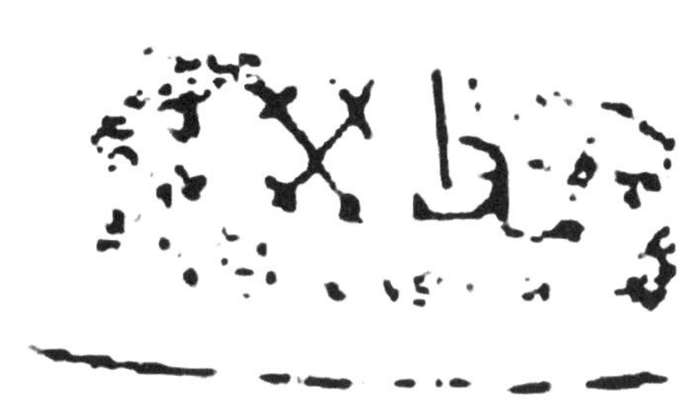

649

[illegible]父癸觶

度量：通高 14.3 厘米
时代：商代后期
著录：《华夏考古》1997 年 2 期 17、22 页
出土：河南安阳市刘家庄
现藏：河南安阳市文物工作队

663

亞天父癸觶

度量：通高 16.2 厘米
时代：商代早期
著录：富士比 (1969，11，4：8)
流传：英国伦敦富士比拍卖行

670

父癸觚

度量：通高 22.4 厘米，口径 13.6 厘米，重 0.9 千克
时代：西周早期
著录：《高家堡戈国墓》97 页
出土：陕西泾阳县兴隆乡高家堡
现藏：陕西泾阳县博物馆

715

大父癸觚

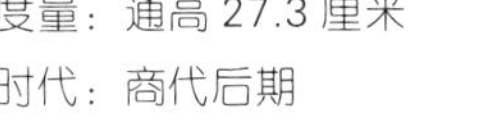
度量：通高 27.3 厘米
时代：商代后期
著录：富士比 (1946，6，7：91)
流传：英国伦敦富士比拍卖行

746

□父癸爵

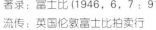

度量：通高 20.2 厘米，重 0.65 千克
时代：西周早期
出土：陕西宝鸡竹园沟 13 号墓
现藏：陕西宝鸡市博物馆

884

□父癸爵

度量：通高 18.5 厘米
时代：西周早期
著录：富士比（1976，4，6：3）
流传：英国伦敦富士比拍卖行

885

⿱宀弜父癸爵

度量：通高 18.5 厘米
时代：商代后期
著录：富士比（1975，3，25：147）
流传：英国伦敦富士比拍卖行

886

𠂤父癸爵

度量：通高 19.9 厘米
时代：商代后期
著录：《华夏考古》1997 年 2 期 17–18 页
出土：河南安阳市刘家庄
现藏：河南安阳市文物工作队

887

叔父癸爵

度量：通高 23 厘米
时代：商代后期
著录：《文物》1992 年 3 期 93–95 页
出土：1984 年 10 月山东新泰市府前街墓葬
现藏：山东新泰市博物馆

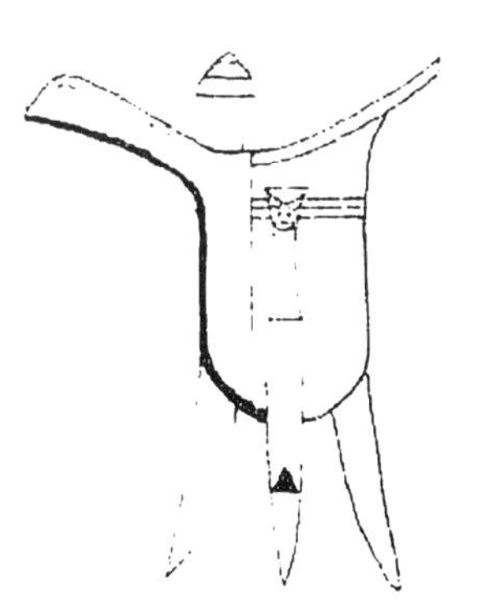

888

剢父癸爵

度量：通高 19 厘米，重 0.7 千克
时代：商代后期
著录：《文物》1990 年 7 期 36-37 页
出土：山东兖州县嶧山区李宫村
现藏：山东兖州县博物馆

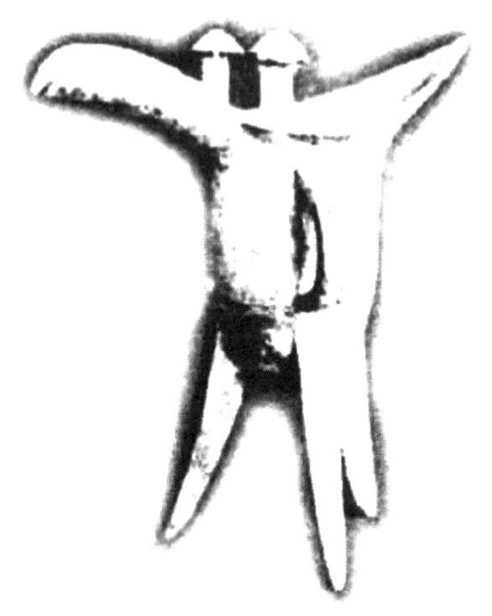

889

父癸斝

度量：通高 20.7 厘米
时代：商代早期
著录：富士比 (1986，6，10：45)
流传：英国伦敦富士比拍卖行

927

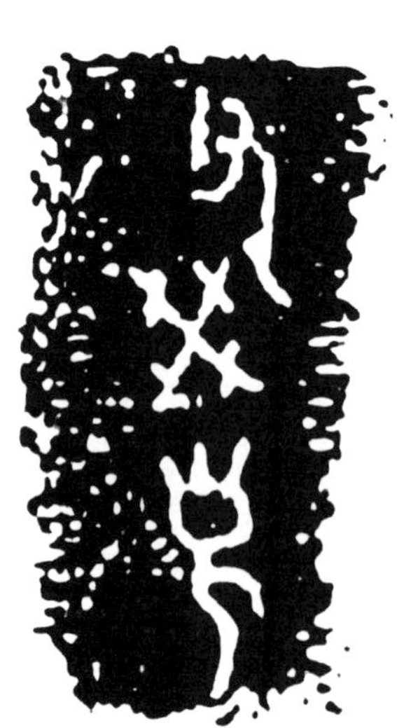

爵父癸壶

度量：通高 25 厘米

时代：西周早期

著录：富士比（1975，12，9：7）

流传：英国伦敦富士比拍卖行

950

息父口爵

度量：通高 18.5 厘米
时代：商代后期
著录：《考古学报》1986 年 2 期 161–172 页
出土：河南罗山县蟒张乡天湖村墓葬

890

魚父口爵

时代：商代后期
著录：《考古与文物》1996 年 6 期 74–77 页
现藏：河南南阳市博物馆

891

奄父口爵

度量：通高 20.4 厘米
时代：商代后期
著录：《考古》1991 年 2 期 132–134 页
出土：河南安阳市梅园庄南地墓葬

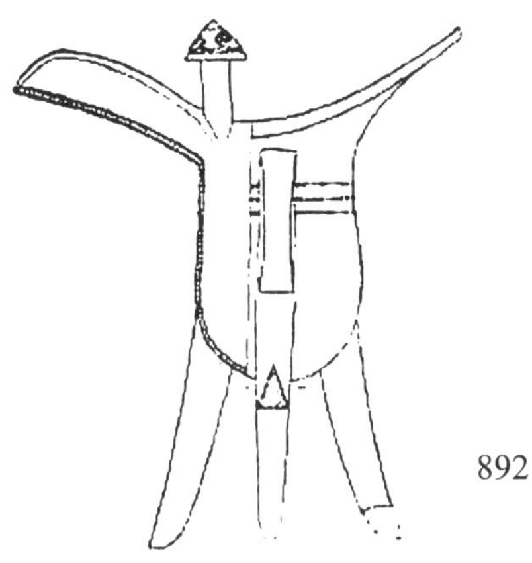

892

斧宁II爵

度量：通高 11 厘米
时代：商代后期
著录：富士比 (1975，7，8：11)
流传：英国伦敦富士比拍卖行

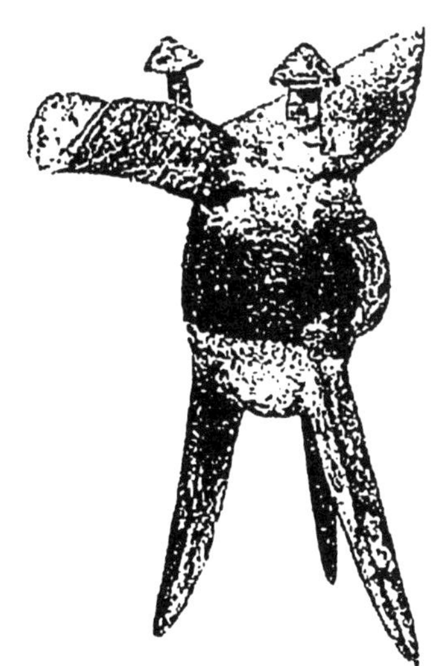

907

□宁II爵

度量：通高 20.3 厘米

时代：商代后期

著录：富士比 (1977，7，5：22)

流传：英国伦敦富士比拍卖行

908

龙　盘

武丁盘

时代：殷商武丁时期
现藏：美国旧金山亚洲艺术博物馆

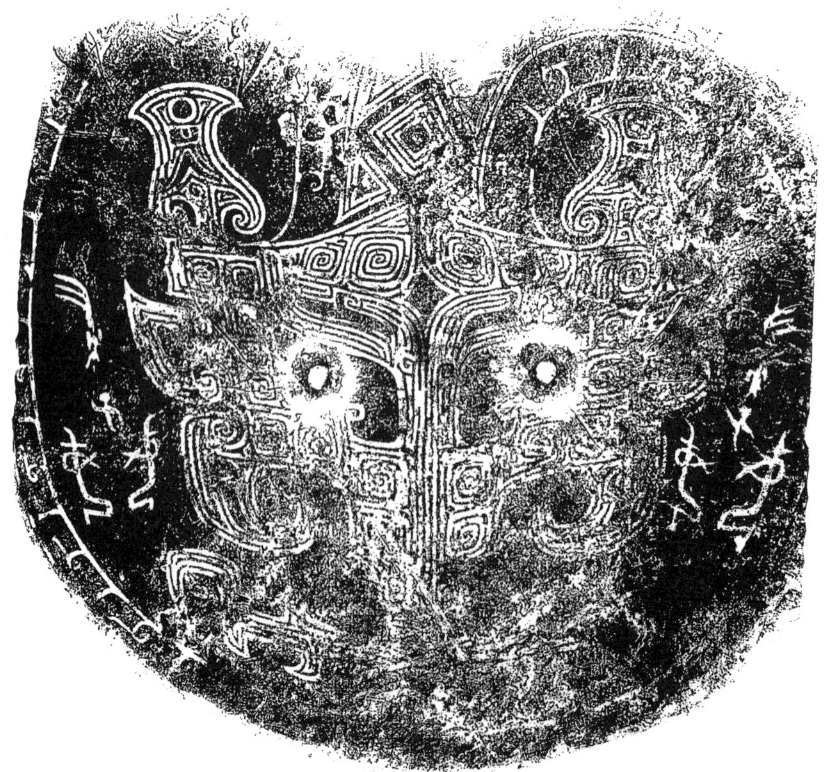

妇好盘

时代：殷商武丁时期
出土：河南安阳殷墟妇好墓
现藏：河南安阳考古研究所

舟盤

时代：殷商武丁时期
出土：传河南安阳
现藏：日本京都太田贞造氏旧藏

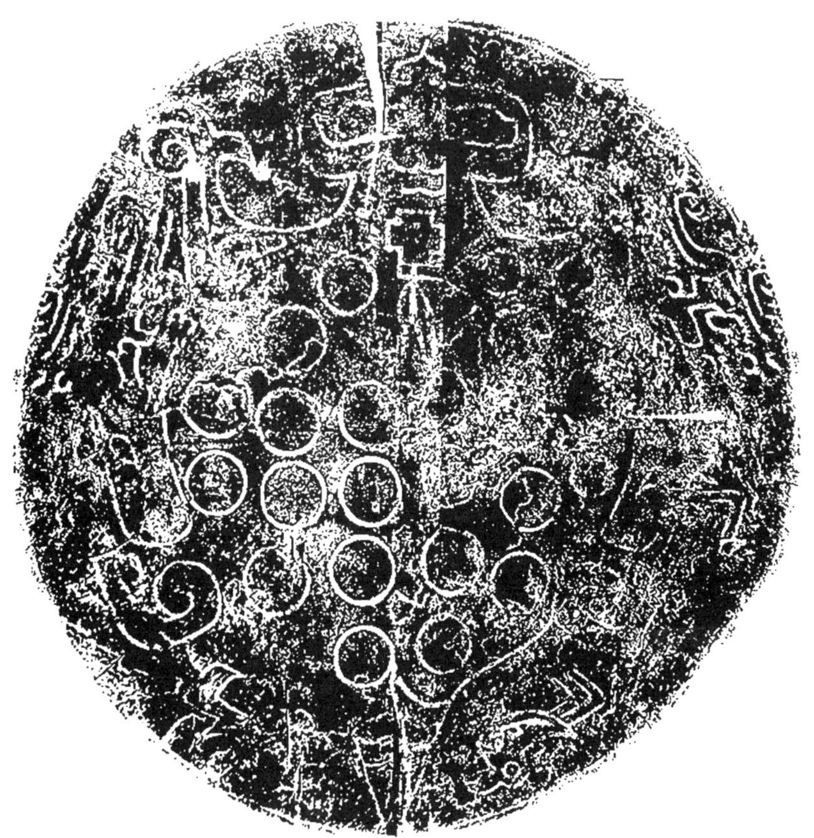

亞矣盤

时代：殷商
出土：传河南安阳

甲骨文书法

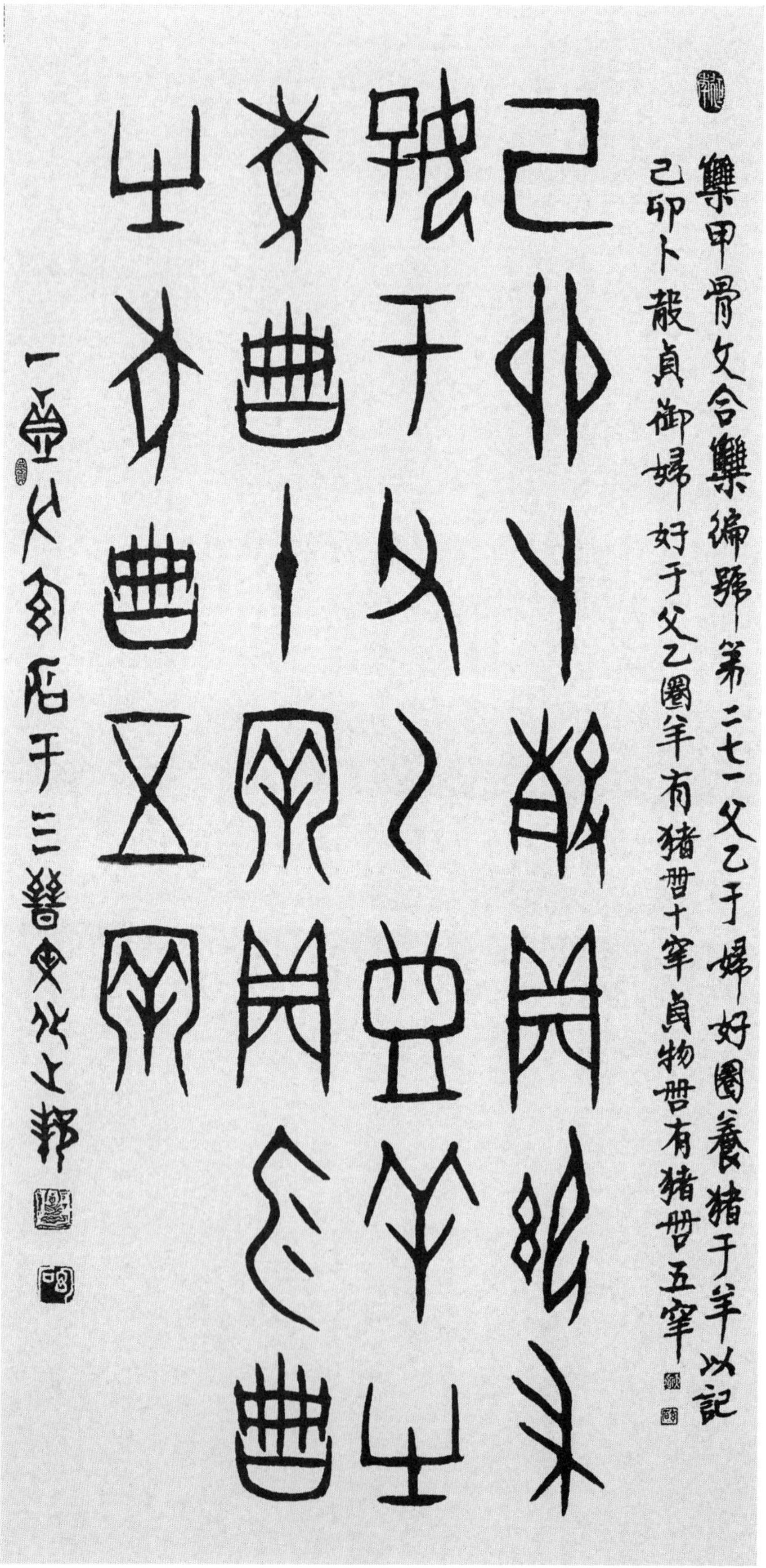

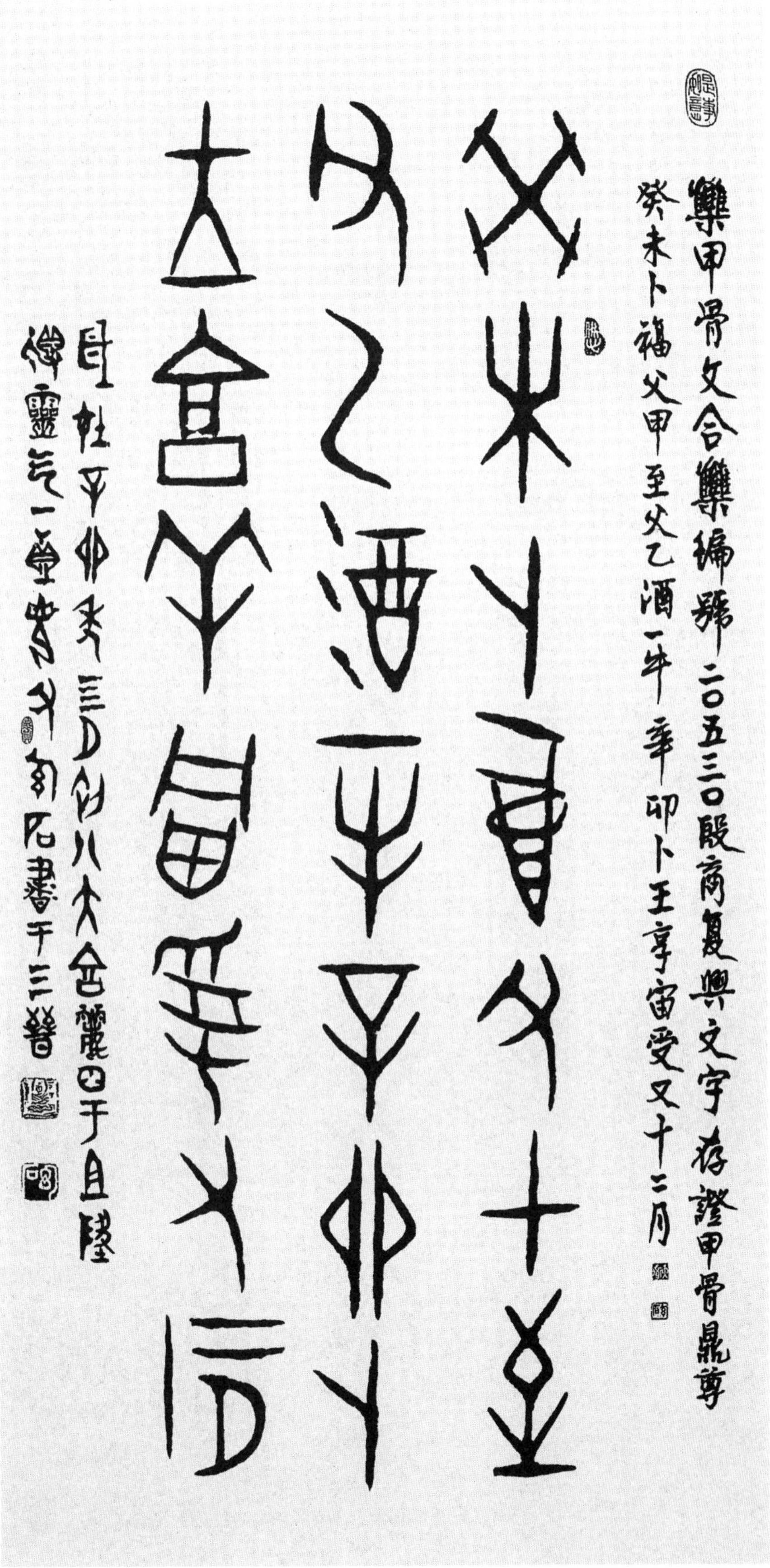

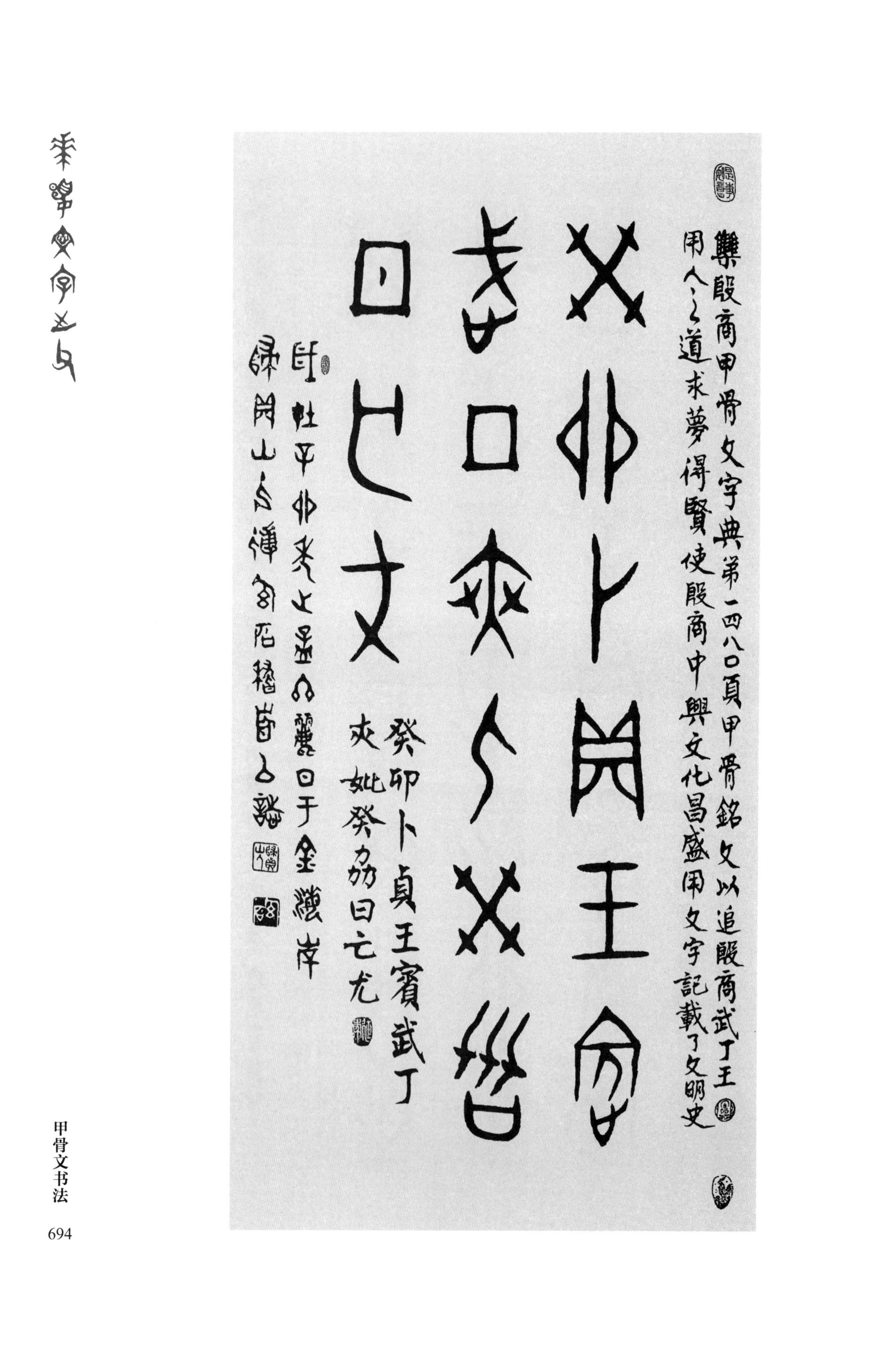

集殷商甲骨文字典第一四八〇頁甲骨銘文以追殷商武丁王用人之道求夢得賢使殷商中興文化昌盛用文字記載了文明史

癸卯卜貞王賓武丁夾妣癸劦日亡尤

據殷商甲骨文字典第九二八頁己卯卜㱿貞王父乙婦好生保
此件甲骨銘文刻契了父乙貞人與殷商武丁王夫人婦好爲商王室
貞卜祈福平安由此三千三百餘年前貞人占卜文化將永遠定格在這一
歷史的空間中成爲華夏精神支柱

識在新世紀伊始辛卯年之孟冬麗日於金海岸
得福軒觀悟甲骨銘文有感於懷遂筆以追摹
先祖智慧之靈光也歸貞傳紉石稽首

集殷商甲骨文字典第五〇九頁甲骨銘文以追摹前賢
此件甲骨銘文刻記了殷商復興父丁卜祝民衆生活安康
壬寅卜余界豕直乎于父丁服以戈

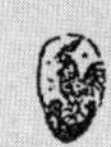

殷商甲骨文字典第六七三合四七七頁甲骨銘文以追摹
三千餘年父甲與父庚先賢為華夏貞史文化作出的巨大
奉獻銘記史冊 其拜在父甲王受又辛亥卜賊于父庚

丁酉卜賓貞婦好有受生王占曰吉其有受生

樂殷商甲骨文字典第六八九頁甲骨銘文以追摹前賢
丁酉卜賓貞婦好有受生王占曰吉其有受生

樂殷商甲骨文字典第五二二頁甲骨銘文以追先賢

己卯卜㱿貞御婦好于父乙𫹉羊有豕𠕋十宰

歲在辛卯秋孟泉上蘭日于金灣岸

錄帚山人傭名石穉岩之鈢

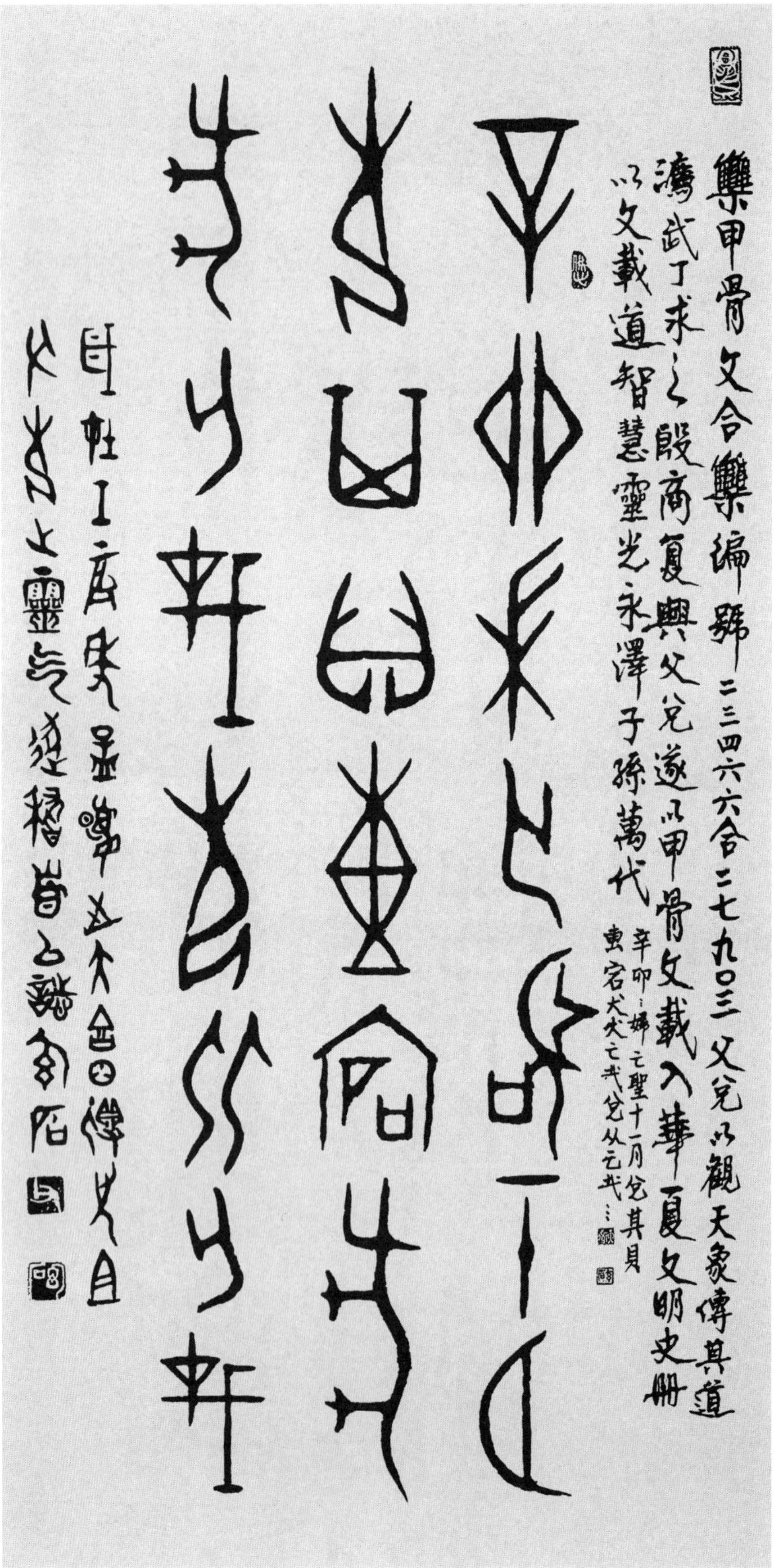
以文载道智慧灵光永泽子孙万代

樂甲骨文合集編號第七二三婦好于父乙占卜以誌

丁巳卜㱿貞酒婦好御于父乙貞物善先酒于父乙報卯三宰

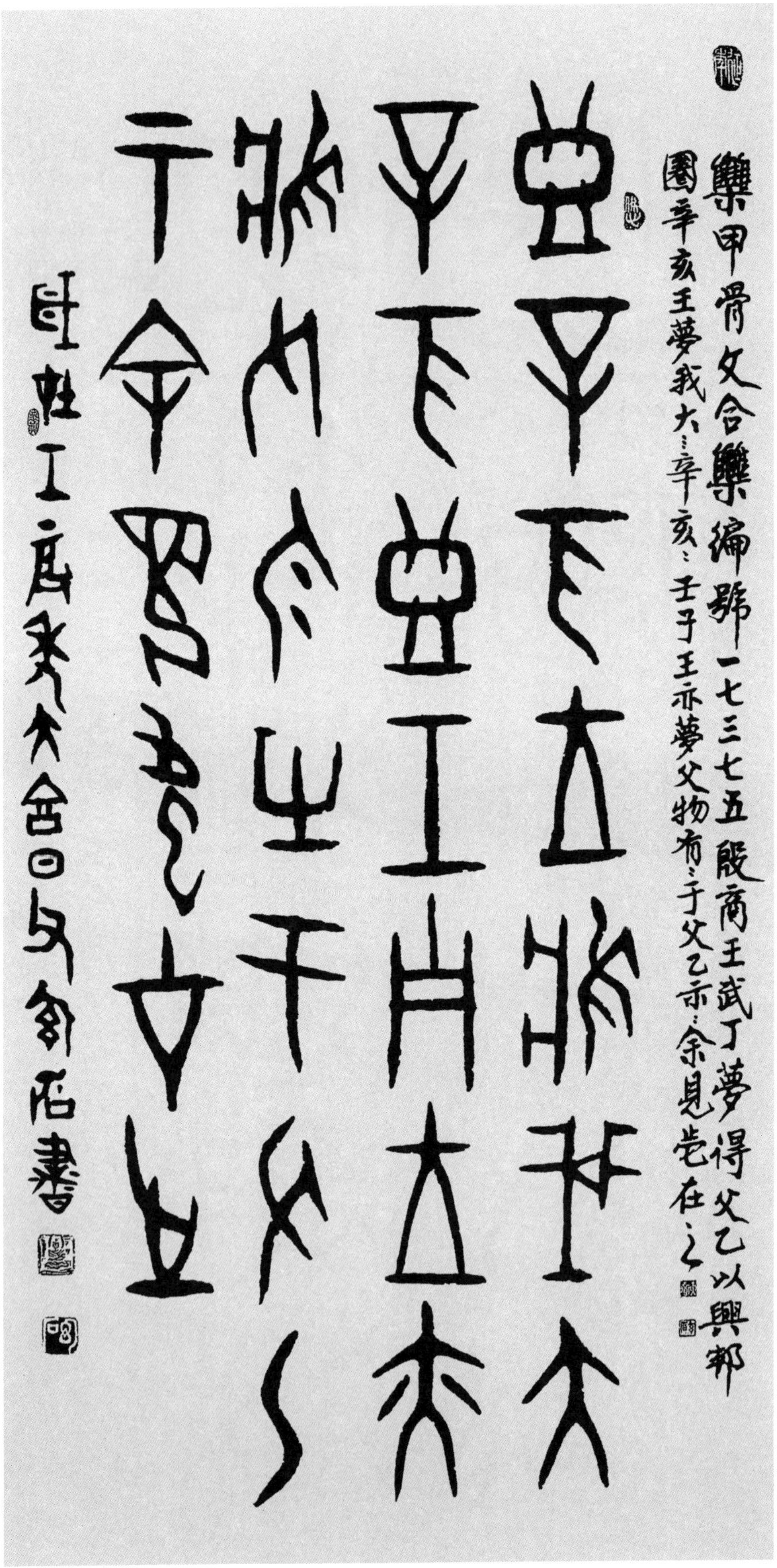
集甲骨文合集編號一七三七五殷商王武丁夢得父乙以興鄰
圖辛亥王夢我大=辛亥=壬子王亦夢父物有=于父乙示=余見乇在之

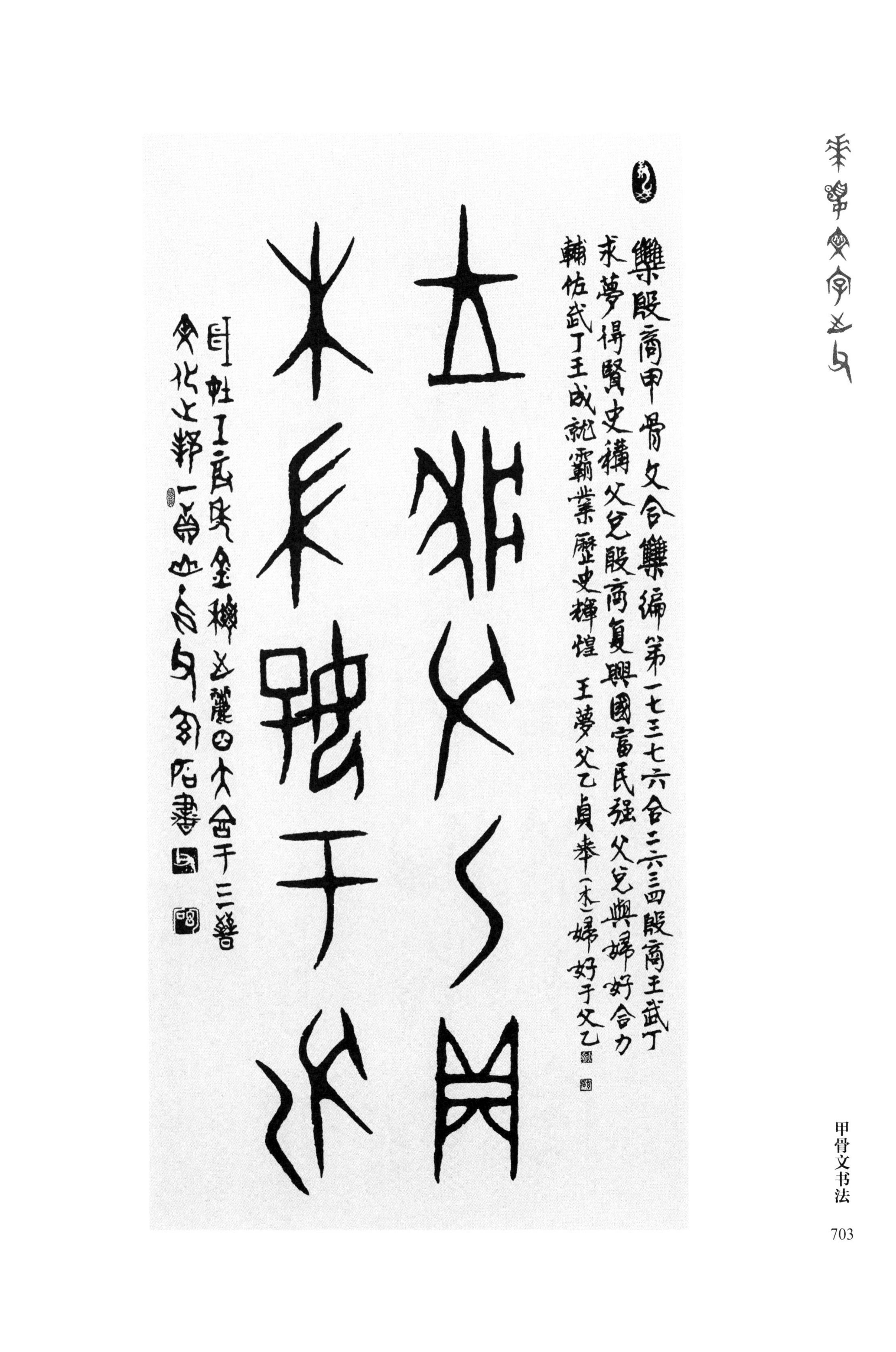

彙殷商甲骨文合彙編第一七三七六合二六三四殷商王武丁求夢得賢史構父兑殷商復興國富民强父兑與婦好合力輔佐武丁王成就霸業歷史輝煌 王夢父乙貞奉(木)婦好于父乙

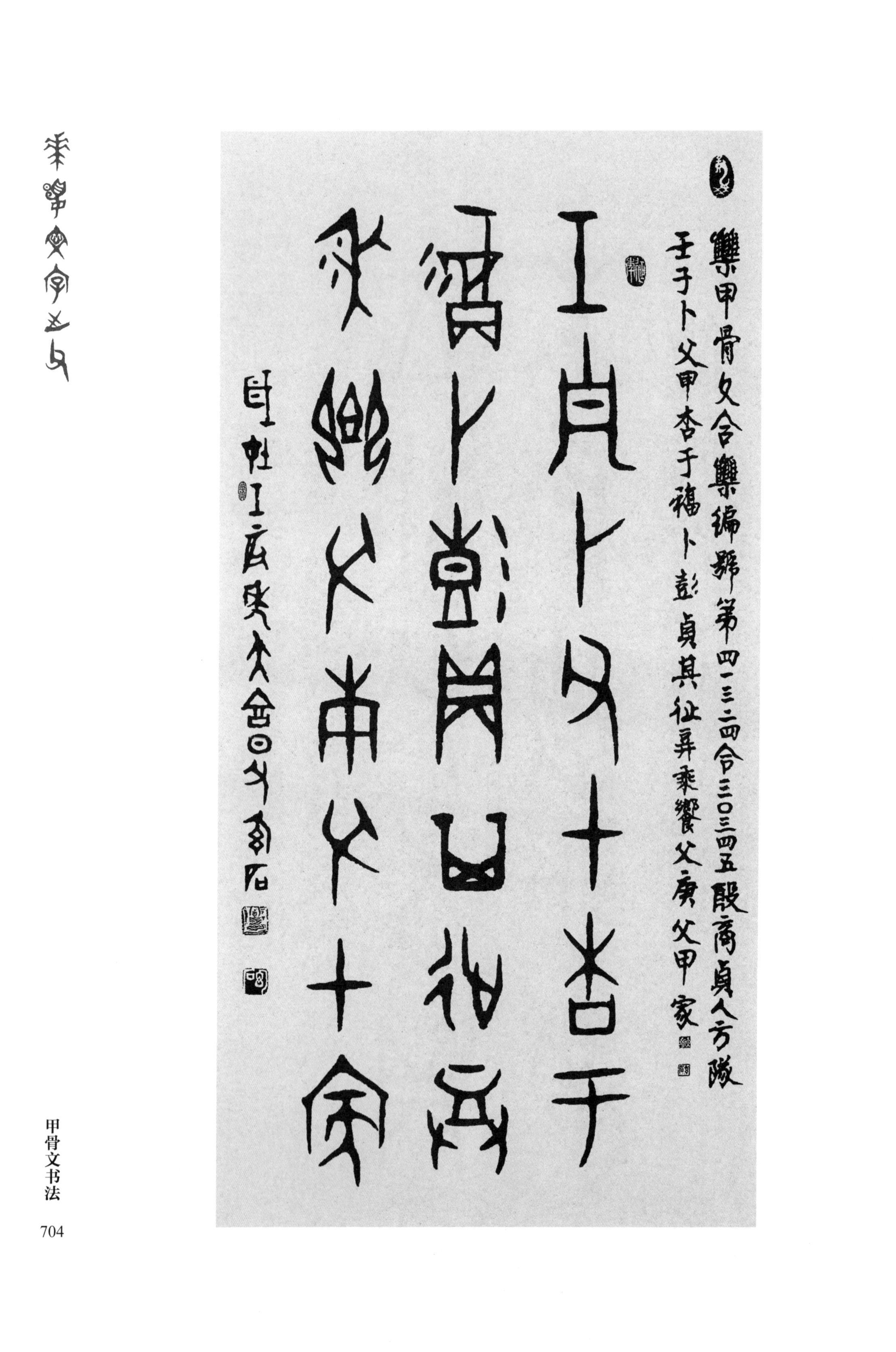

集甲骨文合集編號第四一三二四合三〇三四五殷商貞人方隊

壬子卜父甲杏于福卜彭貞其征彝秉饗父庚父甲家

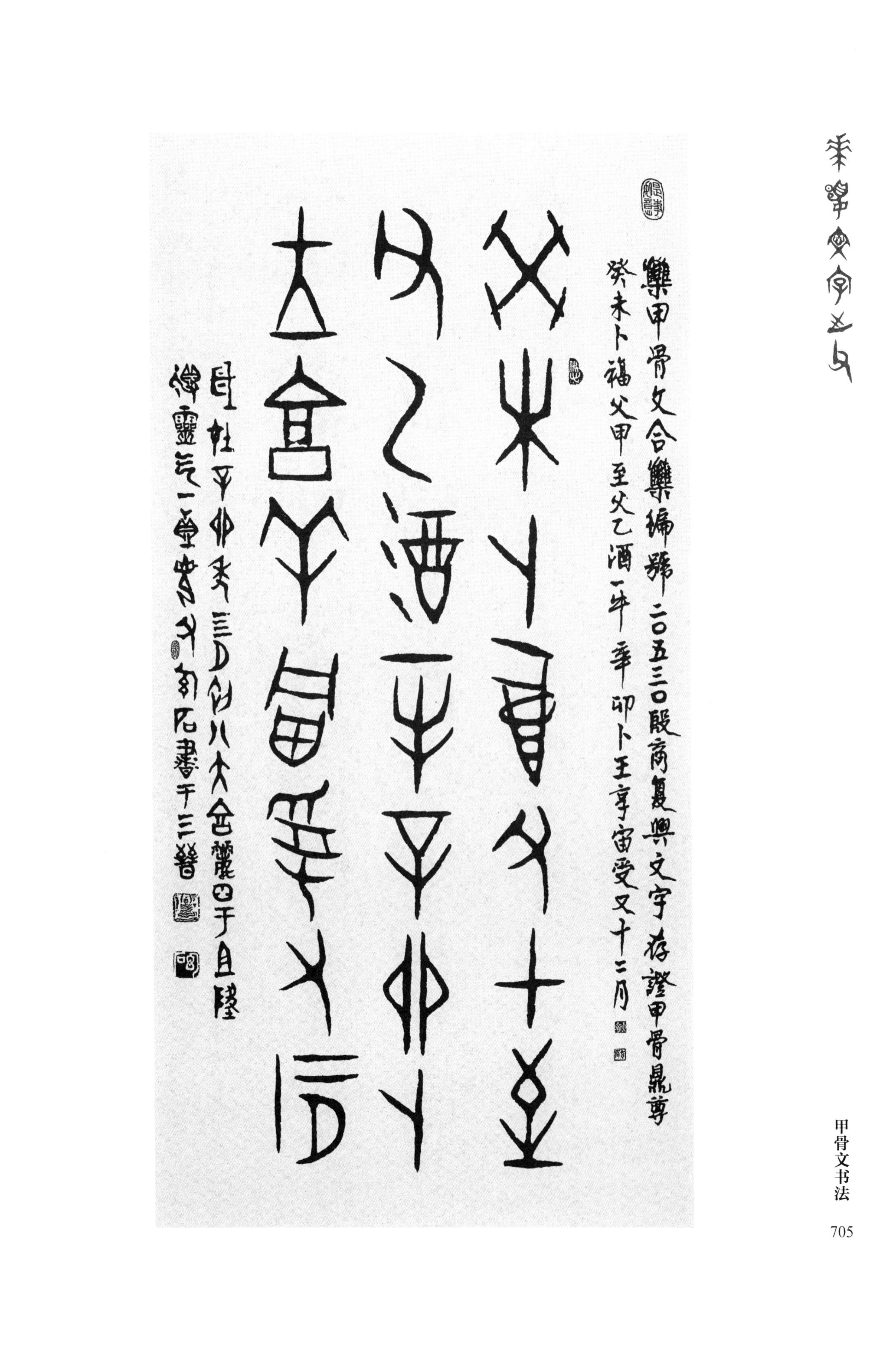

欒甲骨文合欒編號二〇五三〇殷商復興文字存證甲骨鼎尊

癸未卜福父甲至父乙酒一牛 辛卯卜王享宙受又十二月

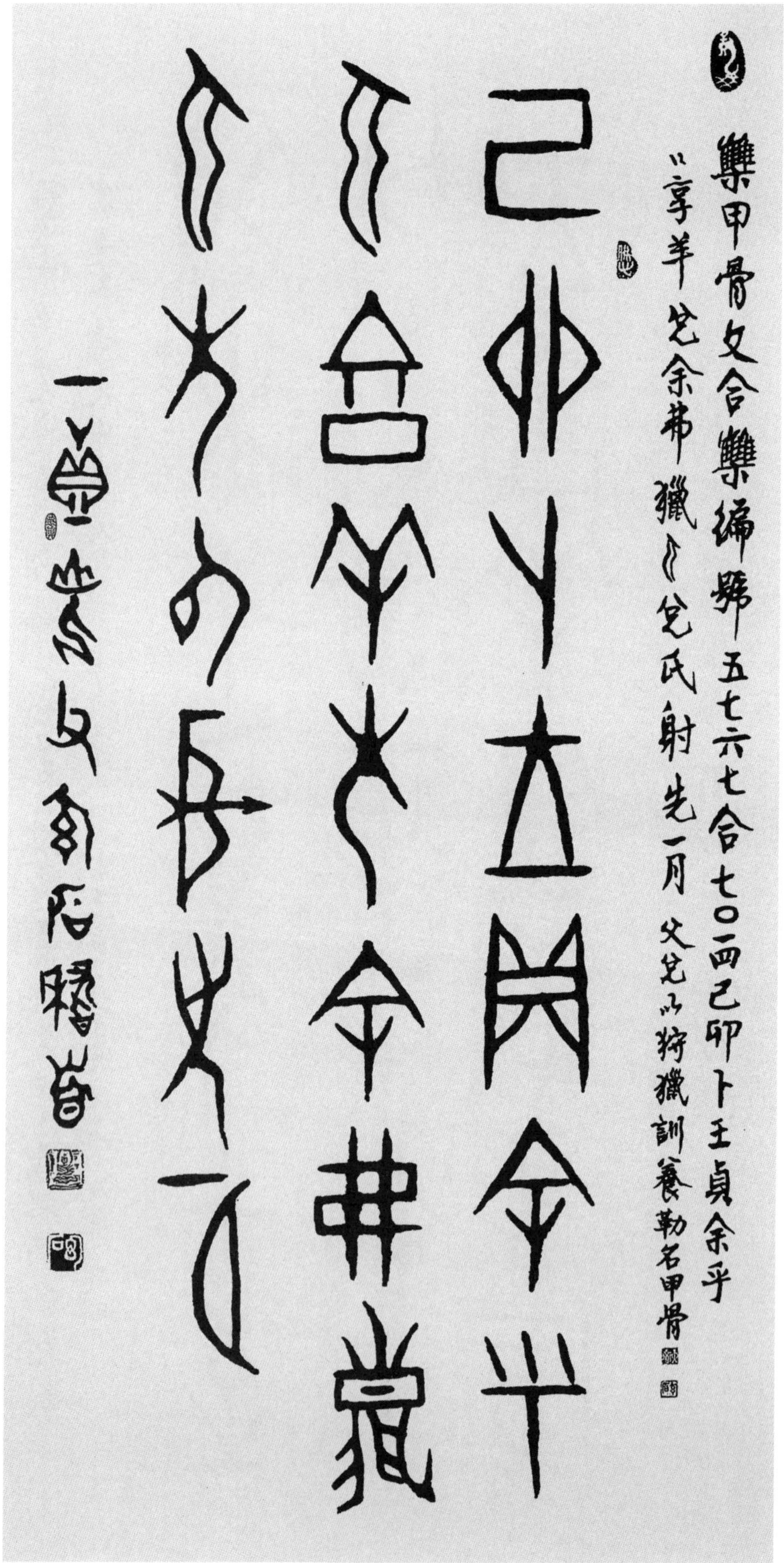

集殷商甲骨文字典第一五五二頁甲骨銘文以追摹
父戊先賢貞卜祈福爲殷商文化的延續不斷將此文字
刻于甲骨之上永銘于世 戊寅卜即貞叀父戊歲先飲十

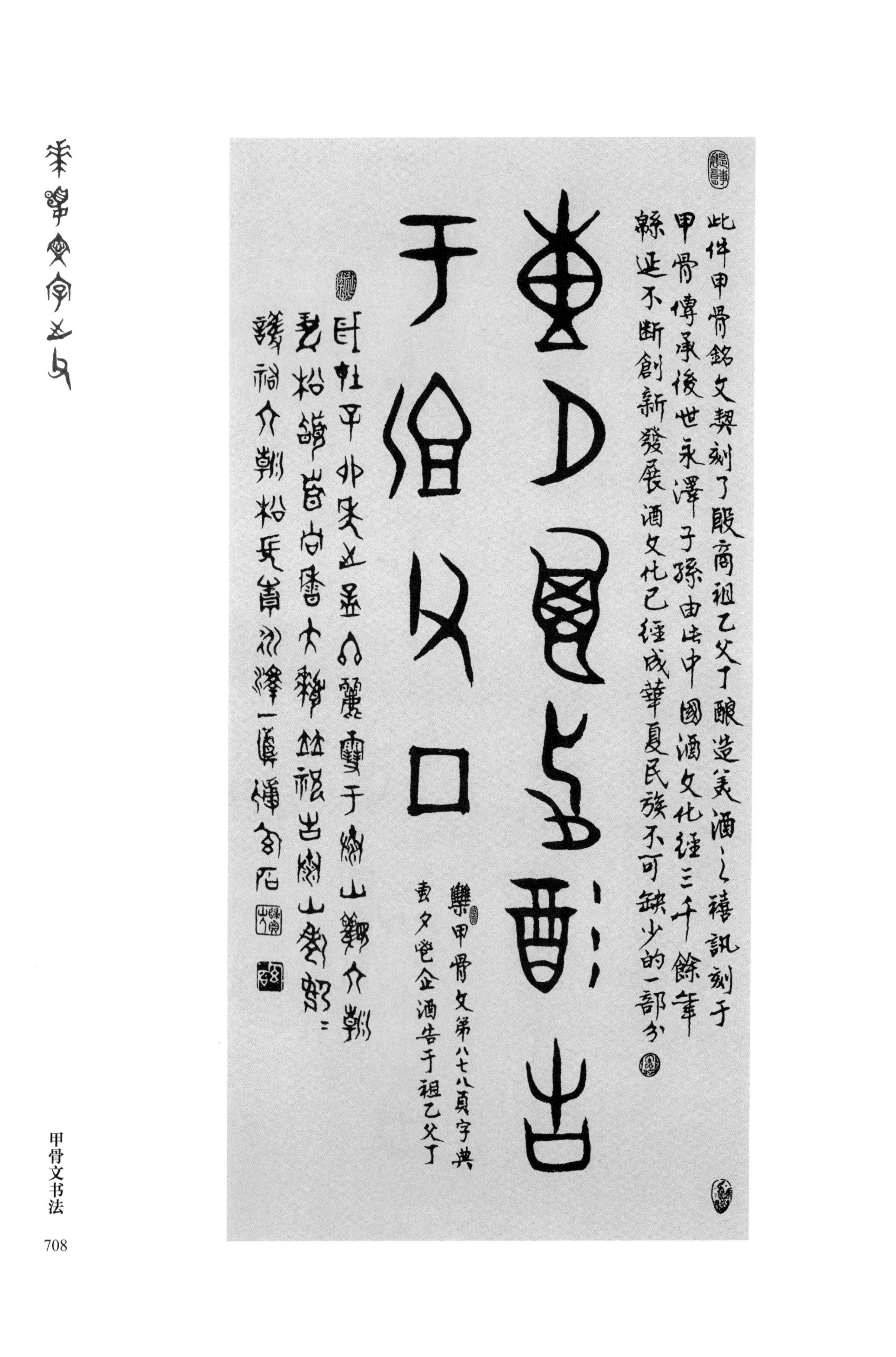

此件甲骨銘文契刻了殷商祖乙父丁釀造美酒、之禧訊刻于甲骨傳承後世永澤子孫由此中國酒文化經三千餘年綿延不斷創新發展酒文化已經成華夏民族不可缺少的一部分

樂甲骨文第八七八頁字典
叀夕皀企酒告于祖乙父丁

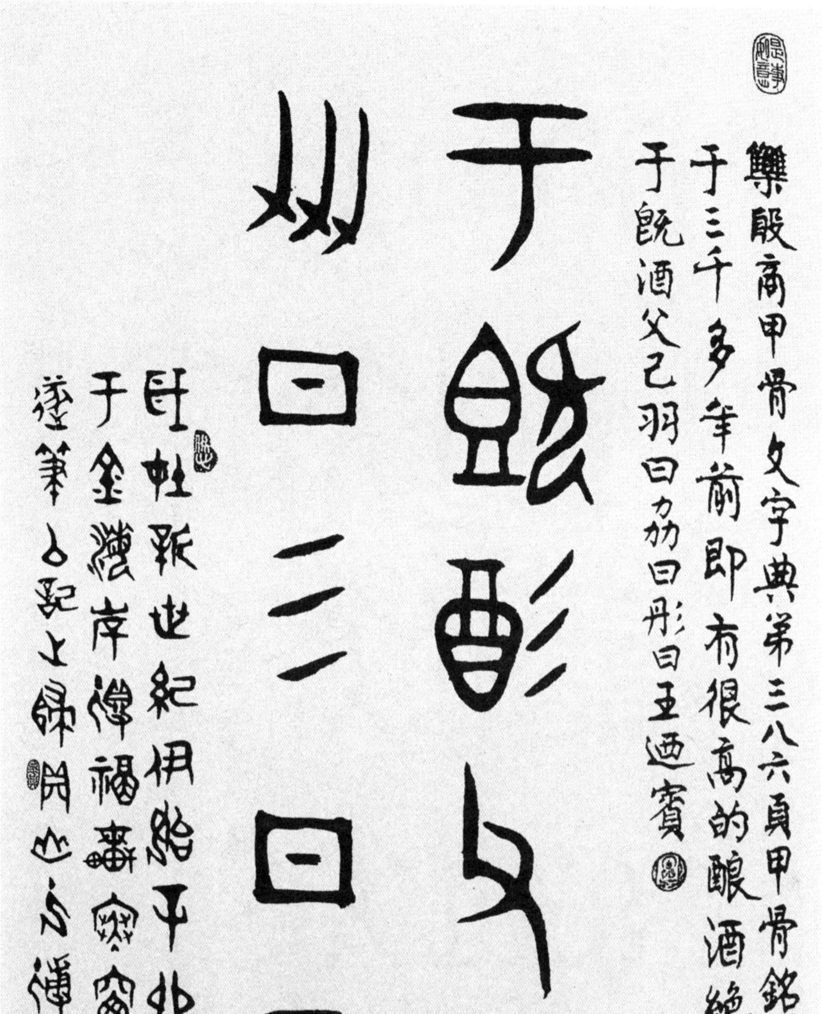

于既酒父己羽日劦日彤日王迺賓

殷商甲骨文字典第三八六頁甲骨銘文以追父己先賢于三千多年前即有很高的釀酒絕技並為商王共享

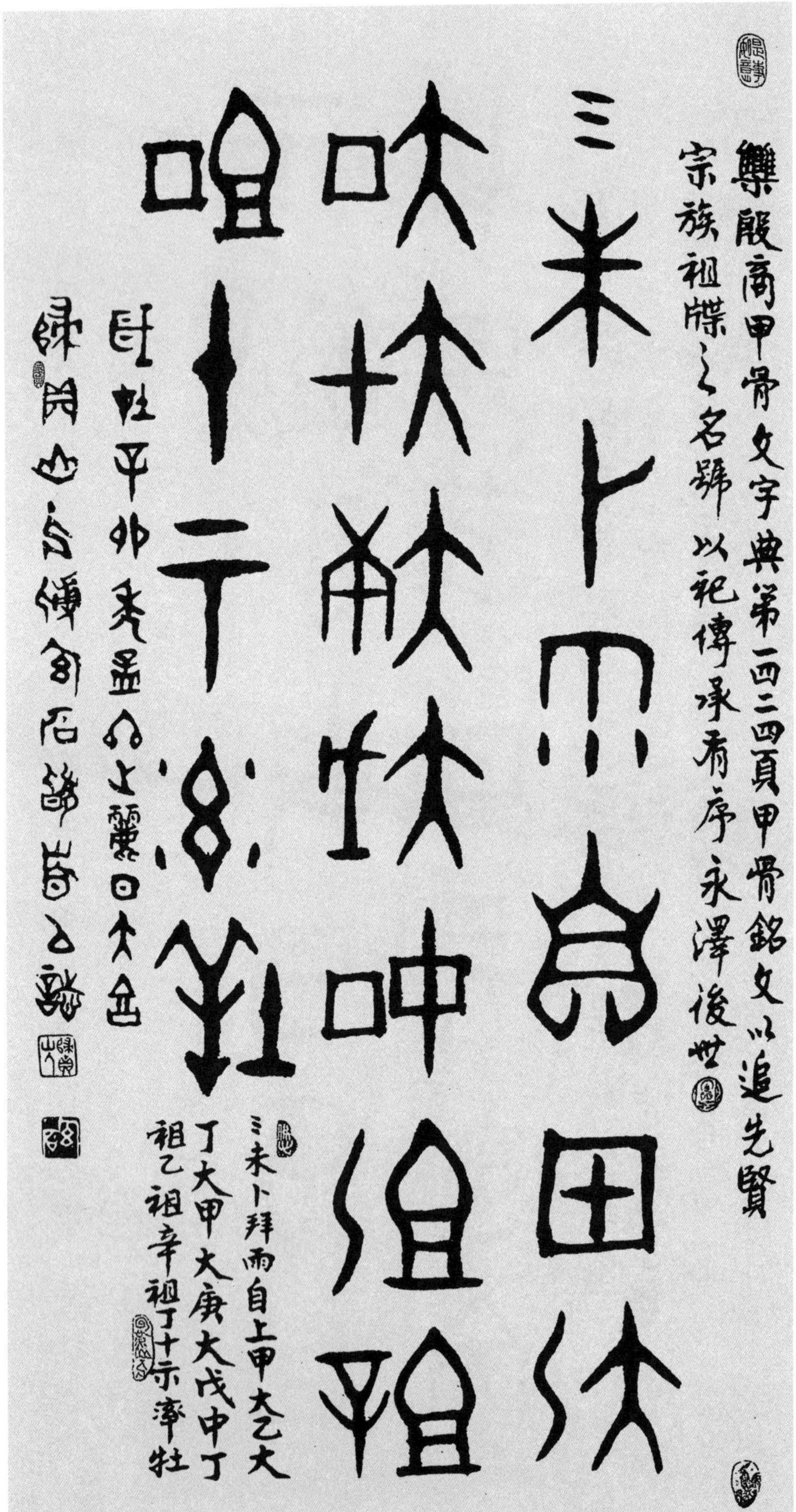

彙殷商甲骨文字典第一四二四頁甲骨銘文以追先賢
宗族祖牒之名歸以祀傳承有序永澤後世
三未卜拜雨自上甲大乙大
丁大甲大庚大戊中丁
祖乙祖辛祖丁十示率牡

樂殷商甲骨文字典第七七九頁甲骨銘文以誌
丁丑卜賓貞父乙允秫多子貞父乙弗秫多子

甲骨文合集

十天干之
父戊
父丁
父丙
父乙
父甲
父癸
父壬
父辛
父庚
父己

王夢父乙

17376

亞㚸、=夢父=日。

5682

①、貞、辛亥王夢我大⋮②、辛亥貞壬子王亦夢父、
勿有若⋮于父乙示。余見𡆥在之。

17375

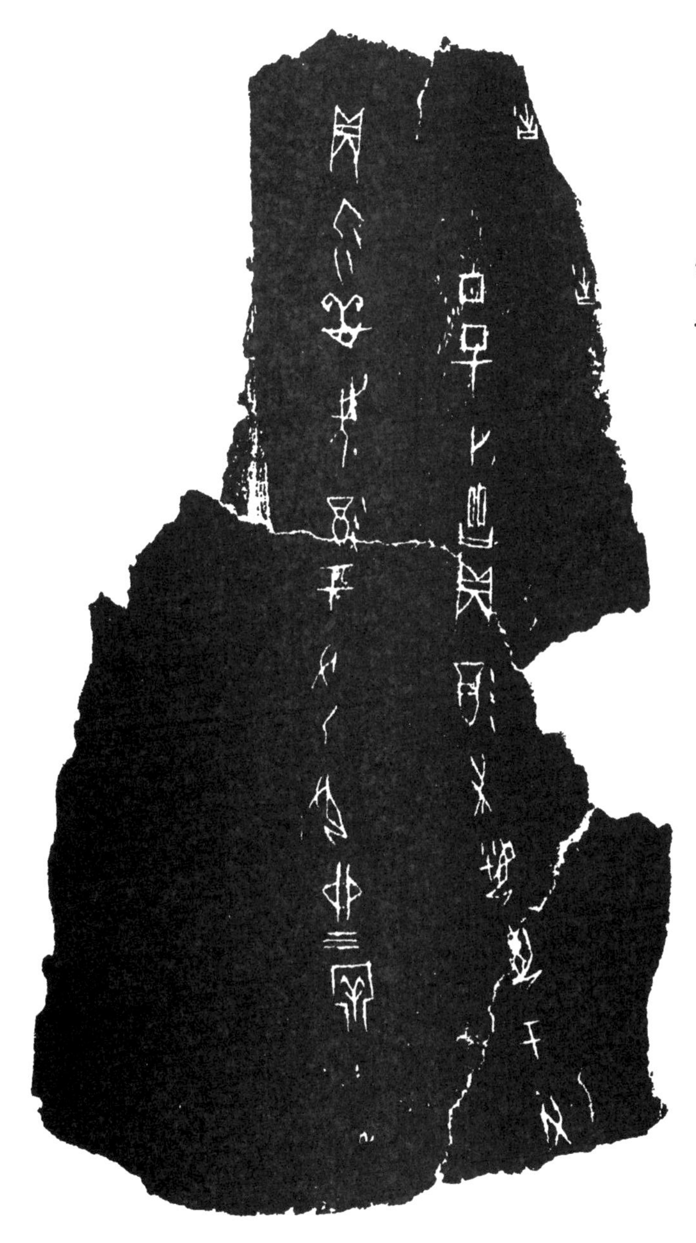

1. 丁巳卜、展、貞酒婦好御于父乙。

2. 貞物善先酒于父乙报、卯三宰。

712

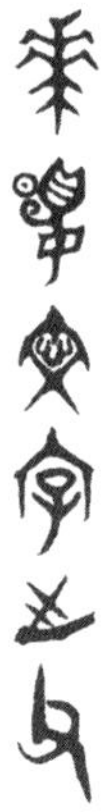

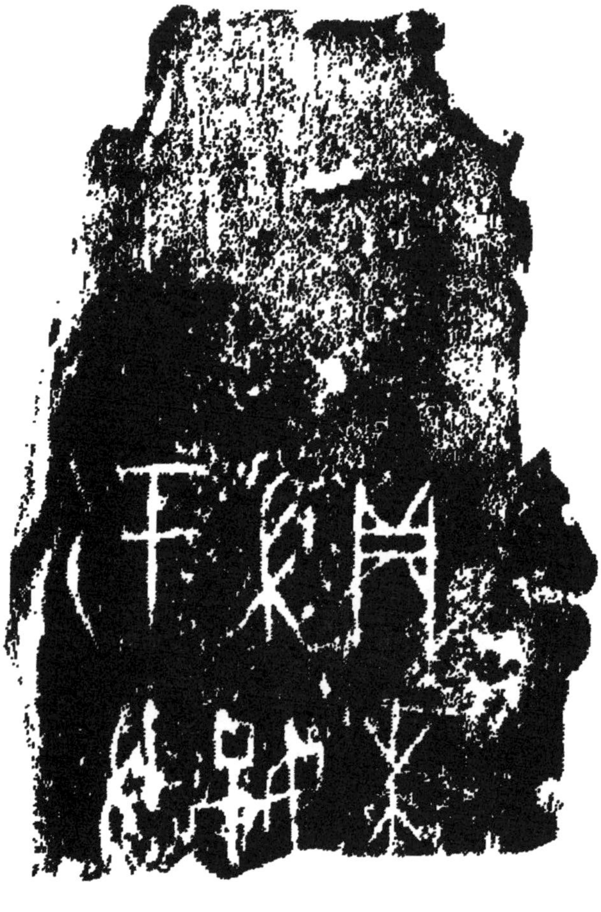

貞木婦好于父乙。

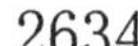

2634

271

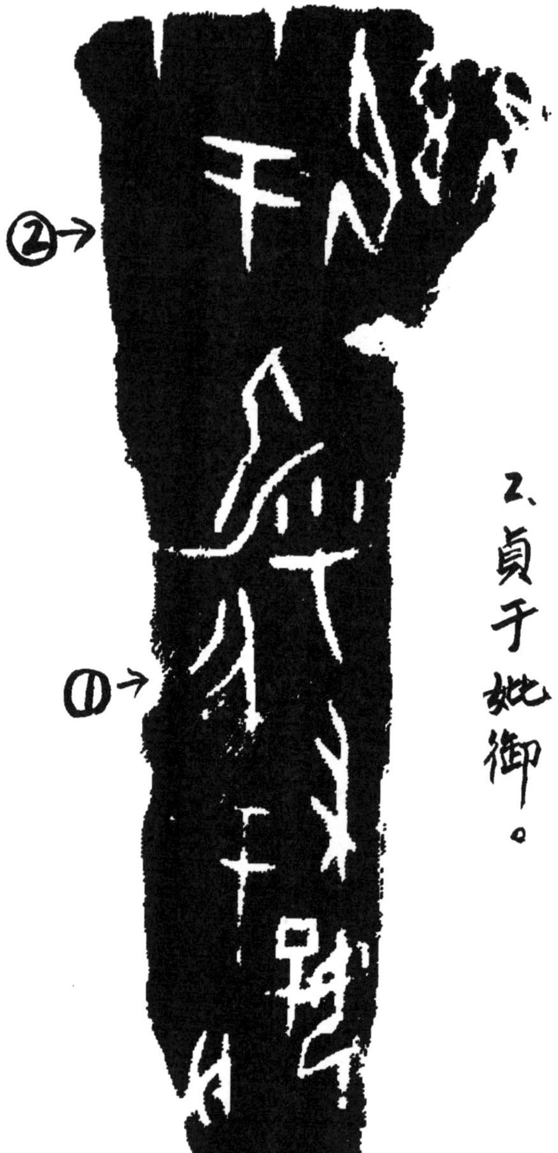

1、乎婦好有永于父乙。

2、貞于妣御。

2609

1. 徃…其…。2. 御婦好于父乙。
3. 于妣癸御婦。4. 于妣壬。

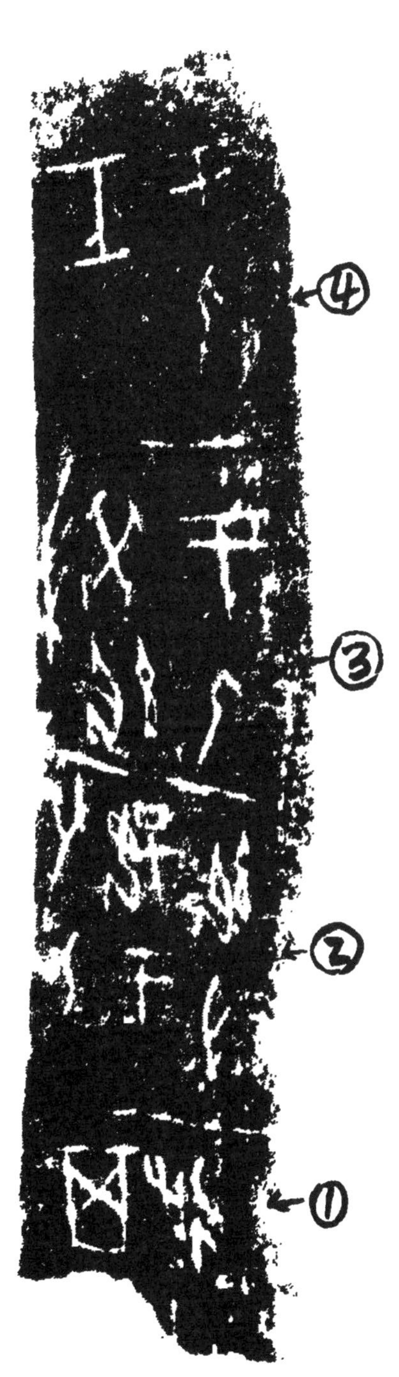

2613

2614

1、甲戌卜、殼、貞物善御婦好之于父乙。
2、其……禍。

2627

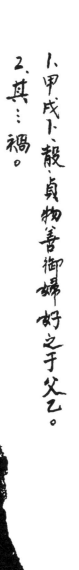

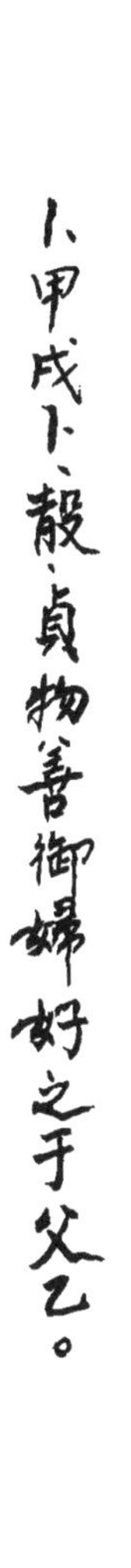

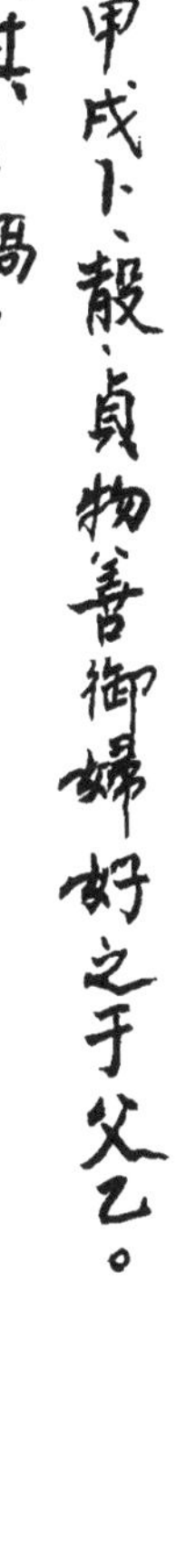

2646

1、庚戌卜、亘、貞王其疾禍。
2、庚戌卜、亘、貞王弗疾禍、王占曰：勿疾。凡有疾
3、貞有疾身隹有壱4、貞婦好弗其禍……
5、貞婦禍有疾。6、貞婦龍。7、不其龍。
8、乎子賓報父乙。9、貞物乎子賓報父乙。
10、貞乎子賓報父乙冊報重卯宰。11、于妣己。12、物于妣己。
13、貞于羌甲、知。14、物于羌甲御。15、貞有于祖辛。
16、貞四報于祖辛。17、物四報于祖辛。18、貞十報于祖辛……。

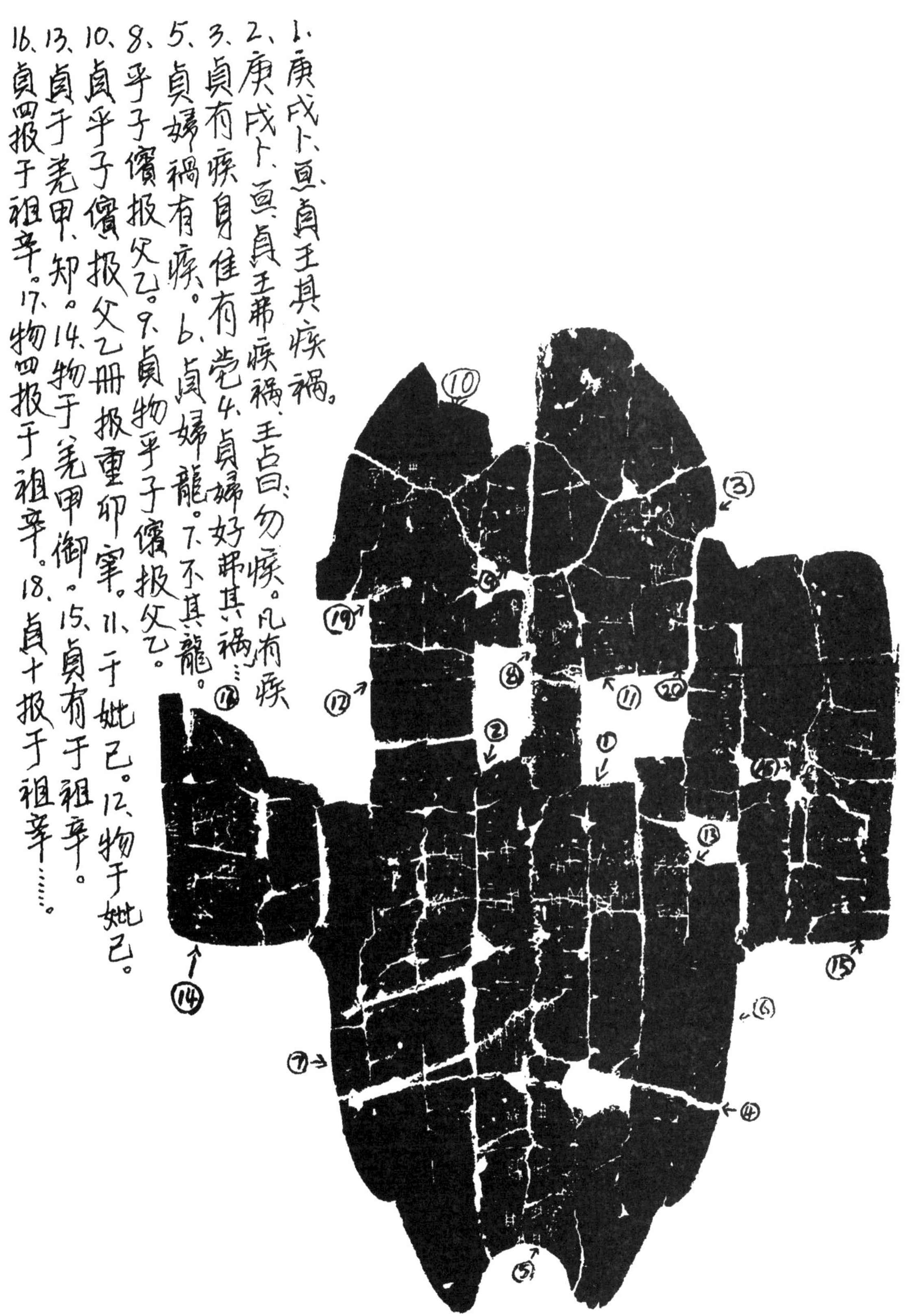

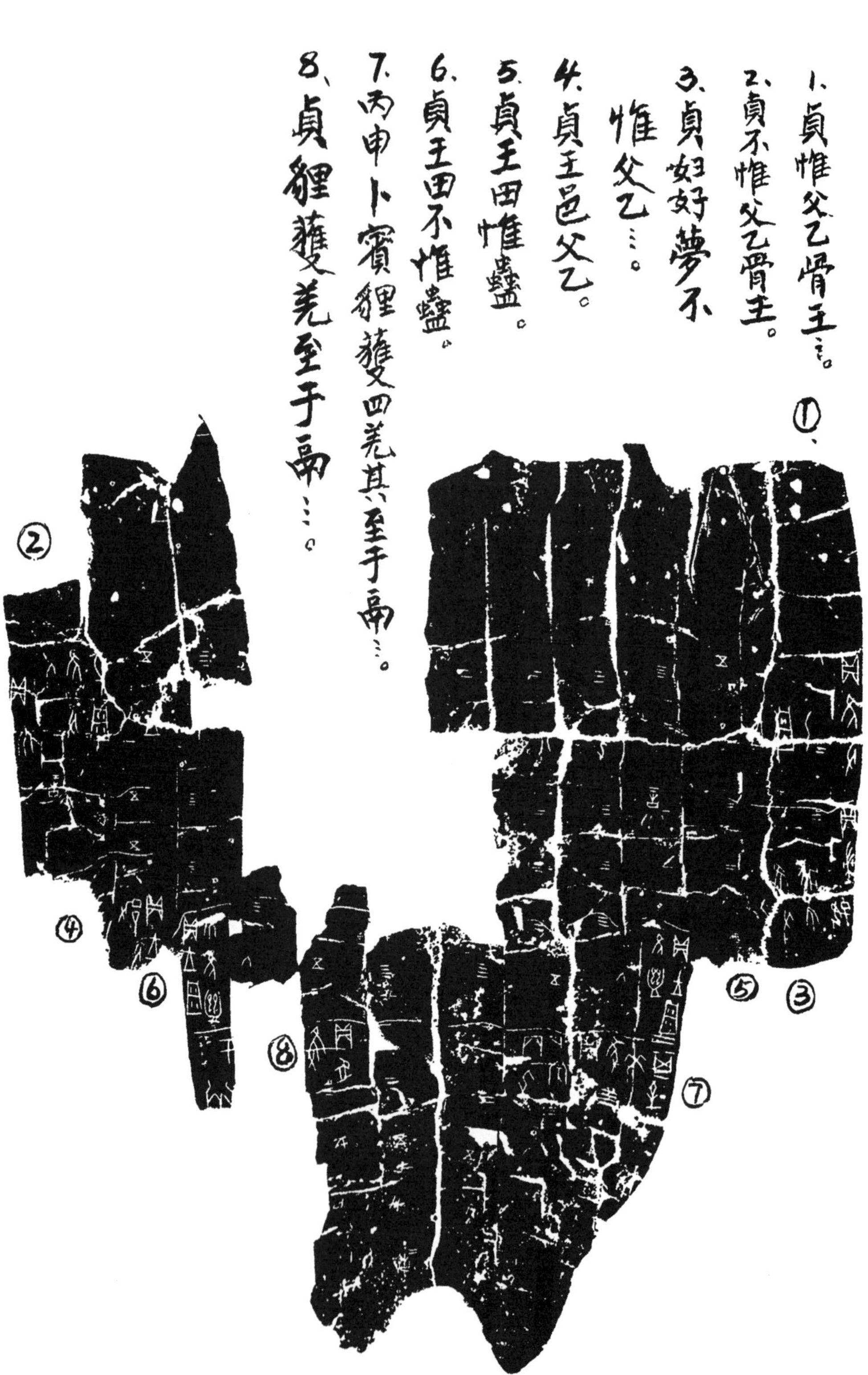
1、貞惟父乙骨王。
2、貞不惟父乙骨王。
3、貞妇好夢不惟父乙。
4、貞王邑父乙。
5、貞王田惟蠱。
6、貞王田不惟蠱。
7、丙申卜賓貍獲四羌其至于鬲。
8、貞貍獲羌至于鬲。
①
②
③
④
⑤
⑥
⑦
⑧

201

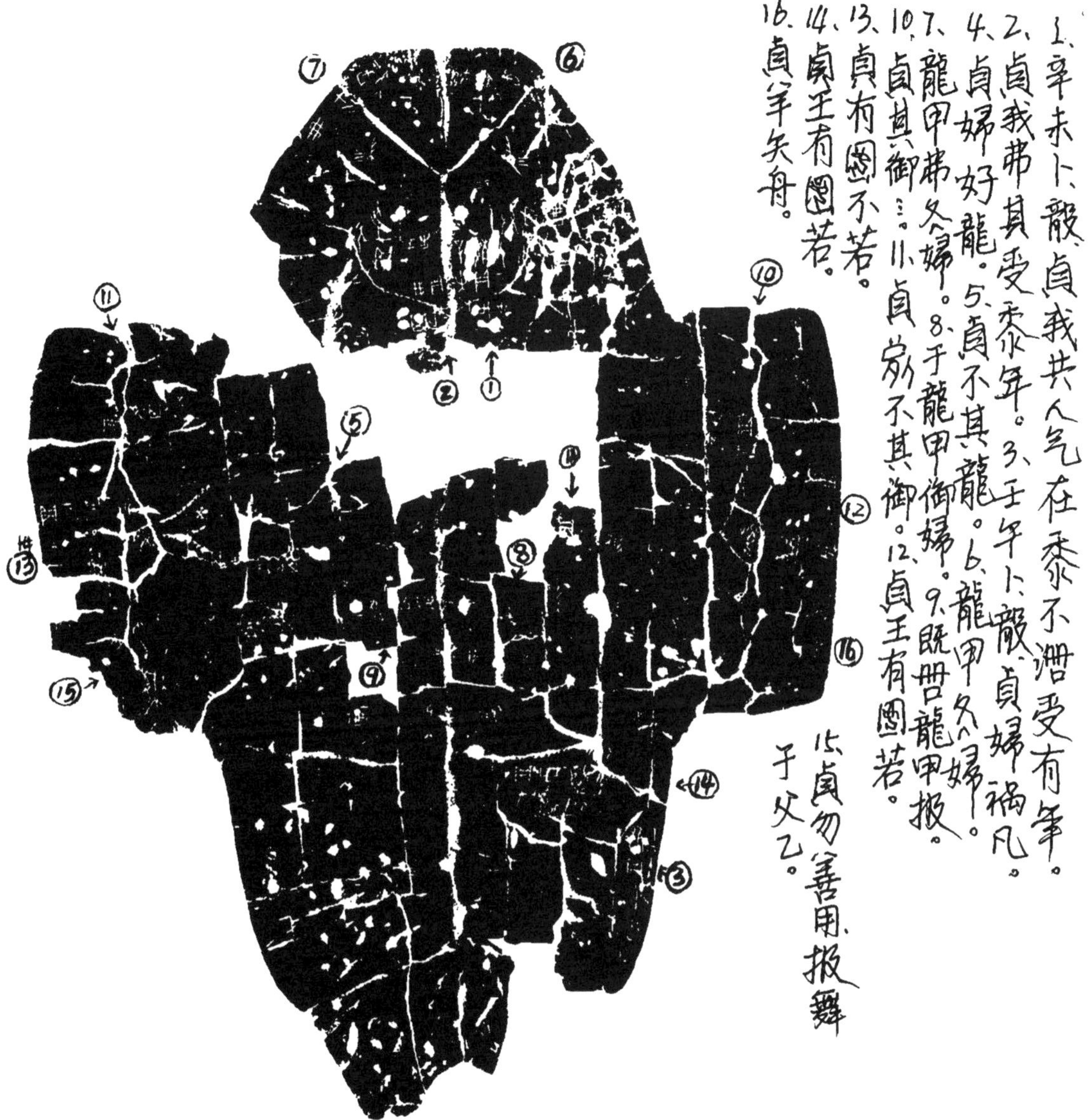
1、辛未卜，㱿，貞我共人乞在黍不𣳾受有年。
2、貞我弗其受黍年。3、壬午卜，㱿，貞婦禍凡。
4、貞婦好龍。5、貞不其龍。6、龍甲久婦。
7、龍甲弗久婦。8、于龍甲御婦。9、既冊龍甲报。
10、貞其御。11、貞岎不其御。12、貞王有囧若。
13、貞有囧不若。
14、貞王有囧若。
16、貞羊矢舟。
15、貞勿善用，报舞于父乙。

795

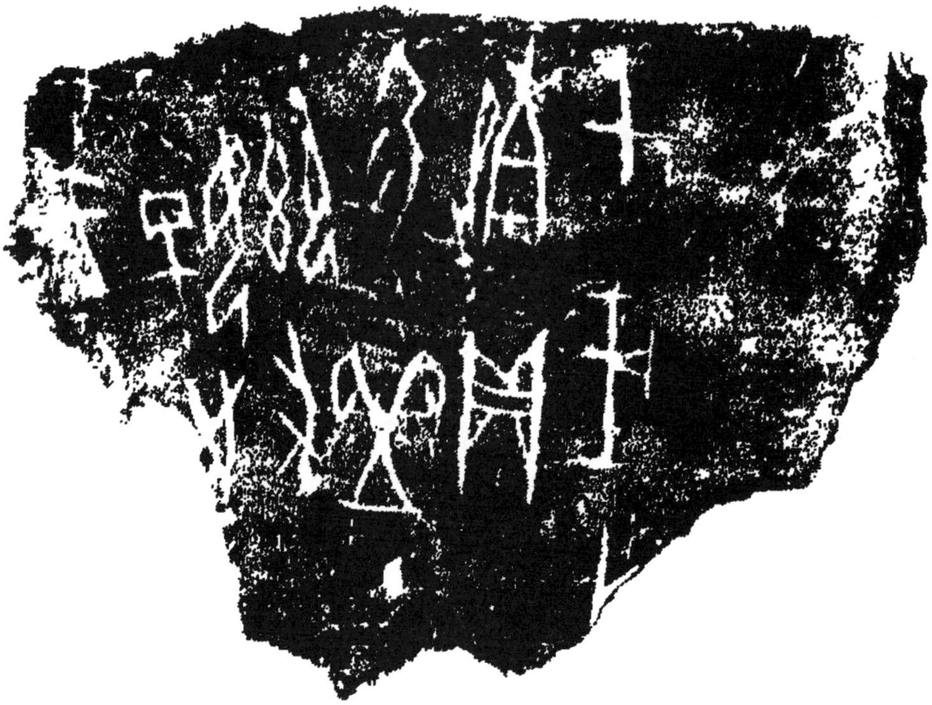

甲戌卜、㱿、貞物善御婦好
之于父乙口

2628

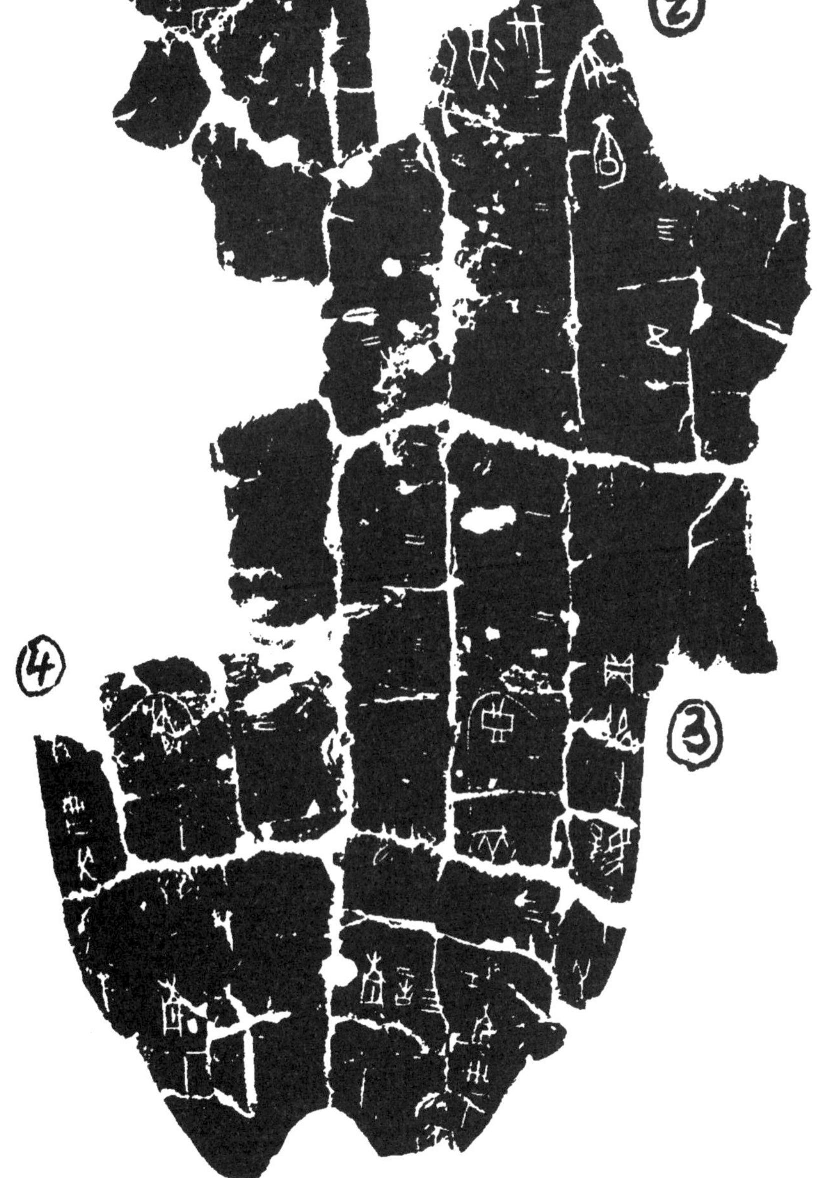

1、庚[illegible]宰十、有宰、2、乙亥酒伐不[illegible]三。
3、貞知婦好于父乙[illegible]宰、有青、冊十宰三。
4、貞勿冊父乙十艮、十宰、青十、二告。

702

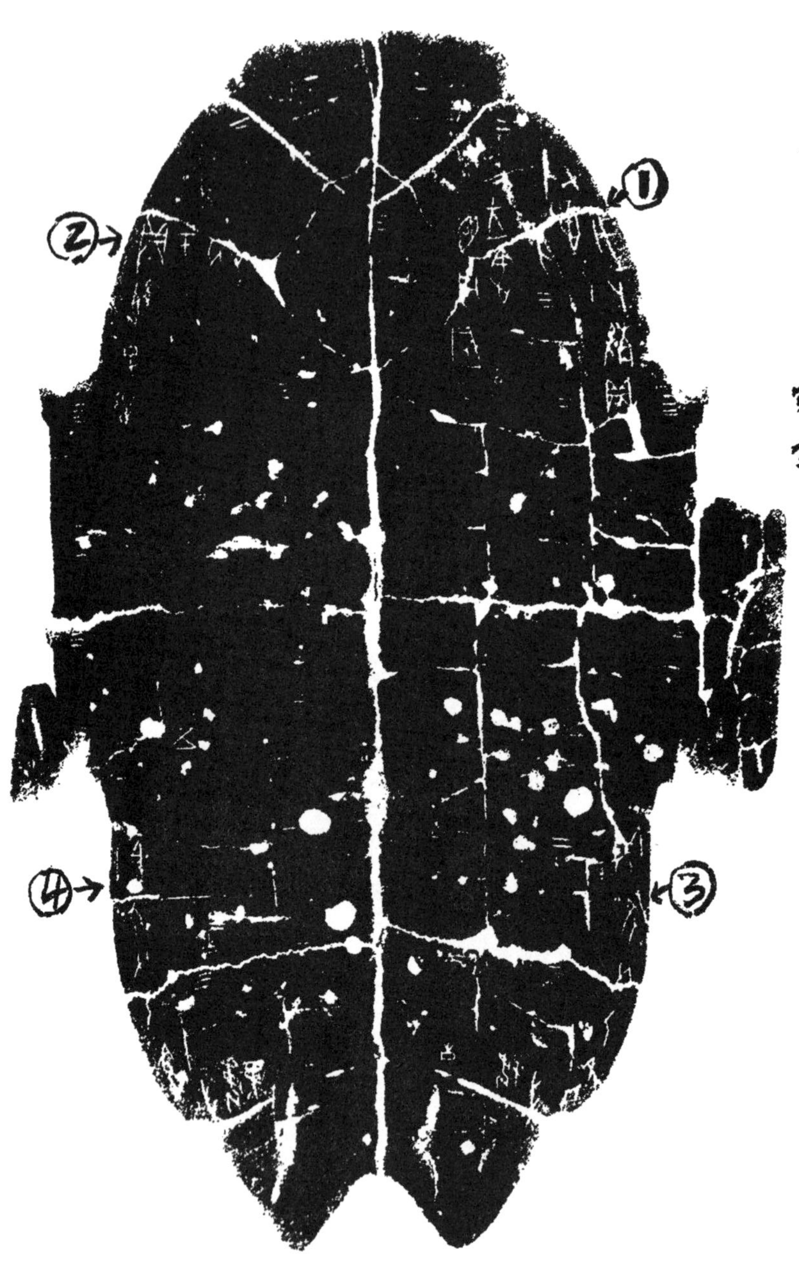

6032

1、甲戌卜、㱿、貞翌乙亥王余止首亡禍。
2、貞御子絆于父乙……。
3、貞隹父乙冬婦好……二告
4、貞不隹父乙冬婦好

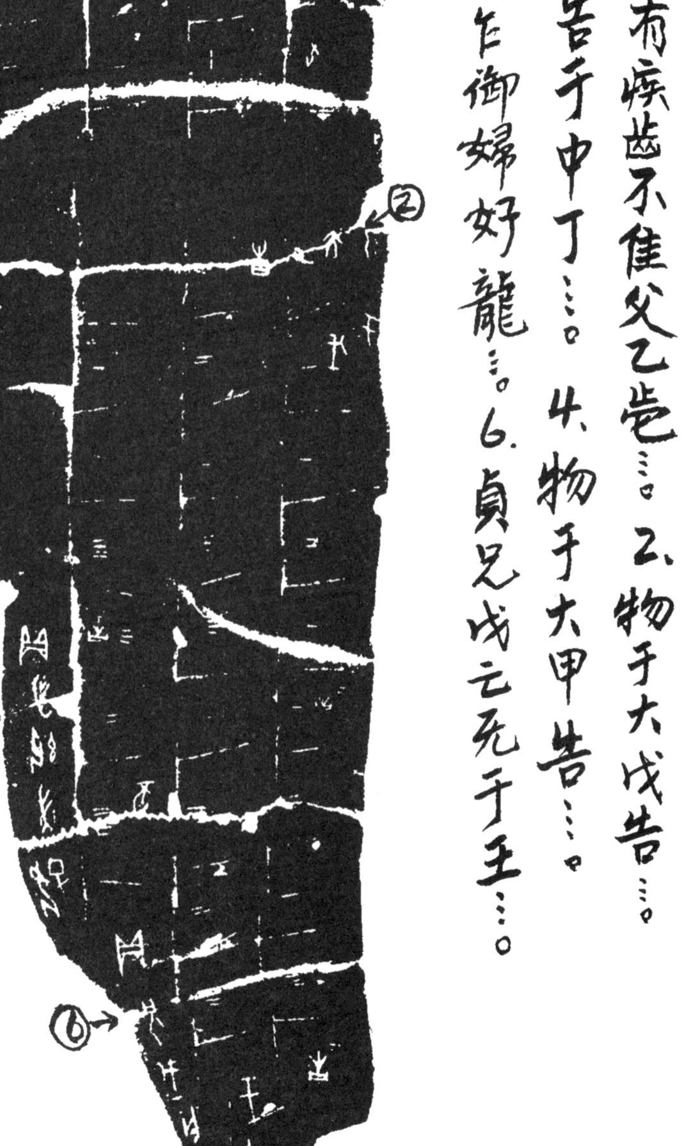
1、貞有疾齒不隹父乙壱…。2、物于大戉告…。
3、物告于中丁…。4、物于大甲告…。
5、貞乍御婦好龍…。6、貞兄戉亡禾于壬…。

13646

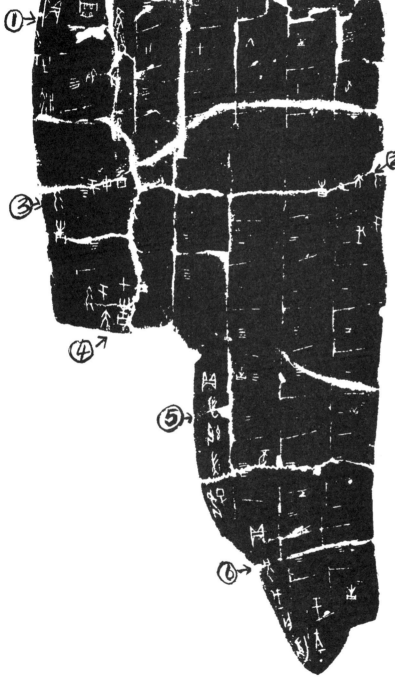

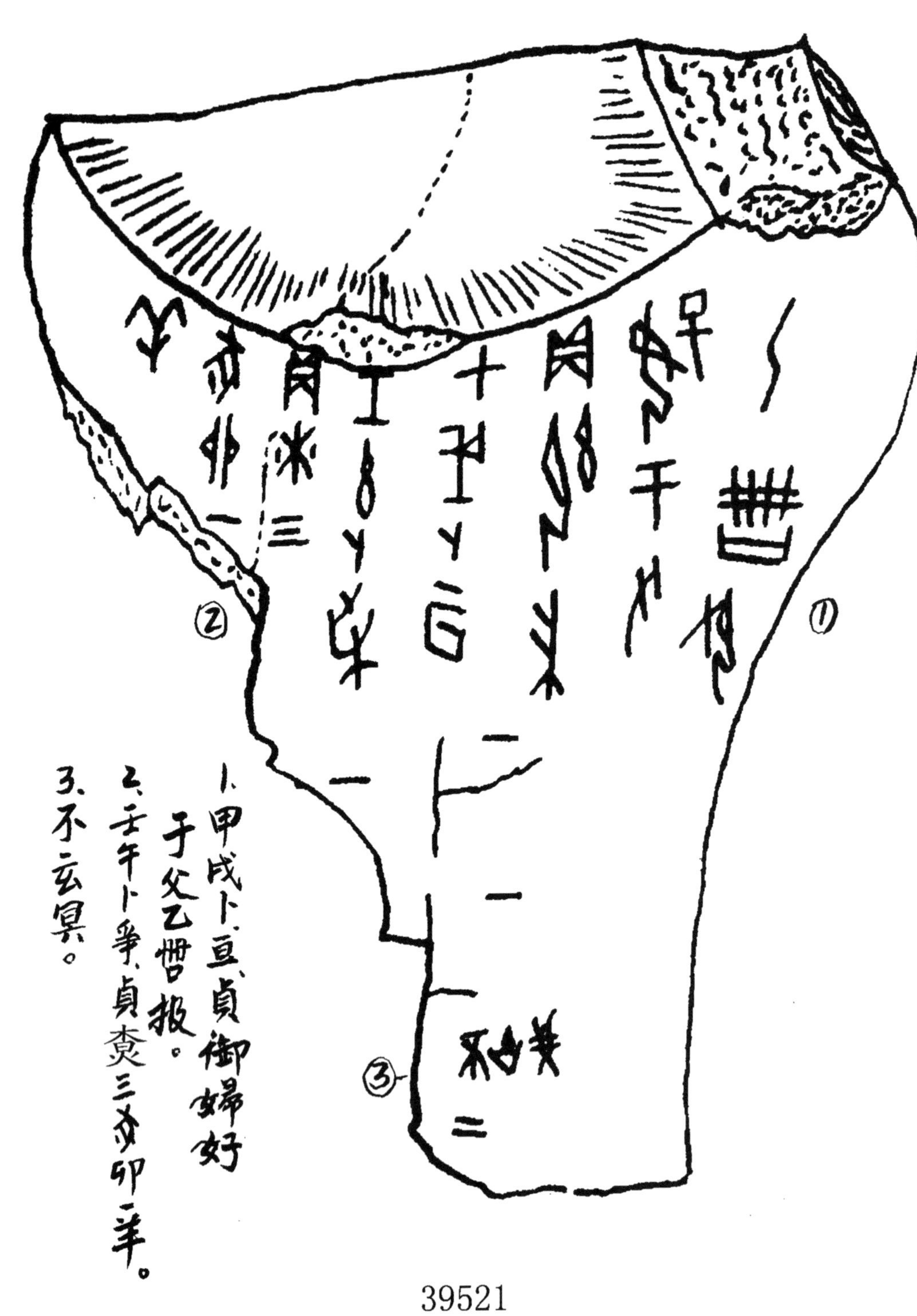

1、甲戌卜、亘、貞御婦好于父乙冊报。
2、壬午卜爭、貞尞三犬卯一羊。
3、不云冥。

39521

貞其有来艱自沚…五。
貞亡来艱自沚。…五。
貞使人于尞。…二告…五。
貞物使人于寮。…五。
貞王…龍…二告…五。
貞王不其从龍。…四。
貞祖丁𢀛父乙卷王。…五。
貞祖丁弗𢀛父乙卷王。
南庚𢀛父乙卷王。…四
貞南庚弗𢀛父乙卷王。
貞允舌王。
「反面：貞有祖丁于婦好。」

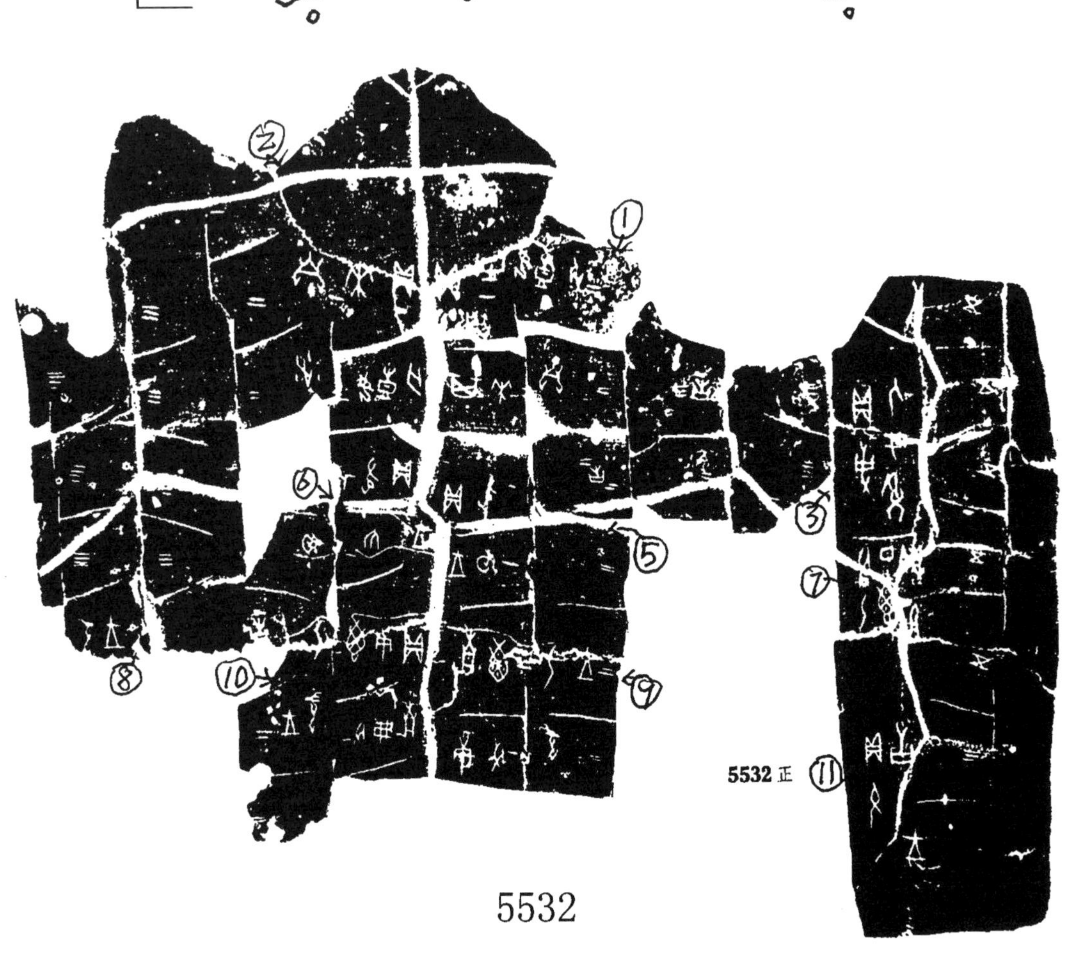

5532

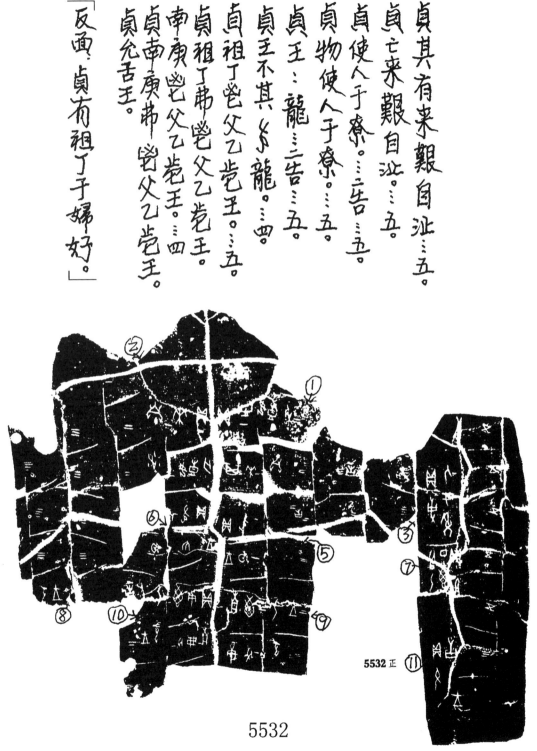

775

貞王条戈人。貞王弗条戈人。王其飲。貞今……娩……貞亡来風。

于父甲。于父辛。有妣庚垂。物垂。二垂。物三垂。三垂……。

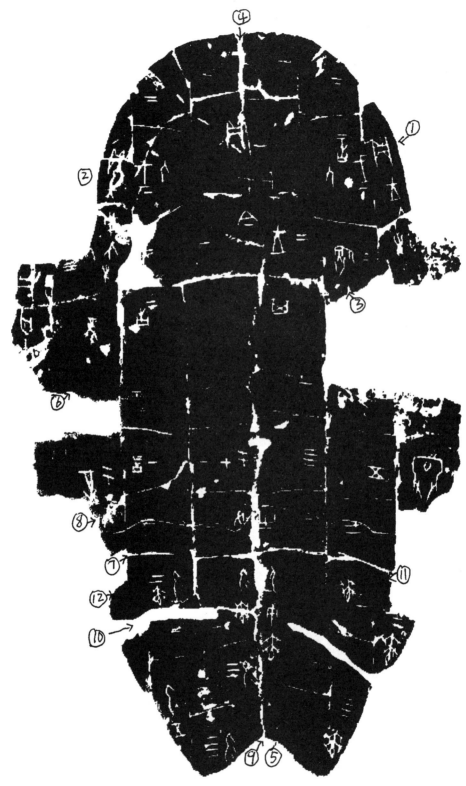

2132

1. 癸未卜：畐父甲至父乙酒一牛。
2、癸卯卜、王、享宙受又。十二月。

20530

1. 癸巳卜，翌惟父乙。
2. 惟父辛夕[illegible]。
3. 惟父庚夕[illegible]。
4. 惟父甲夕[illegible]。
5. ⋯⋯祖丁⋯⋯

22193

三亥卜：羌二方白其用于祖丁、父甲。

26925

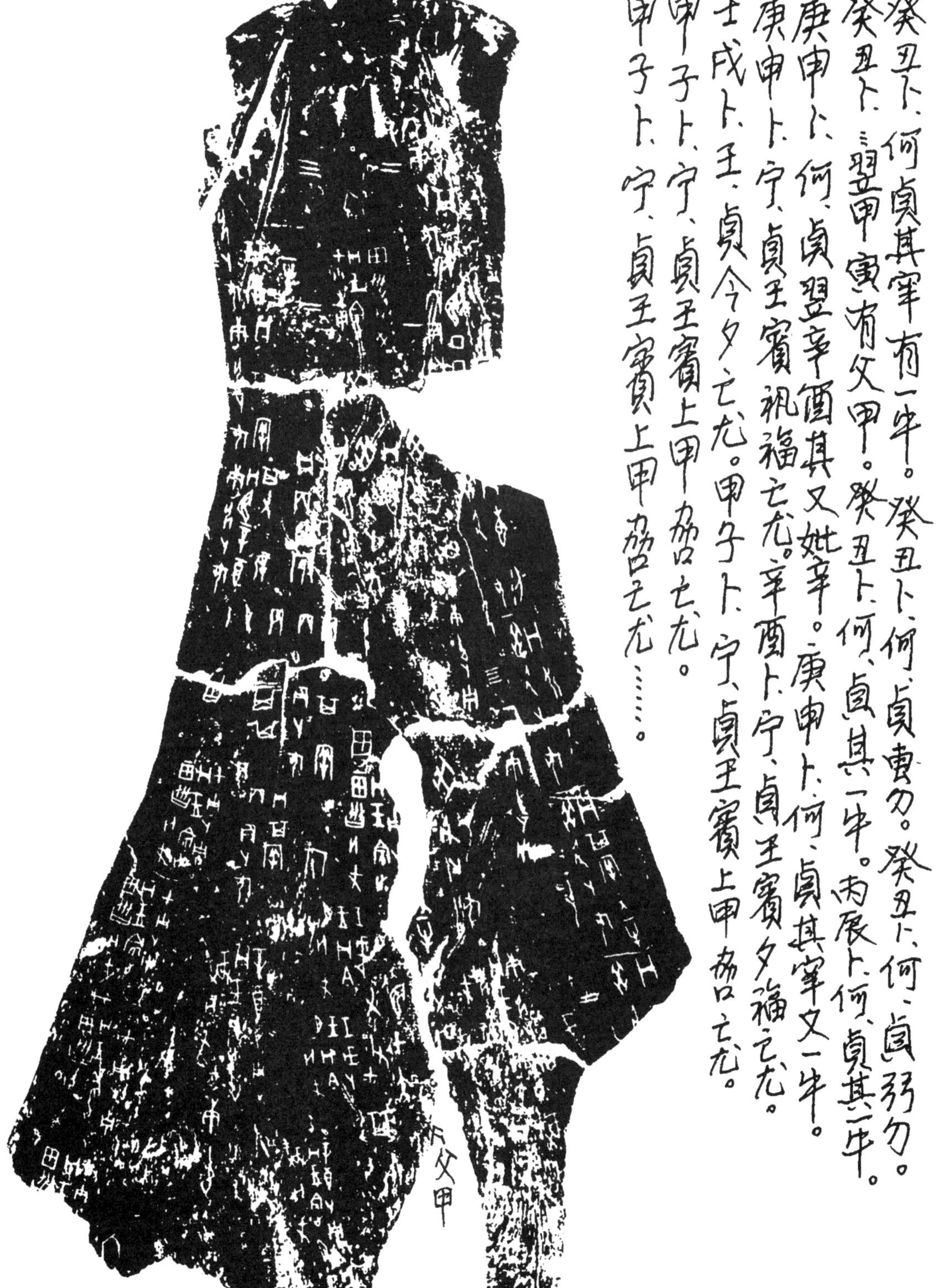

癸丑卜、何貞其牢有一牛。癸丑卜、何、貞叀勿。癸丑卜、何、貞弜勿。
癸丑卜、翌甲寅有父甲。癸丑卜、何、貞其一牛。丙辰卜、何、貞其一牛。
庚申卜、何、貞翌辛酉其又妣辛。庚申卜、何、貞其牢又一牛。
庚申卜、宁、貞王賓祼福亡尤。辛酉卜、宁、貞王賓夕福亡尤。
壬戌卜、王、貞今夕亡尤。甲子卜、宁、貞王賓上甲劦亡尤。
甲子卜、宁、貞王賓上甲劦亡尤。
甲子卜、宁、貞王賓上甲劦亡尤……。

27042

……卯卜其兄祖丁、父甲。……

27361

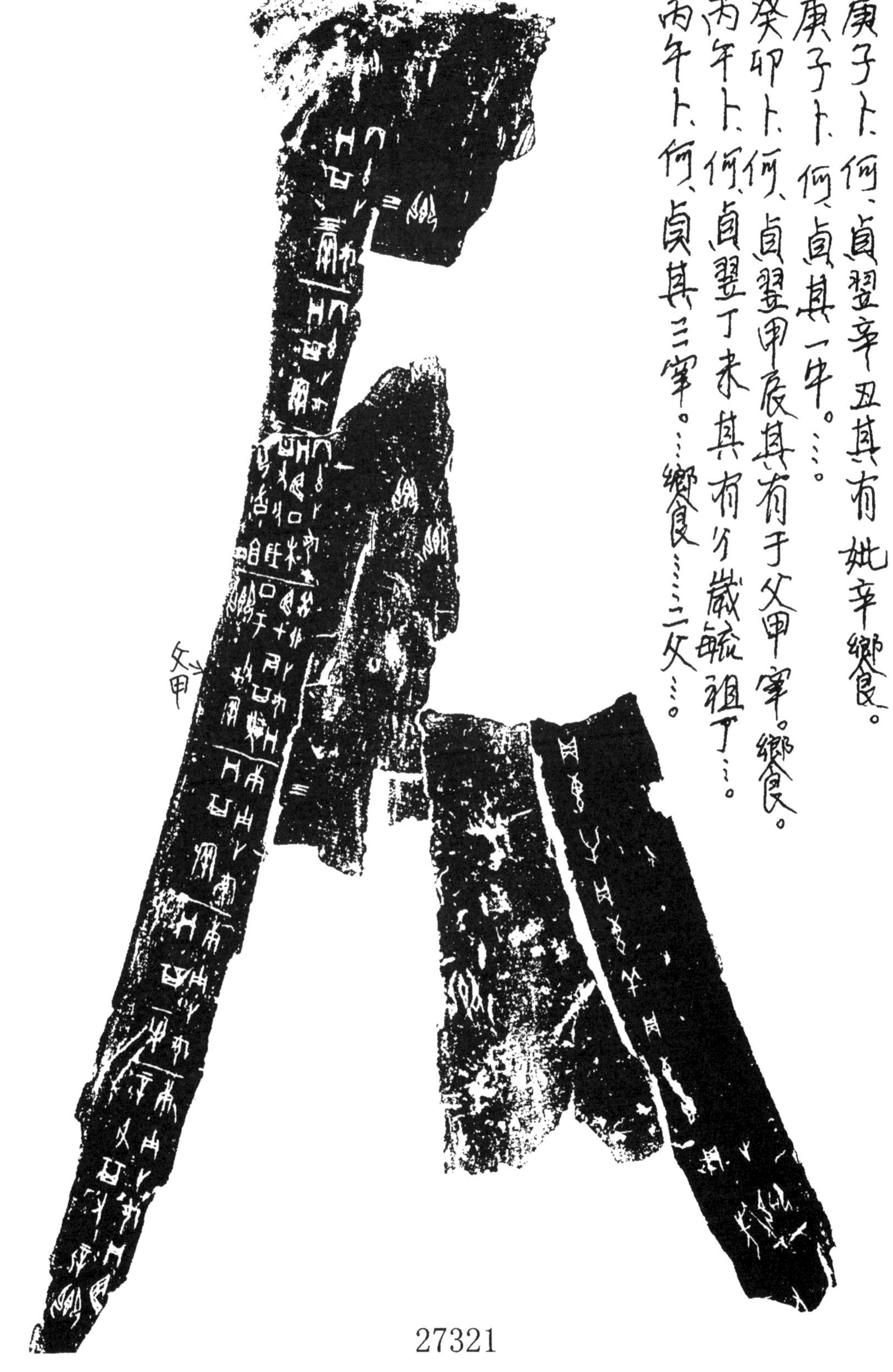
庚子卜、何、貞翌辛丑其有妣辛鄉食。
庚子卜、何、貞其一牛。……
癸卯卜、何、貞翌甲辰其有于父甲宰。鄉食。
丙午卜、何、貞翌丁未其有勺歲毓祖丁……。
丙午卜、何、貞其三宰。……鄉食……二父……。
父甲

27321

不遘戎。其桒王受有。弜巳桒于之若。

其桒在父甲王受有。于祖丁桒(王)受有。

27370

28278

癸酉卜：于父甲𠦪田。小王父己。

30345

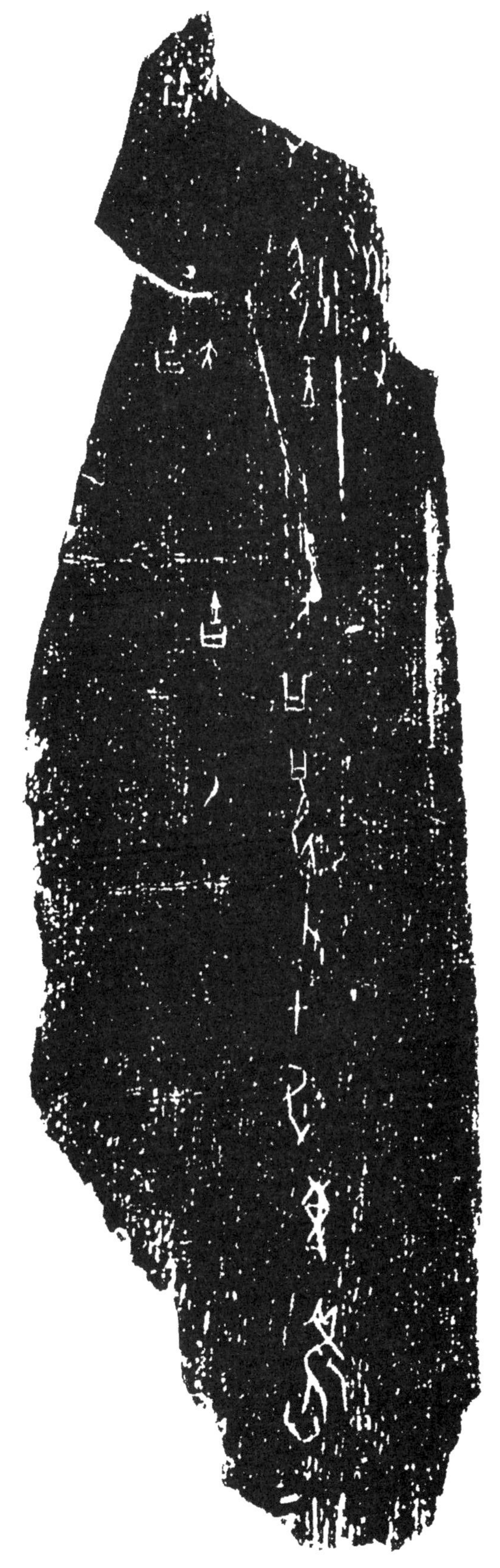

30358

其兄父甲𩅞叀舊三吉。弜王受又，大吉，大吉。

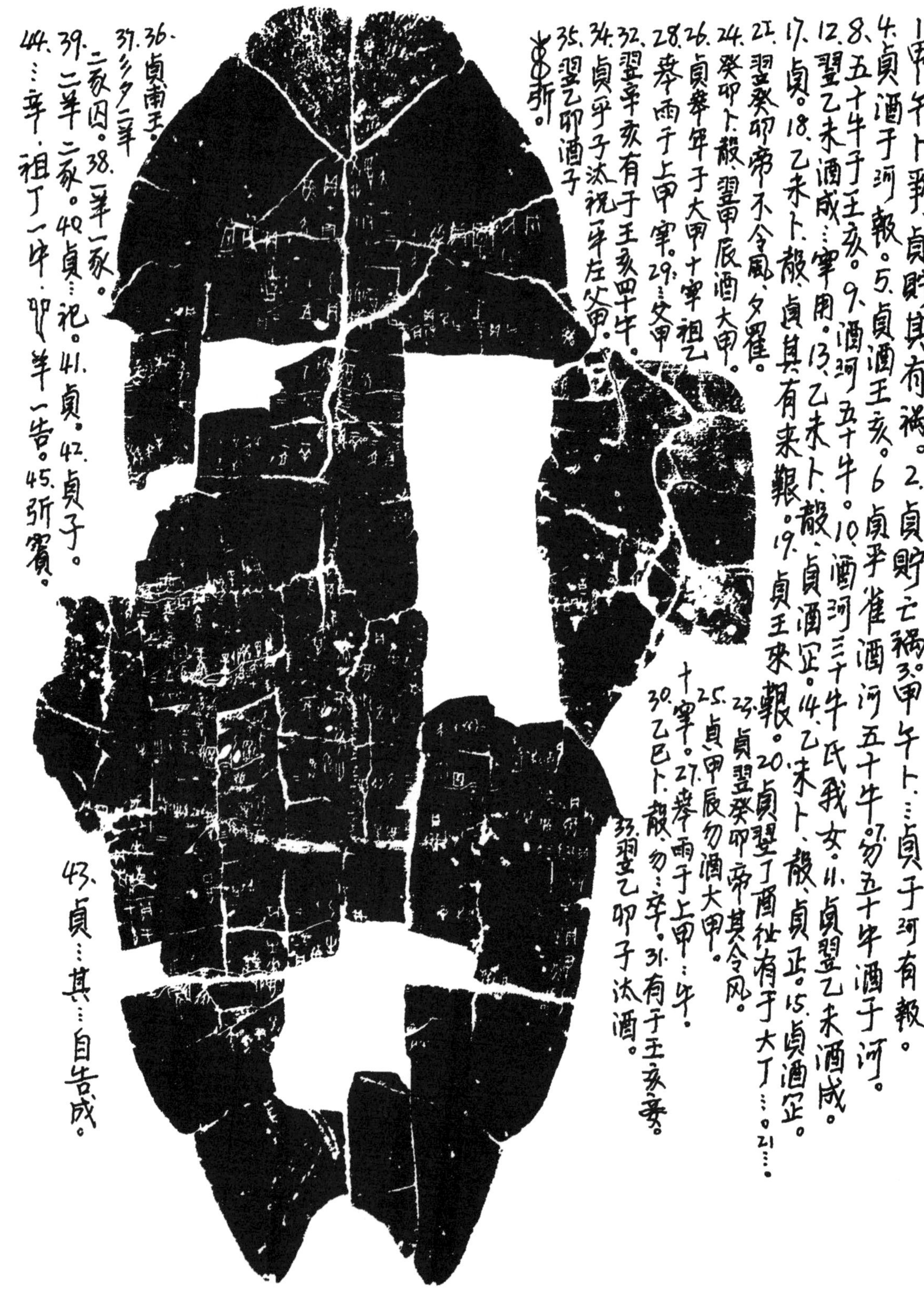
1.甲午卜，爭，貞貯其有禍。2.貞貯亡禍。3.甲午卜…貞于河有報。
4.貞酒于河報。5.貞酒王亥。6.貞乎雀酒河五十牛。7.勿五十牛酒于河。
8.五十牛于王亥。9.酒河五十牛。10.酒河三十牛氏我女。11.貞翌乙未酒成。
12.翌乙未酒成…宰用。13.乙未卜，㱿，貞酒正。14.乙未卜，㱿，貞正。15.貞酒正。
17.貞。18.乙未卜，㱿，貞其有來艱。19.貞王來艱。20.貞翌丁酉𢓊有于大丁…。21…
22.翌癸卯帝不令風，夕霧。
23.貞翌癸卯帝其令風。
24.癸卯卜，㱿，翌甲辰酒大甲。
25.貞甲辰勿酒大甲。
26.貞桒年于大甲十宰祖乙
十宰。27.桒雨于上甲…牛。
28.桒雨于上甲宰。29.…父甲
30.乙巳卜，㱿，勿…辛。31.有于王亥妾。
32.翌辛亥有于王亥四十牛。
33.翌乙卯子汰酒。
34.貞乎子汰祝一羊左父甲。
35.翌乙卯酒子
央斫。
36.貞南壬。
37.彡夕二羊
二豕囚。38.一羊一豕。
39.二羊二豕。40.貞…祀。41.貞。42.貞子。
44.…辛，祖丁一牛，卯羊一告。45.斫賓。
43.貞…其…自告成。

672

41324

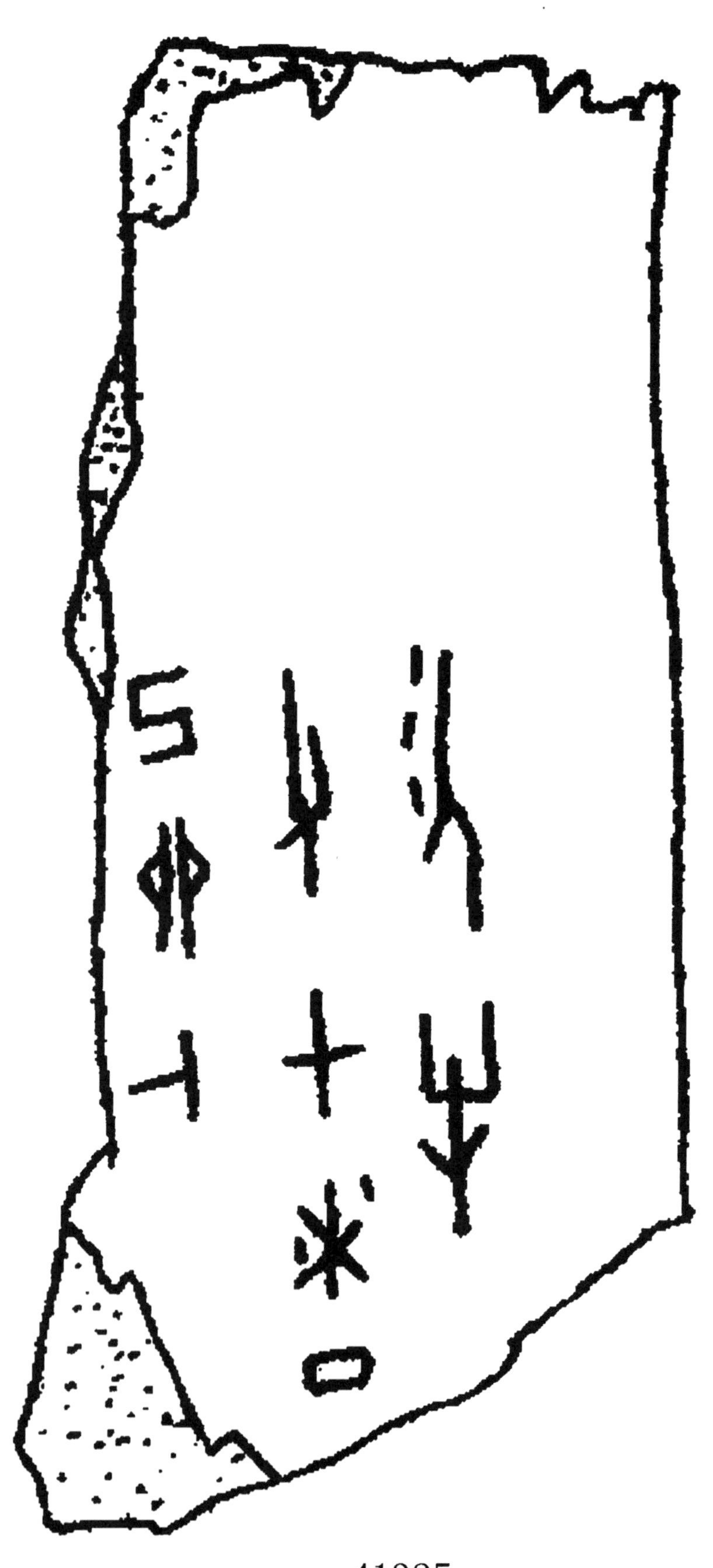

41325

己卯卜父甲尞丁物牛。

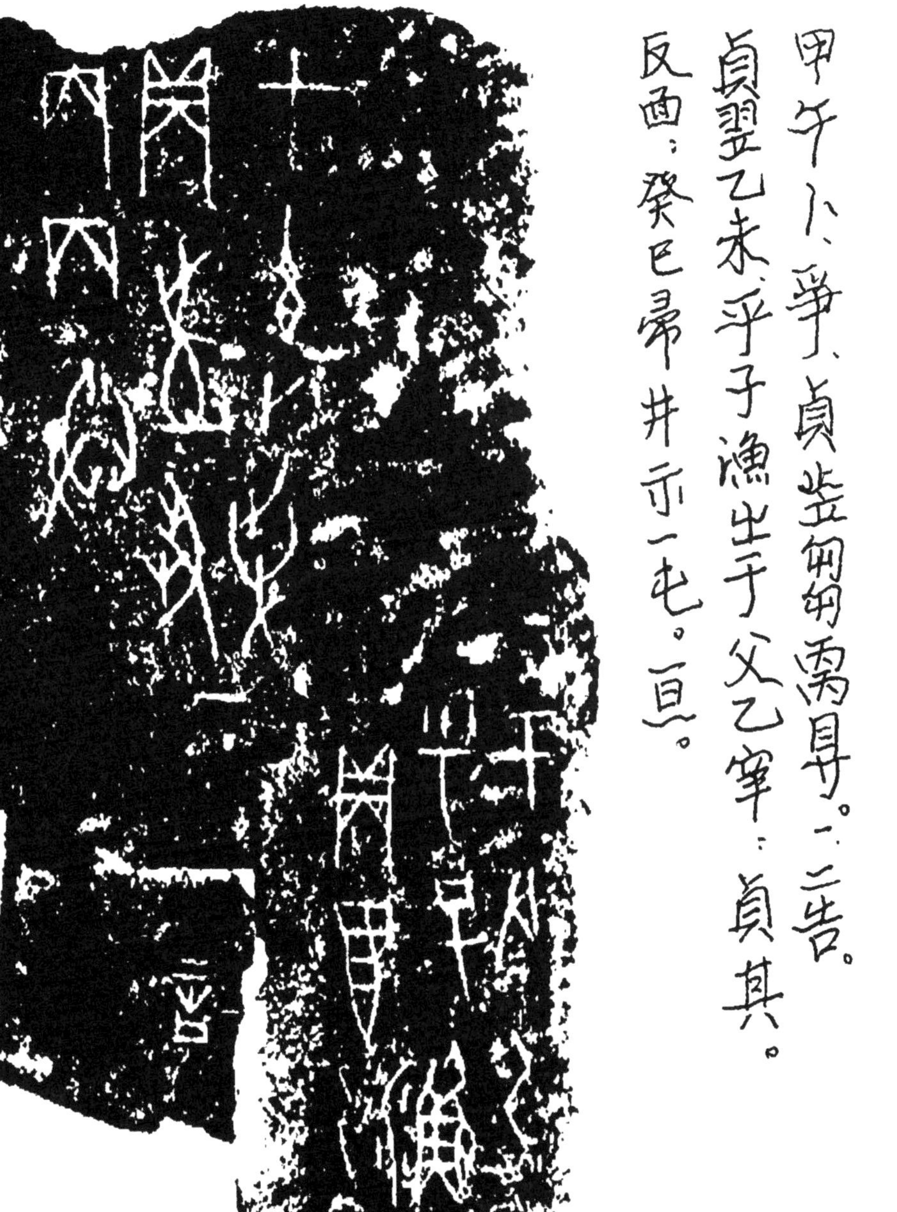

甲午卜，爭，貞：岦𠕁𠕁禹㝵。二告。
貞：翌乙未，呼子漁㞢于父乙宰：貞：其。
反面：癸巳帚井示一屯。亘。

癸酉卜，㱿，貞：父乙之𡆥自羌甲至于父□。一、二、三、四、五

癸酉卜，㱿，貞：自羌甲、至于、五。

壬辰卜，㱿，貞：貍其來五十羌。一、二告、二、三、四、五、六、七。

貍不其來五十羌。四至九。貞：乎往于河不若。二告

226

貞𢍜黍，勿𢍜黍。貞甲用𢀛來羌。
勿莆用來羌。隹父庚。貞隹父庚。
貞隹「父」乙𡆥。二告。
貞用……二告。

235 正

癸丑卜，爭。王固曰：吉。
丁酉卜，𡆥，貞：日𡧊……。
貞勿𡍧……。王固曰：
隹父庚隹希余……入三。

235 反

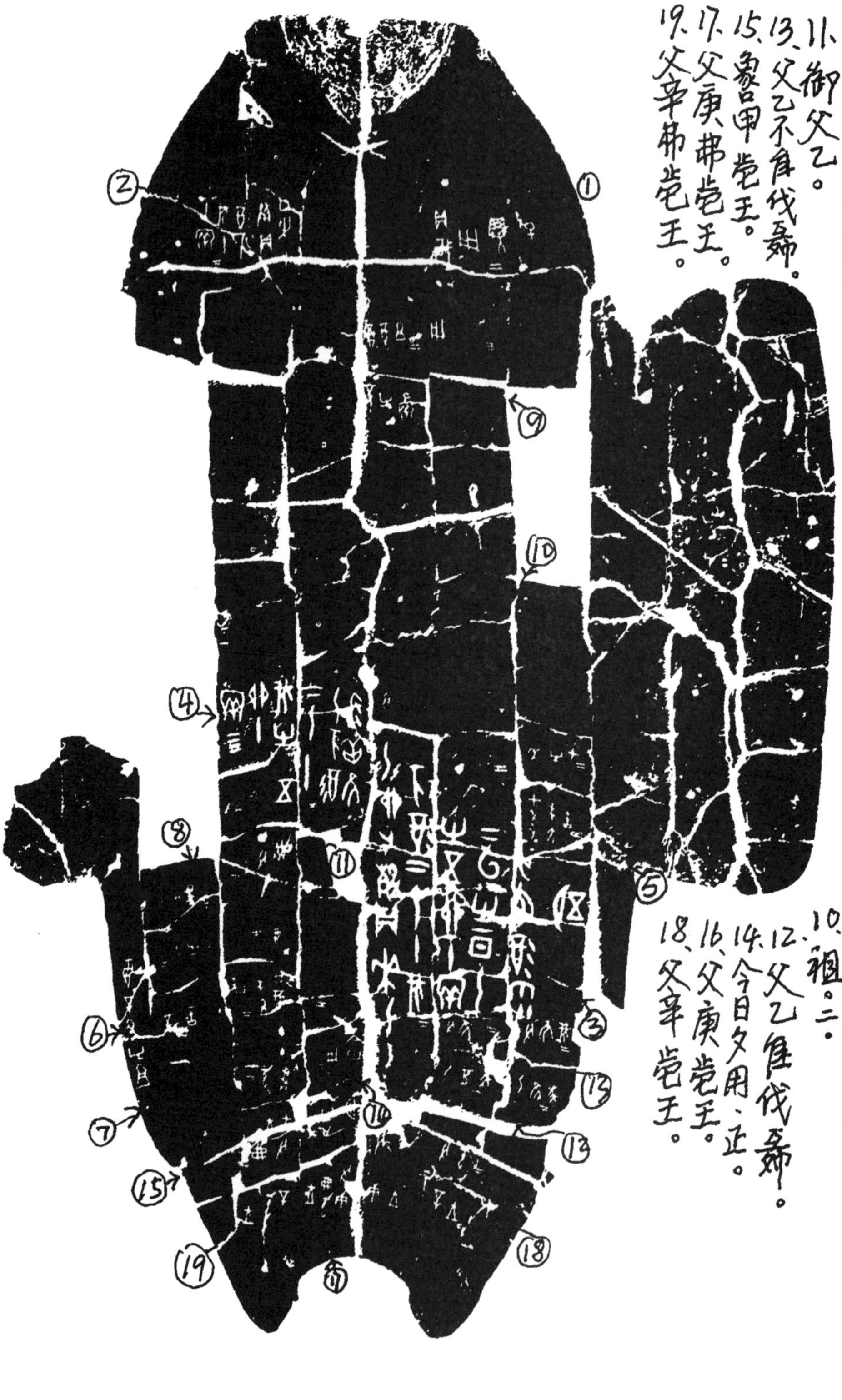

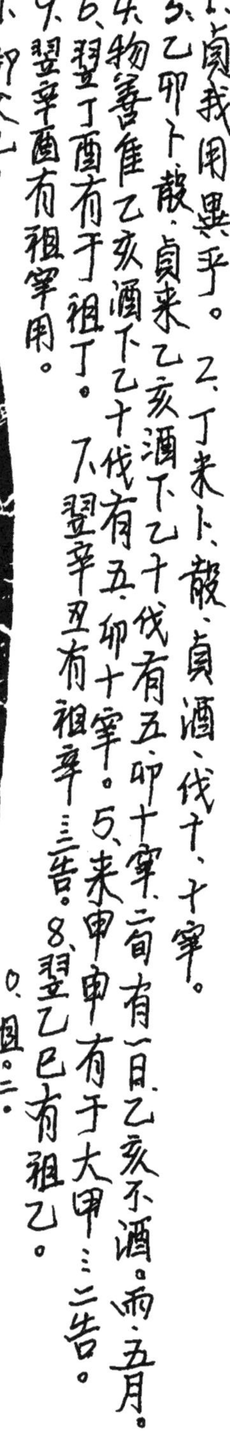
1、貞我用異乎。
2、丁未卜，㱿，貞酒，伐十，十宰。
3、乙卯卜，㱿，貞来乙亥酒下乙十伐有五，卯十宰。二旬有一日乙亥不酒。雨。五月。
4、物善隹乙亥酒下乙十伐有五，卯十宰。
5、来甲申有于大甲。三 二告。
6、翌丁酉有于祖丁。
7、翌辛丑有祖辛。三 二告。
8、翌乙巳有祖乙。
9、翌辛酉有祖宰用。
10、祖二。
11、御父乙。
12、父乙隹伐𡚬。
13、父乙不隹伐𡚬。
14、今日夕用，正。
15、象甲𢀛王。
16、父庚𢀛王。
17、父庚弗𢀛王。
18、父辛𢀛王。
19、父辛弗𢀛王。

903

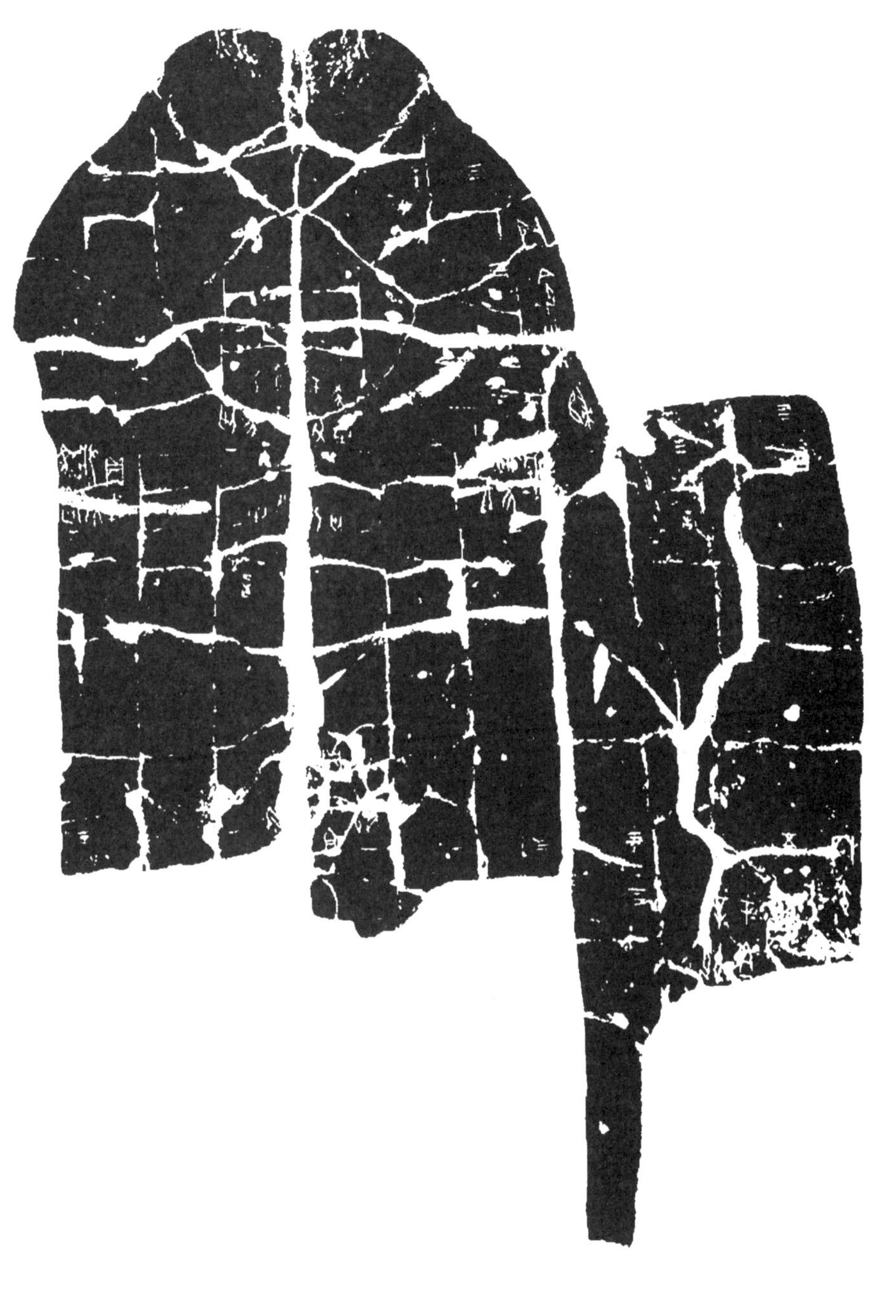

272

正：貞令𢦏歸…四。丙寅卜，穷，貞于祖辛卯。貞于祖辛卯。
于父乙㚔出勾。勿于父乙㚔出勾。貞王夢隹囚。
貞王夢不隹囚。反：貞乎龍氏羌。貞不𡆥…于妣辛。
貞循出于祖乙。出父一牛。二牛。出祖丁。貞王夢祖丁，余卯豕
隹十，王固：隹乍…爭。

子商亡田,子商隻二告。庚午卜,毂,貞止,三羌、五羌、二告。
八犬八羊,貞父辛弗毁王。父辛其毁王,父乙弗毁王。
父乙毁王。卻于祖丁...二告。降,不其降。貞,龐。
乎繢凡龍来。反。帝子...癸酉貞降。乎敢从岺左。
貯入三。

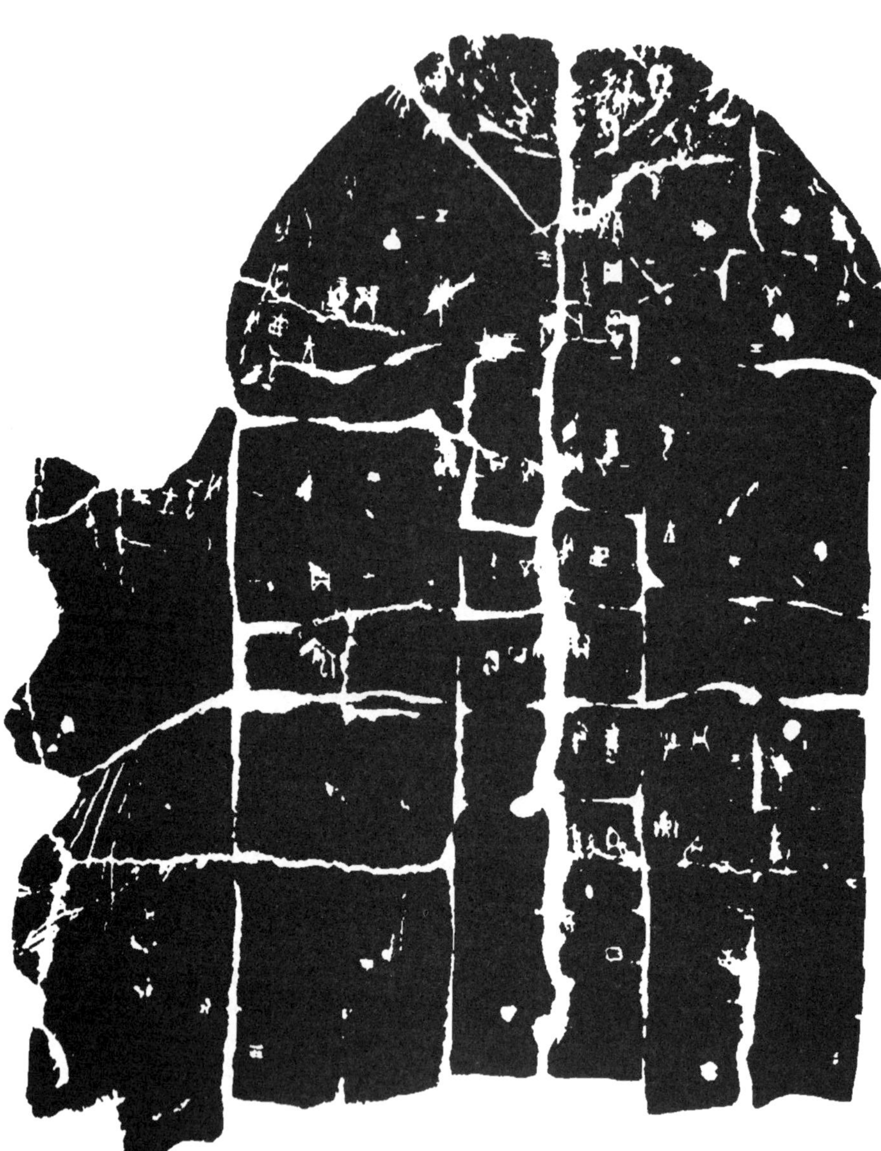

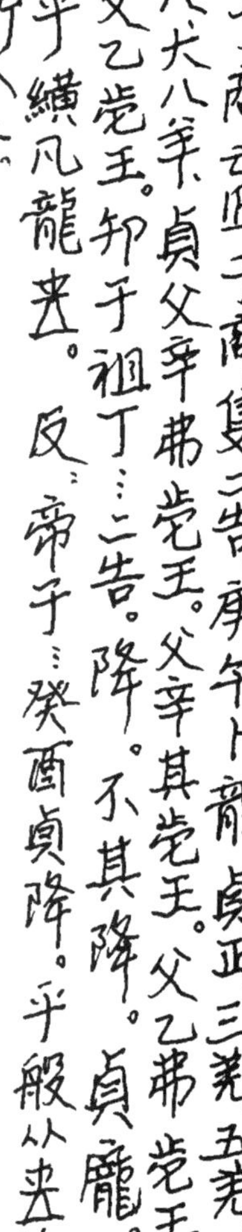

371

甲申、御雀父乙、羌、宰、三甲貞。

413

……有羌父乙、卯小（少）𡧱。

437

500

貞御子漁于父乙、圈羊、冊口御……。

713

父乙报卯三。

714

有报于父乙……五十……。

715

1. 貞于毋庚有拔…。

2. 貞御子漁于父乙有一伐，卯宰。

729

1、癸未卜，亘貞王有服若。2、王有服不若。3、甲申卜，亘，貞有岂
4、乎从侯。5、物乎从。6、勿乎从。7、辛卯卜，亘貞父乙壱，王占曰：父壱，隹不值二告。
8、貞父乙弗壱王。二八。

766

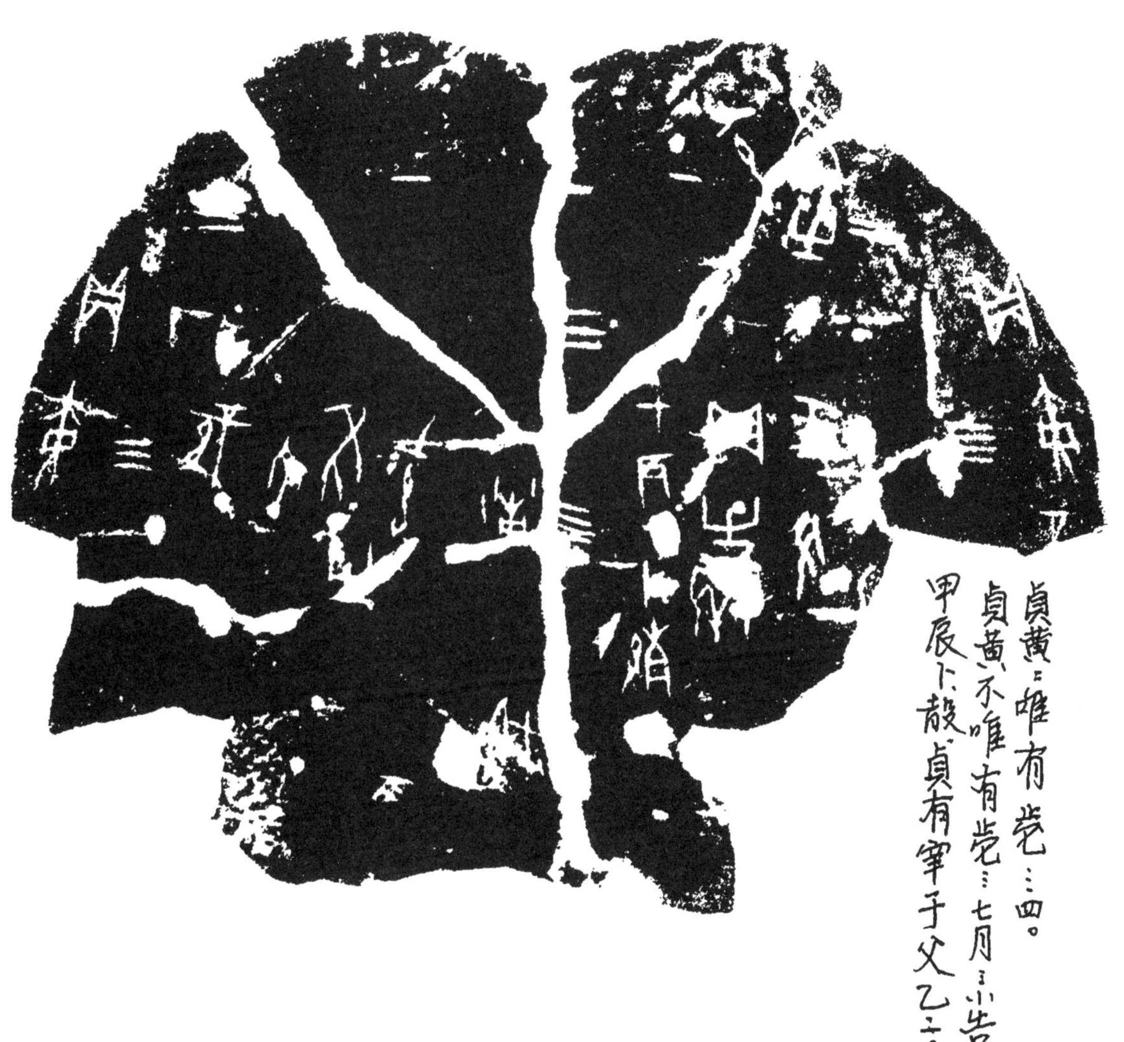

767

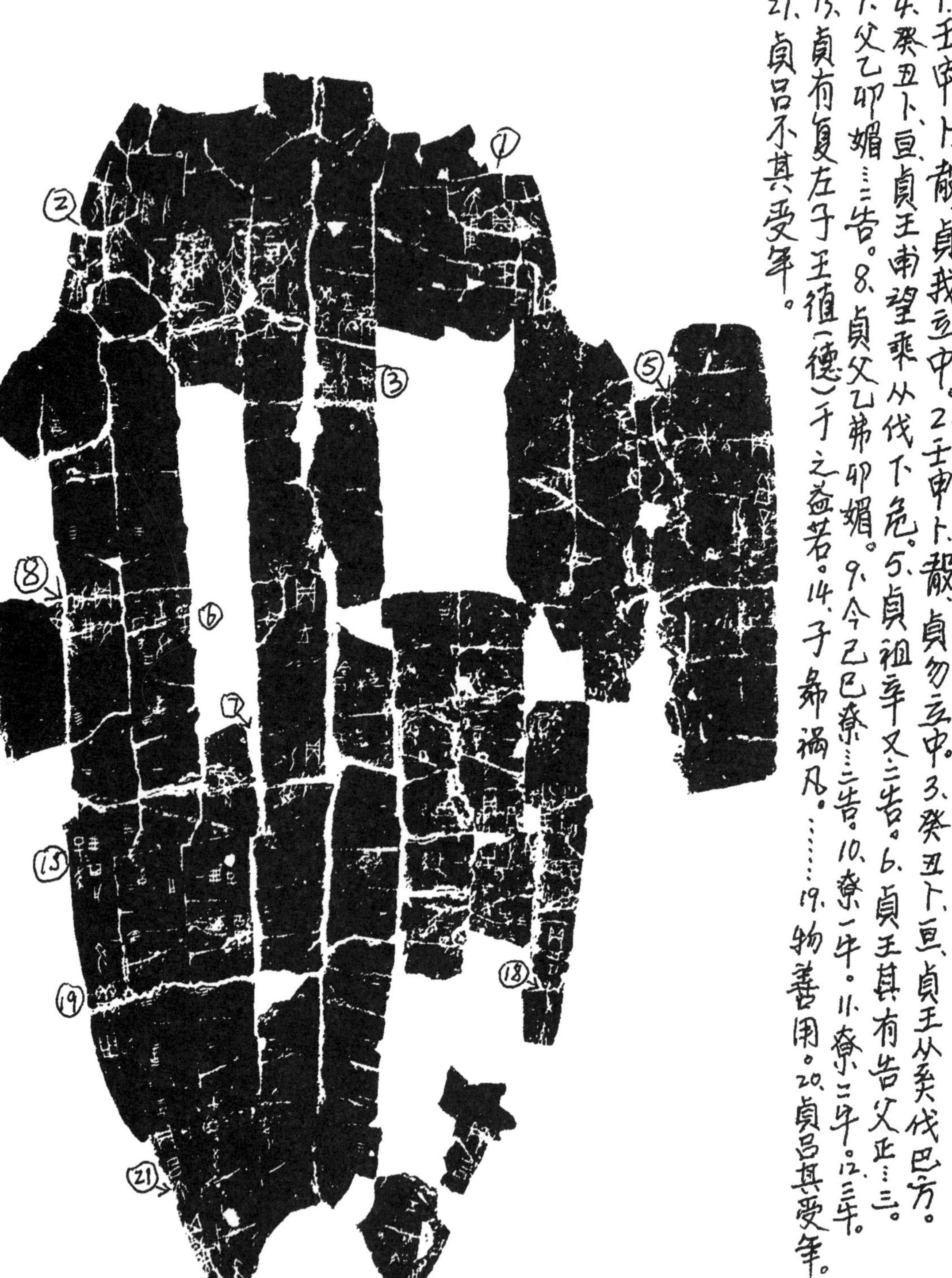
1.壬申卜、㱿、貞我立中。2.壬申卜、㱿、貞勿立中。3.癸丑卜、亘、貞王从奚伐巴方。
4.癸丑卜、亘、貞王叀望乘从伐下危。5.貞祖辛又二告。6.貞王其有告父正三。
7.父乙卯媚二告。8.貞父乙弗卯媚。9.今乙巳尞二告。10.尞一牛。11.尞二牛。12.三牛。
13.貞有复左子王循（德）于之若。14.子㚔禍凡。……19.物善用。20.貞吕其受年。
21.貞吕不其受年。

811

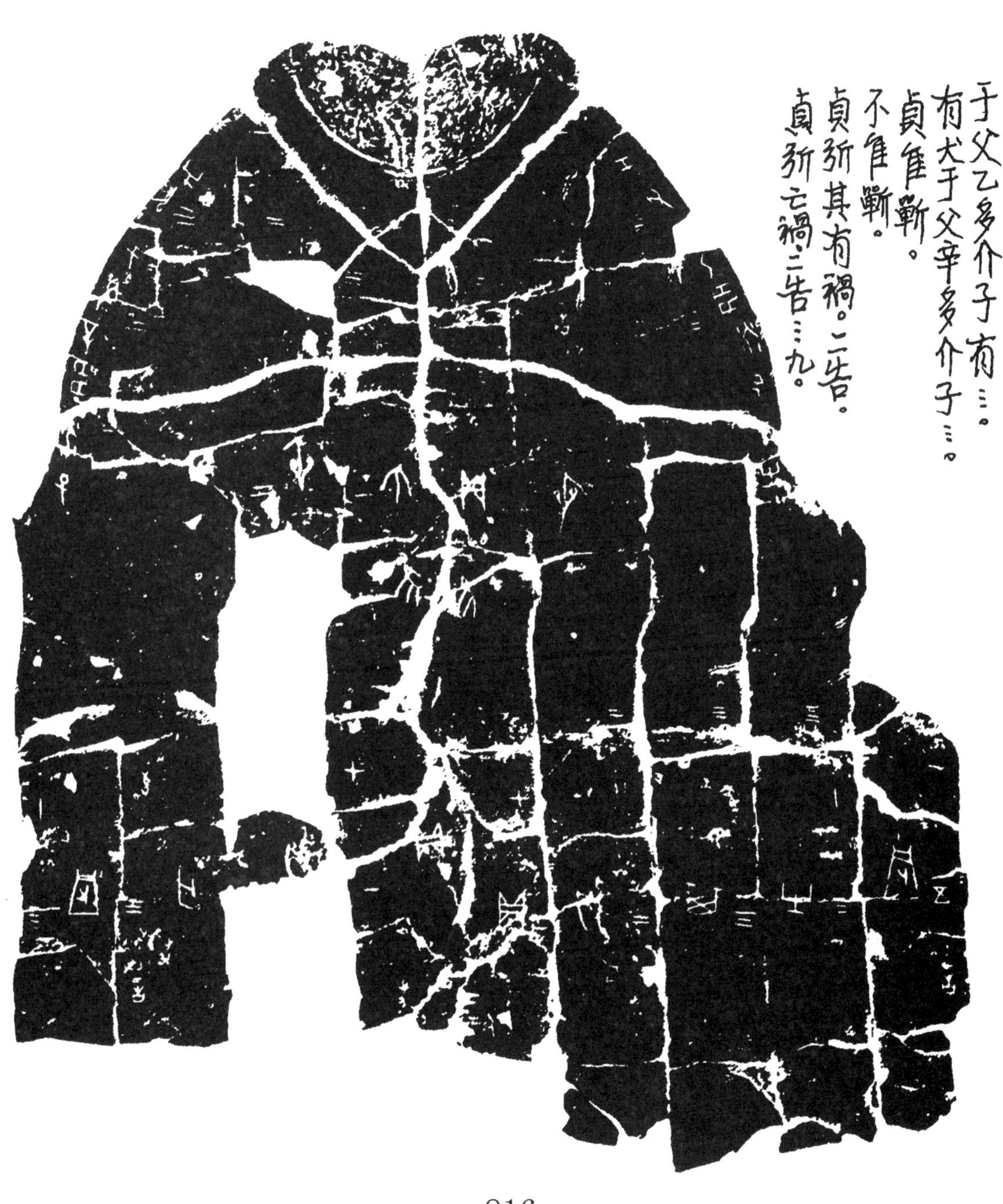

于父乙多介子有三。
有犬于父辛多介子三。
貞隹斬。
不隹斬。
貞𢎕其有禍。二告。
貞𢎕亡禍二告三九。

816

886

892

⋯寅卜，殻，貞王夢，兄丁隹囚。貞王夢兄丁不隹囚。貞三十伐下乙。勿三十下乙。㱿牛⋯二告。貞來乙亥酒祖乙十伐出五。卯十宰。父乙卯出不朿子。于父庚。來癸酉尞。來庚午尞。甫辛未尞。貞今甲王入。王⋯乙巳入。翌甲辰入⋯二告。王从窉。貞我出𦍌。貞我亡𦍌。貞今癸亥其雨。貞今癸亥不其雨。允不雨。⋯反面⋯卜殻，今已⋯出報于河。勿出報于河。乙亥不酒。戊申卜，殻，貞我亡。⋯我出⋯卯⋯丙寅⋯雨。⋯唐入十。⋯庚⋯。

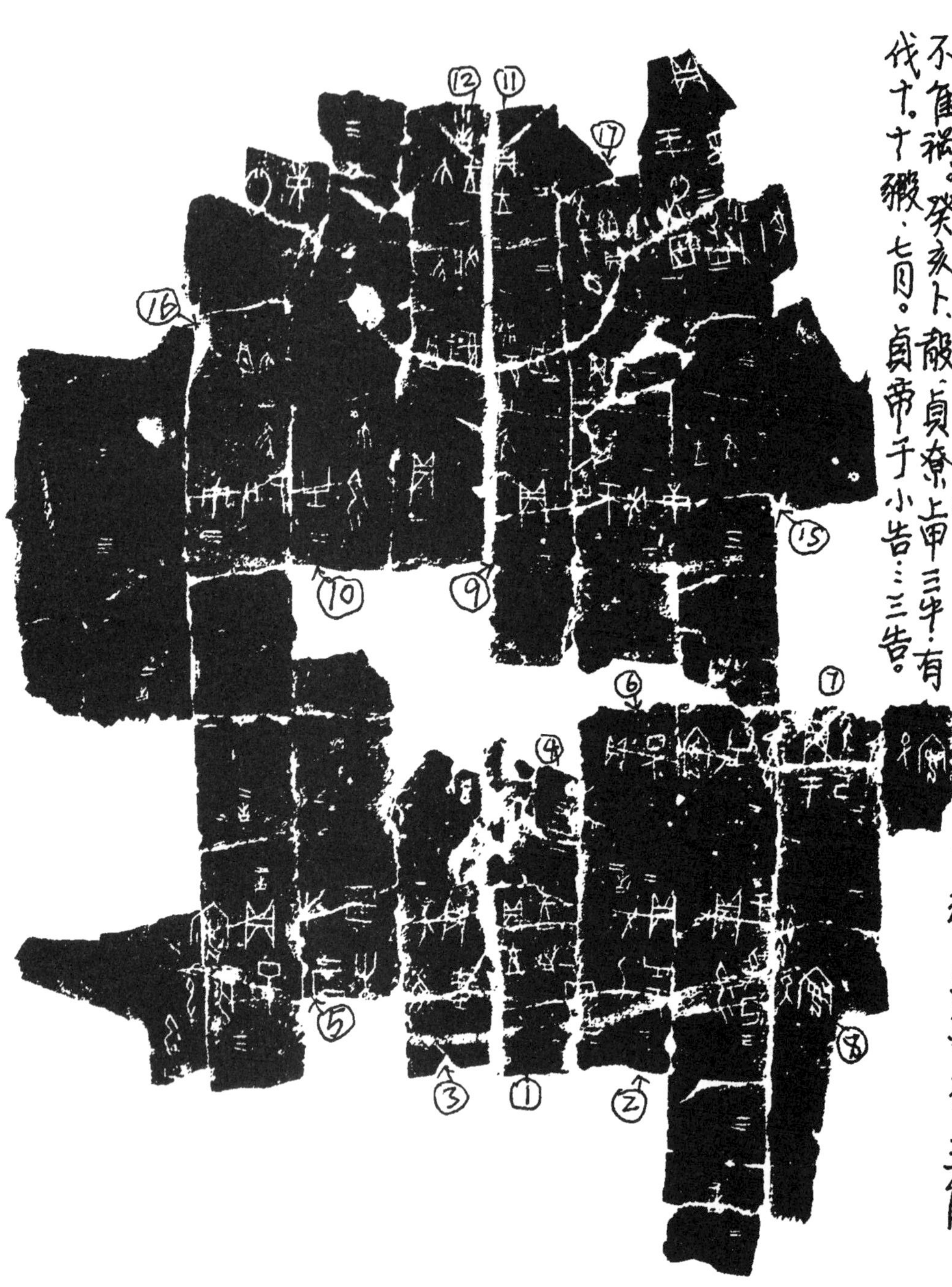

905

貞王往狩。貞有于父乙宰。貞多妣[illegible]王。貞子安有壱。
己未卜，亘，貞子安亡壱。貞于妣己御子宛。貞有于父庚。
貞勿有于父庚。貞王夢褔隹𡆥。王夢褔不隹禍。貞其。不。王隹。
不隹禍。癸亥卜，㱿，貞尞上甲三牛。有
伐十。十豰。七月。貞帝于小告：三告。

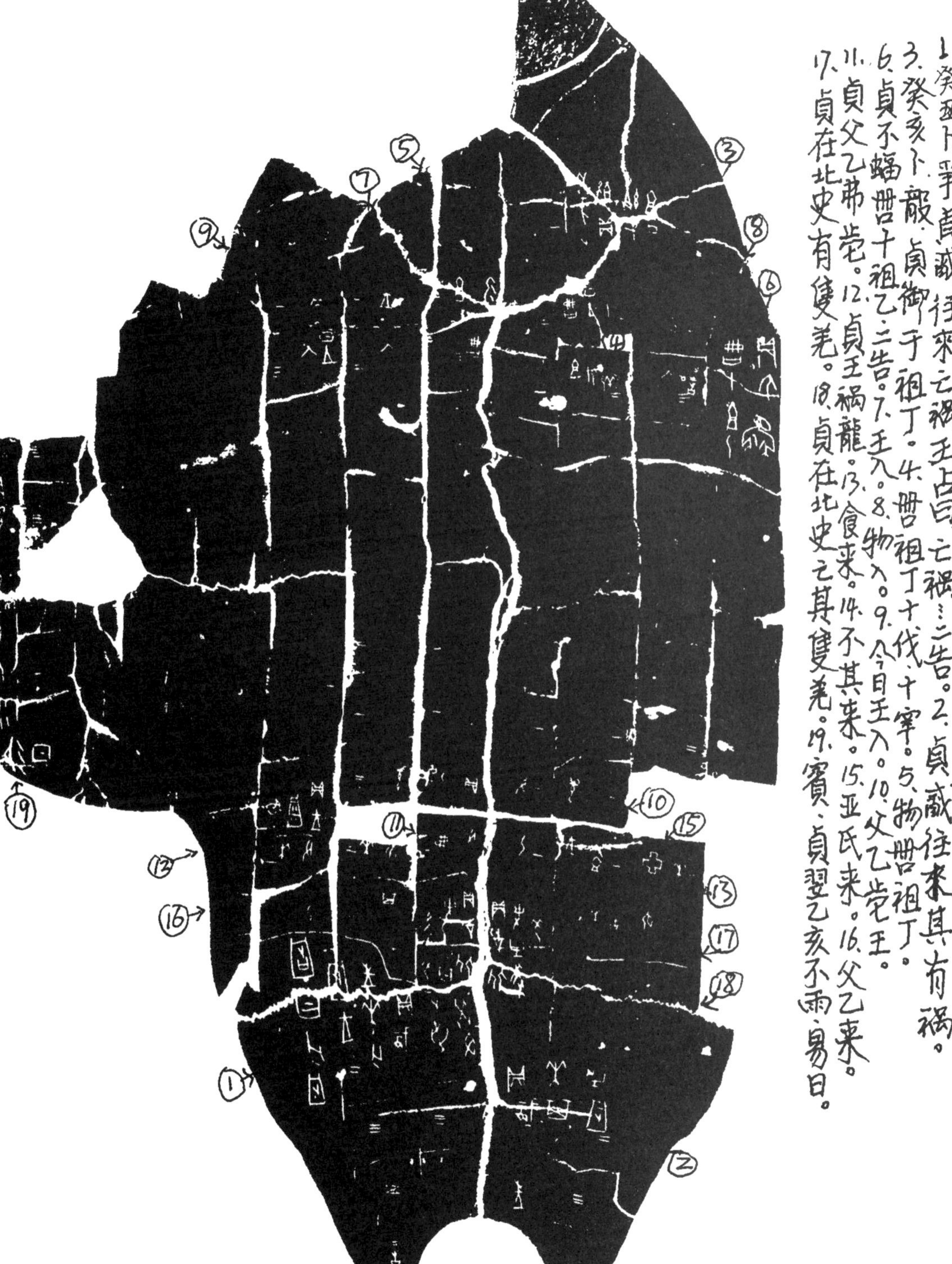
1.癸丑卜，爭貞，戠往來亡禍。王占曰：亡禍。二告。2.貞，戠往來其有禍。
3.癸亥卜，殼，貞御于祖丁。4.冊祖丁十伐十宰。5.物冊祖丁。
6.貞不蝠冊十祖乙。二告。7.王入。8.物入。9.今日王入。10.父乙壱王。
11.貞父乙弗壱。12.貞王禍龍。13.食來。14.不其來。15.亞氏來。16.父乙來。
17.貞在北史有隻羌。18.貞在北史亡其隻羌。19.賓，貞翌乙亥不雨，易日。

914

壬辰卜，㱿，貞：乎子𡧊御有母于父乙，𠭰宰，𠕋报，三垂，五宰。三三。
貞：乎子𡧊御有母于父乙，𠭰小宰，𠕋报，三垂，五宰。
翌乙未乎子𡧊祝父𠭰小宰。
𠕋报三垂五宰，帚龍㞢。
乙巳卜，㱿，貞：乎子𡧊有于有祖宰。
貞：勿乎子𡧊有于祖宰。勿有。
貞：乎婦𠭰于父乙宰𠕋三宰，有报三。二告。

924

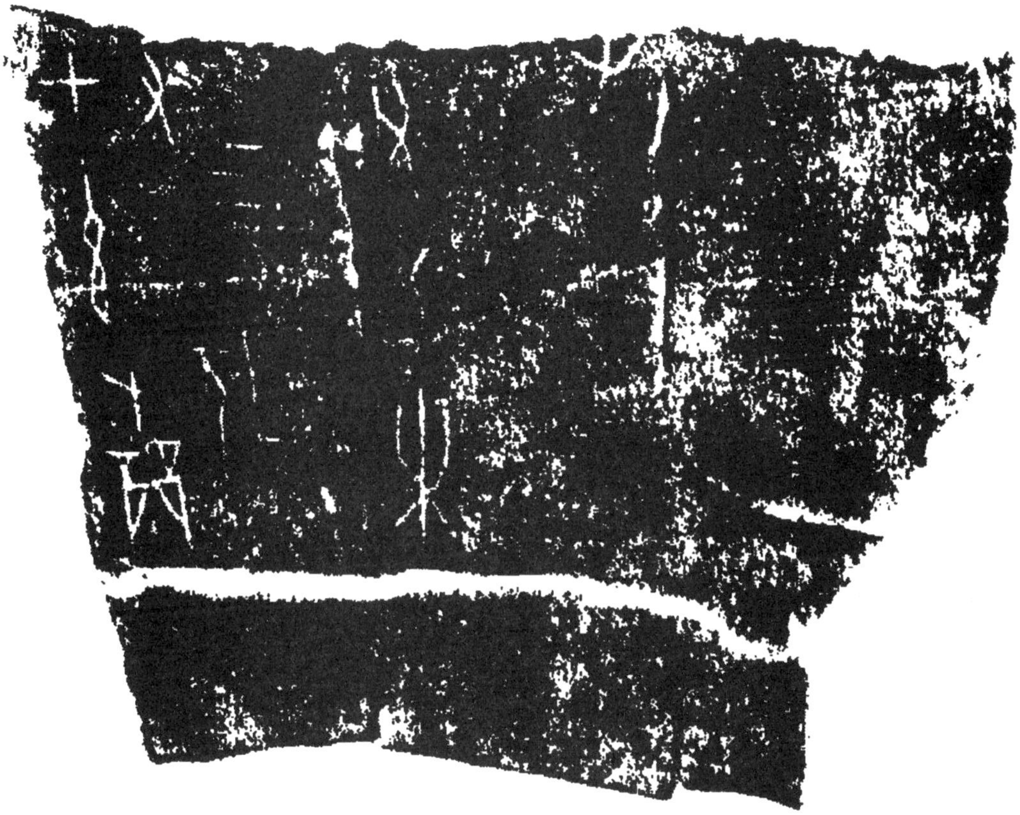

甲午卜，辥又伐三父乙來三三。

964

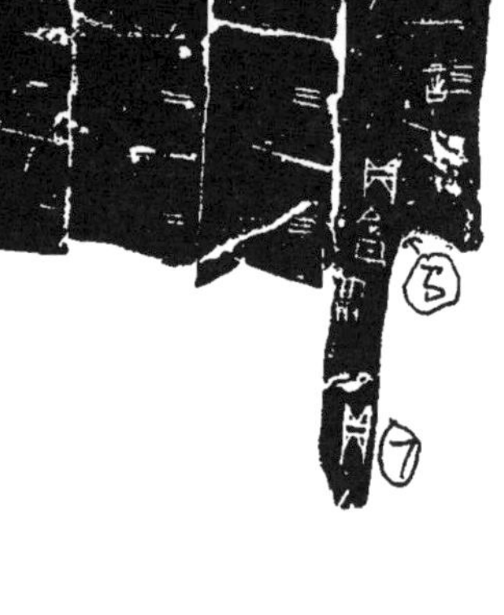

戊申卜，賓，貞：奏步于虫車……十。
貞：物奏步于虫車，不其……二告……九。
貞：唐子……𩁹父乙……九。
貞：唐子𩁹父乙……九。
貞……日雨……。
貞：今日不其雨。……二告。
貞……唐。
貞：唐子伐。

973

1.丙寅卜,㱿,貞:翌戊辰王出。2.翌戊辰王勿出。3.丁卯𢀛。4.丁。
5.翌甲戌其雨。6.翌甲戌不雨。7.翌乙卯其雨。8.翌乙卯不雨。
9.丙申卜,㱿,貞:我受年。二告。10.貞:我不其受年。二。五。11.帝……眔……年。
12.四牛。13.五牛。14.十牛。
15.王夢惟禍。16.王夢勿禍。
17.告王圉于父乙。
18.物告于父乙。
19.于祖乙有兄……。
31.物有于南庚。
32.貞:有……父乙。
33.父乙惟之。34.父乙……不隹之。
35.貞:王父乙賓。
36.物父乙賓。
37.妣己賓。
38.……物……
39.有于亞妣十二报裸二告。
40.貞:婦姘娩幼。
41.毋其惟卒。
42.惟王亥。

974

1051

1.乙丑卜，爭，貞：亦乎雀燎于雲犬。2.貞：勿乎雀燎于雲犬。二告。
3.乎雀用羊。4.二牛。二告三告。5.翌庚寅不其雨。6.貞：翌庚寅王告。
7.貞：王聽毋告。8.貞：王于甲午告。9.有于父乙。10.有子罟三十人。
11.貞：有子罟十人。12.有王矢伐一，卯宰。……14.有王矢伐五，卯宰。……
20.壬辰卜，殻，貞：雀弗其戋祭。三月。二告。……24.㞢勿于涉娥。

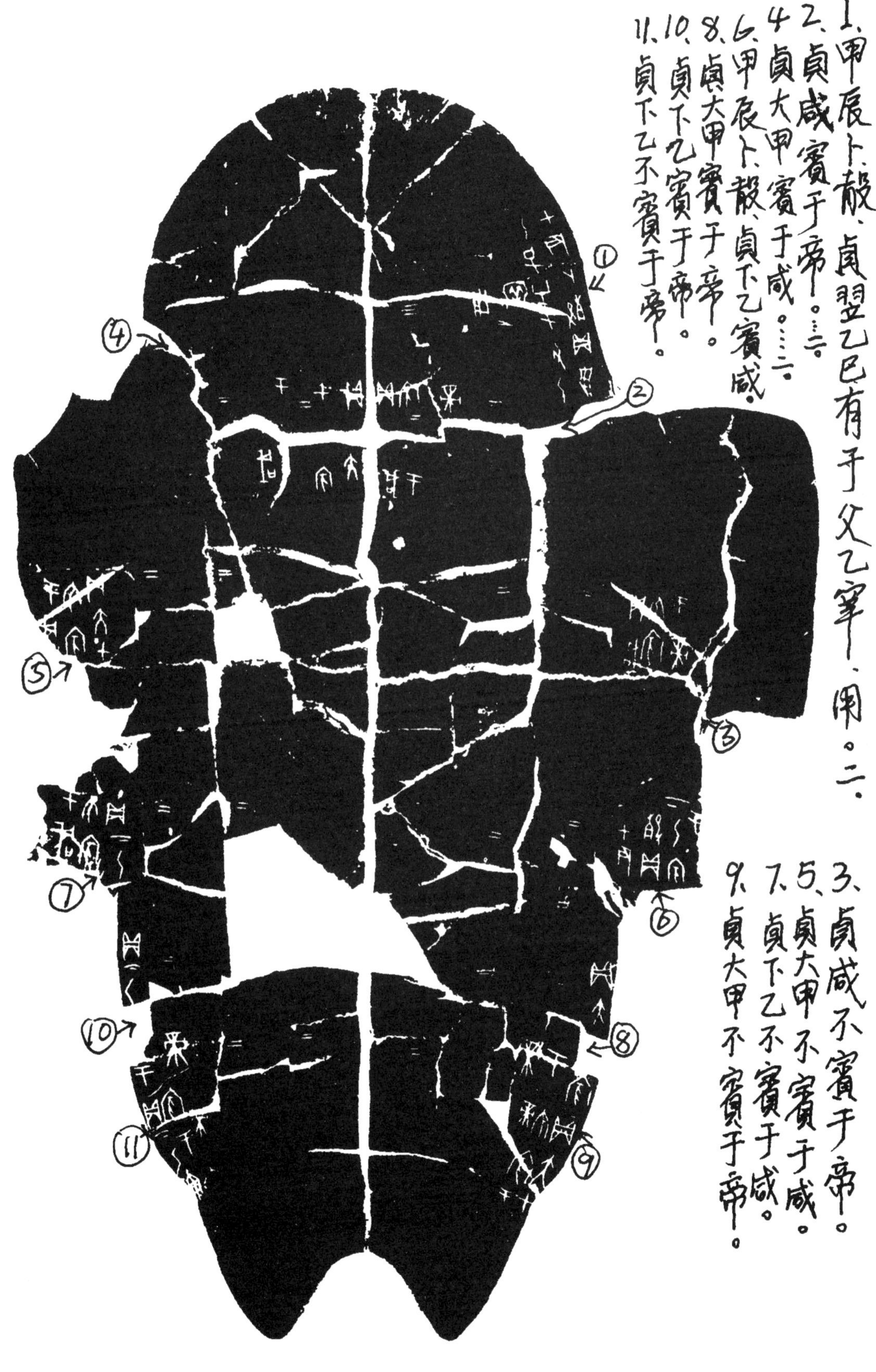

1、甲辰卜，㱿，貞：翌乙巳有于父乙宰。用。二
2、貞：咸賓于帝。三
4、貞：大甲賓于咸。三
6、甲辰卜，㱿，貞：下乙賓咸。
8、貞：大甲賓于帝。
10、貞：下乙賓于帝。
11、貞：下乙不賓于帝。
3、貞：咸不賓于帝。
5、貞：大甲不賓于咸。
7、貞：下乙不賓于咸。
9、貞：大甲不賓于帝。

1402

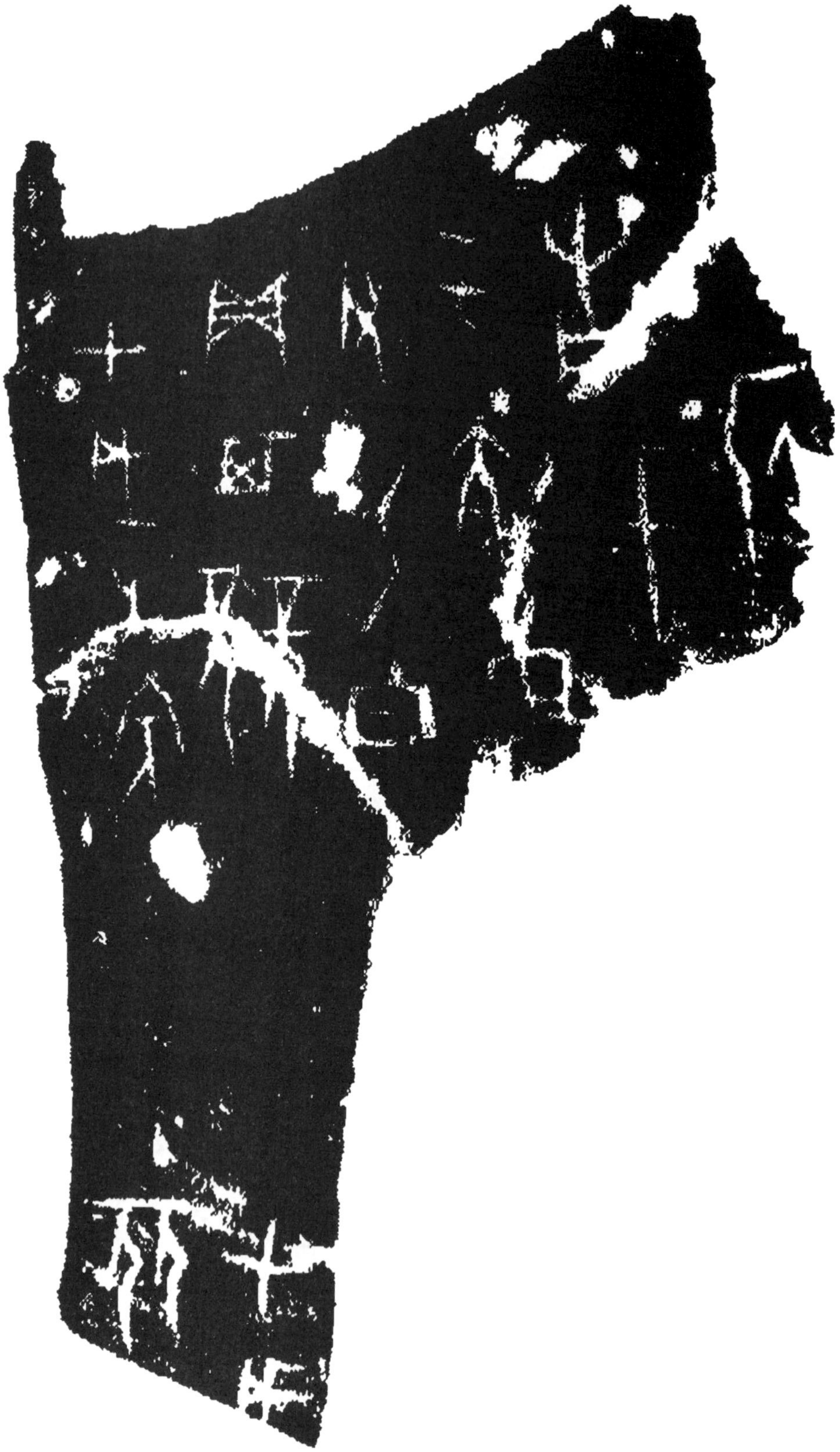

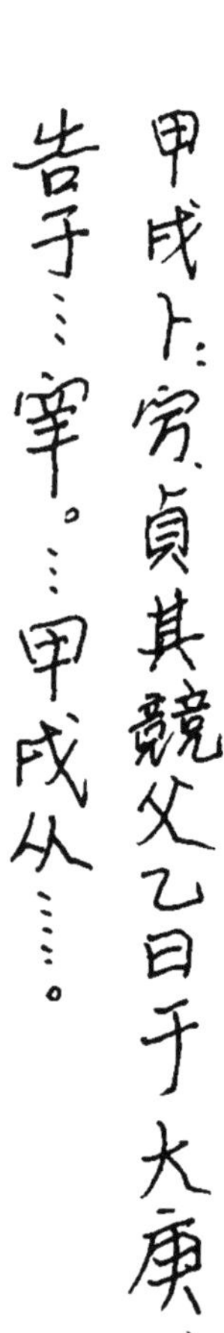
甲戌卜，宾，貞其競父乙曰于大庚、
告于……宰。……甲戌从……。

1487

……王……自祖乙至于父乙……九月。

1651

1、壬申卜、爭、貞父乙帯羌甲、三一三十。
2、壬申卜、爭、貞父乙帚帯羌甲。三一三十。
3、父乙帯祖乙。三十。4、父乙帯南庚。三八。父乙帚帯南庚。三九。

1656

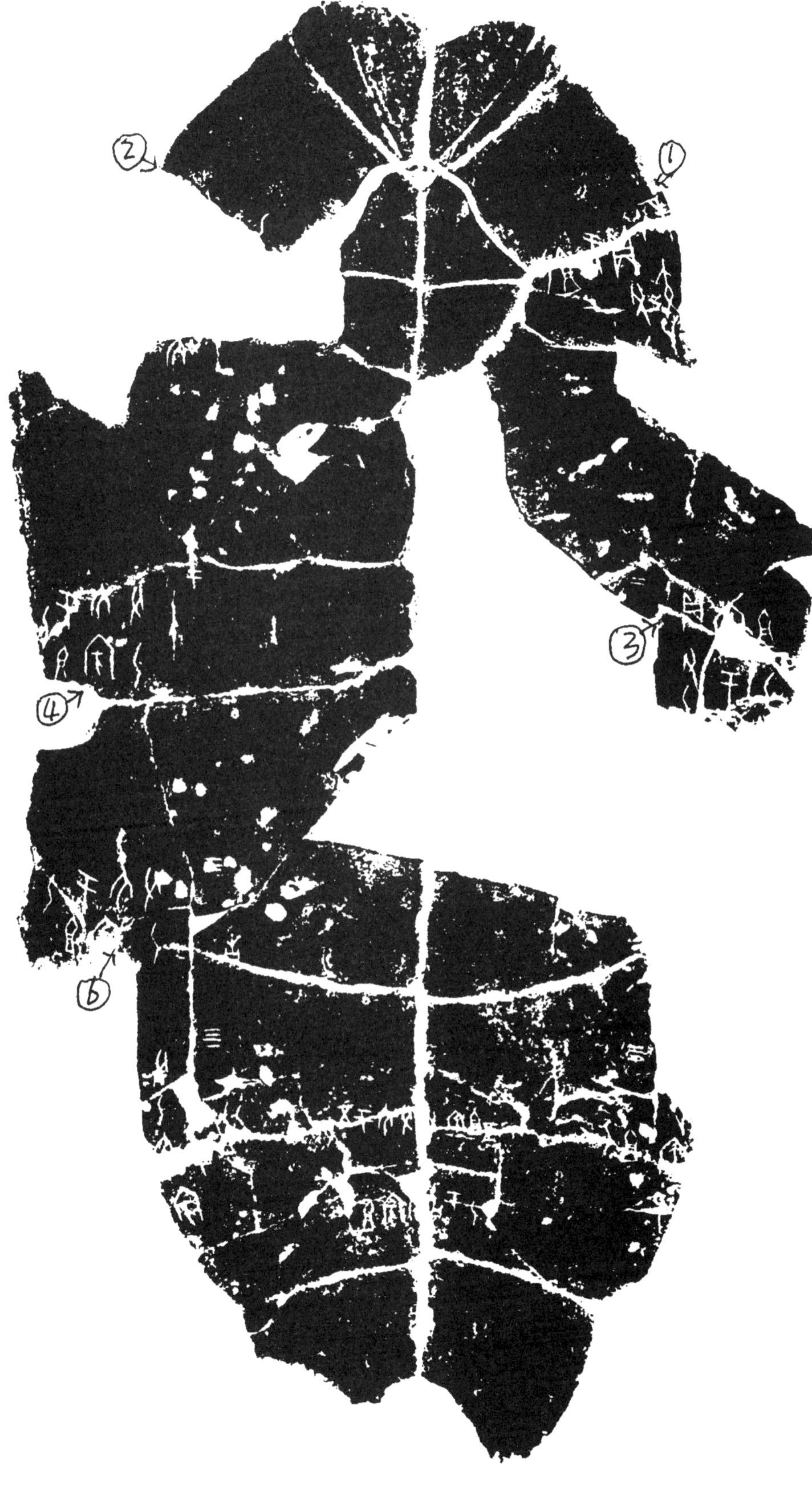

1657

1、丙寅卜，…貞父乙賓于祖乙。2、父乙不賓于祖乙。3、貞父乙賓于祖乙。
4、父乙不賓于祖乙。5、父乙賓于祖乙。7、父乙賓于祖乙……。……五。
9、父乙賓于祖乙……。

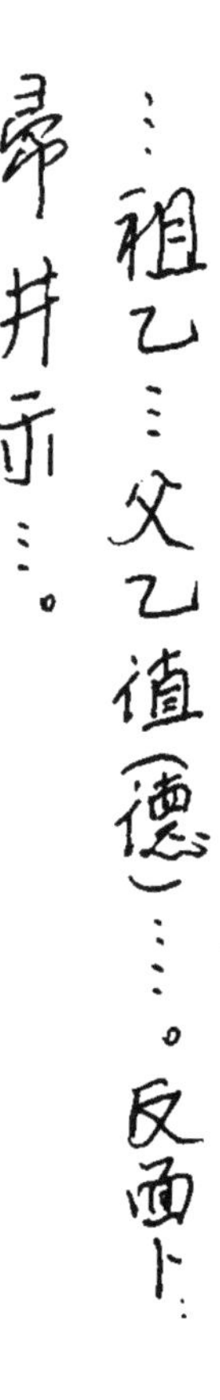

1660

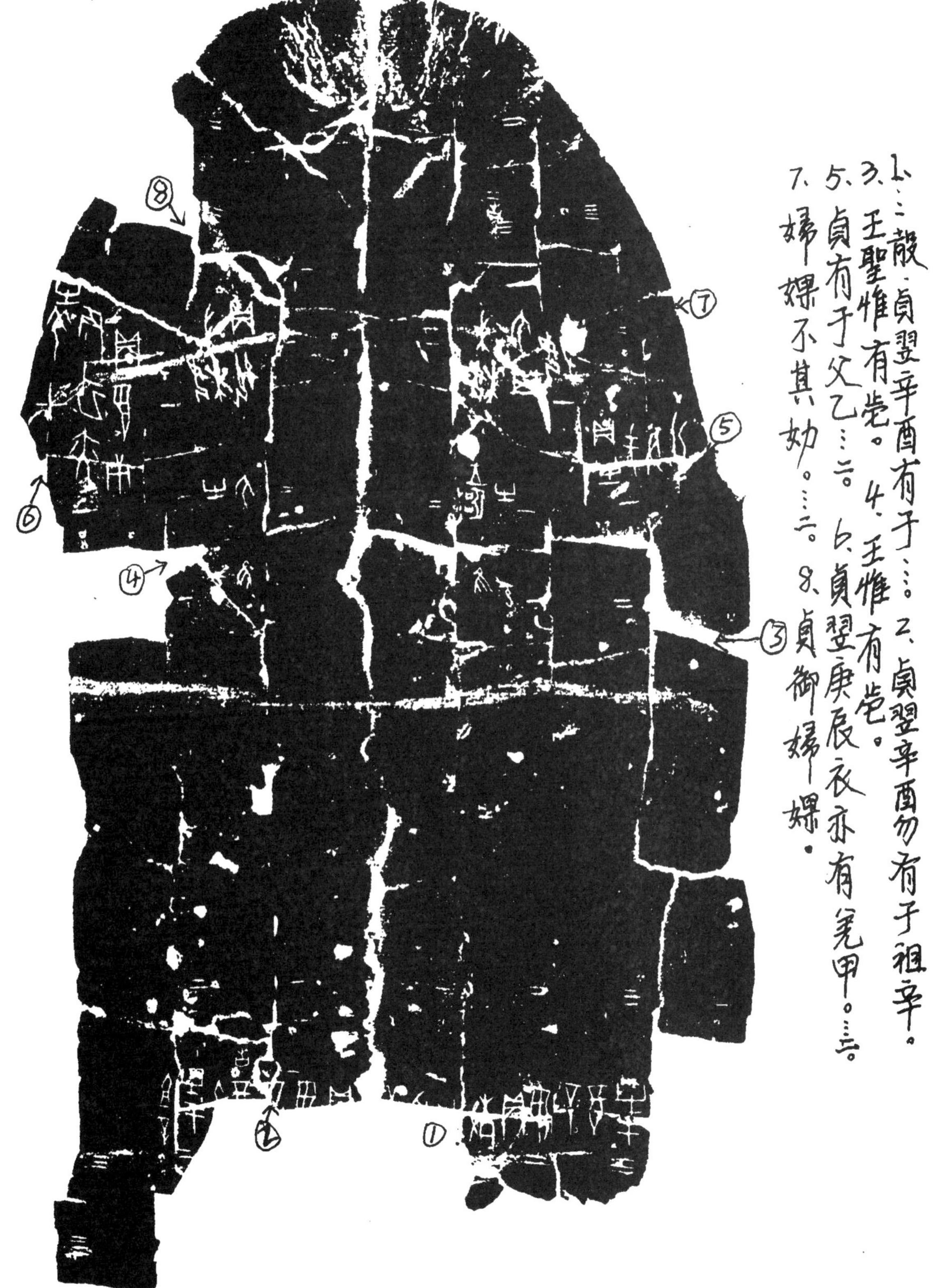
1、二 殻、貞翌辛酉有于……　2、貞翌辛酉勿有于祖辛。
3、王聖惟有㞢。　4、王惟有㞢。
5、貞有于父乙……三　6、貞翌庚辰衣亦有㞢甲。……三
7、婦娸不其妫。……二　8、貞御婦娸。

1773

1901

1、乙巳卜賓貞物牢有福于父乙。2、乙巳卜賓貞福于父乙。
3、貞今日有于父乙一牛。4、乙巳卜賓貞今日有于父乙宰。
5、(卜)内(貞)……甘……。6、貞祖丁壱王。7、貞不惟祖丁壱王。
8、祖丁弗壱王。9、惟祖丁壱王。

2172

丁丑卜：出于父乙一牢。

「此百件有父乙卜福·酒·告示福吉。」

2173

2192

1. 物有多父。

2、物有于父乙。

3、……亡……月……。

2194

……御父乙至于商酒……于……二告……。

2199

2201

貞…父…。
貞物福舌父乙。
貞不惟我出。
貞不隹我出。

2206

……卜，㱿，貞今𢀛王……。

貞今日酒小宰于父乙……。

2215

貞、福于父乙新青有羊=。

2219

貞父乙[illegible]于壬……五。
貞父乙不[illegible]于壬……

(奉)

2221

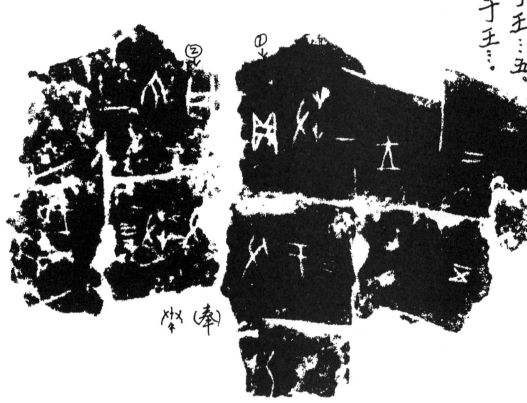

己卯卜，貞父乙之壱王。

「2172卜
乙至2338有父乙…多父。
仅此二百多父乙卜夂。」

2225

乙未卜，古，貞父乙壱王。

戊申卜，㱿，貞若。二告。九。

戊申卜，㱿，貞祀弗若。九。

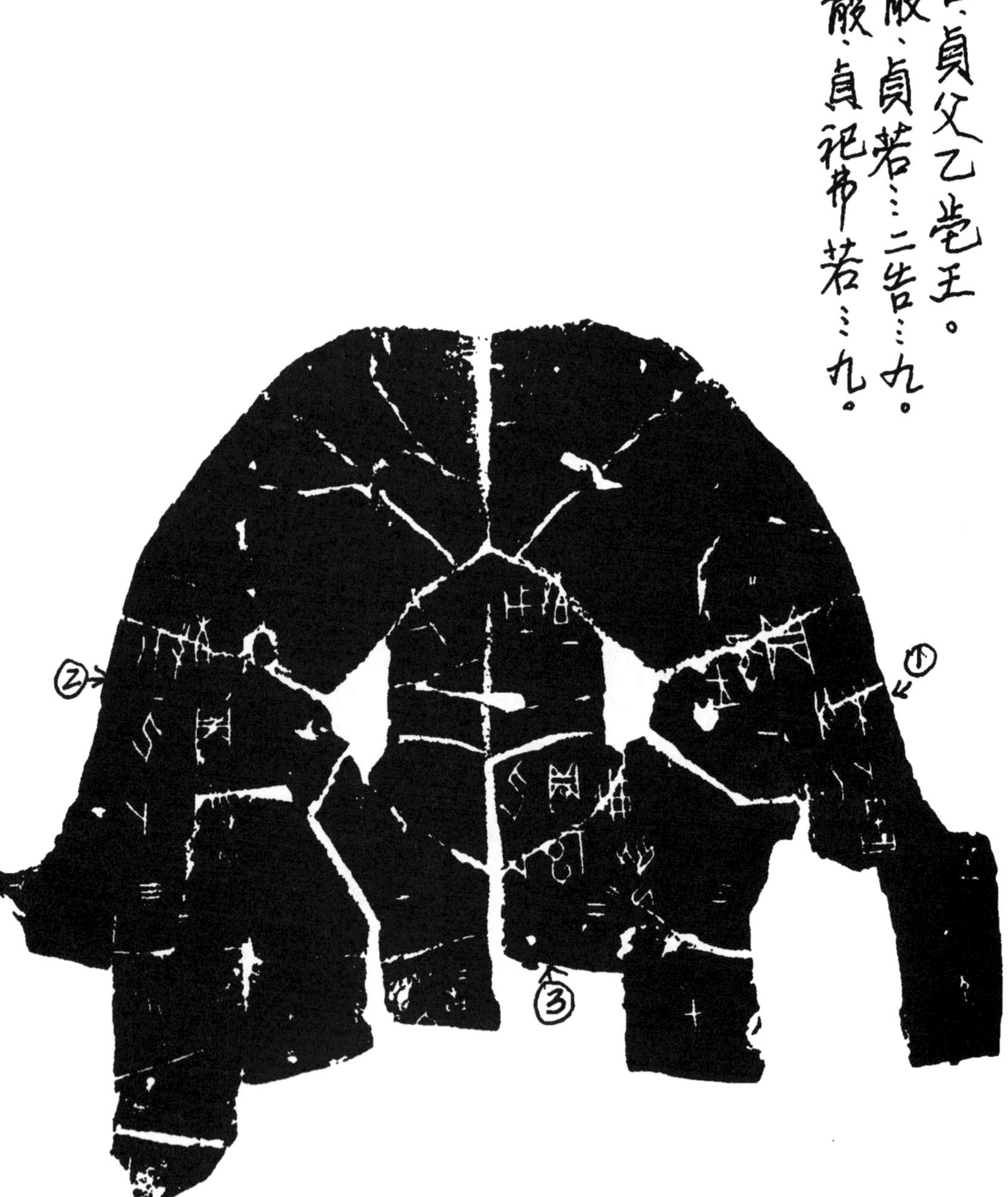

2231

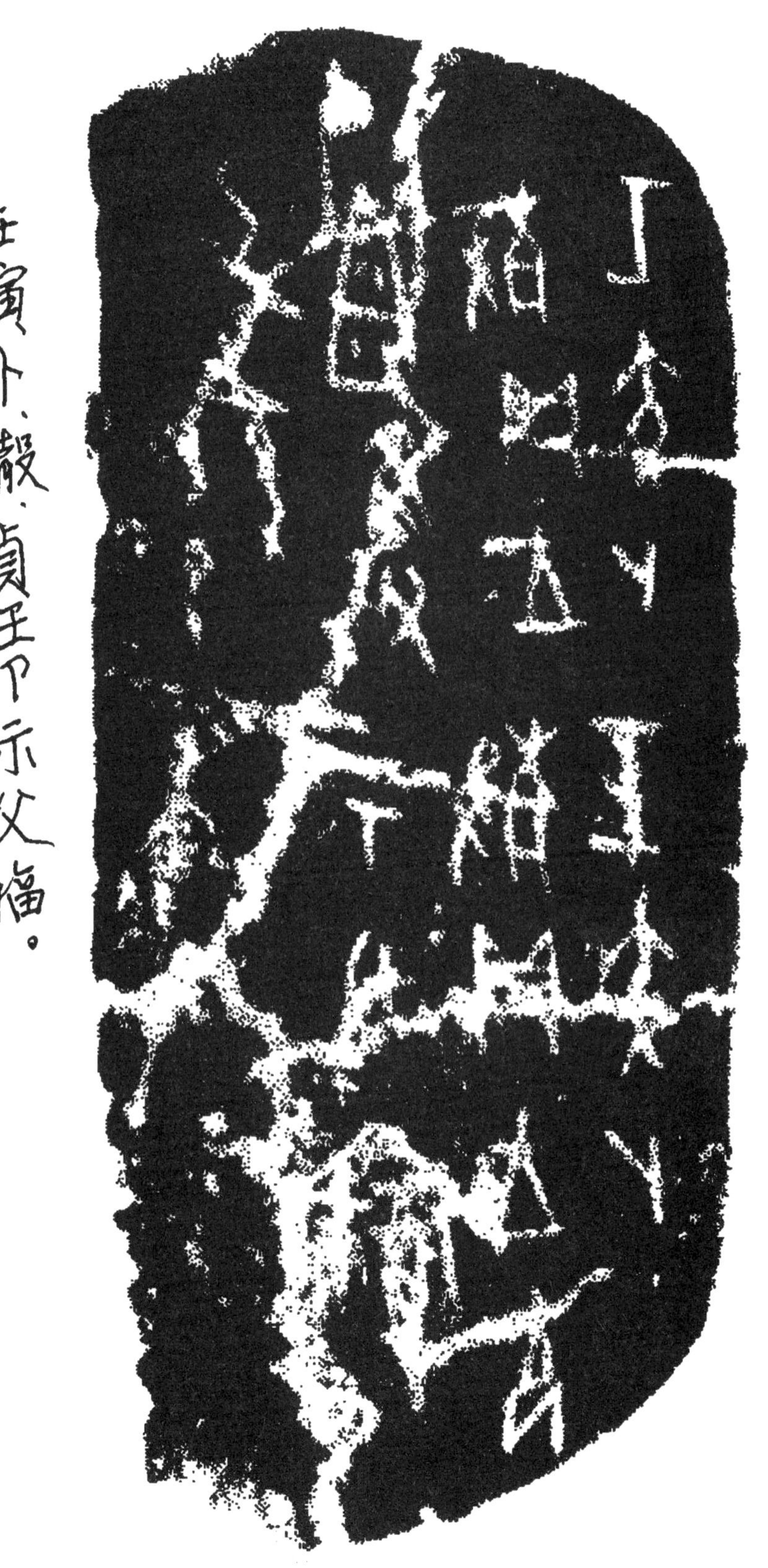

壬寅卜，㱿，貞王卩示父福。

壬寅卜，㱿，貞王禍惟父乙蚩。

2235

貞父乙壱。不唯父乙壱。父乙壱。

2238

貞惟父乙壱。

2240

2246

貞不惟父乙壱……不雨……。

2249

貞父乙𡆥王。

2253

惟父乙…四。

不惟父乙四…告。

貞今二月…告。

弗其今二月…四

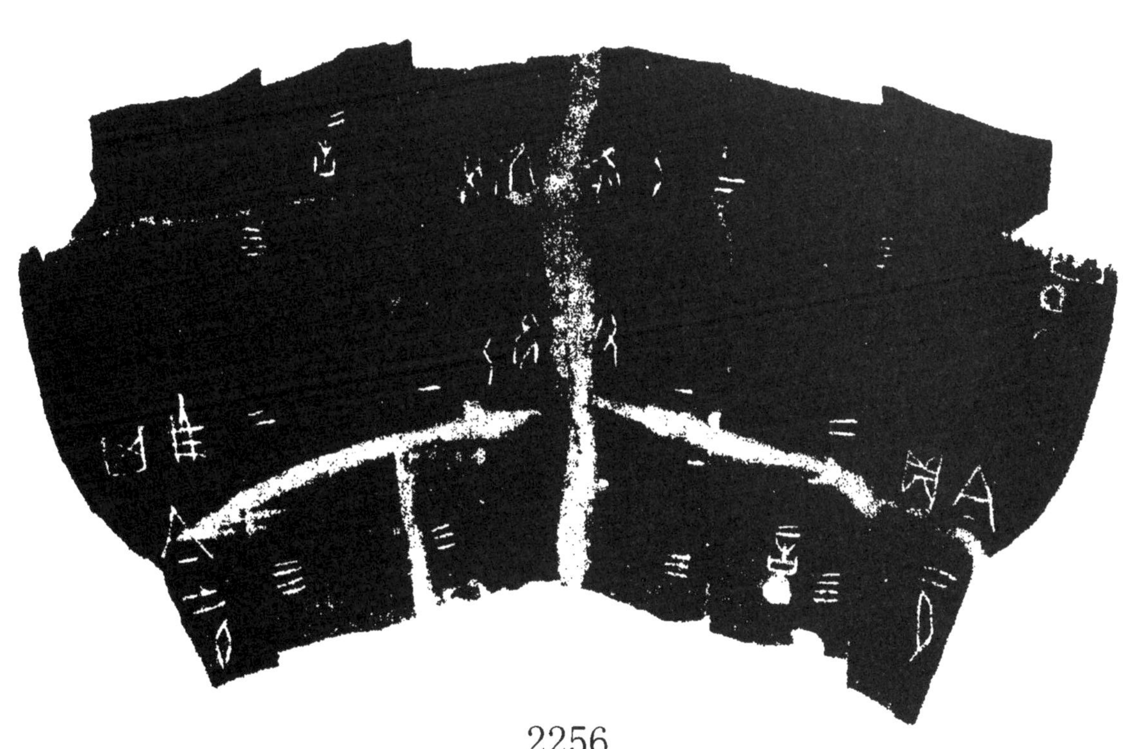

2256

乙未卜、爭、貞來甲子酒彡、正、十月。
貞來甲子酒彡弗正三三。
貞于父乙賓三四。
物于父乙賓三四。
翌甲辰不其易日。
左富三小告
貞帝弗三九

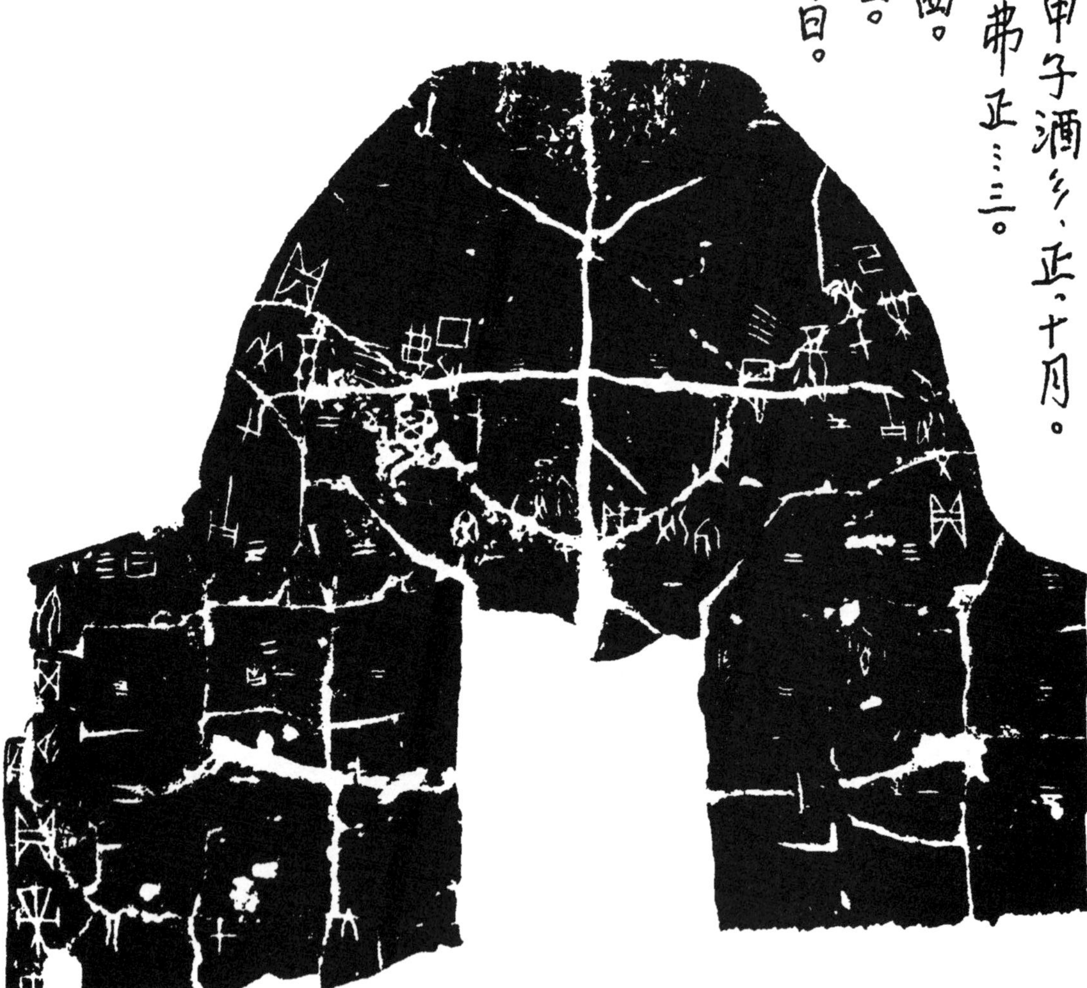

2273

丙子卜、賓、貞父乙異隹𣪕王……二告。

貞父乙不異𣪕王……六。

乙夕有疾隹有𡆥……夕疾不隹有𡆥。

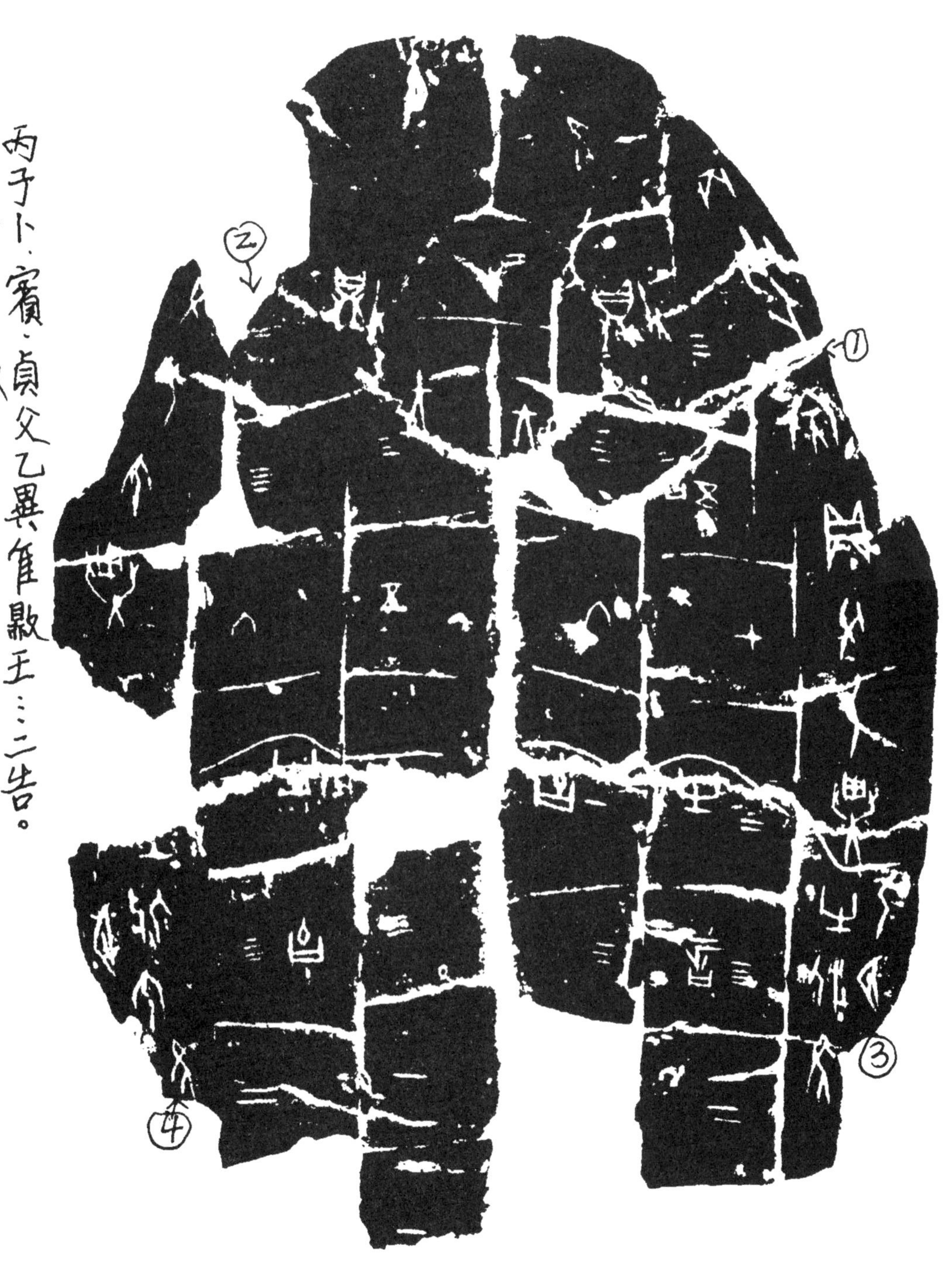

2274

貞，王其有曰父乙……。貞，望……歸……。貞，酒母庚。

2281

貞不惟父乙。

2255

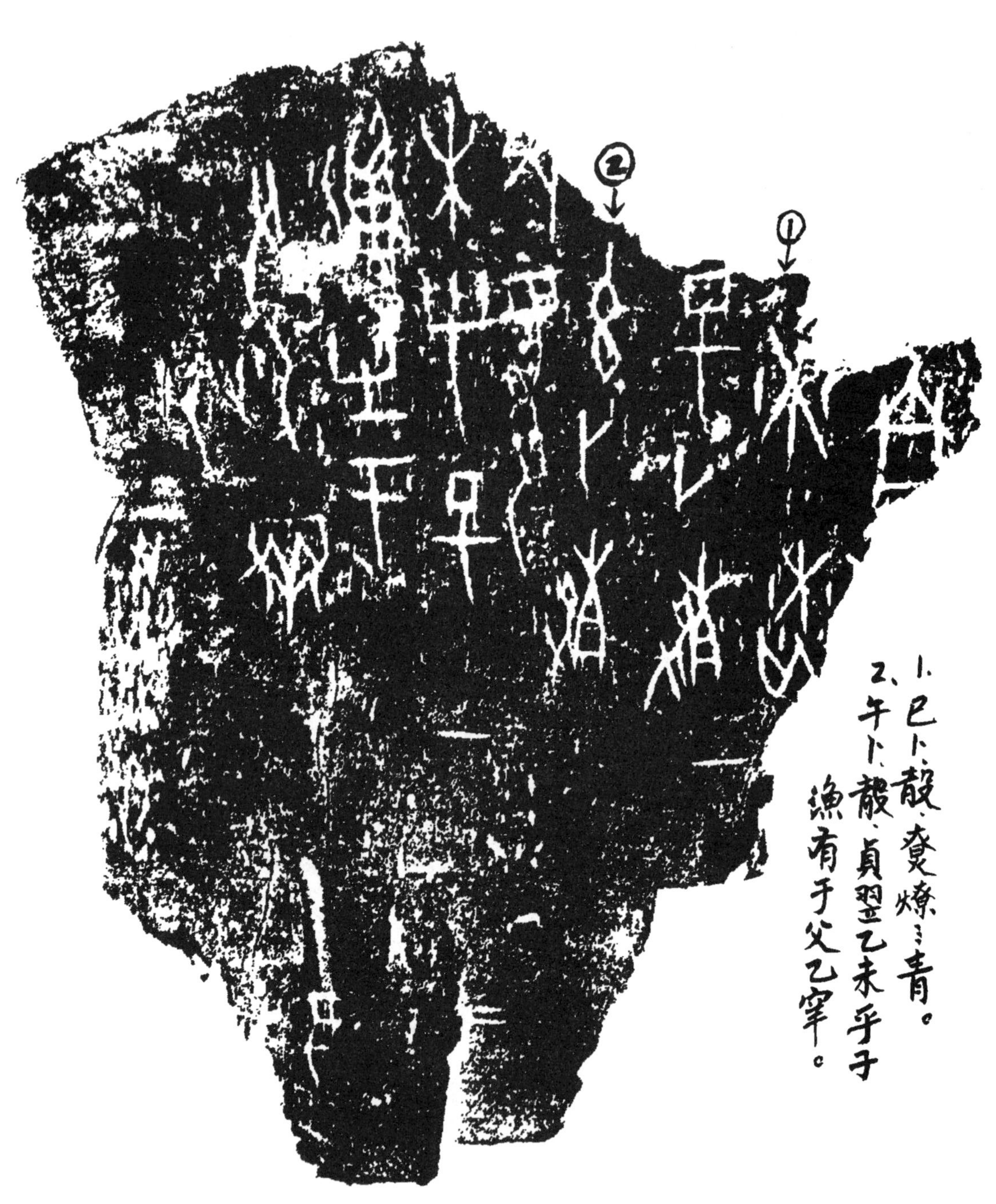

2975

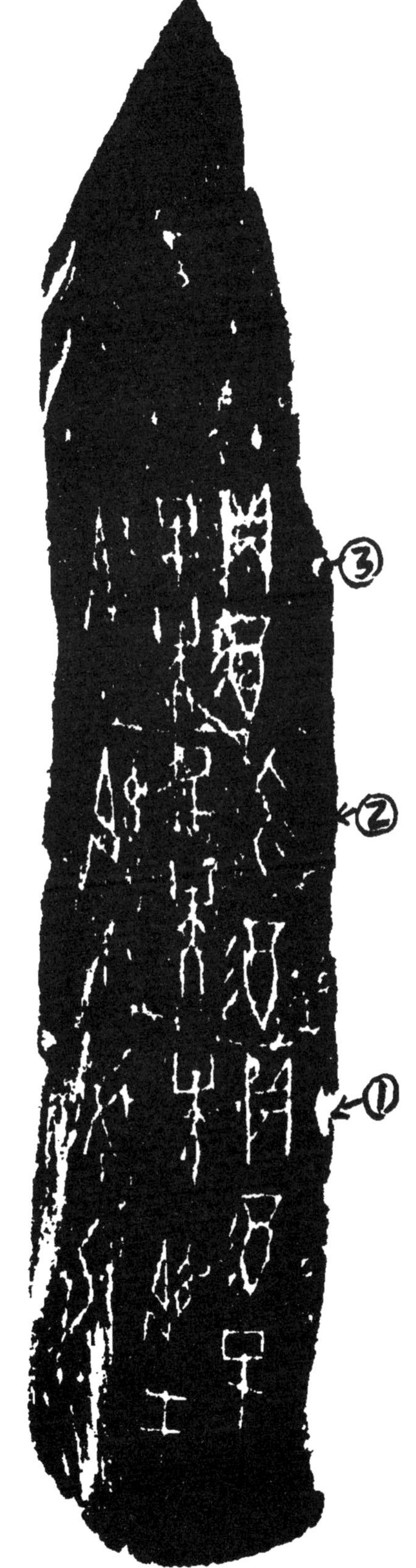

3013

1、貞酒子央御于父乙。
2、物酒子央御。
3、貞酒子央御。

貞来乙丑物乎子三有于父乙。

3111

3186

钔牧于妣乙因豕、妣癸彘、妣丁豕、妣乙豕豕。下妣丁……。
钔贞众于祖丁牛、妣癸因豕。钔祖癸豕。祖乙彘、祖戊豕豕。
乍钔父乙豕、妣壬豚、兄乙豚、以……。
兄甲豚、父庚犬。

31993

3207

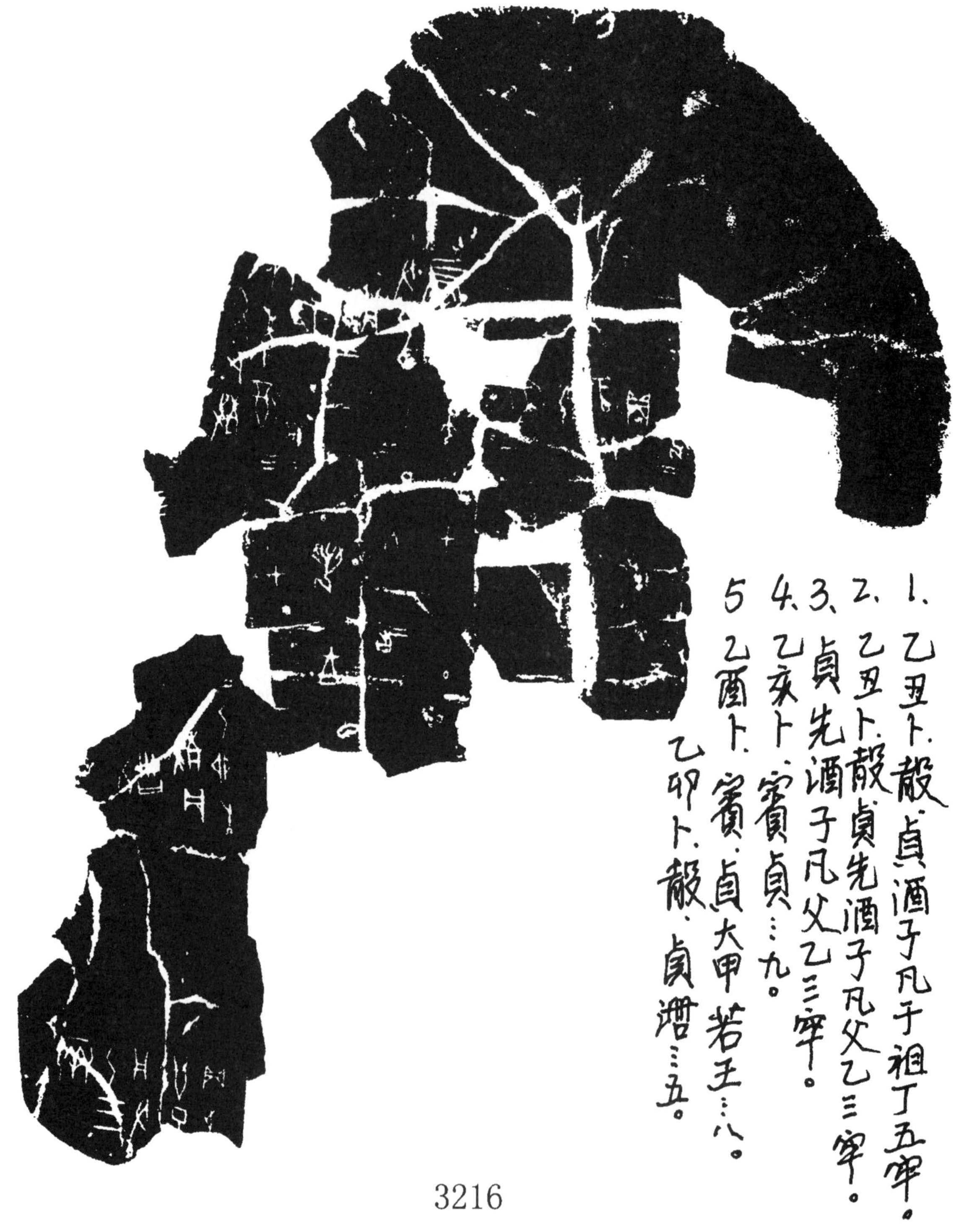
1、乙丑卜，㱿，貞酒子凡于祖丁五宰。
2、乙丑卜，㱿，貞先酒子凡父乙三宰。
3、貞先酒子凡父乙三宰。
4、乙亥卜，賓，貞……九。
5 乙酉卜，賓，貞大甲若王……八。
乙卯卜，㱿，貞漕……五。

3216

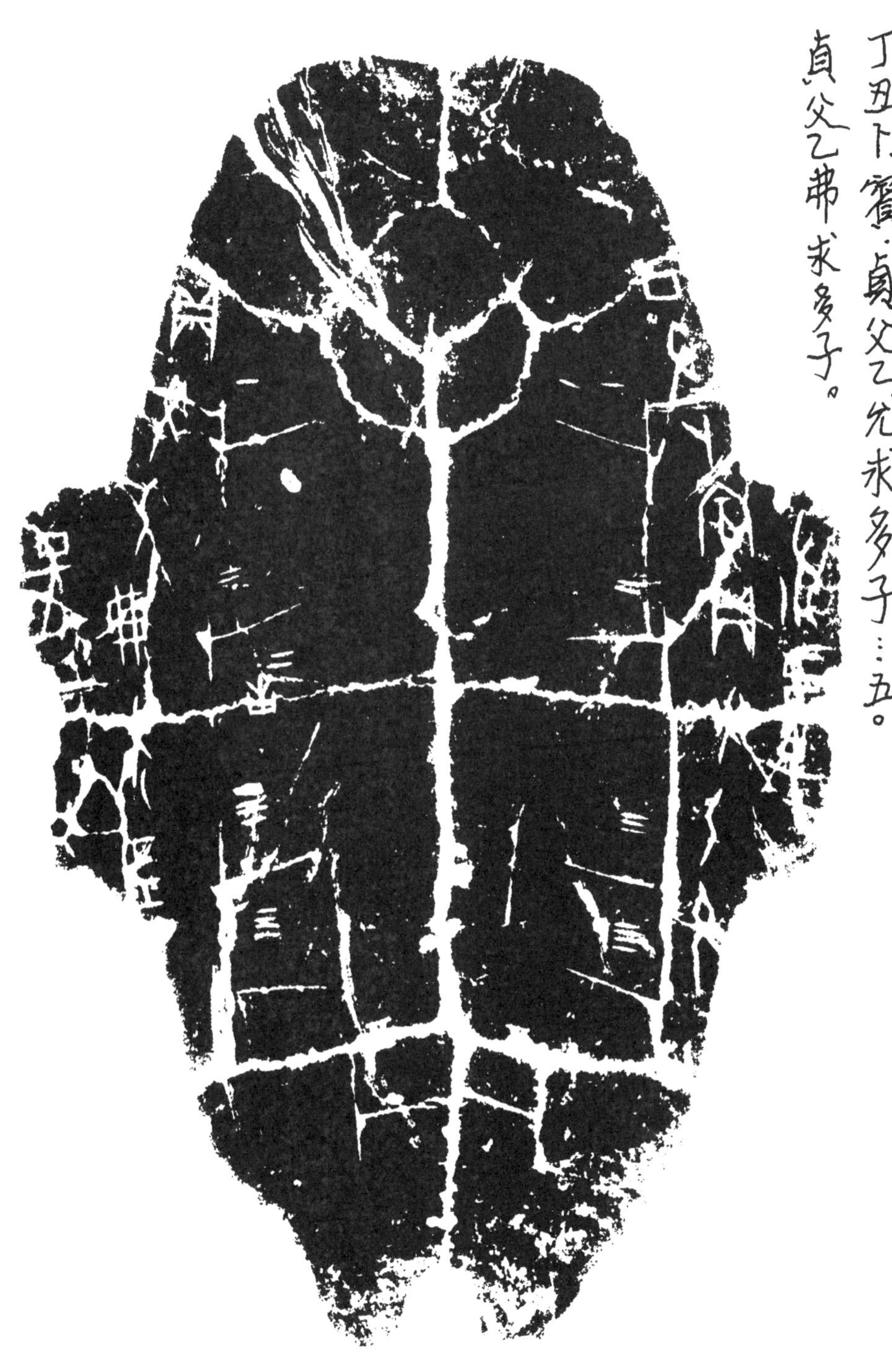

3238

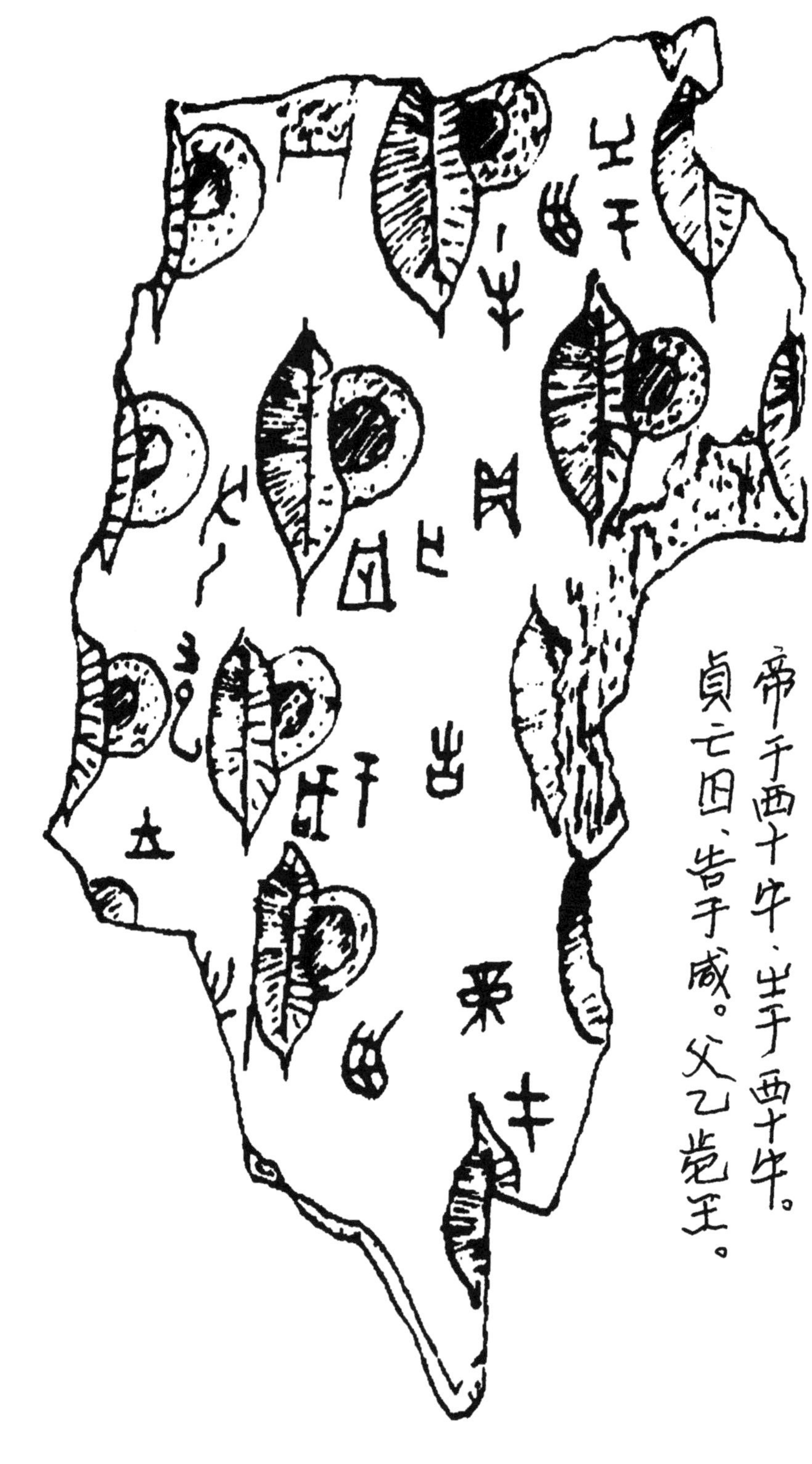

39560

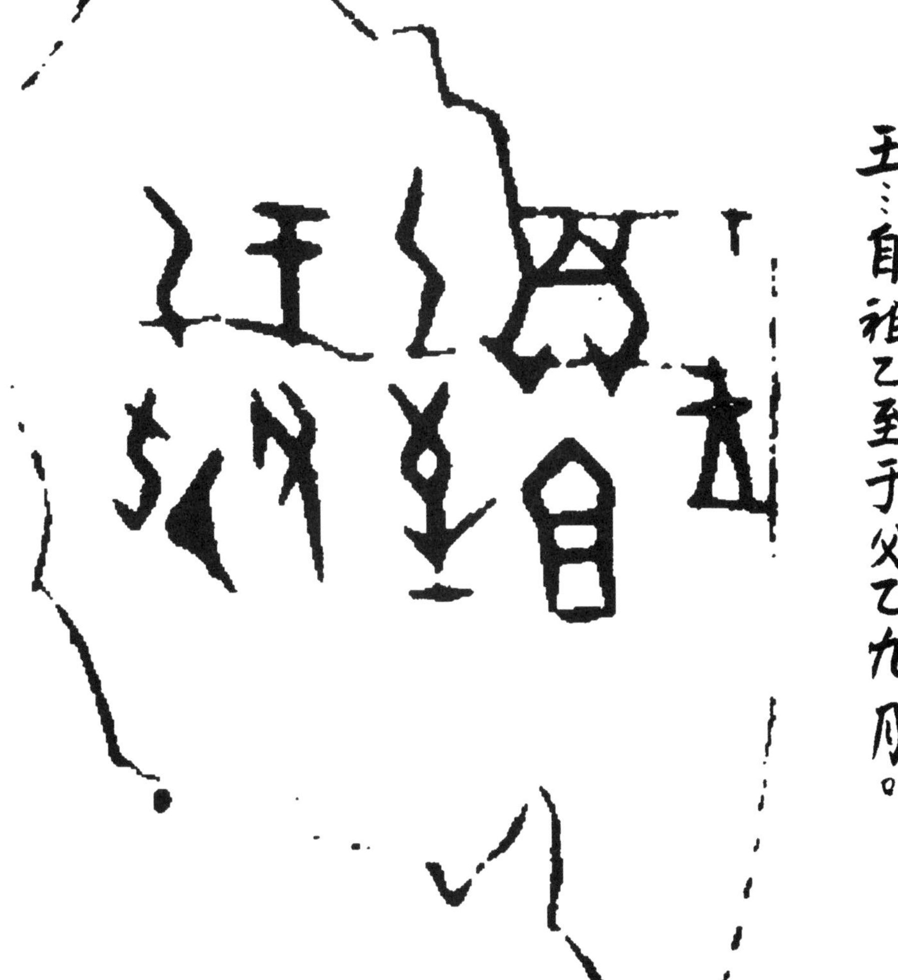

王…自祖乙至于父乙九月。

39579

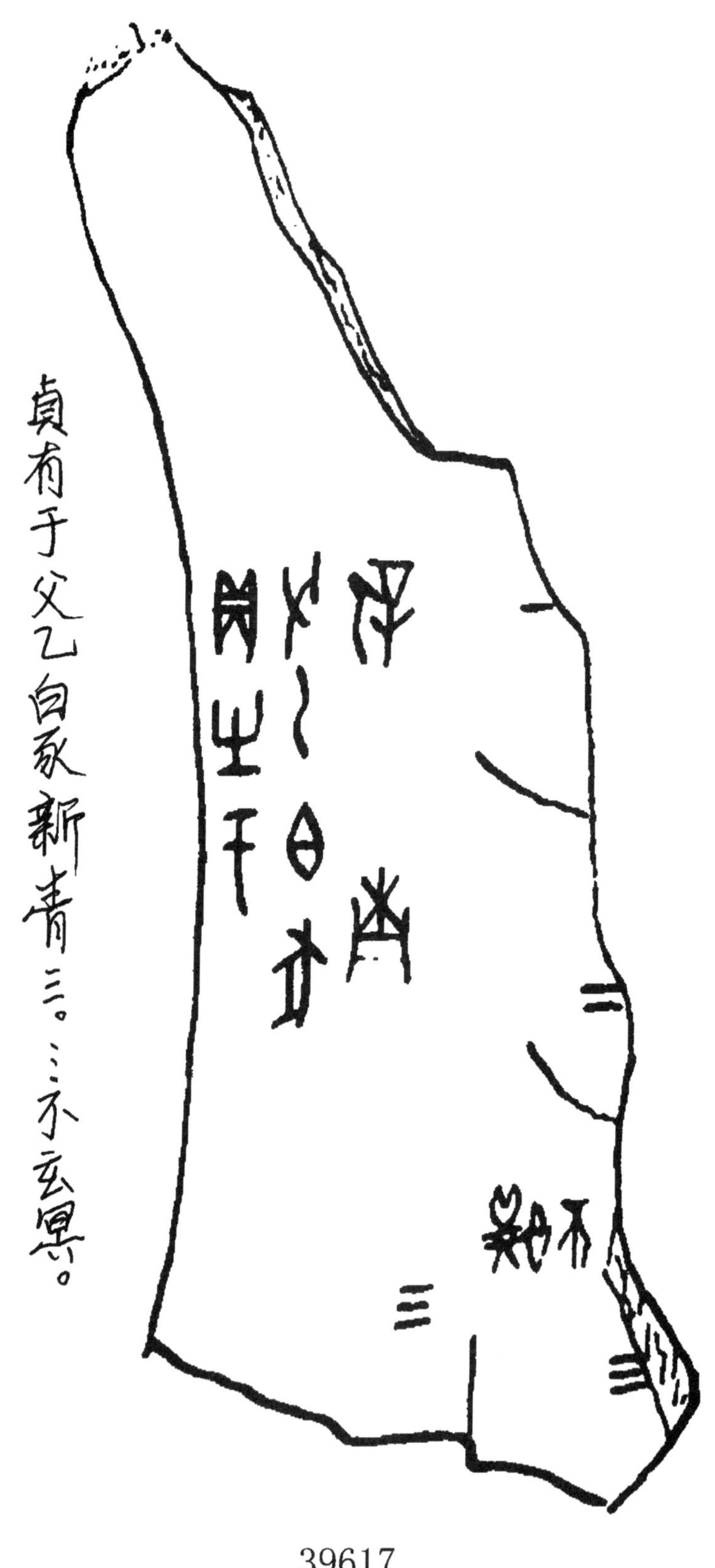

39617

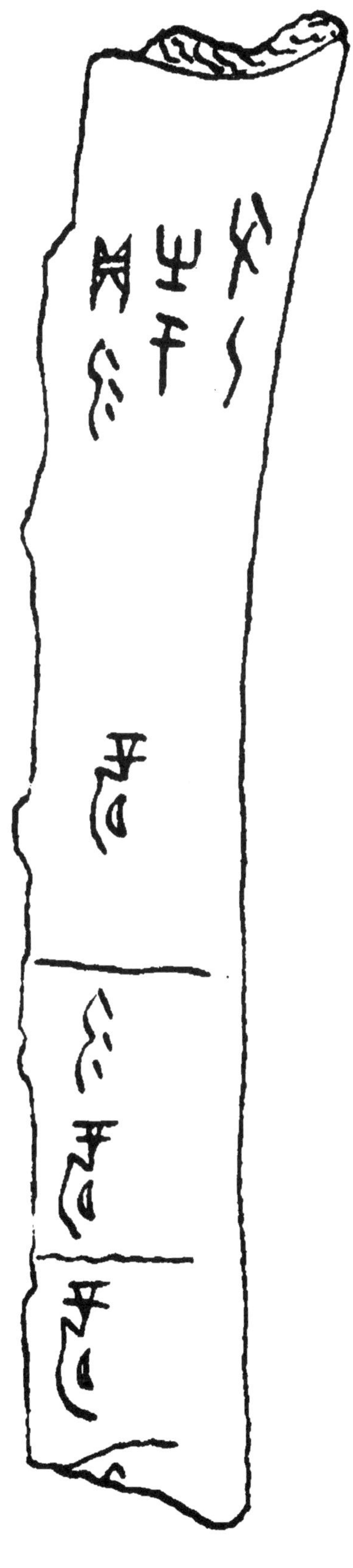

啇。勿啇。啇。貞勿㞢于父乙。

39618

39619

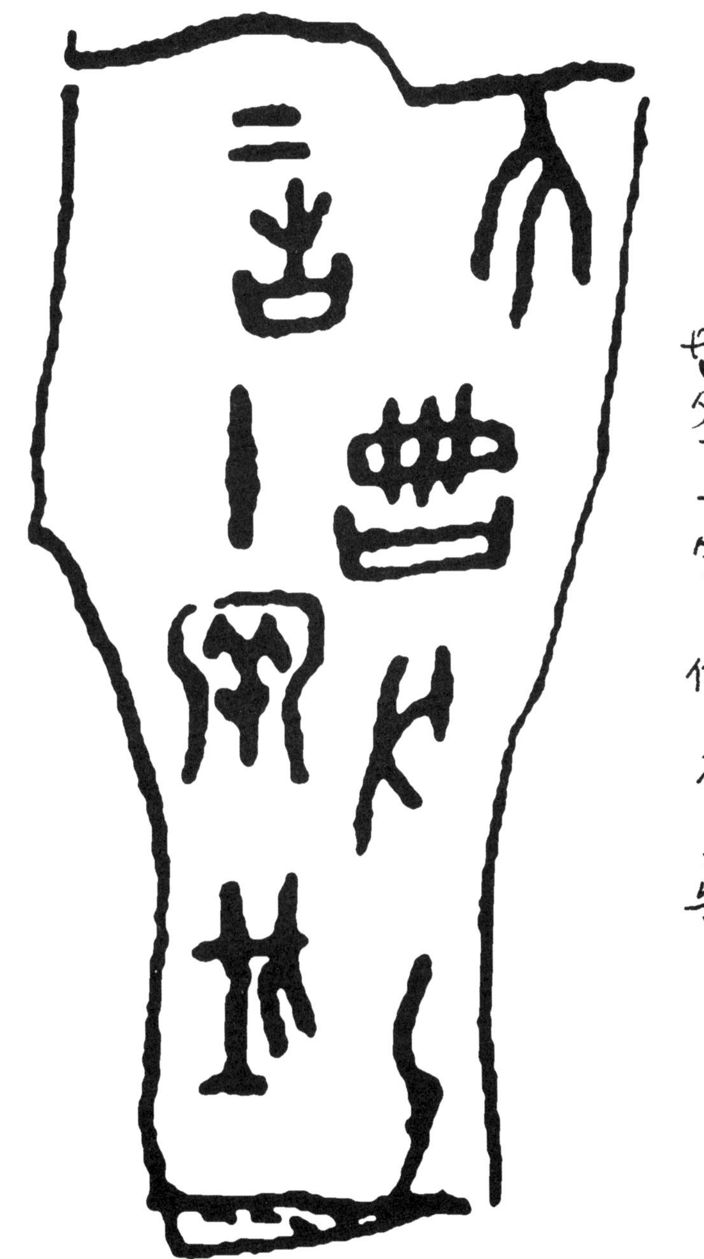

𠕋父乙十牢：伐：不：二告。

39620

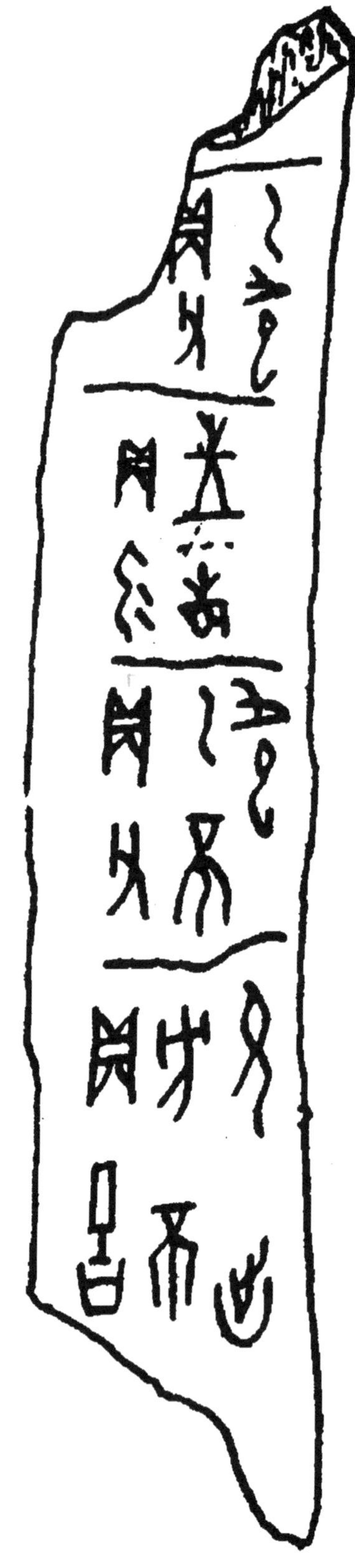

39621

貞舌亏不允出。貞父乙不𡆥。貞父乙𡆥。貞物往省。

39622

39623

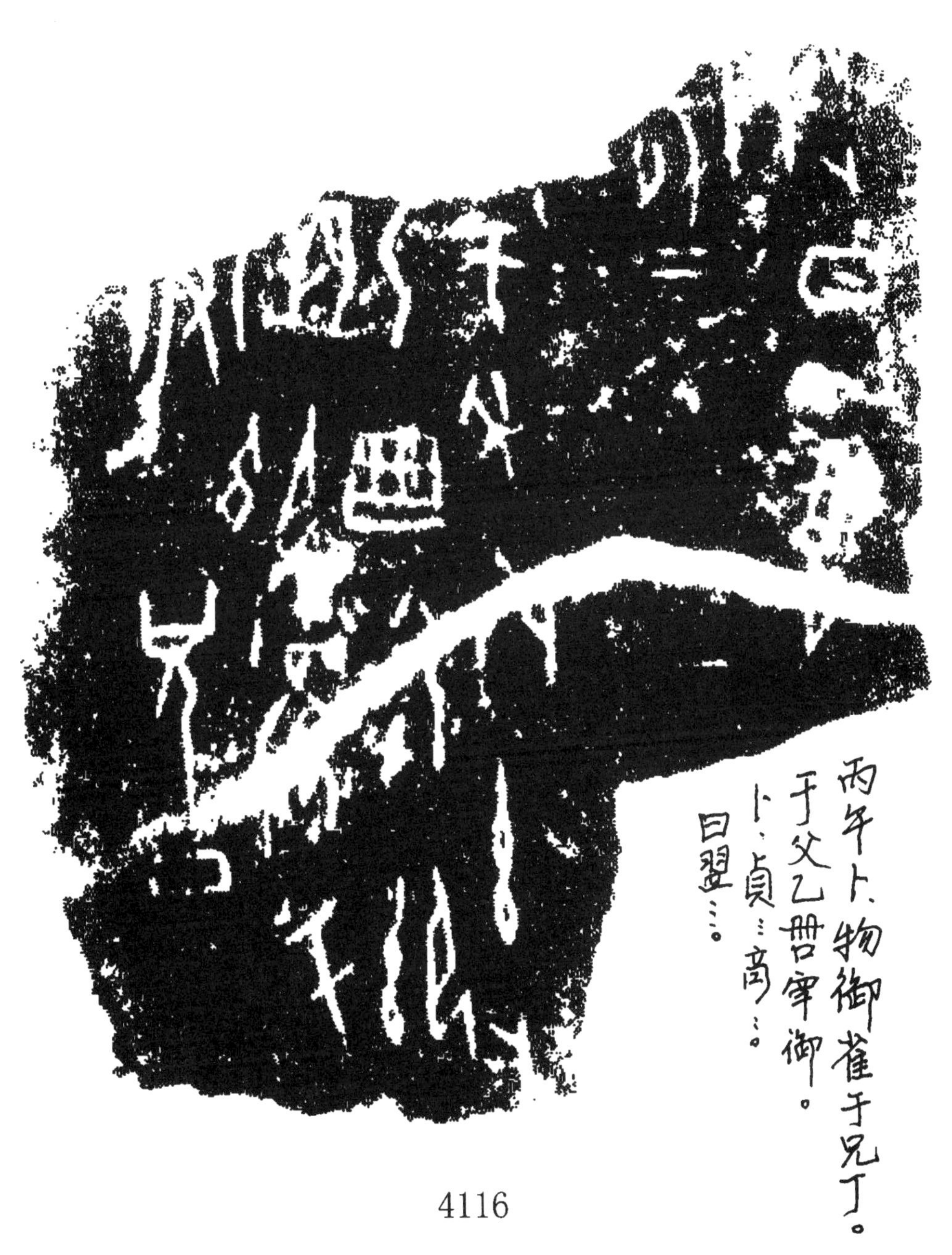

丙午卜，物御雀于兄丁。
于父乙冊宰御。
卜，貞…商…。
曰翌…。

4116

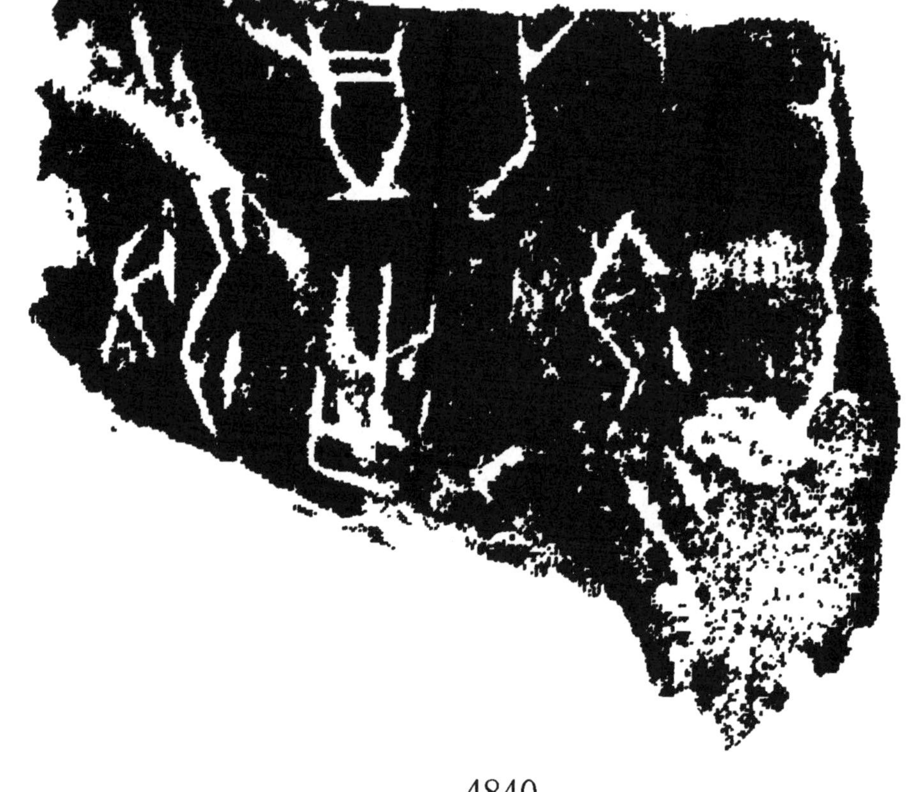

貞物：奠告：父乙。

4840

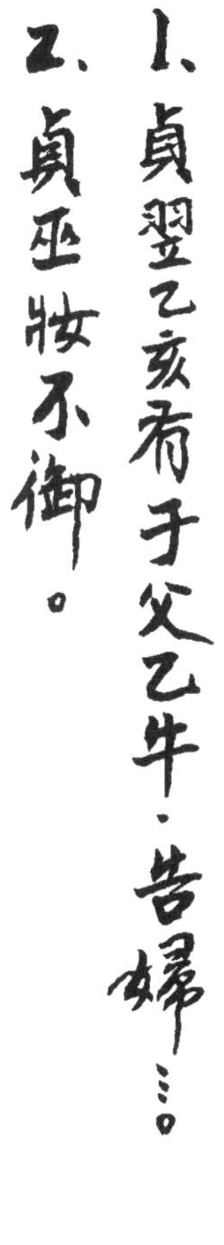

5652

貞𢀛方不允……貞物往省。往省。貞父乙不巷。貞父乙巷。

6115

貞其有骨來羌凡自西……乎宅……。未有于父乙宰。

6597

甲申卜、㱿、貞惟〔父〕乙〔降〕𧍞。二。
〔甲申〕卜、㱿不惟〔父乙降〕𧍞。
乙酉卜、爭、貞惟父乙降𧍞。二 二告。
貞不惟父乙降𧍞。二。
辛亥卜、王冊父乙百宰、十一月。
戊午卜、爭、貞甫王自往陷。二 十二月。二。
甲辰卜、爭、貞我伐馬方、帝授我又。二 一月
二 不隻 二告。

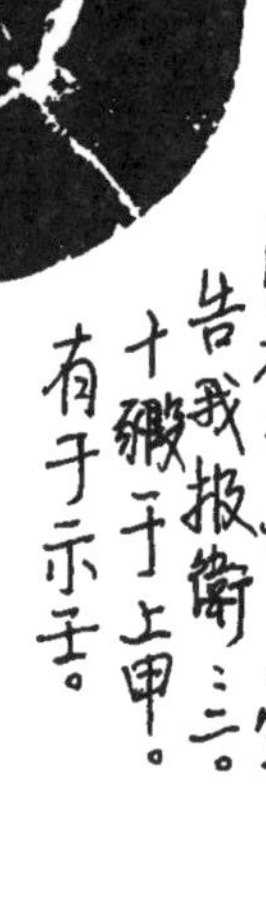
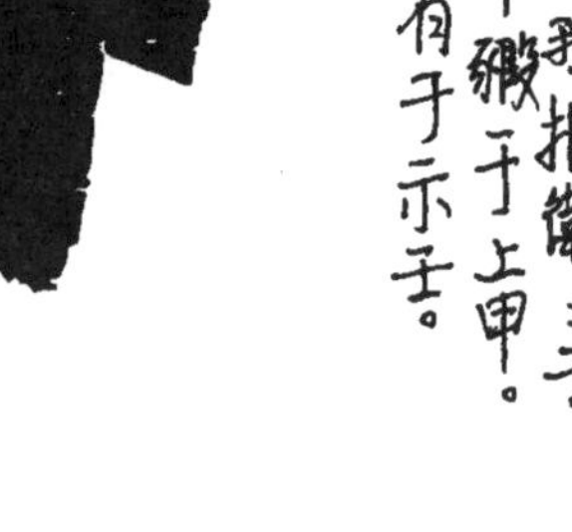

貞有于上甲三宰
告我報衛。二。
十𢦏于上甲。
有于示壬。

6664

貞有于父乙三宰三共人三五宰。

7301

7363

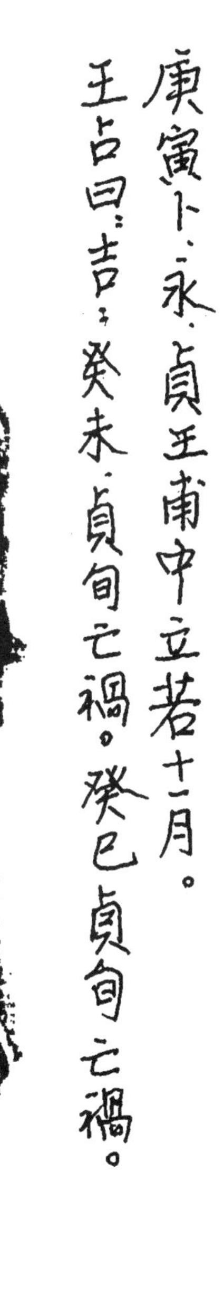

庚寅卜，永，貞王甫中立若十二月。
王占曰：吉。癸未，貞旬亡禍。癸巳貞旬亡禍。

7364

甲子卜，其桒雨于東方。于丁卯酒南方。
庚午其桒雨于山。庚午卜，貞：楙至于弜卣入圍。茲用。
楙弜于圍叀乎酙。戠辛酒𥜽若。戠，敹雨〻。茲用。

30173

乙卯卜亘貞今日王至于享、夕酒子央、有于父乙三二。

7954

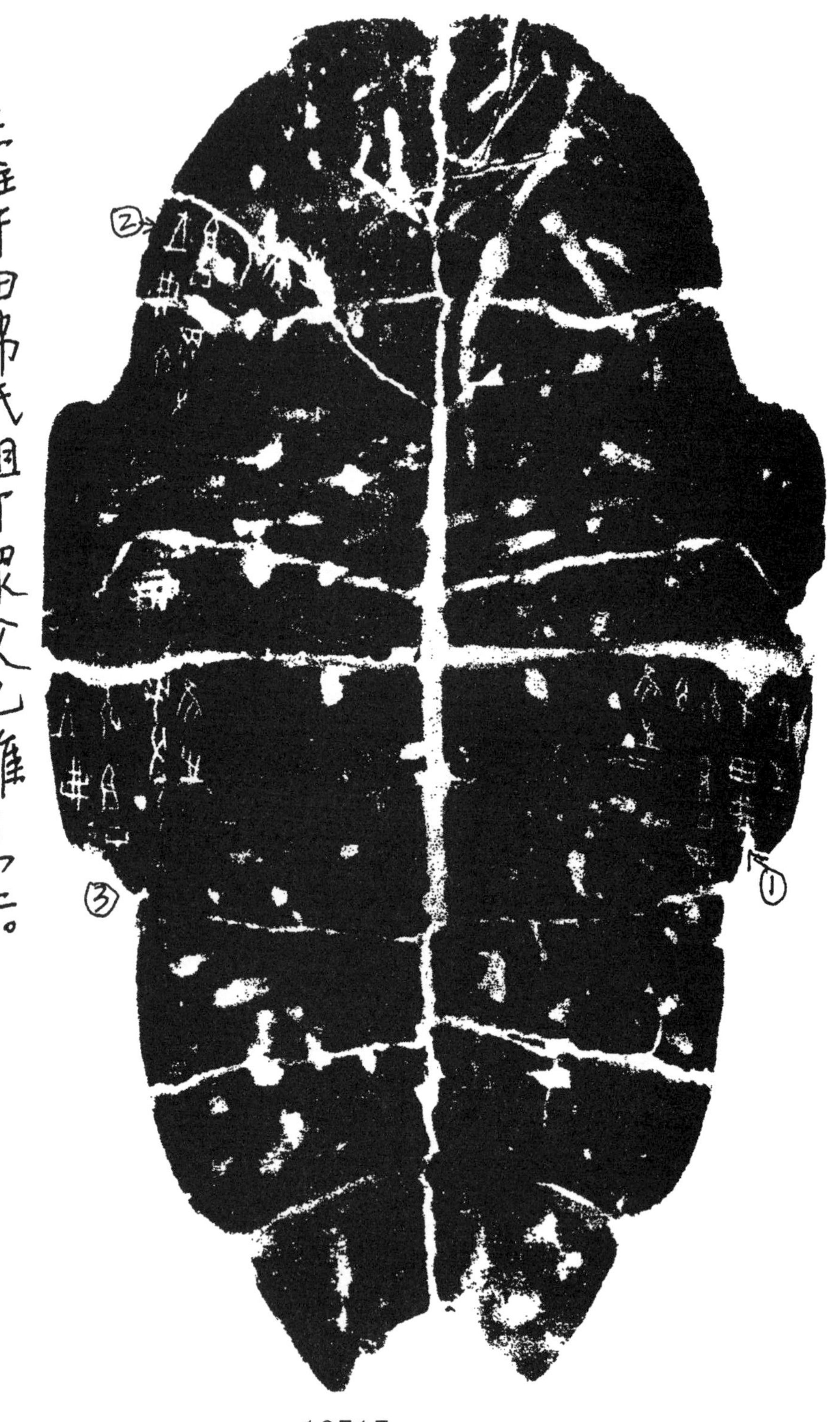
王往于田弗氏祖丁眔父乙惟之二。
王弗氏祖丁眔父乙惟之。
王弗氏祖丁眔父乙不惟之一。
①
②
③

10515

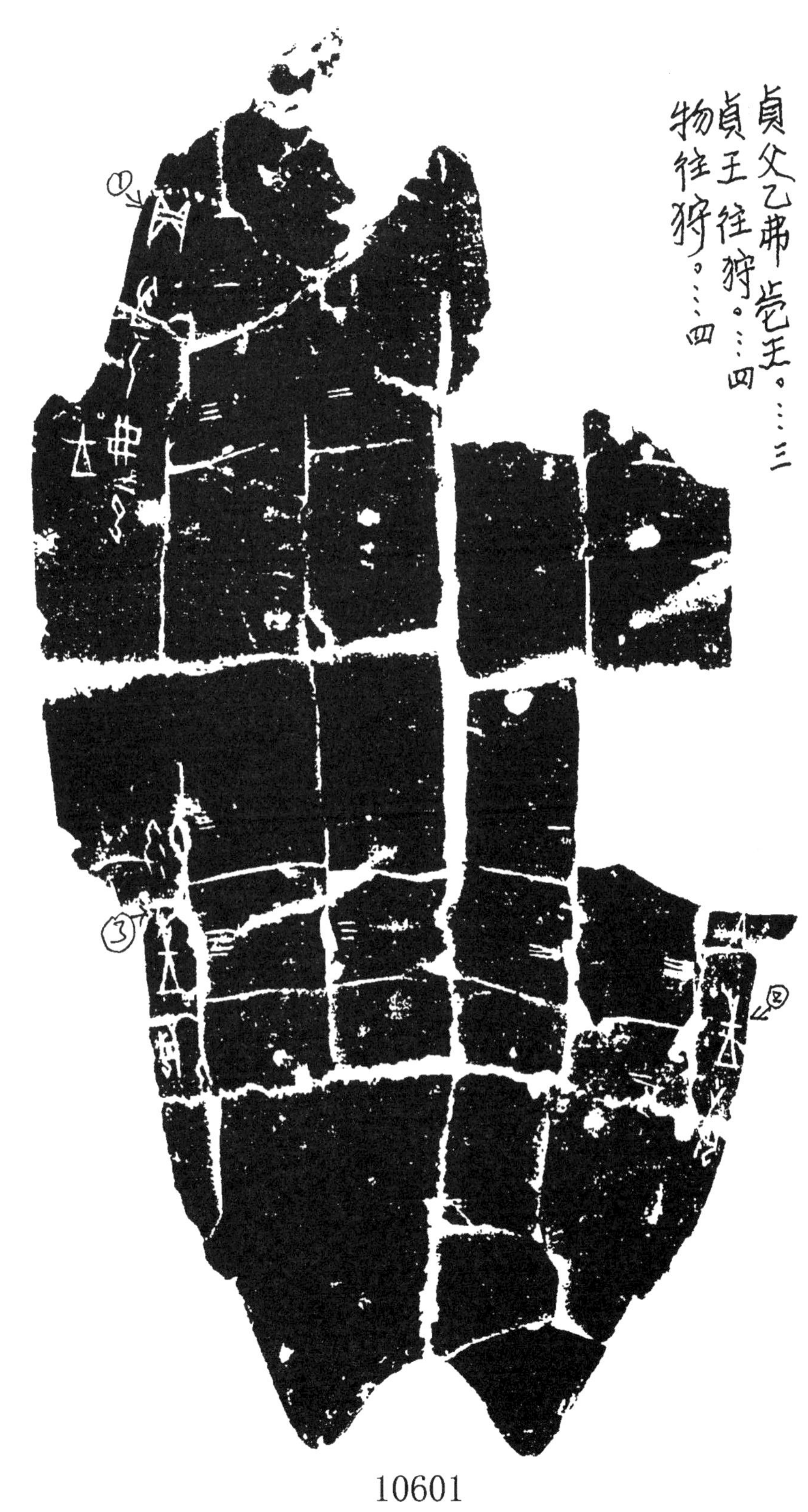

10601

10630

13619

1、丁亥卜、㱿、貞[illegible]享首罝于雇。
2、癸巳卜、㱿、貞子漁疾目福告于父乙。
3、貞王阪徝曰之。4、貞物曰之。…省。

貞隹之。
貞不隹之。
貞婦～曰。
婦勿曰。
疾齒惟有巷。
疾齒不惟有巷。
惟父乙
不惟父乙。
物……。

13647

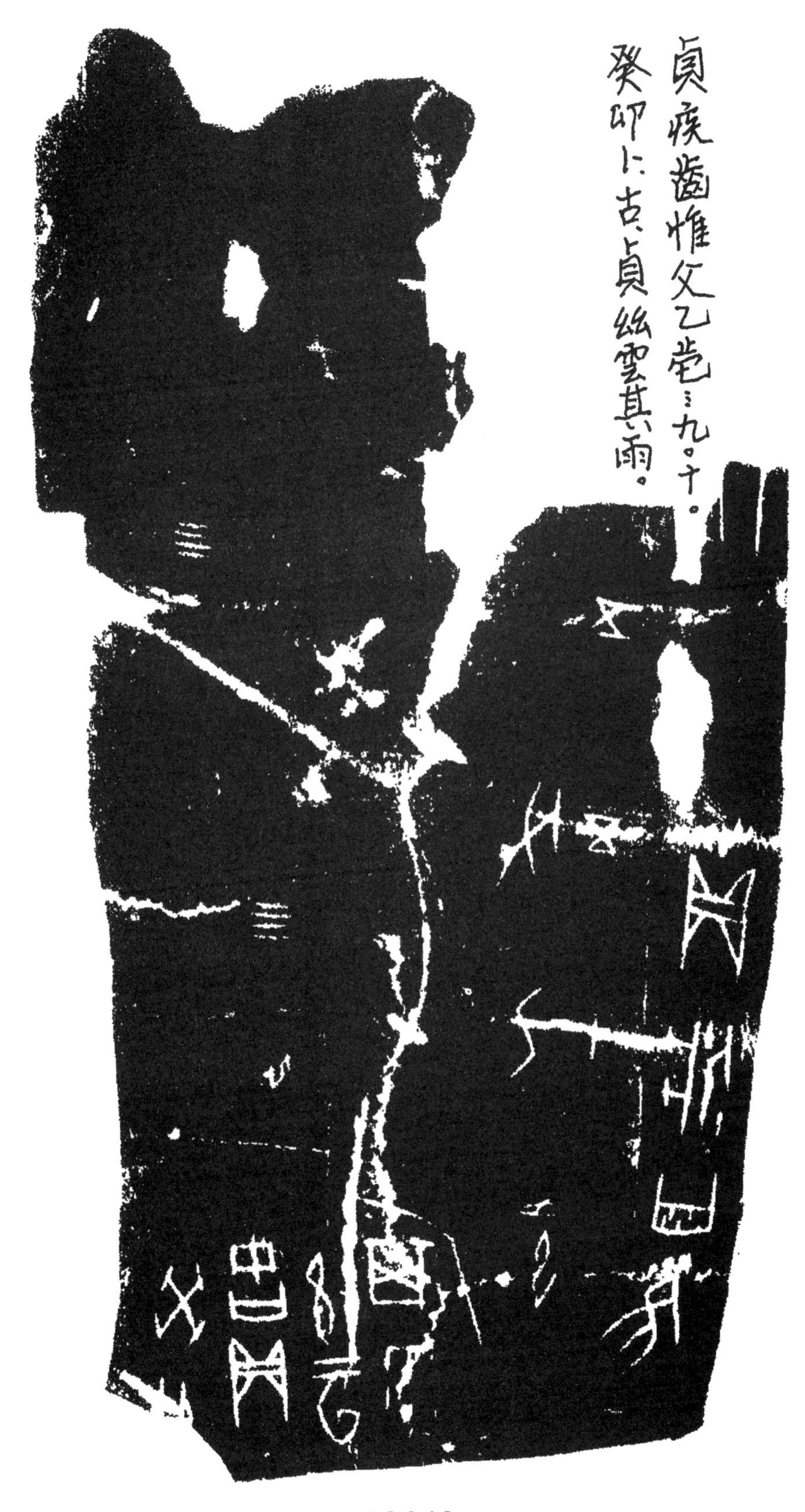

13649

己丑卜、爭、貞有疾齒、父乙惟有聞在沘……

13651

貞御疾身于父乙。

13668

13670

1. 御疾趾于父乙[illegible]。

2. 貞物御于父乙。

13688

19945

甲戌：甫、翌、父乙、羡。

19771

戊、卜、⋯有⋯癸亥卜、王有大甲。

癸亥卜、王貞物酒、翌存于黃尹戠三月。

乙丑卜、王有三奚于父乙、三月、征雨。

丁亥卜，王酒御。
□申卜，王有祖丁。
戊子卜□父乙彡□王□。

19871

19929

丁未卜，王祈，甫父乙。

有父乙牛……弜佣……。

癸卯卜，叶，御子汰于父乙。一。

癸卯卜，叶，御子汰于父乙。二月。

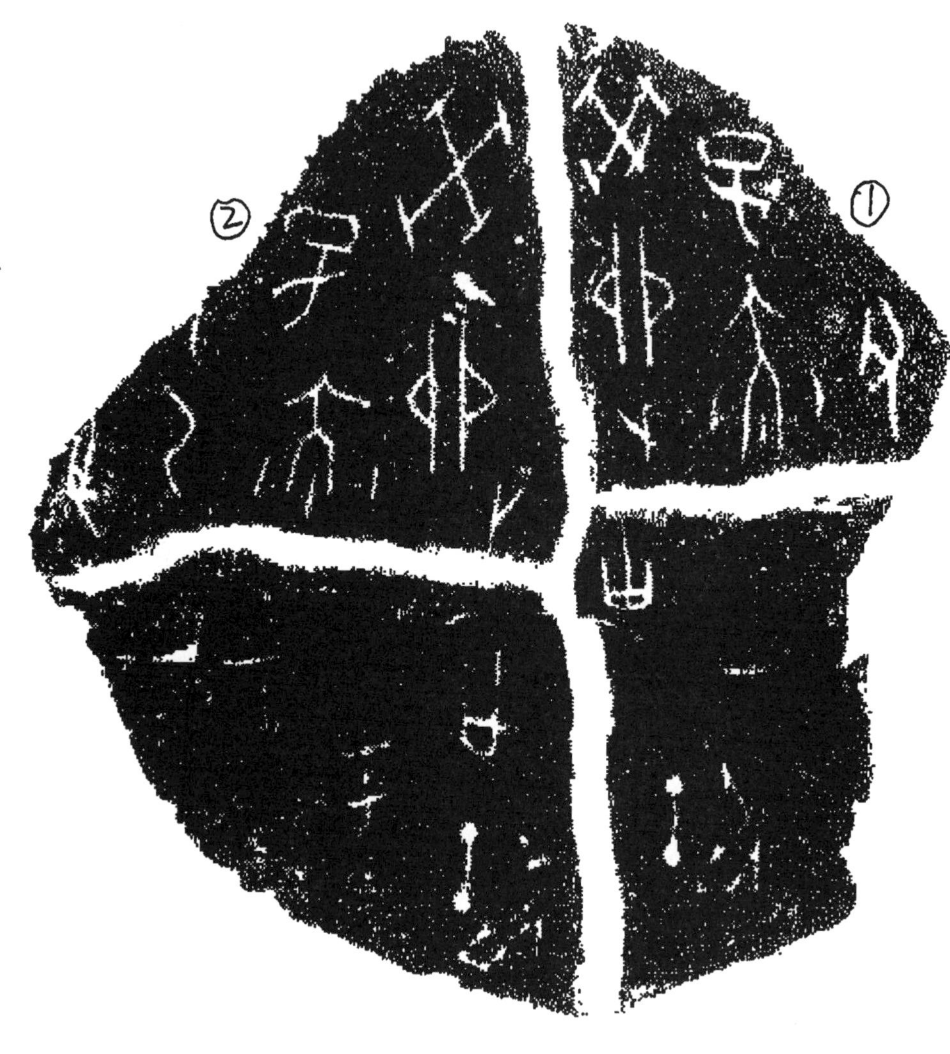

20028

正：刻虎…大象圖形、大象腹中怀子、旁有幼象。

反：刻有毌父乙…毌敏…。

21472

1. 己卯卜 ☒用尹司于父乙亡禍, 用。
2. 三貞三屮 ☒用乙三尹。

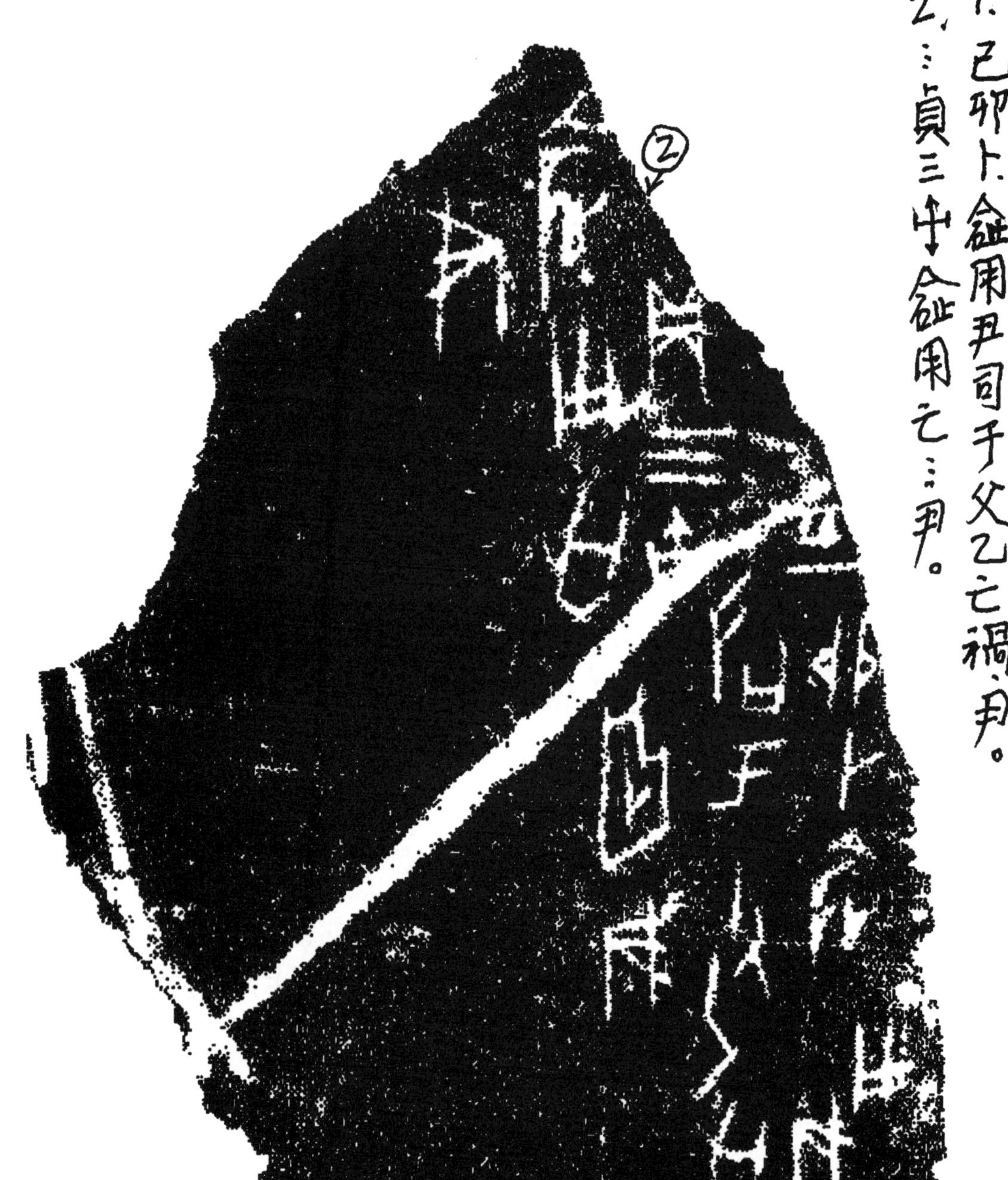

22083

31997

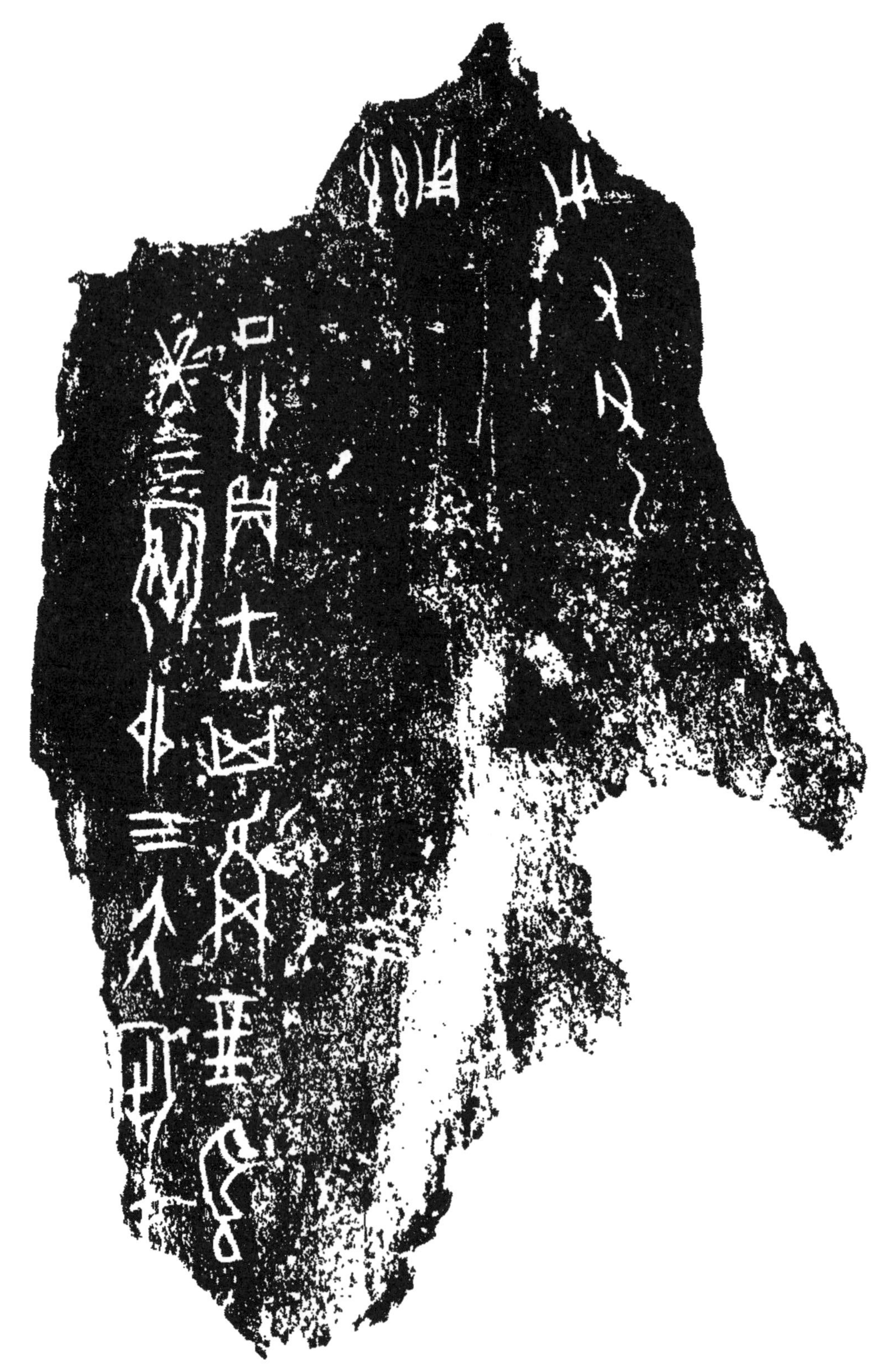

丁卯，貞：王其爯玨□，尞三小宰，卯三大宰于……

茲用。又父乙茲用。

32721

35279

卯卜，彝父乙，乙征異聿父，矦子。

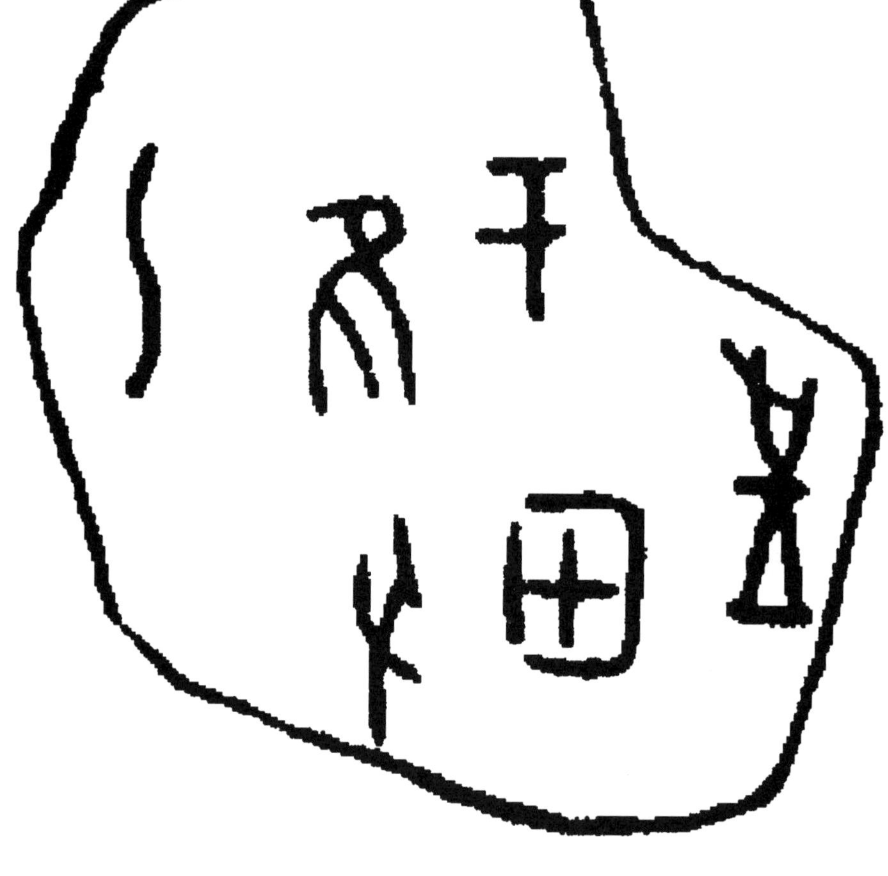

……往于上甲惟父乙。

39549

40125

我其狩𢓊……允毕。隻兕十一、麃七十有四、豕四、毘七十有四。
……漁有一牛于父乙。……乙勿有牛于父乙。

乞氏射先•一月

5767

丙戌卜，貞：巛師在兑不水⋮

閏⋮丁亥冊。

5810

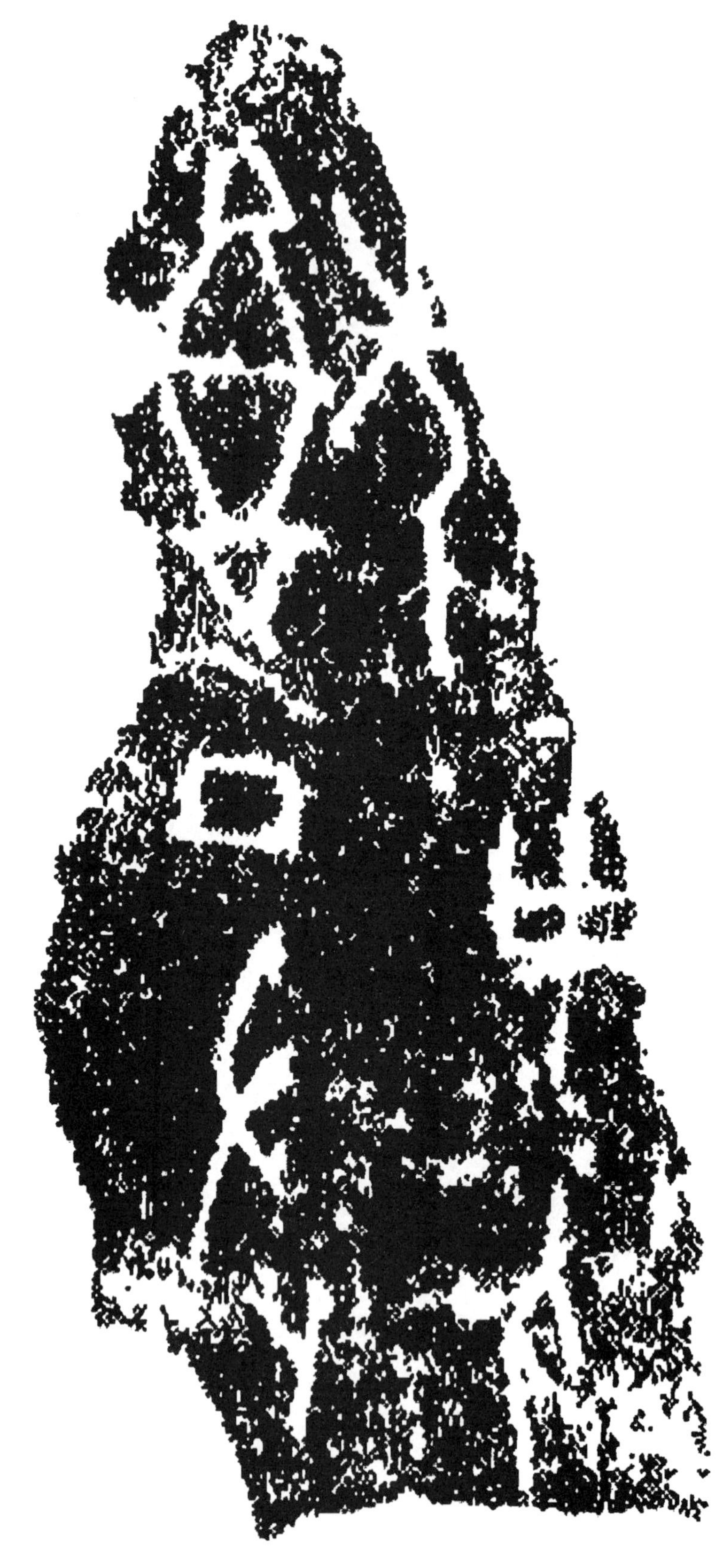

丁丑卜，使人，桒（[illegible]）兑

5862

己卯卜，王，貞余乎□亨兑余弗獵□。

7014

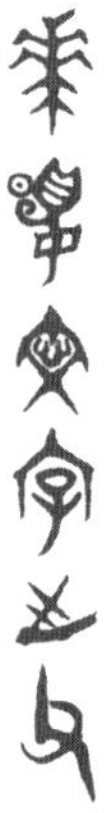

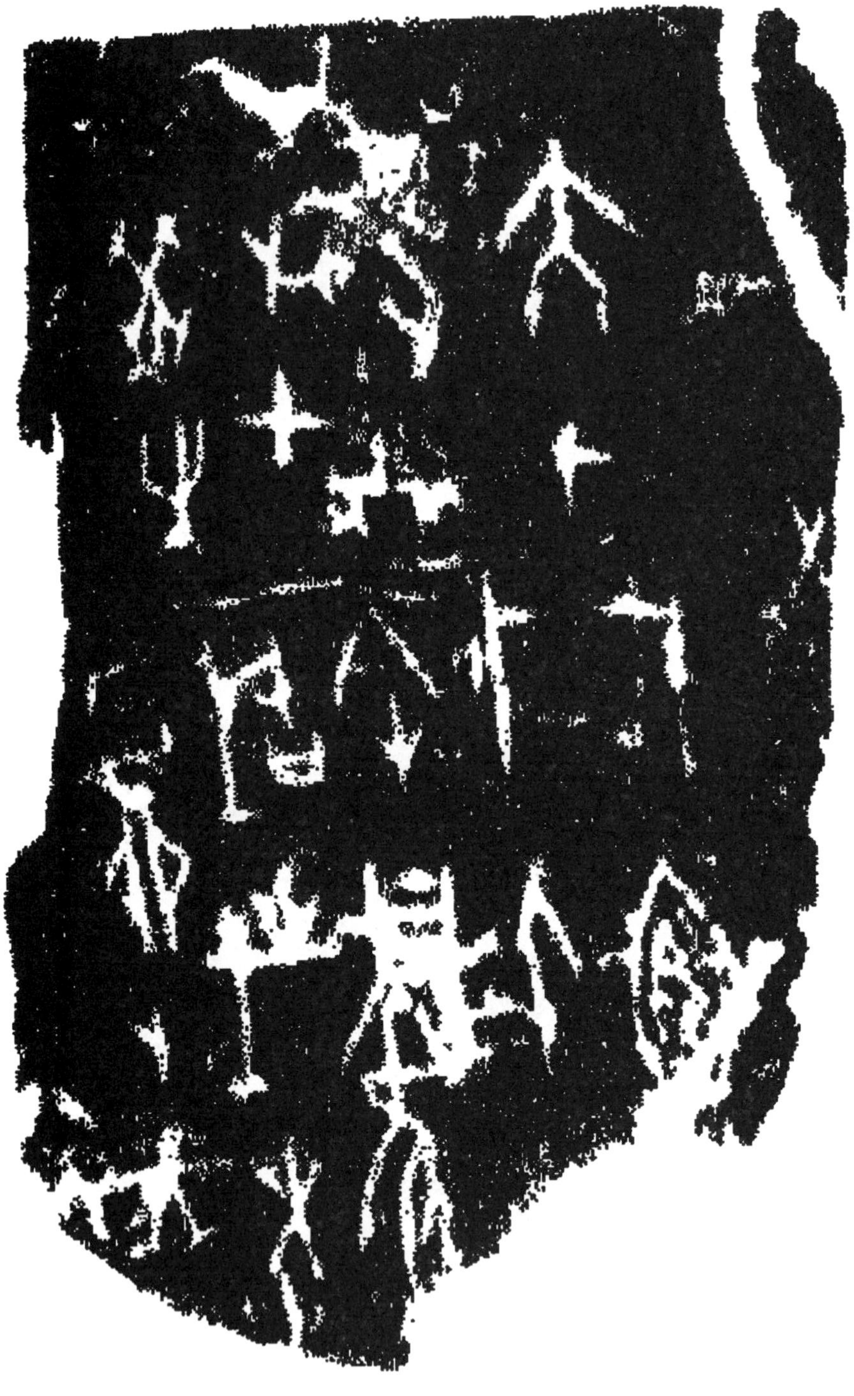

7020

己卯卜，王：咸戋兑。余曰：雀叶人伐面不。
癸未卜，甲申，大甲。

23466

叀宮犬兇从亡戈……犬……亡戈……。

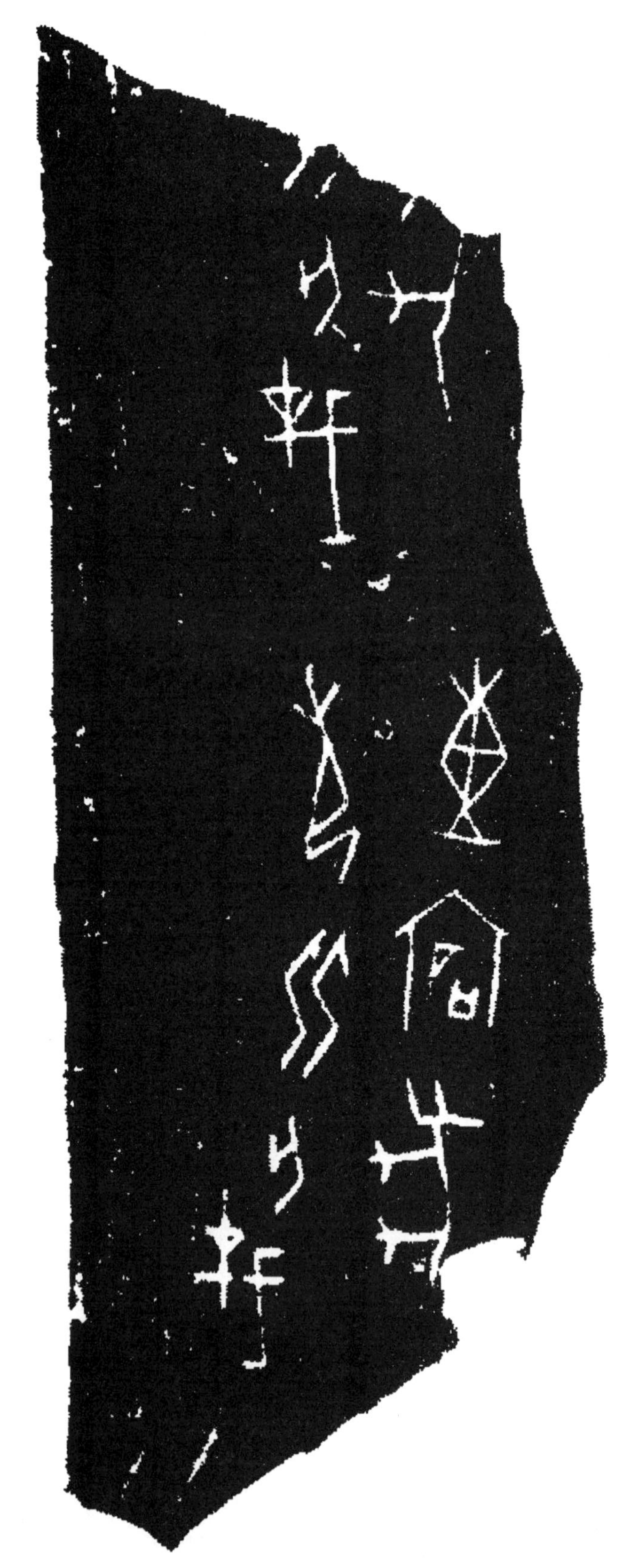

27903

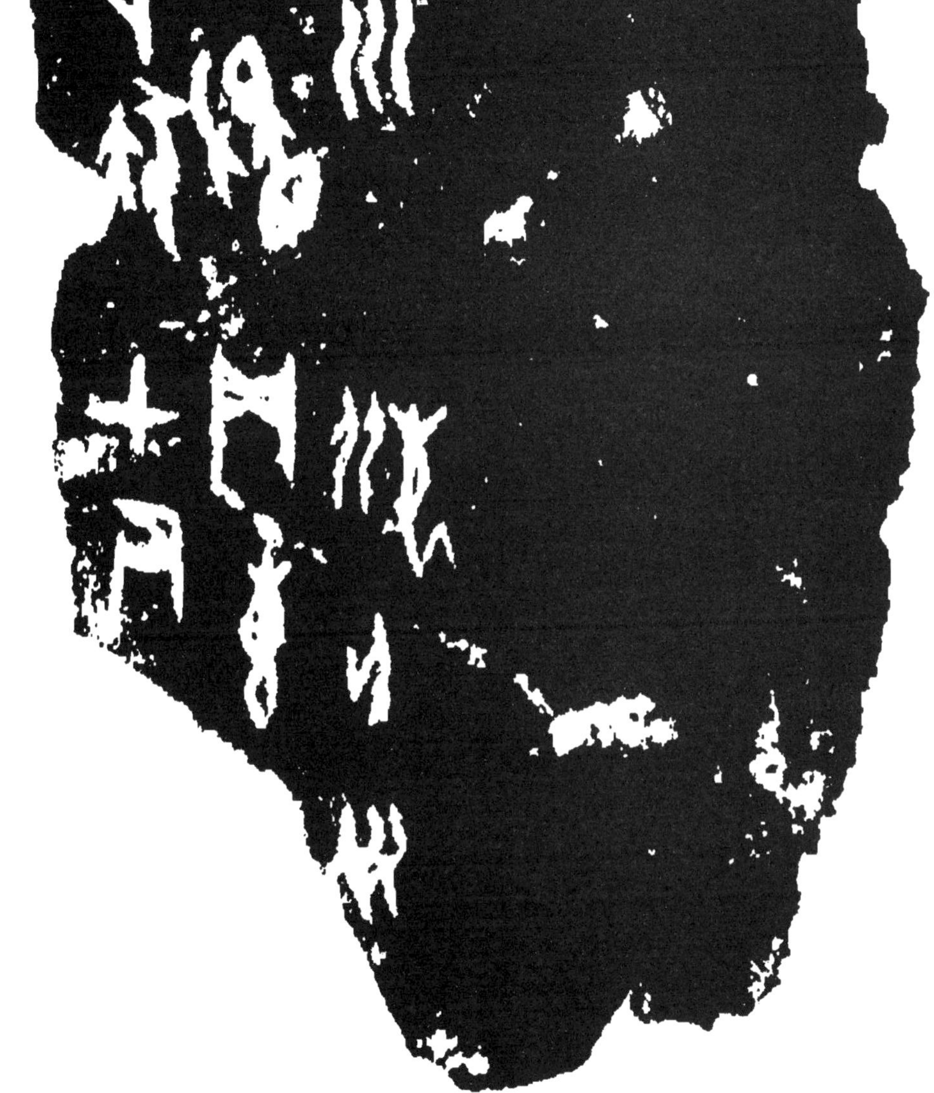

28146

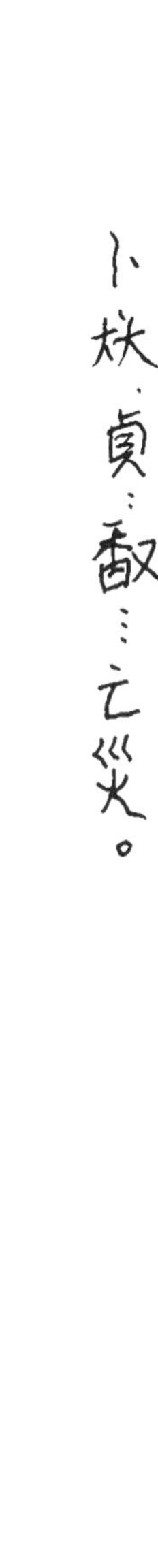

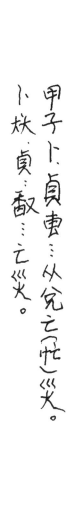

卜，犾貞：其从兕亡(忙)災

28147

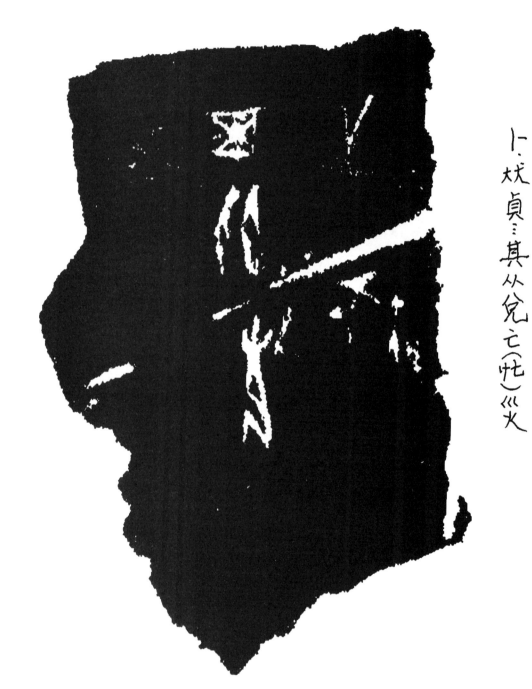

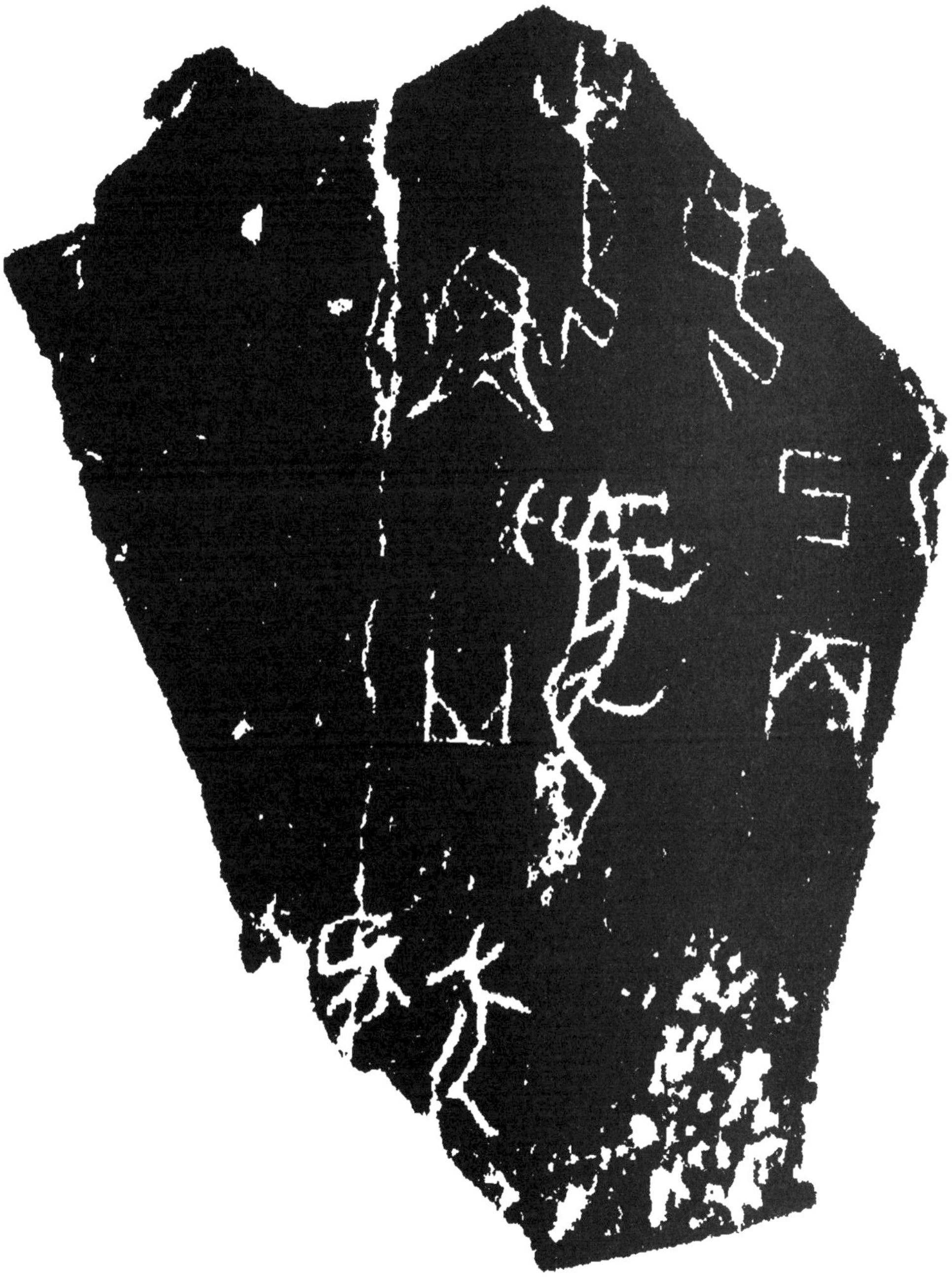

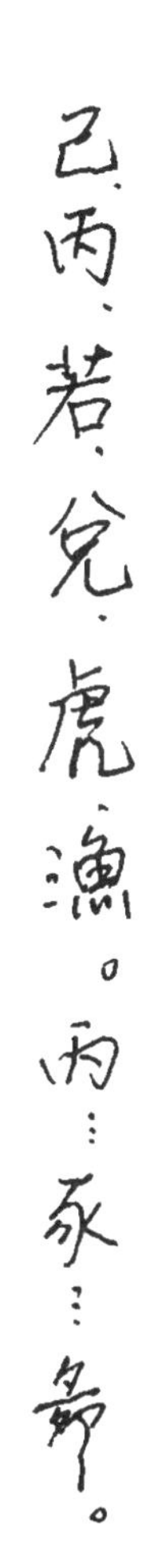

28303

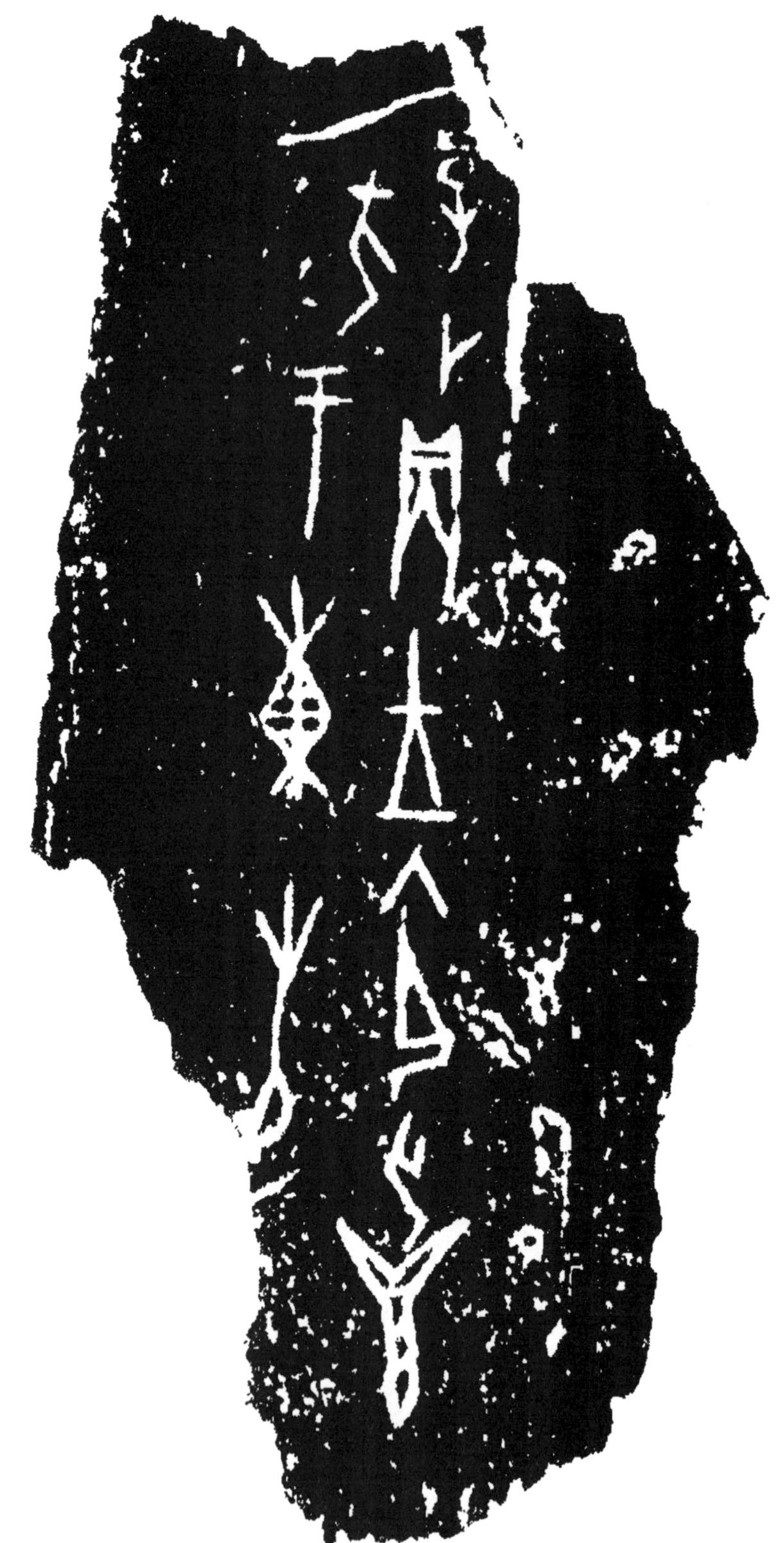

33068

丁巳卜：貞王令𠂤伐于東兌：

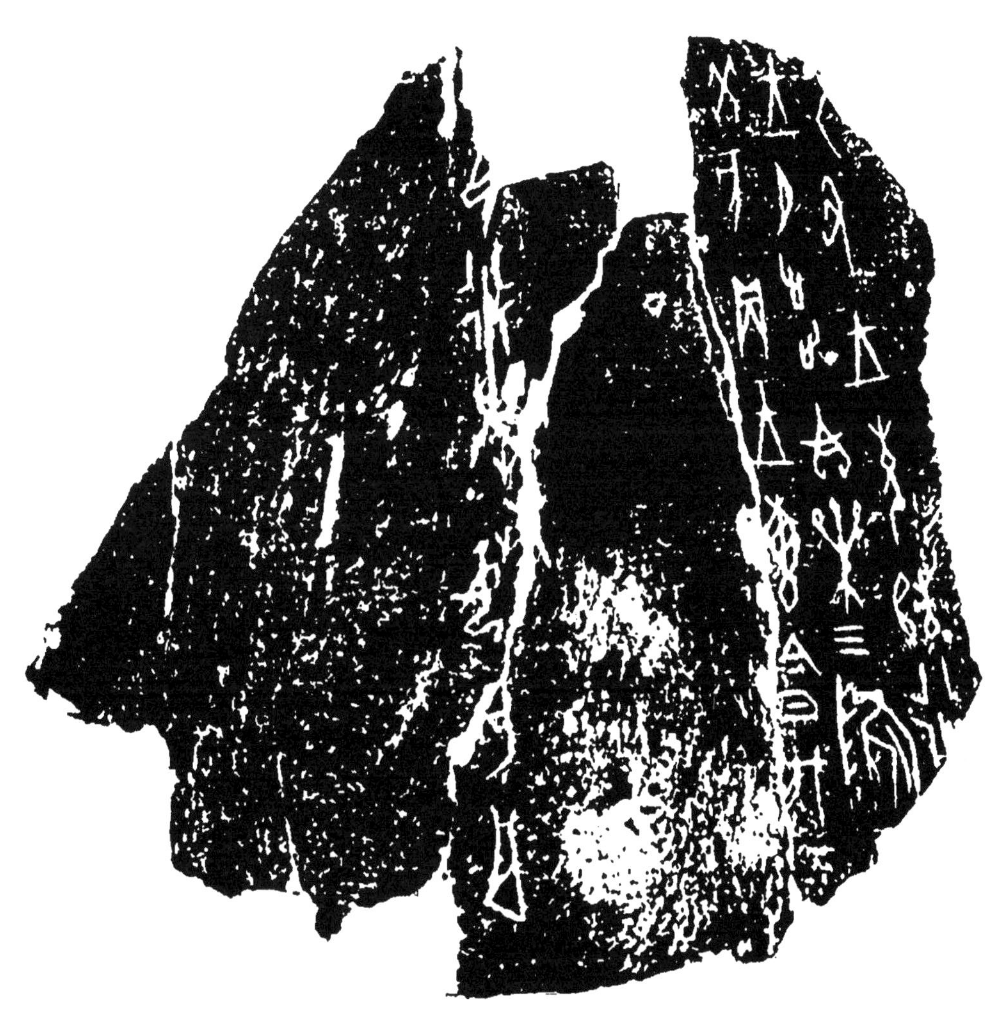

33149

癸亥、貞王叀今日伐。王夕步自果三隹。

乙丑、王兄師行。…令行…匐女亡囚。

27945

41516

翌日戊……王兌……兌……田亡……。

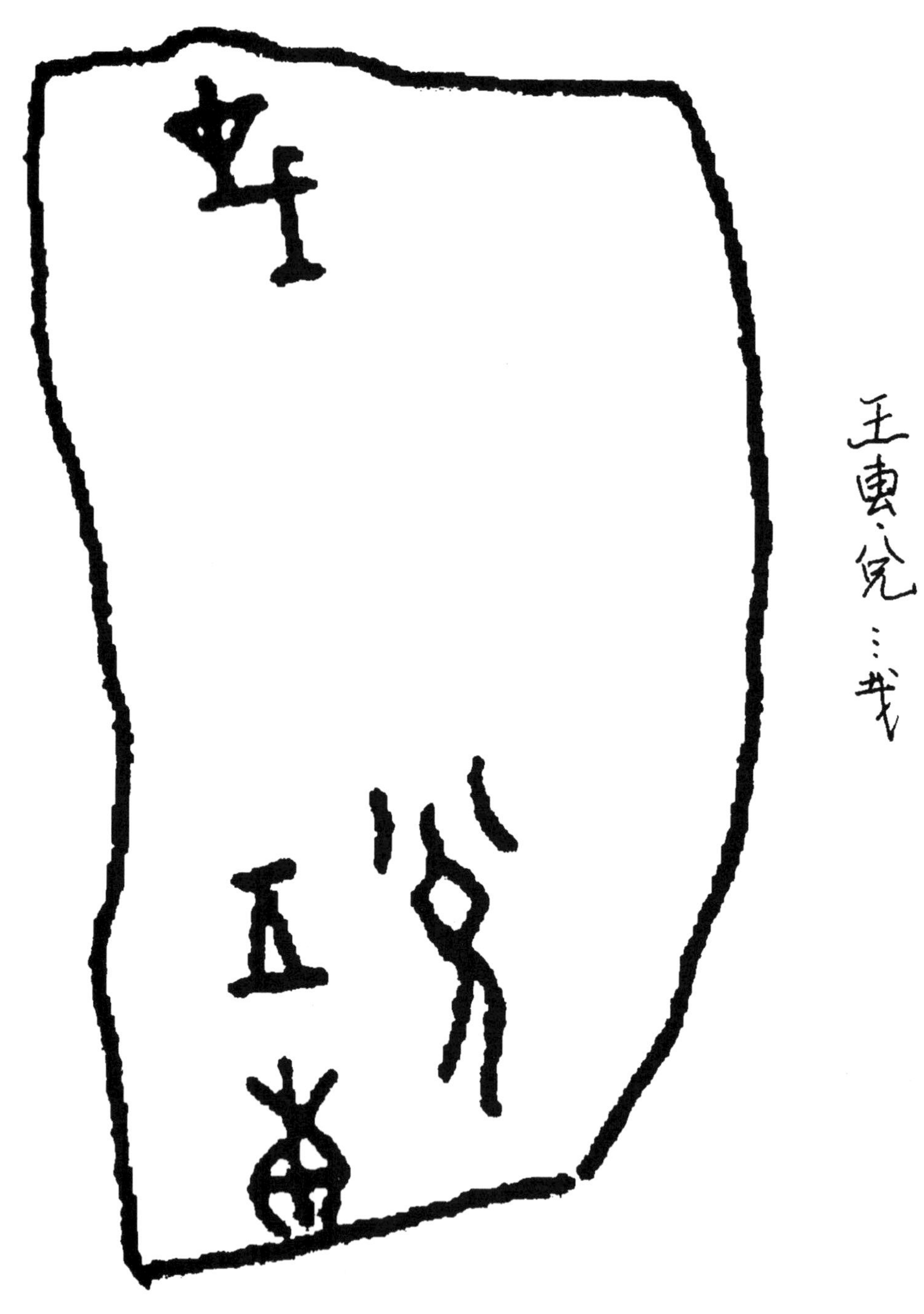

41517

三卜三其有三父丙

23297

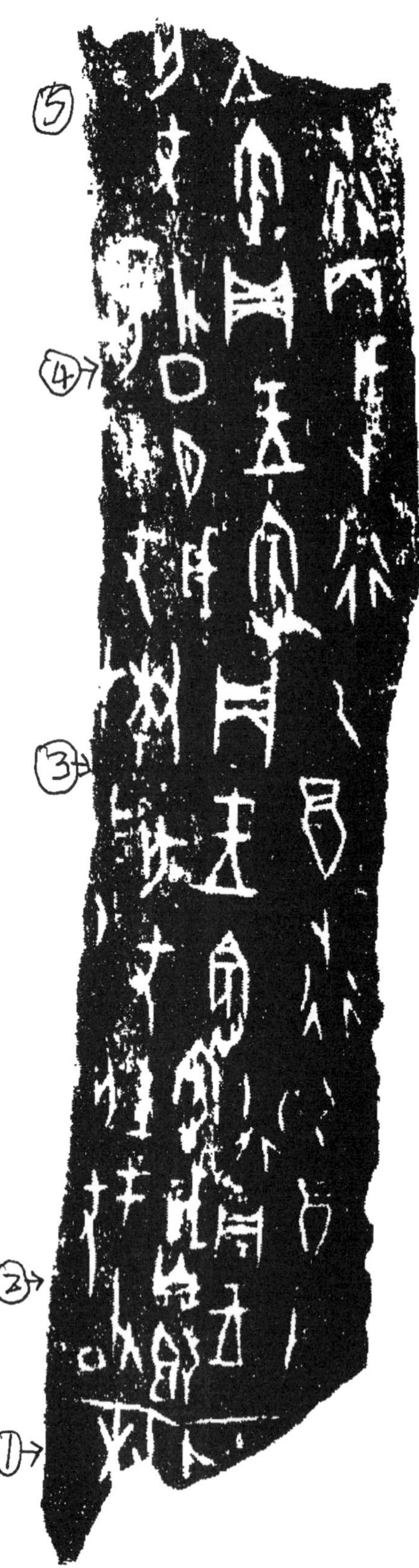

22899

1、卜、行、貞、王賓、叙、亡尤。

2、乙酉卜、行、貞王賓歲自祖乙至于父丁亡尤。

3、乙酉卜、行貞王賓叙亡尤……在七月。

4、丙戌卜、行貞王賓父丁夕歲亡尤。

5、……卜、行貞王賓……亡尤。

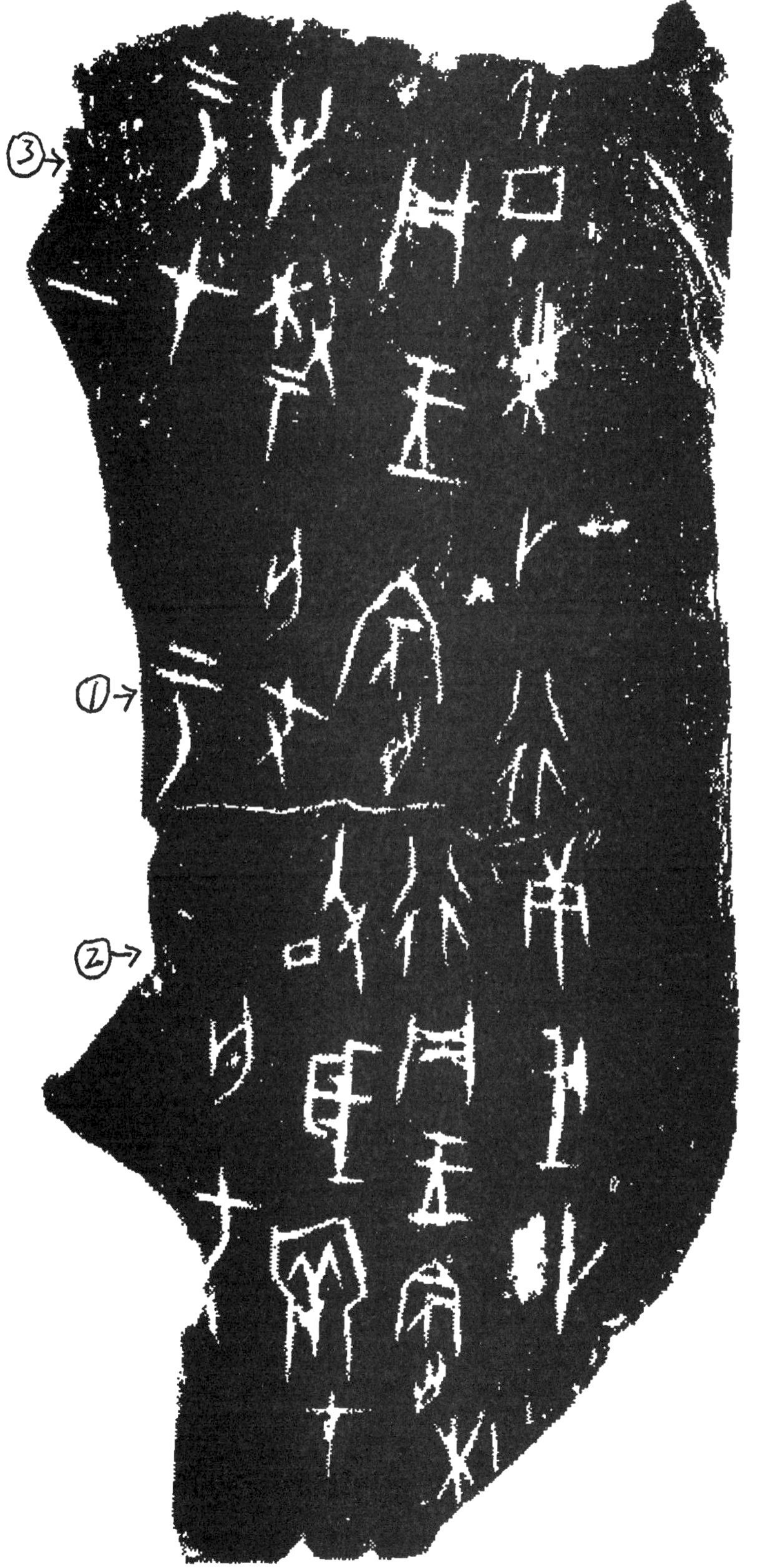

1、三卜.行.貞王賓叙亡尤。

2、庚戌卜行貞王賓父丁歲宰亡尤。

3、丁未卜.行.貞王賓叙亡尤在二月。

23183

癸亥（卜）⁝貞父丁⁝一。

23291

弜𩁹。己丑卜、其𩁹众告于父丁一牛。

于癸步、其三牛。

31995

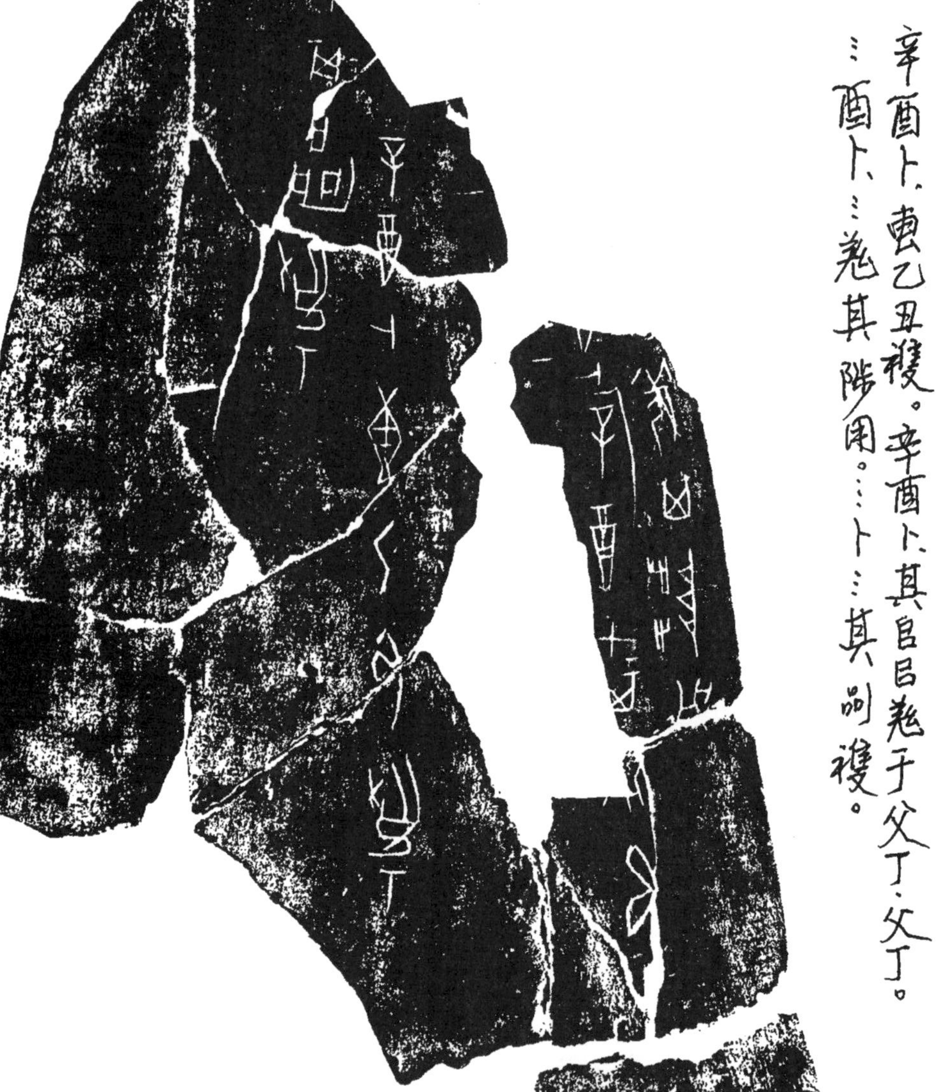

辛酉卜，叀乙丑禝。辛酉卜，其𠂤𠂤羌于父丁，父丁。

……酉卜，……羌其陟用。……卜，……其剮禝。

32020

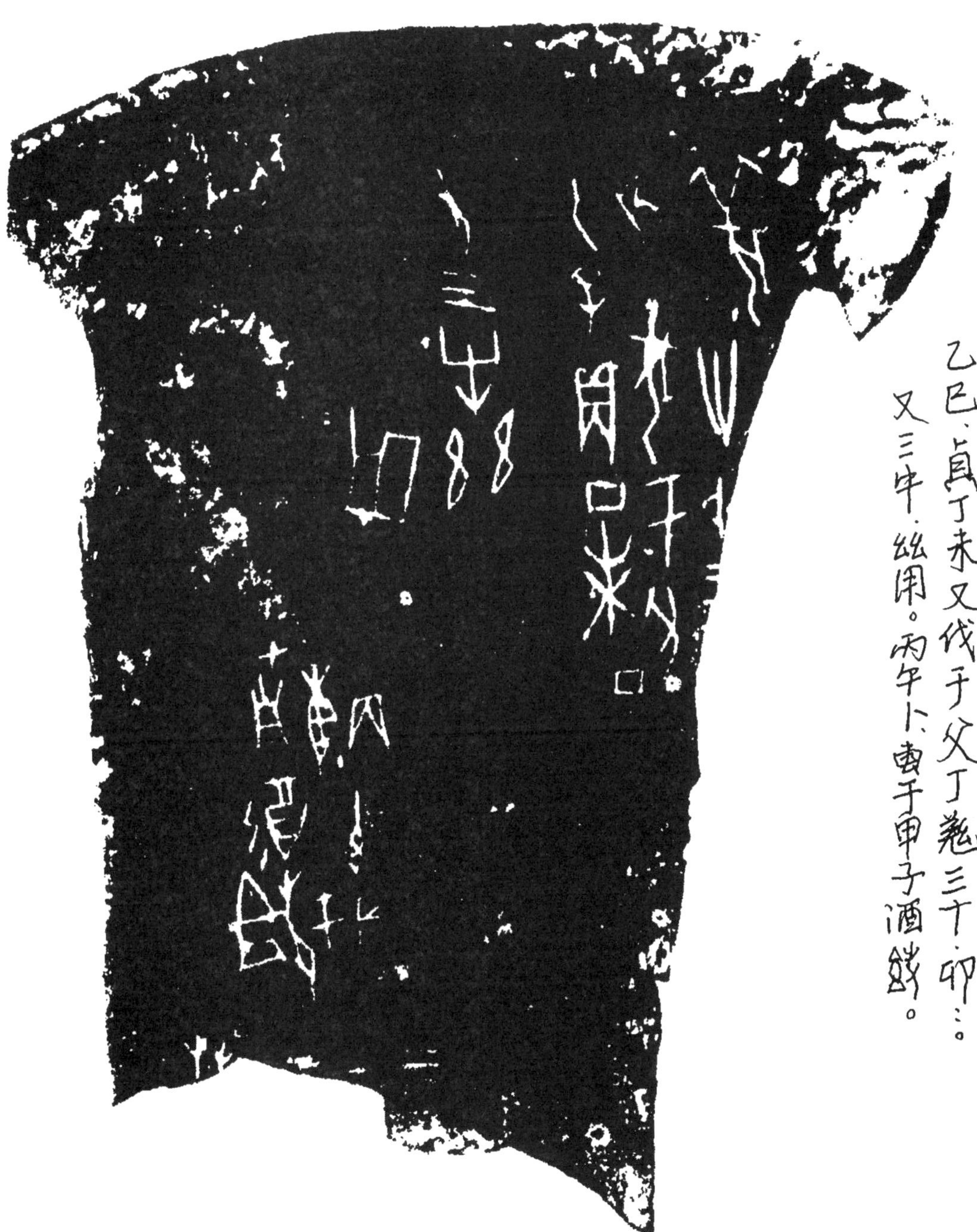

乙巳，貞丁未又伐于父丁羌三十，卯：：。又三牛，兹用。丙午卜，叀于甲子酒餞。

32053

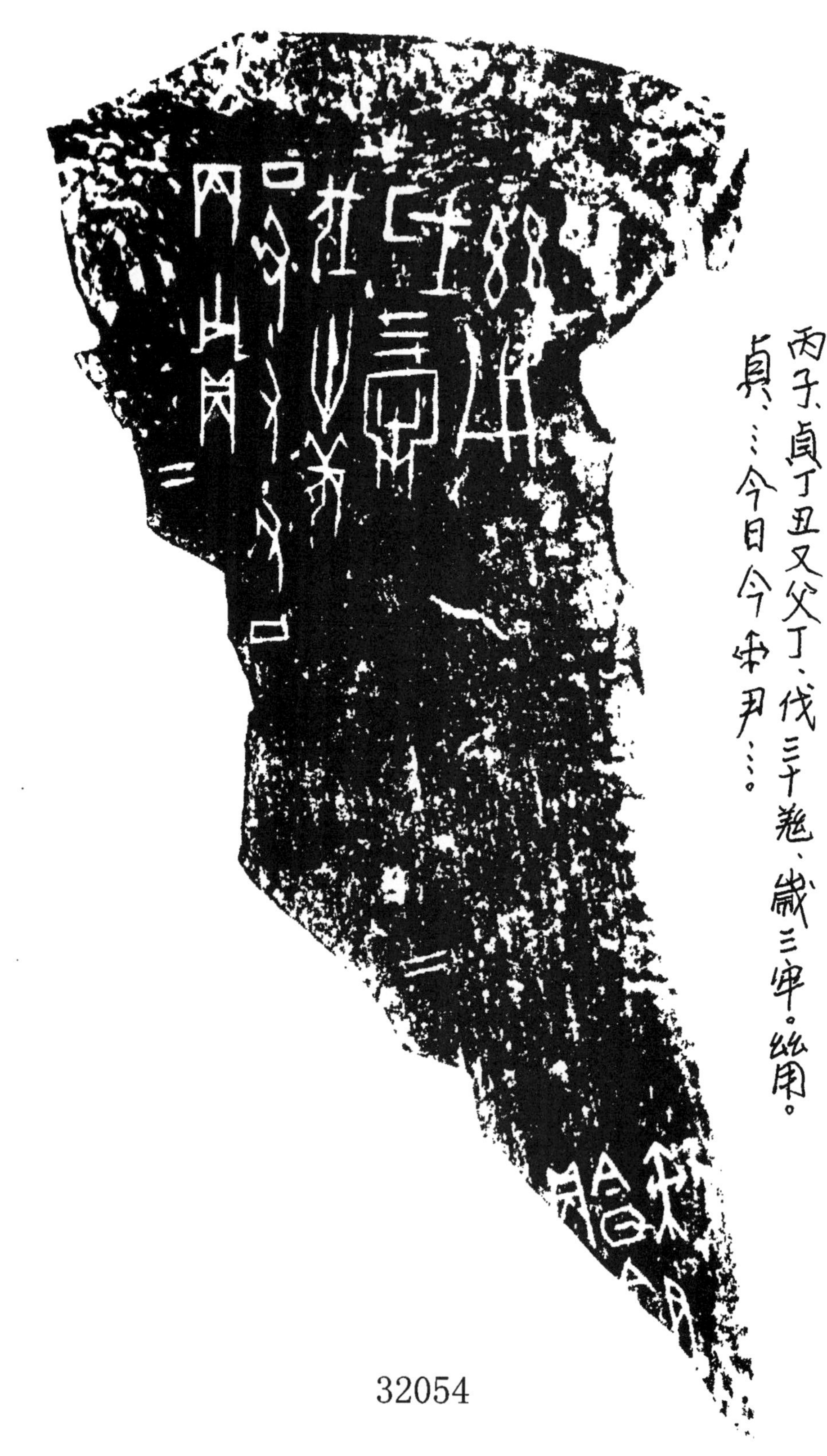

丙子、貞丁丑又父丁、伐三十羌、歲三牢。茲用。
貞、…今日今來尹…。

32054

乙未，貞：：貞丁酉王于父丁[illegible]卯二。

32070

32125

甲寅，貞來丁巳尊鬲于父丁祖三十牛。
弜𢧢叀牛。乙卯，貞其尊鬲又𢧢……。

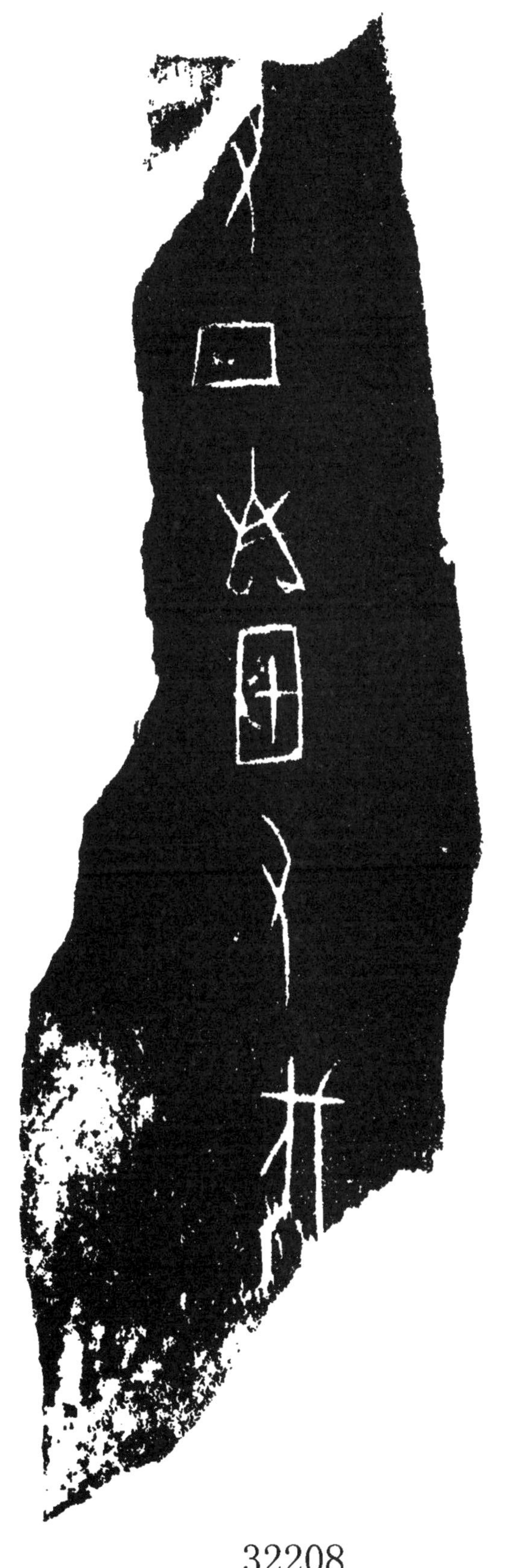

32208

父丁自上甲又伐……。

乙亥，貞又彳伐自上甲汎至父丁于乙酉……。

……亥……来……酒……禾……。

32211

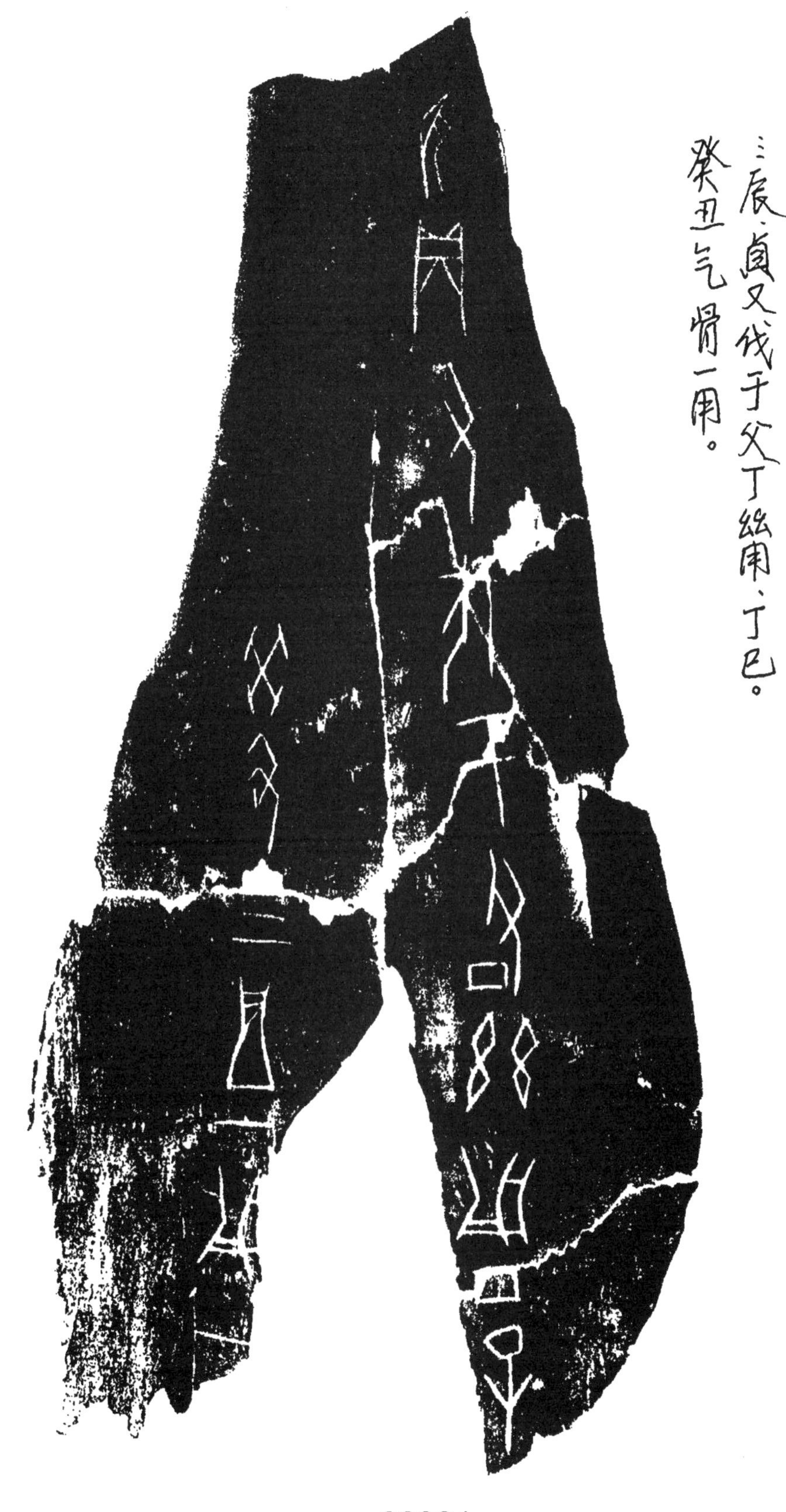

□辰、貞又伐于父丁茲用、丁巳。

癸丑气骨一用。

32224

32330

癸卯，貞……。甲辰，貞其大御王自……。盟用白豭九……。丁未，貞其大御王自上甲血用白豭九，三示汎牛，在父丁宗卜。丁未，貞叀今夕酒御，在父丁宗卜。癸丑，貞其大御，翌甲子酒。……申……御。

32448

丙午……五宰，兹用。丙午卜，父丁福夕歲一宰。……二宰，兹用。

甲寅卜，其又歲于高祖乙一宰。三宰。

□□未卜貞□□御弜□□翌日□□未卜貞大御其冓翌日酒。叀王祝。

丙申卜貞又報于父丁叀寅祝□□父□□□。

32671

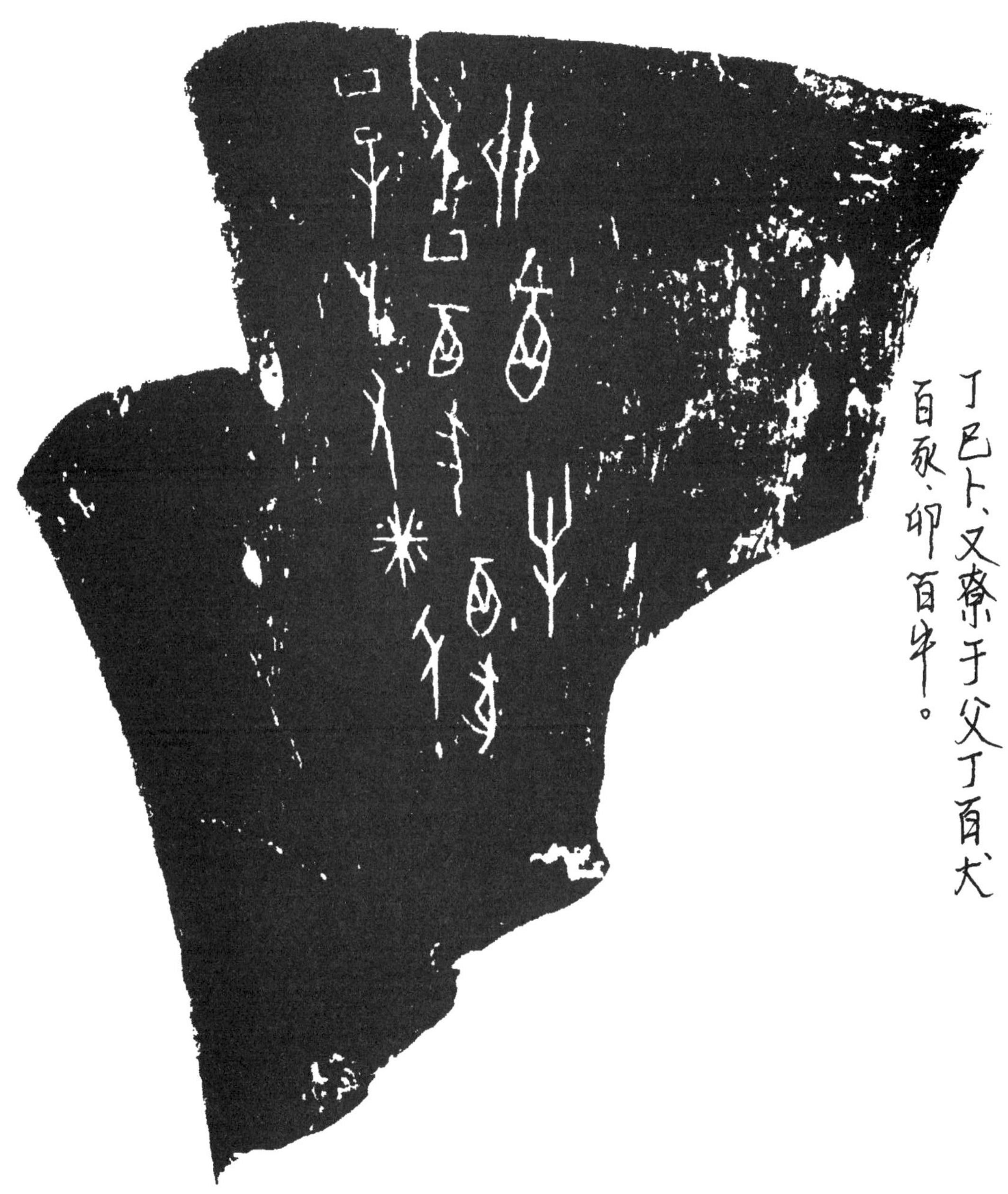

32674

32675

丁亥⋮令⋮于小丁御⋮。于兒御。于亳土御。癸巳、貞御于父丁
其五十小宰。⋮。御于父丁其百小宰。

32683

癸酉卜，□五大□于。癸酉卜，奉于父丁三十牛。

兆非……。

癸卯：王令：弜行。癸卯卜，刀方其出。不出。
丙午卜，百尞祝告于父丁三牛。：其五牢。
庚戌，大征允伐方。

33033

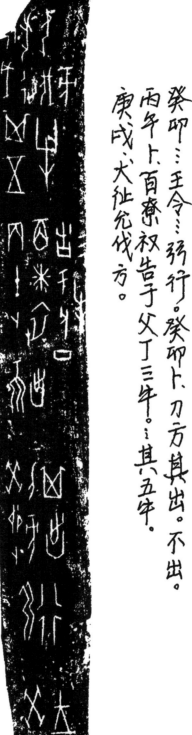

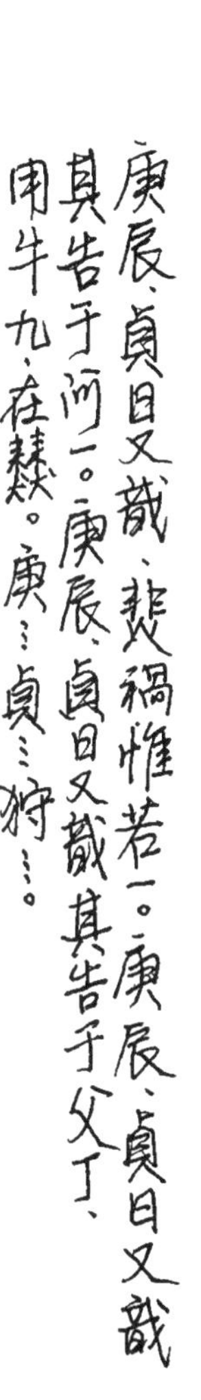

庚辰、貞日又戠、非禍惟若一。庚辰、貞日又戠其告于河一。庚辰、貞日又戠其告于父丁、用牛九、在𪉩。庚…貞…狩…。

33698

三牢。丝用。⺀其又⺀高祖乙⺀祖乙⺀。⺀申卜其一用⺀子父丁⺀自。

41478

乙酉卜、御新于父戊白豭。乙酉卜、御新于父戊。
乙酉卜、御新于妣辛白豕。丙戌卜、祖戊。十月。
己丑卜、歲父丁、戊乳……。
己丑卜、御于庚三十少牢……。
叀小牢于父戊。

22073

癸(巳卜)、有歲于祖戊一牛。癸(巳卜)來=有祖戊=牛。
癸巳卜、有歲于祖戊宰三。癸巳卜、宰五不用。
癸巳卜、御妣辛豕五。癸巳卜、燎于[illegible]征=三。
甲午卜、御父乙=三。甲午卜、御于入乙。
甲午卜、叟御于妣至妣辛=三。
甲午卜、叟御于入乙至父戊牛。
乙未卜、御于妣乙。
叀[豕土]。乙未卜、
御于妣辛妣癸。
叀羊。乙未卜、
叀[豕匕]。乙未卜弜。

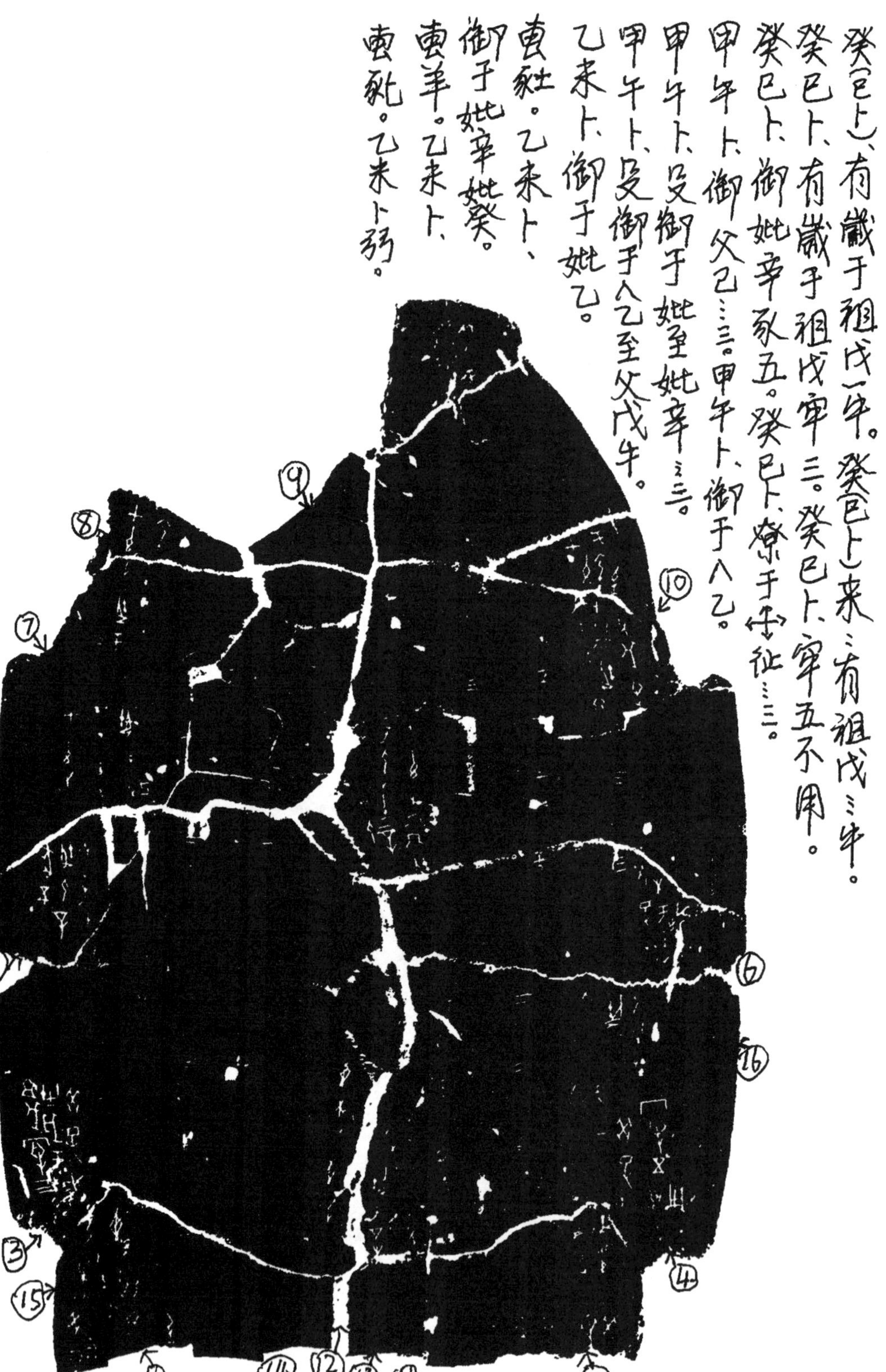

22074

41326

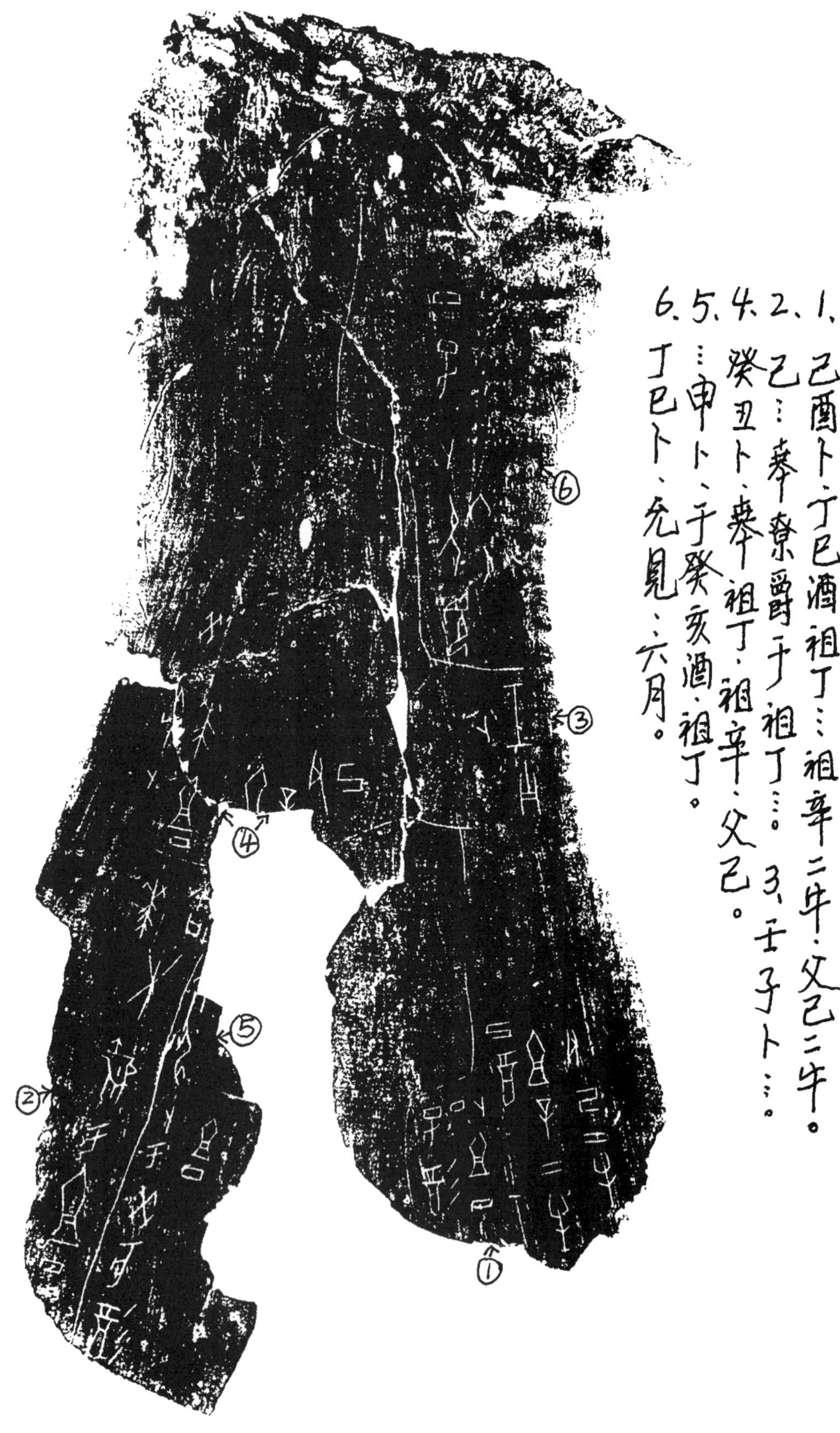
1、己酉卜，丁巳酒祖丁…祖辛二牛，父乙二牛。
2、乙…桒燎爵于祖丁…。3、壬子卜…。
4、癸丑卜，桒祖丁、祖辛、父乙。
5、…申卜，于癸亥酒，祖丁。
6、丁巳卜，先見，六月。

22184

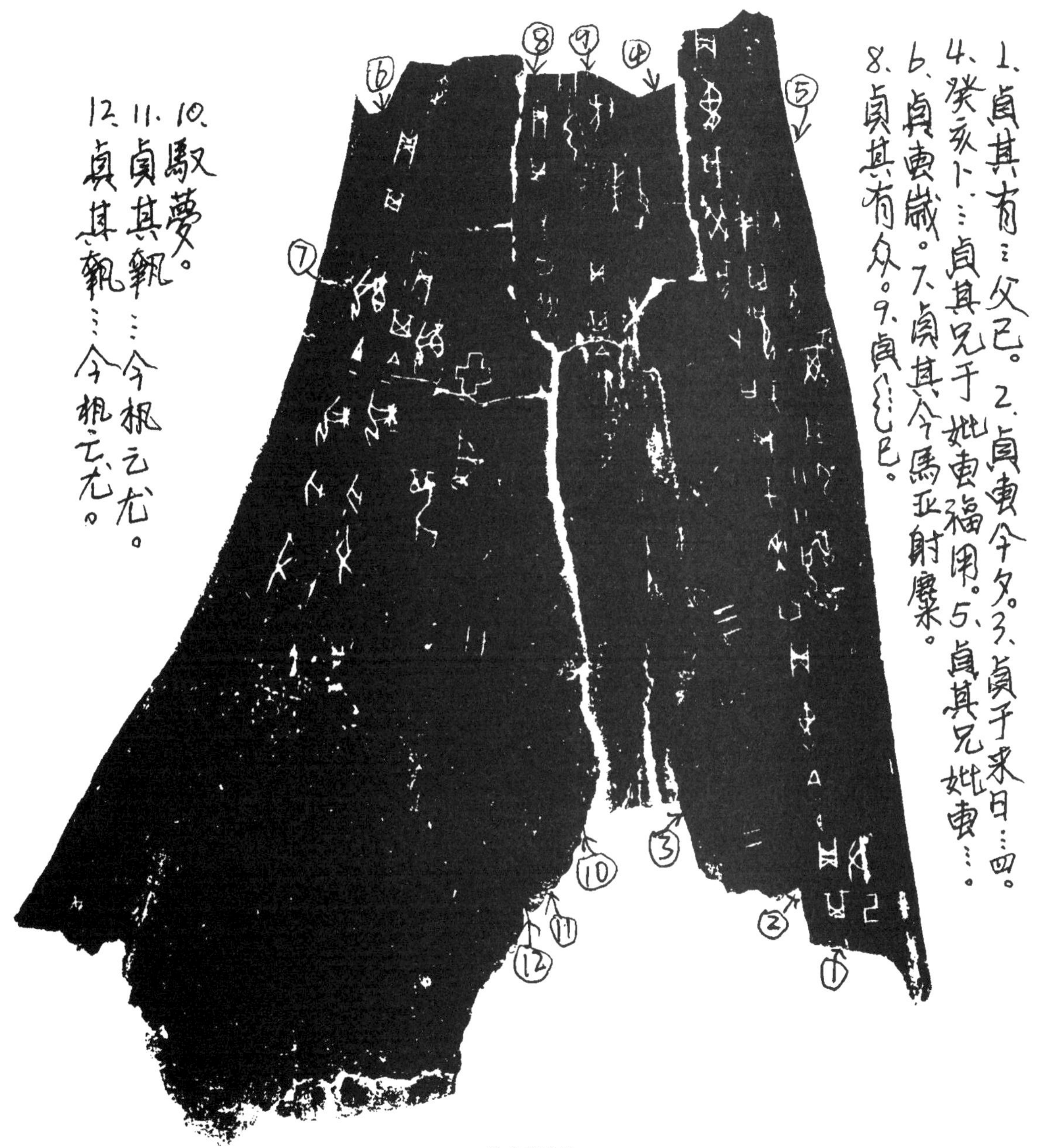
1、貞其有…父己。2、貞叀今夕。3、貞于来日…四。
4、癸亥卜…貞其兄于妣叀福用。5、貞其兄妣叀…。
6、貞叀歲。7、貞其今馬𢓊射麋。
8、貞其有众。9、貞…巳。
10、馭夢。
11、貞其𩠐…今𠂤亡尤。
12、貞其𩠐…今𠂤亡尤。

26899

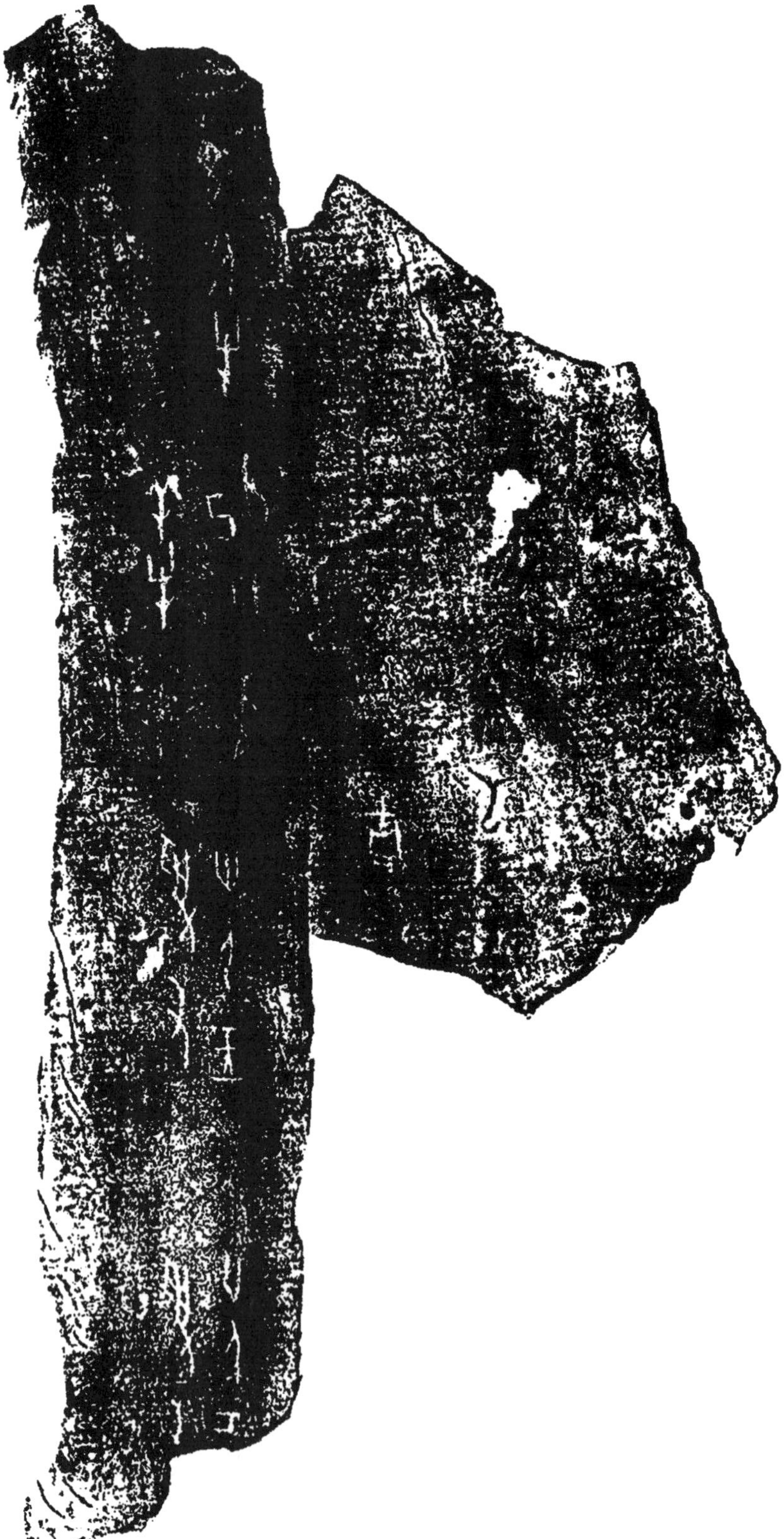

二十人王受有。三十人王受有。父己歲叀羊。叀勿牛。

27013

27396

馭敟。其有父己叀茁酒王受有。叀入自父庚夕酒王受又有。

⁝父己.夕酒王受又有。丁来日酒。

27397

馭…其有父己叀暮酒王受有。…自日酒…有…。

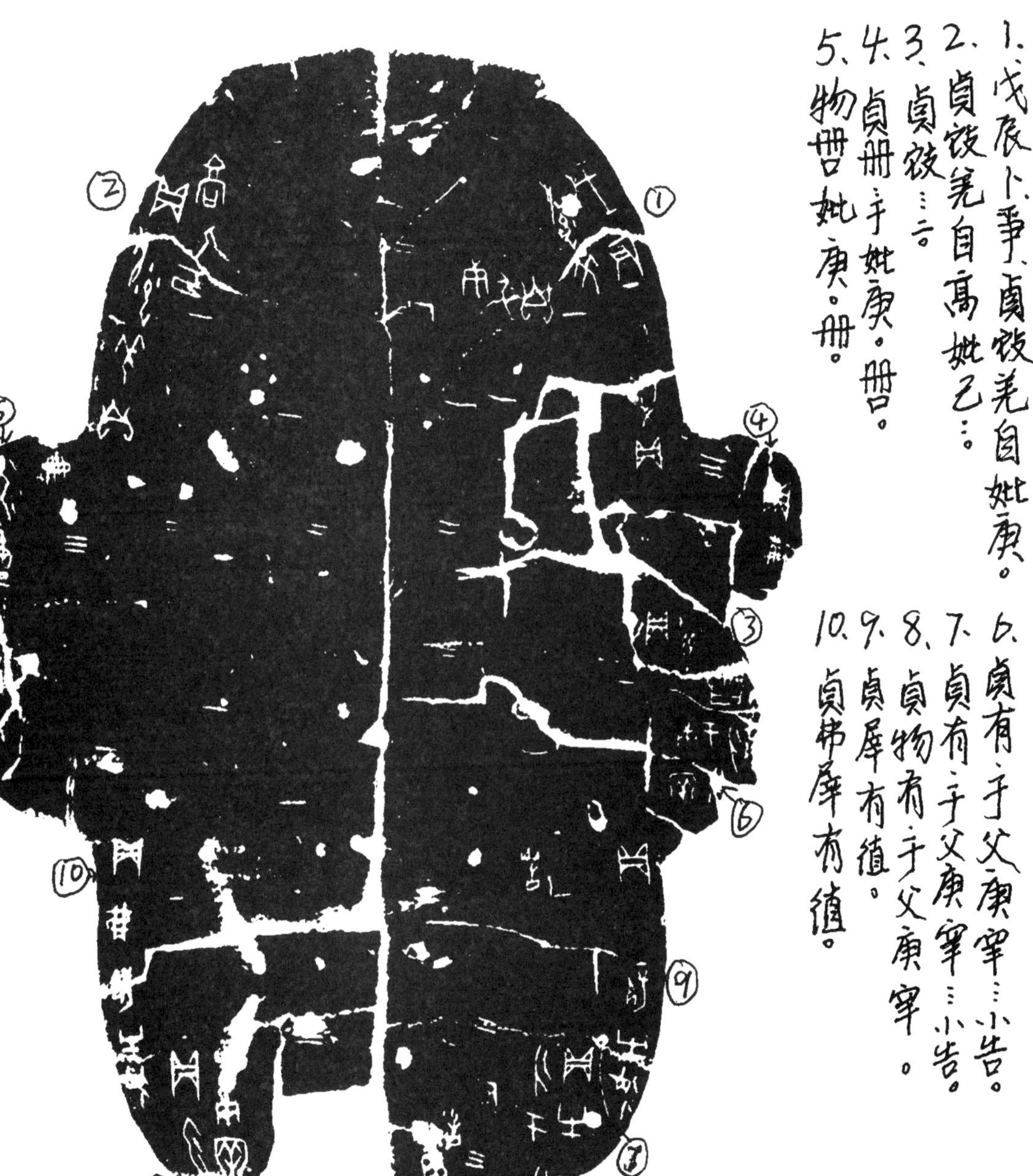

1、戊辰卜、爭、貞殻羌自妣庚。
2、貞殻羌自高妣己……。
3、貞殻……二。
4、貞册于妣庚。𠕋。
5、物𠕋妣庚。册。
6、貞有于父庚宰……小告。
7、貞有于父庚宰……小告。
8、貞物有于父庚宰。
9、貞犀有徝。
10、貞弗犀有徝。

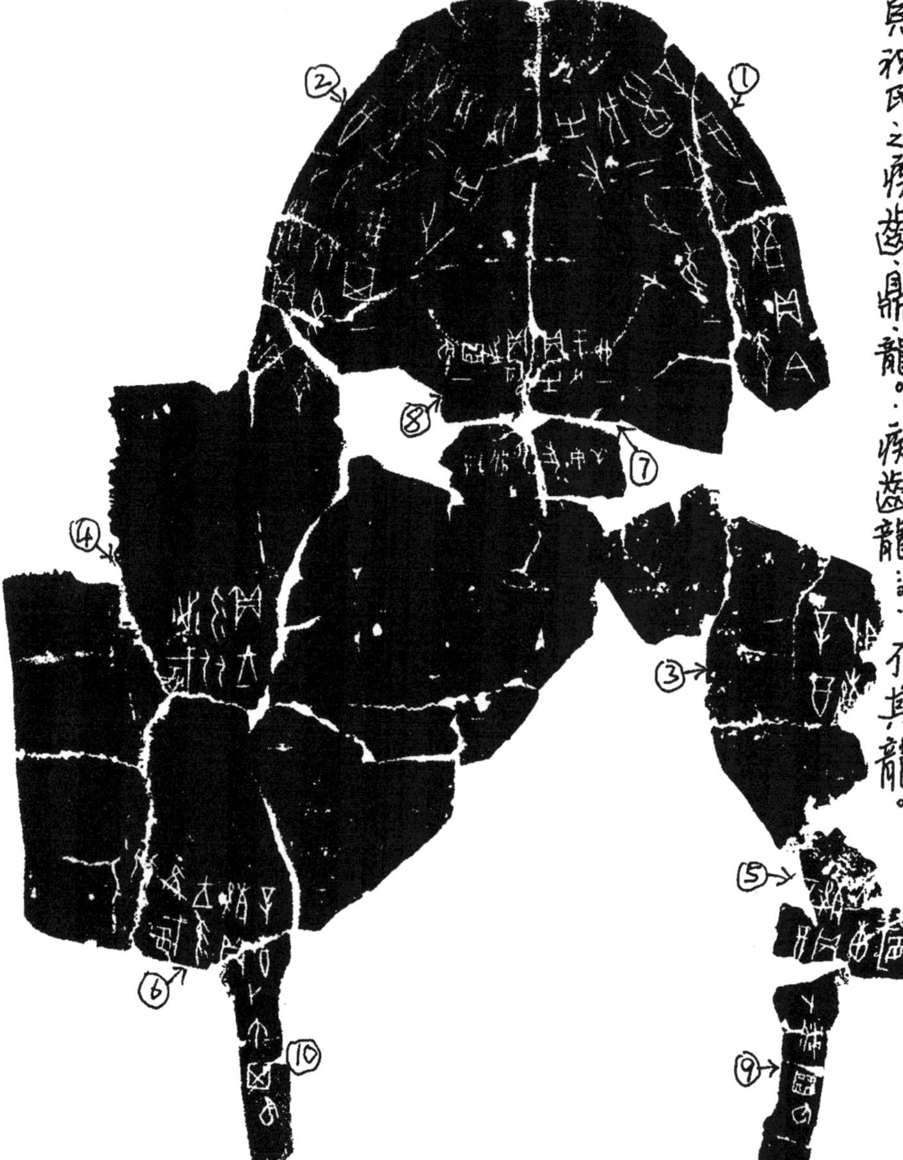
1
2
3
4
5
6
7
8
9
10

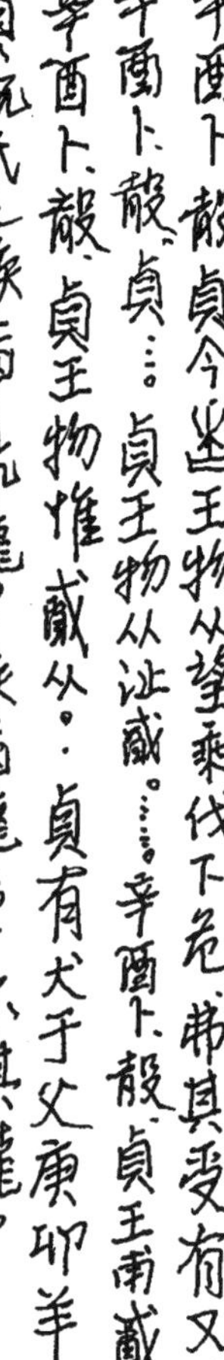
辛酉卜，㱿，貞今𡆥王从望乘伐下危受有又。
辛酉卜，㱿，貞今𡆥王勿从望乘伐下危，弗其受有又。
辛酉卜，㱿，貞……貞王勿从沚馘。……辛酉卜，㱿，貞王叀馘。
辛酉卜，㱿，貞王勿隹馘从。……貞有犬于父庚卯羊。
貞祝氏之疾齒，鼎龍。……疾齒龍……不其龍。

6482

1、貞乎天取乃。

2、貞乎天取乃。

3、貞乎天取乃。

4、受年。

5、受年。

6、貞有于父辛。

7、貞有于父庚。

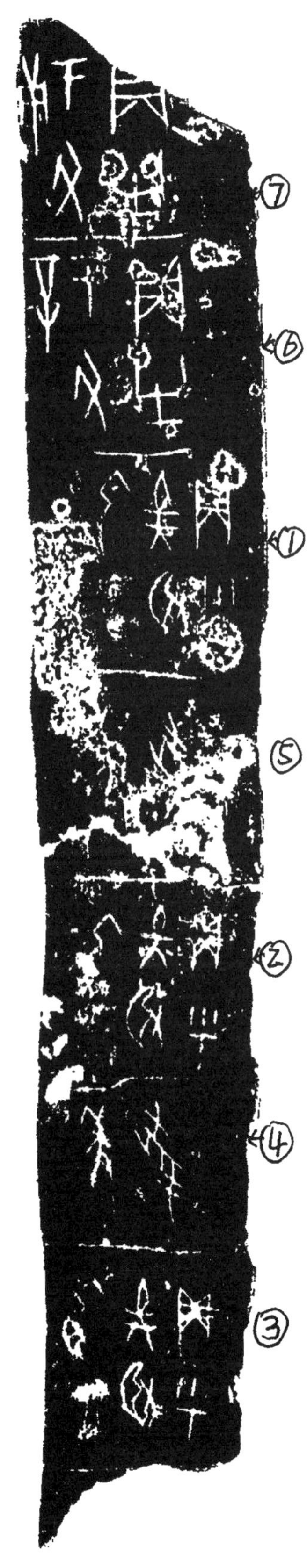

9827

30303

己未卜、其[illegible]父庚[illegible]福于宗、兹用。□己未卜、其……。

32663

□戊卜，彭，貞其又𠦪于河眔上甲在十月又二小臣。

□彭，貞□𠦪□眔□[illegible]□父辛。

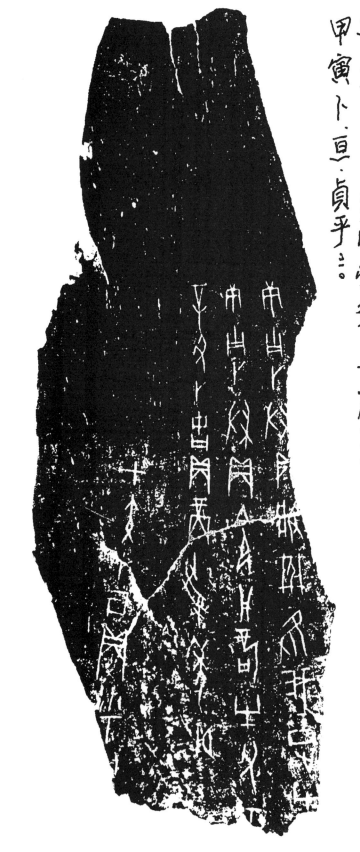

庚子卜、㱿、貞疾死惟我正有……。
庚子卜、㱿、貞令凡吾卩有父王……。
辛丑卜、古貞商受年十月……。
甲寅卜、亘、貞乎……。

9663

1、羌甲壱王。2、南庚壱王。3、乙酉卜，賓，貞乎弜卯若……九。
4、貞物乎弜(卯)……十。5、貞乎弜卯。6、物乎弜卯。
7、貞需(父壬)壱王。8、貞需父壬弗壱王。……二
9、有于妣壬……二。

1823

19947

辛酉、壬戌、癸亥。
6.甲寅、乙卯、丙辰、丁巳、戊午、己未、庚申、
未、戊申、己酉、庚戌、辛亥、壬子、癸丑。
辛丑、壬寅、癸卯。5.甲辰、乙巳、丙午、丁
4.甲午、乙未、丙申、丁酉、戊戌、己亥、庚子。
戊子、己丑、庚寅、辛卯、壬辰、癸巳。二月父口。
庚辰、辛巳、壬午、癸未。3.甲申、乙酉、丙戌、丁亥、
辛未、壬申、癸酉。2.甲戌、乙亥、丙子、丁丑、戊寅、己卯、
月一正曰食麦。1.甲子、乙丑、丙寅、丁卯、戊辰、己巳、庚午、

24440

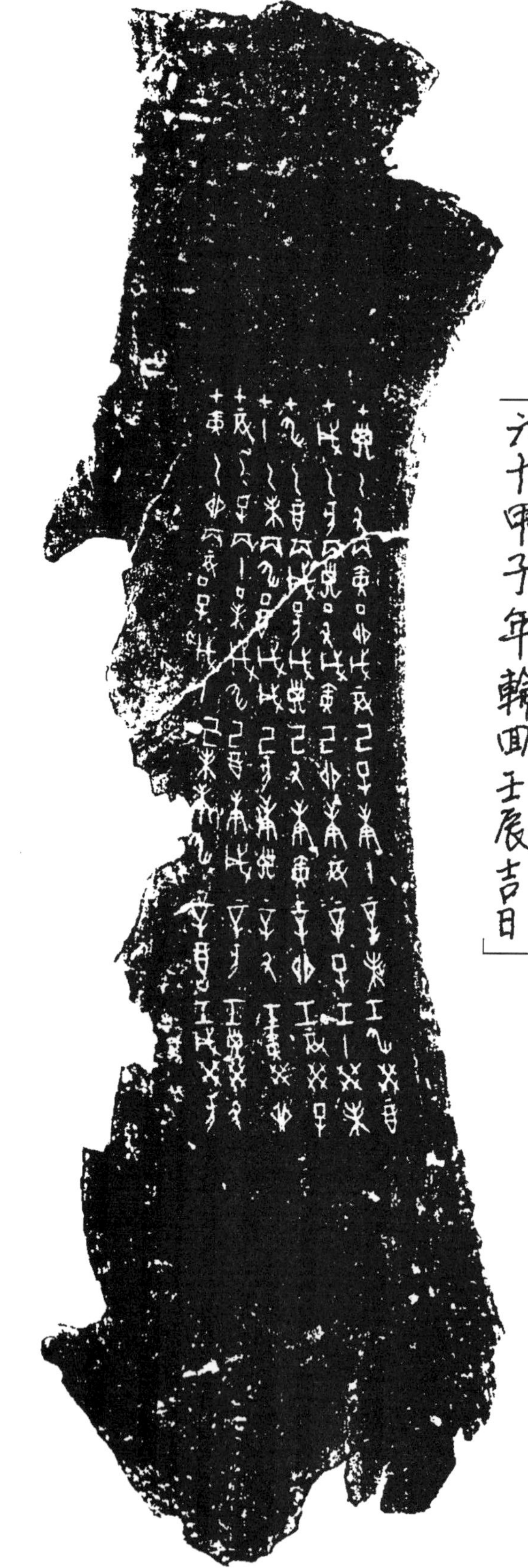

甲子乙丑丙寅丁卯戊辰己巳庚午辛未壬申癸酉
甲戌乙亥丙子丁丑戊寅己卯庚辰辛巳壬午癸未
甲申乙酉丙戌丁亥戊子己丑庚寅辛卯壬辰癸巳
甲午乙未丙申丁酉戊戌己亥庚子辛丑壬寅癸卯
甲辰乙巳丙午丁未戊申己酉庚戌辛亥壬子癸丑
甲寅乙卯丙辰丁巳戊午己未庚申辛酉壬戌癸亥

「六十甲子年輪回壬辰吉日」

37986

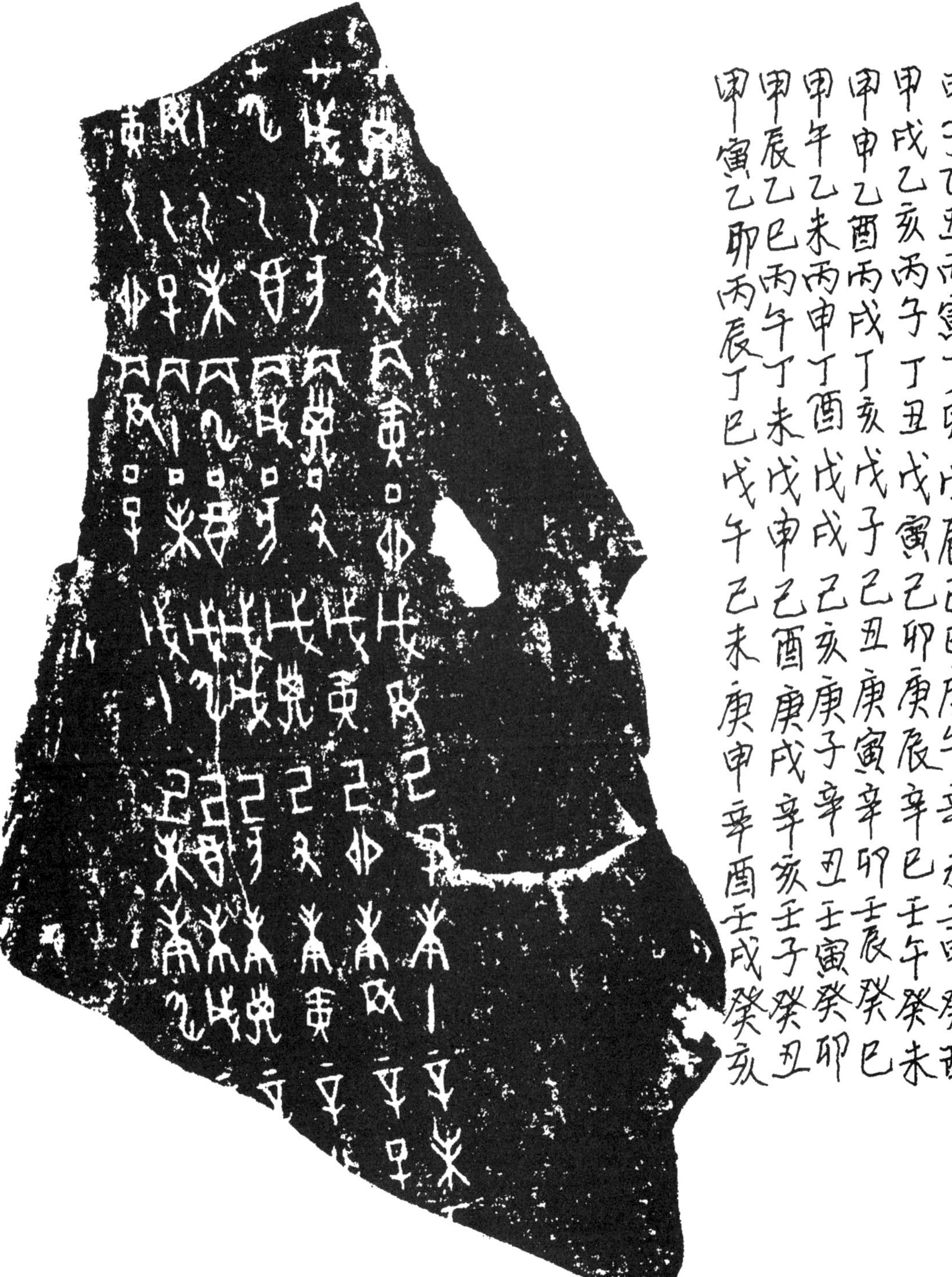
甲子乙丑丙寅丁卯戊辰己巳庚午辛未壬申癸酉
甲戌乙亥丙子丁丑戊寅己卯庚辰辛巳壬午癸未
甲申乙酉丙戌丁亥戊子己丑庚寅辛卯壬辰癸巳
甲午乙未丙申丁酉戊戌己亥庚子辛丑壬寅癸卯
甲辰乙巳丙午丁未戊申己酉庚戌辛亥壬子癸丑
甲寅乙卯丙辰丁巳戊午己未庚申辛酉壬戌癸亥

37988

甲子乙丑丙寅丁卯戊辰己巳庚午辛未壬申癸酉
甲戌乙亥丙子丁丑戊寅己卯庚辰辛巳壬午癸未
甲申乙酉丙戌丁亥戊子己丑庚寅辛卯壬辰癸巳
甲午乙未丙申丁酉戊戌己亥庚子辛丑壬寅癸卯
甲辰乙巳丙午丁未戊申己酉庚戌辛亥壬子癸丑
甲寅乙卯丙辰丁巳戊午己未庚申辛酉壬戌癸亥

「六十甲子輪回壬辰年大吉日」

37990

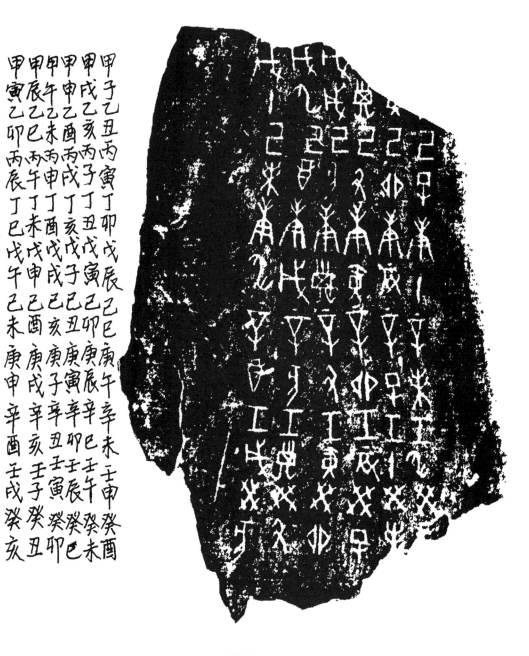

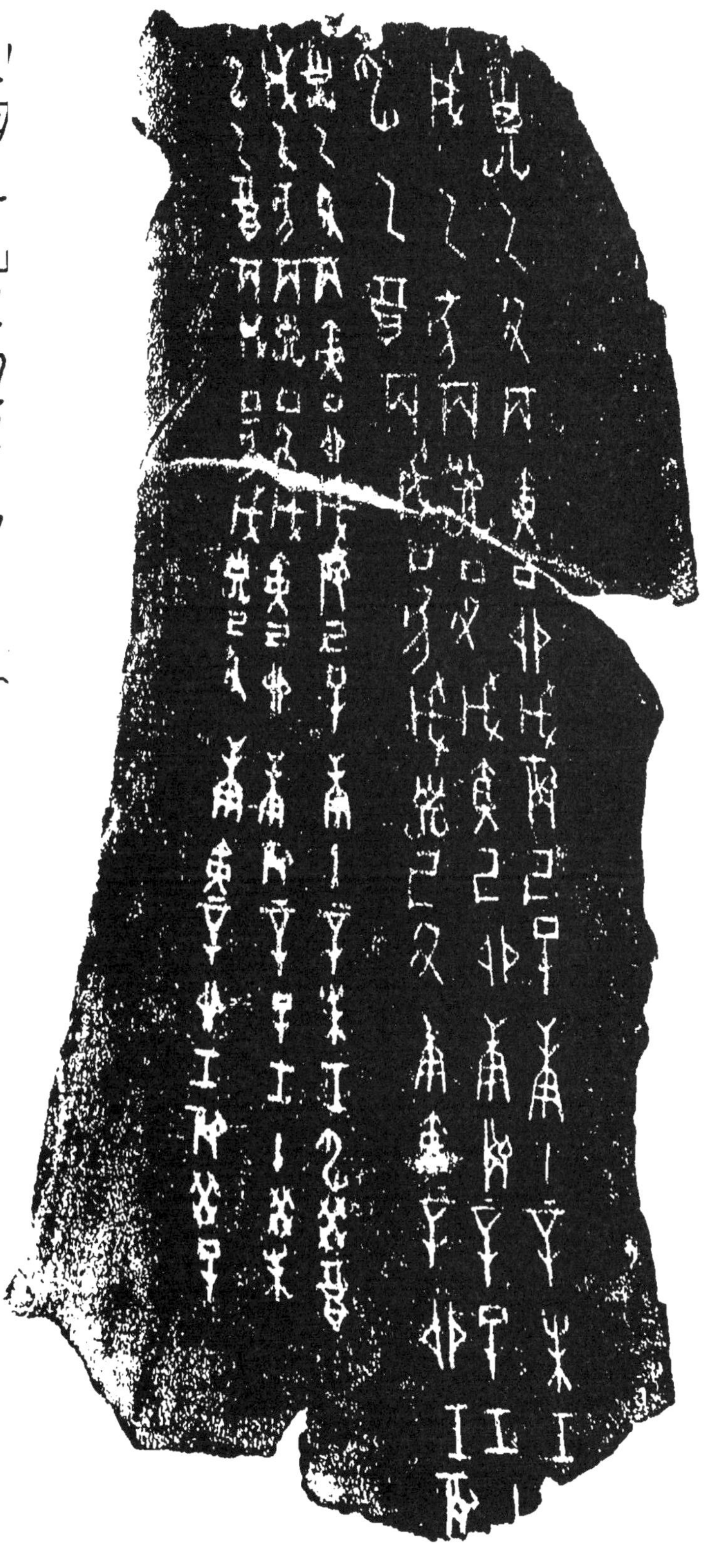

1. 甲子乙丑丙寅丁卯戊辰己巳庚午辛未壬申癸酉
2. 甲戌乙亥丙子丁丑戊寅己卯庚辰辛巳壬午癸未
3. 甲申乙酉丙戌丁亥戊子己丑庚寅辛卯壬辰癸巳
1. 甲子乙丑丙寅丁卯戊辰己巳庚午辛未壬申癸酉
2. 甲戌乙亥丙子丁丑戊寅己卯庚辰辛巳壬午癸未
3. 甲申乙酉丙戌丁亥戊子己丑庚寅辛卯壬辰癸巳

「歲在庚辰濃冬之麗日一貞」

38006

1. 甲子乙丑丙寅丁卯戊辰己巳庚午辛未壬申癸酉
2. 甲戌乙亥丙子丁丑戊寅己卯庚辰辛巳壬午癸未
3. 甲申乙酉丙戌丁亥戊子己丑庚寅辛卯壬辰癸巳

1. 甲子乙丑丙寅丁卯戊辰己巳庚午辛未壬申癸酉
2. 甲戌乙亥丙子丁丑戊寅己卯庚辰辛巳壬午癸未
3. 甲申乙酉丙戌丁亥戊子己丑庚寅辛卯壬辰癸巳

1. 甲子乙丑丙寅丁卯戊辰己巳庚午辛未壬申癸酉
2. 甲戌乙亥丙子丁丑戊寅己卯庚辰辛巳壬午癸未
3. 甲申乙酉丙戌丁亥戊子己丑庚寅辛卯壬辰癸巳

38007

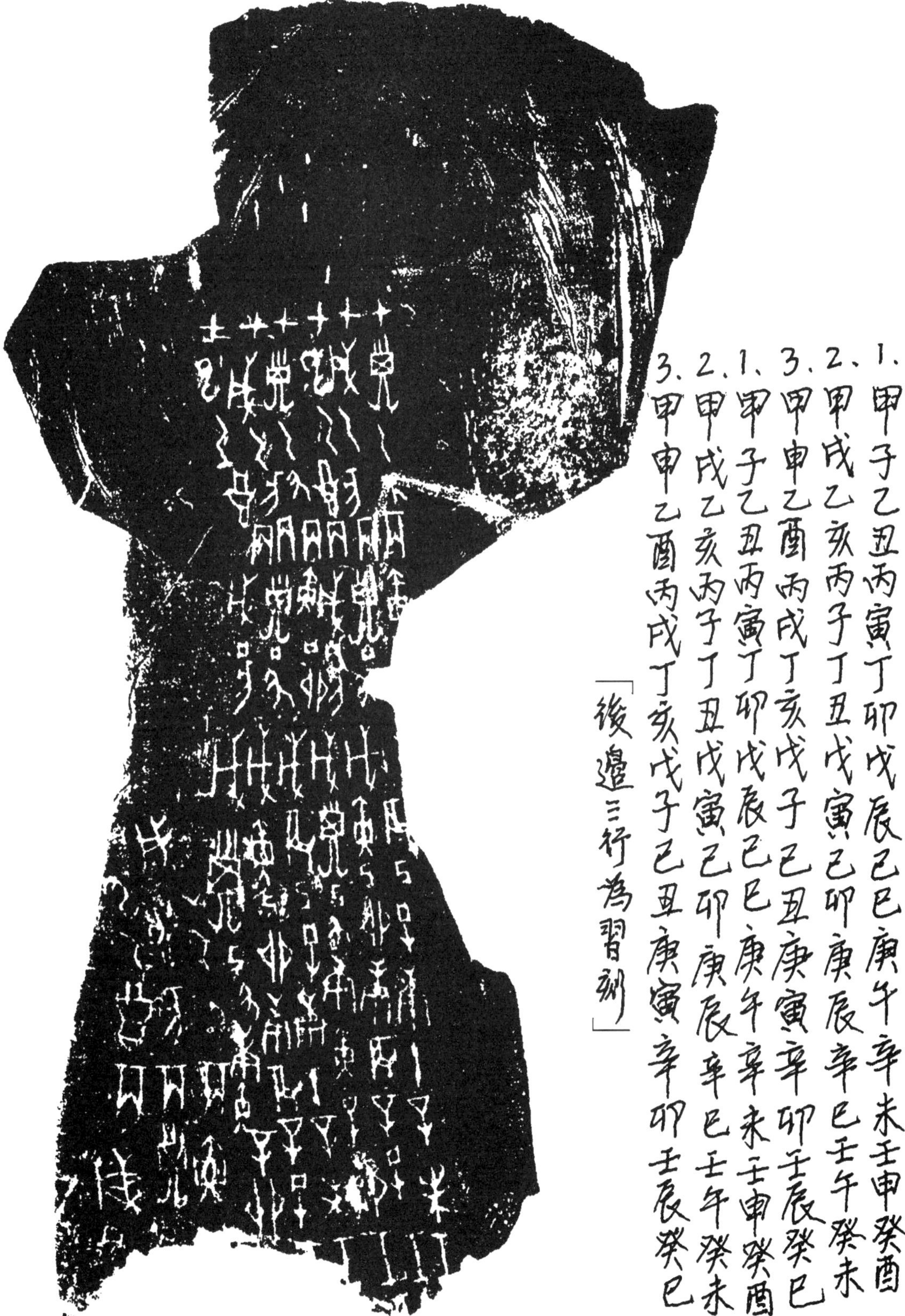

1. 甲子乙丑丙寅丁卯戊辰己巳庚午辛未壬申癸酉
2. 甲戌乙亥丙子丁丑戊寅己卯庚辰辛巳壬午癸未
3. 甲申乙酉丙戌丁亥戊子己丑庚寅辛卯壬辰癸巳
1. 甲子乙丑丙寅丁卯戊辰己巳庚午辛未壬申癸酉
2. 甲戌乙亥丙子丁丑戊寅己卯庚辰辛巳壬午癸未
3. 甲申乙酉丙戌丁亥戊子己丑庚寅辛卯壬辰癸巳

「後邊三行為習刻」

38012

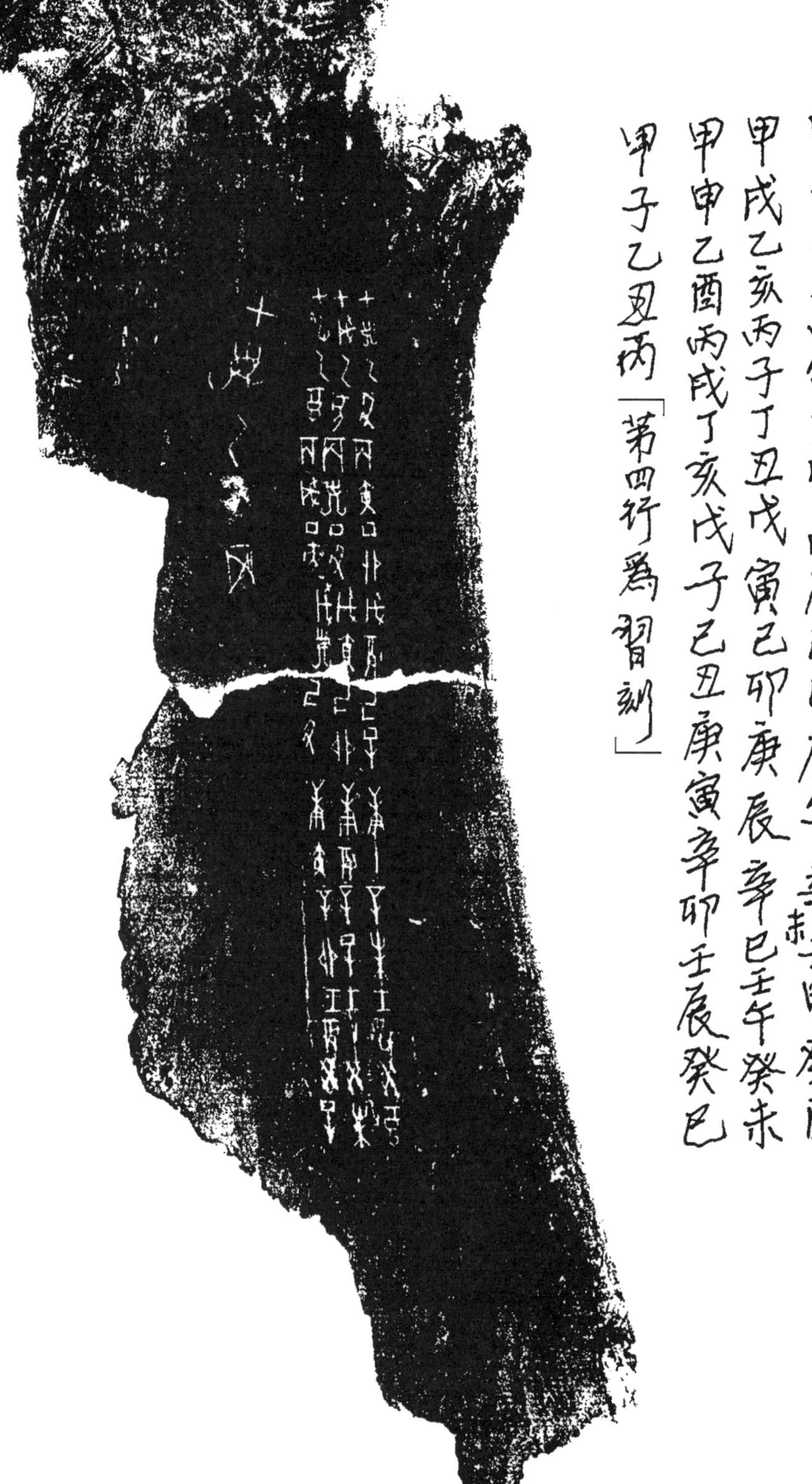

甲子乙丑丙寅丁卯戊辰己巳庚午辛未壬申癸酉
甲戌乙亥丙子丁丑戊寅己卯庚辰辛巳壬午癸未
甲申乙酉丙戌丁亥戊子己丑庚寅辛卯壬辰癸巳
甲子乙丑丙「第四行爲習刻」

38017

1、貞来乙亥有于祖乙。2、貞来乙亥物有于祖乙。
3、有于祖辛。4翌庚申易。
5、(貞王甫婦好)令从沚戠伐巴方受有又。九。
6、貞王物惟婦好从沚戠伐巴方受有又。

6478

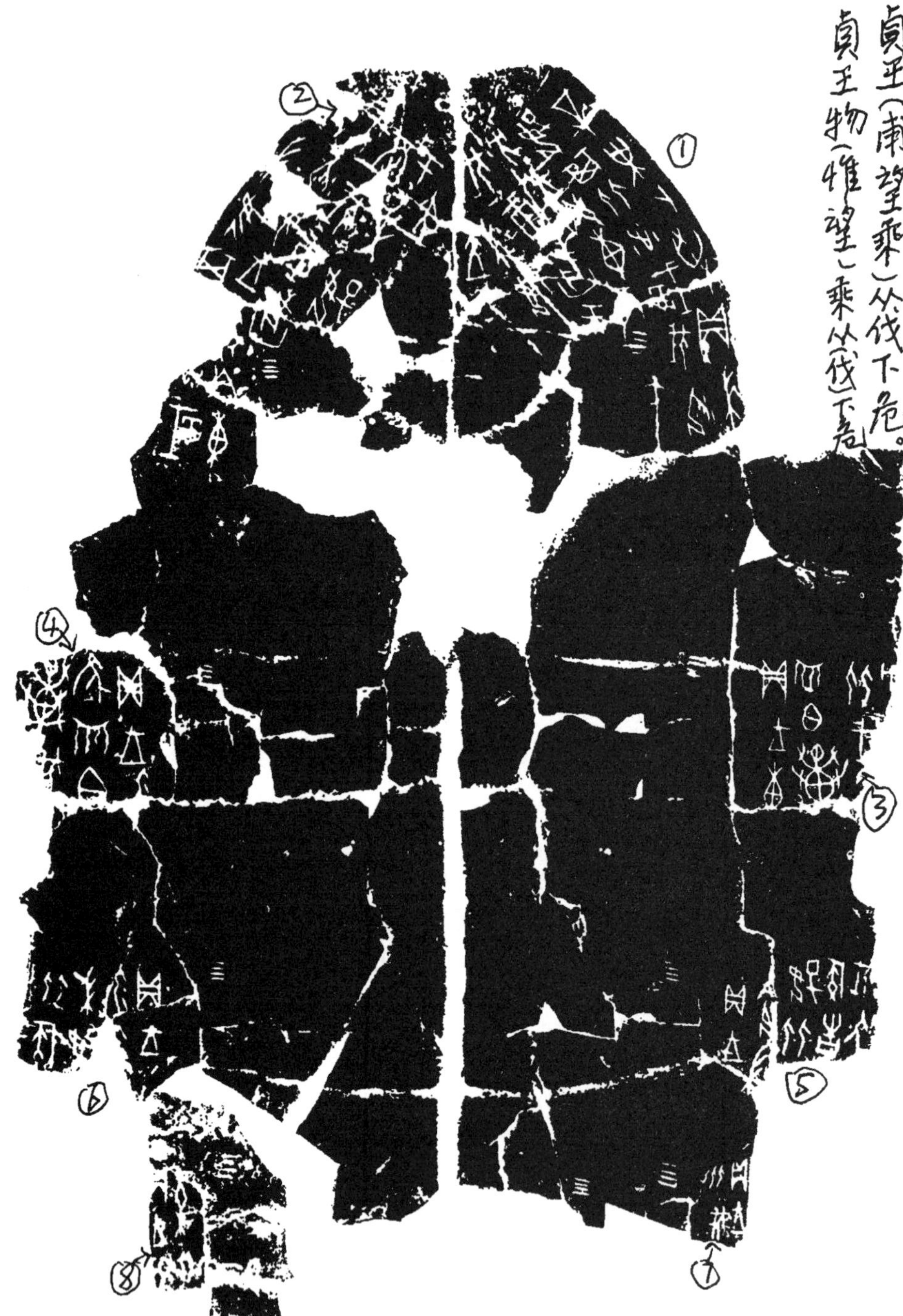
辛未卜，爭，貞婦好其从沚戛伐巴方，王自東罙伐，戎陷于婦好立。
貞婦好其(从沚)戛伐巴方，王：自東罙伐戎陷于婦好立：四。
貞王叀而白龜从伐(巴)方。：貞王勿惟而白龜伐(巴)方。
貞王令婦好从侯告伐人。：貞王勿令婦好从侯(告伐人)：四。
貞王(叀望乘)从伐下危。
貞王勿(惟望)乘从伐下危。

6480

7217

貞丟其吝。貞甫王。貞物隹王自望。

庚午卜、爭
貞王南昜…六
白蕤戊月。
乙巳卜爭
侯告爯冊
王物卒戊肯

7411

⋯父[illegible]⋯乙亥不雨。貞：⋯婦⋯氏⋯。

11791

……惟……玝……辛母……。

23452

23458

……乙……貞其癸母。

23461

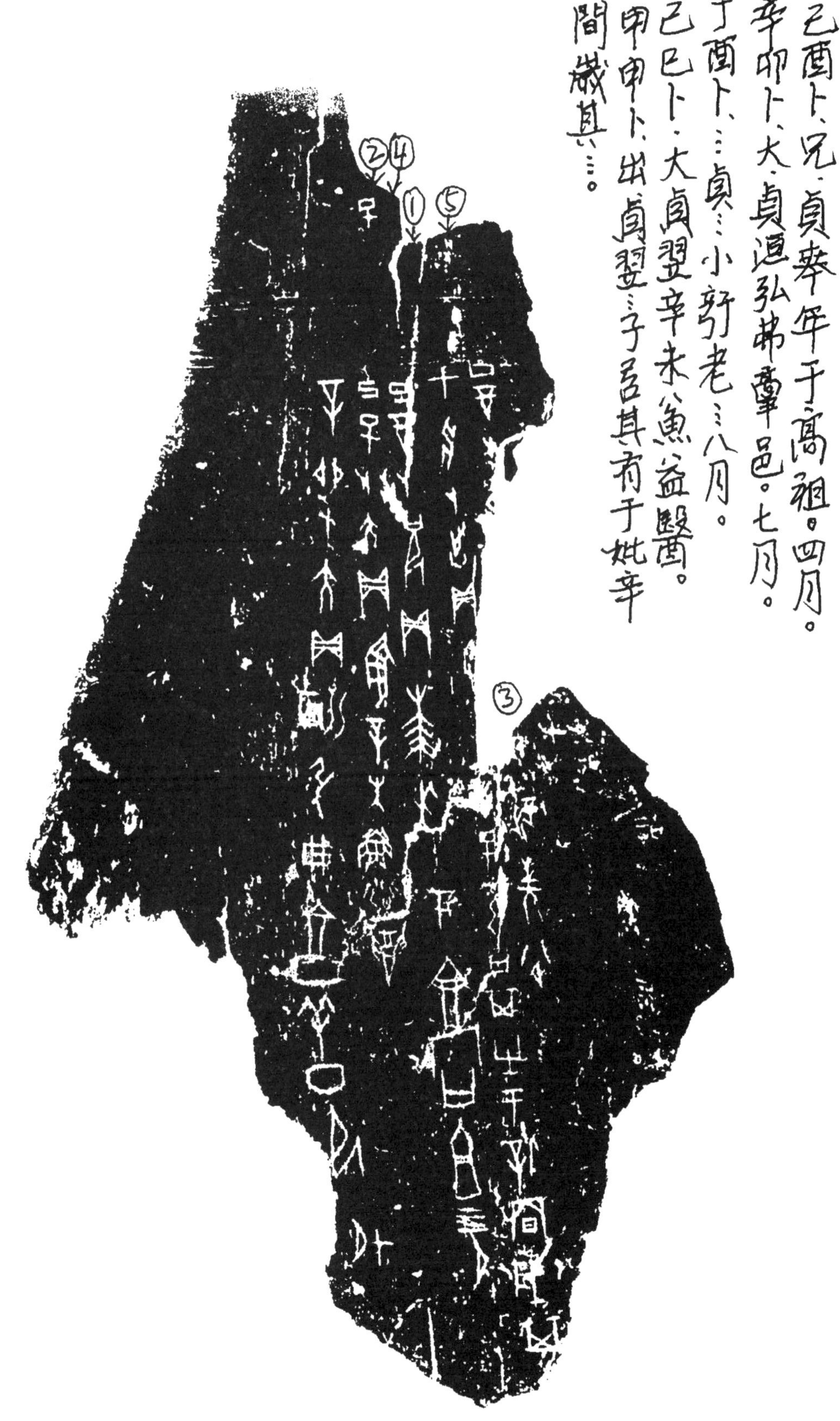
己酉卜、兄、貞桒年于高祖。四月。
辛卯卜、大、貞洹弘弗𦎫邑。七月。
丁酉卜、…貞…小𤔲老…八月。
己巳卜、大貞翌辛未ㄙ魚、益醫。
甲申卜、出、貞翌…子𠂤其有于妣辛
𨳿歲其…
②④
①
⑤
③

23717

于帝臣又雨。于嶽宗酒又雨。于夏宗酒又雨。

30298

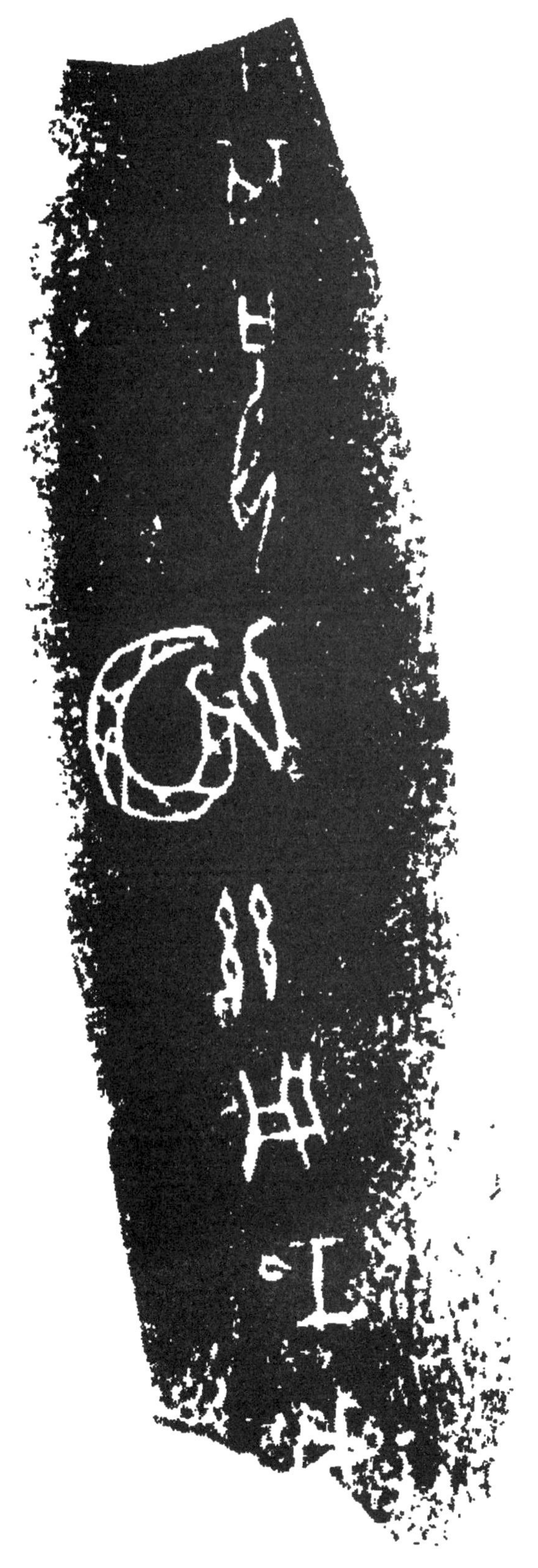

30464

壬戌卜，其兄龍，丝用。

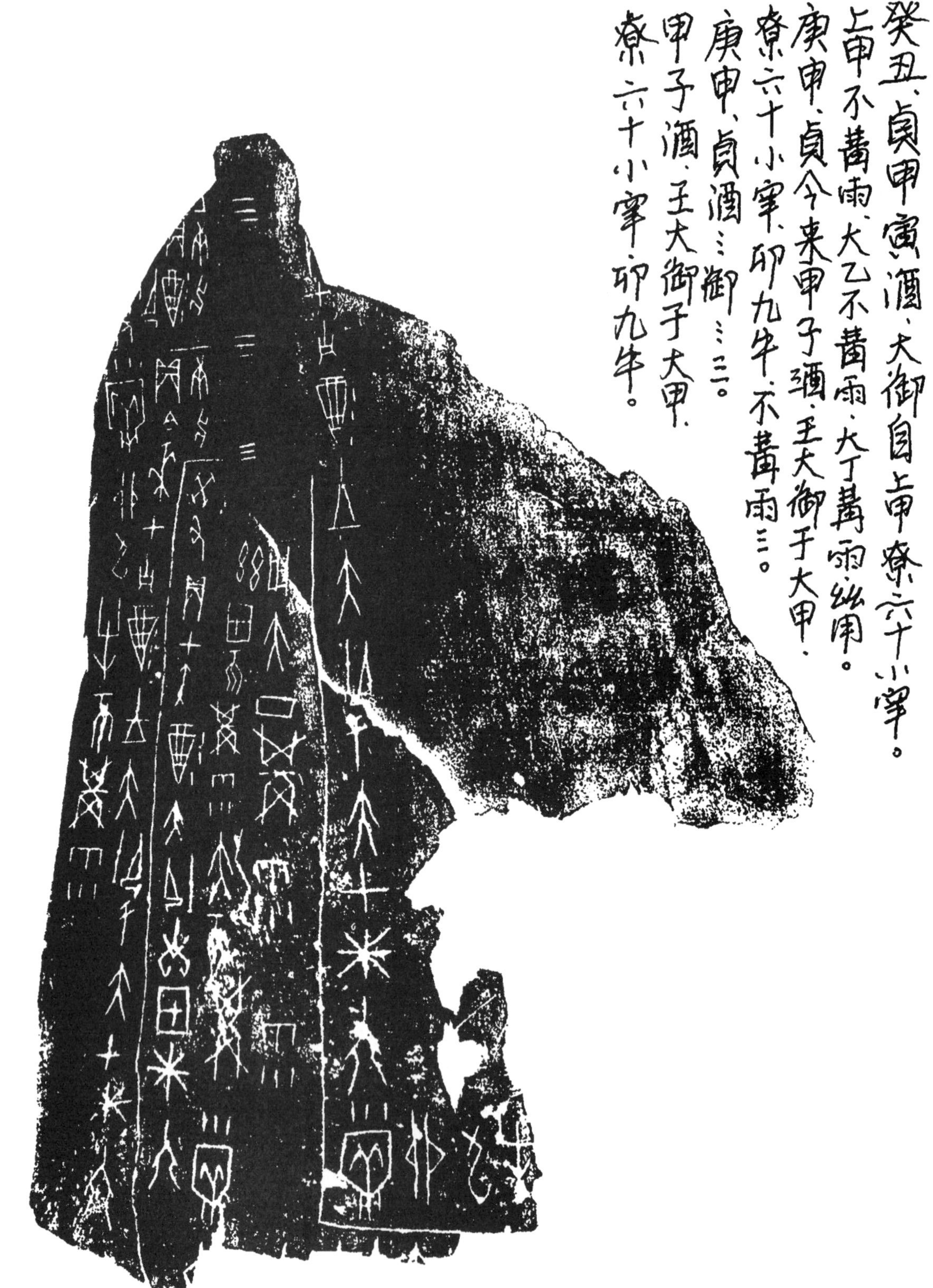
癸丑、貞甲寅酒、大御自上甲燎六十小宰。
上甲不冓雨、大乙不冓雨、大丁冓雨兹用。
庚申、貞今来甲子酒、王大御于大甲、
燎六十小宰、卯九牛、不冓雨三。
庚申、貞酒三御三三。
甲子酒、王大御于大甲、
燎六十小宰、卯九牛。

32329

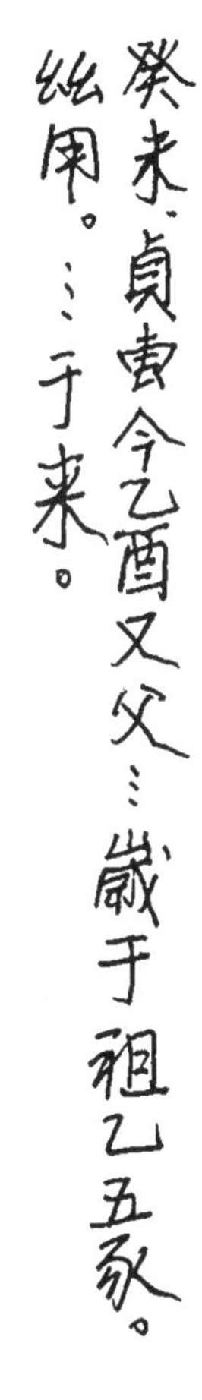

32513

□未卜，𠦪雨自上甲、大乙、大丁、大甲、大庚、大戊、中丁、祖乙、祖辛、祖丁、十示，率牡。□申卜，𠦪□从辛酉□大乙、大丁、大甲、大戊、□庚、□丁、□丁、祖辛、祖丁，率□。𠦪雨自上甲、大乙、大丁、大甲、大庚、□申雨自□□辛未。

32385

32509

庚…貞…兒…。貞令步𠂤[illegible]交㝵。庚午貞令霝𠂤在[illegible][illegible]交。

甲戌、貞令雞[illegible]交㝵。甲戌、貞令霝、𠂤在[illegible][illegible]交㝵。

甲戌、貞令步[illegible]交㝵。乙亥、貞又彳歲于祖乙大牢一牛…丑…貞…王。

丁丑卜、貞王賓武丁、伐十人、卯三宰、鬯⋯庚辰卜、貞王賓祖庚
伐二人、卯二宰、鬯⋯亡尤。⋯卜、貞王賓康祖丁。伐人卯二宰、鬯二卣
亡尤。丁酉卜、貞王賓文武丁、伐三十人、卯六宰、鬯六卣亡尤。

35355

宋宣和五年集博古图

宋宣和五年集博古圖

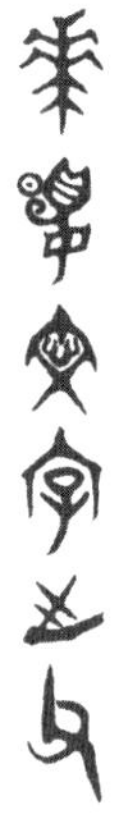

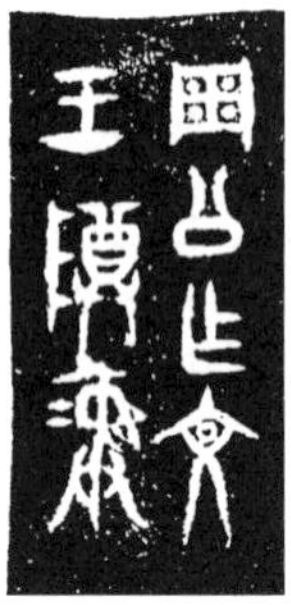

彔公作文
王尊彝

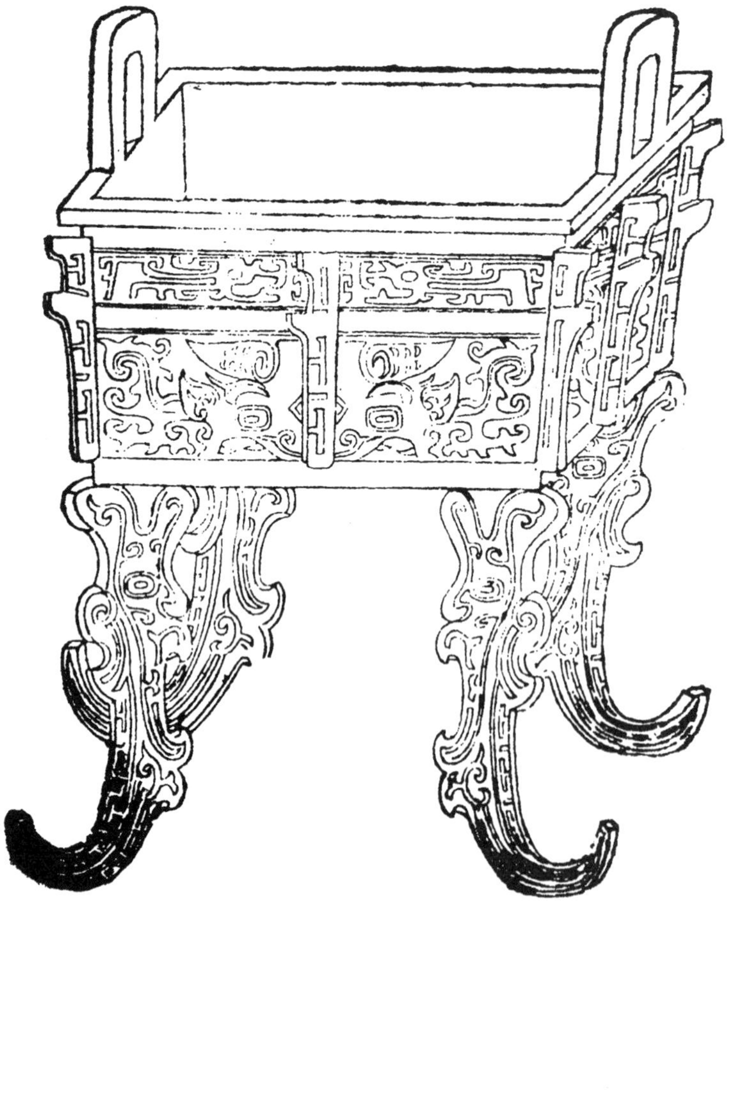

商父乙鼎

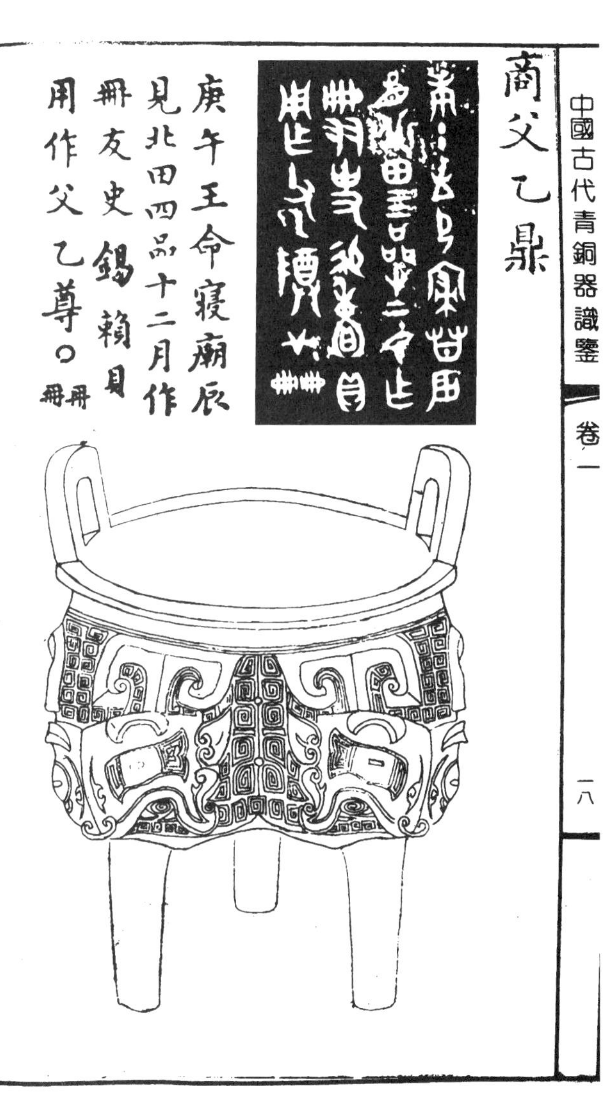

庚午王命寢廟辰見北田四品十二月作冊友史錫賴貝用作父乙尊○冊冊

此商人作之以享父乙於寢廟而言乃及此者蓋寢廟宗廟也書曰用命賞于祖在宗廟之中作冊以錫有功是亦賞于祖之意乙之號其在商也有天乙有祖乙有小乙有武乙而惟太丁之子止曰乙且此言父乙蓋不知其為何乙也

商綦鼎

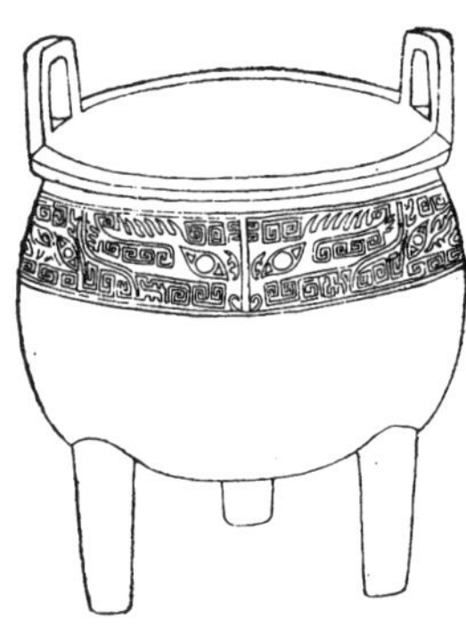

綦父乙

右高六寸六分耳高一寸三分闊一寸四分深四寸四分口徑五寸九分腹徑六寸七分容四升七合重四斤六兩三足銘三字純外隱起雲雷狀按父乙商也而周有召公尊其銘亦曰父乙此豈周器乎曰不然召公尊者周王用以褒大召公之子孫而乙者其名也父者所以尊稱之也如康王命畢公而曰父師平王命文侯而曰父義和蓋示有所尊耳豈此所謂父乙者哉況周人作銘文字已備此鼎近質而字畫奇古非商器而何曰綦者按列禦寇嘗言綦衛之箭而音釋者以綦為其且援史記綦國之竹為證則綦國名也歷考商書雖不聞有國之為綦者然歸亳之際諸侯所會者至於三千安知其無綦耶大抵為史者非因事以見之則亦不能備載矣

周南宮中鼎

惟十有三月庚寅
王在寒師王命太
史括懷土王曰中
茲懷人內史錫于
珷王作臣今括里
汝懷土作乃采中
對王休命𪔂父乙尊
惟臣尚中臣赫赫

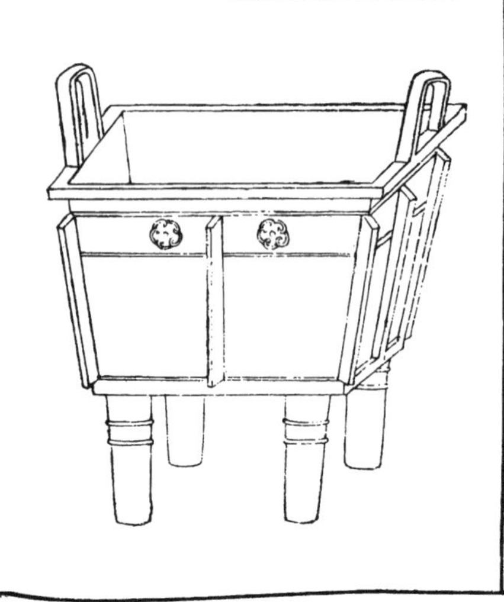

高八寸五分耳高一寸八分闊一寸七分深五寸四分口徑長七寸二分闊五寸四分腹徑長七寸一分闊五寸三分容七升五合重一十斤四足銘五十七字

右三器以南宮為氏者在周有之如書所謂南宮括南宮毛是也中則其名耳然名氏同而款識或異曰作乃采者蓋采事也命以立事則因為此鼎而勒之銘也其曰伐甬方之年者甬方猶鬼方也甬為西方之獸是必因西征而昭其功以銘之也三鼎形模大略相類至其銘文間有不可知者則闕疑以待博識

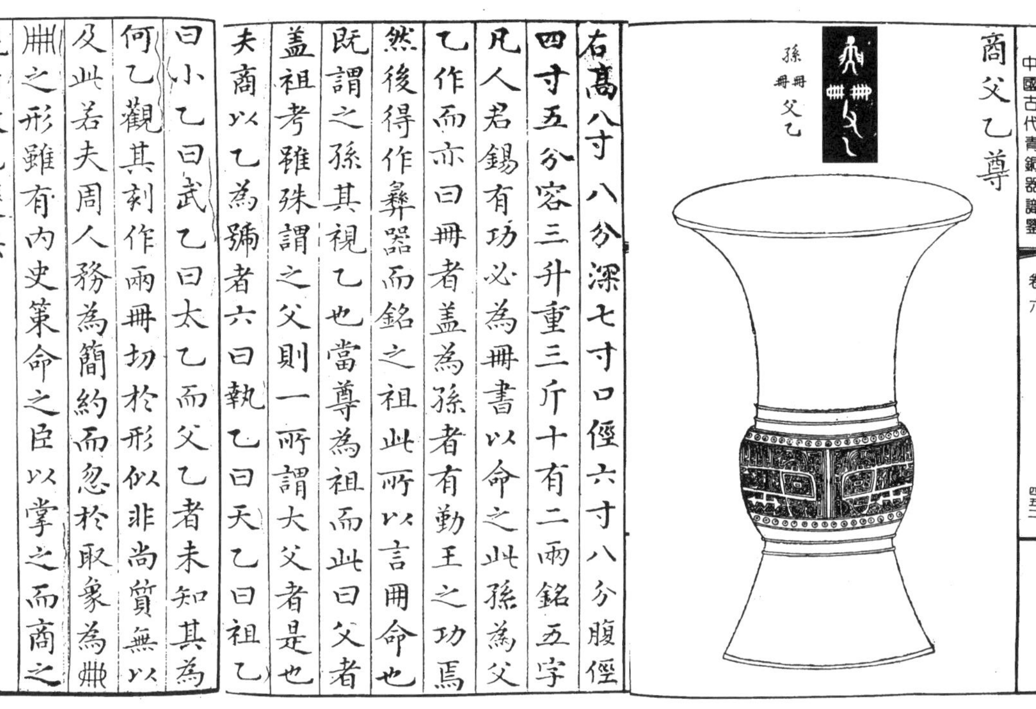

商父乙尊

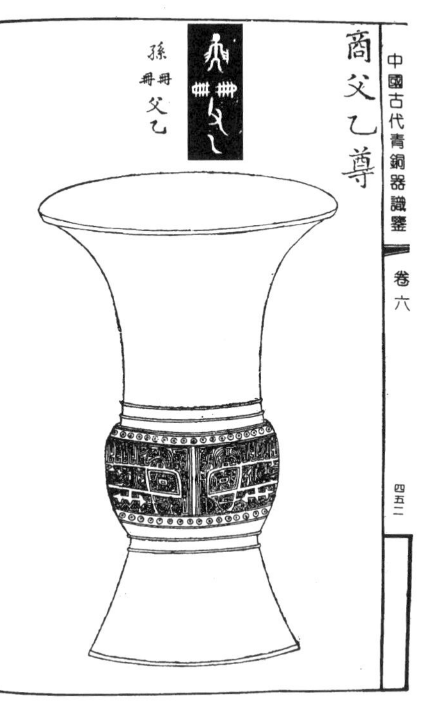

右高八寸八分深七寸口徑六寸八分腹徑四寸五分容三升重三斤十有二兩銘五字凡人君錫有功必為冊書以命之此孫為父乙作而亦曰冊者蓋為孫者有勳王之功焉然後得作彝器而銘之祖此所以言冊命也既謂之孫其視乙也當尊為祖而此曰父者蓋祖考雖殊謂之父則一所謂大父者是也夫商以乙為號者六曰執乙曰天乙曰祖乙曰小乙曰武乙曰太乙而父乙者未知其為何乙觀其刻作兩冊切於形似非尚質無以及此若夫周人務為簡約而忽於取象為𠕋𠕋之形雖有内史策命之臣以掌之而商之純古故已變矣

周名公尊

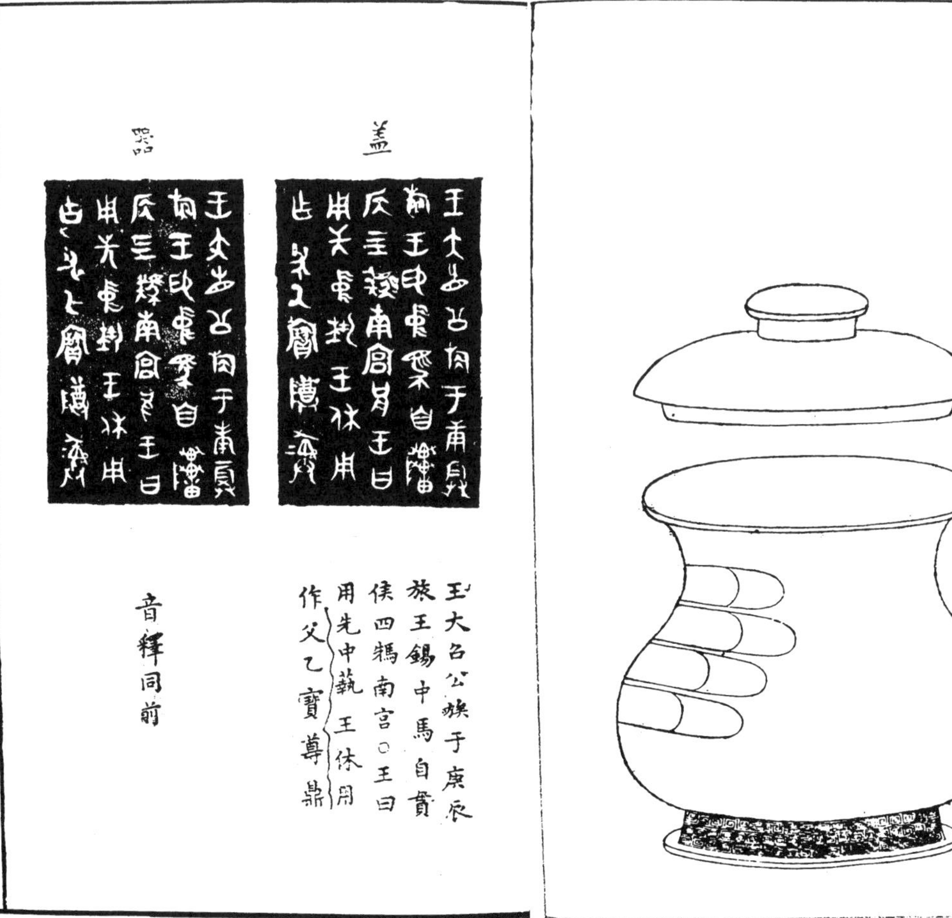

蓋

器

王大名公族于庚辰
旅王錫中馬自賁
侯四騳南宫○王曰
用先中埶王休用
作父乙寶尊鼎

音釋同前

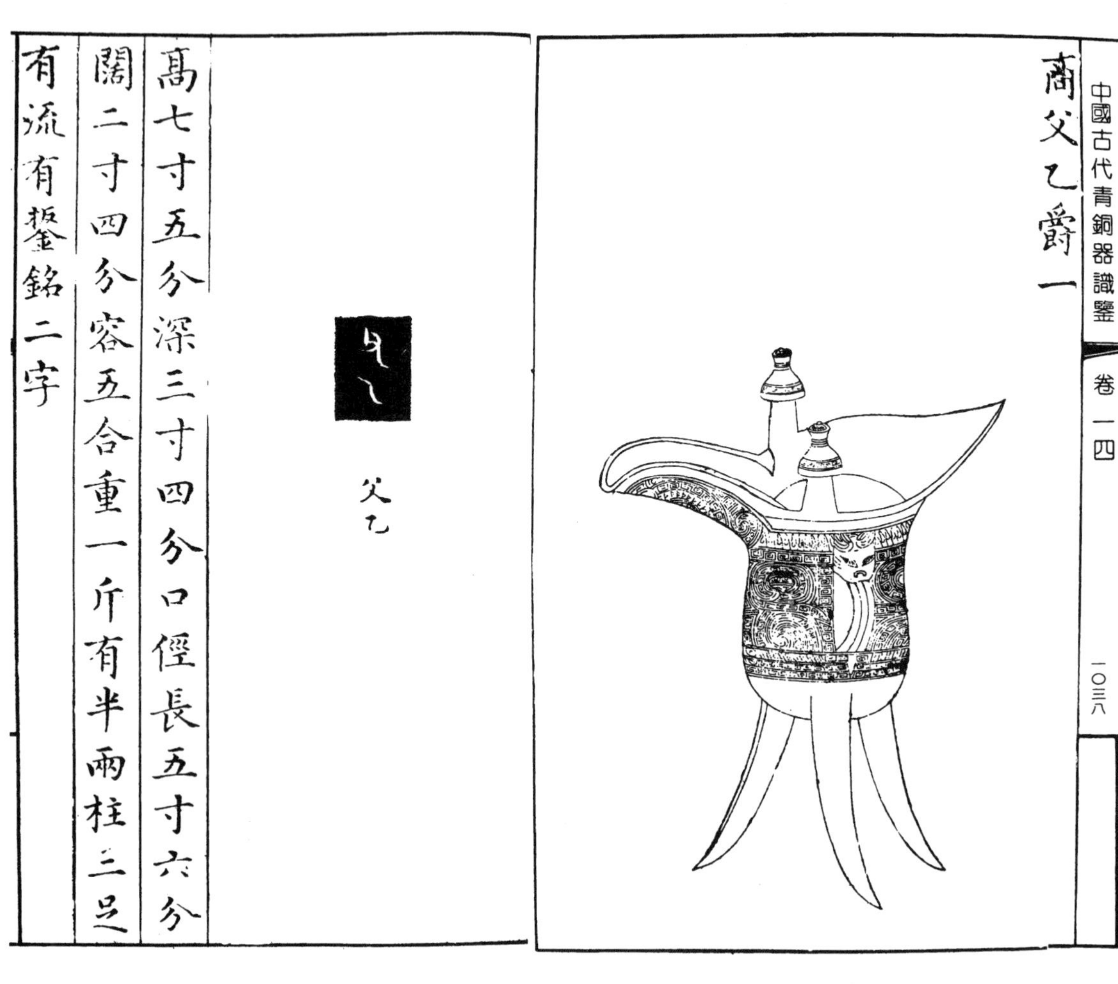

商父乙爵一

父乙

高七寸五分深三寸四分口徑長五寸六分闊二寸四分容五合重一斤有半兩柱三足有流有鋬銘二字

商父乙爵二

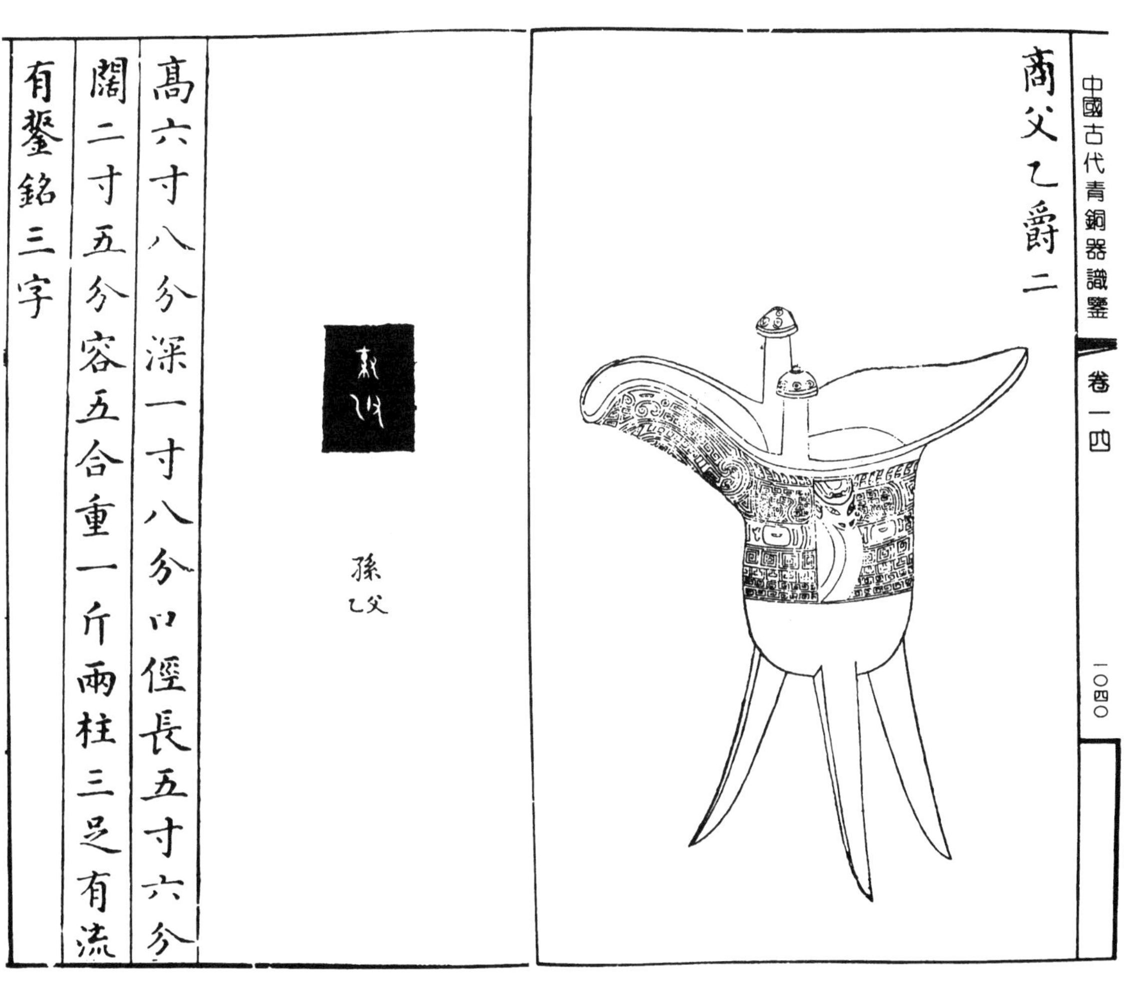

孫父乙

高六寸八分深一寸八分口徑長五寸六分闊二寸五分容五合重一斤兩柱三足有流有鋬銘三字

商父乙爵三

父乙

父乙

高六寸六分深三寸一分口徑長六寸闊三寸六分容五合重一斤四兩兩柱三足有流有鋬銘二字

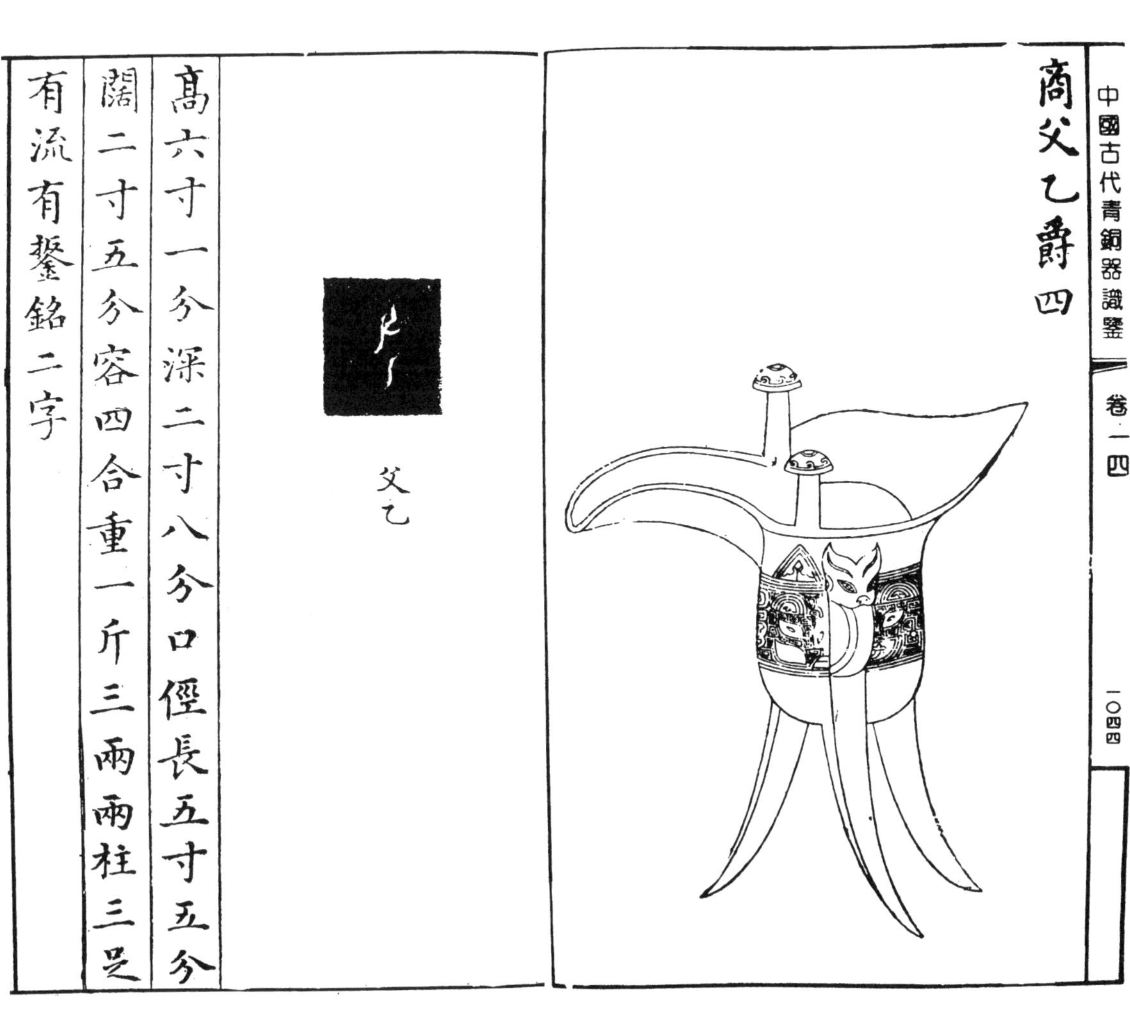
中國古代青銅器識鑒　卷一四　一〇四四

商父乙爵四

父乙

高六寸一分深二寸八分口徑長五寸五分闊二寸五分容四合重一斤三兩兩柱三足有流有鋬銘二字

商父乙爵七

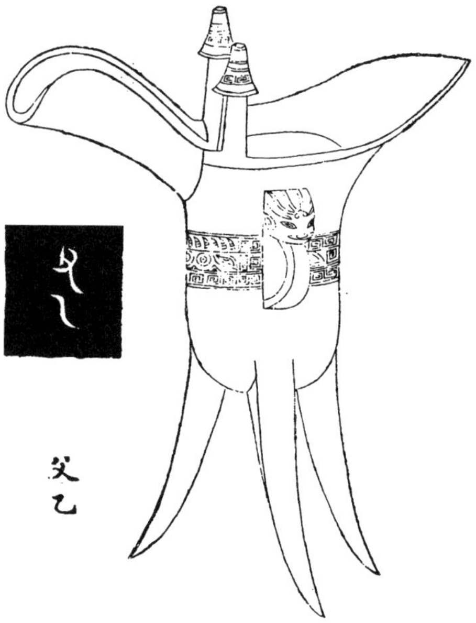

父乙

高六寸八分深三寸口徑長五寸五分闊二寸六分容五合重一斤兩柱三足有流有鋬

右商之君稱乙者六曰報乙者成湯四世祖也曰天乙者成湯也於後則又有祖乙小乙武乙太乙是諸器皆曰父乙蓋出乎此而未知其決為何乙耳然諸器所同者咸以牛首為鋬以雲紋為柱其小異者或有雷紋雲氣饕餮蟠夔之飾視其簡古不煩真商物也

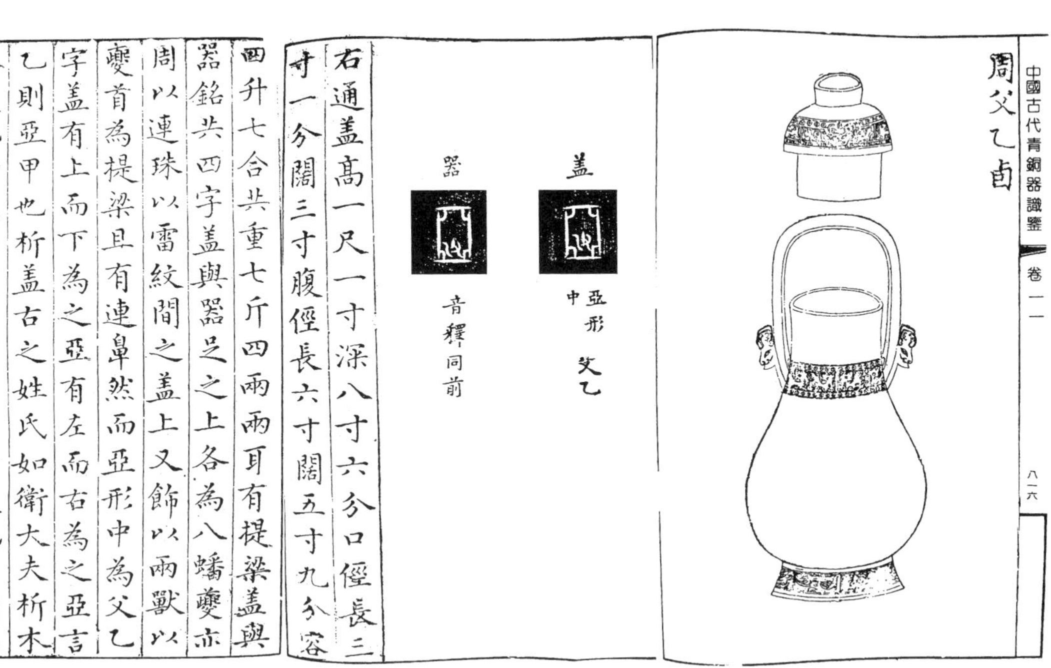

周父乙卣

蓋 器

亞形中父乙

音釋同前

右通蓋高一尺一寸深八寸六分口徑長三寸一分闊三寸腹徑長六寸闊五寸九分容四升七合共重七斤四兩兩耳有提梁蓋與器銘共四字蓋與器足之上各為八蟠夔亦周以連珠以雷紋間之蓋上又飾以兩獸以夔首為提梁且有連鼻然而亞形中為父乙字蓋有上而下為之亞有左而右為之亞言乙則亞甲也析蓋古之姓氏如衛大夫析木鉏是也析氏子孫仲軺者用作父乙卣則其理明矣

蓋 器

州作父乙寶彝

音釋同前

右通蓋高六寸六分深四寸五分口徑長三寸九分闊三寸五分腹徑長六寸五分闊五寸八分容三升二合共重四斤十有二兩兩耳有提梁蓋與器銘共一十二字曰州作父乙寶彝按州出於来國之後以州為氏在晉有大夫州綽在衛有大夫州吁其為氏則一耳卣非庶人可有是乃當時公侯卿士世禄之家此所以以著姓言之也是器特以四鳳飾於蓋與器之上鳳之為物有其時則見非其時則隱其出處語默類有道者故翔於千仞則覽德而下九成之後則畨然来儀然將以是飾之於器豈可非其所有而命之耶

商若癸鼎

右高五寸八分耳高一寸一分闊一寸三分深三寸二分口徑四寸九分腹徑五寸二分容二升二合重三斤二兩三足銘八字於亞形中上作一若字銘其作器之人也旁作旗旂之勢于左旌其位也又作兩手互執物狀于右以著薦獻之象而且昭其獲助也四隅作癸丁甲乙雖然陳布紀其日也中作父字明子職也蓋九旗名物皆从於於太常則至尊有之至於諸侯則建旂軍吏則建旗孤卿則建旜中大夫則建旟下大夫則建旐道車則建旞斿車則建旌而士預焉故旗旂所以旌其位者如此古之制字於與作与以兩手交相舉明非一力也經曰四海之内各以其職來祭夫聖人之德又何以加於孝乎詩亦云駿奔走在廟不顯不承無射於人斯則得多助者所以為孝也故兩手互執物所以著

薦獻之象而昭其獲助者如此天有十日地有十二辰各以其類而為配合在商言其略故凡彝器止言其日若商敦言己丁與此鼎言癸丁甲乙者止以十日也在周言其詳故凡彝器復兼言其辰若周尊言丁丑周彝言己酉者又兼其辰也昔者内事用柔日所以順其陰之入外事用剛日所以順其陽之出婚姻内祭皆内事故用柔日師田外祭皆外事故用剛日然則是器言甲者剛日也言癸丁乙者柔日也此所謂紀其日歟今所藏器有言祖有言父有言兄下以享於上也有言子有言孫子孫之所自致也此又所謂言父者所以明子職歟然其形制比商器復加文縟三足皆作饕餮氣韻頗古真商盛時器也

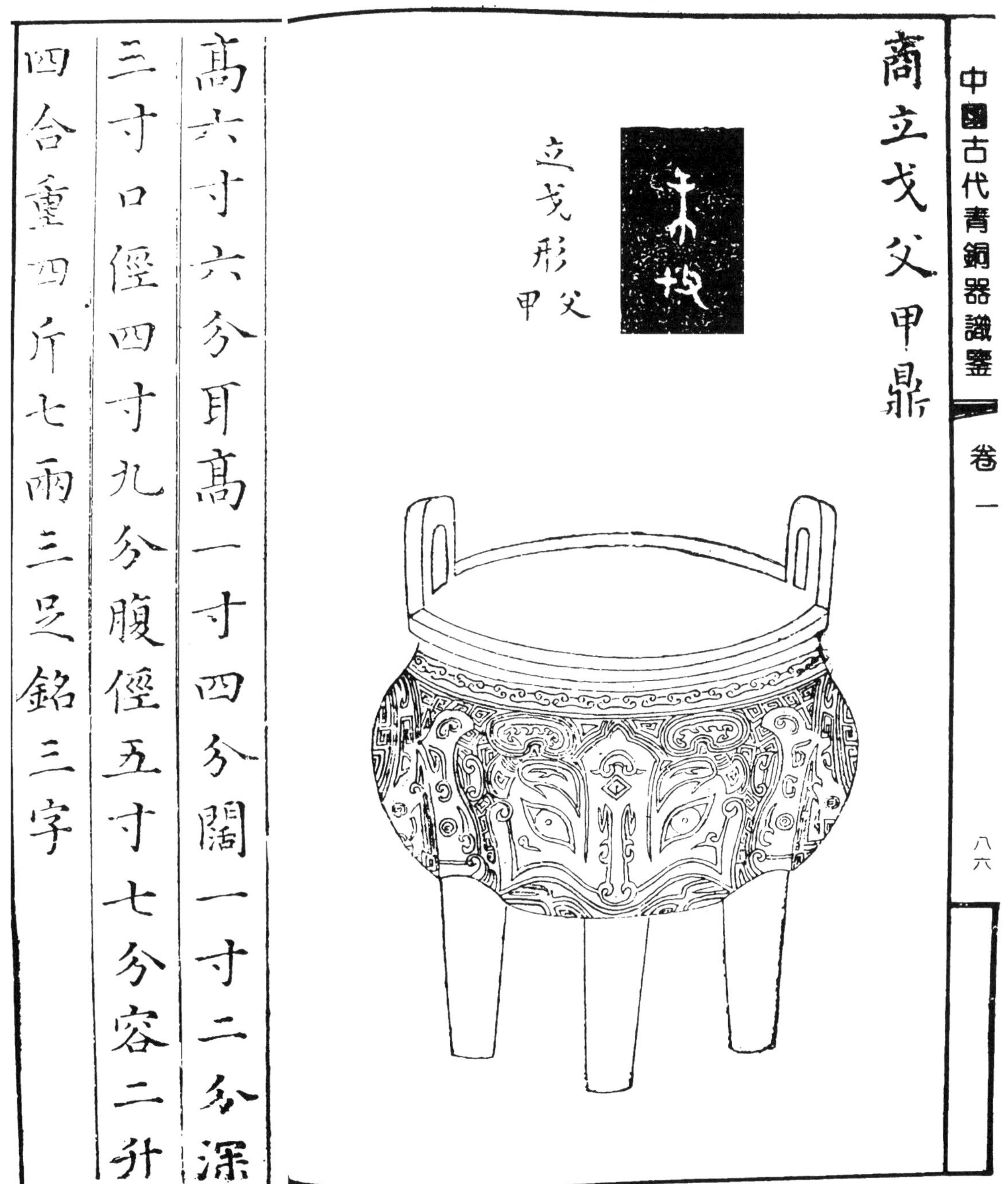

商立戈父甲鼎

立戈形 父甲

高六寸六分耳高一寸四分闊一寸二分深三寸口徑四寸九分腹徑五寸七分容二升四合重四斤七兩三足銘三字

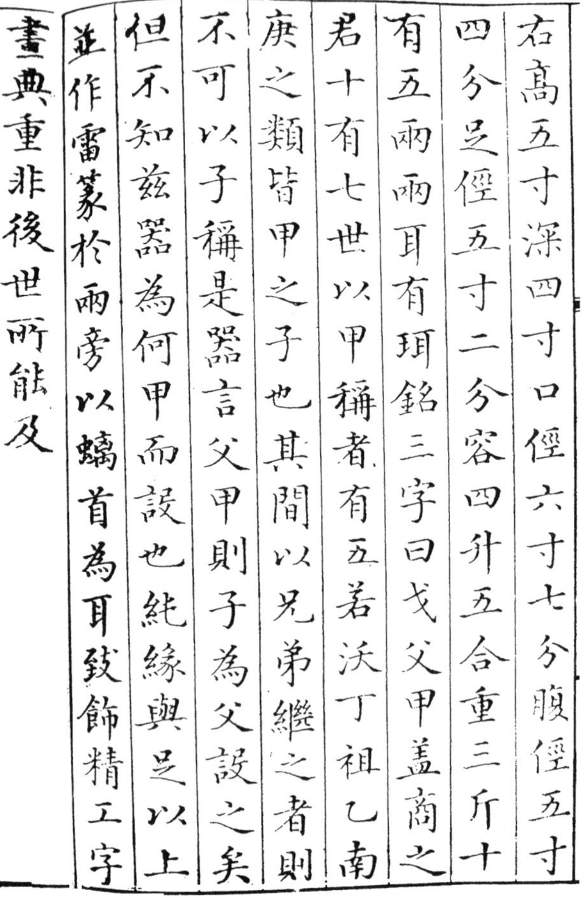
右高五寸深四寸口徑六寸七分腹徑五寸四分足徑五寸二分容四升五合重三斤十有五兩兩耳有珥銘三字曰戈父甲蓋商之君十有七世以甲稱者有五若沃丁祖乙南庚之類皆甲之子也其間以兄弟繼之者則不可以子稱是器言父甲則子為父設之矣但不知兹器為何甲而設也純緣與足以上並作雷篆於兩旁以螭首為耳致飾精工字畫典重非後世所能及

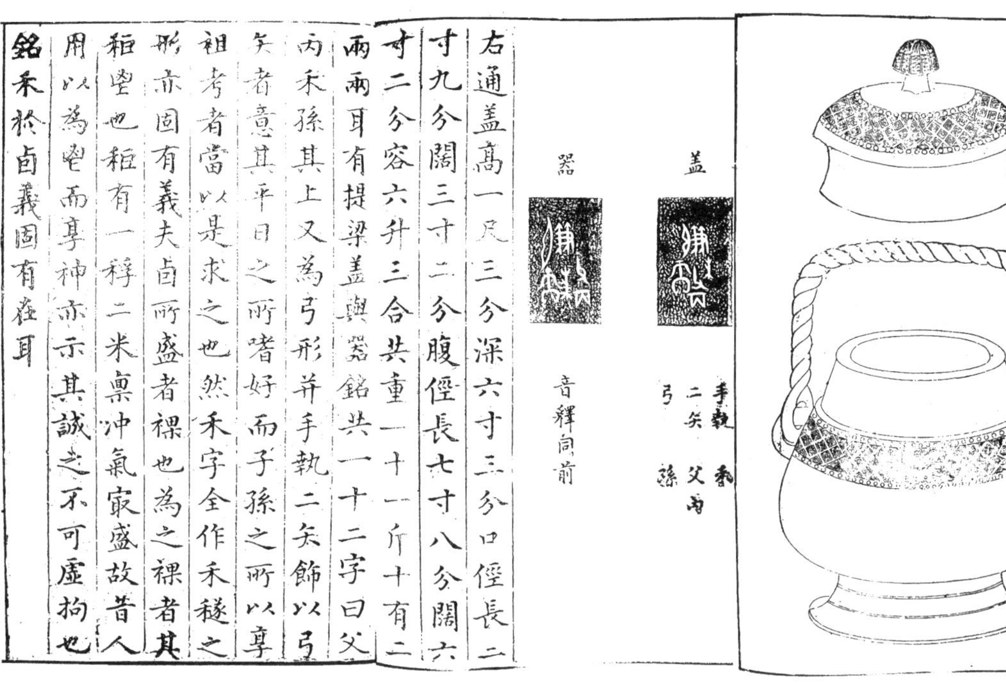

商父丙卣

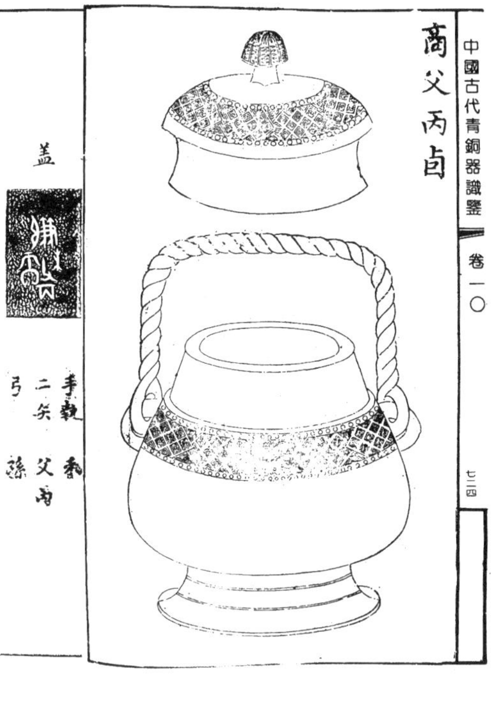

盖

器

手執 父丙

二矢

弓 孫

音釋同前

右通蓋高一尺三分深六寸三分口徑長二寸九分闊三寸二分腹徑長七寸八分闊六寸二分容六升三合共重一十一斤十有二兩兩耳有提梁蓋與器銘共一十二字曰父丙禾孫其上又為弓形并手執二矢飾以弓矢者意其平日之所嗜好而子孫之所以享祖考者當以是求之也然禾字全作禾穟之形亦固有義夫卣所盛者祼也為之祼者其秬鬯也秬有一稃二米禀沖氣冣盛故昔人用以為鬯而享神亦示其誠之不可虛拘也銘禾於卣義固有在耳

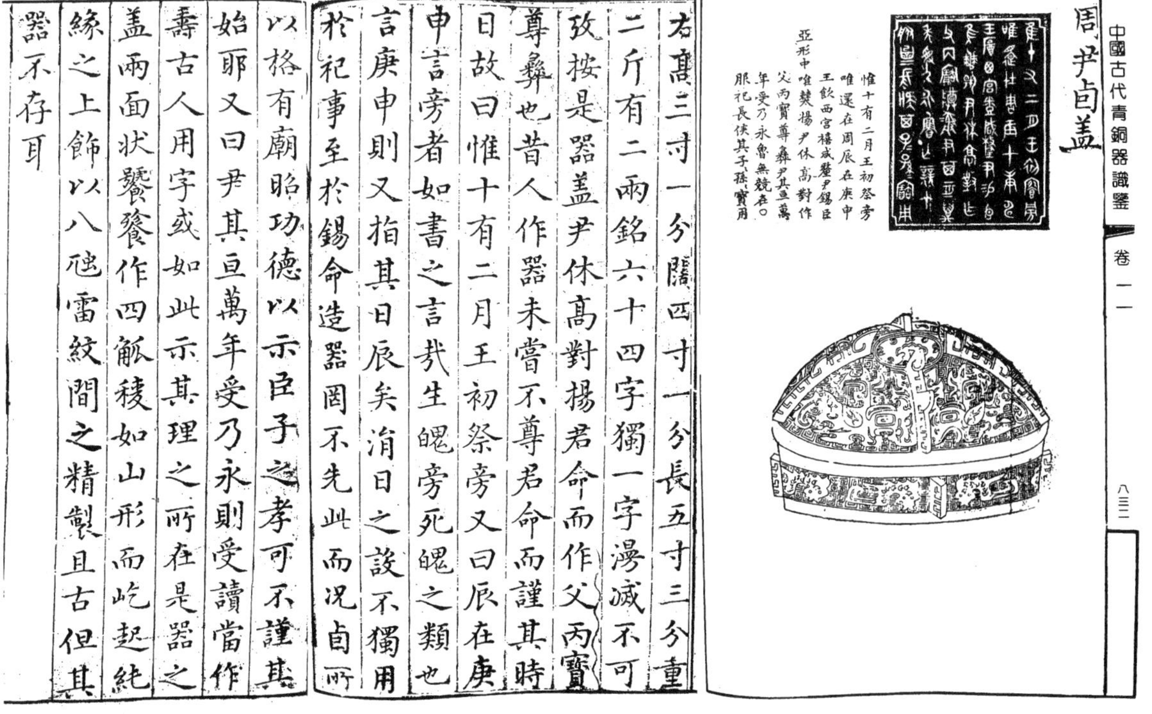

周尹卣蓋

惟十有二月王初祭旁
唯還在周辰在庚申
王飲西宮禧咸釐尹錫臣
亞形中唯獎揚尹休高對作
父丙寶尊彝尹其亘萬
年受乃永魯無競在○
服祀長侯其子孫寶用

右高三寸一分闊四寸一分長五寸三分重二斤有二兩銘六十四字獨一字漫滅不可考按是器蓋尹休高對揚君命而作父丙寶尊彝也昔人作器未嘗不尊君命而謹其時日故曰惟十有二月王初祭旁又曰辰在庚申言旁者如書之言哉生魄旁死魄之類也言庚申則又指其日辰矣涓日之說不獨用於祀事至於錫命造器罔不先此而況卣所以格有廟昭功德以示臣子之孝可不謹其始耶又曰尹其亘萬年受乃永則受讀當作壽古人用字或如此示其理之所在是器之蓋兩面狀饕餮作四觚稜如山形而屹起純緣之上飾以八虺雷紋間之精製且古但其器不存耳

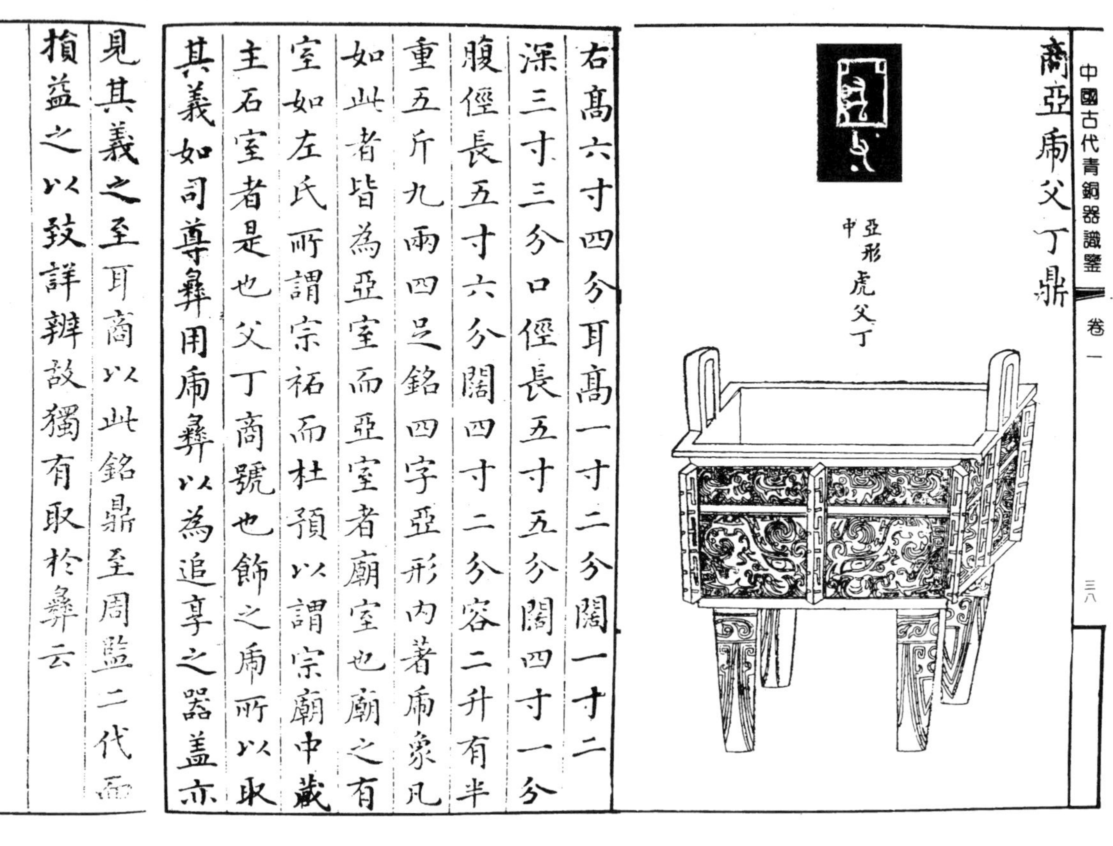

商亞虎父丁鼎

右高六寸四分耳高一寸二分闊一寸二深三寸三分口徑長五寸五分闊四寸一分腹徑長五寸六分闊四寸二分容二升有半重五斤九兩四足銘四字亞形內著虎象凡如此者皆為亞室而亞室者廟室也廟之有室如左氏所謂宗祏而杜預以謂宗廟中藏主石室者是也父丁商號也飾之虎所以取其義如司尊彝用虎彝以為追享之器蓋亦見其義之至耳商以此銘鼎至周監二代而損益之以致詳辨故獨有取於彝云

商父丁尊

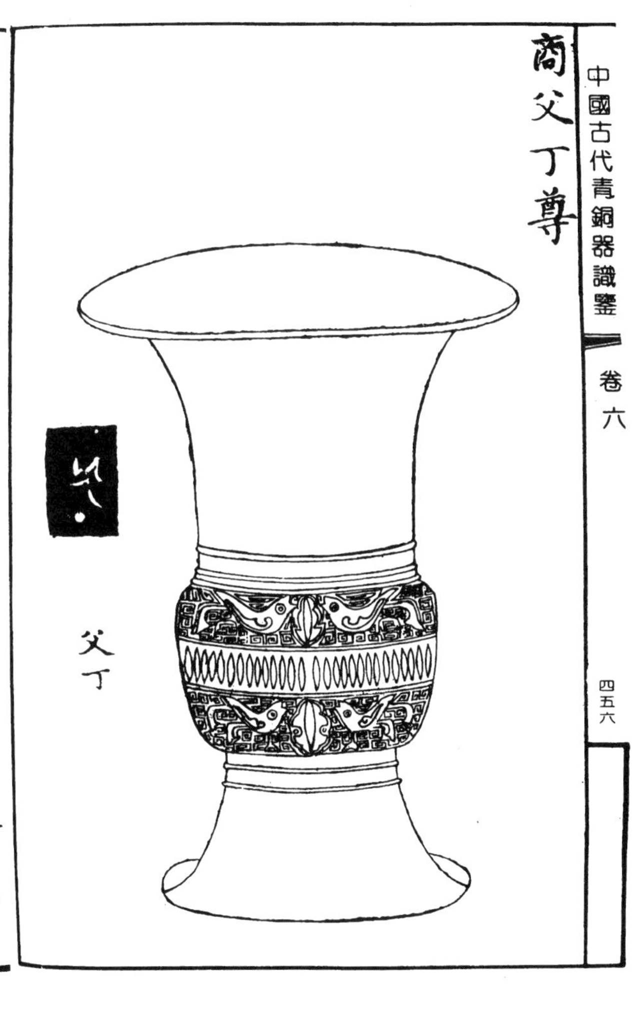

右高八寸三分深七寸口徑六寸七分腹徑四寸容三升六合重三斤九兩銘二字父丁作是尊特載銘而不俢其文商世質有餘故宜如此純足皆素當中為從理即兩端分寫夔龍形若相追逐以為先後色幾渥赭而緑花萍綴其古意寂為觀美與商父乙尊無異也

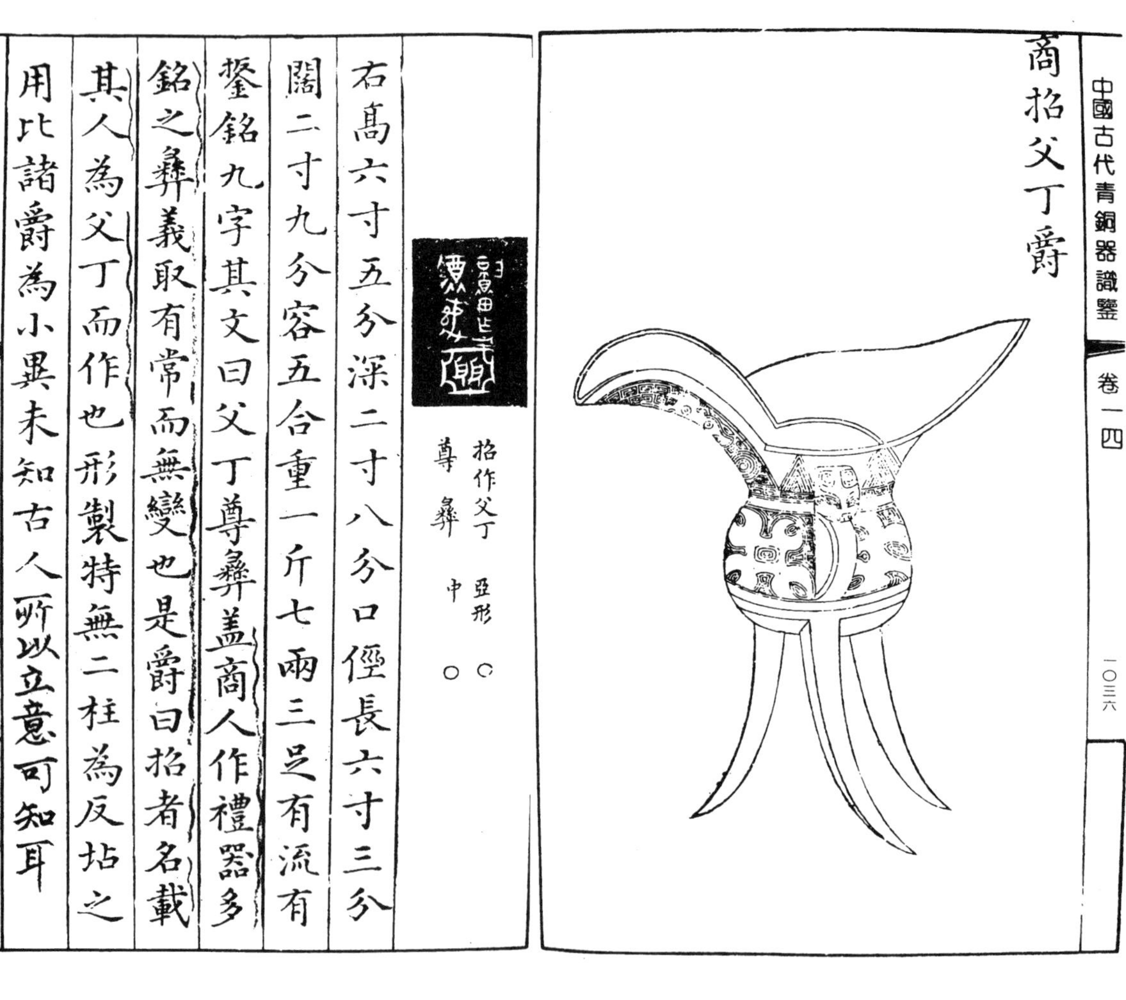

商招父丁爵

招作父丁　亞形　○
尊彝　中　○

右高六寸五分深二寸八分口徑長六寸三分闊二寸九分容五合重一斤七兩三足有流有鋬銘九字其文曰父丁尊彝蓋商人作禮器多銘之彝義取有常而無變也是爵曰招者名載其人為父丁而作也形製特無二柱為反坫之用比諸爵為小異未知古人所以立意可知耳

商執匕父丁卣

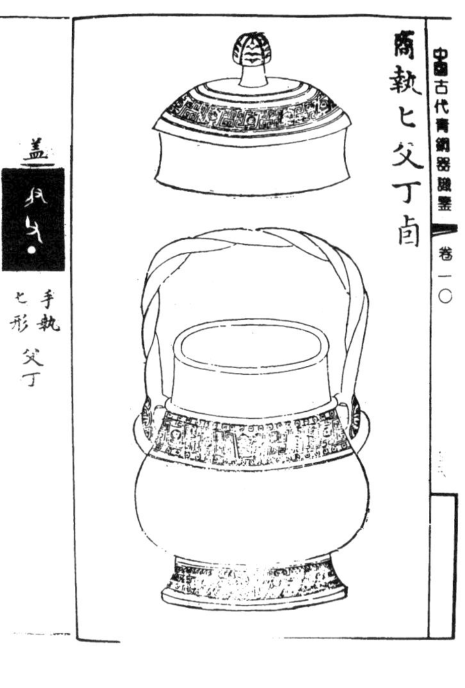

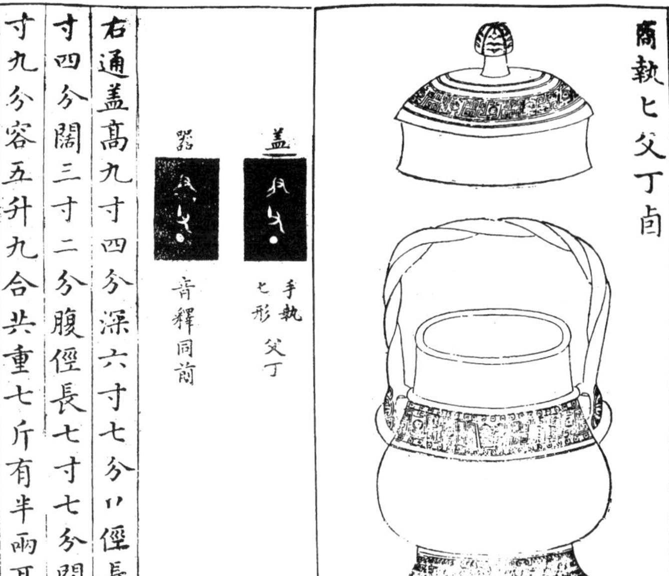

蓋 手執匕形 父丁

器 音釋同前

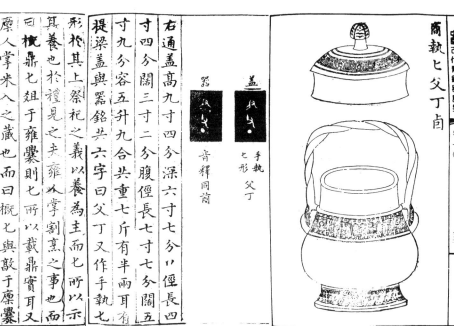

右通蓋高九寸四分深六寸七分口徑長四寸四分闊三寸二分腹徑長七寸七分闊五寸九分容五升九合共重七斤有半兩耳有提梁蓋與器銘共六字曰父丁又作手執匕形於其上祭祀之義以養為主而匕所以示其養也於禮見之夫饔人掌割烹之事而曰槪鼎匕俎于雍爨則匕所以載鼎實耳又廩人掌米入之藏也而曰槪匕與敦于廩爨則亦以匕黍稷焉詩曰有饛簋飧有捄棘匕則敦與簋皆盛黍稷器其為用於食明矣然則匕於飲食無所不用宜以養為主也卣之為器豈非以養為先哉

周大中卣

大中作父丁尊

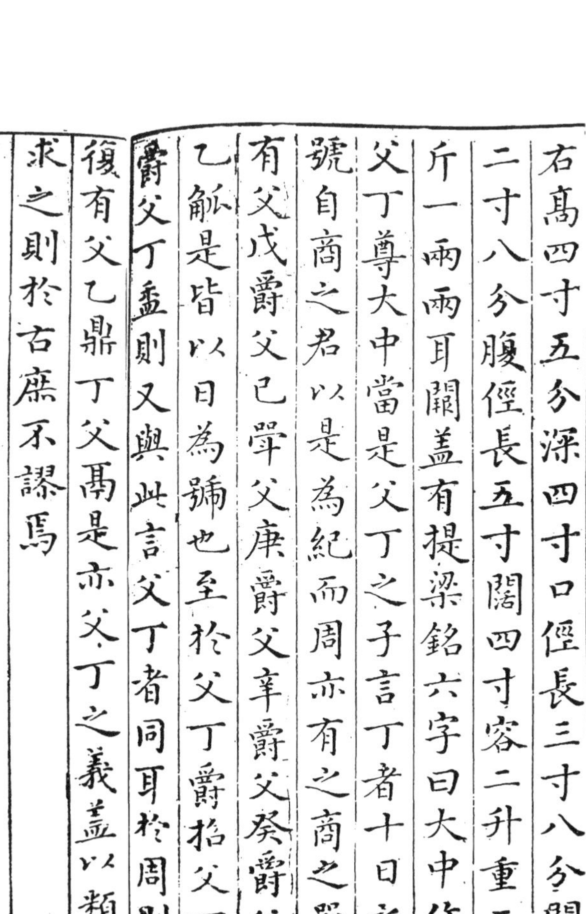

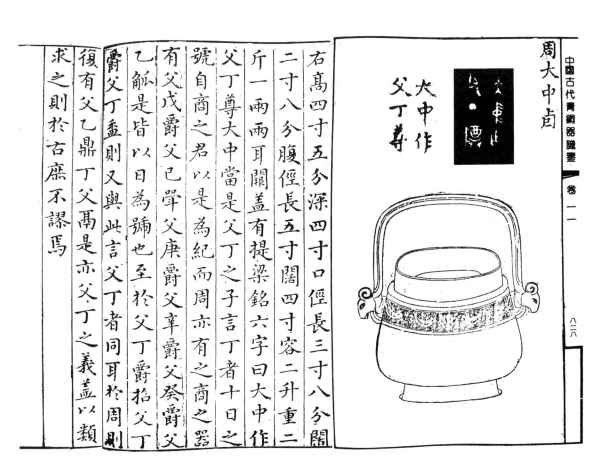

右高四寸五分深四寸口徑長三寸八分闊二寸八分腹徑長五寸闊四寸容二升重二斤一兩兩耳闊蓋有提梁銘六字曰大中作父丁尊大中當是父丁之子言丁者十日之號自商之君以是為紀而周亦有之商之器有父戊爵父己斝父庚爵父辛爵父癸爵父乙觚是皆以日為號也至於父丁爵稆父丁爵父丁盉則又與此言父丁者同耳於周則復有父乙鼎丁父鬲是亦父丁之義蓋以類求之則於古庶不謬焉

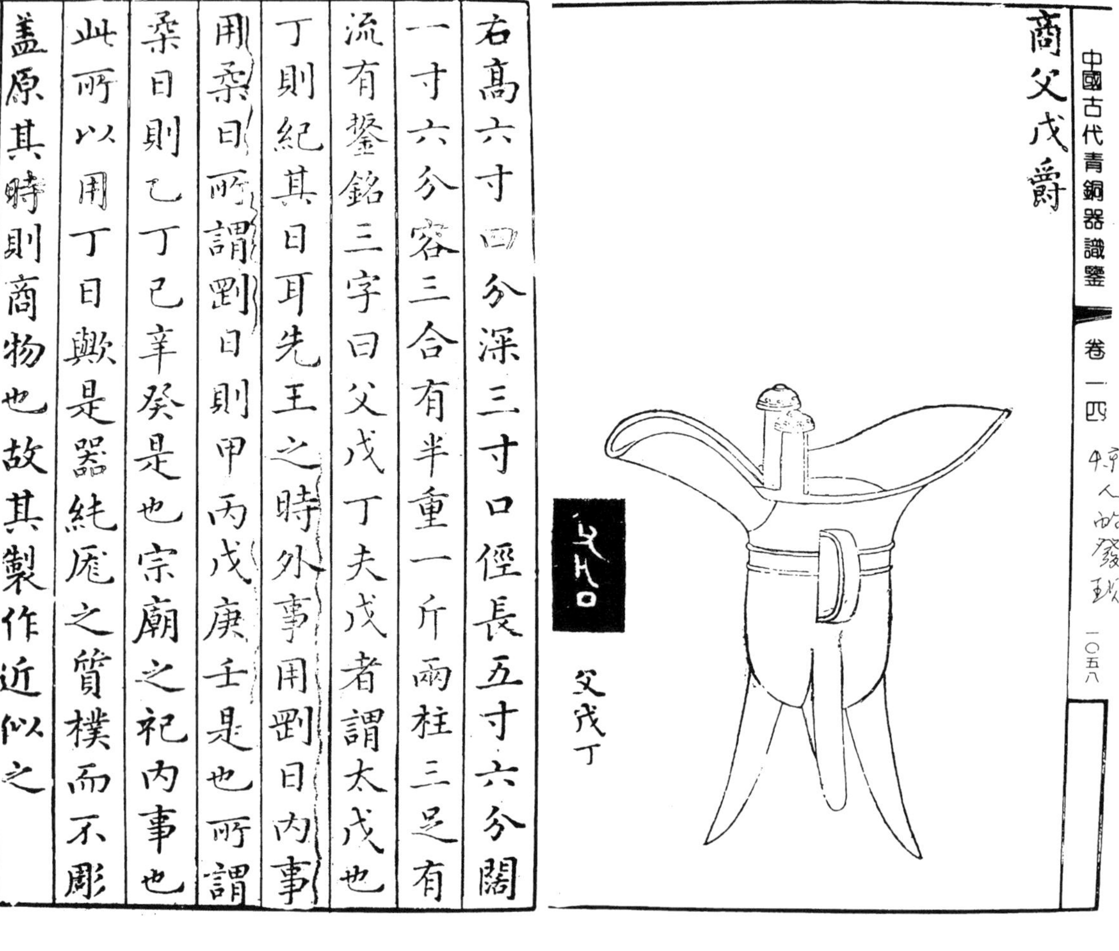

中國古代青銅器識鑒 卷一四 一〇五八

商父戊爵

父戊丁

右高六寸四分深三寸口徑長五寸六分闊一寸六分容三合有半重一斤兩柱三足有流有鋬銘三字曰父戊丁夫戊者謂太戊也丁則紀其日耳先王之時外事用剛日內事用柔日所謂剛日則甲丙戊庚壬是也所謂柔日則乙丁己辛癸是也宗廟之祀內事也此所以用丁日歟是器純厖之質樸而不彫蓋原其時則商物也故其製作近似之

商父己鼎

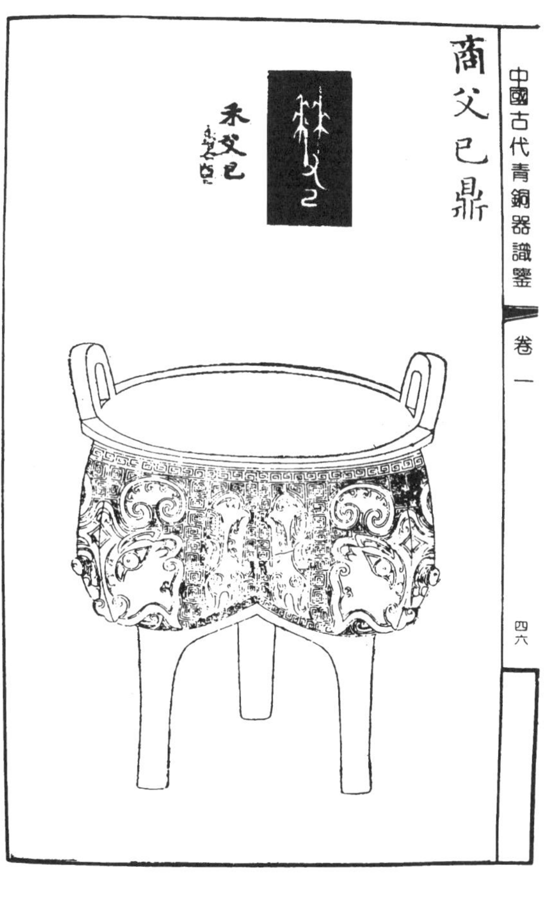

右高五寸七分耳高一寸一分闊一寸三分深三寸口徑五寸腹徑五寸二分容二升二合重三斤一兩三足銘三字一字作禾形二字曰父己後世傳習之謬而以舉彝畫禾稼其上雖一時俗學之陋固亦有自來矣父己商己也今所收父己彝而一字持戟形大抵商器類取諸物以為形似蓋書法未備而篆籀未分也是器耳足純素三面為饕餮而間之雷紋文鏤與父己彝近似之其一代物也

周父己鼎

癸亥王徙刊作冊
妝新宗王賡作冊
豊貝太子錫練大
貝用作父己寶鬲

右高一尺五寸六分耳高三寸二分闊三寸八分深九寸八分口徑一尺二寸一分腹徑一尺三寸四分容四斗九升重五十三斤有半三足銘二十八字其末云作父己寶而已見於商之帝號蓋商以十干名至周則有乙公得於己則未之見焉是器獸足素耳純緣之外作螭紋而雷紋間之文鏤皆周制也

商父己尊

右高八寸六分深七寸口徑六寸六分腹徑四寸八分容三升二合重三斤十有二兩銘三字上有畫作鬲狀夫鬲炊器也尊以盛酒而取銘於鬲者王安石謂鬲空二足氣自是通上下則鬲之為用欲其通而已用鬲識尊凡欲交通而無間耳曰父己者商之雍己也凡器之銘有曰祖曰父曰伯曰𤓰各因其人而銘之也鬲作畫形殆河圖洛書之遺意非書家八法所可議也

商持刀父己卣

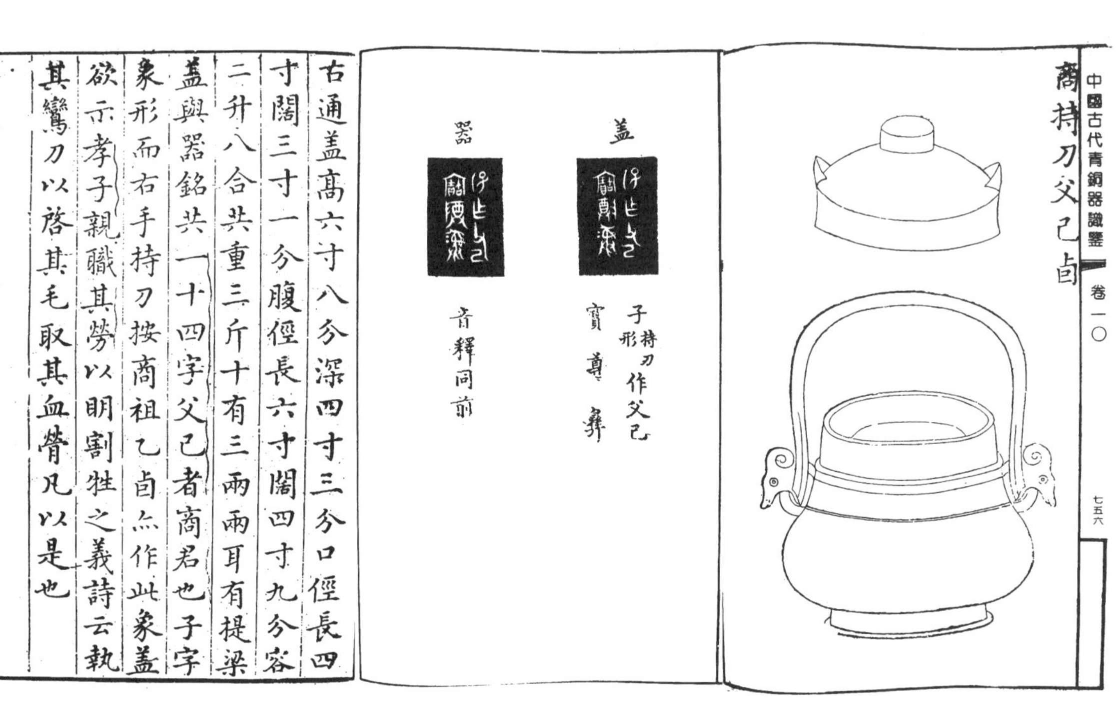

蓋
器
子形持刀作父己寶尊彝
音釋同前

古通蓋高六寸八分深四寸三分口徑長四寸闊三寸一分腹徑長六寸闊四寸九分容二升八合共重三斤十有三兩兩耳有提梁蓋與器銘共一十四字父己者商君也子字象形而右手持刀按商祖乙卣亦作此象蓋欲示孝子親職其勞以明割牲之義詩云執其鸞刀以啓其毛取其血膋凡以是也

商庚爵

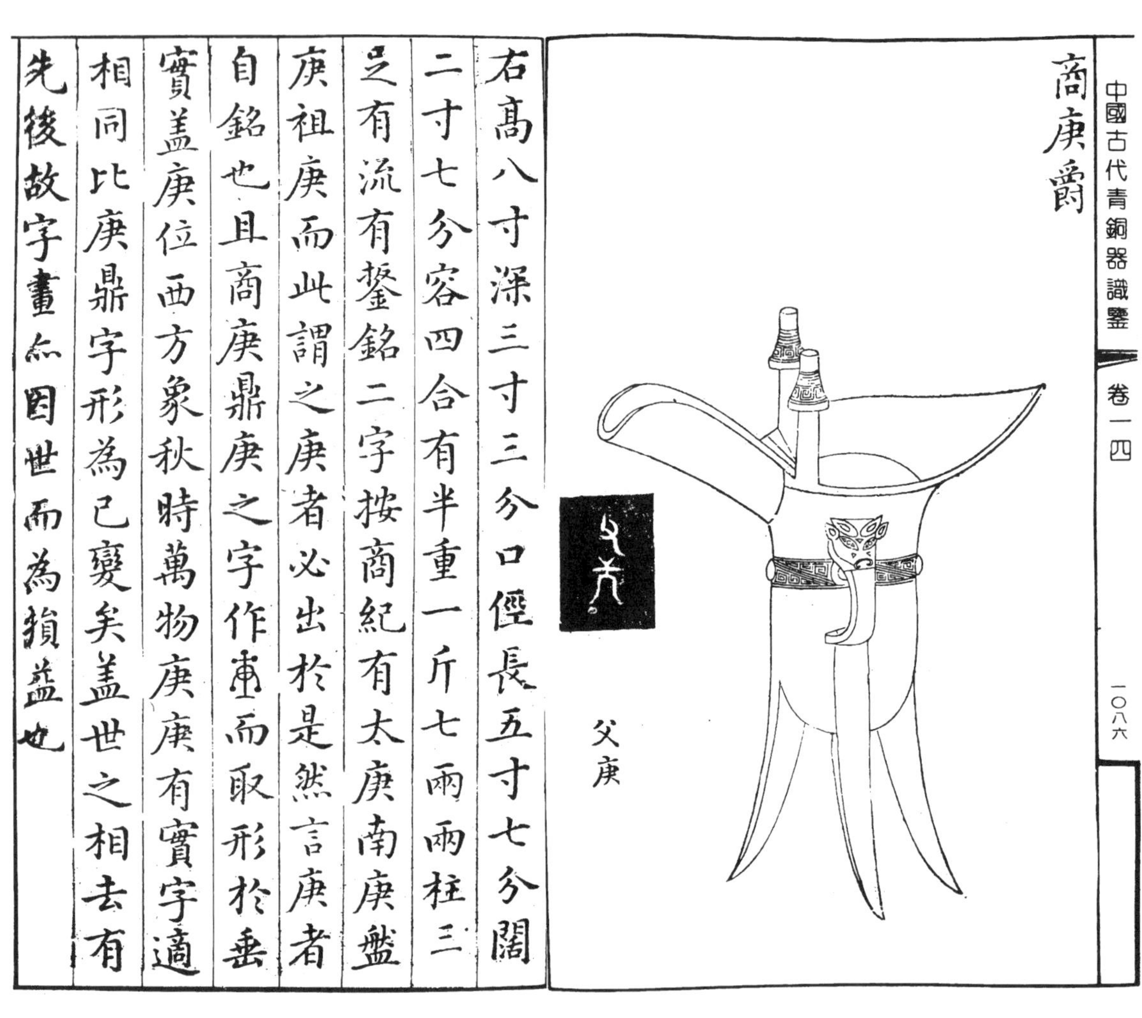

父庚

右高八寸深三寸三分口徑長五寸七分闊二寸七分容四合有半重一斤七兩兩柱三足有流有鋬銘二字按商紀有太庚南庚盤庚祖庚而此謂之庚者必出於是然言庚者自銘也且商庚鼎庚之字作庚而取形於垂實蓋庚位西方象秋時萬物庚庚有實字適相同比庚鼎字形為已變矣蓋世之相去有先後故字畫亦因世而為損益也

商子孫父辛彝

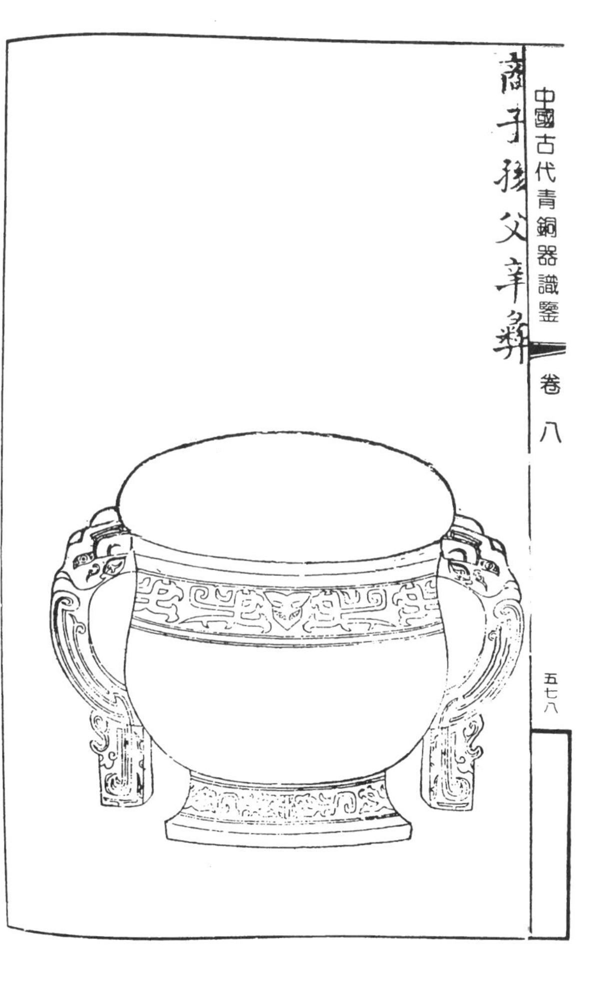

作父辛彝
析子孫

右高四寸八分深四寸三分口徑七寸一分腹徑六寸七分容五升重四斤十有一兩兩耳有珥銘七字凡商器以此銘者多矣言父辛則若祖辛之類是也曰析子孫乃貽厥子孫之義是器純緣間及圜足皆作夔形相環若循走之狀腹間純素其製作與銘文實商物也

商父辛卣

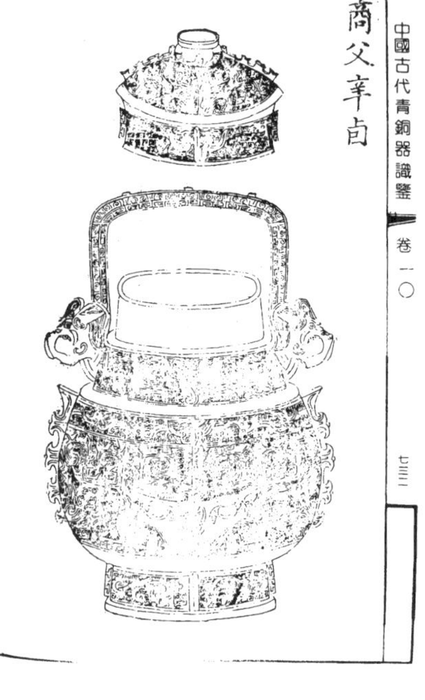

盖 三矢 貝 父辛 形

器 音釋同前

右通盖高一尺深七寸五分口徑長三寸五分闊二寸六分腹徑長六寸七分闊五寸四分容四升九合共重七斤五兩兩耳有提梁盖與器銘共八字象三矢之形而以一格亞之曰貝父辛按書文侯之命以言平王錫晉文侯也曰用賚爾秬鬯一卣繼之以彤弓一彤矢百盧弓一盧矢百則卣之銘三矢者得不紀君惠耶一生二二生三三生萬物則三者揔數耳又詩言菁菁者莪此育材之詩也而曰既見君子錫我百朋而釋者謂古者貨貝五貝為朋則人君之錫臣下亦有及於貝者書言大貝在西房盖國之所寳也以貝銘之卣間是亦象矢之義也父辛則指其人而已

商冀父辛卣

盖 冀作父辛 旅彝亞

器 音釋同前

右通盖高六寸三分深四寸二分口徑長二寸九分闊二寸九分腹徑長五寸五分闊四寸容二升三合共重四斤有半兩耳有提梁盖與器銘共一十四字冀者國名也昔人受封於此則後世食釆於所封之地復以為氏馬父辛商號也曰旅彝者昔人嘗謂有田一成有衆一旅則旅舉其衆也考諸款識甗曰旅甗敦曰旅敦匜曰旅匜簠曰旅簠義率如此其後作亞形者又以象其藏主石室之制盖宗廟之器也

商父壬爵

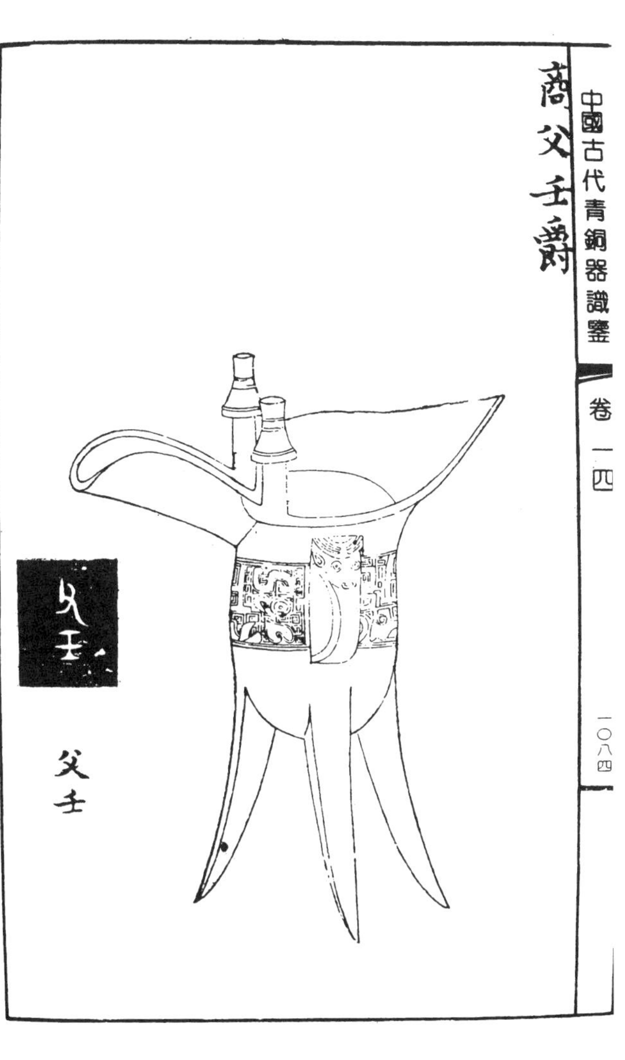

右高七寸三分深三寸一分口徑長五寸七分闊二寸七分容五合重一斤四兩兩柱三足有流有鋬銘二字曰父壬按商之君有曰仲壬其子曰太甲有曰外壬其子曰祖乙是器必太甲祖乙為其父而銘之然二君未知其孰是也

商子爵二

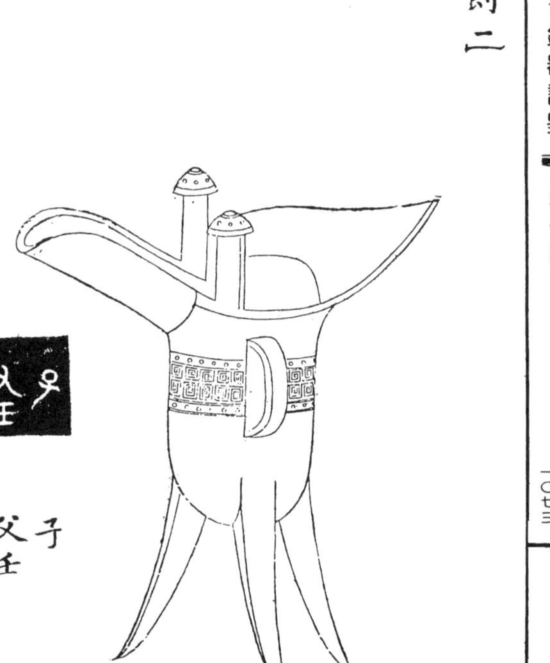

子
父壬

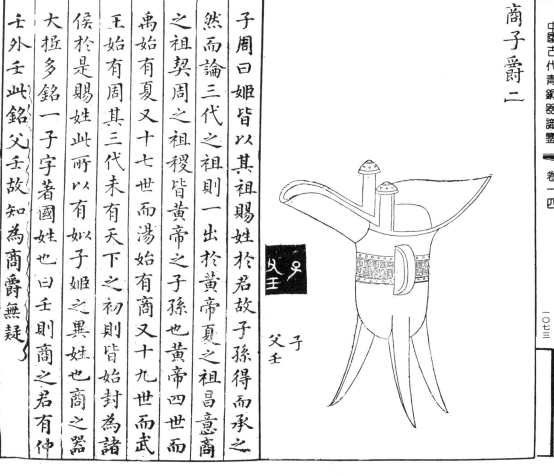

子周曰姬皆以其祖賜姓於君故子孫得而承之然而論三代之祖則一出於黃帝夏之祖昌意商之祖契周之祖稷皆黃帝之子孫也黃帝四世而禹始有夏又十七世而湯始有商又十九世而武王始有周其三代未有天下之初則皆始封為諸侯於是賜姓此所以有姒子姬之異姓也商之器大抵多銘一子字著國姓也曰壬則商之君有仲壬外壬此銘父壬故知為商爵無疑

商冊命鼎

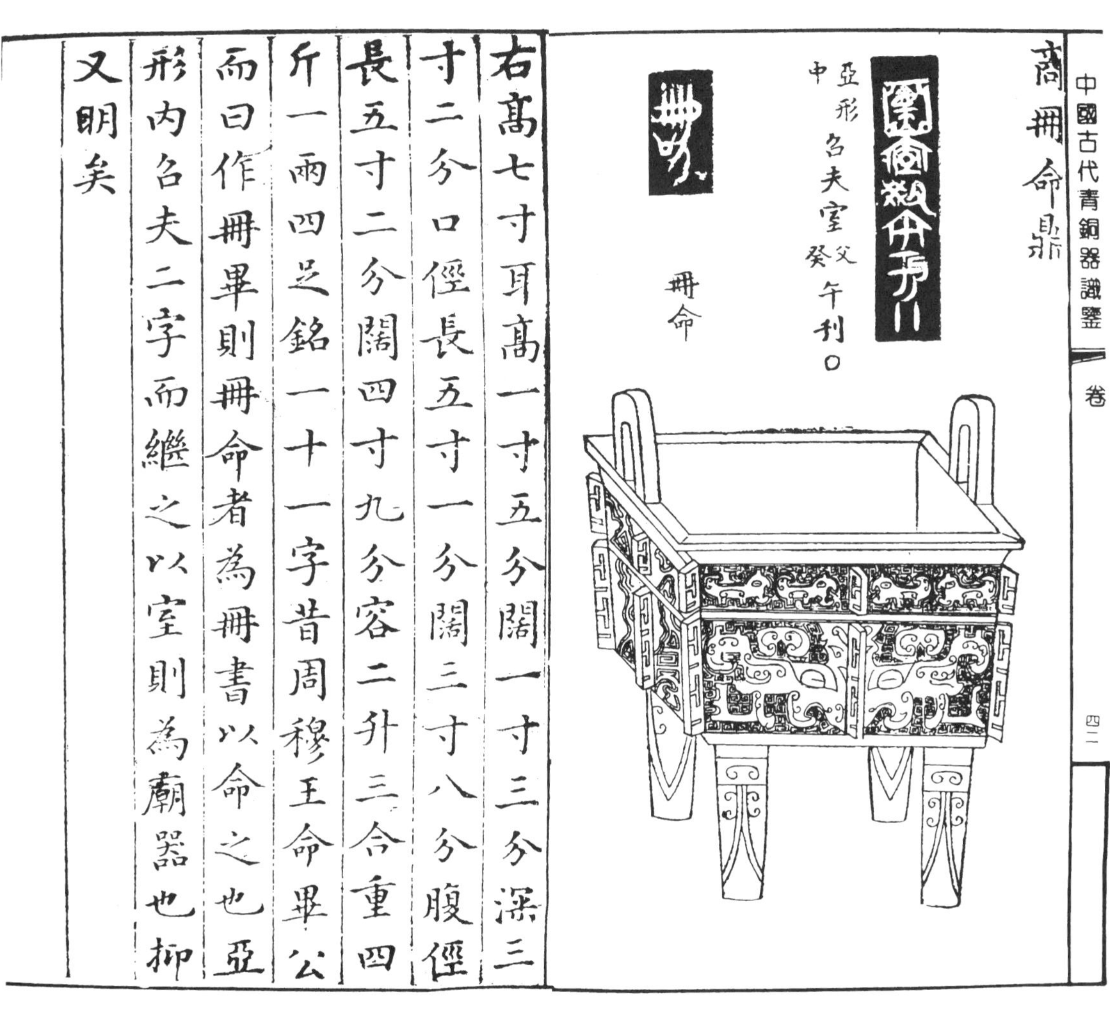

右高七寸耳高一寸五分闊一寸三分深三寸二分口徑長五寸一分闊三寸八分腹徑長五寸二分闊四寸九分容二升三合重四斤一兩四足銘一十一字昔周穆王命畢公而曰作冊畢則冊命者為冊書以命之也亞形内名夫二字而繼之以室則為廟器也抑又明矣

商父癸鼎二

戈

父癸

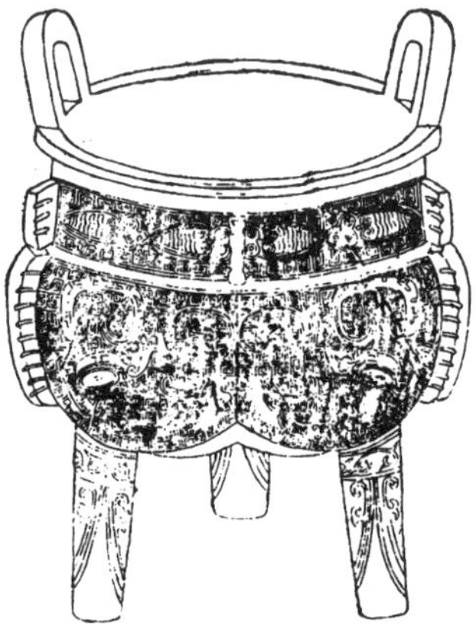

高五寸九分耳高一寸四分闊一寸五分深三寸四分口徑四寸八分腹徑五寸六分容二升三合重五斤十有二兩銘三字

右二器皆曰父癸第一器曰孫旁作兕形昔人嘗取兕角以為觥曰兕觥郭璞有山海圖贊曰皮充武備角助文德古人取於兕者如此又皆作持弓狀蓋九射之禮必寓之以射而弧矢者男子之事鼎之設飾豈無意乎第二器作立戈狀蓋商有所謂父癸尊者作立戈有所謂父癸鼎者作橫戈有所謂父癸卣者作執戈器之畫戈為所取小之義此類銘戈形出一時之制也

商持刀父癸尊

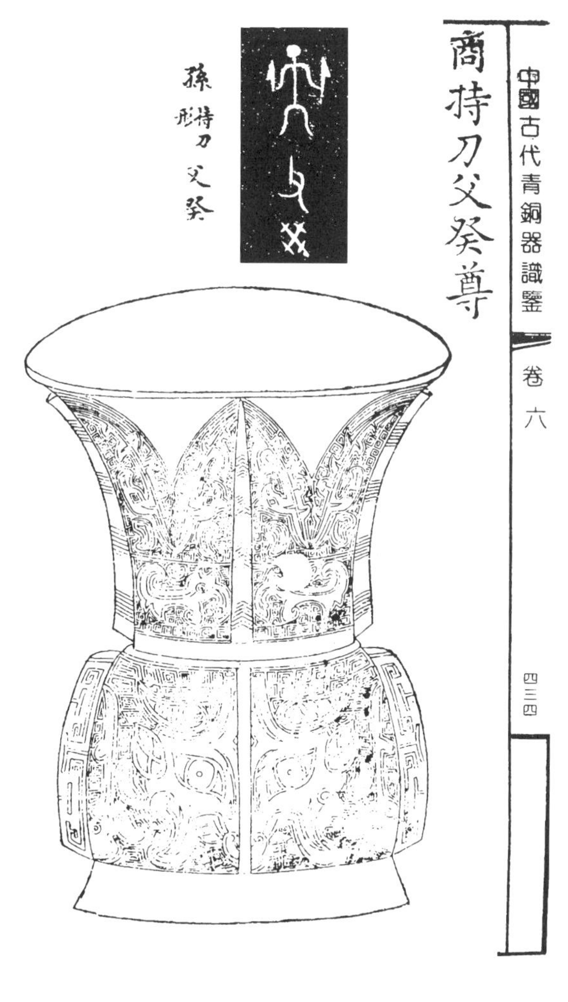

右高九寸二分深八寸口徑七寸八分腹七寸五分容六升重七斤十有二兩銘三字是尊狀觚形而所容則倍之設飾雖華而不畫極古銘之父癸癸者成湯之父號且銘以自名自名以稱揚其先祖之美而明著之後世者也故於父癸而言孫者亦自名之而一所謂身比焉順也者是歟

商父癸爵

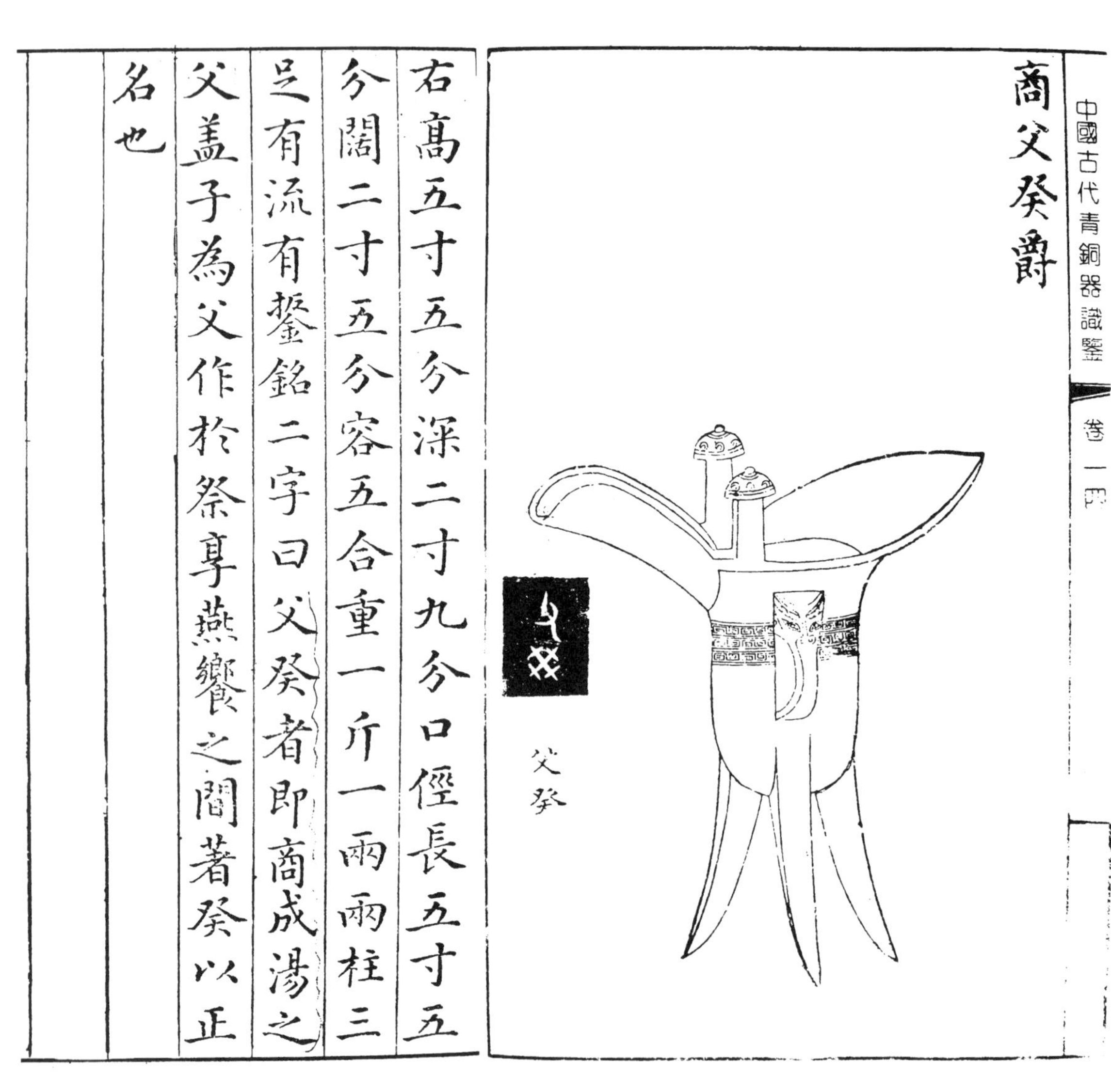

父癸

右高五寸五分深二寸九分口徑長五寸五分闊二寸五分容五合重一斤一兩兩柱三足有流有鋬銘二字曰父癸者即商成湯之父蓋子為父作於祭享燕饗之間著癸以正名也

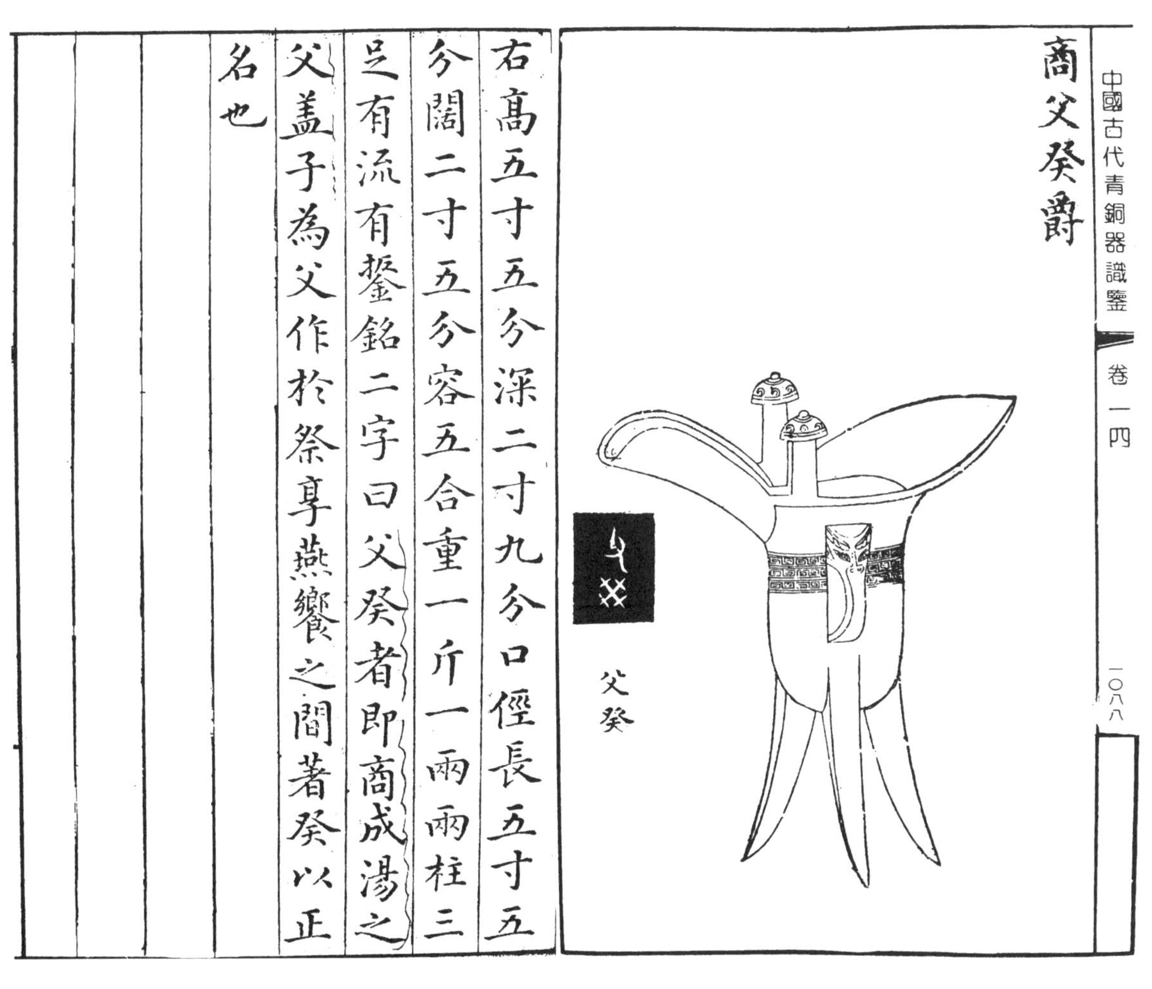

商父癸爵

父癸

右高五寸五分深二寸九分口徑長五寸五分闊二寸五分容五合重一斤一兩兩柱三足有流有鋬銘二字曰父癸者即商成湯之父蓋子為父作於祭享燕饗之間著癸以正名也

商持干父癸卣

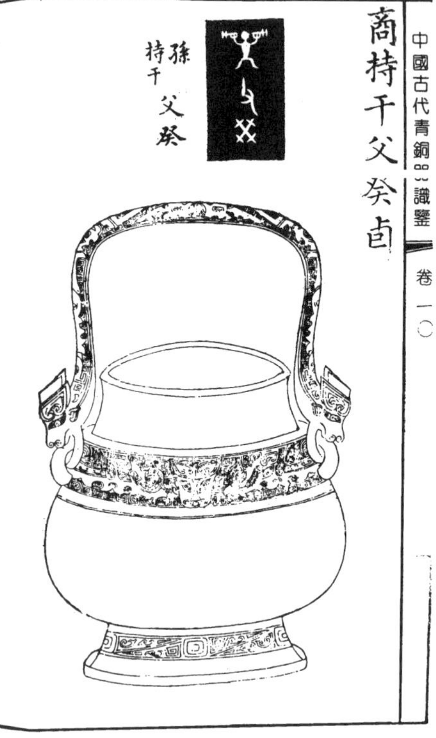

右高七寸八分深六寸七分口徑長四寸五分闊三寸三分腹徑長七寸六分闊五寸九分闊盖有提梁容六升三合重八斤四兩銘曰父癸而上為人形兩手各持干按周官司干掌舞器祭祀舞者既陳則授舞器既受之賓饗亦如之然則祭于廟用于賓設干饗禮莫不皆有干舞焉盖干武舞也有是功斯有是舞以稱之非是則君子不取然古者舞有文武若羽舞皇舞文舞也干舞人舞武舞也詩曰左手執籥右手秉翟又曰值其鷺羽皆指文舞而言之禮曰朱干玉戚以舞大武詩曰萬舞有奕皆指武舞而言之於是有王者興以武得天下則其廟樂皆有武舞是器商物而卣乃薦秬鬯之器實用於宗廟然其銘曰父癸則明為子以奉其父者在商之時号報癸者惟成湯之父故今所藏彝器凡商物銘癸者皆歸之報癸然則用舞於癸廟亦宜以其子之所有而薦之湯以武得天下其所舞者朱干玉戚也故於器以干銘之然其銘象人形兩手各執干而不以玉戚兼之者亦取夫干以自衛不事乎兵之道歟且黃帝堯舜以至三王其所謂文武之樂莫不有之故有樂則舞從焉是以舞文者若黃帝之雲門堯之大咸舜之大韶夏之大夏是也舞武者若湯之大濩武王之大武是也然而舜用大韶之文舞而亦有所謂舞干者方時有苗為之孽則不可無武備耳要之以德為主也且頃所藏彝器其銘有持刀父已有立戈父甲又有所謂持戟父已而獨無持干者夫干以自衛有征無戰非若戈戟也書云帝乃誕敷文德舞干羽于兩階則帝者之盛德成功其在茲歟其在茲歟

王黼曰商持干父癸卣今所傳商器有持戈持刀持戟獨無持干者干以自衛與舞干同義敷文德之器也大抵上古彝器凡持五兵者皆著伐功云

周單癸卣

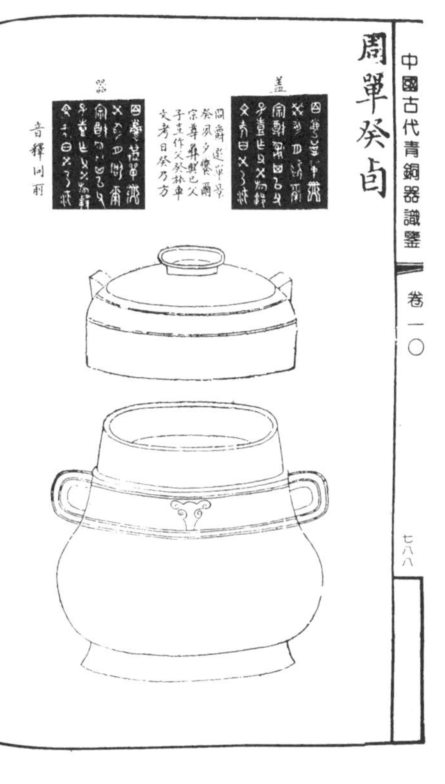

右通蓋高五寸八分深四寸口徑長三寸六分闊二寸七分腹徑長六寸五分闊四寸三分容二升一合共重三斤二兩兩耳闕提梁蓋與器銘共五十八字曰夙夕饗爾宗則是饗禮所用之卣宗者如禮記所言大宗小宗之類非諸侯之傳姓者也是器乃單作父癸卣然先曰饗爾宗則癸於單族盖是其宗耳初河南岸圯張壽者得十數物而此卣是其一復有數器雖形制不同皆有單景字疑皆一時物如所謂單從彝單從舟單從鼎單從盖者是也獨單父乙鼎單字頗異又文皆少於癸卣豈詳於此則略於彼其互相備耶

周文王鼎

魯公作文王尊彝

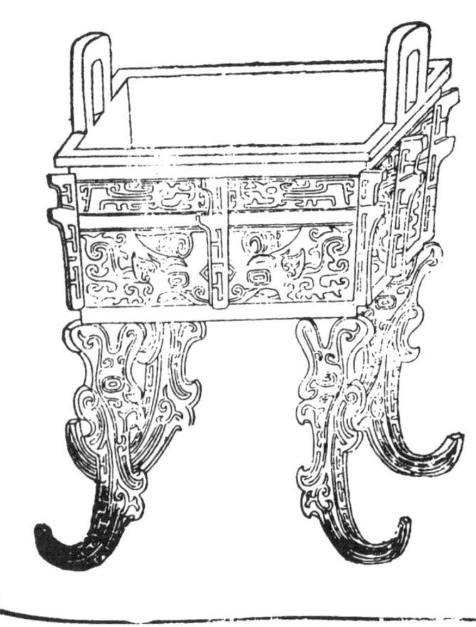

右高八寸九分耳高二寸三分闊二寸深五寸八分口徑長六寸一分闊四寸三分腹徑長六寸三分闊四寸五分容三升有半重一十二斤三兩四足銘七字按鹵字許慎說文云从西省象鹽形鹵即魯字也古尚書魯作𡩡古之文字形聲假借如鄦作許咎作皐繆作穆之類是也尊說文云酒器也从酋廾以奉之今尊傍加阜乃阜字从阜者盖取高大之意彝說文云宗廟常器也从糸糸綦也廾持米器中實也彑聲也今彝其首作㕚者乃彑也其左作黽者象米形也右作8者糸也下作廾者廾也魯公者周公也文王者周文王也按史記魯世家云武王徧封功臣同姓戚者封周公旦於少昊之墟曲阜是為魯公周公不就封留佐武王今考其銘識文畫尚類于商則知周公之時去商未遠故篆體未有變者以是推之則此為周公作祭文王之器無疑其制足象蜼形上為鼻下為尾高而且長其兩耳亦鏤蜼文蜼之為物爾雅以謂禺屬昂鼻而長尾尾有兩岐遇雨則以尾塞其鼻盖取其有智衮冕繡宗彝之章而以蜼蜼亦此義也其身四周隱起獸面盖饕餮之象也古者鑄鼎象物以知神姦鼎設此象盖示飲食之戒銘曰尊彝者舉禮器之總名而已是鼎也仲忽於元祐間進之竒古可愛足以冠周器腐儒扶持異端輙稱墟墓之物以請罷焉方當紹述先烈作新大政故用聖過朋邪以彰寶器俾一時純正不沮於朝異代神奇復顯於世豈不快哉

周伯鄀父鼎

晉司徒伯鄀父
作周姬寶尊鼎
其萬年永寶用

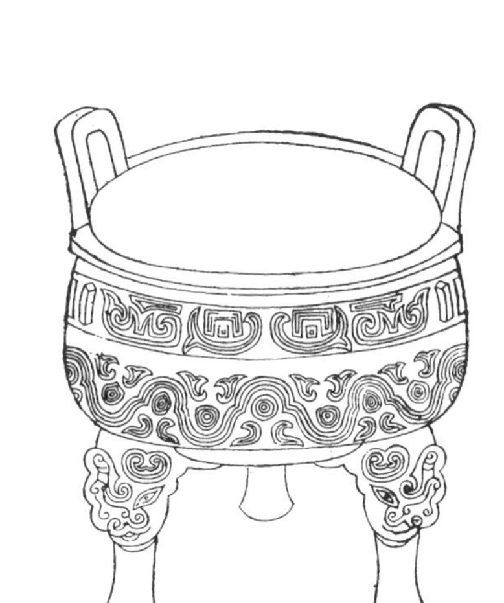

右高六寸二分耳高二寸九分闊二寸深四寸一分口徑八寸腹徑七寸八分容六升一合重六斤有半三足銘十有八字曰晉司徒伯鄀父按晉以僖侯諱司徒故廢司徒為中軍稽之周厯晉僖侯之元年實周共和之二年推而下之至周平王之四十八年魯隱公始居攝蓋百有餘年矣孔丘作春秋斷自魯隱始則前乎此列國雖有名卿大夫往往無復考按是以伯鄀父之名不見於經傳此鼎以獸飾足腹間著以蟠螭兩耳純緣皆素樸有古風殆成康時物也

周召父彝

召父作乃
◎寶彝

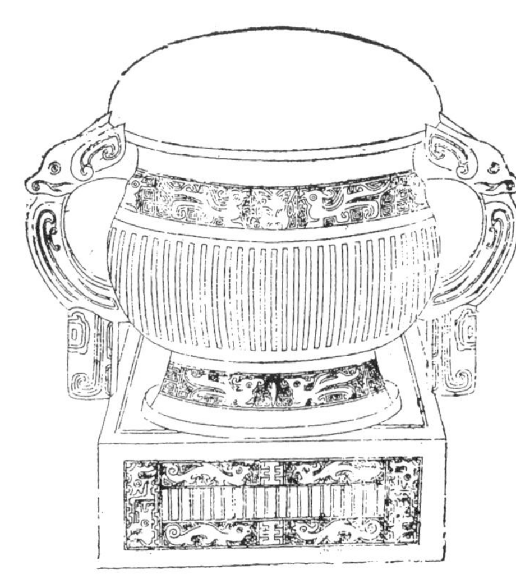

右通座高六寸一分深三寸一分口徑五寸八分座長五寸四分闊四寸八分容二升六合重五斤七兩兩耳有珥是器耳作螭狀下為方座雲雷之紋與夔龍間錯銘七字一字磨滅不可考曰召父則召公奭也凡周器彝有六而因形以為用見於銘載者類書錫命孝享此曰作乃寶彝而又比它彝其制小異特自寶用之器也然銘簡篆古方召公奭時去商為未遠故知其為周初物耳

饕餮图

饕餮的真正意义

饕餮图是我们在各省市博物院里参观出土青铜器上常见的图案之一，最早见于玉器上，它是人们想象中的一种神秘物象。饕餮玉神面于 2002 年在山西襄汾陶寺遗址出土，经考古研究断定为尧舜时代的器物，约公元前 2500 年之遗物（如图 1）。

现藏台北故宫博物院

现藏中国社会科学院考古研究所

图 1

此饕餮玉神面是华夏先祖们融合了人与自然界各种猛兽的特征，它是华夏远古人类崇拜天地神灵，乞求各路神灵对人类抗衡自然灾难时的庇佑，因此饕餮玉神面应该是早期的巫史文化的物证。在四千多年前能雕凿如此精美华贵的一件饕餮玉神面，仅凭其设计构思和玉本身的硬度，就是在如今如果不借助电动工具加工，用纯手工来完成制作也是很困难的事。此件艺术珍宝，透闪着神圣高贵威仪的灵性，它是巫师代表帝王统治阶层祭祀天神的必用法器，巫师有至高的神权，巫师手持祭祀法器，借助天的神力与人类勾通交流，它能起到一种无形的巨大的精神慰抚和震撼力，同时也是帝王权与神权身份的象征。

饕餮与殷商文化

饕餮图是盛行于殷商武丁时代至西周早期的青铜器表面多层浮雕的艺术杰作。饕餮是一种远古先祖在遇到人力无法抗衡的自然灾害时，想象中的一种精神力量的代表神物，取形于老虎头部黑白对比的花纹，口大张，突出怒目瞪视，上唇上卷，下唇下卷（如图 2），其构思设计堪称一绝，它是华夏先祖用自己的灵魂赋予青铜器似是有血有肉的生命的附体，群体智慧灵光的闪现。尤其是殷商时代的多类青铜器物上铸有饕餮图画面（如图 3，妇好方鼎）。

我国 1976 年在河南安阳出土了一件“妇好龙盘”（如图 4），它是我国在青铜器物中最早而又最完整的将饕餮复合为龙的生动威严的图案，也是最早将龙作为人的化身，饕餮龙是华夏民族心中无可替代的精神支柱。饕餮龙盘中间有一对神秘的大眼睛，气势夺人，另人十分胆怯。特别值得研究的就是用震撼人心的饕餮作龙头，以龙头为中心，龙身蟠曲紧绕于外围，其形威猛，气势凶悍，令人气慑而又心潮澎湃。

图 2

饕餮头面部巨大而夸张，装饰艺术性很强，这与华夏民族的文化生活息息相关，充分体现了华夏劳动人民的智慧和创造能力。饕餮是以人与多种动物的面目形象出现的，是由多种动物的特征复合而成，头部由两个臣字相对，表示一双巨大的慧眼，每时每刻都在监视和掌控着周围一切不轨的行为，它具有监督管理和指挥等最高权力，这就是饕餮存在的意义和价值所在。

图 3

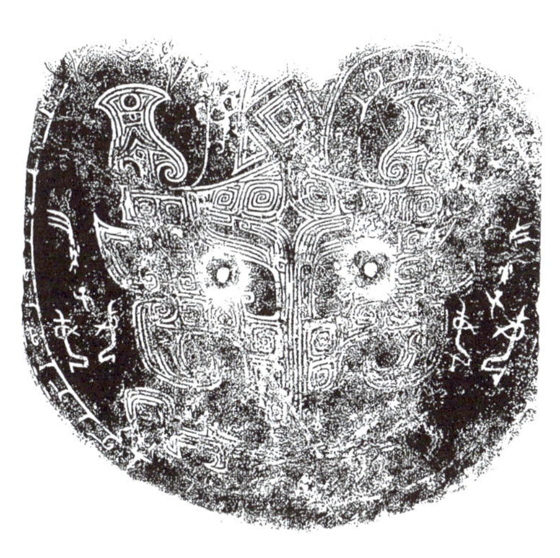

图 4

也正是因为这些特征和文化信息，将人们引导到了一个神秘的艺术世界，殷商武丁中兴时代的饕餮图在吸引人们注意力方面是特别有效的。饕餮图设计结构严谨，制作精巧，意境诡秘，是青铜器装饰图案中最优秀的代表作品之一，它是殷商武丁中兴时期的青铜器文化装饰图案的最高水平。

殷商青铜器的饕餮图反映了当时人们对自然神的崇拜，因而有着神秘而肃穆的气氛，这些具有浓厚神秘色彩的纹饰具体代表着什么意义，至今众说纷纭。青铜器是殷商先民“尊神”意识的体现，周代则发展为“敬天法祖”，形成宗教、政权、族权三位一体的表征。有些学者认为，商周统治者用青铜器纹饰的“狰狞恐怖”来表达王权的“神秘威严”，以表达其对政治权力、地位与财富的拥有，让人望而生畏。王权与贵族在这些恐怖狰狞的纹饰中寄托了他们全部的威严、意志、荣贵、幻想和希望，这便是青铜器文化的影响力与政治权力的象征。

笔者通过细心比较这些殷周青铜器上的饕餮图与文字文化信息，了解到这些复合动物纹样的饕餮图不是传说中为了威吓、恐吓人们的极为贪食的恶兽，而是以饕餮为神权像天眼一样注视与相互监督修正德行。殷商武丁王以自己觉悟修德为标准，号召王公贵族以身作则，共同维护德行规范信守诺言，饕餮神在哪里天眼就在哪里盯着自己，它每时每刻都用那双巨大的慧眼盯着每一个人的言行举动，所以在殷商武丁时期，有多类青铜器物上都铸有饕餮图以监控其贪婪。由于饕餮本身具有的威严和龙的化身溶合在一体，它更能引领和感染大家一起受约戒，由戒规法度来约束和控制自己的行为，从而使人养成有节制的生活准则和尺度的把握，每个人的身心处于一种稳定的、愉悦快乐的和谐环境分围之中磨练自己，锻炼勤劳朴实，节俭吃苦，无怨无悔的毅力和勇气，使每个受制于法度约束的人内心深处长期达到明知、明觉、明智的境界，成为一个品德高尚、修为智圆、行为方正有浩然正气的子民。殷商武丁王的觉明修德，正是彰显自己王道大业的明觉圆满，“朝夕纳诲，以辅怡德”引领着华夏子民实现殷商武丁王心中的美好的梦想成为现实，国强民殷，达到了空前繁荣昌盛的新格局，饕餮的真正意义也在无声无息中默默的产生了它对人的思想教化的潜在作用的文化定力。饕餮是警戒线，好比是我们今天十字路口的警示红灯，更像监视越轨行为摄像头、部署天罗地网的天眼，在监视着每个人的良知与行为。饕餮是道德良知的底线红灯，从殷商至西周一直起着警示贪腐的监视作用。

远古华夏人类，由于原始社会生产力水平的低下，人们把许多无法解释的自然灾难现象都归结为神的力量，比如说雷鸣闪电、狂风暴雨、地震灾祸、水火无情等，人们无法认知自然灾害对人类生存环境造成的巨大破坏，从而人们从内心生发了一种念想，充满了对神灵的敬畏之心，乞求神灵、取悦神灵借助神力以支配事物，因此人们在族群中寻找威望较高的代言人“可以通神灵”的贞人作为祭祀神灵的代表，所以在殷商时期的贞人有着极高的地位，也就是最初的帝王统治阶层。祭祀是贞人为了与神灵沟通交流并代表族群的祈祷求愿，所以贞人享有特殊的威望与权力。贞人们利用在青铜器上所雕铸的各种动物与神灵交流，因此这些怪异动物图画也就代表着神权和人权，从而彰显了华夏文化的深刻涵养，画中有话，画外有意的三维联想的立体空间，让人神思其中的无穷奥秘。饕餮龙盘图最早出现在殷商武丁时代的青铜器上，尤其是有三件龙盘都以饕餮作龙首（如图 5），但饕餮龙的形制略有变化，其中文字与图画中隐含的文化信息另人吃惊，意想不到。这三件饕餮龙盘深层的文化信息，将会接开饕餮萦绕在世人心中几千年以来的真相。

鼎、簋、尊、卣、斝、觯、觚、爵、盘、罍、钺、缶、壶等二十余类青铜器物上都铸有饕餮图，有的像龙、像虎、像牛、像羊、像鹿，还有的像鸟、像凤、像人等，很抽象但很养眼。这应该是华夏民族最早的美学思想的综合体，它是华夏人类在千万年以来人与大自然和谐亲近共存的美好祈望，从殷商到东周以后其神秘色彩才逐渐减退。

饕餮是过去人们传说中极为贪食的恶兽，《山海经·北山经》有云：“钩吾之山其上多玉，其下多铜。有兽焉，其状如羊身人面，其目在腋下，虎齿人爪，其音如婴儿，名曰狍鸮，是食

蟲典斫盘
武丁王德正于四方盘　时代：殷商
流失　美国旧金山亚洲艺术博物馆

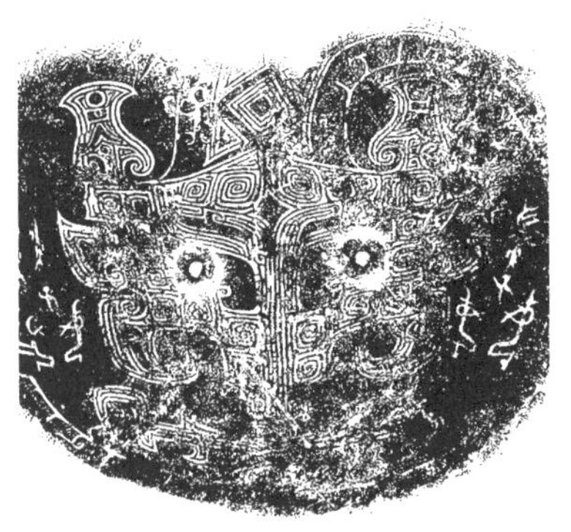

妇好盘
时代：殷商　现藏考古研究所
出土一九七六年河南安阳殷墟妇好墓

舟盘
时代：殷商　出土传河南安阳
流失　日本京都太田贞造氏旧藏

图5

人。”据晋代郭璞注解，此处“狍鸮”即饕餮。青铜器物上的饕餮图布局为“以鼻梁为中线，两侧作对称排列，为人神兽面复合形象，有一双特大的眼睛、有浓眉、有鼻、有大口、有双角，也有使用两条夔龙对称排列”的称为兽面纹而不再称饕餮纹。不管是饕餮纹或是兽面纹，商周青铜器上这种夸张的动物纹饰和造型都给人以一种超脱尘世的神秘气氛和力量，它们之所以具有威吓神秘的力量，是因为这些复合神灵指向了某种似乎是超世间的权威神力。这些铸造雕饰饕餮图，恰到好处地体现了一种无限的、原始的宗教的情感、观念和理想，配在那沉着、坚实、稳定的各类青铜器物造型上，极为成功的反映了那段进入文明时代所必经的灿烂辉煌的兴盛年代，即“殷商武丁中兴”时代。

饕餮与殷商文化的价值

殷商武丁王以自己诚信修德为鉴戒，命朝廷重臣傅説（父乙兌）早晚谏诤自己以免言行过失，长期坚守自律，修正品德，以达到人生五福的最高境界，心旷神怡的品德修养，终使梦想成真，殷商兴盛。

殷商武丁时期所铸的青铜器系列物件上的饕餮图画文字是一个完整的文化信息宝库，每一件艺术作品都深含其独特的文化信息和独有的艺术个性。挖掘青铜器文化信息是利国利民的道德本源，它是华夏人类文明文化的基因宝库，解秘它是我们当代中国人义不容辞的使命与责任。正义的力量正在聚合，中国梦想的愿景正在悄声实现，解秘殷商文化，将会重新树立起中国人对华夏古文化传承的坚定与自信，自强不息的引领世界人类迈向和谐共存发展的“善道”。

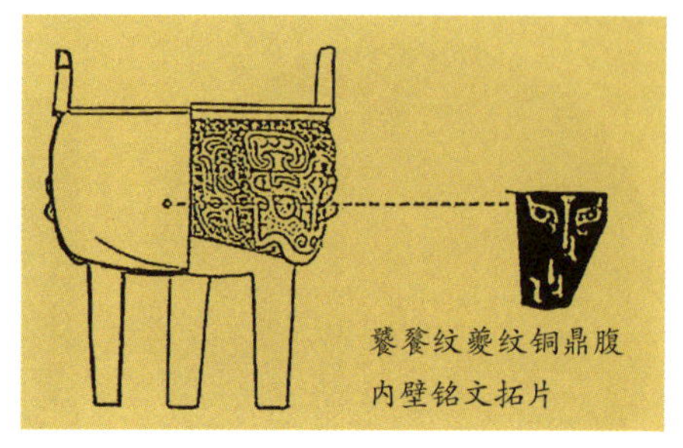

父乙饕餮青铜鼎

时代：殷商武丁时期

现藏：河北博物院

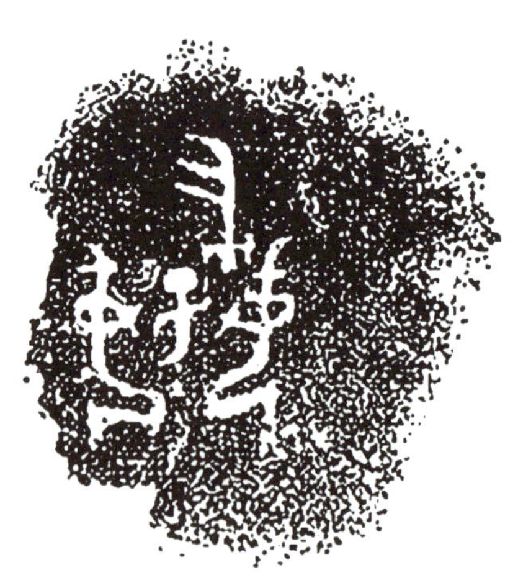

妇好饕餮青铜方鼎

时代：殷商武丁时期

出土：河南安阳

现藏：中国社科院考古研究所

铭文：妇好

西周双龙耳饕餮方鼎

(底部)

铭文：宫卲周王

子子孙孙宝用

饕餮青铜方鼎

时代：西周

（局部铭文）

饕餮青铜鼎

金镶玉鎏金饕餮青铜鼎

时代：西周

（底部）

铭文：宰甫贝五朋

用作宝鬻

饕餮青铜鼎

时代：殷商

饕餮青铜鼎

饕餮青铜方鼎

饕餮人面青铜方鼎

饕餮乳丁青铜方鼎

时代：殷商

出土：山西省平陆县前庄

现藏：山西省博物院

饕餮青铜鼎

时代：殷商

出土：山西省平陆县前庄

现藏：山西省博物院

饕餮青铜尊

（局部）

饕餮三羊尊

饕餮青铜羊尊

饕餮青铜四羊方尊

鸟象合和饕餮青铜尊（正面）

鸟象合和饕餮青铜尊（背面）

饕餮提梁鎏金青铜卣

饕餮提梁青铜卣

时代：西周

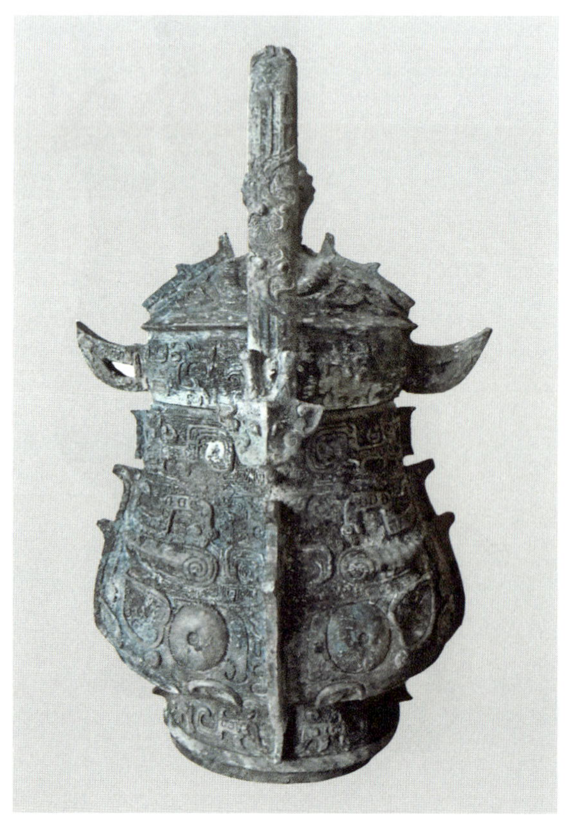

（局部）

饕餮提梁青铜卣

饕餮鎏金提梁青铜卣

饕餮青铜瓿

饕餮青铜提梁方卣

饕餮青铜提梁方卣

时代：西周

饕餮青铜提梁卣
时代：西周早期

（侧面）

（局部）

饕餮青铜方爵

饕餮青铜簋
时代：殷商武丁时期
铭文：父癸

饕餮青铜簋
时代：殷商

（局部）

饕餮青铜簋

（局部）

饕餮青铜簋

时代：殷商

饕餮青铜方簋

饕餮青铜瓿

时代：殷商

饕餮青铜觥

饕餮青铜象觥

（背部）

（腹部）

（局部）

铭文：父己

饕餮青铜觚

时代：殷商武丁时期

妇好饕餮青铜方斝

时代：殷商武丁时期

出土：河南安阳殷墟妇好墓

饕餮青铜方斝

时代：西周

（底部铭文）

饕餮青铜角

（局部）

饕餮青铜角

饕餮青铜钺

时代：殷商

饕餮青铜鬲

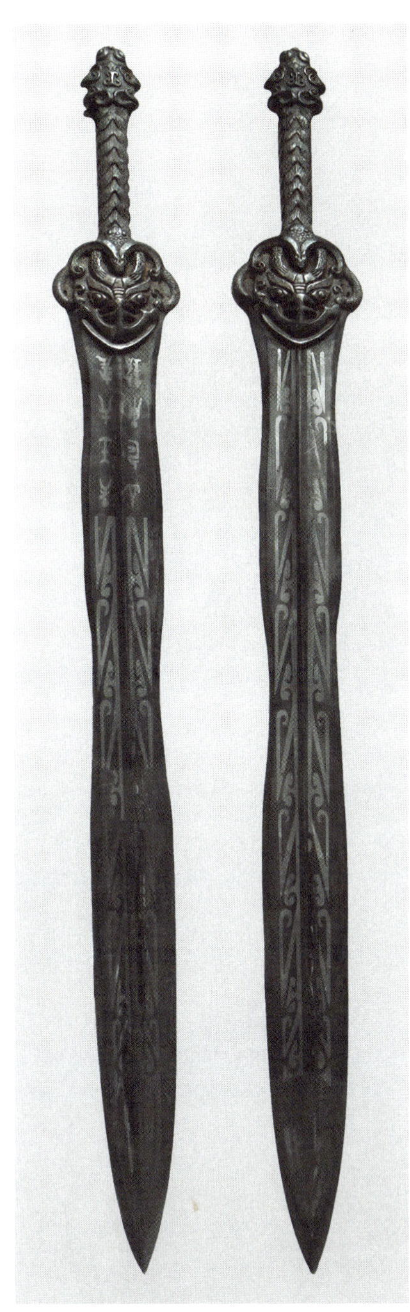

饕餮青铜剑

时代：春秋

局部：剑格

备注：饕餮形剑格内藏“王”字图案

局部：剑首

备注：夔龙形剑首铸有“羌”族标志

局部：剑脊

铭文：吴王夫差自作用剑

饕餮玉鼎

和田玉饕餮簋

和田玉饕餮尊

饕餮玉尊

饕餮黄玉方尊

饕餮玉尊

（器）

（盖）

饕餮玉豆

饕餮提梁玉壶

饕餮玉器

饕餮三节玉琮

时代：新石器时代

出土：浙江余杭反山遗址

现藏：浙江省文物考古研究所

饕餮面玉人头像

出土：江西省新干大洋洲商代墓葬

现藏：江西省博物馆

饕餮两节玉琮

饕餮玉璧

饕餮玉璧

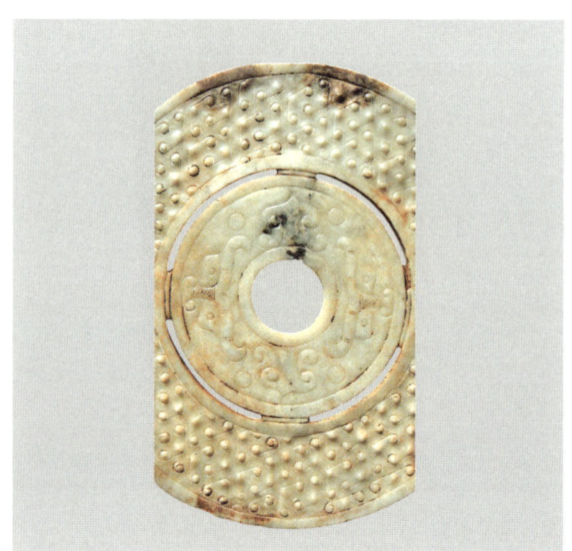

饕餮玉璧

时代：周

饕餮玉璜

时代：周

饕餮莲花和田玉镜

（镜背）

饕餮和田玉钺

饕餮玉佩

饕餮玉钺（局部）

饕餮玉钺

彩绘龙纹陶盘

时代：陶寺文化早期

（约公元前 2300—前 2100 年）

出土：山西省襄汾县陶寺遗址

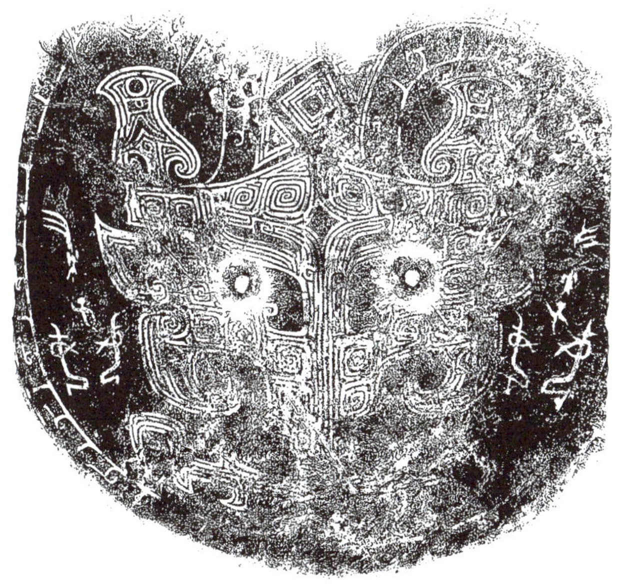

妇好盘

时代：殷商武丁时期

出土：河南安阳殷墟妇好墓

备注：青铜器图案装饰的重要文化信息，书画一体，书中有画，画外有意

傅姓溯源

源于燧人弇兹氏：华夏民族诞生的标志是燧人氏与弇兹氏婚姻联盟以后确立了风姓，风姓的确定，标志着华夏民族的诞生。是燧人氏首先发现了用燧石击石取火，从此改变了人与动物的生存环境，提高了人的动手能力和智力，又是弇兹氏发现了用树皮搓绳结绳记事，又用绳织网捕鱼狩猎。燧人弇兹氏以结绳记历探寻天道，在昆仑山脉之合黎山，立槫木日晷，仰观天象，俯察地理。以北极星定方位，以日月周期变化定春夏秋冬为四季，太阳回归为周年，创立日月大山天道文明信息，以河图洛书九宫数理创立阴历历法并传承至今，亘古不变，因此燧人弇兹氏族当为华夏民族血脉溯源的天文始祖，始称天皇亦称天乙。由风姓分衍出的正统血脉裔族是华胥氏（赫胥氏、雷泽氏）。傅姓血脉基因之一即源于风姓。《殷周金文集成》（以下简称《集成》）图例编号：10033、1550、1824、1831、1996、、5061、5092、5614、5615、5664、5802、2368、3422、3153、5720、5727、5802、7090、8969、3315、815、5347、10646、10755、10749、10710、10711、1028、1243、1298、2001、2118、1073、1076、1032。

伏羲氏：伏羲氏在传承九宫数理的基础上听八风法，取东西南北为四正，东南、西南、东北、西北为四隅。创伏羲先天八卦图，天地定位，山泽通气，水火不相射，风雷相薄。风姓风水，气畅神合。后世尊称伏羲氏为人文始祖。尊为人皇亦称太乙。傅姓文脉基因之一源于伏羲氏族血统。《集成》图例编号：1533、1560、5059、5161、6242、7226。

神农氏：以发展农业为主导，自力耕生，开垦田地。教民种植五谷，以备灾荒年月。自尝百草寻找治病药方，福泽庶民百姓，是华夏人类共同推崇的中医药学的始祖。始称地皇。傅姓是神农氏族血脉基因之一。《集成》图例编号：1619、1665、3149、3421、5162、5647、9388。

以三皇为核心氏族的皇室血统基因衍生出五帝，又衍生出炎黄正统血脉创立之后的百家姓。尤其是黄帝姬姓，炎帝姜姓衍生出多民族的姓氏文化，根在三皇。遗传基因，优胜劣太，一脉相承，同根同祖，渊源不断。傅姓血脉基因之一源于五帝裔脉。《集成》图例编号：1588、1876、

2117、6221、9796、10762，10721。

殷商武丁王：借梦求贤，赐兑（悦）为傅姓，始称傅說，亦称父乙。傅說为傅氏始祖。傅說是殷商武丁求梦得贤的宰辅之圣，也是武丁王最信任的一位朝廷重臣。是傅說穷其毕生精力与心血辅佐武丁王长达五十六年，终使殷商从衰落走向武丁中兴。傅姓大部分血脉源于殷商武丁王赐傅为姓的封邑。《集成》图例编号：2006、2401、4205、5051、5619、5894、6226、6229、6233、7225、8414、9051、9372、9380、10017、10673、10675、10667。

历史人物

傅說作为三千三百余年前殷商武丁王心目中的一位圣人，根在山西运城平陆。武丁中兴与圣人傅說有着密不可分的重要关系。是殷商武丁王明德明理的博大胸怀，朝夕纳诲，以辅怡德的自律精神，千古绝唱的用贤之举，使殷商王朝从低谷走向新的高峰。是傅說打开了武丁王治国安邦的智慧灵窗，武丁王与傅說并肩携手，英明决策，终使殷商武丁时代的政治、军事、科技（天文、地理、金属冶炼、建筑、医学、交通）、经济、农业（农耕、狩猎、驯养）、文化（文字、占卜、祭祀）等综合国力得到提升。傅說以尊奉天道的主导思想，求真务实的治国方针，成就了武丁复兴强国的梦想成真，以震古烁今的智慧灵性，在山西中条山脉的历山立榑木日晷纪历，再观天象，定时、定人轮流值守，昼夜交替，年复一年，用十天干，十二地支作标记，深入研究春夏秋冬四季与一年二十四节气的变化规律，终于掌握了一项巨大的农耕纪历文化工程，这就是亘古不变的六十甲子时辰表，农耕文明的万年历，这是殷商武丁中兴时代的重要标志。

山西属于华夏文明的发源地，是孕育上古时期尧、舜、禹文化的摇篮，但尧、舜、禹时期并没有文字的记载留给后人，由于缺乏资料的支持，对这个时期的文化发掘也仅限于神话与传说，而傅說文化作为中国最早的、有确切和大量的文字记载的历史文化，更迫切的需要被发掘出来。今天我们再次研究傅說文化，这对山西挖掘古文化，争做文化强省具有特殊的历史战略意义，傅說文化是山西独有的首选金牌文化，深度发掘傅說文化精髓，这不仅对山西乃至对国家都具有重要的现实意义。

傅說为殷商复兴组建了一支以十天干为核心的精英骨干团队

1、傅姓源于殷商武丁王的赐姓为傅（父）的追根溯源，殷商武丁中兴时代，以十天干为祭日的核心代表，甲丙戊庚壬为单日，为阳亦为刚日，主管宫廷以外的祭祀活动，乙丁己辛癸为双日，为阴亦为柔日，主管宫廷以内的祭祀活动。如有大型的祭拜活动则不分单双日，集中分管祭祀任务，（父）甲乙丙丁戊己庚辛壬癸。他们恪尽职守，各负其责，将殷商武丁中兴这段真实的历史生活信息铭刻在殷商青铜器与甲骨之中，光启后世子孙，永泽华夏儿女。《集成》图例编号：3142、1560、1566、480、1601、6270、1624、5802、5664、1681、2401、2000、2116、3166、3167、3511、5149、5153、8995、9372、10641、10646、11439、11747、11748、11750、11756、11777、11796、10848。《甲骨文合集》图例编号：27361、2199、23297、32225、22074、27397、30303、9827、1823、19947、22193、31993、5767、5810、5862、23466、27903、28147、33068、33149、27945、41516、41517、24440、37986、37988、38006、38007、38017。

2、醫父，为殷商晚期王宫御医，休王赐贝为醫父作宝鼎以铭后世。《集成》图例编号：2453、2454、2455。

3、伯懋父，殷商晚期的伯爵，受王令，亲率八个师征讨东夷，讨伐海堄，获胜而归。赐作宝尊彝，以铭记之。《集成》图例编号：4238、4239。

4、伯诸父、中殷父为殷商晚期专事负责宫廷冶炼铸造青铜器高等史官。主管宫廷贵族享考宗室的礼器铸造，以其子子孙孙永宝享用。《集成》图例编号：3748、2463、2464、3964、3965、3966、3967、3968、3969。

5、师田父、效父为殷商晚期掌管王宫人事工作安排的大臣。可指令小臣执行任务。《集成》图例编号：4206、3822、3823。

受傅說先祖良弼家风影响西周早期至战国晚期不同时期的杰出代表

1、伯宾父、伯偈父、叔硕父、舍父，绶父西周早期掌管宫廷贵族铸造青铜礼器享于宗室的高等史官。《集成》图例编号：3833、3834、3995、2596、2597、2629、10068

2、师汤父、师器父、伯百父、伯夏父、仲爯父、牧师父、师毛父、伯雍父、叔五父、伯驷父、公上父、伯邑父、效父等均为西周中期宫廷高等内史官，掌管宫内务日常工作安排。《集成》图例编号：2780、2727、3920、2584、4188、4189、4068、4069、4070、4196、10074、10075、10079、10107、10103、2830、2832、2813。

3、伯卫父、伯考父、伯吉父、伯中父、伯嘉父、伯好父、孟肃父、师奐父、中友父、中师父、仲五父、伯幾父、伯梁父、叔侯父、伯喜父、孟郑父、叔向父、伯家父、车父、师昊父、伯田父、伯筍父、史宜父、伯公父、善夫吉父、伯扬父、叔男父、贮子己父、叔高父、伯正父、甫人父、伯庶父等等均为西周中晚期宫廷史官，负责铸造青铜器的创新技术，以传承发扬光华文明，造福子孙永宝后福。《集成》图例编号：2418、2207至2211、2541至2545、2561、2777、2836。

4、父眉、武父与豊父、宰德父、牧师父、伯父、伯侯父均为西周晚期掌管宫廷内外重大事务活动的朝廷大臣，由于治国有方，以德自律，管理有度，受到周王的丰厚赏赐与赞扬并铸尊鼎以铭示子子孙孙永宝用。《集成》图例编号：2841、4068、10176、10173、10129。

5、鲁伯愈父、鲁伯诸父、鲁伯厚父、宝父均为春秋早期王公贵族并掌管国事。《集成》图例编号：10113、10115、10086、11364。

6、宰归父，春秋中期齐国大宰相。《集成》图例编号：10151、10146。

7、敀，战国早期冶炼特工，敀作楚王戟，敀当为父兑血统后裔，掌握了非常尖端的青铜合金冶炼技术。《集成》图例编号：11092。

8、單父，战国晚期，《集成》图例编号：2764。战国晚期中山王鼎铭文载傳字，傳之姓，由父、叀、衍化为傳也。《集成》图例编号：2840。

西汉以后至当代傅姓裔脉受良弼家风影响的杰出代表

1、傅宽（公元前？—前190年）秦汉之际，官至阳陵侯。沛公立为汉王，汉王沛公赐封号于傅宽共德君，通德侯、代丞相。孝惠帝刘盈谥傅宽为景侯。《史记·傅宽传》。

2、傅介子（公元前？—前65年），西汉昭帝刘弗封傅介子为义阳侯，食邑七百户。《汉书·傅介子传》。

3、傅瑶（约公元前57年—前2年），西汉哀帝刘欣之祖母。是为母仪天下。公元前41年，刘康被封为济阳王，立傅氏为昭仪。公元前6年哀帝刘欣继位，傅氏被封为恭皇太后，不久又改封为太皇太后。《汉书·孝元傅昭儀传》。

4、傅喜（公元前？—约8年），西汉哀帝刘欣封傅喜为卫尉，迁右将军。王莽代汉建新改制，以故高安侯莫府赐予傅喜，位特进，奉朝请，以寿终。王莽赐谥曰贞侯。《汉书·傅喜传》。

5、傅育（公元？—87年），东汉北地郡，初为临羌长，击羌滇吾，功冠诸军。公元77年为护羌校尉。公元87年傅育率兵征讨疆域，战死杀场，章帝下诏追封其子傅毅为明进侯，食邑七百户。《后汉书·滇良传》。

6、傅嘏（公元209—255年），字兰石，汉魏之际，今属陕西耀县人，傅介子后裔。傅嘏弱冠知名。后进封武乡亭侯，阳乡侯，增邑千二百户。公元255年傅嘏与司马文王径还洛阳，傅嘏善谋略遂以辅政文王。岁薨时年47岁，追赠太常，谥曰元侯。《三国志·傅嘏传》。

7、傅玄（公元217—278年），字休奕。今属陕西耀县人。西晋时期文学家，思想家，哲学家。提出："人性如水，置至方则方，置至圆则圆"。玄博学善文，性情刚直。官以散骑常侍，进爵为子，加附马都尉。载《晋书·傅玄传》。

8、傅隆（公元369—451年），字伯祚。古灵州，今宁夏吴忠市人。东晋安帝义熙初年，傅隆年四十，始为孟昶建威参军，员外散骑侍郎。有鸿鹄之志，历佐三军，前后八年。南朝太祖刘义隆元嘉初年，官至御史中丞，又转司徒左长史。晚年归老还乡，手不释卷，博学多通。常手抄书籍，特精研《三礼》二十八余，卒年八十三高寿。《宋书》载。

9、傅永（公元434—516年，）字修期，今河北清河县人。南朝时期的中书博士。少习武，拳勇过人。年二十余又发奋涉猎经史，文武双全。不惑之年转尚书考功郎中，为大司马从事中郎。寻转都督、任城王澄长史，兼尚书左丞。《魏书·傅永传》。

10、傅翕（公元497—569年），名翕，号善慧菩萨傅大士，古婺州，今浙江金华义乌佛堂镇人。世代为农，傅翕幼天质朴实忠厚，和善贤良。南朝梁武帝普通元年、公元520年乃结庵于双梼林间，苦行八载。公元528年明心见性，发愿曰："弟子善慧稽首释迦世尊，十方三世诸佛，尽虚空，遍法界，常住三宝，今舍妻子，普为三界苦趣众生，消灾集福，灭除罪垢，同证菩提。"公元534至548年，梁武帝多次诏见与傅翕论真谛；梁武帝初见傅翕穿着装束很茫然，见傅翕头戴道冠、身披伽沙、脚穿鞋履，是以道释儒合而为一。梁武帝问曰："何为真谛？"傅翕答曰："息而不灭。"梁武帝曰："若息不灭，此则有色故钝，如此则未免流俗。"傅翕答曰："一切诸法，不有不无。"梁武帝曰："谨受旨矣。"傅翕答曰："一切色相，莫不归空，百川不过于大海，万法不出于真如。"梁武帝默然以对。傅大士曾写下340文心王铭四言偈语，摘录168文经典名句如下："观心空王，玄妙难测。无形无相，有大神力，能灭千灾，成就万德。体性虽空，能施法则。观之无形，呼之有声。非有非无，隐显不定。无为法宝，尽在身心。决定是有，所作皆成。戒心自律，悟此玄音。莫言心王，空无体性。心性虽空，能凡能圣。有缘遇者，非去来今。般若法藏，如世黄金。识心见佛，净律净心。是心是佛，是佛是心。清净心智，自观自心。知佛在内，不向外寻。念念佛心，佛心念佛。即心即佛，即佛即心。离心非佛，离佛非心。心明识佛，心即是佛。"善慧菩萨傅大士是真心真念真知真修行，是我国唯一以三教合一的弥勒化身传播华夏人类智慧文明思想，救苦救难，普度众生的弥勒佛菩萨。傅大士穷尽一生精力，用慈悲之心，感化着曾经迷惘的梁武帝修善因果，影响着身边所有的信众，信守着真善美德的崇高境界，引领着那个时代从三教合一的宗教信仰精神文化与普通信众的生活互动着，一起奔向和谐健康发展的阳光旅程。

据《傅大士语录》重建双林寺小引记载："大士言双林僻处，教化众生不广，乃欲诣阙，乃见天子，宣扬正教，以正月18日，遣弟子傅暀奉书于梁武帝，曰：双林树下当来解脱善慧大士……以治身为本，治国为宗。天上人间，果报安乐。其下善，以护养众生……普令百姓俱禀六斋，今大士立誓，绍弘正教，普度群生，离若解脱。大同十年，公元544年，傅大士以佛像经文，委诸善众，及以屋宇田地，资生什物，悉皆捐舍，设大法会，敂白绪佛，普为十方三世，六道四生，怨亲平等，供养三宝及一切众，以为佛事。遇善知识，闻法悟道，发菩提心，大士家资屋宅倾舍既尽，无庇身之地，创立草菴，草衣木食，昼夜勤苦。供养三宝，乃仰圣则。""自大士以降，亦多彻悟之士，逮宋至元，宇余千二百间，则法道宏隆也，盖天地一元之数也。诚理赋之以气运，剥复二易之变也，或厥人道不宏，以致沧桑频更也。”1995年，国家宗教局高度重视义乌佛堂双林禅寺的文化遗存，从新恢复了傅大士弥勒道场，现任双林禅寺的住持界贤师傅，亲自动手一砖一瓦修复殿宇，又与众生一起发愿力，弘扬善慧菩萨傅大士的三教合而为一的正教，度化众生，离苦得乐，这也为当今和谐社会，弘扬中华传统美德做出了无私的巨大奉献。《傅大士语录·双林历代住持传抄》。

11、傅奕（公元555—639年），今河北临漳县人。通晓天文历法。隋唐高祖为扶风太守，深礼之。唐高祖公元620年傅实所奏天文密状，屡会上旨，《漏刻新法》，遂行于时。《旧唐书·傅奕传》。

12、傅实（公元866—926年），字仲诚，河南光州固始县梓里村人。福建南安傅氏开闽先祖。唐朝昭宗公元897年，授傅实为威武军节度招讨使、检校尚书左仆射。实公胆略与才气过人，经文纬武，忠厚刚直。公元902年，唐昭宗封傅实为银青光禄大夫、上柱国、尚书左仆射，食邑千户；诰封夫人黄氏为咸宁郡正一品夫人。《福建通志》载。

13、傅卞（公元1011—1069年），字守正，古兴化，今福建仙游县人。北宋（真宗）时期。自幼聪明灵性，十六岁中第，因年幼入国子监。后任海州怀仁县主簿，升大理丞，后升殿中丞、寻任尚书虞部员外郎，入秘阁校书。后加龙图阁直学士衔。北宋神宗即位，迁兵部员外郎与集录仁宗圣制。福建《兴化府志》载。

14、傅察（公元1089—1125年），字公晦，孟州济源，今河南济源市人。北宋时代，傅察自幼嗜学，年十八则登进士榜。后调青州司法参军，入为太常博士，迁兵部、吏部员外郎。《宋史·傅察传》。

15、傅寅（公元1148—1215年），字同叔，南宋时代，世居义乌双林乡。双林有古刹，实为先生家，傅大士之精舍。今邑邦傅姓数千家，皆其脉裔。傅寅勤学好问，由是天文、地理、默识旁通，与夫六经所载明堂、封建、井田、乐律、兵制、尺步之类，穷核原委，辩疑谬误，尽究众说，详阅必悟。有诗十卷《群书百考》，《春秋解》《岁朝吟》等，资取甚博，笃厚周谨。持身有法，不意雕琢。浙江《义乌县志》载。

16、傅若金（公元1303—1342年），字与砺，江西新喻人。元朝顺帝三年公元1333年，傅若金三十而立游走京师，能文章。授迪功郎，知平江府平江县尉。授广州教授。有《傅与砺诗文集》二十卷行世。江西《临江府志》载。

17、傅有德（约公元1333—1394年），其先宿州人，后徒今安徽砀山县。是明朝开国名将。少骁勇，善骑射。公元1351年即离家从军。元朝末年参加过义军，身强体壮，征战勇猛。后得朱元章赏识，南征北伐，屡获战功。夺武昌，战徐州，取莱阳，定关陇，平巴蜀，辑抚两广，廓清滇南。决战万里之遥，出生入死，所向披靡。纵横捭阖，丰功昭昭。公元1381年，朱元章授封友德为右副将军，颍侯、征将军。公元1384年，封友德为颍国公并赏赐物质重赏。赐友德子女与朝廷王室公子（主）互结姻戚。公元1390年，朱元章又钦赐傅友德以铁卷，追封颍国公三代为公并世袭显贵，赐黄金、白银、绫、绮、钞、锭等重赏。使傅公家世名尊位显，爵高禄丰。《明史·傅友德传》。

18、傅光宅（公元1547—1604年），字伯俊，号金沙，山东聊城人。明朝万历五年，公元1577年进士。初授灵宝县令，历官御史，兵部郎中，工部郎中，重庆知府，按察御史，提督学政等职。有才略，为人忠厚耿直，不避权贵。贵州《遵义府志》载。

19、傅元和（公元1586—1668年），字商梅，贵州桐梓县魁岩栈人。明朝天启元年，公元1621年拔贡，公元1633年任广西桂平知县，在任期间兴学，劝农，通商，惠工，人平。后升任云南州知州，能厘奸剔弊，弥资息争。内阁大学士王应熊称其全川人才第一，荐任贵州督粮道关防总理监事，后升四川布政使司参议，在任九年，后升任云南按察使兼理布政使。在任期间，自律自正，逐寇贼以靖地方。贵州《遵义地区志》载。

20、傅山（公元1607—1684年），初名鼎臣，字青竹，后改为青主、真山、浊翁、石道人、青羊庵主、五峰道人、朱衣道人等诸多名号。傅山降生在一个“世以学行，师表晋中的书香门第”之家，山西太原阳曲村，今太原市尖草坪区向阳镇西村人。明清之际道家思想家，医学家，食疗养生家，武术家，诗与书画家。傅山孩提时即天资聪慧异常，读书十行并下，过目不忘。从小受父亲傅之谟博学能文，好善乐施的家风熏陶。这也为以后傅山的脩身立德爱众平等的崇高精神打下了良好的基础。

傅山真可谓是山西历史上最伟大的儒释道合而为一的思想家，世所罕见的奇人奇才。他的一生都在不断思考与脩正自己的人生价值观与世界观的转变，他从小受家风家训的感悟和对儒家仁义礼智信的墨守。成人后又对佛家参悟颇深，慈悲之心，骨肉相依，曾将自已赖以生存的五亩田地捐给尖草坪区的五龙祠寺庙，以表对佛教三宝的恭敬心。而立之年又参悟道学，曾拜还阳子郭静中为师，出家为道人，道号“真山”。后自号朱衣道人。傅山是傅姓始祖傅說良弼裔脉的传承人，傅山曾居住在太原故址傅家巷，巷中曾建有“版筑故里”牌坊。傅山一生在哲学、政治、历史、社会、文学艺术，中医学、道学、佛教与儒学、诗歌与书画、伦理与道德、金石考据等领域无所不通，并恪守“中道”理性思想，不断修身立德，隐而未隐，达到了自已心中的目标，德高道善为而不争之圣贤境界。

名贯天下的思想家顾炎武先生曾多次来山西拜访傅山，称赞他“萧然物外，自得天机。”清末思想家，文学家梁启超先生称赞傅山是大河以北无人能极也。傅山是民众口杯相传四百余年的神医，他更是悬壶济世的医学家，他为中华民族的后世子孙留下了弥足珍贵的文化遗产，如：《青囊秘决》《霜红龛集》《丹枫阁记》《傅青主女科》《傅山拳谱》等。尤其是他亲自为母亲配制的养生“八珍汤”，俗称“头脑”，在山西历经三百七十余年传承至今而备受老百姓所珍爱，也成为山西人民心中最为享誉的一道食疗养生八珍汤。

傅山高山仰止的人格魅力与文化定力引领着那个特殊时期个性自由思想早期启蒙意识，以自由平等和爱众观念，反对宗法等级制度。这正是明清之际傅山之“礼正”说的品格；“市井贱夫可平治天下”的社会转型性的独特观点。生活在明清之际的傅青主经历并看到了清初的暴政，也经历并体悟到了康熙皇帝亲政以后重视中原文化的现实，顺势而起，顺时而谋，实践了君子“和而不同”的处世哲理，为中华文脉的传承与发展做出了巨大的贡献。傅山一生都在维护和倡导平等与自由，他说：“天下非一人之天下，乃天下人之天下。”傅山学识广阔，吞吐百家，融合互通，思想独立。包括在各艺术领域中创新进取。从而积淀了深厚而丰富的文化底蕴。

傅山仙逝以后，民国六年，太原新建了傅公祠，阎锡山亲手题写了“尘表孤踪”的牌匾以示敬仰。太原市解放以后又新建了多处纪念傅山先贤的馆舍，晋祠博物馆建有傅山纪念馆，傅山曾经在晋祠住过的“云陶洞”，洞内有傅山在岩石上开凿的仅有六十余公分宽的卧榻，傅山的很多作品是在这“茶烟洞”中完成的。太原市汾河边还建有傅山碑林公园。傅山故里西村为纪念傅山先贤诞辰四百周年，打造山西爱国教育基地，山西省委、省政府高度重视，委派时任中共太原市委常委宣传部部长范世康先生亲自挂帅，建造了山西首具规模的“中华傅山园”，让先贤的道德青史永久与民众的精神生活维系在一起，光照千秋，永泽后世。这也为全人类乃至傅山故里的乡邻带来了无穷尽的精神力量与美好的福祉！ 傅山先贤虽是一位民间布衣，但他确是百姓民众心目中的圣贤仙医，傅山精神与文化思想已扎根在百姓心中，高山仰止，经久弥坚。选自《傅山传略》《傅山学论》。

21、傅以渐（公元 1608—1665 年），字于磐，山东聊城人。公元 1646 年中一甲进士，授弘文院修撰。六年后升国史院学士。随后又连年迁升，授书秘院大学士。加太子太保，改国史院大学士。先后纂修、《太宗实录》。《太祖、大宗圣训》与《通鉴》总裁。又命作《资正要览后序》，撰《内则衍义》。顺治十四年，1657 年，命以渐等人修《易经通注》。傅以渐为官清廉，做人朴实厚道。晚年更受康熙皇帝厚爱，封武英殿大学士兼兵部尚书。《清史稿·傅以渐传》。

22、傅鼐（约公元 1669—1738 年），富察氏，字阁峰，满洲镶白旗人。雍正二年，1724 年授镶黄旗副都统、兵部侍郎，后调盛京户部侍郎。傅鼐一生为官数十载，反腐败，倡廉洁。守奉公，行正气。晚年备受雍正、乾隆二代皇帝之器重，1735 年命傅鼐任满洲正白旗兵部尚书兼形部尚书一品朝廷重臣。1737 年乾隆皇帝又授傅鼐为满洲正蓝旗满洲都统。傅鼐一身正气，廉洁奉治国影响力，也为乾隆皇帝打下良好的治世基础。摘录《清史稿·傅鼐传》。

23、傅斯年（公元 1896—1950 年），出生于山东聊城北门里相府。傅氏家族为鲁西名门望族，幼年不满五岁即入私塾。他资质聪慧，读书勤奋。1913 年就以优异成绩考北京大学。1919 年 5 月 4 日，北京爆发“五四”爱国主义运动，傅斯年即为北大学生领袖，北大集会主席，为游行示威总领队，是“五四”运动的核心人物。1919 年秋，考取山东官费留学英国。1928 年由傅斯年筹办中央研究院历史语言研究所，傅斯年担任所长。在他精心策划下，开始了中国首次正规殷墟文化的发掘工作直至 1937 年止，历经十年，先后发掘十五次，这对解秘殷商武丁中兴的重要文化遗存，做出了被世界学界所重视的最大的科学成绩。

后 记

《华夏文字之父》解析了中国开始用文字记载的历史，尤其是殷商青铜器图画铭文，用图画形式传递了三万余年华夏人类智能文明的文化信息，例如三皇五帝的传说和神话所蕴含的文化信息在殷商青铜器中被完整的传承。

华夏民族的祖先在远古时期就很重视世系文化的延续和传承，世系文化作为王权传承家业的脉络谱牒世代相传，尤其是在夏、商、周时期，族权与王权大多由王侯子弟继承世袭，所以“世系”作为政权象征的血脉纽带便成了王侯子弟最初传授的必修课程，因此世系中完整保存了氏族历代姓氏先祖的名号与史实业绩，由氏族部落首领兼巫师（殷商武丁时代称为贞人）口述世系，口耳相授其礼教，保证继承家业政权之永固。各部落宗族及王权贵族的历史因此而得以延续传承，子孙后代据此可以寻根念祖，宗族家庙也因世系而延续，香火不断。国家、宗族、世系文化博大精深而又宏伟神圣，国家民族政权交替发展变化也因世系有序而永存，这就是包容自然万物和谐共存的中国特色文明文化。

殷商武丁中兴时代的首功重臣傅說文化思想的价值体现在以下八个方面。

一是天文与地理

二是道学与自然

三是哲理与美学

四是风水与环境

五是建筑与冶炼

六是农耕与养殖

七是医药与长生

八是宗教与传承

华夏人类文明历史的进程，是由远古先祖三皇五帝的传说故事再到神话演义的口耳相传，其中包涵了很多综合文化生活素养与真实美好的文化信息和“善”的本性，它能在各时期不断地产生巨大的作用力和效能的反应力，并发生巨变，又不断地推动着华夏人类文明的进步，这就是华夏民族坚毅的自强不息的独特文化，它也是华夏人类最为之骄傲的根祖文化的遗传基因库，我称它为“道与德”的自信和坚守的愿力。华夏人类文明进步的和谐发展由此彰显了人性修养的“善道”即是我们今天所倡导的“真善美”的中国梦的核心。文明进步，连锁反应、德高道善，和谐大同，人心向尚，正气凛然，上善若水，为而不争，集百家之长，穷世人之智，彰显自信，坚守定力，真知真觉，体悟人生。

哲学与美学是华夏先祖认识自然万物的真知，特别是殷商武丁时期的十天干贞人团队，他们长期探究天道自然万物与人类的和谐发展，并经过艰苦勤劳的实践后不断积累成果与智能信息，并坚持连续性的分析人对大自然万物的感知探求，逻辑思维的最大化的寻找到最深远的根源信息。人类在自然生活环境中不断学习进步，逐渐增长知识，升华了人性善良的文明本真，随之改变了自己人生的世界观与价值观。人对自然生存的需求有两种：一是物质需求，二是精神索求。哲学的目的是深刻探求自然万物的核心价值，寻求各种文化领域的科学技术的宗源，哲学本身就是智慧真知，而哲理则是建立在哲学思想之上的更高层面的智能结晶，哲理更是群体智慧的实证。例如洛书、九宫数理、伏羲先天八卦、日晷、六十甲子“万年历”，这与每一个人的先天之命紧密的维系在一起。哲理是哲学思辨智慧中产生的理论体系，阴与阳的互生互补，相生相克，哲理不变，亘古永恒。

图书在版编目（CIP）数据

华夏文字之父 / 傅幻石，杨兰，傅杨编著. -- 北京：社会科学文献出版社，2017.5
ISBN 978-7-5201-0548-4

Ⅰ. ①华… Ⅱ. ①傅… ②杨… ③傅… Ⅲ. ①甲骨文-研究 ②金文-研究-中国-商周时代 Ⅳ. ①K877.14

中国版本图书馆 CIP 数据核字（2017）第 063358 号

华夏文字之父

编　　著 / 傅幻石　杨　兰　傅　杨

出 版 人 / 谢寿光
项目统筹 / 郑庆寰
责任编辑 / 郑庆寰

出　　版 / 社会科学文献出版社 · 皮书出版分社（010）59367127
地址：北京市北三环中路甲 29 号院华龙大厦　邮编：100029
网址：www.ssap.com.cn
发　　行 / 市场营销中心（010）59367081　59367018
印　　装 / 北京盛通印刷股份有限公司

规　　格 / 开 本：880mm × 1230mm　1/16
印 张：66　字 数：719 千字
版　　次 / 2017 年 5 月第 1 版　2017 年 5 月第 1 次印刷
书　　号 / ISBN 978-7-5201-0548-4
定　　价 / 990.00 元

本书如有印装质量问题，请与读者服务中心（010-59367028）联系